作者简介

薄少川

工学硕士，于1996年加入艾芬豪投资集团（Ivanhoe Capital Corporation），历任集团旗下（加拿大）艾芬豪矿业有限公司（Ivanhoe Mines Ltd.）等多家公司的高级管理职位，后出任集团业务开发总经理。2005年后出任过多家国内外公司董事、顾问，在公司发展、国际并购、投资、融资、合资合作、基金管理等方面有着丰富的实践和经验。

国际矿业

Ins and Outs of International Mining

薄少川 / 著

人民日报出版社

图书在版编目（CIP）数据

国际矿业风云 / 薄少川著. —北京：人民日报出版社，2017. 10

ISBN 978-7-5115-4997-6

Ⅰ. ①国… Ⅱ. ①薄… Ⅲ. ①矿业—工业企业—概况—世界 Ⅳ. ①F416.1

中国版本图书馆CIP数据核字（2017）第247958号

书　　名：国际矿业风云
作　　者：薄少川

出 版 人：董　伟
责任编辑：袁兆英
封面设计：中尚图

出版发行：人民日报出版社
社　　址：北京金台西路2号
邮政编码：100733
发行热线：（010）65369527　65369512　65369509　65369510
邮购热线：（010）65369530
编辑热线：（010）65363105
网　　址：www.peopledailypress.com
经　　销：新华书店
印　　刷：炫彩（天津）印刷有限责任公司

开　　本：710mm × 1000mm　1/16
字　　数：610千字
印　　张：34
印　　次：2017年11月第1版　2023年12月第2次印刷

书　　号：ISBN 978-7-5115-4997-6
定　　价：198.00元

序

PREFACE

近二十多年来，本人主要工作之一就是从事矿业公司或资产的并购，前期主要是国内并购为主，后期以海外并购为主，并购是紫金矿业迅速发展的主要推动力之一，应该说我对并购有一定的心得体会；少川先生希望我给本书写个序，我让他把书稿发来看看再说。看了本书后，感触很深，收获很大，是难得的一本海外矿业投资并购的“宝典”。

本书内容非常丰富，从矿业市场周期性，国内外矿业的差异性，初级矿业公司的存在规律，矿业并购与融资，矿业项目估值，投资风险，公司治理，安全环保及利益关联方，典型矿业丑闻等方面，从不同角度全方位展示国际矿业市场的主要部分。本书最大的特点，就是收集近十几年来大量的国际矿业市场并购案例，并对这些案例的要点、难点、亮点、疑问点根据有关法规及市场惯例进行分析解剖，尤其是提示中国公司在类似情况中可能犯的错误；以案例说明法规，阐述市场规矩和规律，避免了大量枯燥无味的说教，有非常强的知识性、可读性。由于这些案例都是发生在矿业市场昨天的事，行业内的人都有一定的了解，但大多为碎片化信息，本书进行系统归集、阐述和分析，其价值不凡。

矿产资源在全球分布极不均衡，加上不同地区经济发展及矿物原料需求的巨大差异，矿物原料的全球配置是必然的选择。中国每年消费的基本金属占全球产量的30-50%，而中国基本金属矿产相对贫乏，中国是全球最大的矿物原料进口国，为了解决国内市场需求，近十几年来大量中国公司“走出去”，收购矿产资源，但成功比例总体较低，引起了各方面广泛的质疑。不熟悉国际市场的规则规矩，不按市场规律办事，是大量中国公司“水土不服”的重要原因。

随着中国经济进入新常态，国家推动“一带一路”战略，大批中国矿业公司进一步加入全球矿业市场，是必然的趋势；对于有志于海外矿业投资者，或已经是海外矿业投资者，本书有很好的参考价值。本书专业化水平较高，就我这个资深教授级高级地质工程师，看了其对加拿大 NI 43-101 和澳大利亚 JORC 标准的表述，觉得非常专业，非常准确，让我对国际矿产资源储量标准又有了进一步的认识。

本书也有一些小遗憾，由于方方面面的原因，书中的案例基本上是海外矿业公司，没有对十几年来中国公司海外并购的案例进行展示和分析，我非常期待能够客观阐述和分析中国矿业海外投资案例的书籍面世。同时，对案例的最后结果缺乏表述和分析，任何投资行为，其成功与失败，最终都要经历市场及时间的检验。

紫金矿业集团股份有限公司董事长

陈景河

2017 年 8 月 20 日

前言

FOREWORD

矿业是人类最古老的行业之一。不知有多少个行业已随着时代的变迁和技术的进步而销声匿迹，而矿业历经几千年的发展却历久弥坚，依然是朝阳行业——人类对矿产品的依赖与需求与日俱增。

被称为矿业的金属采掘和冶炼使人类走出了石器时代，成就了人类的现代文明与生活方式。一款小小的手机中仅金属就用到了金、银、铜、铁、铝、镍、钨、锡、锑、钽、钴、锂、铟、镓、钕、镨、镝等，它们无一不是来自矿业。如果说石油尚有可替代产品，矿产品则基本上无可替代。即使替代，也往往是用一种矿产品替代另一种矿产品。我们现在的吃喝穿用，究其最终来源，不是种出来的，就是采出来的。

矿业是一个极富魅力的行业。小说和电影里跌宕起伏、扣人心弦的寻宝故事就形同于矿业人说的找矿。的确，每一个大型矿藏的发现以及围绕着最终花落谁手的博弈都像是一部侦探小说，而矿业人建成的每一座有规模的矿山都是人间奇迹。

矿业的魅力很大程度上体现在“初级矿业公司”的发展脉络中。在国内，我们有着全球最大的矿产勘查大军，具备了初级矿业发展的坚实的技术基础和人力资源基础。然而，初级矿业与巨量的社会资本之间缺乏高效的市场机制的连接。他山之石，可以攻玉。本书介绍国外成熟的初级矿业发展机制，希望能为我所用，释放国内矿业界已孕育成熟的巨大的市场潜力。

因其行业特性，资源行业的国际化程度很高。“走出去”是资源行业发展的必然，资源行业也是“走出去”的先行军。由于历史、发展模式、与资本市场的互动机制、法律法规体系和社会环境的不同，国内外矿业公司在发展的理念和运营实践上有着巨大的差异，这些差异使国内投资人尝遍了国际上的酸、苦、辣、咸，但甜头却不多。本书介绍国际矿业的理念和实践，供有志于“走出去”的资源投资人借鉴。

矿业是“豪放派”，可以像载重几百吨的大型矿车，彪悍而霸道；矿业是“婉约派”，可以为一个百分点的回收率废寝忘食，细腻而委婉。

矿业人有很多有趣的故事。他们是个独特的群体，可以在五星级酒店和野外帐篷之间无缝对接。

矿业人有山的伟岸。这是一个勇于担当的群体，他们躲在幕后，以傻大笨粗的形象为一个个光鲜亮丽的行业提供着必需的原材料，散发着“这一份担当舍我其谁”的责任魅力！

矿业人有海的胸怀。这是一个最能容忍“失败”的行业，他们以无畏的精神，踏着一个个“失败”走向辉煌。

矿业人有侠客的豪情。他们饮马江湖，风餐露宿，执锤走天涯，有矿便是家。“相逢义气为君饮”是他们生动而真实的写照。

矿业人有诗人的浪漫。他们拥有无尽的激情与梦想，人迹罕至的高山峡谷、激流险滩、大漠深处、荒野密林，都可以是他们找矿的风水宝地。

本书主要以案例的形式说人、说矿、说故事，力图涵盖国外矿业公司发展与运营的基本内容，涉及国内外矿业方面的显著差异、国外初级矿业公司的成长历程、并购、矿业公司的主要融资渠道与业务模式、估值、投资价值分析、矿业投资的风险及其防范、公司治理与股东权利、环境保护、矿山安全、利益攸关方各种关系等议题。本书在深邃的矿业之海中只能算蜻蜓点水，书中的每一个议题作为引玉之砖，可供有兴趣的读者从深度和广度上继续拓展。

鉴于很多矿业投资人也有兴趣投资于石油天然气，本书对同属于自然资源行业的矿业的姊妹行业——石油天然气勘探开发行业国内外投资方面的一些差异、北美的页岩革命、液化天然气行业现状等也做了初步介绍。

作者相信，本书所涉及的境内外理念和运营实践上的差异对于其他行业“走出去”的投资人也会有普遍的借鉴意义。

愿与读者共享矿业之乐。

薄少川

2017 年 7 月 20 日

CONTENTS

目录

第一章

矿业十余年间的风起云涌

人类进入 21 世纪尚不足 20 年，矿业行业已然经历了一个完整的涨跌周期，其中的跌宕起伏和惊心动魄使新老矿业人对矿业更加如痴如醉，欲罢不能。

全球最大的铜矿，智利艾斯康迪达（Escondida）铜矿

第一节　持续近十年的商品超级大牛市

21 世纪的第一个 10 年是中国大规模基础设施建设的 10 年，使十多亿人的生活水平从温饱至小康的这一过程刺激了市场对矿产品巨大的需求，除战后重建时期可与之比拟以外，短时间内的需求增长之巨当属罕见。国际上有人感叹，中国用 10 年的时间做了美国 50 年才能做成的事！

过去十几年间，几乎对所有矿种，全球需求的增量均来自中国。以几种主要有色金属为例，2000~2015 年间，中国的需求增量占了全球总增量的 80%~140%（表 1-1）。

表 1-1　中国需求增量占全球需求总增量的百分比

矿种	中国需求增量占全球需求总增量的百分比
铜	136.0%
铝	86.3%
铅	83.4%
锌	102.0%
镍	123.8%

资料来源：全球金属统计局（World Bureau of Metal Statistics）、彭博通讯社（Bloomberg）

100% 以上意味着除中国以外的需求是萎缩的，中国需求不仅弥补了其他地区的需求萎缩，且创造了新的需求增量。

因矿产勘探、可研、融资、建设、投产等周期较长，矿业行业无法在短时间内大幅度增加供应，巨大的供需缺口造就了持续近十年的商品（commodity）超级大牛市。

图 1-1 是 2000 年 1 月 1 日至 2017 年 6 月 1 日几种主要的有色金属——铜（橙色）、镍（蓝色）、铅（褐色）、锌（紫色）的价格走势图。可以看出，从 2002 年中开始，各金属联动性上涨，除 2008 年 10 月至 2009 年 6 月国际金融危机期间短暂的深度回调以外，涨势持续到 2011 年后期，持续时间之长、涨幅之高，超过了以往的矿业周期。

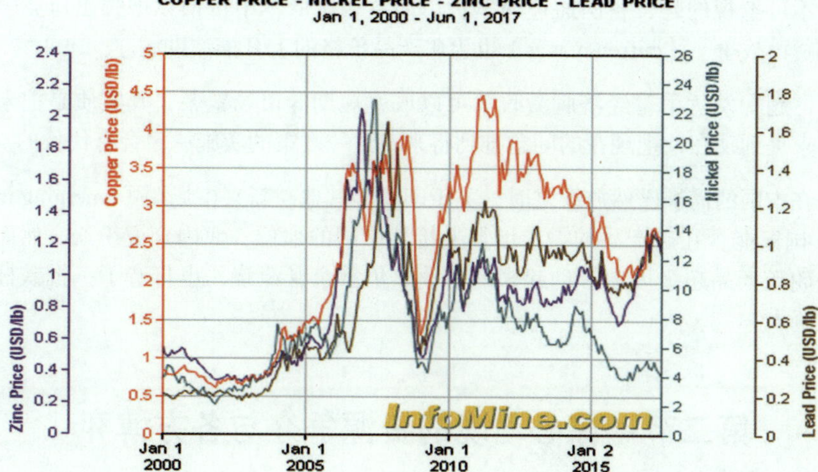

图1–1　铜、镍、铅、锌价格走势图

同期，黄金（图 1-2 中橙色）和白银（图 1-2 中蓝色）基本上经历了相同的走势。

图1–2　金、银价格走势图

这便是国际上所说的矿产品的“超级周期”（supercycle）。

不可忽视的是，各国通过超发货币而竞相压低本币价值以增强出口竞争力的“货币战争”（currency war）也为矿产品价格的上升推波助澜。

“超”发货币等经济刺激政策可以成就短期的市场繁荣，其实质是把未来的需求提到现在，把现在的问题推到将来，这一政策的实施一定会有代价的。

在中国的需求已然放缓之时，关于印度等其他“新兴市场”（emerging market）国家能否在矿产品的需求增量上接替中国的地位，业内众说纷纭。然而，上一轮矿产品超级周期带动起来的矿业热仍然余音缭绕，也打造了一批铁杆矿业投资人。

第二节　惊心动魄的资源争夺与各方博弈

图 1-3 和表 1-2 是一个美国人一生消耗的资源。

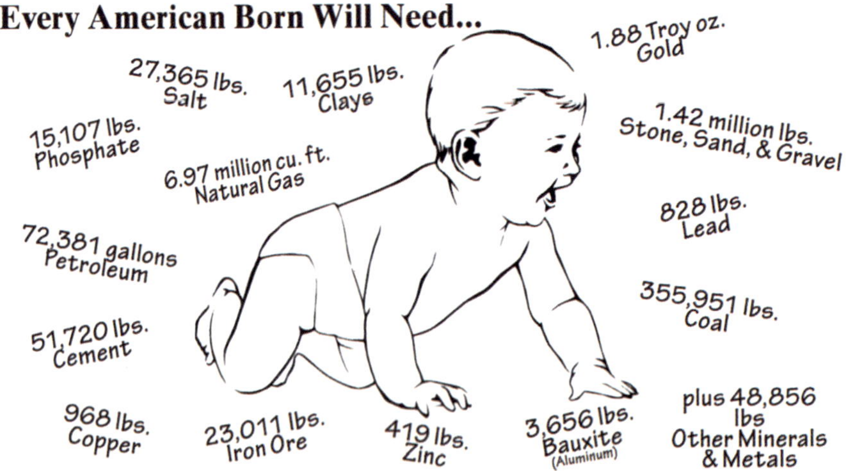

图1–3　美国人均一生资源消耗量

表 1–2　美国人均一生资源消耗量

资源	数量	资源	数量
黄金	1.88 盎司（58.5 克）	石油	72,381 加仑（19.1 万升）
铜	968 磅（439 千克）	天然气	697 万立方英尺（19.7 万方）
铅	828 磅（376 千克）	煤	355,951 磅（161.5 吨）

（续表）

<table>
<tr><td>锌</td><td>419 磅（190 千克）</td><td>水泥</td><td>51,720 磅（23.5 吨）</td></tr>
<tr><td>铁</td><td>23,011 磅（10.4 吨）</td><td>砂石</td><td>142 万磅（644 吨）</td></tr>
<tr><td>铝土矿</td><td>3,656 磅（1,658 千克）</td><td>黏土</td><td>11,655 磅（5.3 吨）</td></tr>
<tr><td rowspan="2">其他金属与矿产品</td><td rowspan="2">48,856 磅（22.2 吨）</td><td>磷酸盐</td><td>15,107 磅（6.9 吨）</td></tr>
<tr><td>盐</td><td>27,365 磅（12.4 吨）</td></tr>
</table>

资料来源：矿物教育联盟（Minerals Education Coalition）

美国人已把这一切看成他们与生俱来的权利，似乎理所当然。美国前副总统迪克·切尼（Dick Chenny）曾说，“美国人的生活方式没有商量的余地（The American way of life is not negotiable）”。这话实在是招人恨！美国人的生活方式是否可持续并非没有争议，尤其是如果它不能维护住其巨大的“铸币税”利益的话（见第九章第三节第八部分）。可是这恨里边还夹杂着羡慕和嫉妒，人们有意无意地追求美国的生活方式也是不争的事实，他们有的，我们也想有。

虽然随着绿色、环保、节能的理念深入人心以及技术的发展使人类对资源的消耗效率在不断提高，但在可以预见的未来，人类对资源的需求仍处于增长之中，而矿产资源相当程度上具有不可再生性，这就为矿业投资提供了巨大的商机。

人类对自然资源的争夺自古而然，很多不惜以战争为代价。今天的自然资源之争很大程度上已是商业利益之争，其中充满了商业智慧，看起来“文明”多了。全球最大的矿业公司，澳大利亚必和必拓（BHP Billiton）的历史展示了一个矿业帝国形成与铸就的脉络与挫折，在下一轮矿业热来临之际，对正在酝酿着下一批矿业帝国的矿业人应有启迪。

2001 年 6 月，两家老牌矿业帝国——创立于 1885 年的澳大利亚 BHP 和创立于 1851 年的南非比立顿（Billiton）合并，组成了今天的矿业巨无霸——必和必拓。虽然他们未必先知先觉，但事后看来，合并之时正是上一轮矿业繁荣期的前夜，因此，这一帝国生逢其时。

2005 年 8 月，必和必拓以 92 亿澳元（当时合 73 亿美元）的代价兼并了澳大利亚 WMC 资源有限公司（WMC Resources Limited），把著名的奥林匹克坝（Olympic Dam）项目收入囊中。奥林匹克坝当时的铜矿资源位居全球第四，金矿资源位于全球前十大之列，铀矿资源更是位于全球之首。

2008 年 2 月，已是全球第一大矿业公司的必和必拓在多次尝试兼并未果后，向当时的全球第二大矿业公司澳大利亚力拓（Rio Tinto）发起了全股票敌意收购，收购价合 1,474 亿美元。两家公司的资产遍布全球，仅财务顾问团就包括 8 家投资银行。经过历时9个月的反垄断审查，欧盟委员会对该项收购表示反对，必和必拓遂于2008年11月放弃收购，核销各项开支4.5亿美元。

两年后的2010年8月18日，必和必拓又向全球最大的钾肥公司——加拿大萨斯卡川钾肥有限公司（Potash Corporation of Saskatchewan Inc.，缩写为PotashCorp，汉语里一般称其为加拿大钾肥）以每股130美元的价格发起了总额386亿美元的全现金敌意收购。如果成功，这将是加拿大历史上最大的外资并购。必和必拓当时的市值约2,000亿美元。

然而，这项收购很快就政治化了。

其实，收购公告发布以前，市场上已经传得沸沸扬扬，必和必拓乃于8月17日加拿大钾肥公开拒绝收购后的当日发出公告确认，已向加拿大钾肥伸出橄榄枝，但被拒绝。

绝大多数敌意收购（见第三章第八节）都是从善意收购的尝试开始的。收购公告显示，必和必拓从8月11日起向加拿大钾肥发出多次谈判邀请，均被拒绝，于是于8月18日发起了敌意收购。

在煤炭和铁矿石行业均居于全球领先地位的必和必拓对另一种大宗商品——钾肥心仪已久，从2003年起即为其钾肥梦做铺垫。大型综合性矿业公司追逐大宗矿产品符合商业逻辑，澳大利亚力拓（Rio Tinto）和巴西淡水河谷（Vale）也都对钾肥感兴趣。必和必拓自己的钾肥项目，同样位于萨斯卡川省的詹森（Jansen）项目尚处于早期，建起来至少需要几年的时间，而收购加拿大钾肥则可以使它立刻成为行业的带头羊，战略意义显著。必和必拓等不及了。

钾肥行业产业集中度很高。加拿大钾肥是全球最大的综合性化肥生产商，也是当时按产能计全球最大的钾肥生产商，其钾肥产能占当时全球产能的20%，2009年的产量占全球产量的11%。因此，这项收购无论从收购金额和战略意义上说都十分抢眼，全球各大媒体高度关注，也引发了中国持续多年的钾肥热。

按照加拿大投资法（Investment Canada Act），这项外资收购所涉及的资产的价值已经远远超过了当时2.99亿加元的外资收购审查门槛。因此，该项收购需要加拿大联邦政府工业部（Ministry of Industry）部长的审批。批准与否的要件是，该项收购是否能够给加拿大带来“净利益”（net benefits）。必和必拓有备而来，对此当然一清二楚，并在收购方案里考虑了应对措施：

- 将其全球钾肥业务总部设置在加拿大；
- 不裁员；
- 邀请一位加拿大籍人士加入必和必拓董事会；
- 继续执行加拿大钾肥已做出的投资计划；

- 按原计划推进必和必拓自己的詹森钾肥项目；
- 将项目上1%的税前利润用于社区项目。

2006年，加拿大矿业界发生了金额均约200亿加元的两大外资并购案——当时的瑞士超达（Xstrata plc，现嘉能可，见本章第三节）收购了加拿大鹰桥（Falconbridge Limited），巴西淡水河谷（Vale S.A.）经过竞购（bidding war，见第三章第八节）收购了加拿大国际镍业（Inco Limited）。2007年，澳大利亚力拓又成功地以380亿美元的代价将加拿大铝业收入囊中（见第五章第九节）。作为矿业大国，两年间痛失三大标志性矿业公司，很多老一代加拿大矿业人至今仍觉惋惜。然而，加拿大政府并未干预，向全球展示了其开放的形象。事实上，自加拿大投资法于1985年颁布以来，仅有一项外资收购被否决——2008年5月，出于国家安全方面的考虑，加拿大否决了一家美国公司以13亿加元对一家加拿大通讯公司的收购。必和必拓收购加拿大钾肥的信心一定程度上应该是建立在加拿大政府的这个开放形象之上的。

正确对待正式收购要约是董事会对公司和股东应负的责任。

加拿大钾肥回应，必和必拓的出价之低，使双方不具备谈判的基础。但说归说，还是要做必要的准备，包括寻找“白衣骑士”（见第三章第八节第二部分），万一股东接受了，加拿大政府批了呢？

实实在在的利益攸关方萨斯卡川省政府坐不住了。

钾肥行业贡献了至少15%的萨斯卡川省政府税收，而钾肥价格对其中政府权益金（royalty，见第四章第七节）的影响比钾肥产量还要大。

加拿大三大钾肥生产商——加拿大钾肥、加拿大阿格里亚姆（Agrium Inc.）和美国马赛克（Mosaic Company）加拿大分公司于1972年合资成立了全球两大钾肥销售联盟（cartel，卡特尔）之一的坎坡泰克斯（Canpotex Limited，国内也有人称之为加拿大钾肥出口公司），负责三家公司生产的钾肥在美国和加拿大以外的地区的销售。两大销售联盟似很默契，多年来的策略是限产保价。坎坡泰克斯占有约1/4的市场，议价能力较强。这一运行了近40年的体系非常稳定，但必和必拓表示，它将退出该销售联盟，并放开产量。

此外，必和必拓自己的詹森钾肥项目规模巨大，虽然距建设尚有时日，但如果与加拿大钾肥的生产项目并税，可以大大延缓加拿大钾肥的公司所得税。萨斯卡川省政府的分析表明，未来10年，萨斯卡川省至少损失30亿加元的税收；如果再加上其他连带效应，损失甚至可能高达57亿加元。

因此，萨斯卡川省政府明确表示，反对必和必拓收购加拿大钾肥。

但是，批准与否的权限却在加拿大联邦政府。

股市上，加拿大钾肥的股价摸高每股 150.83 美元。这是市场预期的反应 - 或者必和必拓会提高收购价，或者会有竞购方。

对于这个体量的收购，竞购方屈指可数，市场上充满了各种猜测与分析。除了主权财富基金以外，市场上把中国中化集团视为最有可能的竞购方。加拿大钾肥与中化集团是“亲戚”，持有中化集团旗下的香港上市公司中化化肥（Sinofert）22% 的股份。

中国是钾肥进口大户，自然希望钾肥价格越低越好，这和出口方萨斯卡川省的利益正好相反。因此，刚刚从中国招商引资回来的时任萨斯卡川省省长表示，“钾肥就不一样了”，对相当程度上履行政府职能的中国国有企业竞购加拿大钾肥也表示担忧。

2010 年 10 月 21 日，萨斯卡川省省长正式表示，反对必和必拓收购加拿大钾肥，以此向加拿大联邦政府施压。加拿大联邦反对党以及其他三个省份也表示，支持萨斯卡川省政府的立场。

加拿大联邦政府则在小心翼翼地维护着加拿大开放的形象，并在与国内政治之间寻求平衡。时任加拿大总理表示，这不过是一个澳大利亚人控制的公司（必和必拓）对一家美国人控制的公司的收购——加拿大钾肥 40% 的股东在美国，其管理层在美国芝加哥办公，加拿大股东比例不到 25%。

媒体分析，另一个因素在联邦政府的决定中也会有相当的分量。萨斯卡川省在联邦议会中有 14 个席位，当时执政的保守党占了 13 个。有民意调查显示，如果联邦政府批准该项交易，在次年的议会选举中，保守党可能失去所有席位，这对本已是少数党政府的保守党将是不小的打击。

加拿大钾肥把诉讼、“毒丸”（poison pill，见第三章第八节第二部分）等典型的抵御敌意收购的招数也都用上了，据说谈了 15 家可能的其他收购方，白衣骑士仍然没有出现。

媒体上议论的招数就更多了，包括萨斯卡川省政府设置加拿大钾肥的“金股”（golden share）。金股一般由政府持有，其意义不在于经济利益，而是使政府在必要时可以否决公司的重大决策。巴西政府即持有淡水河谷（Vale）的金股。

在联邦政府必须做出决定的截止期限 11 月 3 日的前一天，萨斯卡川省省长使出撒手锏 ——如果联邦政府批准该项交易，萨斯卡川省政府将向宪法法院提起违宪调查！

按照加拿大宪法，自然资源归省政府管辖。这与联邦政府对外资收购的批准权限是否构成冲突，以往没有判例可循，因此，如果萨斯卡川省政府起诉联邦政府，其结果具有很大的不确定性。

这大概是必和必拓及其强大的顾问团队没有想到的。事实上，必和必拓几乎所有的公关和游说活动都集中在了联邦政府层面。这可是活生生地“拿土地爷不当神仙”了。虽然未必是决定性因素，可谁都要面子呀。

11 月 3 日，加拿大联邦政府工业部长通过电视直播发布了其“决定”，措辞颇具艺术性：“我未被说服拟议中的交易可能会给加拿大带来净利益（I am not satisfied that the proposed transaction is likely to be of net benefit to Canada.）”。

这个“决定”是敞着口的，相当于把球踢回去了。太极是中国人发明的，看来加拿大人打得也不错！

必和必拓有 30 天的时间提出进一步应对措施。

11 月 15 日，必和必拓公告，撤回对加拿大钾肥的收购，核销因收购而发生的 3.5 亿美元的费用。

从公告上看，必和必拓在向加拿大联邦政府提交的申请中做出了或者拟做出以下承诺：

- 未来 5 年在自己的詹森项目以外再投入 4.5 亿美元的勘探、开发资金和 3.7 亿美元的基础设施资金；
- 申请在多伦多证券交易所主板上市；
- 拟放弃按照税法因并税而得到的税务利益；
- 拟在未来 5 年间继续留在坎坡泰克斯钾肥销售联盟中；
- 将当时加拿大以外的 200 个职位迁至加拿大；
- 未来 5 年现场不裁员，总体用工人数增加 15%；
- 钾肥业务高级职位中、董事会中以及新设的钾肥顾问委员会中增加加拿大人士；
- 每年至少 800 万美元的社区投入；
- 在萨斯卡川大学设立采矿卓越中心（Mining Center of Excellence），提高萨斯卡川省和大学在国际上的知名度；
- 支付 2.5 亿美元的履约保证金。

看起来内容不少，但也明确了一个关键问题：5 年后退出坎坡泰克斯钾肥销售联盟。

加拿大联邦政府给必和必拓的书面答复中应该是提了其他条件（属于秘密），看来必和必拓不愿接受。

大型公司的首席执行官都希望退下来以后能够留下一些可以载入史册的历

史遗产（legacy），时任必和必拓首席执行官的马里亚斯·克劳普斯（Marius Kloppers）只能遗憾了。

钾肥行业的另一个销售联盟是白俄罗斯钾肥公司（Belaruskali）和俄罗斯乌拉尔钾肥公司（Uralkali）之间的合资企业 BPC（Belarusian Potash Company），其控制的国际市场份额一度曾高达 43%，与坎坡泰克斯合计超过了 3/4。

2013 年 7 月 30 日，乌拉尔钾肥宣布，退出 BPC。

这个重磅消息不啻沙特阿拉伯退出欧佩克，立即震撼了市场，大大小小的钾肥公司股价至少下跌了 20%，乌拉尔钾肥自己的股价也下跌了 25%。业界惊呼，我们所熟知的钾肥市场格局已然成为过去。

乌拉尔钾肥是当时全球最大的钾肥生产商，其产量约占全球产量的 20%，且生产成本处于成本曲线（见第九章第二节）的最低端，远低于很多业内同行。在白俄罗斯政府终止了 BPC 在白俄罗斯境内的独家销售权，且白俄罗斯钾肥绕开 BPC 而销售钾肥后，乌拉尔钾肥愤然退出 BPC，并表示将放开产量，以扩大市场份额。对于打价格战，乌拉尔钾肥可谓底气十足。此举导致了钾肥市场结构性的变化。

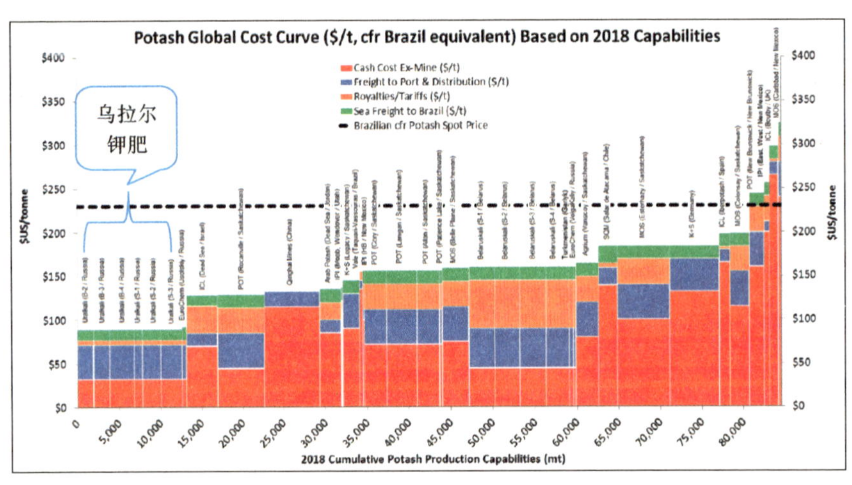

图1–4 全球钾肥矿成本曲线（按2018年预计产能）

资料来源：加拿大蒙特利尔银行（Bank of Montreal）研究报告（2016 年 9 月）

供应充分的钾肥市场无疑是消费者的福音，钾肥投资人可要仔细斟酌了。

塞翁失马，焉知非福。事后看来，随着钾肥价格的一路走低，未能拿下加拿大钾肥保护了必和必拓的资产负债表。

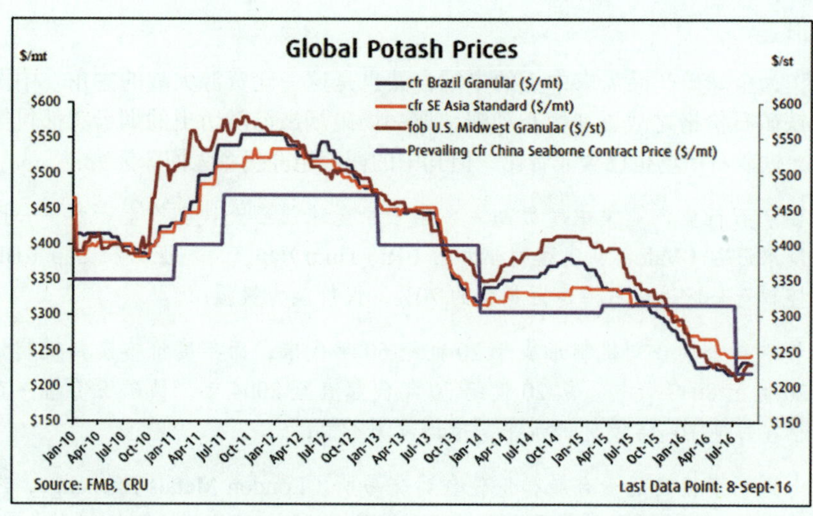

图1–5　全球钾肥价格走势图（2010年1月至2016年9月）

资料来源：加拿大蒙特利尔银行（Bank of Montreal）研究报告（2016 年 9 月）

2017 年 4 月 10 日，持股 1.6% 的美国对冲基金、激进行动股东（activist shareholder，见第七章第六节第二部分）埃里奥特联合公司（Elliott Associates）在与必和必拓沟通数月，要求整改的建议被拒绝后，向市场上公开了其提出的“必和必拓股东价值释放计划”（The BHP Shareholder Value Unlock Plan），寻求股东支持。其 39 页的报告对必和必拓做了深度解析，干货不少。必和必拓被动应对，最难辩驳的便是分拆其石油资产的要求。

对冲基金不是等闲之辈，成为激进行动股东则相当难缠，大有不达目的誓不罢休的架势。埃里奥特指出，必和必拓过去 2~8 年的股价表现劣于其同行力拓（Rio Tinto）和澳大利亚证券交易所 200（ASX 200）、英国富时 100（FTSE 100）、美国标准普尔 500（S&P 500）等股价指数（见第二章第六节第八部分）。

一个月内，埃里奥特的要求就得到了包括澳大利亚本土对冲基金在内的机构投资人股东广泛的支持。

不知是否时间上的巧合，2017 年 5 月，本已有“大澳大利亚人”（Big Australian）之称的必和必拓以 1,000 万澳元之巨在澳大利亚发起了“往大处想”（Think Big）的广告推介活动。这一不合时宜的口号立刻被埃里奥特抓住了——必和必拓不是要往大处想，而是要“往聪明处想”（Think Smart）。

也许不久的将来必和必拓将不得不剥离石油资产而摘下全球“最大的”矿业公司的帽子。它在人们心目中的形象或许已不再像现在这样高大，甚至会成为明日黄花。然而，“大”不是公司存在的理由。不管是谁，都需要为股东创造价值。

作为全球矿产品需求中心的中国自然也是这一轮资源大战的主角。中国主导的铁矿石价格之战更加惊心动魄。那一场硝烟虽已随历史的烟云“都付笑谈中”，铁矿石市场也已今非昔比，但其中的博弈至今仍令人回味无穷：

- 铁矿石行业产业集中度很高。多年来，全球前三大铁矿石生产商——巴西淡水河谷（Vale）、澳大利亚力拓（Rio Tinto）和澳大利亚必和必拓（BHP）控制着全球铁矿石海运贸易量的 70%，议价能力极强；
- 铁矿石长期合同机制形成于 20 世纪 60 年代末，而年度价格谈判机制始于 20 世纪 80 年代初。从 20 世纪 70 年代起直至 2004 年，铁矿石价格一直徘徊在每吨 10~15 美元的水平，市场波澜不惊；
- 与透明度极高的贵金属和伦敦金属交易所（London Metals Exchange，缩写为 LME）交易的有色金属形成鲜明对照的是，自年度价格谈判机制形成以来，铁矿石亚洲价格由以日本钢厂为首的需方与以三大铁矿石生产商为代表的供方经秘密的年度合同谈判确定，有效期为一年，从每年 4 月 1 日至次年 3 月 31 日，谈判确定的价格即所谓基准价格（benchmark price），也称“长期协议价格”，业界简称其为长协价。长协价一经确定，韩国和中国的钢厂相应跟随；
- 2005 年，经过数月多轮艰苦的谈判，供需双方达成协议，铁矿石长协价较上一年度上涨 71.5%，业界为之惊诧。涨幅虽高，但其实涨价后也不过每吨 28.11 美元，今天看来已微不足道；
- 当时适逢中国遍地开花式的大规模基础设施建设阶段，对钢材进而对铁矿石的需求急剧上涨。而矿山提高产量却不是一朝一夕的事，其结果必然导致铁矿石价格进一步上涨：
  - 2006 年，铁矿石长协价较上一年度上涨 19%
  - 2007 年，铁矿石长协价较上一年度上涨 9.5%
  - 2008 年，铁矿石长协价粉矿和块矿分别较上一年度上涨 79.88% 和 96.5%；
- 铁矿石一时间奇货可居，令已获铁矿石进口许可证的贸易商们赚得盆满钵盈。同时，巨大的供应缺口已使贸易商们不再满足于仅在长协价的基础上赚个有限的佣金，而是纷纷突破长协价的框框，致使形成了相当规模的铁矿石现货市场。而且，现货价远高于长协价；
- 显然，几年来的铁矿石需求与价格大幅上涨源于中国，而非日本。不料，2008 年下半年开始的、由美国次级房贷引发的金融危机进而触发的全球性经济危机致使对铁矿石的需求急剧下降，铁矿石现货价远低于长协价，中国钢厂集体违约，拒不执行长协价，铁矿石生产商们一时乱了阵脚；

- 机会难得，在2009年的年度价格谈判中，以官方性质的中国钢铁行业的管理者——中国钢铁工业协会为首的中国钢铁行业已不再满足于仅作为价格跟随者，而要成为价格制定者；
- 2009年初，三大铁矿石生产商与日本钢厂达成协议，2009年度铁矿石粉矿和块矿价格分别较上一年度下降33%和44%。韩国钢厂跟进。中国则拒绝接受，要求“中国价格”；
- 按照往年惯例，年度合同谈判最晚于3月31日结束，以便4月1日开始执行。2009年3月31日，中国与三大铁矿石生产商未能达成协议，达成协议的期限推迟至4月30日；
- 2009年4月30日，中国与三大铁矿石生产商仍未能达成协议，达成协议的期限推迟至6月30日；
- 祸不单行，在另一项涉及中国大型国有企业的交易中，力拓在股东的压力下于2009年6月5日宣布，中止与中国铝业的协议，并支付中止费1.95亿美元（见第七章第四节），使中国铝业奉旨入股力拓以阻止必和必拓兼并力拓的交易这一设想化为泡影；
- 2009年6月30日，中国与三大铁矿石生产商在最后期限仍未能达成协议，而力拓在谈判中最为强硬；
- 2009年7月5日，中国警方以涉嫌受贿和窃取国家机密拘捕力拓铁矿石部门中国首席代表、澳大利亚籍华人胡士泰（Stern Hu）等四人，国际矿业界为之震惊；
- 2010年3月29日，上海市第一中级人民法院以受贿和窃取商业机密罪判处胡士泰有期徒刑十年，其他三人也获不同刑期。同日，力拓按公司规定解除四人的聘用合同；
- 2010年3月31日，力拓聘请美国前国务卿基辛格为高级顾问，以期修补与中国的关系；
- 2008年铁矿石年度合同谈判后，必和必拓提议建立类似于煤炭指数的铁矿石现货指数，替代一年一度的铁矿石年度价格；
- 2009年，铁矿石年度定价机制已名存实亡。在2008年中国推出的四万亿经济刺激措施的推动下，铁矿石需求再次暴增。2008年11月，铁矿石价格首次超过每吨100美元；

- 2010 年，沿用了三十年的铁矿石年度价格谈判机制解体。2010 年 4 月 21 日，铁矿石价格再创新高，达到每吨 186.5 美元；
- 2011 年 2 月 16 日，铁矿石价格达到历史最高点——每吨 191.9 美元。

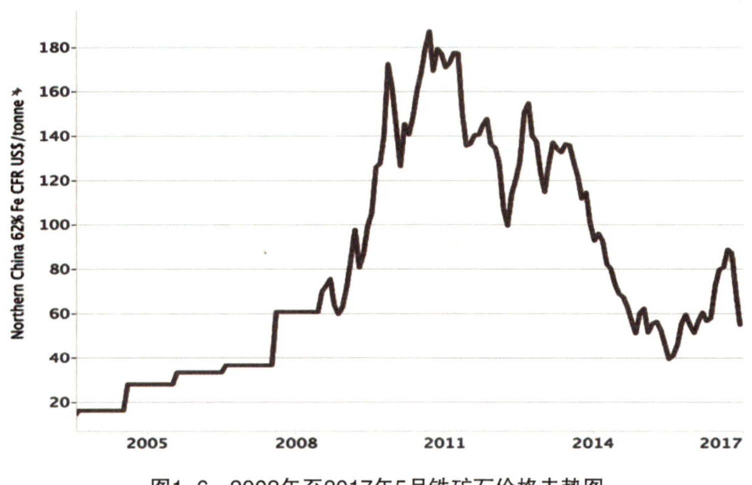

图1-6 2002年至2017年5月铁矿石价格走势图

铁矿石长期合同和年度价格谈判机制已成为历史，取而代之的是各种铁矿石价格指数，而围绕铁矿石的博弈却并未结束。

伴随铁矿石价格指数而来的“副产品”是离岸价（FOB 价）的废止和到岸价（CFR 价）的施行。对于国内的钢厂来说，则把海运费波动的风险推给了矿山，澳大利亚的矿山则较南非和巴西的矿山获得了不小的运距优势。

淡水河谷的铁矿石产地在巴西，在运距和运费上与产地在澳大利亚的力拓和必和必拓相比处于天然劣势。为缩小运费上的差距，淡水河谷不惜花费巨资打造自己的巨型铁矿石运输船队——35 艘载重量 40 万吨的干散货运输船，每艘造价高达一亿美元。2011 年 5 月，其第一艘船——362 米长、65 米宽的“淡水河谷号”下水，载着 39.1 万吨铁矿石驶往大连港。不料，中国交通部以威胁港口安全为由拒绝其靠岸。无奈，该船被迫改道驶往意大利。

2014 年 2 月，交通运输部将允许靠港最大吨位定在 25 万吨，暂时为“淡水河谷号”在中国靠岸判了“无期徒刑”。

淡水河谷也曾希望在中国建立其铁矿石配售中心。因未获中国政府批准，其配售中心建在了马来西亚。

其实，只要它想在亚洲建立一个配售中心，一定会有地方欢迎它的。把它排斥在中国以外的结果是，淡水河谷增加了成本，中国并未受益，而马来西亚则坐收渔人之利。

围绕着铁矿石的博弈归根到底是个供需的问题，交给市场是最好的解决办法。当年在由政府出面组织的一年一度的煤炭订货会上，煤电双方博弈的激烈程度不亚于铁矿石，取消了煤炭订货会，煤矿照样产煤，电厂照样发电。

其实，岂止是铁矿石，在铜、钾肥等矿产品和石油等能源产品中，中国作为全球最大的进口国之一，与供应方均有着相当程度的博弈。按照2016年10月份的价格和2015年的总需求计算，全球的石油市场有17,200亿美元的规模（图1-7中最外层大圆），而包括铁矿石在内的金属市场的总规模不过6,600亿美元。中国的石油进口总金额也远大于铁矿石进口总金额。

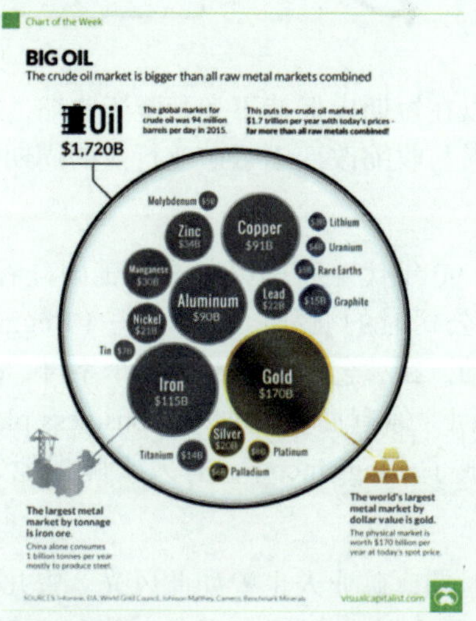

图1-7　几种金属与石油的相对市场规模（以价值计）

资料来源：视觉资产者（Visual Capitalist）

第三节　矿业行业的周期性

投资于矿业行业，离不开周期性。

源于资本逐利的本性和经济发展导致矿产品需求上升这两大根本因素，矿业行业在可以预见的未来逃不出周期性这一魔咒。这是因为经济发展的速度与矿产品供给的增长速度二者之间存在着脱节。在经济发展导致矿产品需求上升的时候，矿产品供给的增长往往滞后；而在经济发展减速、经济停滞乃至经济萎缩之时，矿产品供应的递减也往往滞后。经济规模的长期趋势无疑是增长的，进而导致价格上升⟹资金涌入⟹矿产品供给增加⟹价格下降⟹资金流出⟹供给增长停滞或供给下降⟹价格上升，如此周而复始。

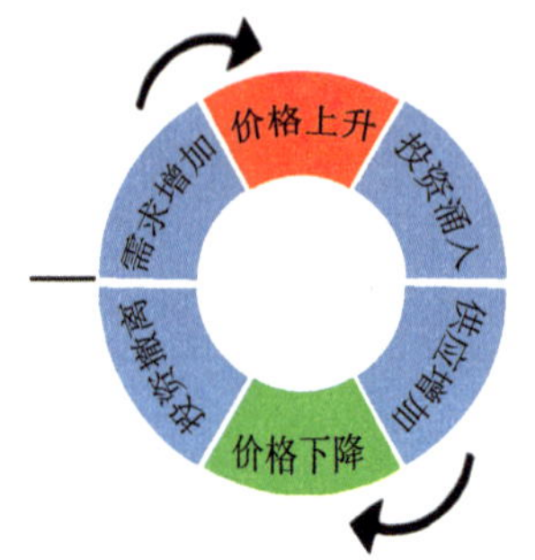

Low price cures low price.
低价位治愈低价位。

High price kills high price.
高价位扼杀高价位。

经济规模固然可以在短期内保持不变乃至于收缩，但其长期趋势无疑是增长的。因而短期的停滞与收缩改变不了矿业行业的周期性，只不过是影响了周期的长短。

有人描述 20 世纪 90 年代互联网兴起之时美国硅谷（Silicon Valley）的风险投资人追逐高科技公司时的疯狂：一位乞丐（Beggar）沿街乞讨多日，一无所获，忽然灵机一动，在“乞丐”前面加了个字母“e”（电子 electronics 的词头），很快就有人问“你有商业计划书（business plan）吗”。乞丐又在后面加了个“.com”，成了 eBeggar.com，有人干脆把他领走了，“说吧，要多少钱”。

矿业行业的疯狂时期，矿业人也曾如此风光。曾几何时，一“矿”难求，即使是划了块空白地，冠之以“矿权”，已足以使人神魂颠倒。然而，狂飙过去，当年的大部分“矿”已不复存在，为众多投资人上了“风险”投资的生动一课。

这倒也不都是坏事，挣钱令人兴奋，赔钱才使人成熟。

矿业行业萧条之时，市场上哀鸿一片：

- 矿业融资几近枯竭（图 1-8）。
- 从 2012 年起，多家大中型矿业公司的首席执行官黯然离职，这些在矿业行业的繁荣期本可成就一番事业的能人们可谓在错误的时间担任了错误的职务，不幸成了矿业周期的牺牲品和董事会的替罪羊，不啻悲壮。
- 自 2013 年起，矿业公司资产“减计”（见第五章第七节第一部分）蔚然成风。以全球最大的黄金公司巴里克黄金（Barrick Gold）为例，2013 年年中，仅其位于智利和阿根廷边界的帕斯秋 - 拉马（Pascue-Lama）项目即减计 51 亿美元。

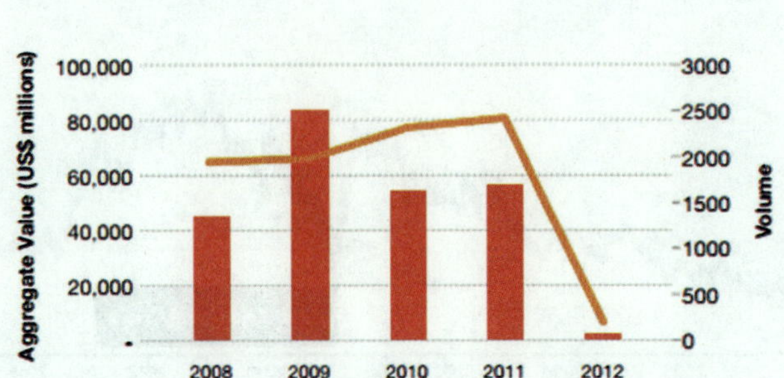

图1-8　矿业公司各年度总的融资规模

资料来源：普华永道（PricewaterhouseCoopers，缩写为 PwC）

【帕斯秋-拉马是全球最大的未开发金矿藏之一，2016年底的两级储量（金属量）达1,405万盎司（437吨），此外还有三级资源量（金属量）816万盎司（254吨），是十足的巨无霸。待开发的帕斯秋-拉马具有巨大的期权价值（见第五章第四节第四部分）。】

【在矿业公司的资产减计大潮中，唯有南非兰德黄金（Randgold Resources）因无须减计而巍然挺立，其首席执行官马克·布里斯托（Mark Bristow）也因此在业界享有盛誉。

多年来，兰德黄金坚持以每盎司1,000美元的黄金价格核定储量。布里斯托也对业界以牺牲现金流为代价的大举举债扩张提出严厉批评。他说："过去30年间，黄金行业只有2008~2011年的4年有正现金流。"】

- 大幅萎缩的现金流已不能支撑高筑的债台，大中型矿业公司纷纷出售资产，以偿还债务，改善资产负债表。
- 在加拿大，适逢政府开放药用大麻种植市场，从2014年初开始，陆续有十几家支撑不下去的初级矿业公司宣布，改种大麻。
- 当时的加拿大世纪铁矿有限公司（Century Iron Mines Corporation）则利用其与国内大型矿业公司合作的优势成为一家澳大利亚食品公司的独家代理，在中国卖鸡蛋！
- 到2015年下半年，大型黄金公司的股价跌到了14年前的水平（图1-9）。
- 自2008~2009年金融危机之后，2015年10月，全球矿业公司的总市值首次跌破一万亿美元。
- 2015年11月，英国巴克莱银行（Barclays）的分析说，过去5年矿业公司的市场表现是自1966以来的50年间最差的。

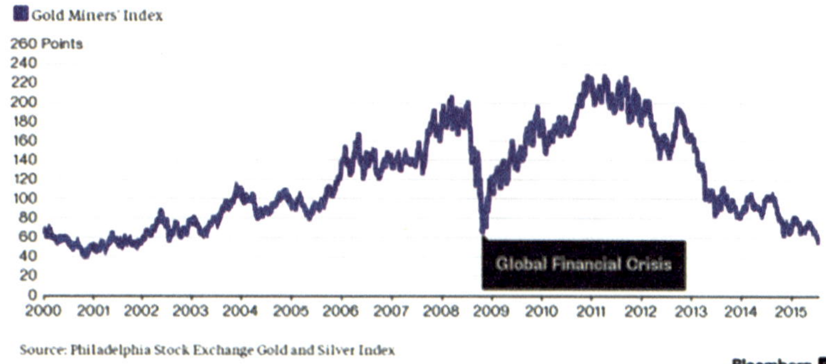

图1-9 黄金矿商指数走势图

资料来源：彭博通讯社（Bloomberg）

全球最大的矿产品贸易商、大型矿业公司瑞士嘉能可（Glencore plc，伦敦证券交易所交易代码 GLEN、香港联合交易所交易代码 805、南非约翰内斯堡交易所交易代码 GLN）在 2015 年 9 月底经历了惊险的一幕。

2015 年 9 月 28 日，伦敦英维斯泰克（Investec plc）分析师汉特·希尔阔特（Hunter Hillcoat）发布报告，称如果当时的矿产品价格持续下去，嘉能可的股票将一文不值！

嘉能可的股价当日下跌了 31%，创下了盘中 0.67 英镑的上市后的最低价。被借股做空（见第五章第四节第四部分）的嘉能可股票达到了 9,500 万股，占总股本的 0.7%。这对于富时 100（FTSE 100）指数成分股来说极不寻常。两周前刚刚以每股 1.25 英镑认购了新股的股东账面上损失了 46%！

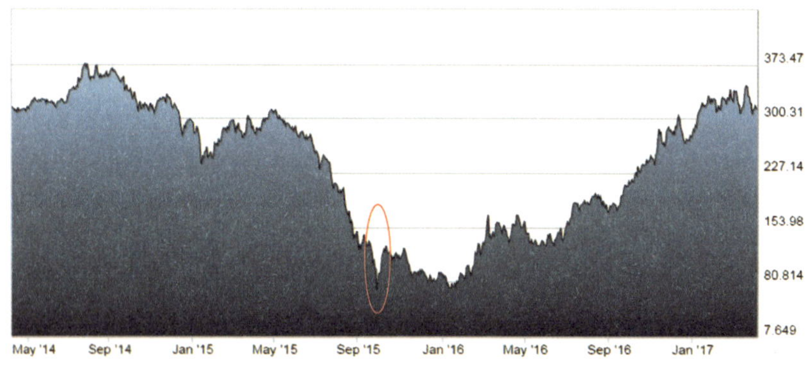

图1-10 嘉能可3年股价走势图（截止到2017年4月4日）

嘉能可人怒斥这份报告“胡扯”！

在嘉能可的危机公关下，市场很快就缓过神来，嘉能可的股价次日即强劲反弹。当时市场的神经就是那么脆弱，交易员们曾以为那是矿业界的“雷曼兄弟”（Lehman Brothers）时刻。希尔阔特本人也没想到市场的反应竟然如此强烈，赶紧出面澄清说：“我说的只是一种假定情况，即如果矿产品价格没有改观。”

当时的嘉能可净债务达 296 亿美元，在股东的压力下，正在通过发行新股、暂停分红、出售资产等各种手段力求偿还 102 亿美元的债务，以降低杠杆水平。贸易商本来杠杆就高，但是面对股东和市场的担心，嘉能可虽然并不情愿，也不得不采取措施。

嘉能可的前身由有“史上最伟大的商品贸易商”之称的马克·里奇（Marc Rich）于 1974 年在瑞士创立，1994 年通过 12 亿美元的管理层收购（management buy-out，缩写为 MBO）出售给了管理层和员工。

里奇生于比利时安特卫普，是一名犹太难民的儿子，后加入了美国国籍。20 世纪 70 年代，为摆脱大型石油公司对石油的控制，他创立了石油现货交易市场；80 年代，他违背美国禁令，与伊斯兰革命后的伊朗交易石油，因为与伊朗的非法交易以及逃税被美国政府起诉，并受到美国联邦调查局（FBI）的通缉。1983 年，他在美国政府对他提出指控以前逃往瑞士，成了逃犯。2001 年 1 月，美国总统比尔·克林顿（Bill Clinton）在任上的最后一天豁免了他，但他再也没有回到美国，并放弃了美国国籍。

2013 年 6 月，78 岁的里奇因脑中风辞世，结束了他传奇而极富争议的一生。

嘉能可于 2011 年 5 月在伦敦和香港两地上市，市值达 610 亿美元。时值矿业行业的巅峰时代，嘉能可可谓占尽风光。2013 年 5 月，经过 450 天的跌宕起伏，又以 300 亿美元的全股票交易兼并当时的超达（Xstrata plc），铸就了今天的嘉能可。

嘉能可的首席执行官、南非人伊万·格雷森博格（Ivan Glasenberg）是有名的工作狂，他的名言就是“没工夫去海边”。

2017 年 3 月 2 日，嘉能可发布了 2016 年年报（表 1-3）。

表 1–3 嘉能可各年度财务指标

年度	2014	2015	2016
税后利润（亿美元）	23.08	-49.64	13.79
经营现金流（亿美元）	101.69	66.15	77.70

格雷森博格禁不住感叹，一年半间，恍若隔世。

如果说嘉能可只是虚惊了一场，美国最大的煤炭公司皮博迪能源则是死里逃生。

皮博迪能源有限公司（Peabody Energy Corporation，纽约证券交易所交易代码 BTU）是除国有企业以外全球最大的煤炭公司，位居《财富》全球 500 强（Fortune 500）之列，资产横跨五大洲 25 个国家。

2016 年 4 月 13 日，皮博迪能源寻求《破产法》第 11 章项下的破产保护。

破产保护使债务人在不能按原来的债务条款按期偿付借款本息的情况下暂时停止偿付债务，以期赢得时间，通过出售资产偿还债务、债转股等方式与债权人达成业务与债务重组协议。不能达成重组协议的，进入破产清算。

煤炭作为大宗商品有其自己的基本面，与其他矿种的联动性未必很强，但在这一轮矿产品下跌的行情中却引领行情，跌速之快、跌幅之深令各煤炭公司猝不及防。现金流迅速衰减的高杠杆的煤炭公司捉襟见肘，无力按期偿债，皮博迪能源便是其中之一。然而，进入破产保护之日也是煤炭市场恢复之时，煤炭价格（图 1-11）恢复之快同样令人瞠目结舌。

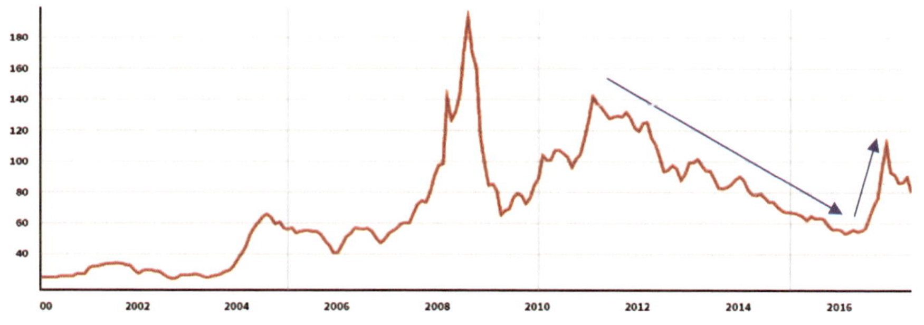

图1-11 2000年1月1日至2017年5月31日澳大利亚动力煤价格走势图

如果不是煤炭价格的迅速恢复让债权人看到了希望，皮博迪能源的命运可就不好说了。

2017 年 4 月 3 日，皮博迪能源公告，已与所有债权人达成债务重组协议，股票于次日在纽约证券交易所恢复交易。经过一年的洗礼，浴火重生。

嘉能可和皮博迪能源境况的好转是矿业界的一个缩影。2017 年初，对于 2015 年间被沉重的债务负担压得喘不过气来的矿业公司，媒体的看点则是，他们手里大把大把的现金打算怎么化?

各公司纷纷通过提高分红、股票回购等手段向股东返利。

无疑，支撑着矿业周期的长期基本面（fundamental）依然是完整的：

- 2013 年 9 月，美国著名咨询公司麦肯锡（McKinsey）预测，到 2030 年，全球对钢材的需求将在 2010 年的基础上增长 75%；
- 一个基本共识是，到 2050 年，全球人口将从现在的 70 亿增长到 90 多亿；
- 2013 年 12 月，美国著名智库布鲁金斯学会（Brookings Institution）预测，到 2020 年，全球中产阶级的人数将从当时的 18 亿增长到 32 亿，到 2030 年将增长到 49 亿，而中产阶级是消费需求增长的主要动力；
- 与需求日益增长相对应的是，矿业行业“挂枝低的果子已被摘尽”，老矿山日益衰竭，平均开采深度越来越深，平均品位越来越低，而新矿山的发现，尤其是大矿的发现愈加稀少；
- 2015 年 10 月，国际著名咨询公司伍德·麦肯锡（Wood Mackenzie）警告说，如果矿业行业不能追加其本应投入而未能投入的 1,500 亿美元的投资，矿产品供应短缺的局面必然出现。

人们常说，市场触底的时候，没有人敲钟通报。然而这一次，虽然没有钟可敲，摩根士丹利（Morgan Stanley）真的通报了。2015 年 10 月，摩根士丹利从当时矿业公司的估值等多个角度提醒投资人，矿业市场最黑暗的时候正在成为过去。

图 1-12 是几个行业性股价指数（见第二章第六节第八部分）和两个交易所交易基金（exchange traded fund，缩写为 ETF）截止到 2017 年 6 月 8 日的 3 年走势图：

- 黑色：GDX；
- 蓝色：GDXJ；
- 红色：标准普尔 / 多伦多证券交易所环球黄金指数，TTGD；
- 绿色：标准普尔 / 多伦多证券交易所环球有色金属指数，TXBM；
- 橙色：标准普尔 / 多伦多证券交易所环球矿业指数，TXGM

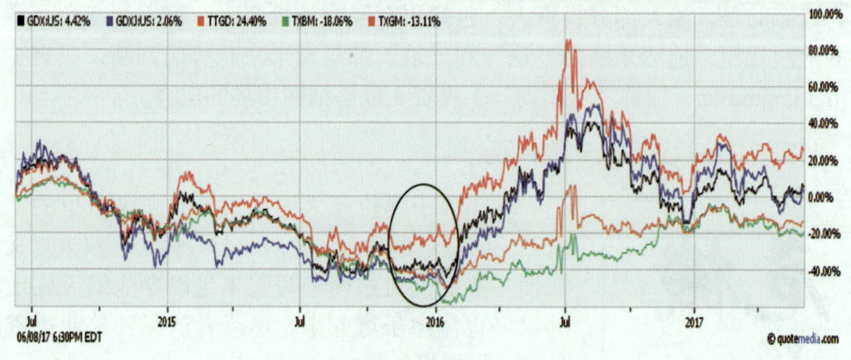

图1–12　股价指数和ETF走势图

在美国纳斯达克（NASDAQ）上市的两个 ETF，美国万艾克（Van Eck）基金管理公司管理的 GDX 和 GDXJ 常被用于黄金行业的景气度的度量和某一黄金公司股价表现的参照基准（benchmark）：

- GDX：万艾克矢量黄金矿商 ETF（VanEck Vectors Gold Miners ETF，代码 GDX），用于度量大型黄金公司；
- GDXJ：万艾克矢量小型黄金矿商 ETF（VanEck Vectors Junior Gold Miners ETF，代码 GDXJ），用于度量中小型黄金公司。

通俗地说，ETF 是可以像股票一样便利地交易的基金，它兼有股票和共同基金（mutual fund）双重特性。一方面可以像股票一样通过交易所方便地买卖，另一方面像共同基金一样披露其持仓情况、管理费等，有的还可以赎回其持仓标的。正是这种便利性使 ETF 刚一面世便获得了空前的发展，追踪各种股票、债券、商品、指数等标的物的 ETF 早已遍地开花，为缺乏专业知识和专门的交易手段但又有意投资于这些金融产品的投资人提供了便利。

分析出来的也好，蒙上的也罢，摩根士丹利当时是看对了。

第四节　逆市投资

矿业投资相当程度上做的是周期。成功的投资大多始于低谷时投资、高潮时收获，然后稳健发展，以期安然渡过下一个低谷。

矿业行业低迷的时候，表面上看来给人一种分崩离析的感觉。然而，恰恰是这种分崩离析蕴含着创造下一个繁荣的巨大能量，对于投资人来说，这才是绝好的进入时机。投资，简单说来，不过是低买高卖。熊市创造的正是低买的机会。上一波行情赚了钱的不是在市场的高点进入的，而是在市场的低点进入的投资人。遗憾的是，绝大部分投资人，包括很有经验的投资人，都不能幸免高买低卖的随波逐流，追涨杀跌之“追”和“杀”都是对未来趋势的判断，只有少数逆市（contrarian，或称“反周期”）投资人能够把握市场的机会。

其实，逆市投资便是顺势投资。

不知源于哪位高人的洞察，原来汉语里的“危机”一词竟然蕴含着“危险”与“机会”双重意义，致使一些老外对这两个写起来足以令他们天旋地转的汉字也津津乐道起来。愿读者认识到矿业投资的风险，也把握住其中巨大的机会。

这个世界早已是多极和多维的，抄底基本上是可遇而不可求的不可重复事件。有幸抄到了底，可以作为茶余饭后的谈资不时过过嘴瘾，但若相信自己具备了永续的抄底能力，则未免幼稚了。

这一轮低迷，矿业并没有一切归零而推倒重来，下一轮繁荣也不会是上一轮牛市的简单重复。在矿业市场已然复苏之时，我们应该做好功课，整装待发。

第二章

国内外矿业方面的显著差异

国内外在矿业公司的发展和矿业项目的运营上有着一些显著的差异，这主要体现在对矿业投资的认识、融资途径、所采用的技术标准、对可研的认识及政府审批矿业项目时主要关注的问题等方面。本章对这些方面做了一些简要叙述，并在贯穿本书的各个章节中进一步论述。

印度尼西亚格拉斯博格（Grasberg）铜金矿

第一节　资本市场与其他软性基础设施

以证券交易所为代表的资本市场是矿业公司的主要融资渠道，这一点在国外矿业公司，尤其是以勘探业务为主的所谓“初级矿业公司”（详见第三章）的发展中体现得非常充分。本章第六节将对几家主要的境外资本市场予以点评。

国内对公司上市的要求较为严格，即使是创业板，也要求拟上市公司有利润。这一要求使无现金流、自然无利润可言的初级矿业公司和其他类型的成长型公司无缘资本市场，致使其融资渠道十分有限。而境外几个主要的矿业资本市场对现金流和利润均无要求（见本章第六节），这是境内外在资本市场方面的一个实质性的差别。

此外，国外绝大多数上市公司股权相对分散，没有“实际控制人”，有助于平衡全体股东的利益与加强公司治理。

随着国内“多层次资本市场体系”的建设和发展，成长性公司的上市已曙光初现，初级矿业公司应该作为一个板块享有一席之地，相应的法律法规、上市规则与监管体系的建设则是其奠基之石。

一个国家或地区以交易所为代表的资本市场是否在某一领域较为发达和成熟，不仅体现在是否有较为完善的法律法规、政府监管体系和交易所上市规则，同样重要的是与资本市场相配套的其他“软性基础设施”—— 各种专业服务是否较为完备。这些专业服务机构主要有：

◇ 投资银行

投资银行掌握着大量的资料和数据，交易设计、分析和撮合能力强。尤其是大型、结构复杂的交易，常常离不开投资银行的协助。

◇ 律师事务所

在成熟的法律体系下，每小时收费几百美元的律师们已经是商业交易中不可或缺的角色。无论身处哪个行业，如果说董事会和管理层对一项交易的商务条款可能胸有成竹，没有人敢冒险不用专业律师为合同把关。须知，一旦出现争议，合同怎么写的便是仲裁和诉讼的主要依据，而对一些并不涉及违反法条的商务细节，合同的条款乃至于用词、措辞的不同都可能有不同的法律后果，仲裁与诉讼的胜负系于一词的案例并不罕见。

合规（compliance）而防患于未然也是法律服务的重要内容。

此外，上乘的法律文件不仅在法律上绝少瑕疵、合规上少有漏洞，结构严谨，逻辑清晰，文字上也富于美感，读来赏心悦目。正如不是名片上印着高级地质师头衔的每一位都能为你找到矿，律师和律师的层次也差异明显。

◇ **会计师事务所**

会计师事务所的传统业务主要是审计，但各大会计师事务所无一例外地拓展了各方面的咨询服务，甚至包括投资银行业务，致使其审计业务的比重逐渐降低了。这显然也是市场需求所致。

税务服务也是会计师事务所的主要业务之一。当代投资机制和税务结构的多样化为投资人合法避税提供了不同的选择，也使税务设计变得十分必要而复杂，尤其是对于跨境投资。粗放的投资结构很容易使投资人在不经意间流失本可以合法规避的税赋。

◇ **技术咨询和设计研究机构**

与矿业相关的技术咨询和设计研究机构（engineering firm）为矿业公司提供各方面的技术支持与服务以及出具合规的技术报告，也是软性基础设施不可或缺的一部分。

Engineering 一词辞典里译为“工程”，汉语里指的是施工（construction），英文里的engineering指的是比“设计”略为宽泛的“设计+研究”这类性质的工作。国外的 engineering firm 大体上相当于国内的设计研究院，而不是施工单位。

这些软性基础设施都是资本市场的重要组成部分。

作为业主，重要的不仅是能否充分利用这些服务，能否有效地组织和指挥这些顾问机构也是关键所在，不能以为有了顾问就可以做甩手掌柜。高手论事，隔着的不过是一层窗户纸。捅破一层窗户纸举手之劳，易如反掌，但看出这层窗户纸的存在却需要十年八年的功夫。你的功夫有多深，你的顾问与你聊上不到半小时就能有个不错的判断。

以投资银行为例，他们固然希望协助业主做好交易，且建立起长期的业务关系，但在当年利润、个人奖金等短期利益的驱动下，也不能排除为完成交易而“忽悠”客户的情况。很多投资银行家确实有把一泡屎装进一个漂亮的盒子，上面涂上奶油，然后当蛋糕卖出去的本事。毕竟他们挣的就是中介费，没有交易也就没有中介费。此外，面对外行的客户，他们也难免店大欺客。

第二节　采用的信息披露标准

矿业行业中国际上比较著名的几个信息披露标准有：

- 澳大利亚的 JORC 标准；
- 加拿大的 NI 43-101 标准；
- 南非的 SAMREC 标准（南非勘探结果、矿产资源量与矿产储量报告标准（South African Code for the Reporting of Exploration Results, Mineral Resources and Mineral Reserves））。

这大概与这几个国家矿业的历史、矿业行业的发展水平、矿业在国民经济中的地位、矿业板块在资本市场上所占的比重、矿业行业的监管架构等因素有关。这些标准的制定背景不同，初始理念与出发点各异，但在很多方面，尤其是核心内容上，有很大的相似性，且在不断演进的过程中互相参考与借鉴，大有渐渐趋同之势。令人感慨的是，这种演进很大程度上并不是由于技术进步所致，而是出于投资者保护的要求。

其他与这些标准在核心内容上有实质性相似性的标准还有：

- 泛欧勘探结果、矿产资源量与储量报告标准（Pan-European Code for Reporting of Exploration Results, Minerals Resources and Reserves，简称 PERC）；
- （智利）勘探前景、矿产资源量与矿石储量认定标准（Certification Code for Exploration Prospects, Mineral Resources and Ore Reserves）。

上述"核心内容"主要是指资源量和储量的定义与分类方法，在本章第三节介绍。上述各标准在资源量和储量的定义与分类上都遵从了"矿产储量国际报告标准委员会"（Committee for Mineral Reserves International Reporting Standards，简称 CRIRSCO）的框架。

澳大利亚的 JORC 标准和加拿大的 NI 43-101 标准是国内矿业投资人接触最多的标准。本书并不深究其技术层面的具体细节，而仅对其理念及核心内容做简要介绍。

矿业有其内在的复杂性，矿业行业的发展又已与资本市场息息相关。一套标准既要考虑到这种复杂性，也要满足不同方面的要求，一般会照顾到如下因素：

- 适用于各种不同成矿类型的、规模从几十万吨到几十亿吨的各种金属与非金属矿种（尽管对某些矿种可能有额外或例外的情况）；

- 适用于市值从几百万（乃至于几十万）美元的初级矿业公司到几百亿（乃至于一千多亿）美元的大型跨国公司（尽管对达到一定规模的生产型矿业公司有一些豁免）；
- 矿业公司既能合规地报告与披露矿业活动，又不至于不堪合规的重负；
- 行业学会 / 协会侧重于科学技术水平的体现与行业的发展；
- 证券监管机关和证券交易所侧重于投资者保护与合规；
- 证券交易所希望本地资本市场具有国际竞争力；
- 为境外公司前来上市，或本地公司因运营境外项目而需遵循当地标准提供便利；

客观地说，这并不是一件容易的事。

事实上，由于出发点不同，行业学会 / 协会与证券监管机关和证券交易所的不同意见在不同国家均有发生。

矿业行业在美国并无显要地位，美国证券与交易委员会（U.S. Securities and Exchange Commission，简称 SEC）专门针对矿业项目的规定非常有限。行业组织——采矿、选矿与勘探协会（Society for Mining, Metallurgy and Exploration，简称 SME）一直在努力将其制定的标准纳入 SEC 的规则，至今未果。SEC 只要求储量表（reserve statements），认为资源量（resources）容易被滥用而误导投资人，因此不认可资源量。此外，在测算储量时，SME 建议按业内惯例采用未来预测价格，而 SEC 要求用过去三年的平均价格。

即使在矿业人气旺盛的澳大利亚，在最近一次的 JORC 标准修订中，各方面的理念也发生了明显的碰撞。澳大利亚证券交易所拟引入加拿大 NI 43-101 更具"规定性"的要求，而联合矿石储量委员会认为仍应坚持其"基于原则"的主旨。协商未果后，证券交易所自行发布了征求意见稿，联合矿石储量委员会则借助于媒体呼吁业界支持。随即各方在媒体上打起了口水仗，联合矿石储量委员会成员单位之一的澳大利亚地学师学会（Australian Institute of Geoscientists，简称 AIG）公开支持联合矿石储量委员会及其"基于原则"的主旨，而监管机构澳大利亚证券与投资委员会（Australian Securities and Investment Commission，简称 ASIC）则对证券交易所强化信息披露之举表示欢迎。两派的分野生动地说明了"屁股决定脑袋"（坐在哪儿就思考哪儿的问题）。修订后的现行版本是各方妥协的结果，在"原则性"与"规定性"之间取得了不错的平衡。

本节简要介绍澳大利亚 JORC 标准和加拿大 NI 43-101 标准，但把与资源量和储量有关的内容放在本章第三节介绍，把与项目可行性论证有关的内容放在第四节介绍。

重要提示

本节及下面的第三节和第四节并不是对JORC标准与NI 43-101标准的全面解读，而仅是对作者认为重要的理念及内容的简要介绍。希望对JORC标准与NI 43-101标准做全面了解的读者需寻求其他途径。

一、澳大利亚JORC标准

全称为“澳大拉西亚勘探成果、矿产资源量和矿石储量报告标准”（Australasian Code for Reporting of Exploration Results, Mineral Resources and Ore Reserves），因其最初由“澳大拉西亚联合矿石储量委员会”（Australasian Joint Ore Reserves Committee，英文缩写为JORC）推出，故简称“JORC标准”（JORC Code）。

之所以名为澳大拉西亚，大概是因为该标准也已为新西兰证券交易所接受。

JORC始创于1971年，由下述机构的代表组成：

- 澳大利亚矿产理事会（The Minerals Council of Australia, 简称MCA）；
- 澳大拉西亚采矿与选矿学会（The Australasian Institute of Mining and Metallurgy，简称The AusIMM）；
- 澳大利亚地学师学会（Australian Institute of Geoscientists，简称AIG）。

JORC的来由最初也是源于市场的无奈。

1969年10月1日，名为“海神”（Poseidon NL）的一家矿业公司在开市前向当时其上市的阿德莱德证券交易所（Adelaide Stock Exchange，早已并入澳大利亚证券交易所）发去新闻稿，披露其在澳大利亚西澳州的项目上钻遇3.56%的镍，在当时处于繁荣期的矿业市场上掀起了不小的波澜。这一业外人士看起来十分平常的数字引起了业内的议论——品位竟然精确到了小数点以后两位！以当时的化验分析手段，听起来过于精确了。事后核实发现，品位有很大出入。在此背景下，墨尔本证券交易所（Melbourne Stock Exchange，也早已并入澳大利亚证券交易所）和澳大利亚联邦政府请求澳大利亚矿产理事会制定一个标准。随即澳大拉西亚采矿与选矿学会加入进来。这便是JORC这一机构的最早的由来。

第一套JORC标准于1989年推出，而后于1992年、1996年、1999年、2004年和2012年数度修订，最新的版本于2012年修订后于2013年12月1日生效。

JORC标准相继为众多国家所借鉴。尤其是其资源量与储量分类方法，更是国际上的开山祖师，客观上成了国际矿业行业现代资源量与储量分类与报告的奠基性的标准。

JORC标准分别于1989年和1992年纳入澳大利亚证券交易所和新西兰证券交易所（New Zealand Stock Exchange）的上市规则（Listing Rules），成为其上市矿业公司通过“公众报告”（Public Report）公开披露信息的强制性合规标准。

JORC标准开宗明义——是通过公众报告公开披露矿产资源行业的下述内容的最低标准、建议与指导原则：

- 勘探结果；
- 矿产资源量；
- 矿石储量。

所谓“公众报告”，是指向投资人或潜在投资人及其顾问就勘探结果、矿产资源量和矿石储量提供信息而编制的文件或资料，包括但不限于年度报告、季度报告、公司公告、公司演示文稿、公司网站上的资料、信息备忘录、技术文章等。可以看出，“公众报告”力图将所有需要公开披露的资料一网打尽。

多年来，JORC标准秉承其“基于原则的”（principle-based）的主旨，即只明确了应该遵循的指导原则，而具体细节留予“有资质人士”（Competent Person）去把握。与加拿大NI 43-101标准为证券监管与投资者保护之目的而很具“规定性”（prescriptive）相比，JORC标准更多的是出于矿业行业发展的技术上的需求。

没有人喜欢约束，JORC标准因其对业界较为“友好”（friendly）而颇受业内欢迎，因此有人认为在投资者保护方面显得“松”了些。事实上，JORC标准中也有很多“规定性”的条款，且在其最新版本中，在澳大利亚证券交易所和澳大利亚证券与投资委员会的强力推动下，这种“规定性”得到了进一步加强。

1. JORC标准的三大原则

◇ **透明性（Transparency）：**

要求公众报告向其读者以清楚而不含糊的方式提供足够的信息，使读者明白报告内容，而不致被该信息误导或因报告中遗漏有资质人士已知的实质性信息而受到误导。

◇ **实质性（Materiality）：**

要求公众报告含有投资人及其专业顾问为就所披露的勘探结果、矿产资源量和矿石储量做出有经验的和理智的判断所合理地需要和合理地预期能够在报告中找到的所有有关信息。

◇ **资质（Competence）：**

要求公众报告基于受可强制执行的专业性职业道德规范（Code of Ethics）约束的、有合适的资质的、有经验的人士（“有资质人士”）所做的工作。

透明性与实质性是 JORC 标准的指导原则，但不是空泛的原则，而是贯穿于整个标准的灵魂。标准中的条款则是对此二原则的阐释和具体化。而有资质人士必须就勘探结果、矿产资源量和矿石储量所依托的实质性假定条件予以说明，且不得就可能影响矿化价值或公众认识的实质性事项保持沉默。为此，JORC 标准附有分为几大部分、内容详尽的附表，列有哪项工作在公众报告中需提供哪些内容的极其详尽的清单，并要求，如果某项内容在公众报告中未被涉及，有资质人士要按照“如果没有，为何没有”（if not, why not）的原则解释其原因。

透明性和实质性是实实在在的可执行的原则。通俗地说，不能报喜不报忧。如果钻了 10 个孔，6 个不错，4 个不好，全部 10 个钻孔的结果都要充分披露。而如果凭空“造”出来根本就不存在的钻孔，那更是直截了当的犯罪了，要负刑事责任。

英文里“合理”（reasonable/reasonably）一词的内涵较汉语里的“合理”要丰富得多。该词遍布于 JORC 标准与 NI 43-101 标准之中。事实上，reasonable/reasonably 一词也常见于法律法规及英文合同中，它不是空泛的，而是可执行的，在法律上则是可诉的。也就是说，法官可以判定某一方因“不合理”（unreasonable）而败诉，在某些情况下可以理解为“不讲道理”。为此，本节后面附有一例澳大利亚最高法院就如何理解与执行合同中“尽其合理地努力”（use reasonable endeavours）这一表述的高调的判例。

从字面上看，“合理”与“合理性”（reasonableness）似乎含有相当的主观性。然而，NI 43-101 标准的附则解释说：如果对如何理解标准中的定义和如何执行标准中的要求需要做“合理性”判断，其标准是客观的，而不是主观的，并引用普通法（common law）中“讲理的人”（resonable person）的概念对这一原则予以进一步阐释——矿业公司高级管理人员或有资质人士就所考虑的事项不能仅按自己相信什么做判断，而必须就一个讲理的人会相信什么形成自己的意见。

希望上述解释有助于读者理解英文语意环境中的“合理”与“合理性”。

2. 有资质人士（Competent Person）

不同国家的标准中所用的术语不同，意义则相近。比如，加拿大称为Qualified Person，智利称为Competent Qualified Person。

与国内将资质授予“地勘单位”不同，国外多将资质授予个人，为人员流动和有资质人士独立执业提供了方便。

JORC标准对有资质人士的要求如下：

- 是下列组织的会员（Member）或资深会员（Fellow），这些组织有可强制执行的纪律性程序，包括暂停会员资格或开除会员的权利：
  - ➢ 澳大拉西亚采矿与选矿学会；
  - ➢ 澳大利亚地学师学会；
  - ➢ 联合矿石储量委员会（JORC）和澳大利亚证券交易所（ASX）网站上公布的，经认可的专业组织；
- 就所涉及的成矿类型或矿藏类型有至少五年的相关经验；
- 如果有资质人士所编制的文件是关于勘探结果的，其相关经验必须是勘探方面的；
- 如果有资质人士承担的工作是估算或监督估算矿产资源量，其相关经验必须是估算或评价矿产资源量；
- 如果有资质人士承担的工作是估算或监督估算矿石储量，其相关经验必须是估算或评价矿产储量或矿产储量的经济开采。

上述要求说明，是否能作为有资质人士与所要承担的工作有关，有资格承担某一项工作的有资质人士未必能够作为有资质人士承担另一项工作。这里的关键词是“相关”，JORC标准为此提供了相应的指引。

公众报告所基于的勘探结果、矿产资源量和矿石储量必须由有资质人士编制，或在有资质人士的指导下编制，有资质人士需签字，并同意被引用。但是，JORC标准规定，公众报告的责任在于矿业公司。

3. 勘探结果

JORC标准对勘探结果（Exploration Results）也做了定义：

勘探结果包括从矿产勘探中得到的资料和信息，这些资料和信息可能对投资人有用，但还不能构成矿产资源量或矿石储量。

这一宽泛的定义已将估算矿产资源量以前的化探、物探、钻探等所有勘探工作囊括在内。JORC 标准为此明确了原则性的要求，比如：

- 关于勘探结果的公众报告必须包含足够的信息，以使读者可以对勘探结果的重要性做出经过深思熟虑的、均衡的判断；
- 关于勘探结果的公众报告不许不合理地暗示已发现具有潜在经济开采价值的矿化体；
- 不得无上下文地、有选择性地披露诸如个别化验分析结果、个别钻孔结果、已淘洗精矿化验分析结果、浅生富集土壤或地表取样化验分析结果等。

4. 勘探目标

JORC 标准允许讨论勘探目标（Exploration Target），并将其定义为：

勘探目标是关于一个确定的地质构造（setting）中的一个矿藏的勘探潜力的表述或估计，该表述或估计系关于尚无足够的勘探工作量以估算其矿产资源量的矿化体，以矿量的一个范围和品位的一个范围的形式表示。

对勘探目标的表述必须使其不至于被误解为矿产资源量或矿石储量。JORC 标准规定了勘探目标的披露要求。

5. 其他

- 矿业公司必须披露可能实质性地影响勘探结果、矿产资源量与矿石储量的经济性的全部资料；
- 规定了在把多金属矿中的伴生金属折算成主要金属，进而以该主要金属的“当量品位”（equivalent grade）描述整个矿藏时必须提供的资料的最低要求；
- 明确规定，发布勘探结果和矿产资源量的“原地价值”（in situ 或 in ground financial valuation）违反“透明性”与“实质性”原则。比如，某黄金矿藏有 100 万盎司黄金金属量，在未做经济可行性分析之前不能确定该矿藏是否具有经济开采价值，也因此不能发布该矿藏的原地价值。

建议熟悉英文的读者仔细咀嚼英文原文，体会其精神与思想，乃至于盈溢于字里行间的对矿业经营的深邃的阐释。从这个意义上说，JORC 标准也是一部不错的培训教材。意外的收获是，虽是监管标准，却不乏语言文字之美，令人不禁赞叹，世人脑海中粗犷的矿业委实可以是一门艺术。

除了规范信息披露方式以外，澳大拉西亚采矿与选矿学会（AusIMM）还发布了一些非强制性的，但作为行业良好惯例的技术和经济类指引，供有资质人士在实际工作中参考，比如：

- 矿产资源与矿石储量估算指引（Mineral Resource and Ore Reserve Estimation）；
- 成本估算手册（Cost Estimation Handbook）。

二、加拿大 NI 43-101

全称为《国标 43-101 – 矿产项目披露标准》（National Instrument 43-101 - Standards of Disclosure for Mineral Projects）。除该标准本身以外，还有两个附属文件：

- 国标 43-101 – 矿产项目披露标准：是必须遵守的信息披露与技术报告备案的规则；
- 表 43-101F1（Form 43-101F1）：是必须向证券监管机关备案的技术报告的目录、编制与内容的具体要求；
- 附则 43-101CP（Companion Policy 43-101CP）：是标准的某些规定应该如何理解与应用的意见。

NI 43-101 标准是法，而附则不是法。其差别在于，法必须遵守，附则应该遵守。

顾名思义，这是一套规范矿产项目“信息披露”的标准，为证券监管与投资者保护而制定。因此，其出发点与澳大利亚 JORC 标准不同。并且，该标准历经两次修订，其“规范信息披露”这一主旨不仅未曾有丝毫动摇，且在不断得以加强。倒是澳大利亚 JORC 标准的最近一次修订借鉴了 NI 43-101 标准的很多理念与做法。

如果说澳大利亚 JORC 标准更大程度上是“基于原则的”（principle-based）标准，其制定由专业人员主导，加拿大 NI 43-101 标准则更具“规定性”（prescriptive），律师起了很大作用。表 43-101F1 明确规定了技术报告的格式和目录，颇有“八股文”的意味。这种“必须这样，不许那样”的“格式化”的规定性无疑增加了矿业公司的合规成本，也颇受澳大利亚同行的揶揄——他们谑称“NI 43-101 标准是顾问们为自己（创造工作量）而编制的（NI 43-101 was written by consultants, for consultants）”。但很多澳大利亚业内人士也认为，JORC 标准应该予以强化，尤其是在监管方面。其再次修订后的现行版本体现了这种思想。

这种“规定性”体现在很多“必须”（must）、“不得”（must not）、必须使用某些术语与定义、不得使用某些术语、规定披露内容与格式等方面，很大程度上以格式约束内容，把矿业实践中可能误导和欺骗投资人的行为从信息披露的格式和方式上加以约束，使误导性和欺骗性信息难以隐形，进而提高内容的可靠性。

NI 43-101 这一主旨与其推出的背景有关。

1997 年，加拿大发生了上市公司布莱克斯矿产有限公司（Bre-X Minerals Ltd.）勘探资料作假这一重大诈骗丑闻（具体见第九章第四节）。其涉及金额之巨，影响范围之广，对矿业投资人信心打击之大，可谓空前。在这个背景之下，加拿大安大略证券委员会（Ontario Securities Commission）与多伦多证券交易所（Toronto Stock Exchange）组织制定了 NI 43-101 标准，并于 2001 年 2 月正式生效、实施。

该标准曾于 2005 年修订，最近一次的修订稿于 2011 年 6 月 30 日生效。

1. NI 43–101 标准的三大支柱：

- 信息披露标准——规定披露标准，禁止某些披露方式；
- 有资质人士（Qualified Person）——信息披露需由有资质人士编制，或在有资质人士监督下编制，或经有资质人士批准；
- 技术报告（Technical Report）——需按规定格式及内容在某些情况下编制并备案技术报告。

2. 适用性：

适用于加拿大所有上市与非上市矿业公司。

适用于与当事矿业公司的“实质性的”（material，或称“重要”）项目有关的所有信息披露：

- 一个项目对一家矿业公司的“实质性”（materiality，或称“重要性”）由当事矿业公司确定（附则 43-101CP 提供了指引）；
- 所需披露的信息的实质性（重要性）由有资质人士确定；
- 包括口头与书面信息披露；
- 书面信息披露需包括编制、监督编制或批准该信息披露的有资质人士的姓名及其与公司的关系；
- 包括公司网站上的资料和其他对外发放的公司推介资料。

3. 信息披露

信息披露的首要责任在董事会和管理层。

◇ **必须的信息披露方式**

对书面信息披露做了非常明确、细致的规定，像书面披露勘探信息（exploration information）必须包括哪些内容。

比如，如果矿业公司书面披露其实质性项目的取样与化验分析结果，该信息披露必须包括六项内容：

- 所取样品的位置和类型；
- 钻孔的位置、方位角和斜角以及取样孔段的深度；
- 相关分析结果、厚度及已知见矿矿段真实厚度的概括；
- 较低品位矿段内的特高品位矿段的分析结果；
- 可能实质性地影响资料的准确性与可靠性的任何钻探、取样、回收率或其他因素；
- 所采用的化验分析程序的类型、样品规格、化验室的名称与地点以及化验室与矿业公司的关系的概括性描述。

这是典型的以格式约束内容。

◇ **禁止的信息披露方式，比如：**

- 不得披露矿藏或取样矿段或钻孔岩心矿段中所含金属或矿物的价值（因其未考虑成本、回收率等有关因素）；
- 除非同时披露用于确定当量品位的每一金属或矿物的品位，否则不得披露多矿种矿藏或取样矿段或钻孔岩心矿段以某一金属或矿物表示的当量品位。

◇ **限制性信息披露方式（加谨慎提示用语），比如：**

可以书面披露以一定范围的形式表示的勘探靶区的潜在规模和品位，但每一次均要以同等突出的方式提示：（a）该潜在规模和品位是概念性的，尚无足够的勘探工作量以确定资源量，且进一步勘探是否能够圈定资源量具有不确定性。（b）说明确定潜在规模和品位的依据。

NI 43-101 标准也对引用邻区资料做了规定，以免有“他们找到了……所以我们也会找到……”之类的误导。

4. 有资质人士

无论把格式规定得多严格，具体内容，如资料收集、分析与核实的标准和方法，尤其是作为矿产项目核心价值体现的资源量和储量的估算，还得由有资质人士把握，并为其负责。

在 NI 43-101 标准以外，加拿大采矿、选矿与石油学会（Canadian Institute of Mining, Metallurgy and Petroleum，缩写为 CIM）发布了一些指导原则，如：

- 2000 年 8 月 20 日实施的《勘探最佳惯例指引》（Exploration Best Practice Guidelines）；
- 2003 年 11 月 23 日实施的《矿产资源量与矿产储量估算最佳惯例指引》（Estimation of Mineral Resources and Mineral Reserves Best Practice Guidelines）。

NI 43-101 标准并未具体要求有资质人士遵守这些指引，但认为，按照其所在的专业协会 / 学会所建立的专业标准和职业道德规范行事的有资质人士会遵守行业惯例。

NI 43-101 标准对有资质人士的要求如下：

- 是（采矿）工程师或地学师；
- 有与矿产勘探或采矿有关的地学或设计研究方面的大学学位或同等资质；
- 在勘探、矿山开发或生产、矿产项目评价等方面，或这几个方面的组合，有与其专业学位或从业领域相关的至少 5 年工作经验；
- 有与所涉及的矿产项目和技术报告中所涉及事项的相关经验；
- 是一家专业学会 / 协会资质完备的现任会员；
- 如果是外国专业学会 / 协会的会员：
  - ➢ 需要（曾）处于在其专业领域需要做独立判断的、需要承担责任的（领导）岗位；
  - ➢ 要求：
    - A. 由其同行对所涉当事人的品格、专业判断能力、经验和职业道德的适当性所做的秘密评价的结果是正面的；
    - B. 由其至少两名同行推荐其会员资格，并说明其在矿产勘探或采矿领域的显著成绩或专长。

NI 43-101 标准列出了其认可的外国专业协会 / 学会以及相应的会员称号。

应该注意的是，并非一个经认可的外国专业协会 / 学会的所有等级的会员都被认可。例如，NI 43-101 标准的最新版本中取消了对澳大利亚采矿与选矿协会（The Australasian Institute of Mining and Metallurgy，简称 The AusIMM）普通会员（Member）的认可，只保留了对资深会员（Fellow）的认可。

矿产项目所涉及的工作从取土壤地球化学样品到可研，范围极广，对工作经验的要求也不尽相同。至少5年的工作经验要求看起来简单，但对于承担较为复杂的工作内容来说，要满足有资质人士的所有条件，除非当事人大学毕业后一路顺风顺水、幸运之极，否则5年是不太可能的。从实践上看，编制技术报告的有资质人士无不资深得多。

NI 43-101标准也对有资质人士的技术报告签发、同意备案和被引用、免责、哪些情况下需要“独立于”（independent）业主矿业公司等做了规定，并对“独立性”（independence）做了原则性指导。

应该注意，英文里以“-ist”结尾的词在英汉辞典里多译成“…家”，但在英文的本意里并没有汉语里“家”的意味。这是辞典对人们的又一个误导。

汉语语言文化里把“家”很当回事儿，以至于有野心的可以成为“野心家”，搞阴谋的可以成为“阴谋家”。英文里则不然。以geologist为例，译成“地质师”最合适不过了。至于何时译成“地质学家”，只能看当事人的具体背景就事论事。现在很多银行都设了个“首席经济学家”（Chief Economist）的职位，如果把“家”还原成其在某一领域有所建树的本意，译成“首席经济师”或“总经济师”就可以了。有意思的是，国内不少公司的总经济师可能压根儿就与“经济”毫不搭界，而是一种安抚性的职位，却也堂而皇之地把Chief Economist印在名片上，实在是文不对题。

5. 技术报告

“技术报告”（Technical Report），也就是人们常说的“43-101报告”，在NI 43-101标准中是有明确定义的术语，因此是专有名词：

按照NI 43-101标准和表43-101F1编制和备案的，以概括的形式，包括了有关矿业项目截止到生效日为止的所有实质性科学技术信息的技术性报告。

备案指上载至“电子文档分析与检索系统”（The System for Electronic Document Analysis and Retrieval，简称SEDAR，网址：www.sedar.com，见第三章第三节），供公众查询。

这大概是NI 43-101标准与JORC标准的主要差别之一：NI 43-101标准要求在某些情况下必须编制并备案一份技术报告；而JORC标准无此要求。但JORC标准披露各类信息需要提供哪些资料的内容极其详尽的附表比NI 43-101标准的技术报告要求还要细。

- 并非所有技术性的报告都构成“技术报告”；
- NI 43-101标准对哪些情况下必须编制并备案技术报告及备案截止时间做了规定；

- 技术报告写给业主矿业公司；
- 技术报告必须用英文或法文，按照表 43-101F1 编写；
- 用其他语音编写然后翻译成英文或法文的报告不可接受；
- 技术报告必须由一名或多名有资质人士编写，或由其监督编写，并由其签字并盖章（如果有章）；
- 技术资料（科学技术信息）是否对所涉矿业项目构成实质性由有资质人士判断；
- 技术报告的目录与各章节标题已规定，对具体内容也有要求与指引，但详细到何种程度由编写或监督编写技术报告的有资质人士确定；
- 技术报告是对一个矿产项目实质性资料的概括；
- 技术报告的预期读者是公众投资人和他们的顾问，这些人未必是矿业专家。因此，在可能的情况下，技术报告应该简化并易于理解，但应该提供足够的细节和提示性语言，使具备一定知识的投资人能够明白其资料、解释、结果、结论和建议的性质、重要性和局限性；
- 技术报告必须包括有关项目的所有实质性科学技术资料，一份新的技术报告取代该项目以往的所有技术报告。因此，在任一时间点上，只能有一份当时有效的技术报告；
- 编写或监督编写技术报告的至少一名有资质人士必须看过现场；
- 编写或监督编写技术报告的有资质人士（而不是业主矿业公司）对技术报告负责；
- 有资质人士的技术报告签发函（一般放在技术报告的后部）和同意被引用函也需一并备案；
- 技术报告所基于的资料必须保存至少 7 年。

需要特别注意的是，NI 43-101 标准并不要求矿业公司建设和投产某一矿业项目的决定需有技术报告或可研的支持。这就意味着，矿业公司可以在未确定储量，甚至在未确定资源量的情况下建设矿山。这当然意味着更大的风险。NI 43-101 标准的附则认为，如果矿业公司在未做可研的情况下决定建设矿山，应该予以披露（注：加拿大其他法规有此要求）并提示，项目因此有更大的不确定性和更高的风险。

从刚刚拿下勘探矿权的项目到已完成可研的项目到在产的矿山，都可以编制技术报告，只是内容繁简的问题。比如，按其格式要求，技术报告第 14 项内容为“矿产资源量估算”（Mineral Resource Estimates）。如果所涉项目尚无矿产资源量，本项内容只有一句话：“现阶段尚无矿产资源量”（There are no mineral resources at this stage.）。

时常听到有人说，某某项目已经有了43-101报告，似乎有了什么保障而可以高枕无忧了，这是对NI 43-101技术报告的误解。

6. 外国标准的使用

如果矿业公司在境外设立，或在加拿大设立但项目在境外，可以披露和备案用NI 43-101标准认可的外国标准的资源量和储量分类方法所做的技术报告，但技术报告中必须就其资源量和储量分类方法与NI 43-101标准中的分类方法的实质性差别做对比。

NI 43-101标准附有其认可的外国标准。

7. 执行情况

NI 43-101标准最新的版本于2011年6月30日生效以后，加拿大证券监管机关，尤其是安大略省（Ontario）证券委员会和英属哥伦比亚省（British Columbia）证券委员会明显加强了对矿业公司信息披露的监管。

2013年6月27日，安大略省证券委员会发布了对238家省内矿业公司于2011年6月30日至2012年6月29日一年间备案的460份技术报告中按一定的取样规范抽取的50份技术报告的抽查结果，发现80%有合规问题，而被发现至少有一项严重违规、被视为“不可接受”的比例竟高达40%！

这些“严重缺陷”包括矿产资源量估算、环境评价、报批、对社会或社区的影响、投资与操作成本估算、经济评价、分析与结论等方面。其他方面的违规则体现在概述、历史资源量估算、有资质人士的签发函等方面。

英属哥伦比亚省证券委员会更是对省内矿业公司从网站、新闻稿、公司演示文稿、备案的技术报告等方面几乎逐一审查，并就发现的问题要求矿业公司逐一更正。

虽然绝大多数矿业公司并非刻意违规，但在合规方面有待加强则是明显的。

三、关于标准的思考

- JORC标准与NI 43-101标准多年来已为业界、市场和投资人广泛接受，其理念与逻辑已然经过市场的检验，作者认为，其无愧于市场所赋予的声望与地位；

- 好的法律并不意味着杜绝了犯罪，再好的标准也只能通过认真执行和监管才能体现其价值；
- 矿产地质有其内在的不确定性和复杂性，而矿业项目的运营方式决定了需要用有限的资料做出判断与决策，客观上对矿业公司和有资质人士的专业水平、经验和职业道德提出了较高要求；
- 在专业水平以外，至关重要的是营造和培育诚信的文化氛围，并在市场和法治的框架下使不诚信的行为受到惩罚；
- 结合下面的第三节、第四节，大举投资矿业项目需要做认真的尽职调查。对于已确定资源量的项目，有条件的应该索取原始钻探资料，核实块段模型（block model）；对于已完成预可研或可研的项目，应该审核其投资与成本测算情况。这是花小钱与花大钱的关系。

附：澳大利亚最高法院就“尽其合理的努力”这一表述的一则判例

这是2014年3月澳大利亚最高法院(the High Court)就“尽其合理的努力”(use reasonable endeavour) 这一表述的一则非常高调的判例，为其后的合同表述和司法提供了清晰的指引，也在澳大利亚法律和实业界引起了广泛的反响和评论。

1. 背景

- 原告（天然气用户）与被告（天然气供应商）之间签有固定气价的长期《天然气供应协议》；
- 协议约定,被告有义务向原告供应每日最高用气量(含)以内的天然气量(“基本供气量”）；
- 协议还约定，原告有权要求被告供应该基本供气量以外的额外每日最高用气量（“额外供气量”）；
- 在原告要求之时，被告应“尽其合理的努力”（use reasonable endeavour）供应额外供气量；
- 被告在决定是否“能够”供应额外供气量之时,可以将所有有关的商务、经济、生产等事宜纳入其考量之中；
- 协议执行过程中,第三方(另一家天然气供应商)天然气生产设施爆炸、停产，致使当地天然气供应紧张，现货价格大幅度上涨；
- 原告用气量上升，要求被告（按长期协议价格）供应额外供气量，遭到被告拒绝；

- 被告表示，可以按当时的市场价格向原告供应额外供气量；
- 原告不情愿地（under protest）签订了短期供气协议，接受高价，并向所在州的高级法院提起了诉讼，指控被告违反了“尽其合理的努力”供应额外供气量这一义务。

2. 初审法官的判决

初审法官认为，被告未违反其“尽其合理的努力”这一义务，因为协议约定，被告可以把如果将额外供气量供应给其他用户会产生更高利润这一因素纳入考量。原告败诉。

原告不服，上诉至上诉法院。

3. 上诉法院的判决

上诉法院法官认为，初审法官对“尽其合理的努力”这一要求的解读有误，问题的关键在于被告是否有客观能力或额外生产能力。天然气价格上升不能免除被告“尽其合理的努力”这一义务。被告败诉。

被告不服，上诉至最高法院。

4. 最高法院的判决

最高法院的五位法官以 4:1 简单多数推翻了上诉法院的判决，并重申，在确定双方的权利、义务之时，要考虑到协议的措辞及双方的商业目的。“尽其合理的努力”一类的义务不是绝对的和无条件的，需视具体情况而定。

协议的措辞表明，供应额外供气量是有条件的义务；相对而言，供应基本供气量则是无条件的义务。此外，供应基本供气量是协议的主要目的，供应额外供气量是协议的附加目的。

因第三方天然气设施爆炸而导致的商务环境使原告和被告之间的经济利益发生了冲突，在这种情况下，“尽其合理的努力”这一要求并不能构成被告必须向原告供应额外供气量的义务。被告没有义务因为“尽其合理的努力”这一要求而牺牲自己的经济利益。

双方从州高级法院、上诉法院一直打到最高法院，围绕的实质性问题是如何解释“合理”一词。这不是条文法中依据某某法某条某款能够判决的，而必须依法理（jurisprudence）而断。

这并不是个案，英文合同中的很多表述放在国内的法律环境下听起来像是“废话”，其实在原文的法律环境下都是可诉的。

第三节 资源量与储量

资源量与储量是矿产项目现金流的来源，因而是矿产项目的基础和核心价值所在。JORC 标准在资源量与储量定义与分类方面是国际上众多标准的鼻祖和模板。JORC 标准与 NI 43-101 标准对其他标准的认可与否基本上基于对资源量与储量的定义与分类。

一、资源量与储量的定义与分类

NI 43-101 标准对资源量与储量的定义与分类与 JORC 标准无实质性差异。本章以 JORC 标准为例介绍资源量与储量。

1. 资源量（resources）

资源或资源量在各标准中的用语一样，均称为“矿产资源（量）”（Mineral Resources）。

矿产资源量是地壳中以一定的形式、品位（或质量）和数量聚集或出现的、有合理的前景最终可以经济地开采的固体物质。矿产资源量的位置、数量、品位（或质量）、连续性和其他地质特征通过包括取样在内的具体地质证据和知识而获知、估算或解释。矿产资源量按地质置信度逐步递增的次序划分为推断性资源量（Inferred Mineral Resource）、推定性资源量（Indicated Mineral Resource）和确定性资源量（Measured Mineral Resource）。

矿产资源量是一种估算，而不是“计算”，故标准要求对其取整近似。

（1）推断性矿产资源量（Inferred Mineral Resource）：

推断性资源量是资源量中其数量和品位（或质量）基于有限的地质证据和取样估算出来的部分。地质证据足以推断，但不足以证实，地质和品位（或质量）的连续性。推断性资源量基于用适当的方法取自诸如露头、探槽、浅井、工程和钻孔等处的勘探、取样和化验资料估算。

推断性资源量的置信度低于推定性资源量，不得将其转换成储量。可以合理地预期，通过进一步勘探，大部分推断性资源量可以升级为推定性资源量。

（2）推定性矿产资源量（Indicated Mineral Resource）：

为定义更高级别的资源量和储量，JORC标准特意定义了“限定因子”如下：

限定因子（Modifying Factors）是用于将矿产资源量转换成矿石储量的考量因素，包括但不限于采矿、处理、选矿、基础设施、经济、销售、法律、环保、社会与政府等因素。

推定性矿产资源量定义如下：

推定性资源量是资源量中的这样一部分，其数量、品位（或质量）、密度、形状和实物特征有足够的置信度得以估算出来，各限定因子的详细程度足以支持矿山设计和评价矿藏的经济可行性。

地质证据源于用适当的方法取自诸如露头、探槽、浅井、工程和钻孔等处的，足够详细、可靠的勘探、取样和化验资料，并足以认定数据点和取样点之间的地质和品位（或质量）的连续性。

推定性资源量的置信度低于确定性资源量，只能转换成控制储量。

（3）确定性矿产资源量（Measured Mineral Resource）：

确定性资源量是资源量中的这样一部分，其数量、品位（或质量）、密度、形状和实物特征估算的置信度足以将其各限定因子用于支持详细的矿山设计和矿藏经济可行性的最终评价。

地质证据源于用适当的方法取自诸如露头、探槽、浅井、工程和钻孔等处的，详细、可靠的勘探、取样和化验资料，并足以确定数据点和取样点之间的地质和品位（或质量）的连续性。

确定性资源量的置信度高于推定性资源量和推断性资源量，可以转换成探明储量，或在某些情况下转换成控制储量。

翻译这些凝聚着厚重的矿产资源意义、原定义人绞尽脑汁想出来的定义与术语，作者深感翻译力量的苍白。且不说追求翻译家严复提出的“信、达、雅”标准中的“达”和“雅”，能做到如实表达原意的“信”已十分不易。事实上，如果没有在矿业行业多年的浸淫，如看小说一般读过这些定义，每一个字都认识，连在一起仍不过味同嚼蜡。只有反复咀嚼、比较，并将其纳入到上下文中，与储量、可研等关联起来，这些枯燥而看似简单的定义乃始血肉丰满，其意义与精髓乃活灵活现。

2. 储量

储量在各标准中的用语不完全一样。JORC标准称其为“矿石储量”（Ore Reserves），NI 43-101标准称其为“矿产储量”（Mineral Reserves）。

“矿石”（ore）一词在英文的语意环境里隐含了技术与经济可行性。在汉语的语意环境中，如果一个地质师拿着一块石头说“这是矿”，这里的“矿”一词即英文里的 ore，与“废石”（waste）相对。JORC 标准在定义储量时选用了 ore 一词，是经过考虑的。NI 43-101 标准的附则也说，ore 一词应该只在描述储量时使用。

JORC 标准将矿石储量定义如下：

矿石储量是确定性资源量和 / 或推定性资源量中可以经济地开采的部分。矿石储量包括采矿过程中可能发生的贫化与损失，该贫化与损失由已考虑各限定因子的预可研或可研确定。该预可研或可研表明，可以合理地证明，其发布之时，矿山开采是可行的。

矿石储量是一种估算，而不是“计算”，故标准要求对其取整近似。

矿石储量按可靠程度从低到高划分为控制储量（Probable Ore Reserves）和探明储量（Proved Ore Reserves）。

（1）控制储量（Probable Ore Reserves）：

控制储量是推定性资源量中，或在某些情况下确定性资源量中，可以经济地开采的部分。控制储量中的各限定因子的置信度低于探明储量。

（2）探明储量（Proved Ore Reserves）：

探明储量是确定性资源量中可以经济地开采的部分。探明储量意味着各限定因子的置信度高。

二、勘探结果、矿产资源量与矿石储量的关系

图 2-1 中的“勘探结果”，在 NI 43-101 标准中称为“勘探信息”（exploration information），包括了矿产勘探的各类资料，尤其是估算出推断性资源量以前的资料。

这个图包含了大量信息，生动地解释了勘探结果、矿产资源量与矿石储量之间的关系：

- 纵向上从勘探结果到矿产资源量以及矿产资源量中从推断性到推定性再到确定性资源量均只依赖“地质知识与可靠程度的逐渐增加”；
- 横向上从矿产资源量到矿石储量则依赖各限定因子；
- 推断性资源量的可靠程度不足以使其用于预可研和可研，故推断性资源量在估算矿石储量的虚线框以外，与储量无直接关联；

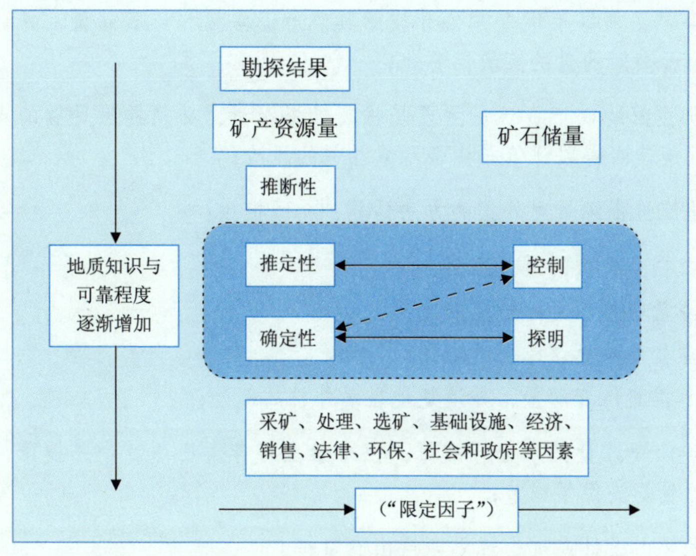

图2–1 勘探结果、矿产资源量与矿石储量的关系图示

- 控制储量的地质可靠程度与推定性资源量相当；
- 推定性资源量只能（在考虑了各限定因子后）转换成控制储量，而不能转换成探明储量；
- 探明储量的地质可靠程度与确定性资源量相当；
- 确定性资源量一般可以（在考虑了各限定因子后）转换成探明储量，在某些或全部限定因子具有不确定性的情况下只能转换成控制储量，并说明其原因；
- 在确定性资源量转换成控制储量的情况下，其斜向虚线双向箭头含有纵向成分，但并不意味着地质可靠程度的降低，而仅因为某些或全部限定因子具有不确定性；
- 在这些不确定性消除后，由确定性资源量转换而成的控制储量可以转换成探明储量；
- 如果重新评价表明储量已不再成立，相应的储量应该重新划归资源量，因此，箭头是双向的（或可能核销资源量与储量）。

三、JORC 标准关于资源量与储量

JORC 标准是信息公开披露标准，不是规范有资质人士如何估算资源量与储量的技术标准。

- 矿业公司必须每年审查并公开披露其矿产资源量和矿石储量，并讨论与上一次公开披露的量的实质性变化；
- 如果所披露的矿产资源量主要是推断性资源量，必须提供足够的支持性资料，以使读者得以评价与该资源量相关的风险；
- 如果推断性资源量用外推的方法估算，必须提供：
  - ➢ 从数据点外推的最大距离，
  - ➢ 资源量中外推部分所占的比例，
  - ➢ 资源量外推至该范围的依据，
  - ➢ 图示推断性资源量，并清楚地显示外推的部分；
- 各类矿产资源量必须分开披露，但未禁止将各类资源量合并披露，只要各类资源量均提供了细节；
- 不得无矿山设计或矿山规划即得出储量；
- 矿石储量可以包括并未计入原矿产资源量的采矿贫化物质；
- 如果既披露了矿产资源量也披露了矿石储量，必须明确矿产资源量中是否已包含矿石储量。

JORC 标准的附表对报告矿产资源量和矿石储量需提供的资料做了详细要求。

JORC 标准对煤炭、钻石和其他宝石以及非金属矿的资源量和储量披露做了进一步要求或提供了进一步指引。

四、NI 43-101 标准关于资源量与储量

与 JORC 标准类似，NI 43-101 标准主旨明确，它是信息披露标准，不是资源量和储量估算标准。这也是JORC标准“基于原则的”理念之倡导者的论据之一，格式规定得再严格也不意味着内容的高质量。

应该特别注意的是，JORC 标准与 NI 43-101 标准是规范勘探结果（勘探信息）、资源量与储量信息披露的具体标准，但并非矿业公司信息披露的全部标准。除 JORC 标准与 NI 43-101 标准以外，矿业公司还有其他信息披露法规和上市规则需要遵守，比如，年报中需包含哪些内容。

NI 43-101 标准规定：

- 如果披露资源量和储量，只能按标准中的分类，不许有其他类别；
- 每一类别的资源量和储量需分开披露，并需说明资源量中是否包括储量；

- 不得把推断性资源量与其他类别的资源量加在一起；

这意味着确定性资源量和推定性资源量可以加在一起，故很多公司按下列方式披露：

资源量类别	
确定性资源量	
推定性资源量	
确定性 + 推定性资源量	可以加在一起
推断性资源量	不能与确定性或推定性资源量相加

储量类别	
探明储量	
控制储量	
探明 + 控制储量	可以加在一起

- 在未能按所规定的资源量和储量类别确定某一矿藏的资源量或储量以前，不能披露该矿藏的量、品位或金属或矿物含量。

NI 43-101 标准也对如何披露（不符合 NI 43-101 标准的）“既往资源量估算”（historical estimates）做了规定。

五、对资源量与储量的理解

资源量定义中的“合理预期”是有资质人士的判断，且是一个“实质性”的问题，因此要求有资质人士就此展开讨论。

联系业界实践，作者的观察是，这是一件很难把握的事。毕竟“可以经济地开采”是一个可研的问题，涉及外部建设条件等诸多因素。按照这个要求，远离基础设施的矿点似乎很难在早期赋予资源量。如果说这个理念有助于大大降低矿业投资的风险，业界的实践似是另一番光景。事实上，在隔绝于现代文明的荒山野岭找矿的大有人在。这就涉及定义中的另一个因素——“最终可以经济地开采”中的“最终”。JORC 标准认为，像煤炭、铁矿石、铝土矿等大宗商品可以考虑 50 年以上，而小规模矿藏应该限于 10~15 年或更短的时间。

储量，是实实在在的财富。借助于英文里的 Reserve 一词（汉语中其他场合均译成“储备”），可以更好地理解其意义：

- 外汇储备：foreign exchange reserve，

- 战略石油储备：strategic petroleum reserves，
- 国家物资储备局：State Bureau of Material Reserve，
- 中国储备粮管理总公司：China Grain Reserves Corporation，
- 中国储备棉管理总公司：China National Cotton Reserves Corporation；

上述各种“储备”都是随时可以拿出来的物资和随时可以兑现的财富。矿产项目中的储量具有同样的意义，资源量则没有。这一点在石油天然气的储量中体现得尤为透彻（见第十章第一节）。

项目融资（见第四章第三节）、“预售产品流”（见第四章第六节第一部分）和石油天然气行业中“基于储量的贷款”（见第十章第二节）等交易的对方也会以储量（或其相信应有的储量）为依据，而不是以资源量为依据。

因此，可以概括地理解为，资源量很大程度上是一个技术的概念，即矿藏的客观存在，而不论其是否已确认具有经济价值；而储量则是一个经济的概念，即（在一定的经济技术条件下）开采则有经济效益。这并不是说资源量中完全没有经济的考虑，资源量的定义中已含有经济的概念——“可以经济地开采的合理预期”，但仅仅是“预期”，而储量则是已经算过账的“现实”。

当然，在测算所用的经济技术参数发生变化的情况下，资源量可以转化为储量，而原来确定的储量也可能不再具有经济价值而“退回”为资源量。

2014年2月13日，加拿大巴里克黄金有限公司（Barrick Gold Corporation，多伦多证券交易所主板和纽约证券交易所上市代码ABX）发布了截止到2013年底用每盎司1,100美元的黄金价格重新估算的黄金储量，并与截止到2012年底用每盎司1,500美元的黄金价格估算的原黄金储量的增减做了说明。

按1,100美元的价格测算，并考虑了2013年的新增储量和实际采出储量后，黄金储量从2012年底的1.402亿盎司（约4,361吨）降至2013年底的1.041亿盎司（约3,238吨），降幅约26%。具体情况为：

调减比例（%）	原因
13	用每盎司1,100美元的黄金价格重新估算致使储量减少
6	2013年采出储量
4	按每盎司1,100美元的黄金价格估算虽有效益，但其投资达不到公司所要求的门槛收益率（hurdle rate）
2	因生产成本上升已不再有效益
2	因公司的投资组合优化战略而出售的非核心、高成本矿山所含储量
-1	新增储量

除 2013 年已采出的和已出售的储量以外，调减的储量计入资源量中，以保留其在未来黄金价格上升时得以开采的可能性。

公司对黄金资源量做了相应调整，结果如下：

资源量类别	2012年底（万盎司）（用每盎司1,650美元估算）	2013年底（万盎司）（用每盎司1,500美元估算）	增减（万盎司）
确定性+推定性	8,300（约 2,582 吨）	9,940（约 3,092 吨）	1,640（约 510 吨）
推断性	3,560（约 1,107 吨）	3,190（约 992 吨）	-370（约 115 吨）

可以看出，对于同一时段，资源量与储量估算所用的黄金价格可以不同，进一步说明，资源量是潜力，而储量是现实。一言以蔽之，储量是动态的。

显然，储量是在不断地变化之中的，但天天计算和更新储量既不现实，也无必要。这正像家里的钱，每天都在变化，但也不必天天数。

事实上，很多矿业公司都于 2014 年初结合黄金市场的行情和对未来黄金价格走势的认识调减了截止到 2013 年底的黄金储量。

巴里克黄金调减后截止到 2013 年底的储量按 2014 年年产 600~650 万盎司的预期产量仍有 16~17 年的储量寿命。此外，尚有很大的资源量作为后续储量的后盾。因此，其储量接替压力不大，这种储量调减对公司业务规模的增减以及股价也不会构成实质性的影响。如果一家公司储量大幅调减致使其储量寿命大大缩短，则意味着其业务规模很可能在不远的将来收缩，其储量接替和收购储量的压力上升，而这种压力会在其股价上有明显的体现。

各公司对储量估算所用的价格反映了公司对黄金市场的认识，虽然没有统一的标准，但一般会用偏于保守的价格，以向市场证明其抗风险与可持续经营的能力。如果某公司用较激进的价格估算储量，则会引起投资人的警觉。图 2-2 是国际上几大黄金公司 2005 年至 2012 年间估算储量所用价格与深蓝色虚线所示黄金价格的对比。

2005 年至 2012 年间，黄金价格上升强劲，各公司估算储量所用的价格相应上调，致使原来不具备开采价值的资源量升级为储量，突出地表现为储量上升以及储量的平均品位下降，现金成本（见第九章第一节）相应上升（当然，现金成本的上升还有其他原因）。图 2-3 是上述各公司的平均储量估算价格（红色实线）、平均储量品位（蓝色虚线）、平均现金成本（绿色实线）与黄金价格（黄色实线）的关系。这些量之间的互动也是黄金生产商与黄金市场互动的一个缩影。

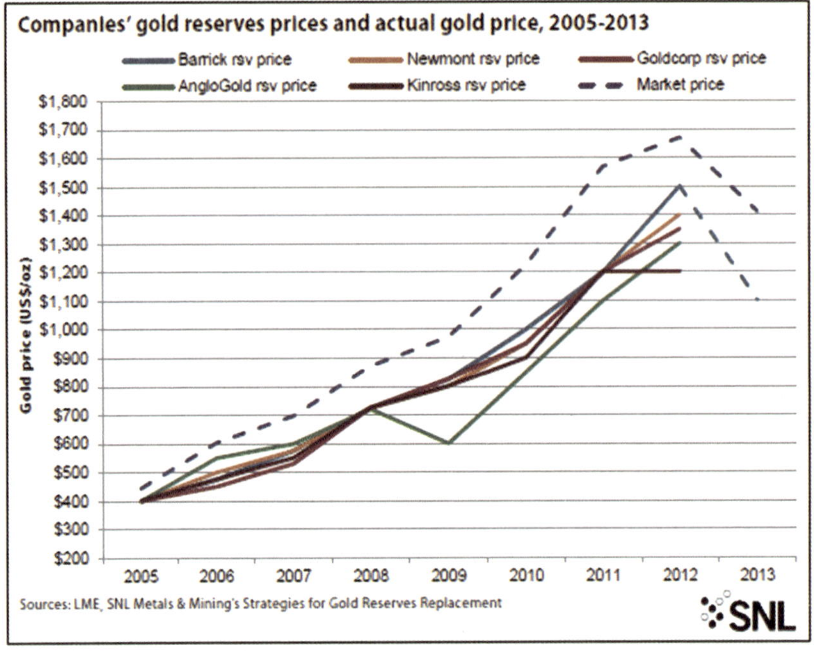

图2-2　黄金矿商储量估算所用黄金价格与实际黄金价格

资料来源：SNL 金属与矿业（SNL Metals & Mining）

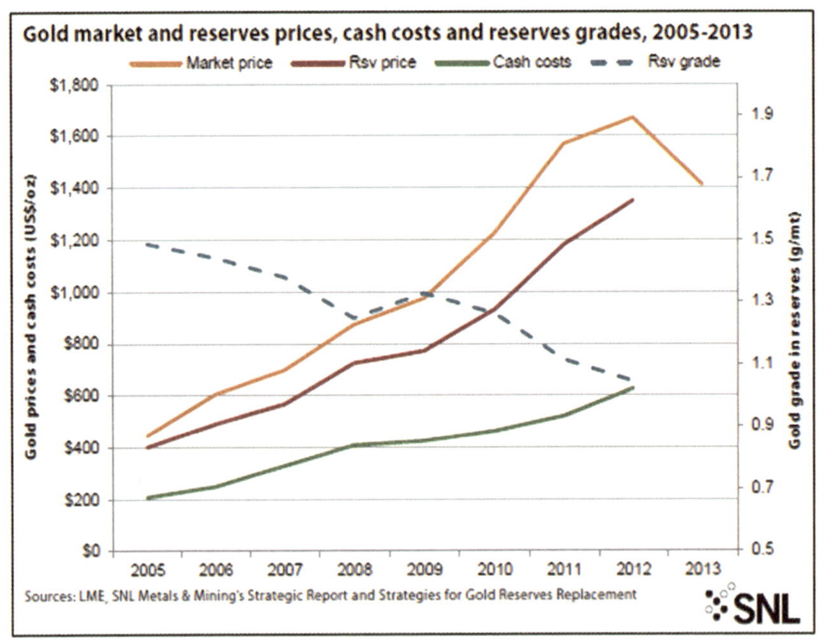

图2-3　储量估算所用黄金价格、实际黄金价格、现金成本与储量品位

资料来源：SNL 金属与矿业（SNL Metals & Mining）

六、国内的标准

国内采用了按经济意义轴、可研轴和地质工作程度轴的三轴储量分类法。

作者认为，经济意义轴与可研轴意义上是重叠的，因为经济性是可研的结果，二者高度关联，实为一者，而不宜分离。

资源量与储量有着实质性不同的内涵与经济意义，不予以明确区分资源量与储量是一个重大缺陷。

七、巴克维尔黄金的故事

加拿大上市公司巴克维尔黄金有限公司（Barkerville Gold Mines Ltd.，多伦多交易所创业板交易代码 BGM）在加拿大市场上浸淫 18 年，原首席执行官弗兰克·卡拉汉（Frank Callaghan）小有名气。

位于加拿大西部英属哥伦比亚省（British Columbia）中部的卡里布（Cariboo）黄金矿区的历史至少可以追溯到 19 世纪中叶的北美淘金热时期，历史上有记录的黄金开采量即达砂金 260 万盎司（约 80 吨）、岩金 120 万盎司（约 37 吨），淘金的遗迹遍布矿区。华人曾是淘金的主力军，当年 5,000 多华人从美国加利福尼亚的旧金山北上淘金。矿区内的巴克维尔历史小镇（Barkerville Historical Town）曾经一半的人口是华人，因此有加拿大历史最悠久的唐人街之称以及加拿大最大规模之一的有关华人的收藏品。

2014 年以前的 18 年间，巴克维尔黄金整合了区内 1,118 平方公里的矿权。有人回忆，2000 年 4 月（当时 NI 43-101 标准尚未推出），卡拉汉在一次公司推介活动中形容他们的一个勘探项目，“就像站在一个巨大的湖中心，这个湖如此之大，哪边也看不到边”。其股价随之攀升至 2.4 加元。几天后监管部门打来电话询问，卡拉汉矢口否认，坚持认为有人误引了他。他辩解说，“人怎么能站在湖里呢”？

如果真有那时投资了 2,400 加元买了 1,000 股股票且一直持有的铁杆追随者，到 2012 年 7 月初，其投资经历只能用“痛苦”来形容。2005 年 8 月，该公司按 10:1 缩股；2009 年 1 月，再度按 10:1 缩股。至此，原来的 1,000 股已变成 10 股，按 2012 年 6 月 27 日的收盘价 0.84 加元计，合 8.4 加元，账面损失达 99.65%。

此时，虽然巴克维尔黄金正在紧锣密鼓地推进其一个每年 7.3 万吨开采量的小规模项目的投产准备工作，市场似乎并未对其抱有多大希望。

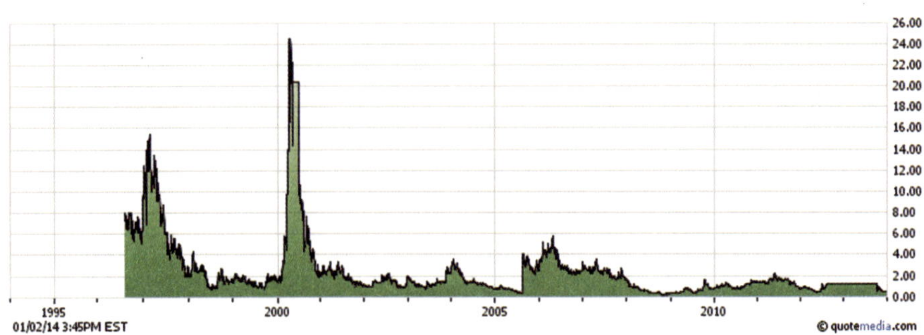

图2-4 巴克维尔黄金20年股价走势图（截止到2014年1月2日）

然而，“忽如一夜春风来”：

2012 年 6 月 28 日，巴克维尔黄金公告，其牛山（Cow Mountain）项目露天采坑模型有符合 NI 43-101 标准的推定性资源量（矿量）6,903.9 万吨，平均品位 5.28 克 / 吨，含黄金金属量 1,062.61 万盎司。

此外，其 6.4 公里长的岛山（Island Mountain）- 牛山 - 巴克维尔山（Barkerville Mountain）走向有符合 NI 43-101 标准的黄金（金属量）地质潜力 6,500 万 ~9,000 万盎司。

地区	规模，亿吨（范围）	品位，克/吨（范围）	黄金金属量，万盎司（范围）
岛山	1.80~3.04	4.11~5.49	2,900~4,000（902~1,244 吨）
牛山	0.45~0.76	4.11~5.49	700~1,000（218~311 吨）
巴克维尔山	1.80~3.04	4.11~5.49	2,900~4,000（902~1,244 吨）
共计	4.05~6.84	4.11~5.49	6,500~9,000（2,022~2,799 吨）

公司委托了吉欧艾克斯有限公司（Geoex Limited）进行独立的资源量估算和地质潜力估算，具体工作由彼得·乔治（Peter T. George）先生承担，乔治先生在加拿大矿业界有 45 年工作经验，并在黄金方面有丰富的经验。

公告发布后，业界为之哗然。

单一项目黄金金属量达到 500 万盎司即可以称为世界级规模了，1,000 多万盎司足可以震撼业界。巨大的“地质潜力”更令世人咂舌。

NI 43-101 标准允许以一定范围的方式披露勘探目标的潜在规模与品位，但需以同等突出的方式提示其依据及不确定性。实际上，披露勘探目标在业界用得并不多。

资源量属于可能对股价带来影响的价格敏感信息，故需及时披露。按照 NI 43-101 标准，首次发布资源量或资源量有大幅度（100% 或以上）变化，不仅需要披露，且需要按既定格式编制并备案一份技术报告。鉴于编制技术报告需要时间，NI 43-101 标准允许在以新闻稿发布资源量后 45 天内备案技术报告。在技术报告备案成为公开资料以前，监管机关和公众看到的只是新闻稿披露的结果。

上述新闻稿发布后，巴克维尔黄金的股价于 6 月 29 日升至 1.21 加元，较前一交易日上升 49.4%。该升幅与发布的资源量及其潜力的规模远远不成比例。显然，市场对这个资源量和潜力表示怀疑。

2012 年 7 月 11 日，巴克维尔黄金公告，公司于 7 月 4 日收到英属哥伦比亚省证券委员会（British Columbia Securities Commission，简称 BCSC）信息披露审阅函，要求公司提供支持其所披露的推定性资源量与勘探目标的进一步资料。公司已立即向 BCSC 提供了尚未定稿的技术报告初稿。

审阅了技术报告的初稿后，BCSC 对用于估算矿产资源量和潜在勘探目标的某些方法、参数和假定条件以及所估算出的矿产资源量和地质潜力数字表示担心。BCSC 担心，原信息披露在技术报告初稿中无足够的支持性资料，估算方法似与业界惯例相违。因此，原信息披露可以被视为误导。

BCSC 就所披露的矿产资源量所表示的担心可以概括为：（1）估算品位以前，钻孔化验资料未予综合；（2）尽管 2011 年钻孔岩心矿段中的大部分黄金在高品位薄层矿段中，但资源量估算中未对品位做上限封顶处理；（3）资源量估算似未对含金构造地质模型做限制处理；（4）未对品位做上限封顶处理及使用未做限制处理的大样资源量模型可能导致资源量品位与规模的实质性高估；（5）未设外部边界品位。

BCSC 对所披露的勘探目标所表示的担心可以概括为，并无当地资料可用于估算这种沿矿脉走向的地质潜力的规模与品位范围。例如：（1）以所测算的推定性资源量为基础用于沿矿脉走向的其他勘探靶区的勘探潜力规模与品位测算；（2）勘探潜力的品位范围估算明显地人为设定在所估算的资源量平均品位的 +/-15%；（3）勘探潜力的规模范围估算明显地人为设定在所估算的资源量规模的一定范围内。

BCSC 建议公司对资源量估算和勘探潜力做一次全面审查。在收到并审阅技术报告终稿，并与 BCSC 进一步磋商后，公司届时可能为此立即另行聘请其他有资质人士。

在 BCSC 正在进行的信息披露审查解决完以前，公司劝告投资人，请勿依赖原披露的矿产资源量或“地质潜力”。

从巴克维尔黄金的新闻稿看，省证券委员会的审查函措辞极为谨慎，可谓咬文嚼字。

NI 43-101 标准是信息披露标准，而不是资源量估算标准。省证券委员会监管的是如何披露信息，它可以表示担心，可以建议，可以指出“看起来如何如何”，但不能监管如何估算资源量和地质潜力。

2012 年 7 月 12 日，巴克维尔黄金的股价回落至阶段性低点 0.69 加元。

2012 年 8 月 13 日，巴克维尔黄金备案技术报告。

2012 年 8 月 14 日，省证券委员会发出停牌令。停牌前股价 1.22 加元。

2012 年 8 月 15 日，巴克维尔黄金公告，BCSC 已于 8 月 14 日发出停牌令，告知，公司于 8 月 13 日备案的技术报告不符合 NI 43-101 标准要求的格式。

公司被告知，停牌令在公司备案一份 BCSC 可以接受的技术报告并解答 BCSC 在信息披露方面所担心的问题前将一直有效。

无奈的是，省证券委员会只能说巴克维尔黄金的技术报告“不符合 NI 43-101 标准要求的格式”。在它监管的范围内，省证券委员会无权说“你算错了”，只能说“你未按规定披露信息”。

按其备案的技术报告签发函，70 多岁的技术报告执笔人、独立执业的地质师彼得·乔治主要背景如下：

- 1964 年毕业于加拿大女王大学地质专业，获学士学位，并于 1964~1966 年在女王大学完成了地质学研究生课程；
- 加拿大经济地质师协会、地质协会、安大略省专业地质师协会、英属哥伦比亚省专业工程师与地学师协会会员；
- 已作为地质师工作 45 年，直接参与了很多黄金项目和有色金属项目技术报告的编写；
- 仅过去十年即参与了位于加拿大、美国、澳大利亚的 6 个项目评价报告的编写，完成或受聘完成 7 个项目的资源量 / 储量 / 潜力估算（注：均附有项目和 / 或公司名称）。

显然，这是资深地质师，而不是初出茅庐的新手。

巴克维尔黄金稍后委托业界颇有名气的斯诺登矿业咨询有限公司（Snowden Mining Industry Consultants Pty）和顶峰地学有限公司（Apex Geoscience Ltd.）与原技术报告编写人乔治共同重新编写技术报告，以满足省证券委员会的要求。

经过大量的工作，包括钻验证孔、重新取样、化验、核实数据后，披露了新的资源量估算结果。

2013 年 6 月 18 日，巴克维尔黄金公告更新后的牛山项目资源量，并澄清信息披露的有关事项。

牛山项目资源量（取 0.37 克 / 吨边界品位）：

类别	矿量（万吨）	品位（克/吨）	金属量（万盎司）
推定性	1,770	2.00	104（32.3吨）
推断性	4,920	2.74	394（122.5吨）

公司已采纳了斯诺登矿业就牛山项目所做的资源量测算，并将其作为该项目的唯一资源量，既往披露不宜再用。

岛山加巴克维尔山合计勘探目标潜力为 1.5~4.5 亿吨，品位 2~5 克 / 吨，黄金金属量 900~2,700 万盎司（280~840 吨）。

新闻稿同时提供了资源量估算和勘探目标非常详尽的说明。新的资源量估算由斯诺登矿业完成，顶峰地学则协助审查勘探数据、识别与推荐勘探目标。

据说岩心重新化验的工作量如此之大，使本已门庭冷落的一家著名化验室忙得不亦乐乎。

2013 年 7 月 15 日，巴克维尔黄金公告，BCSC 于 2012 年 8 月 14 日发出的停牌令已于 2013 年 7 月 15 日解除。

经向多伦多证券交易所创业板申请，停牌 14 个月后，巴克维尔黄金的股票于 2013 年 10 月 9 日复牌。当日，股价收于 0.57 加元，较停牌前跌去了 53%（图 2-5）。

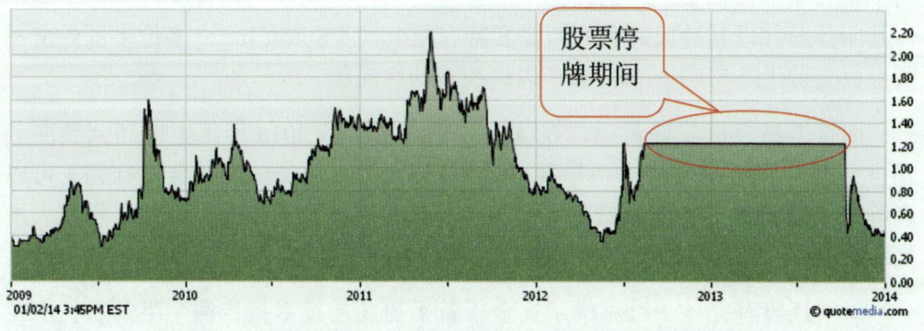

图2-5　巴克维尔黄金5年股价走势图（截止到2014年1月2日）

新的资源量和勘探潜力仍然相当可观，并有规模虽小但开采在即的矿山，现金流指日可待。然而，股票虽已复牌，投资人信心的恢复尚需时日。

显然从“危险”之中看到了“机会”，股票复牌前一天（复牌应已无悬念），加拿大著名基金经理、危机与逆市投资人埃里克·斯普罗特（Eric Sprott）按双方事先已谈好的条件向巴克维尔黄金提供了1,500万加元的贷款。主要条款如下：

- 以巴克维尔黄金全部当前和未来资产做抵押；
- 分别于2014年7月31日、2015年5月31日和2016年3月31日，分三次以现金偿还；
- 每次偿还金额按4,166.67盎司黄金（三次总计12,500盎司）以还款期前一日下午4时彭博通讯社（Bloomberg）黄金综合收盘价计价；
- 如果届时黄金价格低于每盎司1,200美元，按1,200美元计（保底）；
- 如果届时黄金价格高于每盎司1,600美元，按1,600美元计（封顶）；
- 无论如何，巴克维尔黄金保证贷款期限内最低10%的年化收益率；
- 贷款方收取15万加元交易费（structuring fee）及合理的律师费等费用；
- 贷款不另计利息；
- 巴克维尔黄金向贷款人发行900万股30个月期限、不可转让的认股权证，行权价为下述二者之高者：（1）0.50加元，（2）从股票复牌后第6个交易日起的连续5个交易日以交易量为权重的加权平均股价上浮20%（并附有巴克维尔黄金在特定情况下可要求贷款方加速行权的条款）。

斯普罗特早年作为股票分析师入行，后来成立了自己的投资银行，而后扩展到投资和资产管理领域。斯普罗特旗下的公司有资产管理、投资、贷款等众多业务。此前的9月份，斯普罗特旗下的贷款合伙制企业即已向巴克维尔黄金提供了150加元的过桥贷款。上述1,500万加元的贷款由埃里克·斯普罗特个人而不是其旗下公司提供，估计是未能说服公司内部同事。斯普罗特为此不惜出售其所控股并以其姓氏命名的斯普罗特有限公司（Sprott Inc.，多伦多证券交易所主板交易代码SII）的部分股票以解决流动性问题。

斯普罗特极度看好黄金，在黄金界哀鸿遍野的2013年年中即高调预测到2014年年中黄金价格将达到每盎司2,400美元。上述贷款与黄金量挂钩（可以理解为12,500盎司的黄金贷款）即体现了其看多黄金的逻辑。当然，贷款人不是慈善家，这笔贷款的收益是保底的，并有资产做抵押。

事情还没有完——巴克维尔黄金报备了更新的技术报告两个半月后，卡拉汉在一篇网络文章里和一次面向投资人的推介活动中为最初的资源量估算辩解，大有翻案之势。省证券委员会对此会坐视不理吗？

2015年10月27日，BCSC发布新闻稿－BCSC与卡拉汉达成和解协议。

- 卡拉汉接受3万加元的罚款；
- 卡拉汉立即辞去其所担任的所有公众公司的董事和高级管理职务，且在1年内不得再次担任类似职务；
- 卡拉汉需于1年内完成BCSC执行董事可以接受的有关NI 43-101标准之要求的一门课程。

卡拉汉承认：

- BCSC曾提醒他，为最初的资源量估算翻案，或将最初的资源量与更新后的资源量做对比，具有误导性，可能有违NI 43-101标准；
- 他的行为与巴克维尔黄金将更新后的资源量作为唯一资源量估算的表述相矛盾；
- 他明白，把推定性和推断性资源量加在一起是被禁止的。

原技术报告的执笔人乔治自然也难辞其咎。

2016年1月12日，英属哥伦比亚省专业工程师与地学师协会（Association of Professional Engineers and Geoscientists of British Columbia，缩写为APEG-BC）发布纪律公告（Disciplinary Notice），彼得·乔治先生接受了2015年12月3日的一项同意令（Consent Order），承认他有不专业的行为、不称职和有过失。他所编写的巴克维尔黄金技术报告的水准，低于在类似的情况下一个合理谨慎的有资质人士和专业地学师预期应有的水准。

乔治先生也承认，在其所受教育和所获经验使之不具备足够的资质之时接受该项委托，他违背了协会的《职业道德规范》（Code of Ethics）。

乔治先生接受谴责，并同意：

- 接受1.5万加元的罚款；
- 承担协会2万加元的律师费；
- 在其会籍上附加条件，不得承担NI 43-101项下的资源量和储量估算（可以承担其他工作）；
- 完成一家培训机构提供的名为“NI 43-101标准项下矿产项目的报告编制”课程。

如果乔治先生违反该同意令中的任何条款，其会籍将予暂停，直至其完全履行该同意令。

不少人可能觉得，处罚仍显仁慈。其实，他们的职业生涯基本上就此为止了。

他们本已进入了自己职业生涯的尾声，到了退休的年龄。否则，很可能也得另谋职业。

巴克维尔黄金的股票早已复牌，业界对 NI 43-101 标准的执行、监管与思考却远未停止。有人猜测，当初大概是资源量计算软件将局部矿化与品位扩展到了大范围的“矿体”，这在今天的计算技术中不过是几次鼠标点击的事。然而，几十年的老江湖何以在有违常识的结果面前马失前蹄?

无独有偶，卢比肯矿产（Rubicon Minerals，见第六章第三节）的资源量也是他估算的。这就不奇怪了。

第四节　可行性研究及其认识

一个矿产项目确定了足够体量的资源量后必然的问题是是否值得建成矿山，这就是可研的问题。可研应该是一个矿产项目从勘探到开发的必经之路，它研究的是项目开发技术上和经济上的可行性，也就是项目的技术经济评价，通俗地理解就是：算账。

技术可行性是经济可行性的基础。技术上不可行自然谈不上经济上可行的问题，而技术上可行未必意味着经济上可行。

可行性研究这个术语何时在国内开始使用，大概已无从查考。作者认为，这个术语在国内有时被滥用，或者只顾其名而不顾其实，致使人们对真正意义上的可研的深度、严谨性和严肃性已麻木不仁。例如，组建中外合资 / 合作勘探公司也需要编制可研报告，并报政府部门审批。这种所谓的“可研”与项目开发的可研完全是两回事，但却容易造成概念上的混淆。

可行性研究一类的工作由粗到细、由浅到深分为：

- 概略研究（Scoping Study），加拿大称为初步经济评价（Preliminary Economic Assessment）；
- 预可行性研究（Pre-Feasibility Study）；
- 可行性研究（Feasibility Study）。

之所以把这些“研究”放在一起介绍，是因为它们采用的方法相同，均需要确定项目的投资、成本等，并建立项目的财务模型，用折现现金流法得出项目的净现值、内部收益率、投资回收期等指标（该方法在本书第五章第五节详述）。但概略研究与另外两种研究不可同日而语。如果说另外两种研究之间是量的差别，概略研究与它们的差别则是质的差别。实质性的问题是，另外两种研究可以确定储量，而概略研究不能。

JORC 标准和 NI 43-101 标准对这几类研究都做了明确定义，并提供了大量指引。本节仍以 JORC 标准为例介绍。

一、定义与指引

1. 概略研究（Scoping Study）

概略研究是矿产资源量潜在可行性的数量级上的技术经济研究，包括对现实地取值的各限定因子及其他有关生产参数的适当评价。评价结果用于说明，在概略研究完成之时，继续推进至预可研是否合理。

2. 预可行性研究（Pre-Feasibility Study）

预可行性研究是一个矿产项目技术经济可行性的一系列可选方案的综合性研究，该项目已推进至这样一个阶段，其（如果是地下矿）拟采用的采矿方法或（如果是露天矿）采坑结构以及有效的矿物处理方法已确定。预可研包括基于各限定因子的合理取值和对其他有关因素的评价而得出的财务分析，这些限定因子和其他因素足以供一个合理行事的有资质人士确定，在预可研完成之时，是否可以将部分或全部矿产资源量转换为矿石储量。预可研的置信度低于可研。

一般认为，预可研的结果在其完成的当时误差在 ±25% 的范围内。

3. 可行性研究（Feasibility Study）

可行性研究是一个矿产项目已选定的开发方案的综合性技术经济研究，包括对各限定因子和其他有关生产参数适度详尽的评价，以及证明可研完成之时方案是否可行（可以经济地开采）所需的详细的财务分析。可研的结果可以被业主或金融机构用做推进项目开发或为项目开发提供资金做出最终决定的依据。可研的置信度高于预可研。

一般认为，可研的结果在其完成的当时误差在 ±15% 的范围内。

业界有时也用“确定性可行性研究”（Definitive Feasibility Study），以区别于预可研。

JORC 标准与 NI 43-101 标准都不反对用“银行融资级可行性研究”或“可用于银行融资的可行性研究”（Bankable Feasibility Study）这一术语，并将其视为与“可行性研究”意义相同。金融机构对此则不以为然。一项可研（就贷款而言）

是否可用于银行融资或是否能为金融机构所接受，不是业主或为其编制可研报告的咨询公司所能决定的，而是金融机构说了算的。

实际上，银行就是否为某一项目发放贷款要考虑的因素不仅限于项目本身的情况，还有诸如项目所在国的风险、业主公司的风险等可研一般涉及不到的问题。因此，除非一项可研已为银行所接受，业主堂而皇之地冠之以“银行融资级”或“可用于银行融资的”（Bankable）一词并无意义。反过来，也曾有金融机构对某项目的预可研表示满意（从而不要求确定性可研）而为项目提供贷款，从这个意义上说，其预可研也已经“可用于银行融资”。

可研有其时间性，尤其是在材料价格与人工成本波动幅度较大的经济环境中，尽管敏感性分析涵盖了一些价格波动情况。一般来说，对于两年前完成的可研，如果用于建设矿山，应该考虑重新核定投资与成本。

二、JORC 标准关于各种研究

JORC 标准要求，在披露概略研究的结果时，必须在同一自然段内或紧邻其后加上谨慎提示用语，如：“此处所述概略研究系基于工作程度较低的技术与经济评价，其不足以支持储量估算，不足以为经济地开发提供保障，不足以确定概略研究的结论能够实现。”

JORC 标准允许在概略研究中包括推断性资源量和 / 或勘探目标，但披露概略研究的公众报告必须说明推断性资源量和 / 或勘探目标在概略研究中所占的比例以及开采顺序。

预可研筛选出首选的采矿、选矿方法以及配套设施要求和规模，但一般尚未落实所有的细节。预可研也会就可研中需要进一步细化的地质、采矿、选矿、环保、销售、人力资源需求等事项提出建议。

可研一般已包括采矿、选矿和配套设施的初步设计，并足以作为投资决策的依据或支持项目融资。环境、社区、政府等批准和协议或已办理完毕，或已接近尾声。

应该指出的是，JORC 标准是一个行业标准，仍然要受制于法律法规的约束。2016 年 4 月，澳大利亚证券与投资委员会发布了第 214 号“信息纪要”，为矿业与资源行业的“前瞻性陈述”提供指引。其结果是，采用 JORC 标准的信息披露受到了一些限制。具体见第九章第五节。

三、NI 43-101 标准关于各种研究

NI 43-101 标准对初步经济评价的定义极其简单：“含矿产项目潜在可行性

经济分析的、除预可研或可研以外的研究”。

与预可研与可研的定义相对照，这个定义如此宽泛，似乎意味着初步经济评价的无足轻重。附则的进一步解释则把它的研究内容与方法和预可研与可研的研究内容与方法归为一类，只是粗细程度的不同（虽然因其粗细程度的不同得到的结果有“能否确定储量”这一质的不同）。这符合业界的实践。

NI 43-101 标准规定：

- 不得披露基于“勘探目标”或“既往估算”的经济分析结果 – 这是与 JORC 标准的较大差别之一（JORC 标准允许在概略研究中用“勘探目标”，只是需要做有关说明）；
- 除非已做初步经济评价，否则不能披露基于推断性资源量的经济性，即推断性资源量的经济性只能经初步经济评价确定；
- 如果初步经济评价采用了或仅仅基于推断性资源量，需以同样突出的方式：
  - ➢ 声明初步经济评价从性质上是初步的，包括了推断性资源量，而推断性资源量地质上太具推断性，不能赋予经济性考虑而确定为储量，初步经济评价的结果是否能够实现具有不确定性；
  - ➢ 说明初步经济评价的依据及有资质人士所用的假定条件；
- 除非满足定义中的各项条件，否则不能用“预可研”和“可研”这些术语；
- 推断性资源量不能用于预可研与可研。

这就意味着，要想披露项目的经济性，至少需要推断性资源量，并基于推断性资源量做初步经济评价。即在推断性资源量也未估算出来的情况下，不能披露项目的经济性。

NI 43-101 标准允许对曾做过预可研与可研的项目因某些条件的重大变化而倒退一步，重新做初步经济评价，但其原因需是对原预可研或可研的方案有重大调整故而需要重新评价，而不能变相地视为为将推断性资源量包括进预可研或可研开了后门。

四、业界对各种研究的认识与实践

经过多年的实践，尤其是经过与投资界的互动，业内对各种研究的认识早已相对成熟。下述认识颇有代表性：

- 概略研究回答下述问题：
  - ➢ 项目可能什么样（What it could be）；

➢ 是否有意义继续推进。

- 预可研回答下述问题：

➢ 项目应该什么样（What it should be）；
➢ 是否已研究、比较了足够多的可选方案；
➢ 是否已找出最佳方案。

- 可研回答下述问题：

➢ 项目会是什么样（What it will be）；
➢ 项目仍有哪些风险；
➢ 项目收益情况如何；
➢ 这是否是一个不太可能发生重大变化的投资机会。

图 2-6 则是从概略研究至闭矿、复垦的不错的概括。

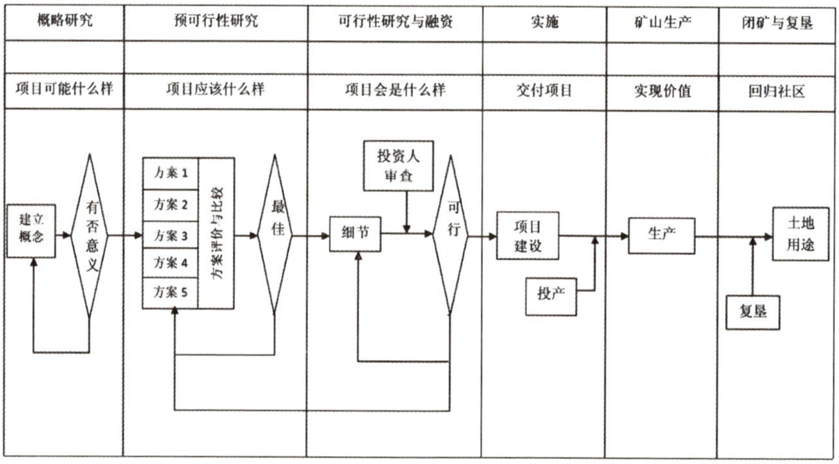

概略研究	预可行性研究	可行性研究与融资	实施	矿山生产	闭矿与复垦
项目可能什么样	项目应该什么样	项目会是什么样	交付项目	实现价值	回归社区

图2–6　概略研究、预可研与可研的关系

从JORC标准为概略研究下的定义也可以看出，它是一种“数量级上”的研究，是一种匡算和概念性研究，大体上核一核是否有账可算，是否应该继续推进项目。继续推进则意味着进一步投资，对于单一项目初级矿业公司来说则意味着依此项目为依托继续做股权融资。

概略研究的方法也因此颇为简单，基本上可以按本地区同类项目的类比做投资与生产成本测算。

预可研则要详细得多，已是项目可行性论证上的质的飞跃：

- 是项目设计、研究中的中间环节；

- 项目的主要参数出于基于项目自身情况的一些设计、研究（而不仅是与同类项目的类比）；
- 目标是确定：
  - ➢ 储量
  - ➢ 矿山和选矿厂的方案和规模
  - ➢ 环保和报批的要求
  - ➢ 投资与生产成本估算
  - ➢ 经济评价和敏感性分析；
- 需有足够的地质工作和矿山设计、研究，以确定储量；
- 需有足够的分析、研究、试验以确定采矿方法、选矿流程、设备选型、开采次序以及投资与生产成本估算；
- 经济分析足以评价各种方案，但不足以做最终投资决策及用于融资。

而可研则针对预可研比较、筛选出的方案做进一步的研究：

- 是投资决策前设计、研究过程中的最后也是最详细的一步；
- 供做出“是”与“否”的投资决策之用；
- 基于充分、完整的地质工作和设计、研究、试验工作；
- 目标与预可研类似，但准确度更高；
- 常可用“银行融资级”或“可用于银行融资”（bankable）加以描述；
- 如果结果是正面的，已详细到足以用于融资；
- 投资与生产成本估算需有供应商报价、产品销售条款等支持；
- 环境评价草案已接近完成或已上报政府部门报批；
- 经济评价和敏感性分析基于矿山服务年限内的现金流量；
- 如果可行，得出探明和控制储量。

五、关于各种研究的探讨

概略研究并不是必需的。如果公司对项目很有信心，并有充足的资金，完全可以越过概略研究而直接进行预可研，乃至可研。

既然如此，为什么还要做概略研究呢？这与矿业公司，尤其是初级矿业公司的成长模式有关（详见第三章）。预可研和可研一般花费较高，几百万美元、几千万美元是较为常见的，超大型项目的花费则更高；此外，历时也较长，一般至少几个月，一两年较为常见，甚至可能更长时间。而概略研究投入不高，所需时间不多，对于靠持续的股权融资（增资扩股）而发展的初级矿业公司来说，毕竟有了个阶段性的成果，以决定从公司发展的角度而言是否值得进一步大举投入，进行更为深入的预可研和可研，同时对项目的经济性有个粗略的认识，也让市场对项目的潜在经济性有个大概的了解。而开展进一步工作很可能需要做下一轮融资（也即公司可能尚无资金开展预可研和可研）。虽然仅仅是概略研究，一般也会使投资人对项目更有信心。如果概略研究的结果很好，一般能带动股价，也即得到了资本市场的认可。

预可研与可研的研究程度之间并无截然清晰的界限，预可研中的某些方面可能已经做到了可研的程度。不存在一个适用于所有项目的可研路线图，也并不是每一个项目都必然地需要先做预可研然后做可研。这要看项目的复杂程度。如果一个项目地质、采矿、选矿简单而直截了当，水文地质、工程地质、环境地质也无复杂情况，需要做的不同方案间的比较与筛选工作不多，预可研并不是必须经过的步骤。

顺便说明一下，水、工、环不是勘探期间的问题，而是可研期间的问题。在勘探期间，业主会把宝贵的风险资金用于勘探方面，只有在值得对项目做（预）可研时，水、工、环的问题才会纳入议事日程。这是资金如何分配的问题。

世界上没有任何两个矿体是一模一样的，也因此不存在两个一模一样的项目。即使是技术上十分相似的两个项目，因其所处的地理位置不同、基础设施条件不同、成本环境不同、项目所在国家和地区的法律法规不同、税收体系不同、环境保护要求不同、社区的利益分享程度不同等，项目的可行性和经济性也可能大相径庭。因此，把某地区某一项目的可行性和成功的经验简单地、经验性地套用在另一地区的类似项目上，常常事与愿违，很多公司为此付出了惨痛的代价。

同样冠以“可行性研究”之名，且可以印制精美、格式漂亮，但可研的质量可谓参差不齐。这与业主公司负责可研的人员的能力与经验、承担可研的咨询公司及其相关人员的能力与经验、工作作风是否严谨、有关基础工作是否翔实等诸多因素有关。此外，虽然承担可研的咨询公司独立于业主公司，但这种独立性毕竟是相对的。咨询公司都希望与客户保持良好的关系，因此对业主的诉求不会完全置之不理，而业主（矿业公司）需要把可研体面地端出去融资，这些直接的利益冲突很可能使可研的质量打折扣。显然，大型咨询公司独立性要好得多。

业界在可研方面的记录乏善可陈。有研究说，自 1965 年以来，矿山项目平均投资超支在 20%~60%，50 余年来未能有显著改善。

顾名思义，可研自然应该回答是否可行的问题。然而，何谓“可行”？一项可研被某一投资人视为可行，是否意味着对所有投资人“可行”？矿业公司发布可研的结果时也经常用（与“负面”相对的）所谓“正面”（positive）的可研这一提法。不同投资人对风险和收益的要求不同。何谓“正面”？这可能是个仁者见仁、智者见智的问题。本书把可研结果的意义放在第五章第六节中进一步探讨。

六、“可批性”研究

可研的目的，在公司内部是供董事会做投资决策，对外则是做融资之用。在绝大多数国家，可研是不需要报政府审批的。国内因为需要政府审批，得不到审批则项目不能推进，为了一纸批文，业主很可能牺牲可研的质量。因此，有时人们也戏称之为“可批性”研究。但愿这种可批性研究越来越少，还可研以本来面目。

第五节　政府审批的关注点

在很多国家，除了对涉及特殊矿产品的矿业项目可能有战略方面的考量以外，政府在审批矿业项目的时候关注的主要问题是项目对环境的影响。政府当然也关心项目对税收和就业的贡献，以及对区域发展的影响，但这些一般不是政府是否批准项目的关键因素。至于项目的可行性或经济效益如何，那是企业自己的问题，不是政府是否批准项目的主要考量因素。

政府针对项目的批件往往附带条件，接受这些条件意味着就此和政府达成了协议，这些条件也就构成了将来政府执法的依据。

第六节　境外矿业资本市场

在国内特定的资本市场条件下，上市是个鲤鱼跳龙门的机会。境外则不然。

上市没有什么神秘的，也不应该神秘。其实，如果把扫大街作为一种市政服务商业化，扫大街也可以上市。

国内外在公司上市方面的理念和隐含的意义有着实质性的差别：

- 国外上市操作都是明规则，没有“潜规则”，潜规则横行的社会，交易成本（transaction cost）巨大，每个人活得都很累，效率却并不高；
- 上市条件并不苛刻，一般在交易所的网站上就能查到，满足上市要求并不困难；

- 股票是否发得出去、能否成功地融到资金、以什么代价融到资金则是另一回事，取决于投资人是否认可，而不取决于交易所；
- 上市为老股东提供了流动性，为他们实现投资价值提供了便利，是价值释放和实现的过程，但上市这件事以及上市过程本身并不创造价值；
- 上市并不能一劳永逸，而是打造一家成功的公司的开始；
- 上市圈钱，然后为实际控制人个人利益掏空上市公司的手段面临极大的法律风险；
- 有些公司上市后流动性差（股票交易量小、交易不活跃，成为“僵尸股”），后续融资能力差，使其上市变得毫无意义，却要支付维护上市的费用。

境外交易所一般不以每年盈利为上市条件，这为成长型公司上市创造了条件。

如果说达到上市要求是硬条件，上市公司的维护和继续成长更重要的则是软实力。作者认为，大多数国内投资人在对公司治理、合规、投资者关系、如何打造一家受人尊敬的公司等问题的理解上，与成熟的资本市场的要求尚有差距，可以说还没有准备好境外上市。曾经短暂地风光过的“中国概念”早已随着一些公司的财务造假、信息披露不合规等问题成为负资产，短时间内看不到恢复的希望。当年带着国内的理念，包括对上市后暴富的期许，兴致勃勃地赴境外上市的很多国内公司已不得不黯然退市。

吸引公司前来上市是交易所的业务，交易所的主要收入来源即向上市公司收取各种费用。因此，交易所欢迎公司前来上市，但成熟的交易所除了法律法规的要求以外，为了维护自己的名声和市场地位，也不会对违法违规行为予以过多迁就。

此外，股市涨跌是市场的事。证券监管机关的职责不是让股市持续上涨，而是执法、维护市场秩序和促进股市的健康发展。

虽然资本已高度全球化，资本市场仍然有着较强的区域性。如前所述，境外交易所的上市要求、上市程序、收费标准等都是透明的，很多律师事务所也会愿意为潜在客户提供一些初步的免费指导。本书不在此多费笔墨，仅根据作者的观察，针对矿业业务，尤其是中小型矿业公司的需求，对几家境外证券交易所予以初步点评。

一、加拿大

加拿大可谓矿业“大”国。这个大，并不在于它的产出之大，而在于它有着矿业行业健康发展所需的完备的法律法规体系、技术体系、技术支持与保障体系、价值体系和价值保护体系。事实上，就矿产品产出而言，除了钾肥和铀以外，加拿大在其他矿种上并没有优势，但这并不妨碍其成为矿业大国。正如当今世界所谓的发达，不仅是人均占有财富和消费水平的发达，更是社会规范、社会秩序、社会公平和理念上的发达。

加拿大还有一个很大的优势，就是毗邻美国这个巨大的资本来源国，两国语言、文化、理念、法律体系相同或相近，为加拿大矿业公司吸引美国资金和到美国双上市提供了极大的便利。

1. TMX 集团

全称为 TMX 集团有限公司（TMX Group Limited），旗下拥有多伦多证券交易所主板（Toronto Stock Exchange，缩写为 TSX）和多伦多证券交易所创业板（TSX Venture Exchange，缩写为 TSXV）等多个交易与清算平台。

TMX 集团在其自身旗下的多伦多证券交易所主板上市，交易代码为 X。

对于矿业融资，TSX 和 TSXV 是当仁不让的业界龙头老大，中小矿业公司的数量之多和融资量之大是其显著特点。多年来，通过 TSX 和 TSXV 的矿业融资额（图 2-7 中绿色）达全球矿业融资总额的一半以上。

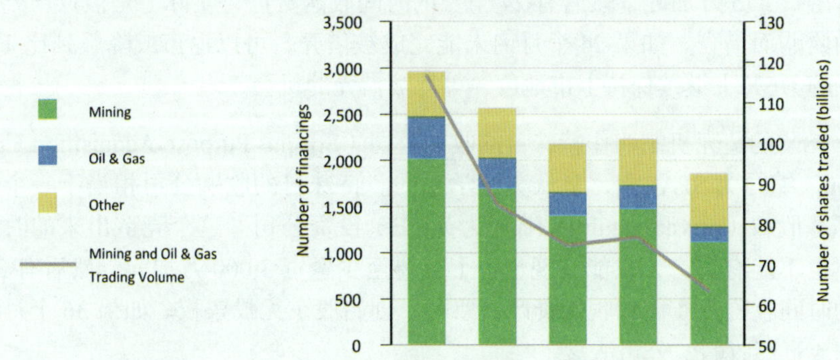

图2-7 多伦多证券交易所及其创业板各年度融资额度

资料来源：多伦多证券交易所 2015 年年报

矿业也是 TSX 和 TSXV 中的一个主要的板块。

加拿大矿业公司旗下的项目遍布全球，很多公司甚至在加拿大并无项目。也就是说，这些“加拿大”公司是加拿大人借助于 TSX 和 TSXV 这两个平台用国际上的钱做全世界的矿。

虽然在低迷的市场环境下可以有通融的余地，TSXV 一般要求上市公司发行新股的价格不低于每股 0.05 加元。这一规定在客观上要求，如果拟发行新股的公司股价已低于每股 0.05 加元，发行新股前需要缩股（见第三章第二节）。澳大利亚和香港股票市场上“仙（cent）股”充斥，炒（day trading）风很重，加拿大股票市场则要健康得多。

不同的市场上，投资人对股本规模的“感觉”和偏好也不同。加拿大资本市场一个显著的特点是不喜欢大股本。在加拿大，对于一个初级矿业公司来说，如果股本达到了几亿，再融资时，很多机构投资人会敬而远之。因此，很多加拿大初级矿业公司在股本达到一定规模后会在合适的时机缩股。

澳大利亚市场上股本达几亿股的初级矿业公司则不少见；而香港市场上没有什么资产的壳公司动辄几十亿股已属司空见惯。股本规模不同，市场上对流动性的感觉自然也不同。对加拿大上市的大多数初级矿业公司而言，如果日交易量达几十万股，流动性已属不错，在香港则属于没有流动性了。

除了传统的首发上市（initial public offering，缩写为为 IPO 和借壳上市（正式术语为“反向收购”，reverse take-over，缩写为 RTO，也称为“后门上市”（back-door listing）），TSX 和 TSXV 分别提供了一种造壳机制。

TSXV 的造壳机制叫作资本库公司（Capital Pool Company，缩写为 CPC）。这个壳造出来（即上市）的时候，里面不能有资产，只能有现金，上市最多融资 475 万加元，然后有 24 个月的时间收购资产，实际上是被资产方通过反向收购而借壳。如果 24 个月内未能完成被借壳，可以退市或降版到比 TSXV 更低的 NEX 上继续保持上市地位，等待被借壳的机会。

TSX 的造壳机制叫作特殊目的收购公司（Special Purpose Acquisition Corporation，缩写为 SPAC），是从美国学来的。特殊目的收购公司相当于一个上市的私募股权（private equity，缩写为为 PE）投资公司。这个壳造出来的时候，里面也不能有资产，只能有现金，上市要至少融资 3,000 万加元，然后有 36 个月的时间收购资产。就收购资产投票时，创始股东无投票权。如果 36 个月内未能完成资产收购，公司清盘。

特殊目的收购公司使有上市公司运营经验的高级管理人员得以先融资，再发展，也给无缘参与私募投资的社会公众提供了一个机会。因其本身是上市公司，不仅为股东提供了流动性，还要相对透明并接受监督监管。

如果说资本库公司是用于被收购的壳，特殊目的公司则是既可以用于收购资产的壳，也可以被借壳。

多年前TMX集团曾经热烈欢迎中国公司前去上市，并将有关上市的很多文件译成汉语放到网站上。2012年12月17日，TSX和TSXV发布了一份《关于来自于新兴市场国家的股票发行人的征询意见书》（Consultation Paper on Emerging Market Issuers），对与来自于新兴市场国家的股票发行人（上市或拟上市公司）有关的潜在风险和上市指导向公众征询意见，其中的新兴市场国家指除加拿大、美国、西欧、澳大利亚和新西兰以外的其他国家。很多人都明白，这份征询意见书主要是针对中国公司的。当时国内公司去境外上市的火热势头已持续几年，并逐渐暴露出一些问题，包括2011年年中在TSX上市的嘉汉林业有限公司（Sino-Forest Corporation）的问题，这份征询意见书就是在这个背景下推出的。

2015年7月，TSX以通知（Staff Notice）的形式指出了这些股票发行人可能存在较大风险的事项，并就下列方面提出了指导意见：

- 管理层与公司治理；
- 审计师；
- 内控；
- 保荐人；
- 关联交易；
- 非常规公司/股权结构。

实际上，2012年的征询意见书发出以后，TSX和TSXV对国内公司去加拿大上市审查的就已经非常严格了。

2. 加拿大证券交易所

加拿大证券交易所（Canadian Securities Exchange，缩写为CSE）从2003年即开始运营，虽然近年来有加拿大金融界的重量级人物、丹地证券（Dundee Securities）的创始人奈德·古德曼（Ned Goodman）的积极参与，但尚未得到市场和主流投资人的广泛认可。虽然上市维护成本低，但在上市公司数量、融资额度、股票流动性等方面即使与TSXV相比仍然不可同日而语。相对宽松的上市要求和监管力度可能是其部分原因，突显打造一家成功的交易所所面临的挑战。

加拿大对公司名称上冠以“加拿大”字眼并无限制，谁都可以用，“加”字头在市场地位上也没有任何优势，没有人因为公司名称里的“加拿大”字眼对公司另眼相看，以“加拿大”开头也与加拿大国家行为或政府行为没有任何关系。

也曾有国内公司在加拿大证券交易所上市，基本上也就是能过过“我们在加拿大有个上市公司”的嘴瘾，在国内忽悠忽悠。能否融资、交易量如何、市场认可程度如何，冷暖自知。

矿业是加拿大证券交易所着意打造的主要板块之一。

3. 埃魁塔斯 NEO 交易所

2013 年，加拿大最大的银行 – 加拿大皇家银行（Royal Bank of Canada，缩写为 RBC）联合几家投资人成立了一家新的交易所 – 以公平女神埃魁塔斯命名的埃魁塔斯 NEO 交易所（Aequitas Neo Exchange），以恢复交易所本来的面目、约束高频交易（见本节第十部分）等不公平交易行为为宗旨，挑战 TMX 集团近乎垄断的地位。

在交易所并不意味着摇钱树的市场环境下，打造一家成功的交易所要经过多年的历练。很多加拿大人也未必知道该所的存在。

二、澳大利亚

澳大利亚在矿业体系建设的方方面面与加拿大极其相似，尤其是在中小矿业公司的成长环境方面。

没有资本管制的澳大利亚资本市场同样是国际资本市场的一部分，与加拿大相比大概唯一的劣势是，地理位置上远离美国这个巨大而高效的资本市场。比之加拿大，澳大利亚的这个劣势使之在全球矿业资本市场方面屈居第二。

1. ASX 集团

ASX 集团（ASX Group）旗下有澳大利亚证券交易所（Australian Stock Exchange，缩写为 ASX）等多个交易和清算平台。ASX 未单设创业板。

ASX 集团于 1998 年在自身的交易所 ASX 上市（当时尚未重组为现在意义上的 ASX 集团），交易代码也是 ASX。

在自身交易所上市是 ASX 的首创，并已为全球很多交易所仿效。

鉴于澳大利亚和加拿大在矿业方面的相通性，有些澳大利亚矿业公司去加拿大双上市，也有些加拿大矿业公司去澳大利亚双上市，以期增加交易量，并在需要时也在异地融资。有意思的是，即使是在通信技术已十分发达、信息可瞬间传遍全球的今天，语言上也没有障碍，这些公司在对方的资本市场上仍然都有些水土不服，其中的绝大部分已选择从对方市场上退市，连全球前十大黄金公司之一的澳大利亚新顶矿业有限公司（Newcrest Mining Limited，见第九章第五节）也不例外。

2012年3月，新顶矿业在加拿大双上市，登录TSX，成为TSX上的第十七大上市公司和第四大矿业公司。然而，2013年9月，因预期的双上市的利益未能实现，新顶矿业从TSX退市。

未曾深度涉入对方市场的专业人士也曾感叹，看不懂对方市场。

与其他国际资本市场相比，ASX对中国公司的认可程度略高，这大概是中澳两国经济关联度相对较高的一种体现。不过，如果国内公司选择去澳大利亚上市，在股权结构、董事会、管理层等各方面，把公司打造成“有中国股东背景的澳大利亚公司”比“在澳大利亚上市的中国公司”会更有利于公司的长期发展。

2. 奇艾克斯澳大利亚交易所

奇艾克斯澳大利亚有限公司（Chi-X Australia Pty Ltd.）旗下的交易所于2011年获准运营，是澳大利亚政府鼓励竞争的体现。显然，奇艾克斯也面临其他新兴交易所共同的挑战。

三、英国

伦敦证券交易所集团有限公司（London Stock Exchange Group plc）旗下有主板，即伦敦证券交易所（London Stock Exchange，缩写为LSE），和“另类投资市场”（Alternative Investment Market，缩写为AIM）。AIM是LSE为吸引国际上的中小公司和成长型公司前来上市而设立的交易市场，也即LSE的二板市场。

伦敦证券交易所主板是必和必拓（BHP Billiton）、力拓（Rio Tinto）、英美资源（Anglo American）等有着深厚的欧洲资本基础的老牌矿业帝国的栖息地。近年来专门选择伦敦作为上市地的公司大概是出于区域性的考虑。俄罗斯、印度等所谓新兴市场（energing market）国家的大型资源类公司也更可能通过伦敦证券交易所主板步入国际资本市场。

矿业公司固然有其行业特性，但大型矿业公司在资本市场上与制造业等其他行业的生产型公司并无二致。伦敦证券交易所主板虽然有这些大型矿业公司上市，但并未像加拿大和澳大利亚的资本市场一样去着力打造矿业板块。

在上一轮矿业热中，AIM似乎急起直追，吸引了不少初级矿业公司。也许是发展心切，或者配套的软性基础设施尚显不足，或者并未建立起雄厚的矿业投资人基础，AIM上的初级矿业公司似乎优秀者不多。随着矿业市场的下行，AIM吸引初级矿业公司的努力也进入了蛰伏期。

AIM要求每家上市公司必须聘请一家“指定顾问”（Nominated Adviser，缩写为Nomad），为上市公司在上市过程中和上市后提供合规指导。曾有多家在AIM上市的国内公司因为指定顾问辞职且未能聘请到新的指定顾问而被迫退市。

像LSE一样，在区域性上，AIM对中亚资产的认可程度略高于北美和澳大利亚。以几个“斯坦”为主的中亚国家，虽然划归了亚洲，但从归属感上来说，他们似乎和欧洲更为“亲近”。

四、南非

南非是个矿业大国，至今在铂族金属（platinum group metals，缩写为PGMs）、钻石、锰、铬、黄金等矿种上在全球具有优势地位，铸就了英美资源（Anglo American）、金田（Gold Fields）、盎格鲁黄金阿山提（AngloGold Ashanti）等多家国际性大型矿业公司。2007年以前的一百多年间，南非一直是全球第一大黄金生产国。

就矿业资本市场及配套的软性基础设施建设而言，南非与加拿大和澳大利亚可谓等量齐观。有着悠久历史的约翰内斯堡证券交易所（Johannesburg Stock Exchange，缩写为JSE）于南非第一次淘金热期间的1887年即已成立。

南非矿业上的成就基本上是历史的积淀，约翰内斯堡证券交易所作为非洲第一大交易所其区域性特征较国际性更为突出。

五、香港

香港交易所集团（HKEX Group）旗下的香港联合交易所（The Stock Exchange of Hong Kong，缩写为HKEX）无疑是国内大公司，包括大型资源类公司进入国际资本市场的首选。

在上一轮矿业热中，香港联合交易所及其创业板（Growth Enterprise Market）也在打造矿业板块上颇下功夫，但从成效上看，似乎和AIM的结局类似。

交易所及其板块的打造，关键的是得到业内投资人的认可。交易所不过是个平台，熟悉本行业的业内投资人不认可这个平台，则平台也就不称其为平台了。

六、美国

矿业虽然在美国有着悠久的历史，并且在美国的西部大开发中多有贡献，但矿业板块在高度多元化的美国资本市场上却并不显山露水，美国资本市场对矿业也并不待见。

美国洲际交易所集团（Intercontinental Exchange, Inc.）旗下的纽约证券交易所（New York Stock Exchange，缩写为 NYSE）是全球最大的证券交易所。一些美国老牌矿业公司，如自由港 - 麦克莫兰（Freeport-McMoRan）和纽芒特矿业（Newmont Mining）在纽约证券交易所上市，一些近年来发展起来的中小型矿业公司在纽约证券交易所中小板（NYSE MKT）上市。

美国纳斯达克（Nasdaq, Inc.）上也有矿业公司上市。

对矿业行业而言，美国资本市场唯一的国际化特征是吸引了不少加拿大大中型矿业公司前去双上市，美国各个交易所是加拿大矿业公司双上市的首选。

七、交易所是平台，也是一项生意

交易所既是交易平台，也是一项生意。交易所本身也是一家公司，很多交易所在自身交易所上市，也要遵守相应的法律法规和上市规则。既然是一家公司，交易所也面对股东们期望其业务和业绩不断增长的压力，交易所之间也为吸引客户前来上市而竞争。

交易所通过其上市规则（listing rules）肩负着监管上市公司的部分责任，其自身也受到政府监管机关的监管。

交易所本身不是孤立地存在，必须在公司法、证券法等法律框架下运行。

建立一家交易所首先是要花钱的，然而是否能够吸引到足够的交易客户而实现盈利却并无保证。因此，交易所也并非无风险的生意。

交易所也可以买卖、并购。加拿大多伦多证券交易所与澳大利亚证券交易所都是其国内数家省 / 州交易所合并的结果。

几年前，全球交易所之间掀起了一股跨国并购热潮，包括：

- 2010 年，澳大利亚证券交易所同意被新加坡证券交易所兼并，但被澳大利亚外国投资审查委员会（Foreign Investment Review Board，简称 FIRB）否决;
- 2011 年，加拿大多伦多证券交易所险被英国伦敦证券交易所收购，加拿大政府予以放行，但因未能获得完成合并所需的多伦多证券交易所 2/3 股东的批准而中止；
- 2012 年，香港交易所集团（HKEX Group）将有 135 年历史、为众多有色金属提供全球交易的著名的伦敦金属交易所（London Metals Exchange，缩写为 LME）以 13.88 亿英镑的代价收入囊中。

当时正值矿业的巅峰时代，并购方所看中的大概主要是被并购方在资源行业的优势。

八、股价指数

正像经济的景气度可以用综合（composite）股价指数度量一样，也有一些行业股价指数可以用于度量矿业行业以及其中的子行业的景气度。

各交易所或单独发布或与其他金融机构（比如，标准普尔（S&P））联合发布一个或多个股价指数，这些股价指数是宏观经济环境、某一行业或某一行业内的某一子行业的晴雨表。入选某一股价指数需满足该股价指数的设计条件。这不仅是公司实力的体现、形象上的提升，也有助于吸引更广泛的投资人群体。有些稳健型机构投资人甚至只投资于某些股价指数成分股。

加拿大：

- 标准普尔 / 多伦多证券交易所综合指数（S&P/TSX Composite Index，代码 ^TSX）；
- 标准普尔 / 多伦多证券交易所创业板综合指数（S&P/TSX Venture Composite Index，代码 ^JX）；
- 标准普尔 / 多伦多证券交易所环球矿业指数（S&P/TSX Global Mining Index，代码 ^TXGM）；
- 标准普尔 / 多伦多证券交易所环球有色金属指数（S&P/TSX Global Base Metals Index，代码 ^TXBM）；
- 标准普尔 / 多伦多证券交易所环球黄金指数（S&P/TSX Global Gold Index，代码 ^TTGD）。

澳大利亚：

- 标准普尔 / 澳大利亚证券交易所 100 指数（S&P/ASX 100，代码 XTO）；
- 标准普尔 / 澳大利亚证券交易所金属与矿业 300 指数（S&P/ASX 300 Metals and Mining，代码 XMM）。

这些指数本身也是可交易金融产品，并且从这些指数派生出来很多金融衍生品（derivatives），为有意投资于某行业但并不熟悉业内的公司或不愿受个股拖累的投资人提供了便利。

入选股价指数成分股不是单行道。随着公司经营情况的变化，有的指数成分股可能已不再满足该指数的设计条件。因此，很多股价指数管理者每季度审查一次其指数成分股，有增补，有剔除，当然是增补“好”的，剔除“差”的，以此“优化”指数成分股，因此对股价指数的走势也要辩证地看待。

入选股价指数或被剔除都不是必须披露的事件。因此，有的公司入选时发布新闻告知天下，被剔除时则可能默不作声。

股价指数本是被动地跟踪和反映指数成分股作为一个整体的市场表现，对指数成分股的股价按说应该没有影响。但是，如上所述，指数成分股的增补和剔除可能使相关股票被增持和减持，因而在一个较短的时间内造成这些股价一定程度的上涨或下跌，对被增补的股票是锦上添花，对被剔除的股票则是雪上加霜。跟踪股价指数的分析师甚至会分析这些股票因增补和剔除而可能引起的买入和卖出量，以及进而对其股价的影响。

股价指数成分股的增补和剔除引起的相关股票股价的波动幅度一般不大。与股价指数成分股的调整方式类似的有些交易所交易基金（ETF，见第一章第三节）调整其投资组合时，因为在较短时间内实实在在地买入和卖出这些成分股，对其股价则可能有很大影响。2017 年 6 月，因为基金规模的不断扩大，GDXJ（见第一章第三节）调整其股票入选指标，造成了被增补 / 剔除的公司的股价大幅度波动。

这种现象在 GLD（见第九章第三节第三部分）黄金 ETF 与黄金价格的关系上也有明显的体现。

九、股市的季节性

国外的股市上有个“五月卖出走人”（Sell in May and go away）的说法，在伦敦作为国际金融中心之时即已形成，现在每到 4、5 月份也依然有人提起。

国际性的金融中心基本上都在北半球。从 6 月份开始，北半球逐渐进入夏季，学生们也陆续放假了，很多家庭会在 6~8 月份安排休假。为了放心休假，有些投资人和交易商不愿意在休假期间保留大量头寸。虽然不是绝对的，北半球的夏季国际金融市场确实趋于清淡。

另一个股票抛售季节是每年的 11~12 月份。如果当年已经实现了不少投资收益（也称资本利得，capital gain），很多投资人会把一些亏损的头寸卖掉，造成“税务损失”（tax loss），以冲抵投资收益，降低资本利得税（capital gain tax）。

十、高频交易与暗池交易

> There is nothing so disastrous as a rational investment policy in an irrational world.
>
> —John Maynard Keynes
>
> 在一个非理性的世界中，没有比理性投资策略更富于灾难性的了。
>
> ——约翰·凯恩斯（英国经济学家）

近年来发展起来的高频交易（high frequency trading）和暗池（dark pool）交易虽然创造了流动性，却是对交易所“价格发现”（price discovery）的原始逻辑的反动。

高频交易是指用计算机通过事先设定的算法（algorithm）捕捉人工不能获得的极为短暂的市场变化，并从相应的交易中获利。计算机毫秒级的交易速度较人工至少几百毫秒的反应速度有着巨大的优势，有的交易商甚至把服务器放在交易所服务器的隔壁，以求缩短交易指令的传输时间，获得较其他交易商更大的优势。

美国总统特朗普喜欢在推特（Twitter）上发表评论，并且喜欢用诸如“非常非常非常”（very very very）“的确的确”（really really）等叠字批评一些公司，这一点也被有的股票交易员通过设定算法利用上了，被他批评的公司的股价可以在他的评论发布后 20 毫秒内大跌。

高频交易与被交易对象的基本面可以没有任何关系，其极速的下单、撤单速度可以误导人工交易员而扭曲市场。在高频交易面前，股市上更是只有赢家和输家，没有专家。

高频交易大大缩短了市场对一些事件的消化时间，过去两周才能消化殆尽的消息现在只需要两个小时，这也大大增加了市场的波动性。

当今电子化的社会，秒级的提前数据获得即可能包含着巨大的价值。金融数据提供商汤姆森路透社（Thomson Reuters）曾以每月额外 6,000 美元的价格向一些高频交易公司和大型银行等客户较其他客户提前 2 秒提供美国密歇根大学每月两次的消费者信心调查数据。

无论你喜欢与否，高频交易已然大行其道。电影《捉妖记》说“人妖不两立”，经过一番争斗，人掌控了世界。看看这到处不太平的世界，这结论是不是拧了？

暗池是游离于交易所之外的一种场外交易，达到一定规模的暗池交易对正规交易所的价格发现机制也是一种威胁。

贪婪的本性和好奇的心理本是推动人类社会发展的两大原始动力。人类文明的进步则体现在对贪婪的本性的约束，使之合法、合规、合乎道德规范，如是，则贪婪便不再是坏事。监管不力的交易所只能让人类贪婪的本性得以肆意横行，这样的交易所未必比得上赌场，合法开设而受到良好监管的赌场也是有规矩的。

第七节　值得商榷的投资与运营理念和实践

文化和理念上的差异以及操作惯例上的差异不可忽视。国内外即使是描述股票涨跌所用颜色的意义也不同。大概出于对红色的偏爱，对于股价普遍上扬，我们说“全线飘红”。境外股市如果全线飘红就坏了 - 红色是下跌的表示。

把国内的投资与运营理念和实践直接搬到国外而“放之四海”，残酷的现实已经告诉我们，其结果不是“而皆准”，而是“都不准”。这不仅体现在投资标的的遴选和价值评判上，在投资后管理上体现得更为突出。

我们先来定性地看看这到底是怎么回事儿。

◇ 重形式、轻目的

矿业投资的目的应该在于赚钱。说来容易，很多投资行为却有意无意之间成了重形式、轻目的的样子工程，似乎满足于“我们在某某国有个什么什么矿”的谈资。如果这当真是投资目的，倒也未尝不可，自己的钱，投资人愿意怎么花就怎么花。只是应该想清楚，这到底是不是你所追求的目的？

◇ 重技术、轻经济

投资人基本都明白要有地质、采矿、选矿等方面的技术专家，却常常忽视项目的经济性，似乎以为技术上弄明白了，经济性自然就上去了。现实世界远不是那么回事。技术固然重要，是效益的依托，但只是基础，经济性才是目的。

澳大利亚西澳洲的磁铁矿基本上被中国公司拿下了，即使是在铁矿石价格高位运行之时，澳大利亚本地投资人和国际投资人投的也只是不需要选矿的高品位直运（DSO – Direct Shipping Ore）赤铁矿。那些磁铁矿从技术上说没有问题，要是搬到中国，只要不是落在太偏远的地方，还真是好东西，可在澳大利亚就是算不过账来。拿了磁铁矿矿权的澳大利亚人知道从哪儿找钱 – 中国！他们曾经成立“磁铁矿联盟”（Magnetite Network），热烈地拥抱中国投资人，很多公司得以在铁矿石市场垮塌之前成功地把那烫手山芋传递到了中国投资人手中。不必政治化，这是纯粹的商业行为。接盘之时，有着各路专家把眼的中国投资人还在纳闷，这也太便宜了吧，澳洲人脑子还真是不大够用。

磁铁矿不是不能做，但要综合考虑采矿、选矿、产品、用工、环保等各方面的条件，尤其关键的是铁路、港口等基础设施。如果看到“遍地是宝，过去捡就是了”，最好多想想。澳大利亚有着高效、开放、成熟而专业的全球化的矿业市场和资本市场，匹夫之勇占不了便宜。

国人善谈“战略”，但不能以战略之名掩盖失败的投资。

◇ 重关系、轻法律

关系是信任的体现，在哪都重要。但是对于投资行为，光有信任是不够的，法律才是根本保障。在涉及经济利益的时候，关系是很脆弱的。投资行为与投资协议要经得住政府的更迭、合作方股权 / 股东的变化以及董事会和管理层当事人的变迁。须知一旦出现争议，白纸黑字才是解决争议的依据。

意识到了法律的重要性，曾有国内的考察团赴境外考察项目时带上了国内律师。这真是驴唇对不上马嘴。各国，乃至于同一国家各省 / 州的法律也不尽相同，再聪明的美国律师初到中国面对中国法律也会无所适从。不管到哪，需要咨询的是当地执业律师。

此外，如果说在非洲的很多国家尚有“一张白纸任你画”的机会，在很多其他国家，法律已相当细微而成熟。尤其是在发达国家，草莽英雄的时代早已成为过去，只凭绿林豪气走不了多远。

◇ 做项目与做公司

国内外在项目运作的层面上已有不小的差别，诸如技术标准、工作细到什么程度能做出什么样的判断和结论、对可研的认识等，在公司运作的层面上差别就更大了。而每一个项目都隶属于一家或几家公司，即使是仅仅对项目感兴趣而对项目所属公司不感兴趣，也要面对其公司所面临的诸多问题。

即使是单一项目公司，除了应对项目的技术经济问题以外，也要应对投资者关系、董事会和管理层、融资等非项目层面的问题。上市公司在合规等方面要应对的问题就更多了，而绝大多数矿业公司又在早期都已经上市了。

对境外公司层面运作的生疏，常使国内投资人在并购或参与境外项目上直奔项目而去，忽视了项目所属公司的需求和要解决的问题，而显得一厢情愿。以自己要并表为由便要控股境外上市公司或其旗舰项目，便是这种一厢情愿的具体体现 – 并表解决了你自己的问题，却给对方带来了麻烦。

一家上市公司或其旗舰项目因被一家未被国际市场充分认可的境外公司控股而失去了决策和经营的控制权，其价值会大打折扣，股票流动性会大幅度降低，成为“僵尸股”，后续融资渠道枯竭，发展空间萎缩。最终，退市很可能是无奈的选择。

图 2-8 是某股票一年间的股价和交易量图示，这是典型的僵尸股。

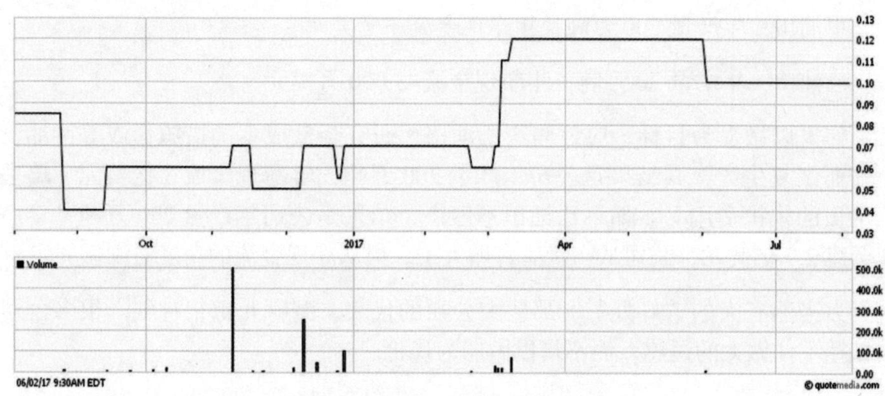

图2–8　“僵尸股”股价与交易量走势图（上部为股价，下部为交易量）

相比之下，交投活跃的股票的股价和交易量如图 2-9 所示。

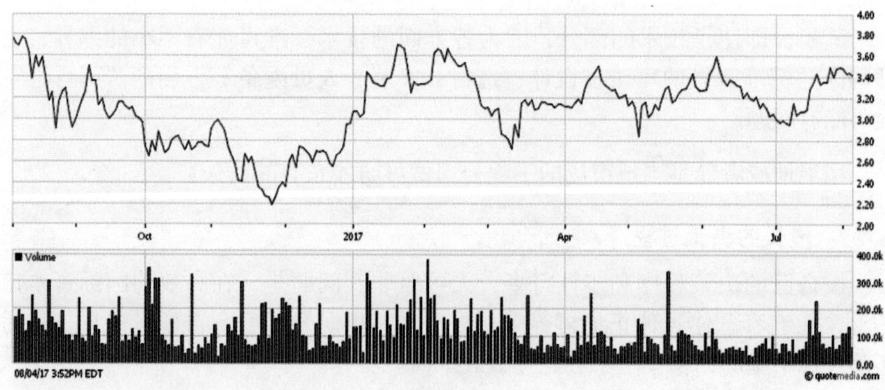

图2–9　交投活跃的股票股价与交易量走势图（上部为股价，下部为交易量）

其实，如果真是看好一家公司或其旗舰项目，不如索性全拿下来。反过来，如果一家上市公司无奈地接受被控股的现实，它很可能已经山穷水尽了。

◇ 做大与做强

大从来不意味着强。

很多公司都在强调做大、做强，但实际操作上有意无意之间在做大，而未必真的在做强 – 以并表为投资的必要条件便是这种思维的具体反映。商业银行以资产规模而不是以现金流强度作为贷款的主要考量因素客观上也为做大推波助澜。

如果既能做大，又能做强，当然是求之不得的好事。事实上，很多做大是以做弱为代价的。在做大与做强之间选择，为股东利益考虑，当然以做强为上。

以石油公司为例，如果某石油公司有两个油田，简况如下：

甲油田：年产量 200 万吨，年净现金流 3 亿美元

乙油田：年产量 30 万吨，年净现金流 -3,000 万美元

如果以做强为目标，应该停产乙油田，研究降低成本的措施，或等待油价上涨而恢复生产，其结果是公司年产量 200 万吨，年净现金流 3 亿美元（略去乙油田的维护费用）。如果乙油田不停产，结果是公司年产量 230 万吨，年净现金流 2.7 亿美元，公司从产量而言做大了，但从净现金流的角度看则做弱了。

大当然有大的“好处”，那些大公司的代表，到哪儿都很神气。很多公司会抵挡不住做大的诱惑，而不惜以做弱为代价。

◇ 委托国内公司做可研

可行性研究就是技术经济评价。如果说技术的部分还可能有其相通性，经济的部分 – 投资和成本的测算，境内外差别可能大了去了。

其实，即使是技术的部分，因为各方面的技术标准可能有不小的差异，遵循国内的标准所做的可研在设计、选材、安装、人员配备等方面的“可行性”很可能有问题。

用当地或者熟悉当地市场的工程公司做可研才是有的放矢。

◇ 漫长的决策过程

按自己的决策程序和步调行事，无可厚非。问题是，在高效的国际资本市场上，能够容忍你无休止地再等等、再看看、再研究研究、再商量商量，最后还落在你手里的，基本上不会是什么好东西。

◇ 对合同的认识

不少外籍人士在国内磕磕绊绊多年后终于悟出了真谛，原来在国内签了合同不是谈判的结束，而是谈判的开始。此后还得且干且谈，合同得不断地变通和勾兑，本来奉为圣典的白纸黑字的效力远不如酒酣耳热之际的推杯换盏。

如果说这是我们商业文化的一部分，倒也无可厚非，在国际上就未必行得通了。合同签订了以后的勾兑和变通是双方之间的事，如果对方不愿意变通，可能就升级为诉讼了。因此，最好在合同谈判期间考虑得周全一些。

国内常觉得国外的合同太过复杂，废话太多。找个好律师好好问问，在普通法体系下，其中的“废话”在诉讼上都是有意义的。

◇ 延长产业链

不少公司并购的目的据说是为了延长产业链。如果这仅仅是外行媒体的报道噱头也就罢了，业内人士实打实地运作起来可要谨慎行事。

产业链并非越长越好。我们天天吃面包，不必自己种小麦；天天喝牛奶，不必自己养头牛。为什么？因为我们在种小麦和养牛方面与业内的行家相比并无优势，或者说，我们种不好小麦、养不好牛。

在充分竞争的大环境下，传统行业中产业链上的各个环节的划分已极其细微，每一环节均已成为一项独立的业务，进而成为该行业中的一个子行业。如果要延长产业链，应该确保所涉及的各个环节都得盈利而可以独立存在，否则，非盈利部分是靠盈利部分的补贴而生存的，这不具有可持续性。就矿业行业而言，只有一些战略行业或战略矿种，如果延长产业链可以保持和加强在业内的商业地位，如扩大市场份额、维护产品价格、保障原料供应等，这种延长产业链才有意义。

以钢铁公司为例，如果其业务扩展至其“上游”- 铁矿，其矿山应该成为独立的盈利实体而在市场上有竞争力，这种扩展才有意义，否则应该关闭其矿山而从市场上购买铁矿石。炼钢和开铁矿是完全不同的两项业务。拥有自己的矿山是一件好事，但其意义不仅在于保障供应，而在于矿山本身即是一项不错的生意。

对于产业链上的各个环节的划分已经非常细微且竞争激烈的行业来说，延长产业链实质上是一种多元化，而多元化成功的比例并不高。

◇ 为国家收购资源

即使是国有企业，这种理念也是错误的。企业的终极目的是追逐利润。矿业投资是一种生意，要当生意来做，而不是搞政治。如果在某一项目或某一项投资上要贯彻政府的战略或意图，该项目或投资应该另当别论而具体安排。

除了有限的“战略矿种”以外，当今世界，资源之争是利润之争，不是矿产品本身之争；是经济利益之争，不是政治利益之争。

无论是矿产资源还是石油资源，对于政府来说可能属于“战略资源”，对于公司来说，不过是业务罢了。

一句话，政府做政府的事，企业做企业的事。

◇ 产品运回国内

我们是原油进口大国，到境外找油，运回国内，满足国内需求，这是石油企业原本走出去的“理论基础”之一。矿业企业走出去得晚一些，本也打算亦步亦趋。但这个逻辑不成立。实际执行早已撇开了这个逻辑，这是必然的。

无论是矿业公司还是石油公司，发展到一定规模，开拓国际业务是公司发展的必然途径，但其目的是挣钱。

以石油为例，如果在南美生产的石油在当地销售较运回国内合算，就地销售便是最好的选择，然后用南美的销售收入在我们周边国家买油以供应国内市场，实现价格套利（arbitrage）。矿产品同理。其附带效应是，增加了石油和矿产品的全球供应量，有助于抑制价格。

获取境外资源，以保障战争环境下的需求，理论上有道理，实践上很难说。须知在战争环境下，原本的政治经济格局会被打乱而重新安排。

◇ 投资后管理

投资后管理比投资本身还要重要得多。此时，并购、谈判期间五星级酒店里的觥筹交错已成为过去，面对的不再是纸上谈兵，而是实打实的项目 / 公司管理。

投资后派出高级管理人员乃至部分中级管理人员是难免的。如果是在发达国家做项目，文化差异上的整合是至关重要的。文化差异听起来也许有点虚，其实是很实的事。一件小事就能看出点端倪来，如果在餐厅就餐总是“我们”的人聚在一起、“他们”的人聚在一起，文化上就还有相当的隔阂。这种隔阂会在矿山 / 公司运营的方方面面体现出来。

领军人物至关重要！如果带头人不能让人心服口服，不可能建立起一个强有力的团队，而有能力的人也会逐渐离开，剩下的人基本上就是按月领工资的“磨洋工”。

矿业不是个好做的生意。好的团队不一定挽救得了一个烂矿，差的团队搞垮一个好矿可容易多了。

◇ 亏损也要生产

停产与复产都有不小的代价，谨慎评估是必要的。但对于在可以预见的未来没有盈利可能的矿山，消耗着宝贵的资源而亏损生产（负现金流），实在是荒唐。

◇ 安全、环保、劳工等问题

国内外在对安全、环保、劳工等问题的认识、法律法规、政府监管、具体操作等方面有着巨大的差别。即使是在欠发达的非洲国家，当地政府、社区和社会公众也有理由把国内公司的作业水平与以加拿大、澳大利亚公司为代表的业界“最佳惯例”（best practice）做比较，并要求与之看齐。

此外，项目所在国欢迎中国投资的目的并不是为了解决中国的就业问题，而是解决项目所在国当地的就业问题。成建制地输出全部人马未必现实。

第三章

初级矿业公司的成长历程

加拿大最大的钻石矿，戴亚维克（Diavik）钻石矿

很多矿业投资人潜意识之中有一种理念，即从事矿业投资只有在矿山投产以后才能获得收益（国内的情况也大抵如此）。因此，在考虑投资一个矿业项目的时候，首先要问的问题是，何时能够投产。这与国内资本市场尚不具备以勘探业务为主的所谓“初级矿业公司”（junior mining company）的成长机制有关。生产关系决定生产力，机制的缺失制约行业的发展。

国外的初级矿业公司就其工作性质而言相当于国内的地勘单位，但其投资主体和所处的市场环境截然不同，因而发展与运营的理念和管理方式也大相径庭。

以从业人数计，我们有着世界上最大的地质勘查大军，为初级矿业公司奠定了坚实的技术基础和人力资源基础；同时，我们有着巨量的社会资本，其中相当一部分有着投资于矿业的强烈的意愿与需求。上一轮矿业热中，各路资本逐鹿矿业，搞房地产的、造摩托车的、制药的、做鞋的、搞高科技的，竞相一试身手。虽然其中的大部分已带着当年暴富的期许折戟沉沙，经过这一场洗礼，更多的投资人会随着矿业市场的回暖重整旗鼓，卷土重来。然而，我们缺乏一种将二者结合起来的有效的市场机制与桥梁，致使政府承担了绝大部分矿产勘查风险投入，这在全球大概是独一无二的。更为遗憾的是，勘查资金使用效率低下，勘查市场缺乏活力。

第二章已经提到，以勘探业务为主的初级矿业公司可以上市并通过公开市场融资是国外几个资本市场有异于国内的显著特点，这种机制为投资人随时退出提供了便利。正是这一机制造就了一大批初级矿业公司，在找矿（勘探）方面发挥了至关重要的作用。

经过 30 年的高速发展，在房地产供给无虞、价格已经进入高位盘整之时，房地产行业依然能够吸引大量社会资本，充分的市场流动性是其重要原因。国外已经成熟的初级矿业公司的成长机制完全可以为矿业投资提供同样的流动性，使勘探伊始便吸引社会资本，减轻政府负担，释放多年积淀下来的技术储备和人力资源储备应有的活力，打造完整的市场化的矿业产业链。倘能如此，不失为地矿系统改制的有效途径。

图 3-1 是加拿大奈克斯津能源有限公司（NexGen Energy Ltd.，多伦多证券交易所主板交易代码 NXE）过去 5 年的股价走势图，该公司位于加拿大的铀项目尚在勘探之中，但前期投资人仍然可以随时退出而实现其投资收益。

20 世纪 80 年代个人计算机的广泛应用使得个人和小型公司得以方便地处理大量地质勘探数据，对初级矿业公司的发展和成为矿业行业中的一个子行业功不可没。

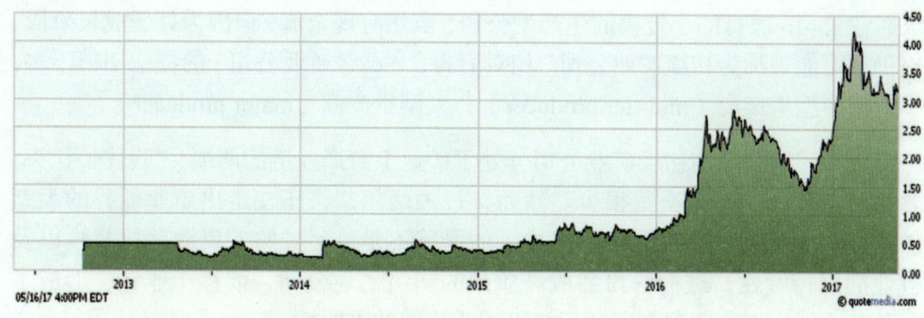

图3-1　奈克斯津能源5年股价走势图（截止到2017年5月16日）

敏乃克斯咨询公司（MinEx Consulting）对1950年至2016年间国外找矿成果的统计表明，70%的新矿是初级矿业公司（图3-2中浅绿色）发现的。与此密切相关的是，绝大部分勘探投入也是经由初级矿业公司投出去的。毫无疑问，在矿业生态圈内的行业细分市场上，初级矿业公司已经成为找矿的主力军，是整个矿业产业链中不可或缺的一环。

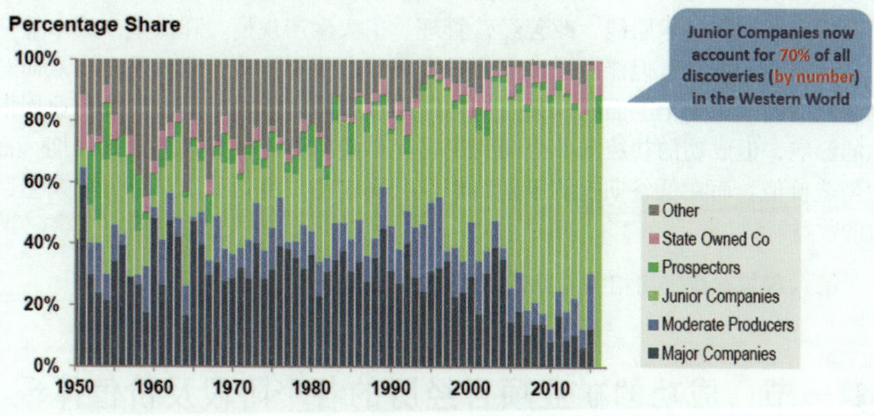

图3-2　各类不同性质的公司的矿山发现比例

资料来源：敏乃克斯咨询公司（MinEx Consulting）（2017年3月）

大型矿业公司已不在找矿方面有过多地投入，他们的发展模式是购买勘探程度高的项目或收购其公司，而将业务重点放在矿山开发和生产领域。这是行业细分的结果。正如新药大多是药品研发公司研制出来的一样，药厂买药号就是了。

初级矿业公司并没有一个明确的定义，一般指处于勘探、可研或项目开发（建设）阶段的矿业公司。它与“高级矿业公司”（senior mining company）并没有截然的界限。有的公司因为发现的矿藏大或品质好，虽然仍在勘探阶段，市值可能已经较高，但从其在矿业公司发展中所处的阶段来说，仍然可能被称为初级矿业公司；而有的小规模的生产型公司，虽然有现金流，但因为处于成长阶段，也仍然可能被称为初级矿业公司。相对而言，“高级矿业公司”的提法用得不多，一般用中型生产商（mid-tier producer）、大型生产商（major producer）。

大型矿业公司与初级矿业公司分处于矿业上游产业链的两端，“我住长江头，君住长江尾”，本来交集很少。然而，过去两年来，正在走出矿业低谷的大型矿业公司意识到，过去几年勘探投入的严重不足已经威胁到资源的接替性以及行业的可持续性，进而纷纷参股高质量的初级矿业公司，前移产业链，形成了一种矿业新生态，客观上印证了初级矿业公司的重要性。

本书侧重于勘探、可研类的初级矿业公司。原因在于，成功的初级矿业公司的成长历程是巨大的价值创造过程。除顺应行业周期而取得的成功以外，那些惊心动魄的矿业投资故事，几十倍、几百倍的矿业投资收益几乎都源自于初级矿业公司。

投资于生产型矿业公司基本上投的是矿业行业的周期性和不同市场上的估值差，比如国内外资本市场上同类资产的估值差异。市场上固然不乏买个赔钱的矿，通过调整技术路线、改善经营管理、扩大生产规模、降低生产成本等措施扭转局面的案例，但能否以此作为投资策略，值得推敲，尤其是在高效而竞争激烈的国际市场上。而勘探开发型初级矿业公司固然也逃不过矿业行业周期性的影响，但成功的初级矿业公司无论是在矿业行业的低谷期还是高峰期，都能创造价值。而在低谷期投资于初级矿业公司中的“潜力股”，更可以期望巨大的收益。

第六章与本章密切相关，读者可以一并阅读。

第一节　成功的矿业项目经历的各个阶段及价值体现

从勘探到生产，一个矿业项目经历的各个阶段可以粗略地划分为见矿前、见矿、确定初始资源量、可研、报批、融资、建设、投产等各个阶段。每一阶段的风险性质与程度不同，投资人面对的风险与潜在收益也不同。

图 3-3 是单一项目矿业公司在项目从勘探到生产的过程中股价的大致走势示意图。据说此图是加拿大弗兰克 - 内华达（Franco-Nevada）董事长皮埃尔 · 拉桑德（Pierre Lassonde，见第四章第七节）30 年前“发明”的，因此，也有人称之为“拉桑德曲线”（Lassonde Curve）。

拉桑德曲线已派生出种种变异，但其实质未曾改变。它所揭示的现象是，从投资的角度而言，见矿（discovery，也即“找到矿了”）这个从0到1的过程（比之从1到2）是项目的整个生命周期中相对投资收益最高的阶段。当然，从见矿前到见矿，投资人也承担了项目的整个生命周期内最高的风险，体现了所承担的风险与潜在收益之间的平衡。

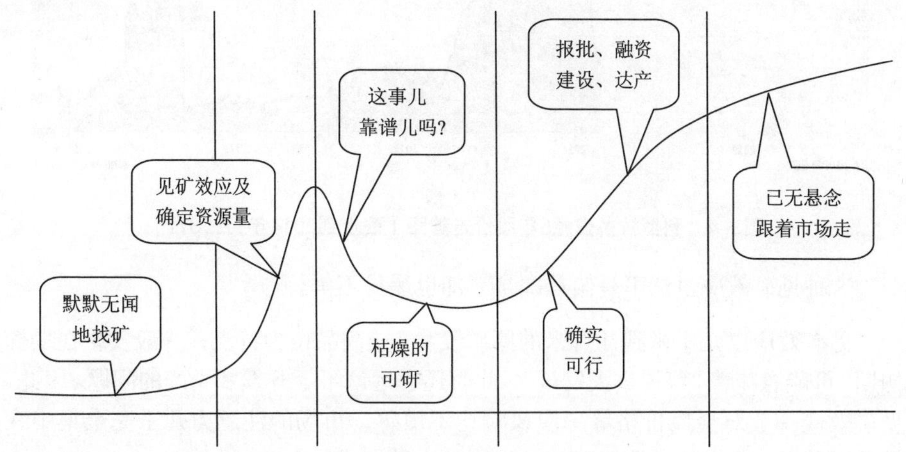

图3–3　拉桑德曲线

矿业投资因此也涉及投哪一段的问题。风险承受能力强、有一定的勘探项目评判能力的投资人可能投资于见矿前的勘探阶段，对收益的预期也高；略微稳健的投资人可以投见矿后的确定资源量、可研等阶段；养老基金等稳健型投资人风险承受能力低，对收益的预期也不高，更适合于根据对市场后势的判断投达产以后的阶段。

一、见矿效应

令矿业人最激动人心的时刻莫过于见矿了。对于初级矿业公司来说，高质量的见矿可能使其股价在短时间内大幅度升值，这便是典型的“见矿效应”。

2013年4月25日，加拿大科罗拉多资源有限公司（Colorado Resources Ltd.，多伦多证券交易所创业板交易代码CXO）发布新闻稿，其位于加拿大英属哥伦比亚省（British Columbia）北部的北罗克（North Rok）项目第一孔NR13-01钻遇242米0.63%铜+0.85克/吨金的矿段。

当日，其股价（图3-4）从前一日收盘价0.16加元上升到0.54加元，升值幅度达2.4倍，成交量达610多万股（以往每天几千到20万股）；而后其股价于2013年5月21日达到1.56加元，在不到一个月的时间里股价升值幅度达8.8倍，在当时已十分萧条的矿业市场上掀起了巨大的波澜。

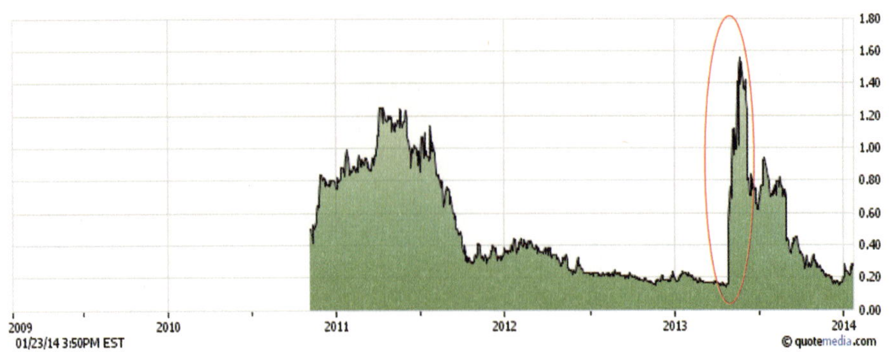

图3-4 科罗拉多资源5年股价走势图（截止到2014年1月23日）

这种见矿效应虽然不是俯首即是，却也屡见不鲜。

见矿效应以几十米到几百米的厚矿段和/或高品位为特点，一般发生在勘探初期，可能意味着“获得重大发现”。此时还远远谈不上开发和生产的问题，因此，见矿效应一般对金属价格等一应风险均不敏感，市场的注意力几乎完全集中在见矿以及进一步勘探是否能确认及巩固初步勘探成果上。

不温不火的见矿并不能产生股价暴涨的见矿效益。

即使在低迷的市场环境中，高质量的见矿效应也能为矿业行业吸引外部资本起到相当大的带动作用，甚至能扭转矿业市场的形势。

作者忠告

投资于初级矿业公司具有高风险和潜在高收益的特点，正是这可能的高收益使众多投资人趋之若鹜。见矿效应无疑是令人兴奋的，但也几乎是可遇而不可求的。投资于见矿前的项目，投资人承担了矿业投资可能遇到的全部风险。投资人应该分析自己的风险偏好，尤其是风险承受能力，妥善平衡自己的投资组合。一味地追求见矿效应未必是可取的投资策略。

二、确定资源量

这是见矿的继续，可研的基础。光有见矿是远远不够的，钻遇的矿段还必须能够连成有一定规模的矿体，即一定规模的资源量。

视矿体规模的大小，该阶段的股价表现可能随着勘探结果的捷报频传从见矿效应开始一浪高过一浪地上涨；而如果连不成矿体（没有上规模的资源量），也会很快偃旗息鼓。

2012 年 5 月 23 日，加拿大金奎斯特矿业有限公司（GoldQuest Mining Corp.，多伦多证券交易所创业板交易代码 GQC）发布新闻稿，其位于多米尼加（Dominican Republic）西部的拉斯·特来斯·帕尔玛斯（Las Tres Palmas）项目第一批钻孔中的第 LTP 90 号孔钻遇 231 米 2.4 克 / 吨金的矿段，包括 160.3 米 2.9 克 / 吨金 + 0.62% 铜。

当日，其股价（图 3-5）从前一日收盘价 0.08 加元上升到 0.31 加元，升值幅度达 2.9 倍，当日成交量达 1,628 万多股（以往每天几千到 25 万股）；而后，其股价在震荡中继续大幅上扬，于 2012 年 9 月 19 日达到 1.98 加元，在不到四个月的时间里，股价升值幅度达 23.8 倍。

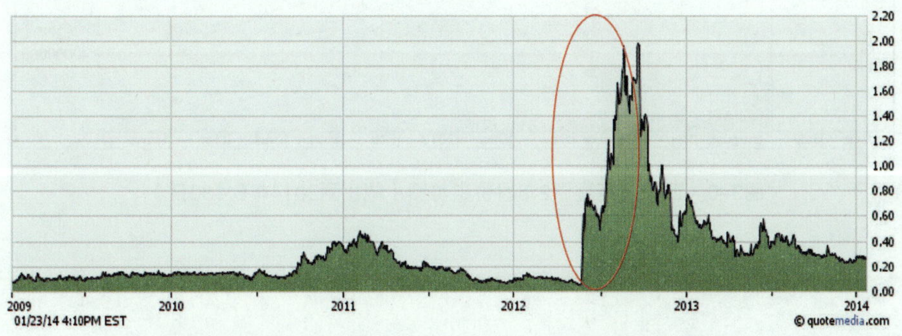

图3-5 金奎斯特矿业5年股价走势图（截止到2014年1月23日）

2012 年 7 月 26 日，澳大利亚西里亚斯资源有限公司（Sirius Resources NL，澳大利亚证券交易所交易代码 SIR）发布新闻稿，其位于澳大利亚西澳州（Western Australia）的弗雷泽牧场（Fraser Range）项目在其 1,000 米长 x 300 米宽的大规模电磁异常上钻遇 4 米 3.8% 镍 + 1.42% 铜的矿段。

当日，其股价（图 3-6）从前一日收盘价 0.057 澳元上升到 0.45 澳元，升值幅度达 6.9 倍，成交量达 5,654 万多股（以往每天几万到几十万股），此前多年来默默无闻的西里亚斯资源顿时成了市场上的明星。如此高品位的镍铜矿段实属罕见。此后，随着后续钻探结果的不断披露，其股价在震荡中继续大幅上扬，于 2012 年 11 月 7 日达到第一波高峰 3.27 澳元。至此，在三个半月的时间里，股价升值幅度达 56.4 倍。

2013 年 3 月 1 日，西里亚斯资源发布新闻稿，确认在上一见矿区东北部又发现一高品位见矿区。

其股价从前一日收盘价 2.06 澳元上升到 2.85 澳元，升值幅度达 38.3%，拉开了第二波上涨的序幕。随着后续钻探结果的不断披露，其股价于 2013 年 3 月 15 日达到 4.99 澳元。至此，在八个半月的时间里，股价较见矿前升值达 86.5 倍。

图3-6　西里亚斯资源2年股价走势图（截止到2014年6月30日）

三、可研

光有资源量也是不够的，还要能挣钱。可研便是算账的过程。

相对而言，这是枯燥而乏味的阶段，不像见矿阶段红红火火，而初级矿业公司的股价相当程度上是消息推动的，耐不住这份寂寞的或者本来就是冲着见矿去的投资人可能选择离场走人。

四、投产

矿山建成投产，前期的各种风险都已渡过，该出的消息也出尽了，勘探所创造的价值也基本上实现了，股价的后势便是随着市场和生产成本而沉浮了。这是风险投资人退出、稳健型投资人进场的时候。

第二节　成功的初级矿业公司的发展历程

各家初级矿业公司因其公司设立地和项目所在地的法律法规不同、项目的质量不同、所涉及的矿种及其市场行情与前景不同、董事会与管理层的经验与市场认可程度等不同，所经历的发展历程也因此各有差异，但成功的初级矿业公司的发展脉络仍然有章可循。

本节以已被收购的加拿大奥西斯科矿业有限公司（Osisko Mining Corporation，加拿大多伦多证券交易所上市代码 OSK，并非现在的同名公司）为例，按时间顺序，提取出公司发展过程中主要的和里程碑式的事件，解析一家成功的初级矿业公司从勘探、确定资源量、可研、报批、开发融资、建设、投产到进一步发展的整个过程，详细了解一家初级矿业公司及其与矿业市场和资本市场共同沉浮的过程，尤其是以项目进展和持续的股权融资为中心的发展历程，以及这个过程中的各个阶段在资本市场上的相对价值体现。同时，也对上市公司发展过程中的一些事件对公司发展的意义与影响予以简要解读，并对其他章节中涉及的一些问题放在具体的公司发展环境中予以阐述。

矿业项目的进展和初级矿业公司的发展并非直线性地按照上述路线图而一一兑现其各个步骤，而是各阶段之间有并行、重叠乃至于反复。尤其是在勘探、确定资源量和可研期间，这是矿产地质与勘探所固有的不确定性所决定的。因此，上述各个阶段的描述是相对的，而不是绝对的。

一、公司创立与前期发展

奥西斯科矿业由加拿大蒙特利尔（Montreal）地质师罗伯特·威尔斯（Robert Wares）于 1998 年 8 月创立，由威尔斯自任总裁兼首席执行官。初期公司名称为奥西斯科勘探有限公司（Osisko Exploration Ltd.），从事矿产勘查业务，是一家典型的初级矿业公司。当时正是高科技行业的鼎盛时期，大量资金追逐高科技公司，而黄金价格在每盎司 300 美元以下，整个矿业行业处于萧条期。

2004 年 11 月以前，奥西斯科矿业曾相继在加拿大魁北克省（Quebec）从事镍 - 钴、铂族金属、锌 - 铜、钒、金刚石、钽 - 锂和黄金勘探，在巴西从事黄金及金 - 铜勘探，均为早期勘探。这是一家初级矿业公司典型的项目海选阶段，正处于“大浪淘沙”的过程之中。这一阶段的股权融资（见第四章第一节）基本上在每股 0.25 加元以下，如 0.16 加元、0.20 加元、0.25 加元，每次融资额从十几万到一百万加元，且均附带有不同行权价格的认股权证。投资人认购股份固然是对项目的一定程度的认可，也是对行业和公司核心管理人员的认可。

图3-7 奥西斯科矿业10年股价走势图（截止到2014年6月13日）

二、收购核心项目，并展开勘探

2004年11月8日，奥西斯科勘探收购位于加拿大魁北克省的马拉提克（Malartic）项目，包括曾于1935~1965年间生产了100多万盎司（约31.1吨）的原马拉提克金矿，原生产期间的平均品位为3.37克/吨。该矿山与另外两座相邻矿山合计曾于1935~1979年间累计生产了500多万盎司黄金（约155.5吨）。

马拉提克项目的收购价是8万加元，于2005年6月30日前分期支付。

加拿大巴里克黄金有限公司（Barrick Gold Corp.，多伦多证券交易所主板和纽约证券交易所交易代码ABX）持有马拉提克项目2%~3%的浮动“净冶炼厂收益”（Net Smelter Return，简称NSR，见第四章第七节第五部分）权益，其中50%可以视当时的黄金价格以100~150万加元的代价买断。

从8万加元且分期付款的收购条件可以看出，买卖双方不至于把该项收购视为重大收购，买方奥西斯科勘探不过是借“就矿找矿”（To find a mine, go explore around a mine）的概念，希望有进一步的发现。该项收购也未在市场上引起任何波澜，当然这与当时的市场大环境有关。

2004年11月23日，奥西斯科勘探公告，初步审阅马拉提克项目的技术资料表明，项目区内5个埋深100米以内的近地表矿藏有历史资源量（矿量）816万吨，平均品位1.98克/吨，含黄金金属量51.95万盎司（约16.2吨），系当时的业主根据1984~1986年间的5.5万米钻探计算所得。该资源量不符合NI 43-101标准，因当时NI 43-101标准尚未推出。

按照加拿大信息披露的要求，对不符合NI 43-101标准（见第二章第二节第二部分）的所谓“历史资源量”需要予以说明。NI 43-101 标准的历史并不长，历史资源量也是有根有据的，因此也有重要参考价值，毕竟这些资源量来自于 5.5 万米的钻探工程。

马拉提克项目位于魁北克省著名的阿比提比（Abitibi）黄金成矿区，这项代价不大的收购陡然间为公司带来了不小的“资源量”，大大地提高了项目起点，缩短了勘探周期。

2004 年 12 月 7 日，奥西斯科勘探公告，委托加拿大投资银行加通资本有限公司（Canaccord Capital Corp.）向一些“合格投资人”（accredited investors，见第四章第一节）以每股 0.30 加元的价格定向发行 753,750 股 FT 股票（flow-though shares，见第四章第一节）和 83,750 股一般股票，融资 251,250 加元。

奥西斯科勘探将向加通资本支付 10% 的现金佣金，并向加通资本发行 83,750 份认股权证（warrant，见第四章第一节），每一认股权证允许持有人在 24 个月内以 0.30 加元的价格认购一股股票。

奥西斯科勘探同意支付 10% 的佣金外加一些无溢价认股权证，且融资量不大，说明当时融资并不容易，而马拉提克项目也并未受到市场的热捧。

融资到位以后，奥西斯科勘探开始了马拉提克项目的钻探工作。

2005 年 4 月 7 日，奥西斯科勘探公告一期钻探三个钻孔的结果（取 0.65 克/吨边界品位）：

孔号	从（米）	至（米）	矿段长（米）	品位（克/吨）
CM05-651	31.28	125.15	93.9	1.01
CM05-652	30.36	173.56	143.2	1.01
CM05-653	30.60	117.78	87.2	1.61
包括	30.60	59.10	28.5	2.27

其中 CM05-651 孔和 CM05-652 孔位于历史资源量计算区以外，而 CM05-653 孔比位于该孔位的历史钻孔深，且矿段厚度增加了 28 米。

这是奥西斯科勘探收购马拉提克项目后的第一批钻孔。三个钻孔均钻遇大段成矿，但品位较低，市场上波澜不惊。首期钻探未曾为奥西斯科勘探带来一日间股价上涨几倍的“见矿效应”。

此后的 6 个月间，奥西斯科勘探陆续公告了后续钻探的结果，与一期钻孔的结果相似，基本上是几十米至一百几十米厚、平均一点几克吨的矿段。

上市公司有“连续披露”（continuous disclosure）的合规要求，尤其是打钻这种对股价影响较大的敏感信息，需要及时披露。

2005 年 9 月 8 日，奥西斯科勘探公告，汇总 5,000 个历史钻孔和公司新钻的 22 个钻孔，马拉提克项目可以大致圈出一亿吨矿量的潜力，品位在 1.00~1.35 克 / 吨，潜在黄金资源量 320~430 万盎司。该矿量和品位只是概念性估计，尚未做足够工作以计算符合 NI 43-101 标准的资源量。

公司认为该斑岩成矿体系最终可能建成大规模露天矿，并将继续钻探，以期于 2006 年初发布符合 NI 43-101 标准的初始推断性（inferred）资源量。

过去十几年来，NI 43-101 标准从文字到实际执行在不断加强。以现在的标准看，这种“潜在资源量”的披露显得粗糙了些。

对于稍有经验的地质师来说，粗略地勾勒一下矿量和大致估算一下金属量并不困难。100 万盎司（31 吨）黄金金属量是初级矿业公司上档次的一个门槛。这一亿吨的矿量、300~400 万盎司的金属量，虽然还都只是“潜力”，但也足以引起业界的注意了。

马拉提克项目斑岩型成矿、大规模露天开采隐约成形。

此时，沉寂多年的矿业市场已在恢复之中，市场气氛活跃、资金涌入，黄金价格的上涨趋势已然建立起来。然而，由于多年的矿业行业欠投资，市场上值得追捧的初级矿业公司为数不多。无疑，从矿业市场的周期上来看（图 3-8），奥西斯科勘探正逢其时。

图3–8 黄金价格（黄色）与奥西斯科矿业（蓝色）股价走势图

（2004年1月2日至2014年6月13日）

看看投资人和资本市场的反应：

2005年10月12日，奥西斯科勘探公告，第一大股东德国欧亚控股（Eurasia Holdings AG）再次行权其持有的每股0.30加元的160万股认股权证，行权后其所持股份提高至47.5%，公司融得现金48万加元。

这是两个月来欧亚控股第二次行权。

相当多的投资人在认股权证行权后会立即卖出获利，一是因为认股权证是以前定向增发时附带发行给投资人的“免费”的权利，可以视为没有成本，只要当时的股价高于行权价即有获利机会（视该股票的流动性）；二是以免行权后如果股价跌至行权价以下反而招致损失。从公开资料看，未见欧亚控股立即卖出，表明大股东对公司发展前景看好。

2005年10月19日，奥西斯科勘探公告，委托太平国际证券有限公司（Pacific International Securities Inc.）以每份0.65加元的价格发行310万融资单位，融资201.5万加元（附超额发行权）。每一融资单位包括一股普通股股票和0.5股可转让认股权证，每一认股权证允许持有人在两年内以0.80加元的价格认购一股普通股股票。所融资金用于马拉提克项目的三期钻探。

上述融资于2005年12月16日以发行348.25万融资单位、融资226万加元超额完成。两个月后，奥西斯科勘探再次以相同条件增发新股，融资233万加元，第一大股东欧亚控股跟投。

至此，奥西斯科勘探已获得资本市场的高度关注而进入快速发展的通道。上述两项融资共融得460万加元现金，公司已有资本加快勘探进程，立即用两部钻机开始了27,000米的继续钻探。

新股发行一般以当时股价为基础，可能略有折扣。在黄金价格上涨的大环境和马拉提克项目进展的推动下，奥西斯科勘探的股价涨势良好，新股发行价较一年前的每股0.30加元提高了一倍多。这就是价值创造的过程。

很多情况下公司会授予股票承销商一定量（典型的是15%）的超额发行权。一家名为绿鞋（Green Shoe）的公司首次使用这种机制，故市场上也把超额发行权俗称为“绿鞋”。

在陆续发布了几批钻孔结果后，奥西斯科勘探再次融资。

2006年3月2日，奥西斯科勘探公告，以每份1.80加元的价格向大股东欧亚控股定向增发60万融资单位，融资108万加元。每一融资单位包括一股普通股股票和0.5股认股权证，每一认股权证允许持有人在两年内以2.25加元的价格认购一股普通股股票（注：后来应多伦多证券交易所创业板的要求将认股权证行权价提高到了2.36加元）。所融资金用于收购马拉提克项目周边的一些矿权。

定向增发后，欧亚控股持股 47.8%。

本次定向增发距上次融资不过三个多月的时间，但增发的价格已近上次融资的每股 0.65 加元的三倍，俨然一个迟到的“见矿效应”。

2006 年 3 月 30 日，奥西斯科勘探宣布，公司创始人、董事长兼首席执行官和总裁威尔斯除继续担任董事长外，在管理层中的职位调整为执行副总裁兼首席作业官，原首席作业官山·儒森（Sean Roosen）出任总裁兼首席执行官。威尔斯表示，马拉提克项目已展现开发前景，这一前景改变了公司状况，在着眼于开发之时，儒森最适合领导公司，而他自己将致力于扩大资源量和技术管理，而这恰是他的专长所在。

这种职务调整只能是创始人威尔斯自己的安排，虽显奇怪（他仍然担任董事长），却也是其胸怀的体现。进入开发所面临的问题和所需要的管理技能与勘探差别很大，面对的投资人和资本市场的关注程度也不同，各取所长有利于公司发展。

2006 年 4 月 17 日，奥西斯科勘探公告，委托投资银行加通资本（Canaccord Adama）以包销方式以每份 3.25 加元的价格发行 310 万融资单位，融资 1,007.5 万加元（附超额发行权）。每一融资单位包括一股普通股股票和 0.5 股认股权证，每一认股权证允许持有人在 36 个月内以 4.00 加元的价格认购一股普通股股票。加通资本可提高发行量 50%。

“包销”（bought-deal，见第四章第一节）意味着，如果股票卖不出去，投资银行要自己买下来，因此是投资银行对该股票信心的体现。新股发行价格较 4 个月前的 1.80 加元再次大幅上升。

该项融资于 2006 年 5 月 10 日以发行 492.5 万融资单位、融资 1,600 万加元而再次超额完成，奥西斯科勘探已是毫无疑问的明星股。

大大加快了钻探节奏的奥西斯科勘探陆续公告了几期钻探结果。

2006 年 8 月 30 日，奥西斯科勘探公告，着手能满足预可研要求的综合选矿试验，并说明了选矿试验内容。

大量钻探之后，可选性和工艺路线的问题已摆上议事日程，以便为可研做准备。同时，公司的财务状况也已允许开展选矿试验。

2006 年 10 月 20 日，奥西斯科勘探公告，以每份 5.50 加元的价格向大股东欧亚控股定向增发 100 万融资单位，融资 550 万加元。每一融资单位包括一股普通股股票和一股可转让认股权证，每一认股权证允许持有人在 36 个月内以 6.25 加元的价格认购一股普通股股票（注：后变更为 24 个月、行权价 8.50 加元）。定向增发后，欧亚控股持有公司 44.1% 的股份。所发行股票 18 个月内禁售。所融资金用于可研及着手供货期长的设备的采购方案。

向大股东定向增发相对敏感，可能有特殊的合规问题。

有些关键设备的供应商在全球范围内也是很有限的，如大型矿车及其轮胎、大型磨矿设备等。在矿业市场的繁荣期，有些设备及备件的供货期长达两年甚至更长时间。因此，在开发预期相对明朗的情况下，尽早着手是必要的。但这并非没有风险。

马拉提克项目尽管尚未确定资源量，更未开始系统的可研，但大量钻探结果表明，大规模露天开采这个大方向应该是不会错的。

本次新股发行价格较 6 个月前的 3.25 加元又有了大幅度上升，这是当时股价的体现。

2006 年 11 月 1 日，奥西斯科勘探公告，已朝建设矿山所拟采取的路线迈出第一步 - 与芬兰美卓矿机（Metso Minerals）签订意向书，授予其一台 38 英尺直径 x 23 英尺长的半自磨机和两台 26 英尺直径 x 38 英尺长的球磨机合同，并立即着手制造供货期长的关键部件。这几台磨机将形成北美最大的磨矿能力，视其最终设计指标，日处理能力可达 2.8 万到 4 万吨。

总裁兼首席执行官儒森表示，这是马拉提克项目的重要里程碑。随着推断性（inferred）资源量的即将公布，我们很有信心，已做的工作很快将足以把资源量提高至推定性（indicated）和确定性（measured）资源量的级别，并满足可研所需。与美卓的协议表明，我们有能力且已下定决心在尽可能短的时间内把矿山建成投产，我们有信心实现这个目标。

对于初级矿业公司来说，未做可研，甚至连资源量都未估算出来，也未大规模募集开发融资即订购设备，这是超常规发展。公司面临的选择是，或者按部就班，完成可研、募集开发资金后订购设备，或者先期订购供货期长的设备。前者更为稳妥，但有漫长的等待供货时间，矿山投产只好相应推后，而后者大大缩短了矿山投产时间，但需面临可研的不确定性和设备选型不恰当等风险。这种风险在一定程度上可以控制，比如，缴纳 5%~10% 的订金先排上队，或者在可研证明设备选型不合适的情况下转售设备。

事实上，为数不少的公司选择在可研完成之前预订供货期长的设备，这就需要在没有可研支持的情况下做出判断，因而需要董事会和管理层具有深厚的行业背景。这也从另一个角度说明了投资人看重董事会和管理层的原因。

这就自然地引出了另一个问题，可研是否仍有意义。答案是肯定的。虽然关键设备的处理能力已基本确定，可研很大程度上会在这个处理能力的范围内论证项目的可行性，但可研是把账算清，不仅定性，而要定量，以支持大规模的开发融资，尤其是债务性融资。很难想象在没有可研支持的情况下融资几亿乃至于十几亿加元，且大规模项目的建设几乎无一例外地会充分利用债务这一基本的财务杠杆，以提高自有资金部分的内部收益率。

就马拉提克项目的具体情况而言，曾经开采过，外部基础设施相对完善，对项目经济上是否可行基本上可以基于项目自身的条件判断，业内有很多资料可供参考，这应该是没有可研的支持而订购设备的关键因素。如果项目远离外部基础设施，项目投资和运营成本的相当一部分需要花在外部基础设施上，在基础设施的账没有算清的情况下很难做出这种决策。

订购设备也向市场传递了另一个信息，即公司拟自行建设矿山。

初级矿业公司发展到一定程度之后有几个可能的出路，如出售项目或出售公司，为此有些公司可能积极寻找买家。订购设备虽不排除被收购的可能，但看来不是公司努力的方向。各种选择很难说有何优劣之分。虽然不同性质的股东倾向性不同，只要能提升股东价值，股东一般都会支持。一般来说，短期投资人和财务投资人更希望公司被收购而尽快实现投资收益，而长期投资人和战略投资人可能更希望矿山建成投产而充分实现其价值。

三、确定资源量

2006 年 12 月 6 日，奥西斯科勘探公布由独立的咨询公司所做的马拉提克项目符合 NI 43-101 标准的初始资源量，在不同边界品位下，用不同方法计算的结果如下：

推断性（inferred）资源量（取0.5克/吨边界品位）			
	矿量（亿吨）	品位（克/吨）	金属量（万盎司）
多参数克里格法	1.784	1.14	654
普通克里格法	1.772	1.15	655
距离反比法	1.708	1.20	659
推断性（inferred）资源量（取1.0克/吨边界品位）			
	矿量（千万吨）	品位（克/吨）	金属量（万盎司）
多参数克里格法	8,587.1	1.59	439
普通克里格法	8,449.2	1.62	440
距离反比法	8,559.6	1.67	460

奥西斯科勘探已完成计划的 7.5 万米中的 6 万米钻探。计算资源量所用的数据库含 244,271 米钻探数据，包括历史钻孔和截止到 2006 年 8 月底奥西斯科勘

探自己已完成的41,720米钻探。

这是初始资源量，是个阶段性成果，是对前一阶段大量钻探工作的一个总结，以便公司自己、股东、市场和潜在投资人对矿体的规模和质量有个初步认识。

500万盎司的金属量已足以称为“世界级”（world class）矿藏。马拉提克项目已可以在矿业史上占有一席之地。

用不同的估算方法、采用不同的参数，得到的资源量可能会有所不同。此处用不同方法得到的资源量相近，互相佐证。

随着钻探的继续和钻孔结果的不断发布，资源量也会不时更新。

2007年1月24日，奥西斯科勘探公告，委托由投资银行西风合伙人有限公司（Westwind Partners Inc.）牵头的包销团以每股11.5加元的价格包销610万股普通股，融资7,015万加元（附超额发行权），所融资金用于马拉提克项目的勘探、资源量升级、可研与开发前期工作。

上述融资于2007年2月8日经发行700万股、融资8,050万加元完成，资本市场的高效性又一次体现得淋漓尽致。

本次新股发行11.5加元的价格较三个月前上次融资5.50加元的价格提高了一倍多，且不附带认股权证。显然，奥西斯科矿业再次受到市场的追捧。

2007年3月8日，奥西斯科勘探发布社区调查结果，96%的当地住户接受了调查，其中93%认为马拉提克项目会对社区经济状况产生重大影响，87%赞成项目开发。

该项调查是奥西斯科勘探所推动的社区开发计划的一部分，旨在对社区开发和社区南部受项目影响的部分的搬迁实施战略规划。这项工作由一个社区咨询小组实施，该小组由两位市政官员、社区南部五位居民、公司两位代表及一位独立的总裁组成，由该总裁领导。

公告提供了很多细节，如涉及多少住户、多少居民、多少房屋和公共设施、多少住户拒绝参与调查、多少希望出售房产、多少愿意搬迁等。

处理好当地社区问题对项目开发至关重要（见第八章第四节）。国际上很多项目因当地居民的反对而耽搁多年，甚至业主被迫放弃。这种所谓的“社会许可证”（social license）不一定是政府批准的必要条件，但如果处理得不好，项目仍然可能难以推进。

社会许可证是企业社会责任的一部分，也是投资人关注的重点问题之一。如果初级矿业公司面临高调的社会许可证问题，问题的发生、进展和解决均可能对其股价以及公司发展有实质性影响。

马拉提克项目涉及部分居民的搬迁，因而有一定的特殊性。其工作方法和成果无疑是值得称道的。社区咨询小组的构成也体现了公司的诚意。

2007 年 3 月 26 日，奥西斯科勘探公告动用 6 部钻机、预算 2,200 万加元、预计总进尺 17 万米的钻探计划及其目的，该钻探计划系按照 NI 43-101 报告的建议所拟定。

当时奥西斯科勘探在马拉提克项目上完成的钻探已经超过 10 万米，国外大规模项目的钻探量可见一斑，这是可研的需要，虽然不能排除有些公司为发布消息而过度钻探。

2007 年 5 月 2 日，奥西斯科勘探宣布，委托一家国际性工程公司进行马拉提克项目的环境与社会影响评价（environment and social impact assessment），预计该评价于 2008 年 6 月完成。鉴于项目位于曾经生产的矿区，且距马拉提克社区很近，该项评价的很大一部分会是社会影响评价。

环境影响评价（见第八章第一节第三部分）是一项耗时间、耗财力的工作，视项目的性质及所涉及的环境问题的复杂程度，至少需要一年的时间，两年甚至更长时间较为常见，在安排项目的进度时需提前考虑。

2007 年 6 月 4 日，奥西斯科勘探宣布，将向现有股东以 1:1 的比例以股票分红的形式拆股，以提高股票的流动性，为更多的机构投资人和散户投资人提供较低股价的投资机会。拆股后总股本扩大一倍。

将原来的一股拆成两股并不改变任何一位股东的持股比例，理论上也不改变公司的价值，刚刚完成拆股（split）之时，股价应该降到拆股前的一半。有意思的是，股票市场有一种健忘性，尤其对于高速成长的股票，市场似乎会“忘了”曾经拆股，而股价可能会逐渐向拆股前看齐。从这个意义上说，拆股释放了股价上升的潜力，进一步创造了股东价值。另外，较高的股价会令一些投资人望而却步，进而影响股票的流动性，虽然这纯粹是心理因素，但股票市场确实有此特性。

与此相对照的是，缩股（consolidation 或 roll back，如原来的三股合并成一股）也很可能因为股票市场的这种健忘性导致缩股后的股价逐渐向缩股前回落。除非该股票正处于高速成长中，显然这种股价回落损失价值。因此，公司缩股会选择合适的时机。

2007 年 6 月 14 日，奥西斯科勘探宣布，向两家投资基金、一些有经验的投资人、内幕人和雇员以每股 15 加元的股价发行 166.6667 万股 FT 股票（见第四章第一节，后因完成拆股而实际以每股 7.5 加元的股价发行了 333.3333 万股），融资 2,500 万加元，用于主矿体以外的靶区的钻探。

内幕人主要是公司董事、高级管理人员、顾问和雇员。如果以内幕人为主要发行对象发行新股，需格外小心，尤其在新股定价的问题上。奥西斯科勘探应该就此做足了功课，该项融资于2007年7月12日完成，按拆股前计，本次15加元的新股发行价格较上一次11.5加元提高了30.4%。

2007年6月15日，奥西斯科勘探公告，在《加拿大工商》杂志（Canadian Business Magazine）2007年夏季特刊中1年和5年年化收益率公司排名名单上榜上有名。

- 5年年化收益率在所有加拿大公司中排名第6，获平均年化收益率143%；
- 1年年化收益率在所有加拿大公司中排名第18，2006年收益率达203%。

成功的勘探是价值创造的过程，生产型公司的收益往往难以比肩。这是风险与预期收益的平衡。欲享受高收益，需承担高风险。

2007年7月5日，奥西斯科勘探公布由同一家独立的咨询公司所做的马拉提克项目符合NI 43-101标准的资源量的更新，在不同边界品位下，用不同方法计算的结果如下：

推断性（inferred）资源量（取0.4克/吨边界品位）			
	矿量（亿吨）	品位（克/吨）	金属量（万盎司）
普通克里格法	2.862	0.92	843
多参数克里格法+选择性采矿单元模拟	2.699	0.98	847
多参数克里格法	2.885	0.90	837
距离反比法	2.771	0.95	844
推断性（inferred）资源量（取0.7克/吨边界品位）			
	矿量（亿吨）	品位（克/吨）	金属量（万盎司）
普通克里格法	1.356	1.35	587
多参数克里格法+选择性采矿单元模拟	1.438	1.36	627
多参数克里格法	1.345	1.33	576
距离反比法	1.383	1.37	607
推断性（inferred）资源量（取1.0克/吨边界品位）			
	矿量（千万吨）	品位（克/吨）	金属量（万盎司）
普通克里格法	8,190	1.69	445
多参数克里格法+选择性采矿单元模拟	8,540	1.71	470

（续表）

多参数克里格法	8,020	1.68	432
距离反比法	8,510	1.71	467

计算资源量所用的数据库含330,813米钻探数据，包括历史钻孔和截止到2007年5月底奥西斯科矿业已完成的102,046米钻探。

更新后的资源量较初始资源量（金属量）增加了近30%。边界品位调降为0.4克/吨，系由于初步概略研究的结果支持该边界品位，与目前在产矿山可资比较，以及数据库质量已进一步提高。

目前的钻探计划仅涵盖不到5%的矿权面积，提高资源量仍有很大潜力。

正在执行的钻探计划拟钻15万米，以期于2008年初发布矿体的主要部分符合NI 43-101标准的确定性（measured）和推定性（indicated）资源量。

2007年还将追加2万米钻探。

资源量增长在预料之中，且预期将继续增长。

随着金价的上涨以及预期的进一步上涨，确定资源量所用的边界品位随之下降，因为在600美元/盎司金价下无经济开采价值的矿段在800美元/盎司金价下可能有经济开采价值。采用较低的边界品位当然提高了资源量。这一随着金价上升而下调边界品位的做法却也为众多公司日后应对金价下跌的市场环境种下了苦果。

对于在产矿山，降低可采储量的边界品位也即降低了开采质量，进而抵消了金价上涨的效果，致使利润并未随金价上涨而同步上升。矿业行业作为一个整体为此受到了投资人和市场的惩罚。

关于边界品位的选取，本节后附有一个简短的讨论，供与读者共同探讨。

2007年9月7日，奥西斯科勘探宣布，已招聘和委任矿山开发的核心团队，包括工程与建设副总裁、可持续发展副总裁、法律事务副总裁兼董事会秘书、采矿经理和选矿经理。

初级矿业公司在勘探和可研期间所需的全职技术团队十分有限，在需要时也会临时聘请兼职或短期的外部顾问，很少会在工作量不饱满的情况下充分配备各路专业人员。马拉提克项目的工作程度已需要公司组建自己的开发团队。

对于一个成长型的公司来说，在尚没有成型的团队支持的情况下，每一高级职位的任命都意味着被任命人员可能需要在其所负责的领域独当一面，关键问题上的判断得当与否对项目的成败可能有重大影响。因此其职业背景和经验至关重要，毕竟项目很快就会进行到动辄几百万乃至几千万支出的时候。另一方面，公司可能尚未形成定型的文化氛围，团队的磨合有时也不无挑战，这就需要核心管理人员具有较强的领导力。

在董事会层面，董事会成员的专业背景及配备也需能适应公司的发展。事实上，奥西斯科勘探的董事会几年来也在不断调整。

四、可行性研究

2007年9月11日，奥西斯科勘探宣布，与两家著名设计工程公司分别签订总体可研与选矿设计和露天采坑工程地质调查与尾矿库设计合同。

2007年10月29日，奥西斯科勘探宣布，委托以西风合伙人有限公司（Westwind Partners Inc.）牵头的承销团以包销的方式以每份6.5加元的价格发行1,150万融资单位，融资7,507.5万加元（附超额发行权）。每一融资单位包括一股普通股股票和0.5股认股权证，每一认股权证允许持有人在两年内以7.90加元的价格认购一股普通股股票。所融资金用于马拉提克项目的勘探与开发。

该项融资于2007年11月15日以承销团足额行使超额发行权，共发行1,925万融资单位，融资1.25亿加元而完成。

本次6.5加元的发行价低于上次7.5加元的发行价，且附带认股权证。这就是市场的力量。即使是处于上升通道的股价，也会是震荡上行，而不会直线上升。

2007年11月13日，奥西斯科勘探公告，其股票升板至多伦多证券交易所主板，并称这是公司的一个重要的里程碑。

股票从创业板升至主板一般对公司规模和公司治理等方面会要求更高，也有利于公司吸引一些稳健的投资人而改善股东结构。

升板不是单行道，也常有公司从主板降至创业板。

2007年12月21日，奥西斯科勘探公告，正在由一家独立的咨询公司进行马拉提克项目的初步评价（preliminary assessment）。

当时的“初步评价”现在一般称为“初步经济评价”（preliminary economic assessment）或“概略研究”（scoping study）（见第二章第四节）。

在可研的有关工作已经开始的情况下，进行概略研究并不是必需的。但可研系统而细微，历时较长，而概略研究相对简单，可以尽早对项目的经济性有个粗略的认识，虽然是个中间产品，很多情况下仍有其必要性。

2008年3月10日，奥西斯科勘探宣布，与一家基金就一项年息9.5%的7年期2,000万加元的无抵押贷款达成协议。该项贷款用于购置设备，在开始商业性生产以前可以用现金或股票偿还，而开始商业性生产之后用现金偿还。贷款本金从马拉提克项目开始商业性生产或贷款发放后36个月二者之先发生者开始，至少分48期等额分期偿还。

同时，授予该基金60个月期限的、行权价为每股7.46加元的110万股认股权证。在认股权证有效期内，如果奥西斯科勘探的股价大大高于行权价，奥西斯科勘探可以要求加速行权。

每一次股权融资都是对股东的稀释。在股价处于上升通道之时，这笔债务延缓了股权融资的时间，即使将来通过股权融资偿还这笔债务，很大的可能是以更高的价格增发新股，因此，这笔债务有其意义。但110万股5年期行权价较低的认股权证颇为大方。

债务性融资（见第四章第二节）在勘探和可研期间并不多见，这项无抵押贷款是贷款人对马拉提克项目信心的体现，当然有股票偿还垫底。就奥西斯科勘探当时的具体情况而言，该项贷款总的来说看起来对贷款人较为有利，利率不错，且有优惠的认股权证。除非市场形势有大的逆转，基于以往的股权融资历史，即使以后通过股权融资偿还贷款本息也无太大悬念。鉴于未来矿山建设、投产和现金流的不确定性，贷款方需考虑的是控制好自己的风险。该项贷款的本金开始偿付时间 – 即使矿山未按期投产，也需从发放贷款36个月后开始偿付；偿付方式 – 如果矿山36个月尚未投产，可用股票偿付，都是贷款风险控制的体现。

2008年3月31日，奥西斯科勘探公布初步经济评价的结果：

- 以0~400米深的矿坑内推断性（inferred）资源量所含779.4万盎司黄金为基础，用775美元/盎司的金价测算；
- 总计生产黄金：654.7万盎司（回收率84%）
- 矿山服务年限：14.3年；
- 平均年产黄金：45.78万盎司（前三年平均年产57.2万盎司）；
- 首期达产投资：7.6亿美元；
- 后续稳产投资：5,900万美元；
- 现金生产成本：381美元/盎司；
- 5%折现率下的税前净现值：9.52亿美元；
- 税前内部收益率：22.2%；
- 投资回收期：39个月

初步经济评价的研究方法与可研类似，但所基于的基础资料可能来源于较低的工作程度，比如部分或完全基于推断性（inferred）资源量、对投资与成本的测算较为粗略等，故初步经济评价不能确定项目的储量（reserves）。虽然“初步”，但毕竟第一次对项目的经济性有了粗略的、定量的认识，因此从公司发展的角度上说仍然有其意义。

年产近46万盎司（14.2吨），马拉提克堪称大矿。

2008年4月23日，奥西斯科勘探宣布，与大型工程机械生产商卡特彼勒（Caterpillar）的经销商就采购总价值约8,300万美元的12台载重量227吨的卡车、2台电动装载机等工程机械达成协议，由卡特彼勒金融服务有限公司（Caterpillar Financial Services Limited）提供融资支持，首期工程机械涉及金额约500万美元，于2008年6月到位，其余金额于2009年和2010年陆续到位，偿还期限5年。协议尚需满足一些前提条件。

奥西斯科勘探称这是马拉提克项目的又一个重要里程碑，并对卡特彼勒对项目的信心和融资支持表示感谢，该协议保证了按2008年3月31日公布的初步经济评价所规划的工程进度所需的设备供应。

这项设备采购和融资支持应该是初步经济评价的直接结果。这也是在无可研的支持和大规模开发融资的情况下进行的，提供融资支持的卡特彼勒金融承担了相当的风险。可以想象，那些需满足的“前提条件”便是卡特彼勒金融的风险控制。

像汽车生产商一样，很多大型机械生产商为支持销售而由其自己的金融服务公司提供所谓的“供应商融资”（supplier finance，见第四章第八节第四部分），如分期付款、垫款等，客观上即是一种贷款。这些融资支持的风险分析与控制和贷款一样。卡特彼勒金融需要分析马拉提克项目的可行性，包括其开发融资的可能性，以保证该项融资支持所涉及的资金可以按期足额收回。

这种融资支持是对项目的信任投票，减轻了业主的融资压力，缩短了融资周期，有助于业主加速推进项目及进一步融资，而生产商销售了设备，因此是互相支持。供应商需做的功课是控制好自己的风险。

在矿业这样一个典型的传统行业中，并不经常出现对业界有重大影响的革命性的技术。很多人没有意识到的是，载重150吨以上的大型矿车（如图3-9）实质上对矿业行业产生了革命性的影响，这种轮胎直径可达3米以上，有如一座小楼一般的庞然大物为铁矿石、煤炭等大宗矿种的开发以及为在美国、加拿大、澳大利亚等高成本环境下大规模开发低品位露天矿山的经济可行性创造了条件，在相当程度上改变了矿业行业的格局与矿产品供需状况。

2008年6月13日，奥西斯科勘探宣布，从即日起更名为奥西斯科矿业有限公司（Osisko Mining Corporation），更名反映了过去12个月公司从勘探进入开发、将来进入生产这一转型。新闻稿也回顾了2007年以来公司取得的主要成绩：

- 股权与债权融资3.3亿加元；

图3-9 卡特彼勒矿车

- 加强了董事会和高级管理团队；
- 推断性（inferred）资源量（金属量）从2006年12月份的650万盎司提高到了2007年7月份的840万盎司，增加了近200万盎司；
- 从多伦多证券交易所创业板升至主板；
- 采购了2亿多加元的设备，包括供货期长的磨机和大型采矿机械；
- 完成了1,020个钻孔，总进尺23.3万米，为计算确定性（measured）和推定性（indicated）资源量奠定了基础；
- 购置了矿区受影响的居民的搬迁用地，并已开始建设新居；
- 几个矿点的勘探结果已陆续公布。

公司将于2008年7月发布确定性（measured）和推定性（indicated）资源量，并于2008年第四季度发布确定性可研的结果。

五、报批

2008年9月5日，奥西斯科矿业公告，已向魁北克省（Quebec）环境保护与可持续发展厅上报马拉提克项目的环境影响评价报告。

新闻稿提供了环境影响评价报告的要点，并告知，公司将向马拉提克社区居民提供马拉提克项目完整、透明的信息。报告副本也会陈列在社区办公室，供查询与质询。报告内容也会上载到公司网站。

环境影响评价报告是政府批复的主要内容，因此正如公司所说，这是报批的主要里程碑。很多事实证明，以透明的方式应对敏感问题乃是上策。

项目的经济性是企业自己掌握的事情，不是政府批复的要件。因此，政府不需要批准可研之类的报告。

很多情况下，环评报告中会用到可研里的一些内容，因此，环评报告一般会晚于可研而完成。当然，在技术路线已经十分清晰，对矿山规模已经有个不错的把握，只是账没算清楚的情况下，环评报告也可能先于可研完成。但是如果可研与原来的设想有出入而影响到环境评价，环评报告需要相应地更新。

2008 年 9 月 8 日，奥西斯科矿业发布马拉提克项目更新后的资源量。取 0.36 克 / 吨边界品位，项目的确定性（measured）和推定性（indicated）资源量含黄金金属量 769 万盎司，推断性（inferred）资源量含黄金金属量 72 万盎司。

新闻稿也发布了不同边界品位下的资源量，摘录如下：

确定性（measured）资源量			
边界品位（克/吨）	**矿量（万吨）**	**品位（克/吨）**	**金属量（万盎司）**
0.36	483	1.27	20
0.50	442	1.34	19
0.80	320	1.61	16
1.00	266	1.75	15
推定性（indicated）资源量			
边界品位（克/吨）	**矿量（亿吨）**	**品位（克/吨）**	**金属量（万盎司）**
0.36	2.2742	1.02	749
0.50	1.7001	1.23	671
0.80	1.0674	1.58	543
1.00	0.8569	1.75	483
确定性（measured）+ 推定性（indicated）资源量			
边界品位（克/吨）	**矿量（亿吨）**	**品位（克/吨）**	**金属量（万盎司）**
0.36	2.3225	1.03	769
0.50	1.7444	1.23	690
0.80	1.0994	1.58	560
1.00	0.8835	1.75	498

推断性（inferred）资源量			
边界品位（克/吨）	矿量（千万吨）	品位（克/吨）	金属量（万盎司）
0.36	3,744	0.60	72
0.50	2,002	0.75	48
0.80	0.492	1.17	18
1.00	0.249	1.45	12

计算上述资源量所用数据库含历史钻探资料22.88万米及截止到2008年4月底奥西斯科矿业已钻的30米x30米网度的钻探进尺31.62万米，与曾公告过的推断性资源量相比，91%已转换为确定性和推定性资源量，且平均品位提高了12%。

在一定的测算条件下，采坑内确定性+推定性资源量所含黄金金属量为642万盎司，平均品位1.12克/吨。

上述资源量也仅是主矿体的资源量，尚未包括正在钻探的其他矿化区。已钻探区域也仅占整个矿权面积的不到5%。

如果矿体连续性好，不断钻探的必然结果是资源量的增加和/或升级（从推断性资源量升级为推定性和确定性资源量）。

按照NI 43-101标准，确定性和推定性资源量可以相加汇总，但推断性资源量必须单独列示。

已有的钻探工作量应已足够支持可研。

2008年9月10日，奥西斯科矿业公告，大股东欧亚控股（EurAsia Holding AG）以每股2.5加元的价格向一家战略投资人出售其所持有的5,189万多股公司股票中的800万股，所得收益用于其调整资产与负债、改善资产负债表。

股东出售公司股份并不需知会公司，公司更无须公告。然而欧亚控股的本次出售意义不同。按照加拿大法律，持有一家上市公司股份达到10%需要报备有关资料，公开其持股情况，即“浮出水面”，此后股份每变动（增持或减持）2%均需报备相关资料，公开其持股变化情况，除非股份已低于10%。股东增持是对公司的信任投票，对公司是一种利好，有可能带动其他投资人投资于公司；相反，大股东减持可能被市场解读为利空，进而可能造成公司股票被抛售。欧亚控股是公司第一大股东，该项出售前持股达32%，从奥西斯科矿业发展的初期即投资于该公司，其后又多次行权其所持有的认股权证并参与后续新股增发，早已成为奥西斯科矿业高调的战略投资人。本次减持后欧亚控股仍然是公司第一大股东，故无论是欧亚控股还是奥西斯科矿业，都不希望本次减持为公司股价带来下行压力，这应该是奥西斯科矿业主动公告的原因，反正也是公开资料。当时由美国次级房贷引发的金融危机已经爆发，全球股市均遭遇大幅度抛售，各公司融资困难，不排除欧亚控股的其他业务有资金需求，如果是这样，在公告的背后，奥西斯科矿业也会向其他重要股东做一些解释，以免被全面抛售。

大量出售股份的价格一般在当时市价的基础上打个折（有的情况下也可能有溢价），由双方谈判确定。买方当然希望有折扣，理由是如果卖方在二级市场上短时间内大量抛售会压低股价；而卖方则希望有溢价，理由是如果买方在二级市场上短时间内大量买进会拉升股价。随行就市，欧亚控股出售股份的价格已大大低于奥西斯科矿业前几轮新股增发的价格，这也是市场力量的体现。

出售方式上，除非万不得已（如急需资金，但一时找不到合适的接盘人），一般大量股份出手不会选择在二级市场上卖出（否则会大大打压股价），而是寻找一家或几家投资人接手所持股份。出售股份可以通过自己的渠道，也可以委托投资银行（以一种类似于招标的方式）代为卖出，甚至公司董事会也有可能帮助联系曾有兴趣投资于公司的投资人。

欧亚控股是奥西斯科矿业的早期投资人，进入成本很低，本次出售实现了可观的投资收益。奥西斯科矿业尚在勘探和可研阶段，矿山投产尚待时日，欧亚控股出售部分股份以实现投资收益这一事实也为如何投资于勘探型初级矿业公司而获利做了个生动的注脚。

2008年9月19日，奥西斯科矿业公告，以每股4.2加元的价格向三家基金发行291.6725万股FT股票，融资1,225万加元。

此次新股发行较欧亚控股出售股份不过10日之遥。虽然当时是股价的大幅波动时期，但欧亚控股售股的折扣还是有点狠了。

2008年10月17日，奥西斯科矿业宣布，公司认为现行股价未反映公司价值而将进行“正常途径股票回购”（normal course issuer bid），可能回购10%的流通股，并提供了具体回购细节。

股票回购是在董事会认为公司股价被严重低估时为稳定股价而采取的一种措施，回购一方面为继续卖出的股东提供了买盘支撑，另一方面因回购的股票被注销而使未卖出的股东所持股比相对提高。股票回购需要公司现金充裕，对于有现金流的公司来说，股票回购也是除分红以外向股东返利的一种形式。

初级矿业公司因为没有现金流而需要不断地进行股权融资，因此股票回购并不多见。一边发行新股融资一边回购老股注销，显然不合逻辑。当时市场处于深度危机之中，对危机的深度和广度尚无充分认识，奥西斯科矿业的股票回购应是无奈之举。宣布回购之时公司有1.4亿加元现金，回购最多10%的股份，所消耗的现金对当时的勘探、开发计划不至于有大的影响，而如果回购能稳定股价，对后续股权融资有利。

加拿大市场上的“正常途径股票回购”旨在为上市公司提供一种平等对待所有股东的股票回购机制，但不能形成公司恶意拉升股价的局面，因此在预告、回购过程中的公告、回购起止时间、回购股份总量、每天最多回购量等诸多操作细节上都有明确规定。大多数情况下都通过独立的第三方机构（如投资银行）操作。

股票回购并不是必须按计划完成，公司可以适时停止。从后续情况看，公司股价随市场大势回升较快，该项回购似乎并未完全实施。

2008 年 11 月 25 日，奥西斯科矿业公告马拉提克项目可研的结果。主要内容为：

- 露天开采，氰化及碳浆法提金；
- 设计采坑内探明（proven）和控制（probable）储量（reserves）：628.3 万盎司黄金金属量；

在 775 美元 / 盎司金价和 0.36 克 / 吨边界品位下：

	矿量（亿吨）	品位（克/吨）	金属量（万盎司）
探明储量	0.05	1.14	19
控制储量	1.78	1.06	609
探明+控制储量	1.83	1.07	628
此外，还有资源量（万吨）			
推定性	5,400	0.81	141
推断性	3,740	0.60	72

- 剥采比：1.78 ∶ 1；
- 日采矿量（包括废石）：15.2 万吨；
- 日处理量：5.5 万吨；
- 达产总投资：7.89 亿加元；
- 后续稳产投资：9,500 万加元；
- 矿山服务年限：10 年；
- 平均年产量：59.1 万盎司黄金、75.4 万盎司白银；
- 平均现金成本：每盎司黄金 319 加元；
- 税前内部收益率：28.8%；

• 税后内部收益率：25.1%

除去已购设备投入、供应商融资租赁及公司账面现金以外，还需融资5.53亿加元。公司在考虑各种可能的融资方式，包括合资合作、预售部分未来黄金产量、预售未来收入权益、项目融资等。

按照NI 43-101标准的要求，必须至少有预可研的支持才能做出储量（reserves），故以往所公布的都是资源量（resources）。储量是资源量的子集，只有在一定经济技术条件下能够经济地开采的那部分资源量才是储量。

完成可研并非已大功告成而可以一劳永逸，而是仍然需要不断优化，如进一步勘探有否高品位的矿段可以先期开采，不同的融资结构可否进一步改善项目的经济性等。因此，从勘探方面来说，钻探仍在继续。

从各项指标来看，可研的结果比8个月前公布的初步经济评价还好。因为允许的误差范围大，资料有限，很多情况下初步经济评价是偏于乐观的。

可研之后自然就是融资的问题，而当时的市场大环境却极其黯淡，是20世纪30年代全球经济大萧条之后最差的时期，矿产品价格急剧下跌，甚至有些全球性的大型矿业公司在债务压力下面临破产风险，矿业融资几近枯竭。好在公司当时还有1.3亿加元的现金，回旋余地较大。

2009年1月26日，奥西斯科矿业发布矿区内与马拉提克项目设计矿坑相距不到200米的另一个矿体南巴拿特（South Barnat）基于5.57万米钻探所计算的推断性（inferred）资源量：

边界品位（克/吨）	矿量（万吨）	平均品位（克/吨）	金属量（万盎司）
0.36	3,630	1.74	203
0.50	3,440	1.81	200
0.80	3,000	1.98	191
1.0	2,650	2.12	181

8部钻机的钻探仍在继续。

该矿体的规模本来也可能具有单独开采价值。用同一边界品位0.36克/吨计算，该矿体1.74克/吨的平均品位较可研涉及的矿坑内储量1.07克/吨的平均品位高出很多，很可能有配矿以提高入选品位进而提高项目经济性的机会。

2009年1月27日，奥西斯科矿业公告，其环境影响研究（Environmental Impact Study）报告已被魁北克省可持续发展与公园厅所接受，标志着公众审阅阶段的开始。这是报批过程中的一个重大里程碑。公司已提交公众听证申请，并期待着收到公众听证时间表，以推进项目批复。

如前所述，政府批复项目的重点是环境保护。审阅环境影响评价报告的时间少则数月，多则一年有余，甚至更长时间。环境影响评价报告能否被接受是市场高度关注的事件，也是项目的一个主要风险点，在常规市场环境下，会对股价有明显影响。该报告被接受虽不是政府最终批复，却朝最终批复迈出了关键的一步，确实是一个重大里程碑。

六、开发融资

2009年2月3日，奥西斯科矿业公告，已委托由两家投资银行牵头的承销团以包销方式以每一融资单位4.55加元的价格发行4,850万个融资单位，融资2.2亿加元（附超额发行权）。每一融资单位含一股普通股股票和2009年11月7日到期的行权价为5.45加元的0.5股普通股的认股权证。

所融资金用于马拉提克项目的开发。

在当时的市场环境下敢于以包销的方式承接规模不小的增发，可见承销商对公司股票的信心。

2009年2月4日，奥西斯科矿业公告，将融资单位发行量提高至7,700万融资单位，融资约3.5亿加元；将超额发行权提高至1,100万融资单位。融资额提高后，所融资金已满足马拉提克项目开发自有资金部分的要求。

宣布融资仅仅一天之后即大幅度提高融资额，可见市场的热捧程度。

该项融资于2009年2月25日以超额发行权被足额行使而完成。融资约4.03亿加元，共有9家投资银行参与了包销发行，在当时全球资本市场哀鸿遍野之时算得上一项奇迹，印证了无论市场大环境如何，好项目总是能够融到资金这一事实。

按照公布可研之时的公告，马拉提克项目的开发尚有5.53亿加元的资金缺口，本次融资即达四个多亿，剩余部分的融资几乎没有悬念了。难怪公司总裁兼首席执行官儒森称之为“有标志性意义的一天”。

从总的资金结构上来看，即使剩余部分完全用债务，债务比例似乎仍然很低，未能充分利用债务的财务杠杆优势，即资金结构未得以充分优化，但在当时资本市场前途未卜的情况下，资金结构的优化只能退而求其次了。

2009年3月16日，奥西斯科矿业公告，公司股票从3月23日开始入选标准普尔/多伦多证券交易所综合指数（S&P/TSX Composite Index）、标准普尔/多伦多证券交易所全球黄金指数（S&P/TSX Global Gold Index）及标准普尔/多伦多证券交易所矿业指数（S&P/TSX Global Mining Index）。

这是公司实力、质地、市场地位和形象的又一次升华（关于股价指数，见第二章第六节第八部分）。

2009年5月19日，奥西斯科矿业宣布，通过参与定向增发对上市公司鲍默尔勘探有限公司（Bowmore Exploration Ltd.，多伦多证券交易所创业板交易代码BOW）进行300万加元的战略投资而持有其39.8%的股份。参股鲍默尔勘探使奥西斯科矿业有机会作为大股东参与一些草根勘探项目。鲍默尔勘探有权收购位于墨西哥的一个金-铜项目100%的权益，而奥西斯科矿业对该项目也有兴趣；奥西斯科矿业已发现一些黄金勘探草根项目的机会，在其集中精力于马拉克旗舰项目之时，可以由鲍默尔勘探推进这些项目。

在马拉提克项目成为一座生产型矿山渐行渐近之时，奥西斯科矿业即将成为一个中等规模的黄金生产商，而后其业务重点将从勘探转移到马拉提克项目的生产，其股东结构、市场的关注点及对公司的评价方式等都会发生一些质的变化，除非有重大发现，草根项目的勘探对公司价值的提升已经非常有限。而公司的进一步发展需要项目储备，从草根项目一步步发展而来是一个途径，充分利用市场机制，用不大的代价，由自己相对控股的、专门致力于勘探的另一家公司来操作，不至于大量分散自身精力，待项目成熟之时还可以收购项目，乃是另一个途径。因此，本次战略投资是公司发展中的一小步。

2009年6月2日，奥西斯科矿业发布南巴拿特（South Barnat）矿体用截止到2009年4月21日的总计148,450米的钻探结果更新的资源量。不同边界品位下（此处仅列出0.36和0.50）的资源量为：

确定性（measured）资源量			
边界品位（克/吨）	矿量（万吨）	平均品位（克/吨）	金属量（万盎司）
0.36	690	1.82	40
0.50	640	1.89	39
推定性（indicated）资源量			
边界品位（克/吨）	矿量（万吨）	平均品位（克/吨）	金属量（万盎司）
0.36	3,560	1.60	184
0.50	3,260	1.71	180
确定性+推定性资源量			
边界品位（克/吨）	矿量（万吨）	平均品位（克/吨）	金属量（万盎司）
0.36	4,250	1.64	224
0.50	3,910	1.74	219

推断性（inferred）资源量			
边界品位（克/吨）	矿量（万吨）	平均品位（克/吨）	金属量（万盎司）
0.36	260	1.40	12
0.50	230	1.54	11

也用与马拉提克矿体的可研同样的测算条件设计出的一个露天采坑内外的资源量进行了测算，并将于年底前更新计算储量。

南巴拿特矿体的资源量达到了确定性和推定性级别，距离成为储量（reserves）近了一步。

2009年6月30日，奥西斯科矿业宣布以每股8.75加元的价格发行121.6万股FT股票，融资1,064万加元。

得益于中国4万亿的经济刺激计划和美国的“量化宽松”（quantitative easing）货币政策，全球股市在经历了2008年下半年到2009年上半年深深的“V”字型走势后，至2009年中已大幅度回升，矿业类股票受益尤其丰厚。而奥西斯科矿业又是矿业股中的明星，股价回升强劲，本次融资价格已较上一轮4.55加元的价格提高了92%，且不附带认股权证。虽然融资量不大，条件却已大大改善。

2009年7月7日，奥西斯科矿业宣布，与法国兴业银行（Societe Generale）就7,500万加元的高级无担保可转换债券达成原则协议，债券年息7.5%，可按每股9.18加元的价格转换成奥西斯科矿业的股票，转换与否由法国兴业银行决定。债券本金预期不晚于2009年12月15日发放，不晚于（5年后的）2014年12月15日偿还。

该项交易有几项先决条件需得以满足，包括奥西斯科矿业另外融资2.25亿加元，取得马拉提克项目开发所需的所有批件等。该项目的开发需要10亿加元。

经过多轮股权融资，迎来了这项规模不大的债权融资。大概因其无担保的特性，允许其转换成股票。

新闻稿未明确10亿加元这一数字的原因，从字面看应该是投资额，但此时距2008年11月25日发布可研的结果（包括达产总投资7.89亿加元）才不过7个多月的时间。为何投资额增加了两个多亿，新闻稿并未说明。市场对明星股票可谓极其容忍，股价持续上涨。

2009年8月12日，奥西斯科矿业宣布，委托两家投资银行牵头的承销团以包销的方式以每股7加元的价格发行1,857.5万股股票，融资约1.3亿加元（附超额发行权）。

该项融资于2009年9月1日完成，超额发行权被足额行使，融资1.495亿加元。

2009年8月20日，奥西斯科矿业宣布，魁北克省政府批准了马拉提克项目。矿山和选厂的建设将于收到正式批准证书后立即开始，预计需18个月的时间完成。公司为这一里程碑式的成就感到骄傲。

至此，马拉提克项目已可以开工建设。施工于8月27日开始。

七、矿山建设

2009年9月24日，奥西斯科矿业宣布，与加拿大退休基金旗下的投资公司就两笔共1.5亿加元的贷款达成协议。

第一笔：7,500万加元，可于2009年10月31日提款。奥西斯科矿业将于当日向贷款人发行五年期行权价为10.75加元的700万股股票的认股权证，该行权价较前15个交易日"以交易量为权重的加权平均股价"（volume weighted average price，简称VWAP，见第四章第一节）有30%的溢价。

第二笔：7,500万加元，可于2010年3月31日提款，由奥西斯科矿业决定。如果奥西斯科矿业届时决定提款，将再向贷款人发行与上述认股权证条件类似的550万股股票的认股权证。

上述贷款年息7.5%，以公司全部资产做抵押。

该项贷款应已满足2009年7月7日公告的法国兴业银行贷款的放款条件。至此，公司完成了马拉提克项目建设的全部资金募集。第二笔贷款又可用于在南巴拿特项目可行的情况下的额外资金需求。

退休基金因其基金的性质而决定了其最为稳健而保守的投资风格，本项贷款中加拿大退休基金在可研已经完成、项目已获政府批准可以开工建设、自有资金已募集完毕之时提供最后一笔贷款便是其投资风格的体现。

法国兴业银行的贷款于2009年11月9日完成。即使本项贷款的两笔款项均被提款，总的贷款规模也不过2.25亿加元，就总投资10亿加元的项目而言，贷款比例很低。

一般来说，在项目的经济强度允许的范围内最大限度地利用债务，以提高自有资金投入部分的内部收益率，只有通过项目融资（见第四章第三节）的途径。然而，项目融资结构复杂，融资安排时间长，且具有不确定性，在其他融资渠道畅通的情况下，未必是矿业公司的首选。

2009年9月28日，奥西斯科矿业宣布以20万加元的代价参股克来姆·珀斯特资源有限公司（Claim Post Resources Inc.）9.9%的股权，并与其就其位于加拿大安大略省（Ontario）阿比提比（Abitibi）地区梯民斯（Timmins）成矿区的一个黄金项目签订“选择权协议”（option agreement，见第四章第四节）。奥西斯科矿业有权于4年内经支付25万加元现金并承担400万加元的勘探投入而取得该项目50%的权益，而后有权在一定条件下将其权益比例提高至70%。

公司认为梯民斯成矿区与马拉提克项目所在区域有相似的成矿条件。

不失其勘探人的本色，其后的两个月间，奥西斯科矿业又陆续与两家初级矿业公司签订参股与项目合作协议，一定程度上成了加拿大东部黄金资源的整合者，继续为公司后续发展布局。

2009年11月17日，奥西斯科矿业公告，收到3,962.2万加元的认股权证行权款项，这些认股权证系2007年11月完成的股权融资时所发，行权价为7.9加元。

2009年11月18日，奥西斯科矿业公告，收到2.41亿加元的认股权证行权款项，这些认股权证系2009年2月完成的股权融资时所发，行权价为5.45加元。

两天内进账2.8亿加元，使公司账面现金达到了令人艳羡的7.75亿加元，足以支持马拉提克项目的建设和公司后续发展。这至少是公司有底气进行资源整合的部分原因。

2009年12月14日，奥西斯科矿业公告马拉提克项目更新后的资源量，包括马拉提克矿体和南巴拿特矿体。更新的资源量系用228,500米历史钻探资料和截止到2009年9月底奥西斯科矿业所钻的总计561,200米的钻探结果所计算。不同边界品位下（此处仅列出0.34和0.50）的资源量为：

确定性（measured）资源量			
边界品位（克/吨）	矿量（万吨）	平均品位（克/吨）	金属量（万盎司）
0.34	3,350	0.93	100
0.50	2,550	1.09	89
推定性（indicated）资源量			
边界品位（克/吨）	矿量（万吨）	平均品位（克/吨）	金属量（万盎司）
0.34	2.827	1.12	1,020
0.50	2.192	1.33	935
确定性 + 推定性资源量			
边界品位（克/吨）	矿量（万吨）	平均品位（克/吨）	金属量（万盎司）
0.34	3.162	1.10	1,120
0.50	2.447	1.30	1,025

推断性（inferred）资源量			
边界品位（克/吨）	矿量（万吨）	平均品位（克/吨）	金属量（万盎司）
0.34	2,000	0.73	47
0.50	1,150	0.97	36

最低边界品位用了 0.34 克 / 吨，低于以往资源量计算中所用的 0.36 克 / 吨。新闻稿未解释其原因，大概是因为黄金价格当时在不断上涨。

资源量增长是矿业公司成长的重要体现。在 0.34 克 / 吨的边界品位下，确定性 + 推定性资源量所含黄金金属量达到了 1,120 万盎司，马拉提克项目步入了全球少有的千万盎司级。

新闻稿也公告了不同金价下的采坑内确定性 + 推定性资源量。

2010 年 2 月 10 日，奥西斯科矿业公告马拉提克项目，包括马拉提克矿体和南巴拿特矿体，更新后的储量（reserves）。在 0.34 克 / 吨的边界品位和 825 美元 / 盎司的金价下的储量为：

	矿量（亿吨）	平均品位（克/吨）	金属量（万盎司）
探明（proven）储量	0.284	0.92	84
控制（probable）储量	2.174	1.16	813
探明+控制储量	2.458	1.13	897

897 万盎司的采坑内储量较已公布的可研确定的储量增加了 269 万盎司，增幅达 42.8%。按每天 5.5 万吨的采矿量，矿山服务年限延长了 25%，达到 12.2 年。

2010 年 3 月 22 日，奥西斯科矿业与上市公司布莱特资源有限公司（多伦多证券交易所创业板交易代码 BBR）联合宣布，奥西斯科矿业以全股票方式溢价收购布莱特资源，收购对价为每股布莱特资源股票将收到 0.34 股奥西斯科矿业股票。按 2010 年 3 月 16 日以前 20 个交易日双方股票的交易情况，按以交易量为权重的加权平均股价计，该对价有 52.5% 的溢价。

布莱特资源的核心资产是位于加拿大安大略省（Ontario）雷湾（Thunder Bay）成矿区的哈蒙德礁（Hammond Reef）黄金项目，该项目已有推断性（inferred）资源量 2.594 亿吨，平均品位 0.8 克 / 吨（用 0.3 克 / 吨边界品位），含黄金金属量 670 万盎司。2009 年 11 月完成了初步经济评价，按每天 5 万吨的采矿量，矿山服务年限 14 年，平均年产黄金 36.9 万盎司，内部收益率 22.9%。此外，项目仍有较大进一步勘探潜力。

任何公司的成长都离不开并购，没有一家公司完全靠自己的内生增长而成长为大型公司。这项未动用现金的全股票善意收购（见本章第八节第二部分）为公司增加了极具潜力建成另一座矿山的670万盎司黄金资源量，为公司后续发展奠定了更加坚实的基础。

几项收购，从草根项目，到已有资源量的项目，到已有初步经济评价的项目，构成了不同工作程度的项目接续，公司发展的脉络清晰。

2010年5月17日，奥西斯科矿业董事会批准“股东权利计划”（shareholder rights plan，见本章第八节第二部分），并在报请多伦多证券交易所批准和股东会确认后生效。

股东权利计划是应对敌意收购（见本章第八节第二部分）的一种手段，目的在于在敌意收购的情况下为董事会和股东提供足够的时间，以评价该敌意收购方案，并寻求对股东更有利的其他交易的机会，以实现股东价值最大化，尤其是避免在公司股价处于低谷时被低价收购。

股东权利计划可能有不同形式和名称，在有些法律环境下可以成为应对敌意收购的所谓“毒丸”（poison pill，见本章第八节第二部分），比如在敌意收购的情况下向股东以超低价格高比例增发新股，进而大幅度提高敌意收购方的收购成本，以阻止其收购。

按照加拿大法律，股东权利计划不能成为阻止敌意收购的工具，因此并不是一般意义上的毒丸，这种机制有利于实现股东利益最大化，而又不至于使董事会以低估公司价值为借口阻止敌意收购，因此对股东是有意义的。

奥西斯科矿业发展到当时的程度，已是市场高度关注的热门股，因此很可能成为巨型矿业公司的收购目标，推出股东权利计划是顺理成章的事。事实上，很多公司可能在稍早的阶段即已经采取类似措施。

2011年3月31日，奥西斯科矿业最后一次公告马拉提克项目（包括所有矿体）更新后的资源量和储量。更新的资源量系用228,500米历史钻探资料和截止到2011年1月底奥西斯科矿业所钻的总计636,200米的钻探结果所计算。在1,000美元/盎司的金价和不同边界品位下（此处仅列出0.30~0.32和0.50）的采坑内资源量为（不同采坑分别用了0.30克/吨和0.32克/吨的边界品位）：

确定性（measured）资源量			
边界品位（克/吨）	矿量（万吨）	平均品位（克/吨）	金属量（万盎司）
0.30~0.32	3,740	1.00	120
0.50	2,870	1.17	109

推定性（indicated）资源量			
边界品位（克/吨）	矿量（万吨）	平均品位（克/吨）	金属量（万盎司）
0.30~0.32	2.677	1.10	943
0.50	2.059	1.30	863
确定性+推定性资源量			
边界品位（克/吨）	矿量（万吨）	平均品位（克/吨）	金属量（万盎司）
0.30~0.32	3.051	1.08	1,063
0.50	2.346	1.29	971
推断性（inferred）资源量			
边界品位（克/吨）	矿量（万吨）	平均品位（克/吨）	金属量（万盎司）
0.30~0.32	900	0.68	20
0.50	520	0.89	15

更新后的储量为：

	矿量（亿吨）	平均品位（克/吨）	金属量（万盎司）
探明（proven）储量	0.487	0.80	126
控制（probable）储量	2.950	1.00	945
探明+控制储量	3.437	0.97	1,071

八、投产

2011年4月13日，奥西斯科矿业宣布，马拉提克项目生产出第一块金锭。

这是激动人心的时刻，是公司发展中的一个重大里程碑。从收购项目打第一钻到生产出黄金，历经6年时间，奥西斯科矿业终于脱胎换骨，从多年的勘探公司而步入黄金生产商的行列。在英文的语义环境里，此前一直称为“马拉提克项目”，此后则可以实实在在地称为马拉提克“矿”（mine）了。奥西斯科矿业为此于2011年5月31日举行马拉提克矿落成典礼。

应该注意的是，因为矿业的历史、文化、法律法规和行业惯例的不同，中、英文里的有些词按字典中的翻译在对方的语意环境里可能造成误解，有的在意义上有重大差别，mine这个词便是一例。

在英文的语义环境里，mine指的是已建成的矿山，勘探和可研中的项目则不能叫作mine，这是因为很多勘探和可研中的项目最终并不能真正建成矿山。有时把未建的项目说成This is going to be a mine（这会是个矿），指的是当事人相信这个项目将来会建成一座矿山。

汉语里则不然，八字还没一撇的勘探项目也可以叫“矿”，以找铜为目的的探矿证上写的就是“铜矿”勘查。这里的“矿”不能翻译成英文里的 mine。

相声大师侯宝林先生曾经感叹，一些相声爱好者和“录师傅”（录音机）学相声，很难学到精髓。同样，仅靠“辞师傅”（辞典）也很难学出地道的英语。语言是用出来的。

2011 年 6 月 21 日，奥西斯科矿业宣布，马拉提克项目进入“商业性生产”（commercial production）。

新闻稿也回顾了马拉提克项目的关键里程碑：

- 2004 年 12 月　　收购马拉提克项目；
- 2005 年 3 月　　钻第一个钻孔；
- 2006 年 12 月　　公告初始资源量；
- 2008 年 9 月　　完成环境影响评价报告；
- 2008 年 11 月　　完成可研；
- 2009 年 3~7 月　　公众听证；
- 2009 年 8 月　　政府批准；
- 2009 年 8 月　　开始矿山建设；
- 2011 年 3 月　　完成矿山建设；
- 2011 年 4 月　　生产出第一块金锭；
- 2011 年 5 月　　开始商业性生产。

业内一般把选矿厂处理量连续 30 天达到设计能力的 60% 之时作为商业性生产的开始。就马拉提克项目而言，选矿厂的设计能力为每天 5.5 万吨，进入商业性生产意味着已连续 30 天每天矿石处理量达到或超过了 3.3 万吨，这一天是 2011 年 5 月 19 日。这是项目发展历程中的又一座里程碑。

进入商业性生产在财务上的意义是，此前在项目上的投入（包括达产过程中发生的费用）均资本化为项目的固定资产，而在以后的会计期间予以折旧处理，此后的生产成本则作为费用均在当期处理。

2012 年 10 月 15 日，奥西斯科矿业不情愿地宣布，公司创始人罗伯特·威尔斯（Robert Wares）退休。

新闻稿也回顾了威尔斯自 1998 年创立奥西斯科、2004 年认识到马拉提克项目有大规模开采的潜力、收购项目、指导勘探直至最终发现 1,300 万盎司黄金资源量的历史，以及威尔斯作为地学家、矿山发现者、矿山开发者、慈善家和团队领袖而赢得的在加拿大矿业界的地位，还有业界对他本人、奥西斯科矿业及其他团队成员所取得的成就的认可：

- 2006 年，获魁北克省矿产勘查协会年度矿山发现者（Prospector of the Year）奖；
- 2007 年，获加拿大勘探业者和开发业者协会（Prospectors and Developers Association of Canada，简称 PDAC）2007 年矿山发现者（2007 Bill Dennis Prospector of the Year）奖；
- 2009 年，获魁北克省矿产勘查协会年度创业者（Entreneuer of the Year）奖；
- 2009 年，被加拿大著名矿业杂志《北方矿业人》（Northern Miner）誉为年度矿业人（Mining Men of the Year）；
- 2011 年，获魁北克省矿产勘查协会年度开发（Development of the Year）奖；
- 2012 年，获加拿大勘探业者和开发业者协会（PDAC）韦奥拉·麦克米兰（Viola McMillan）奖；
- 2012 年，被其母校、著名的加拿大麦吉尔大学（McGill University）授予名誉博士学位。

图3-10 马拉提克金矿

资料来源：奥西斯科矿业

一座矿竟然造就了如此殊荣吗？是的。如果说找到一个稍具规模的矿已经够难的了，建成一座矿，尤其是大矿，就更不容易了。在加拿大这样的矿业环境里，即使在矿业行业的繁荣期，一年也未必建得了 10 座矿。一家曾经名不见经传的小公司，从收购项目、见矿，经由不断地融资、扩大资源量、可研、环境评价、社区搬迁到建成投产，一路披荆斩棘，委实是不小的成就，足以名垂矿业史。威尔斯本人则功德圆满，光荣隐退。

此后的奥西斯科矿业，又收购了昆斯顿矿业有限公司（Queenston Mining Inc.，多伦多证券交易所主板上市代码 QMI），踏上了公司发展的坚实的步伐。至 2013 年 11 月，已从马拉提克矿累计生产黄金 100 万盎司（31.1 吨）。

马拉提克矿（图 3-10）于 2013 年达产，当年产量 47.5 万盎司（14.8 吨），“现金成本”（cash cost，见第九章第一节）每盎司 760 加元，且仍在不断优化，以进一步提高产量，降低成本。按产量计，马拉提克矿已是加拿大当时最大的在产金矿。奥西斯科矿业预期，该矿在 14.2 年的矿山服务年限内将平均年产 59.7 万盎司，2014~2018 年间则平均年产量 61 万盎司。

九、归宿

2014 年 1 月 13 日，加拿大金业有限公司（Goldcorp Inc.，多伦多证券交易所交易代码 G、纽约证券交易所交易代码 GG）宣布，拟以每股 2.26 加元加 0.146 股金业公司股票的代价收购奥西斯科矿业。按金业公司股票 1 月 10 日 25.29 加元的收盘价计，将奥西斯科矿业每股作价 5.95 加元，较其 20 个交易日以交易量为权重的加权平均股价溢价 28%，较其 1 月 10 日的收盘价溢价 15%。

金业公司是加拿大第二大黄金生产商，2013 年产量达 267 万盎司（约 83 吨）。虽然与全球第一大黄金生产商巴里克黄金（Barrick Gold Corporation，2013 年黄金产量 717 万盎司（约 223 吨））尚有相当大的距离，但市值曾于 2013 年下半年短暂超越了巴里克黄金，其资产质量和管理水平可见一斑。宣布收购之时，其市值在黄金生产商中位于全球第二，约 204 亿加元。在矿业市场一片惨淡，黄金价格几乎跌至当时全球平均“稳产总成本”（All-in Sustaining Cost，见第九章第一节）的水平，各大矿业公司纷纷出售低质资产以瘦身自保之时，这项 26 亿加元的现金加股票收购立即激起了市场的波澜，以致有人把它看成是矿业市场回暖的标志。

截止到 2013 年底，金业公司保有探明及控制（Proven + Probable）黄金储量（reserves）5,436 万盎司（约 1,690 吨），以及相当的黄金资源量（resources）。虽然以其当时的生产规模仅储量即可满足 20 年的生产，但金业公司拟于 2015 年将年产量提高至 370~400 万盎司以上的水平。在新发现大型金矿的数量连年下降、矿山勘探开发愈加困难的大环境下，储量接替和产量增长并非完全没有后顾之忧，这也是大型矿业公司所面临的共同的问题。而收购奥西斯科矿业可以立即获得 1,000 万盎司的储量和 50~60 万盎司的年产量，且当时处于矿业行业的低迷时期，正是收购的大好时机。

初级矿业公司如果能被大型矿业公司收购，本是凤凰涅槃的极好机会。奥西斯科矿业以其当时的状况虽已越过了初级矿业公司阶段，但是如果被收购能够充分实现股东价值，仍然是不错的选择，关键的是充分而最大限度地实现股东价值。面对这一敌意收购，不出所料，奥西斯科矿业奋起抵抗。

2014年1月15日，奥西斯科矿业发布新闻稿，称金业公司的收购价很低，且是机会主义的。董事会将就此成立由5名独立董事组成的特别独立委员会。

未及评价就已宣称“很低”，看起来似乎带有一些先验性的成见，但其股价在金业公司宣布收购后已升至6加元以上，超过了金业公司的收购价，反映了市场预期 - 金业公司需要提高收购价。事实上，金业公司的收购意向对奥西斯科矿业来说早已明了。

在致奥西斯科矿业股东的收购通函中，金业公司列举了自2008年以来的一系列善意收购的尝试，而在奥西斯科矿业的管理层屡次拒绝谈判、拒绝实质性对话后，才不得已转向敌意收购。

市场上的议论出奇地一致，基本上都认为金业公司将不得不提高收购价，且“白衣骑士”（white knight，见本章第八节第二部分）出现的可能性不大。

不料，奥西斯科矿业竟以金业公司违反了双方就一份已过期的保密协议中的“不收购股份”（standstill，见本章第八节）条款达成的口头延期协议为由向金业公司提起了诉讼。本来诉讼是抵御敌意收购并拖延时间的常见手段，但这个理由也未免太牵强了。好在这一插曲于3月3日由双方达成协议而搁置 – 金业公司于4月15日之前不接受奥西斯科矿业的股份，奥西斯科矿业则放弃其“股东权利计划”（Shareholder Rights Plan，见本章第八节第二部分），并于4月1日向金业公司开放资料库，允许其做尽职调查。

双方处于这种胶着状态之中，这是国内有实力又有胆识的投资人极好的介入机会。奥西斯科矿业希望保持其独立性，此时增资扩股19.9%对其应该有吸引力，一步即可成为其不小的股东，并与其共同发展。但这要求快速反应，容不得再等等、再看看、再研究研究、再讨论讨论。

2014年4月2日，奥西斯科矿业与加拿大雅马纳黄金有限公司（Yanana Gold Inc.，多伦多证券交易所上市代码YRI、纽约证券交易所上市代码AUY）宣布，双方达成协议。雅马纳黄金以4.415亿加元现金加9,570万股股票，即折合9.296亿加元的总代价收购奥西斯科矿业50%的资产，具体对价为，每一股奥西斯科矿业的股票将得到2.194加元现金、0.2119股雅马纳黄金的股票及交易后奥西斯科矿业的新股，折合奥西斯科矿业每股作价7.6加元。交易的实现方式为，双方就不同资产分别组建50/50的合伙制机构。奥西斯科矿业将在双方组建的一个联合委员会的指导下继续运营马拉提克矿和其他项目。

奥西斯科矿业在除马拉提克矿以外的其他资产中保留2%的“权益金”（royalty，见第四章第七节）。

双方就马拉提克矿组建的合伙制机构将每年3.75万盎司的黄金产量以“产品流”（stream，见第四章第六节）的形式出售予魁北克省退休基金，融资2.75亿加元。马拉提克矿合伙制机构也向加拿大退休基金发行2.75亿加元债务。该两项资金共计5.5亿加元，也返还给奥西斯科矿业股东。

奥西斯科矿业董事会一致向股东推荐该项交易，并同意，如果其中止该项交易，将向雅马纳黄金支付7,000万加元的中止费。

这一复杂而不寻常的交易有不少看点：

- 客观上已将奥西斯克矿业的资产肢解 - 不仅出售了50%的权益，也出售了产品流，这也是对付敌意收购的常用手段之一，条件当然是不能损害股东价值；
- 保住了奥西斯克矿业现有团队及项目上的作业权；
- 中止费（分手费）是少不了的。

交易中的各方除了魁北克省退休基金有些地方民族主义的色彩以外，都是在商言商，为了商业利益。雅马纳黄金是加拿大一家中型黄金生产商，项目都在中、南美洲，2013年生产黄金120万盎司（约37吨），按2014年3月31日9.68加元的收盘价计，市值约66亿加元。以合伙制的方式介入马拉提克矿，不仅通过“回家”实现了地域上的多元化，也有税务上的利益。然而，自己的实力毕竟有限，吃奶的劲都用上了，没有加价竞购的资本。

在两个半月的时间内找到“白衣骑士”（white knight，见本章第八节第二部分）、汇聚各方、搭建交易结构、算清各方利益并签署相关协议，奥西斯克矿业的效率算是够高的了。交易结构之复杂，致使一些跟踪研究奥西斯克矿业的分析师一时间也云里雾里，在发布交易的电话会上问题连串。

金业公司于4月1日才获准进入奥西斯科矿业的资料室，次日即迎来了竞争对手。然而，已苦苦追求5年有余，金业公司提价竞购几乎是必然的。事实上，也恰恰是因为雅马纳黄金的介入，奥西斯科矿业才对金业公司有了些许“善意”，开放了资料室。

2014年4月10日，金业公司宣布，将其收购价提高至每股2.92加元现金加0.17股股票，折合每股7.65加元，奥西斯科矿业整体作价折合36亿加元。

尽管市场上有不同看法，多数分析师倾向于直截了当的金业公司报价。

金业公司似已成竹在胸，4 月 16 日致函奥西斯科矿业，按照奥西斯科矿业公司章程中的“预先通知”（advance notice，见第七章第六节）要求，提名了 11 位董事人选，均为其高级管理人员和现任或拟任董事，以便他们于 5 月 20 日的股东会上当选上任。

也许是多年不成功的接触使双方管理层之间早已失去了信任 - 金业公司未对奥西斯科矿业的管理层做出安排，令人难以理解。以其资产规模和资金实力，为奥西斯科矿业的管理层做出妥善安排并非难事。如果说最初的收购方案未做考虑也就罢了，竞购方案依然如故。时间上的压力是一方面，但也不乏财大气粗的傲慢。

虽然按照奥西斯科矿业的“预先通知”要求有其时间性，但这份更换整个董事会的通知仍然显得不合时宜。

2014 年 4 月 16 日，奥西斯科矿业、雅马纳黄金与加拿大阿格尼科鹰矿业有限公司（Agnico Eagle Mines Limited，多伦多证券交易所与纽约证券交易所交易代码 AEM）联合宣布，三方达成协议，雅马纳黄金与阿格尼科鹰矿业组成的联合收购体以折合每股 8.15 加元的现金加股票的方式善意收购奥西斯科矿业，折合奥西斯科矿业整体作价 39 亿加元。收购对价为，每股奥西斯科矿业的股票收到：

- 2.09 加元现金；
- 0.26471 股雅马纳黄金的股票（按前一日 9.18 加元的收盘价计，折合 2.43 加元）；
- 0.07264 股阿格尼科鹰矿业的股票（按前一日 33.45 加元的收盘价计，折合 2.43 加元）；
- 估值为 1.2 加元的 1 股新奥西斯科股票（新奥西斯科合 5.75 亿加元价值）。

新奥西斯科保留下述资产：

- 马拉提克矿 5% 的“净冶炼厂收益”（见第四章第七节第二部分）；
- 所有勘探项目上 2% 的“净冶炼厂收益”；
- 1.55 亿加元现金；
- 瓜尔来罗（Guerrero）地区的全部资产与负债；
- 其他投资。

这显然是奥西斯科矿业的备选方案，各方之间的账早就应该算得八九不离十了，否则不可能在金业公司提价竞购不到一周的时间就能推出。

是否为股东创造了价值尚有待时间检验，该项交易为奥西斯科矿业的董事会和管理层创造了“价值”是毫无疑问的。作为整个交易的一部分，新奥西斯科脱胎于被收购的奥西斯科矿业，当真是含着金钥匙出生：

- 有项目：墨西哥瓜尔来罗勘探项目；
- 有现金：1.55 亿加元；
- 有现金流：5% 的在产的马拉提克项目净冶炼厂收益；
- 有其他勘探资产上的权益：2% 的净冶炼厂收益；
- 在其他公司的股权投资。

在矿业市场一片惨淡之时，这个条件相当优厚了。与金业公司的收购会令其立即“下课”相比，雅马纳黄金与阿格尼科鹰矿业的联合收购令奥西斯科矿业的管理层太让人羡慕了。收购方能接受这些条件，被收购方当然会充满善意，再有不识相的竞购方，中止费（termination fee，竞购方的额外代价）一定得大方 – 1.95 亿加元！

阿格尼科鹰矿业是加拿大另一家中型黄金生产商，在加拿大、芬兰和墨西哥有 7 座在产金矿，2013 年生产黄金 110 万盎司（约合 34.2 吨），且在美国有勘探和开发项目。按 2014 年 3 月 31 日 33.47 加元的收盘价计，市值约 58 亿加元。

收购对价中，现金对价部分的价值是绝对的、确定的，而股票对价部分的价值则是相对的、不确定的，其价值随收购方未来股价波动而波动。因此，不同收购方案之间股票对价部分的价值比较也是即时价值比较，是相对的。

金业公司于 2014 年 4 月 21 日宣布不再调整其收购价，并任其报价于 22 日午夜到期。

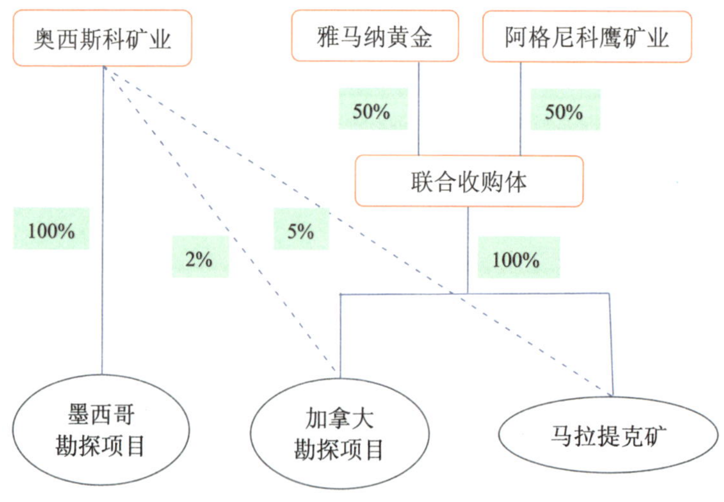

图3–11　奥西斯科矿业、雅马纳黄金与阿格尼科鹰矿业三方交易结构示意图

2014年6月16日，奥西斯科矿业、雅马纳黄金与阿格尼科鹰矿业之间的交易（图3-11示意图）在履行各项程序后完成。至此，围绕马拉提克矿的争夺暂时尘埃落定。而雅马纳黄金与阿格尼科鹰矿业自己也都可能成为被收购目标。

图3-12是从该项交易交割前最后一个交易日2014年6月13日往前推6个月，奥西斯科矿业（黑色曲线）、雅马纳黄金（绿色曲线）、阿格尼科鹰矿业（蓝色曲线）和金业公司（红色曲线）的股价走势图。该图把四家公司放在同一个起点上（虽然其股价各不相同），以比较其相对变化幅度。鉴于四家公司均以黄金为主要产品，市场大势对四家公司的影响基本是一致的。虽然各家公司在此期间发布的业绩等对股价也有影响，但从2014年1月13日金业公司发布收购要约后，对各家公司影响最大的还是奥西斯科矿业的归宿问题。从其后直至交割日各家公司股价的相对走势看，市场认可了该项交易对奥西斯科矿业股东的价值－交割前其股价收盘于8.64加元，却惩罚了雅马纳黄金，而对金业公司和阿格尼科鹰矿业的影响则不明显。

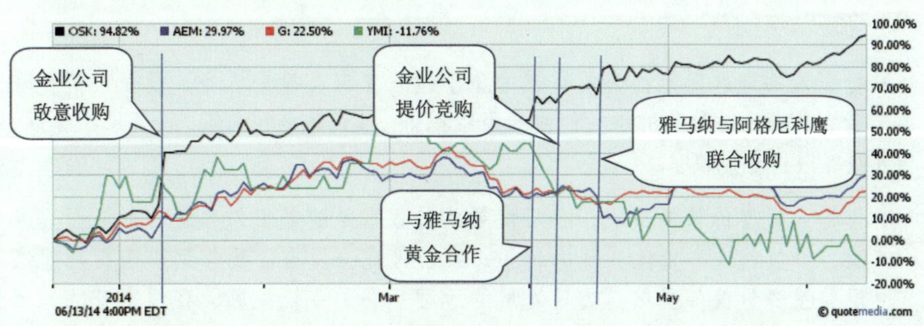

图3-12　四家公司6个月股价走势图（截止到2014年6月13日）

这一流水账似的历史蕴含了公司发展的丰富内容。运营一家矿业公司涉及的事项远不只是运营一座矿山。

奥西斯科矿业的发展历程至少在下列方面值得仔细品味和咀嚼：

- 公司发展：这不是一个像地质、采矿、选矿、财务等可以按照教科书学的“专业”，甚至工商管理硕士（Master of Business Administration，简称MBA）课程也不设这个“学科”，但却是任何公司的发展都离不开的内容。简言之，它可以概括为，到什么时候该干什么事儿，钱从哪儿来，怎么个干法儿，由谁去干。比如，在马拉提克矿的建设已按计划进行之时，收购或投资于其他公司，以为公司的后续发展布局。
- 股权融资：是初级矿业公司生存和发展的红线，也是与资本市场最基本的互动。如何把握市场的脉搏、何时融资、融资多少、融资条件如何、对公司后续发展的影响等，都是需要考虑的问题。在特定的市场环境下，公司可以选择的余地可能不大，有人给钱就得要。

- 债权融资：包括供应商融资，不仅是一种融资方式，也是充分利用债务的财务杠杆效应以提高自有资金投入的内部收益率的公司与项目财务管理的有效手段。马拉提克矿的债务利用似不充分，这一问题只好留给后续的公司财务管理了。当然，任何项目的推进与融资都不可能遵循教科书设定的路线图，而有诸多其他因素的影响与考量。
- 大量钻探的必要性：钻探是勘探和可研阶段的主要投入。这固然是“去风险”（de-risk）和可研所需，业界并没有对各公司的钻探工作量做跟踪调查，以进行必要性研究。不能排除有的公司为发布消息而过度钻探（over-drill），这无疑是对宝贵的风险资金的浪费。
- 环境保护与社区关系：如何开诚布公地与政府和社区共同应对环境保护和项目对社区的影响的问题。项目建设过程中曾邀请当地社区 1,400 多位居民现场参观。
- 投资人的进入时点：公司发展的整个过程中都有投资机会，投资人需要平衡的是自己对风险的承受能力和风险偏好。项目越是在前期，投资风险越高，潜在收益也越高。
- 投资人投资价值的实现：公司发展的过程也是随着工作程度的加深而去风险、价值创造和价值实现的过程，投资人完全没有必要等到矿山投产才实现其投资价值。当然，公司发展的过程不会是一帆风顺、直线上升的，而是与市场共沉浮。投资人的退出也有股票流动性和退出方式选择的问题。
- 兼并与收购：公司发展到一定程度后的收购与被收购，以及如何应对，以最大限度地实现股东价值。

附：关于边界品位的思考：

边界品位是矿石（ore）与废石（waste）的分水岭，边界品位以上为矿石，以下则为废石。谁都希望矿体的品位高，谁都希望矿量大、矿山服务年限长，但边界品位与矿量（进而金属量）是鱼与熊掌不可兼得的一对矛盾体，二者呈负相关关系。图 3-13 是典型的品位（绿色，右侧纵坐标）- 矿量（蓝色，左侧纵坐标）曲线。因此，边界品位（横坐标）的确定是个非同小可的事。

勘探期间，对矿体的经济性尚没有任何概念，估算资源量所用的边界品位的确定很简单，参照业内同类矿体或周边同类项目的边界品位即可。也正是因为还没有到研究经济性的时候，往往用不同的边界品位估算资源量。

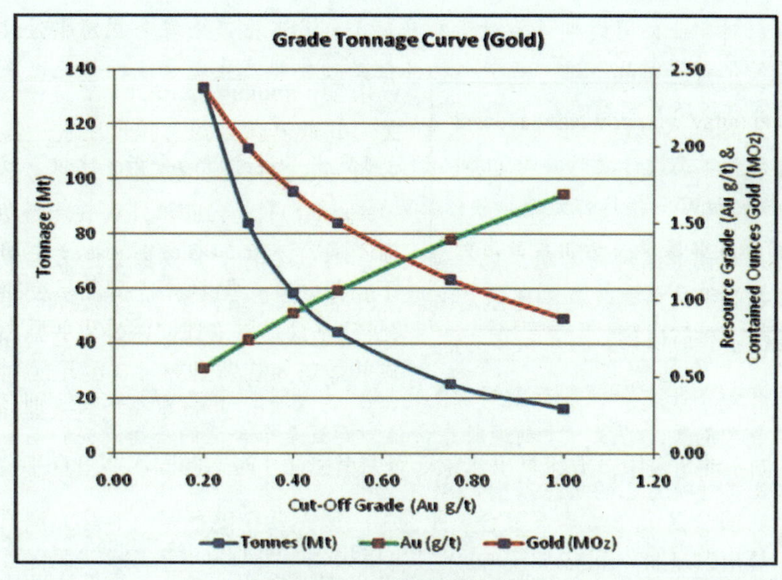

图3–13 品位–矿量曲线

可研和矿山设计之时，边界品位的确定和选取便是一件非常严肃的事了，这关系到矿体的量和质，直接关系到项目的经济性。

开采期间，则更是实打实的了，加上贫化以后，矿石就是矿石，进入选厂；废石就是废石，进入废石堆，对采矿和选矿成本乃至于产品质量的影响直截了当。

过去几年的矿业行业的萧条期，矿山现金流锐减，很多矿山难以为继，不得不开采富矿段（high grading），也即提高了开采的边界品位，以降低单位成本，以求渡过难关。这无疑为后续开采带来了难度，留在矿体里的较低品位的矿量很可能永远失去了开采价值，矿山服务年限自然也缩短了；即使以后仍有开采价值，单位成本也会大幅度上升。这种以长期痛苦换取短期收益（long-term pain for short-term gain）的做法招致了不少非议。

热议之中，澳大利亚AMC咨询公司（AMC Consultants）提出了采贫矿段（low grading）和什么品位才算是“正确”的边界品位（right grading）的问题。

在矿业行业的高潮期，高昂的产品价格使矿业公司纷纷降低了矿山开采的边界品位，延长了矿山服务年限以及矿山的可持续性。然而，单位成本随之上升，现金流自然也降低了。可是开矿的目的毕竟不是过过采矿的瘾，而是挣钱。现金流下降使投资人并没有享受到矿产品价格高涨的利益，导致矿业行业的吸引力下降，投资人撤出矿业行业。回头望去，当时降低矿山开采边界品位（low grading）之举是否明智？

这就引出了什么品位是“正确”的边界品位的问题。看看分析师研究报告和投资人对矿业公司的期许，对于在产矿山，无不把产生现金流的能力放在重中之重的位置。因此，这“正确”的品位必须要能产生现金流。如此说来，上述只采富矿段还算问题吗？

可研和矿山设计之时要对边界品位的确定做多种方案的分析、比较、试算。应该以哪个 / 哪些指标作为选择的依据呢？

作为与读者探讨的话题，依作者之见，经过蒙特卡罗模拟（见第五章第五节第五部分）的内部收益率目标，比如，内部收益率达到 12% 的概率在 80% 以上，是个不错的依据。

这有如公司对“大”（产量规模）与“强”（每股收益和每股现金流）的追求，“大”令人羡慕，“强”才创造股东价值，哪里是个合适的平衡点呢？

矿业界呼唤自己的思想家！

此外，国内有“工业品位”的说法，石油上则叫作“工业油流”，其内涵大概在于“有经济开采价值”。这些都是很有误导性的概念，是用技术的眼光看问题的计划经济的残余。如果作为经验法（rule of thumb）下的一个粗略的判断是可以的，但如果未经过可研的论证便认定了具有经济价值，则是不完整的。

同一个铜矿体，在同样的铜价下，其位于山东、新疆、西藏和刚果（金），可以经济地开采的边界品位是不同的；同一个铜矿体，在不同的铜价下，可以经济地开采的边界品位也是不同的。

第三节　投资于初级矿业公司应关注的主要问题

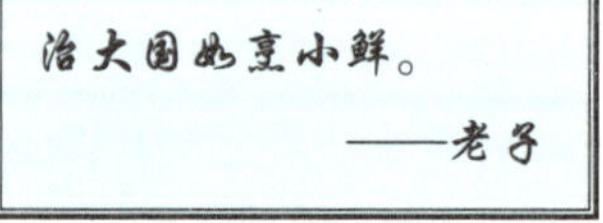

投资是投资于未来，而不是投资于过去。任何一项投资决定都蕴含着对未来前景的主观判断，而未来前景尚不是现实，存在着投资人不能控制的诸多不确定因素，首当其冲的便是未来的矿产品价格走势。

投资决策可能很复杂。理论上说，投资于一家公司应该穷尽其所有资料，而后做出科学的判断。大概正是因为这种复杂性和未来的不确定性，使很多投资人面对各种投资机会畏首畏尾，患得患失，不知所措。其实，投资也可以很简单，可以说，就那么几件事，没什么大不了的。

如果说对未来前景的判断是个“软”指标，以下几项可以说是“硬”指标，是可以通过尽职调查有个不错的判断的。

一、资产质量

资产质量无疑是投资的关键所在。

大部分矿业公司的网站上会有公司资产的介绍，而上市公司因其“连续披露”（continuous disclosure）的法定义务需及时向市场通过新闻稿（press release 或 news release）公开发布钻探、概略研究、可研等技术性成果，并定期发布季报、年报等报告。

在加拿大，符合 NI 43-101 标准的“技术报告”（Technical Report）是公开资料，需报备在“电子文档分析与检索系统”（The System for Electronic Document Analysis and Retrieval，简称 SEDAR，网址：www.sedar.com）上，供公开查询。但在澳大利亚，完整的 JORC 报告不是法定的公开资料，尽管公司需要披露其主要内容。

需注意的是，上市公司自己的网站未必包括所有需要公开披露的资料。加拿大的 SEDAR 和澳大利亚证券交易所（Australian Securities Exchange，www.asx.com.au）网站更为全面。投资于一家公司之前，有必要有重点地查阅其过去几年的公开资料，对其发展脉络有个了解。

矿业投资是如此有意思的一件事，搞了一辈子铁矿的专家未必搞得了铜，搞了一辈子铜矿的专家未必搞得了镍。以地质专业为例，抓住一位获得了高级地质师职称的专业人员便将其知识和经验“放之四海而皆准”，很可能南辕北辙。同是地质，矿山（生产）地质与勘探（找矿）地质也有差别。已经以身试水的很多投资人恐怕颇有同感。对资产质量的判断需要用正确的人做正确的事。

此外，投资人应该对投资之时矿业行业的宏观状况、被投资对象在矿业公司或矿业项目的发展历程中所处的阶段、该阶段所面临的各种风险、投资人自身的风险承受能力和风险偏好、对投资收益的预期、投资周期长短等有个清醒的认识，其投资方能有的放矢。

二、董事会和管理层

资产质量仅仅是成功的因素之一，但不是成功的必然保证。有的矿实在是好，再糟糕的矿长也糟蹋不掉；有的矿实在是差，再聪明的矿长也挣不了钱；但绝大多数矿处于二者之间，人就是个关键因素了。并非每一个名片上印着首席执行官的人都是出色的企业家。优秀的管理团队不仅能把优质项目的价值充分地实现出来，也善于把握机会以及应对法律、市场、融资等方面的风险。

初级矿业公司的成长过程中分布着一些关键的决策点，有如公司发展中的十字路口，任何一点决策上的方向性错误都可能使公司的命运发生逆转。因此，很多投资人把被投资对象的管理层视为其投资决定的首要因素，甚至有甚于资产质量。尤其是对于投资于初级矿业公司来说，管理团队，尤其是其核心人物，以往的工作经历和成就，包括以往的融资能力，对赢得投资人的信心十分重要。这确实是一个需要深厚的行业背景和丰富的实战经验的行业。尽管过去的辉煌未必预示着将来的成功，投资人仍然常以过去的成败论英雄。

当代最杰出的投资大师沃伦·巴菲特（Warren Buffett）有句名言：应该投那些连傻瓜都能经营的企业，因为总有一天这个企业会由傻瓜执掌（You should invest in a business that even a fool can run, because someday a fool will.）。这话有其道理。100 年前的“百强”恐怕剩下来的不多。很遗憾，矿业不是那么简单的事儿。由傻瓜执掌的矿业公司不在少数，他们却“殊途同归”，无一例外地把公司做垮。

三、财务报表

如果投资于一家公司而不看其财务报表，稍具投资常识的人便会觉得不可思议。然而，对于初级矿业公司，传统的财务报表 - 资产负债表、损益表和现金流量表值得看的东西不多。也就是说，至少对于初级矿业公司来说，财务报表不能反映其价值（参见本章第五节）。基于财务报表的常规的公司分析指标基本上不适用于初级矿业公司，这是财务报表和公司价值已经严重脱节的典型一例。

加拿大上市公司每季度除了披露财务报告以外（年底则为审计后的年度财务报告），还要同时披露一份叫作“管理层讨论与分析”（Management Discussion and Analysis）的文件，这份文件是对该季度工作、成果、开支、融资等较为直接的概括与总结，比财务报表更有价值。澳大利亚上市公司则要披露“季度现金流报告”（Quarterly Cashflow Report）和“季度工作报告”（Quarterly Activity Report），年底则披露年报（Annual Report）。

看初级矿业公司的财务报表可以侧重于几项内容：

- 流动资金：这是最关键的“指标”，尤其是现金。对于没有现金流的公司来说，还剩多少钱，还能干多少事，何时需要做下一轮融资，这些都是关乎是否能在现有基础上进一步提升公司价值的关键问题。
- “烧钱”速度（burn rate）：按现有工作计划，手中的流动资金可以支持多长时间，什么时候需要做下一次融资。
- 资金分配：股东的钱是怎么花的，是否能为股东创造价值。如果一家公司的管理费（general & administration expenses）占了总支出的相当比例，投资人有必要予以深究－管理层是否在四平八稳地享受着高工资而没干多少事。管理费包括工资、办公室租金、律师费等公司运营费用。

诚然，这几项内容需要放在当时的市场环境下予以考量。在市场环境好、融资相对容易的时候，一般在项目上的投入会多些；而在市场环境差、融资困难的时候，很多公司会选择削减项目上的投入，保存现金，以求安全渡过低谷，相对而言，其管理支出的比率可能偏高。一个较为合理的度量方法是与业界同行做横向对比，看其管理费支出比率在业界处于何等水平。

四、董事与管理层持股情况

我们不得不正视人性的弱点。人们经营“自己的”资产总是会更上心，更珍惜，这不是“思想政治工作”能够解决的问题。董事与管理层，尤其是管理层中的关键人物，持有一定的股份和股票期权，使其能够从公司的成功中受益，使其利益与股东利益一致，对公司的决策与经营有着质的不同。

五、内幕人股票交易情况

内幕人，尤其是董事与管理层成员，卖出所持公司股票一般被视为利空，而买入公司股票则被视为利好。

应该注意的是，内幕人的判断未必一定正确，他们买卖自己公司的股票也常常失手。这说明，掌握非公开资料可以是优势，也可能是劣势。

六、股东与股本结构

股本结构包括已发行股本（shares issued and outstanding）、认股权证（share purchase warrant，简称 warrants，见第四章第一节）和股票期权（stock options，简称 options）。股票期权是作为一种激励机制发给公司董事、管理层、员工、顾问等人员的，允许其在未来特定时间内以特定价格购买特定数量的新股。

认股权证与股票期权操作方式一样，只是发行对象不同。而在澳大利亚，一般不用“认股权证”的提法，二者统称为股票期权。一旦被行权，认股权证与股票期权就成了股票，扩大了公司股本，不仅对股价可能带来下行压力，在公司被收购时，也加大了收购方的收购代价。

另一个与股本结构有关的问题是，是否有大股东一股独大，如果是，则要看该大股东的背景及其对公司董事会的影响和控制程度。大股东的利益与其他股东的利益未必一致。虽然在法治完善、监管严格的资本市场上，大股东通过关联交易掠夺小股东的手段有限，但对董事会和管理层有很大影响力的大股东仍然可以在需要的时候在较长时间内压制股价，尤其是在他希望增持股份或觊觎公司资产而有全面收购的动力之时，这显然与财务投资人和小股东希望股价上升而获利的投资目的相悖。

魔鬼在细节中。
The devil is in the details.

总的来说，股权相对分散，有几家机构投资人股东，每一家都不至于控制公司或对公司有重大影响，但联合起来对董事会和管理层构成足够的压力，是理想的股本结构，有利于为全体股东创造价值。

如果说国内因为法治和监管尚不健全、职业经理人作为一个群体的职业操守尚有疑问、第一代创业人仍然在执掌大局等诸多因素使几乎每一个上市公司都有一个实际控制人这一现象有其合理性，国际资本市场上一股独大一般不被看好，除非这独大的一股已被市场广泛认可。

七、机构投资人持股情况

机构投资人（institutional investor）一般指投资基金。大部分投资基金有自己的投资分析团队，且有能力在必要的时候外聘专业顾问协助其评判被投资对象的投资价值。没有人能够保证机构投资人的判断一定正确，但他们投资于一家公司起码说明他们看好该公司的前景，他们已经在客观上帮助后来的投资人筛选了一次。当然，一般来说，机构投资人比散户投资人消息灵通、投资分析能力强、议价能力强，他们进入被投资公司的时机和代价也不错。

能够吸引知名机构投资人，对被投资公司来说是一项利好，有助于吸引更多的投资人。这使得机构投资人股东与公司之间形成了一种良性互补，因此，他们往往互相推介。中石油在香港和国际上的声名鹊起最初是由巴菲特（Warren Buffet）的投资带动的，而索罗斯（George Soros）投资于海南航空无疑提高了海南航空的知名度。

八、投资者关系

矿业是个资金密集型行业。如果说机构投资人是提供资金的主力，散户投资人则是股票日常流动性的源泉，二者缺一不可，均需重视。尤其是对于依靠持续的股权融资的初级矿业公司来说，有必要不断地把自己的故事通过参加行业会议、路演等“广而告之”。“酒香不怕巷子深”的时代早已成为过去，奔驰汽车也做广告。重视投资者关系是公司发展中不可或缺的一环。

九、公司进一步发展的“里程碑”

没有不散的宴席，投资人投资于一家公司往往有时间性。尤其是投资基金，基金存续期是有限的。因此，投资人应该考虑被投资对象大概何时达到何等工作程度以及自己的投资年限。当然，对于工作程度低的被投资对象来说，这种估计有相当的难度及不确定性。

十、估值

优质的项目加上优秀的管理团队是投资人追逐的投资目标。不过，再好的公司如果太贵了也就没有投资价值了。幸好，很多“好”公司或“好”项目的价值也会在很多时段被低估，或者其价值还没有充分释放出来，这便是投资机会所在。

上述各因素加上对未来的判断便构成了投资决策。

显然，这种高度简化的几个要点不足以回答投资人的所有问题。希望本书作为一个整体能够进一步抽丝剥茧，与读者共同深入探讨矿业投资的个中端倪。

作者提示

投资于生产型矿业公司的分析方法相差迥异（参见第五章第七节）。

第四节 矿产勘探与可研是一种风险投资

风险投资成就了哥伦布发现新大陆，推动了美国第一条铁路的建成，也造就了已然革命性地改变了世界的今天的互联网。殊不知，风险投资也是找矿的资本推手。

谈到风险投资，人们往往想到的是与互联网相关的高科技公司。其实，下述几类投资均属于风险投资：

- 矿产勘探；

- 石油天然气勘探；
- 药品研发；
- 技术研发，如新型电池或新材料的研发。

除其各自的行业特点以外，这些公司在融资和成长模式上有很多相似性：

- 没有或很少有现金流；
- 在勘探和可研阶段债务性融资的可能性很小；
- 公司的发展主要依赖持续性的股权融资（增资扩股）；
- 早期项目具有高风险和潜在高收益的特点；
- 能满足很多境外交易所的上市要求，因而可以上市融资，分散风险。

矿产勘探与可研确实类似于产品研发，只不过其研发出的“产品”是“是否有矿、矿有多大、质量如何、能否挣钱”这些结论。

全球第二大（以产量计）黄金生产商、美国纽芒特矿业有限公司（Newmont Mining Corporation）的一项内部研究表明，如果把每一个勘探矿权都视为一个项目，历经多年的勘探和可研，国际上最终建成矿山的比例大约只有千分之一；而150多年来在钻石界拥有近乎垄断地位的南非第比尔斯（De Beers）说，在全球已发现的7,000多个钻石（金刚石）矿藏中，只有60个具有经济价值。有幸的是，境外资本市场已提供了这样一种机制，从早期勘探开始即可以上市融资，分散风险，且投资人一路都有退出的机会，实现其投资收益而离场。

几十年来，国内以各省地矿局和有色地勘局为代表的地质勘查大军，加上冶金地质局、化工地质局、核工业勘查院等行业地勘单位，承担了地质勘探工作，从经济意义上讲，就是政府完全承担了这项风险投资。这在以税收作为政府主要财政收入来源的体制下是不可想象的。除基础的公益性地质工作以外，风险勘探的市场化是必然的趋势。政府应该做的是，给政策、不出钱。

高风险与潜在的高收益是对应的。高风险意味着，投资于早期项目可能血本无归，而潜在的高收益则意味着可能实现几倍、几十倍乃至于几百倍的投资收益。须知在投资之时你面对的是高风险或高收益，而从最终的投资成果看，你却只能站在风险或收益的一边。投资人应该分析自己的风险承受能力，明白自己的风险偏好，建立适合于自己的投资组合，切不可以赌徒的心态用全部身家性命孤注一掷于早期项目。只有做个明白的投资人，赶上风险才不至于怨天尤人。

第五节　初级矿业公司的连年“亏损”

对于生产型矿业公司来说，利润无疑对股价有着主要影响，尤其是在以市盈率为主要价值评判指标的资本市场上。在这一点上，生产型矿业公司与其他行业有很大的相似性。初级矿业公司则不然。因为没有现金流，自然谈不上利润和市盈率，利润和市盈率也自然不是衡量初级矿业公司价值的指标。

因其特点，初级矿业公司的财务报表是不会太“好看”的，一般会是连年“亏损”，但他们亏损得泰然自若、心安理得，甚至颇为自豪，而投资人并无怨言与担心。这是这类公司的性质决定的。反而，承担得起这种“亏损”恰恰说明公司的融资能力强，从反面证明了公司的资产质量等方面得到了投资人的认可。

以发现了蒙古奥云陶勒盖（Oyu Tolgoi）铜金矿的原加拿大艾芬豪矿业有限公司（现已更名为绿宝石山资源有限公司（Turquoise Hill Resources Ltd.，多伦多证券交易所、美国纽约证券交易所和美国纳斯达克证券交易所交易代码TRQ））为例，在勘探和开发期间，其历年来的“亏损”战绩如下（注：包括资产减记、汇兑损益等，并非完全是现金支出）：

- 2003 年：亏损 7,300 万美元；
- 2004 年：亏损 8,960 万美元；
- 2005 年：亏损 8,980 万美元；
- 2006 年：亏损 1.987 亿美元；
- 2007 年：亏损 4.577 亿美元；
- 2008 年：亏损 1.841 亿美元；
- 2009 年：亏损 2.802 亿美元；
- 2010 年：亏损 2.115 亿美元。

这一番“亏损”底气何来？除生产项目有限的现金流和出售资产有限的收入以外，主要来自于股权融资。

在其勘探与开发的十余年间，虽历经蒙古国政治与法律的数次冲击和2008~2009 年间国际金融危机的洗礼，很多时段内其股价（图 3-14）伴随着上述“亏损”而一路走高，再一次为如何投资于勘探类初级矿业公司提供了生动的案例。

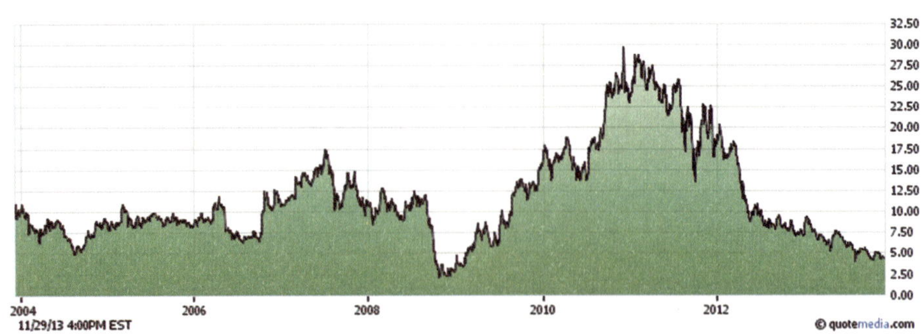

图3-14 绿宝石山资源10年股价走势图（截止到2013年11月29日）

发现大矿也往往引领找矿潮流，奥云陶勒盖的发现引领了上一轮矿业高潮中的斑岩（porphyry）热。

当年的艾芬豪矿业由国际矿业界的传奇式人物、著名矿业金融家罗伯特·弗里德兰（Robert Friedland）创立。弗里德兰为人高调，也颇富争议，具有无与伦比的演讲天才，常常作为主题演讲嘉宾出席国际盛会，每到兴奋之处口无遮拦、不能自已，为公司也为自己惹下不大不小的麻烦。无论喜欢他还是不喜欢他的人对他在矿业界取得的成就都不能视而不见。

1994 年 11 月，弗里德兰创立的钻石田资源有限公司（Dianmond Fields Resources Inc.）在加拿大东部发现了全球最大的单体镍矿沃以西湾（Voisey's Bay），当时其股价约 0.80 加元；当年年底，其股价已达 11.62 加元；1995 年 4 月，股价达 47 加元；1995 年 12 月，股价达 181 加元，距见矿仅 13 个月。1996 年，现已被巴西淡水河谷（Vale）收入囊中、当时的加拿大国际镍业公司（Inco）经过竞购以 43 亿加元的代价收购了钻石田资源。

找矿是需要一些运气的。当年钻石田资源冲着钻石去，阴差阳错地找了镍回来。业内众多满腹经纶、皓首穷经而穷尽毕生精力却所获甚微的地质师们每每谈及沃以西湾常常不屑一顾，直到弗里德兰领导的团队在鸟都不生蛋的蒙古国大漠深处发现了奥云陶勒盖铜金矿，全靠“运气”之说才偃旗息鼓。

而奥云陶勒盖的发现又是另一番惊心动魄的故事 – 前 108 个钻孔都是“白眼儿”，第 109 孔始现曙光。至第 149 孔仍无重大突破，项目如食之无味、弃之可惜的鸡肋。已接到撤退指令的现场团队晚间借酒浇愁，突发奇想，自作主张：是杀是剐由你，打一个深孔看看！

2001 年 7 月 17 日，第一个深孔 – 第 150 孔，从 70 米至 578 米长达 508 米的矿段钻遇 0.81% 铜 + 1 克 / 吨金，包括 188 米至 466 米之间长达 278 米的矿段钻遇 1.0% 铜 + 1.5 克 / 吨金，这才是真正意义上的见矿孔（discovery hole）。此时，公司账面现金已只剩 10 万加元……可谓置之死地而后生。

钻探高峰之时，无论是零上 40 度的夏天还是零下 40 度的冬天，32 部钻机昼夜不停，累计钻探 100 多万米（1,000 多公里！），钻探营地（图 3-15）排列整齐的几十顶白色蒙古包在浩瀚的大漠深处蔚为壮观。

图3–15 奥云陶勒盖项目钻探营地

资料来源：原艾芬豪矿业

奥云陶勒盖的发现也使蒙古国在成吉思汗仙逝后 700 多年后再一次成为国际上聚焦的焦点而频频出现在国际媒体上，高峰时曾有 600 多家国外矿业公司前去寻宝，开启了蒙古国的现代矿业时代。弗里德兰本人也是蒙古国多次总统和议会竞选的辩论热点，不少蒙古政客共起别人的产来依然得心应手，有人认为，矿找到了，是时候收归国有了。殊不知，在未见一分一厘产出之时，勘探和可研投入已达 10 多亿美元，而这是可能颗粒无收的风险资金。

一个商人，无意之中成了一国政治角力的主题之一，也算是一大奇观了。

2013 年 7 月 11 日，第一车铜金精矿驶离矿区之时，弗里德兰致信祝贺，深情地回忆了 12 年前见矿的情景。

今天的奥云陶勒盖，已位居全球前五大铜矿之列，2015 年底的总资源量（矿量）达 63.75 亿吨，含铜金属量 4,420 万吨、黄金金属量 1,850 吨、白银金属量 11,800 吨、钼金属量 41 万吨。投资 60 多亿美元的一期工程已经投产，拥有 10 米直径的全球最大的竖井，日采选 10 万吨矿量，2016 年生产精矿含铜金属量 20 万吨、黄金金属量 30 万盎司（9.3 吨）。投资 53 亿美元的扩建中的二期工程将于 2020 年完工，2025 年高峰年产量将达到 62.2 万吨铜、66.9 万盎司（20.8 吨）金，位居全球第三。

奥云陶勒盖矿现任业主、全球第二大矿业公司力拓（Rio Tinto）将原艾芬豪矿业更名为绿宝石山资源以后，弗里德兰又把他创立的另一家公司更名为艾芬豪矿业有限公司（Ivanhoe Mines Ltd.，多伦多证券交易所主板交易代码 IVN），开启了艾芬豪矿业的 2.0 版。

今天的艾芬豪矿业，旗下的三大项目从不同角度看均堪称“世界级”：

◇ 刚果（金）卡莫亚 – 卡库拉（Kamoa–Kakula）铜项目：

2017 年 5 月资源量：13.4 亿吨矿量，按 1% 的边界品位计，含铜金属量 3,657 万吨，位列全球前 5 大铜矿藏之内，为非洲第一大铜矿藏，全球最大的未开发铜矿藏。

◇ 刚果（金）吉普希（Kipushi）锌多金属项目：

2016 年 1 月资源量：1,200 万吨矿量，按 7% 锌的边界品位计，锌品位 35%，仅锌金属量即达 408 万吨。

◇ 南非普拉特里夫（Platreef）铂族元素 – 金 – 镍 – 铜多金属项目：

2016 年 5 月资源量：8.52 亿吨矿量，按 3 克 / 吨的铂族元素 + 金边界品位计，含铂族元素 + 金金属量 9,472 万盎司（2,946 吨）、镍金属量 267 万吨及铜金属量 136 万吨，平均十几米的矿体厚度将可以大规模机械化开采。

弗里德兰 1992 年将阿拉斯加的诺克斯堡（Fort Knox）黄金项目以 1.52 亿美元的价格出售给了现在的加拿大第三大黄金公司金罗斯黄金（Kinross Gold）而在矿业界崭露头角，而后便一发而不可收。艾芬豪矿业的成功使弗里德兰“需仰视才见”，被伦敦《矿业》（Mining Journal）杂志誉为“无可争辩的初级矿业之王”（undisputed king of junior development），成为矿业界尤其是初级矿业公司顶礼膜拜的偶像和通往成功之路的模板。弗里德兰和艾芬豪矿业的技术骨干多人次获得过国际上的各类著名奖项，弗里德兰本人更是于 2016 年 1 月 14 日入选“加拿大矿业名人堂”（Canadian Mining Hall of Fame），并于 2017 年 5 月被加拿大百年矿业杂志《北方矿业人》（Northern Miner）授予终身成就奖（Lifetime Achievement Award）。

弗里德兰没有条条框框，想别人所不敢想，信别人所不敢信，怀着巨大的热情，对前往缅甸、蒙古等“前沿”（frontier）地区找矿勇于试水，敢为天下先。

弗里德兰对质量极其挑剔，对下属极其苛刻，但他是对质量和效率的苛刻，对于手下的得力干将，他从来都呵护有加，且在薪酬上不惜重金。艾芬豪的新闻稿从来不惜笔墨，文字、图表、照片丰富多彩，信息量极大，为分析师所最爱，排版、遣词造句均经弗里德兰一一审定，一丝不苟。

弗里德兰有着深厚的中国情结。1981 年他初次来到中国，对中国的一切都感到新鲜和着迷。他是最早认识到中国将成为全球最大经济体之一的西方人之一。在一次公开演讲中，他提醒西方的青年人：如果你们不像中国人一样努力，将来你们只配给中国人洗衣服！

弗里德兰是典型的工作狂，没有周末，没有节假日，借专机之利，多年来年均飞行时间 1,000 小时以上，年行程可绕赤道 20 圈。弗里德兰领导下的艾芬豪投资集团（Ivanhoe Capital Corporation）已累计在全球资本市场上为旗下各公司融资 250 多亿美元。

弗里德兰对颠覆性（disruptive）高新技术有着同样的投资热情，是多项技术的早期投资人。他也是新浪的早期投资人之一。

> Success is the ability to go from one failure to another with no loss of enthusiasm.
>
> 成功是从一次失败走向另一次失败而仍不失激情的能力。
>
> Winston Churchill（丘吉尔）

近年来，弗里德兰又进军好莱坞，他要用电影和电视剧的形式扭转人们对矿业的误解与偏见，并向人们展示矿业的未来。

在人们津津乐道艾芬豪的成功的时候，弗里德兰的一句话概括了其“秘诀”：我们不怕风险，也不惩罚失败（We are not afraid of risk and do not punish failure）。这与另一位国际资源投资大腕阿道夫·兰鼎（Adolf Lundin）的“没有勇气，便没有辉煌（No guts, no glory）”可谓异曲同工。

其实，在奥云陶勒盖发现之前，艾芬豪矿业在印度尼西亚、韩国都曾勘探今天已鲜为人知、可以归类为“失败”的其他项目。然而，她没有止于失败，而是在“失败”之后继续奋进，终于“吹尽狂沙始到金”。矿业投资人在期望成功的时候应该先问问自己，是否已准备好承担相应的风险。

2006 年作古的瑞典人阿道夫·兰鼎是自然资源行业的另一位传奇式人物，堪称史上最大胆的资源投资人之一。他在温和而低调的瑞典显得十分扎眼。

石油工程师出身的兰鼎风格激进，从来不受地域的限制，除了北美和欧洲以外，他去阿根廷找黄金、去刚果找铜、去澳大利亚找镍、去苏丹和马来西亚找石油、去中东和俄罗斯找天然气。他的团队 1976 年发现的卡塔尔北部气田（North Gas Field）迄今为止仍然是全球最大的气田。兰鼎也因为屡屡与恶名昭彰的政府合作而饱受争议。业界对兰鼎旗下十余家公司的股票过山车般的大起大落习以为常，兰鼎自己也曾被迫卖掉房子和汽车以渡过难关。有意思的是，从不掩盖风险的兰鼎常常能从保守的瑞典人那里融到风险资金。

兰鼎未曾给儿子们留有其他选择。1970 年，在一个度假地的咖啡屋，兰鼎把两个儿子叫到一起说：“现在得定一定了，你们两个将来谁搞矿、谁搞油。”

说完就出去了。十分钟后回来，两个儿子依然一脸茫然，不知所措。面对不容置疑的父亲，不明就里的 12 岁的卢卡斯（Lukas Lundin）挑了矿，不到 10 岁的伊恩（Ian Lundin）挑了石油。现今，兄弟俩早已将父亲打下的基业发扬光大。

2014 年 10 月 21 日，兰鼎旗下卢卡斯·兰鼎主导的加拿大兰鼎黄金有限公司（Lundin Gold Inc.，多伦多证券交易所主板和瑞典证券交易所交易代码 LUG）以 2.4 亿美元的代价从加拿大中型黄金生产商金洛斯黄金（Kinross Gold Corporation）手中买下了位于南美洲厄瓜多尔的 FDN（Fruta del Norte）黄金项目。FDN 项日有黄金资源量 948 万盎司（295 吨），是过去 20 年间全球最大的黄金矿藏发现之一。金洛斯黄金从收购到后续勘探前后投入了十几亿美元，面对厄瓜多尔高昂的税赋，黯然退出。

毗邻秘鲁和哥伦比亚的厄瓜多尔具有同样优越的成矿条件，然而，矿业行业的综合税赋高达 60% 以上，致使国际投资人多年来望而却步。卢卡斯·兰鼎大概继承了乃父“不入虎穴、焉得虎子”的风格，收购后成功地与厄瓜多尔政府达成了税赋协议。虽然税赋依然不低，但允许兰鼎黄金优先收回投资。

兰鼎黄金收购 FDN 项目使国际矿业界耳目一新，重新审视厄瓜多尔。厄瓜多尔的弗雷泽学会（Fraser Institute，见第六章第八节第一部分）排名也从 2015 年的第 92 名上升到 2016 年的第 76 名。

如果说弗里德兰开启了蒙古的现代矿业时代，兰鼎则打开了厄瓜多尔国际矿业投资的新篇章。

兰鼎家族能买、会卖。无疑，他们热爱矿业，但矿业毕竟是一项生意，只要价格合适，旗下公司和项目，都可以卖。能买当然不易，会卖则更是高手。

第六节　融资，持续融资，是初级矿业公司发展的生命线

融资、持续融资，是初级矿业公司得以发展的生命线。

第七节　公司合并与分拆

公司合并（combination of business 或 amalgamation）一般是指两家或多家公司自愿合并的行为，是公司成长的一个有效途径。

合并的原因可能多种多样，比如：

- 两家公司有一些共同的股东，希望两家公司合并，以扩大规模；
- 两家公司有共同的董事，了解两家公司各自的需求及优势与不足，建议两家公司合并，以优势互补；
- 两家公司一家有资产，另一家有资金，公司发展方向又较一致；
- 两家公司的矿权相邻，在同一个矿体上；
- 两家公司在同一个项目上是合作伙伴等。

公司合并因为是自愿的行为，在合并后的董事会和管理层的构成、合并对价等各方面都通过协商达成一致。具体实施一般以法律上称为“协议安排”（加拿大称 plan of arrangement，澳大利亚称 scheme of arrangement）的途径，经过股东批准、法院批准、上市公司可能还要经过交易所批准后生效。

公司分拆则是合并的反过程。初级矿业公司有些是单一项目公司，有些在项目海选的过程中可能有多个项目。但在某个项目上取得突破后，该项目可能成为公司价值的主要贡献者，而其他项目因其价值被市场忽视可能相对居于次要地位。在这种情况下，公司可能选择或者将主要项目分拆（spin-off 或 de-merger）出去，或者将其他项目分拆出去而单独设立公司，以把所有项目的价值都充分释放出来，实现股东价值最大化。分拆出去的实体股权结构并未改变，因此可能成为另外一家上市公司。

还有的情况是，某一项目被另外一家公司收购，公司为保留其他资产以继续运营，也涉及分拆的问题。

2013 年 9 月 18 日，两家加拿大公司裂变铀业有限公司（Fission Uranium Corp.，多伦多证券交易所创业板交易代码 FCU）和阿尔法矿产有限公司（Alpha Minerals Inc.，多伦多证券交易所创业板交易代码 AMW）同时宣布，两家公司分别各自将其非核心资产分拆出去单独组建公司，分拆出去的公司各分得 300 万加元现金，并将两家各持 50% 权益的南帕特森湖（Patterson Lake South）项目以裂变铀业收购阿尔法矿产的方式合并。

这是既有分拆又有合并的一例，涉及两家公司的重组。

重组之时，两家公司的核心资产（图 3-16）– 各持 50% 权益的南帕特森湖项目是市场上屈指可数的高质量铀勘探项目之一，也是铀行业的热门合作和 / 或并购题材之一。然而，由两家公司共同拥有这一所有权结构可能制约市场上的合作或并购兴趣。

经过上述重组以后（图 3-17），新的裂变铀业单独拥有原来双方的核心资产 - 南帕特森湖项目，简化了结构，为融资、决策与管理，最重要的是日后引入战略合作伙伴或公司被收购都大开了方便之门。

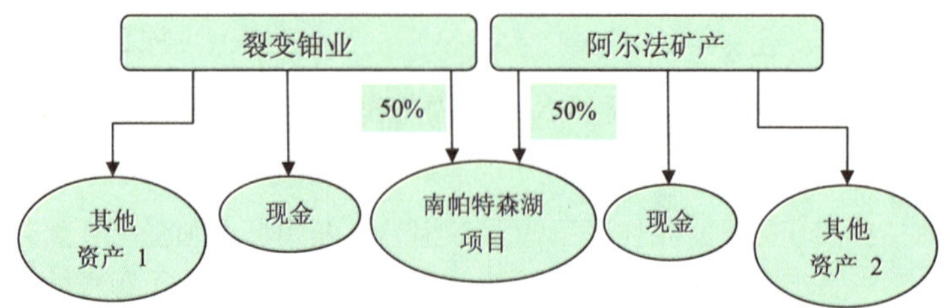

图3-16 合并前双方的资产情况

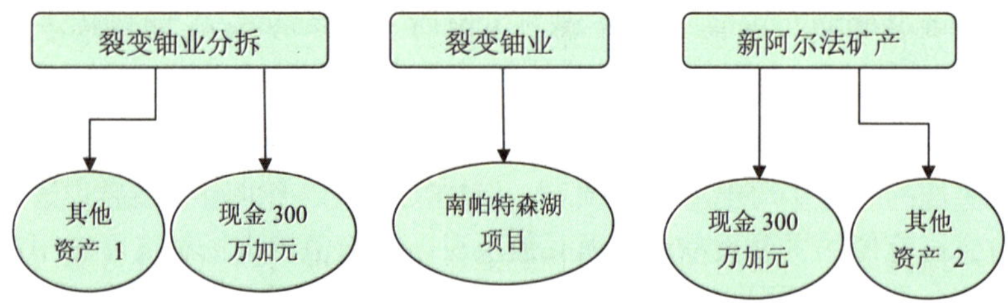

图3-17 分拆与合并后形成的三家公司的资产情况

2015 年 5 月，全球最大的矿业公司必和必拓（BHP Billiton，见第一章第二节）将其除了铁矿石、铜、煤炭和石油这四大支柱以及潜在的第五大支柱 – 钾肥以外的铝、镍、锰、银、铅锌、非核心煤炭项目等其他资产剥离（分拆）出去（用澳大利亚的词汇，称为 demerger），组建了名为南 32 有限公司（South32 Limited）的新公司（因其大部分资产在澳大利亚、南非等南半球国家），并把新公司的股份按比例分配给原股东。分拆成本即高达 7.4 亿美元。

大型公司在发展的过程中一路开疆拓土，获得的资产有些难免显得零碎，有些资产则因当时的情况具有一定的临时性或过渡性，随着公司的发展壮大，这些资产可能与公司的核心战略不甚协调而成为“非核心”（non-core）资产，其价值也很可能被埋没在优质资产中而得不到充分体现，甚至成为公司价值的累赘，分拆便是一次资产梳理和优化的过程，以使管理层把精力集中于核心资产，并且充分释放这些非核心资产的价值。必和必拓的分拆等于说当年与比立顿合并的意义（见第一章第二节）已不复存在，倒是应了一句古话，分久必合、合久必分。

分拆和出售的资产未必就都有问题。今天的南 32 已是（按 2017 年 6 月 8 日的收盘价）市值 140 亿澳元的中型公司。当然，不到万不得已，哪家公司也不会把自己“皇冠上的明珠”（crown jewel）卖掉。

面对一项被出售的资产，人们自然会问“为什么”。调整资产组合、降低债务水平都可能是出售资产的原因。几年前英美资源（Anglo American）将其铅锌资产打包出售给印度维丹塔资源有限公司（Vedanta Resources Plc），售价达13.4亿美元，可谓各得其所。曾有人认为被出售资产一定有问题，这种看法起码是不成熟的。

合并与分拆涉及较多法律问题，在对价上也可能需要财务顾问的协助。此外，大型公司的合并与分拆还涉及很多税务问题。因此，交易的双方一般都会聘请法律顾问（legal counsel）和财务顾问（financial advisor，一般是投资银行），乃至于税务顾问。

第八节　公司兼并与收购

初级矿业公司发展到一定程度后，有的自行融资建矿，有的与其他公司合并，有的则被收购。被收购使股东价值得以实现，很大程度上是一种荣耀，也是首席执行官的个人成就，高溢价收购更是首席执行官个人履历和职业生涯中浓墨重彩的一笔。不少初级矿业公司在其公司推介中毫不讳言他们是大公司的收购目标，有的甚至将应该如何推进项目（比如，优先安排哪些工作）以对潜在收购方有吸引力纳入其工作计划中。

除了政府行为造就的垄断性企业以外，没有一家国际性大公司是完全靠自身发展的所谓“有机增长”（organic growth）做大的。兼并与收购，即人们常说的“并购”（mergers and acquisitions，或M&A），是公司发展的有效途径乃至必经途径。

一、兼并

兼并（merger）与上述第七节中的合并在法律上并无实质性的区别，甚至可以用同一个词。如果一定要区分其细微的差别，合并更多的是自愿的，双方在酝酿合并事宜时基本上起到了平等的作用，而兼并有可能其中一方起了主导作用。

有的事实上的收购（takeover或acquisition）也可能被一方或双方称为兼并，对被兼并方听起来好听一些。总的来说，术语并不重要，重要的是实质。

公司兼并大致有以下原因：

- 公司发展的需要；

- 有共同的股东推动；
- 有共同的董事穿针引线；
- 矿权相连；
- 本是同一个项目上的合作伙伴；
- 一方有资产，另一方有资金；
- 双方资产互补；
- 一方迫于被收购的压力。

2011 年 5 月 13 日，澳大利亚圣芭芭拉有限公司（St. Barbara Limited，澳大利亚证券交易所交易代码 SBM）发布公告，称已于 5 月 10 日向另一家澳大利亚公司卡他尔帕资源有限公司（Catalpa Resources Limited，澳大利亚证券交易所交易代码 CAH）发出兼并（merger）请求，希望双方合并，以组建领先的澳大利亚中型黄金生产商。合并后的公司预计，2012 年黄金产量约 48 万盎司，且具有很好的成长性。

兼并以 50% 圣芭芭拉股票加上 50% 现金为对价，按 5 月 10 日双方（注：未受该项收购影响的）收盘价计，该对价对卡他尔帕资源的股价有 41% 的溢价，较其 5 月 10 日前 30 日以交易量为权重的加权平均股价有 26% 的溢价。

从时间上看，圣芭芭拉应该是在发出兼并提议两个工作日未得到答复后发的上述公告，很可能此前曾试图以善意收购为目的接触对方而被拒。按照圣芭芭拉的测算，合并后的公司在澳大利亚黄金生产商中黄金资源量（980 万盎司）位居第三、黄金储量（390 万盎司）位居第二。这项兼并提议符合当时的市场行情。圣芭芭拉的合并提议以完成尽职调查为条件。

这是一项以兼并为名的收购。被兼并方卡他尔帕资源不予接受。

2011 年 5 月 16 日，卡他尔帕资源发布公告，称圣芭芭拉已发出收购（takeover）报价。该报价是有条件的，对是否实施无确定性。董事会除与圣芭芭拉展开磋商以外，也会寻求其他可能，以为股东创造最佳机会。

卡他尔帕资源拒绝兼并的意图明显，甚至用词上也从圣芭芭拉的兼并（merger）转为收购（takeover）。同意与圣芭芭拉展开磋商不过是履行其对股东负有的信托责任的需要，同时也为寻求其他机会拖延时间。

2011 年 6 月 15 日，卡他尔帕资源与另一家澳大利亚公司康块斯特矿业有限公司（Conquest Mining Limited，澳大利亚证券交易所交易代码 CQT）联合公告，双方已达成具有法律约束力的协议，以全股票方式对等合并（merger of equals）。合并后的公司 2011 年黄金产量约 29.4 万盎司，位居澳大利亚前五大黄金生产商之列，2013 年产量将提高到 40 至 45 万盎司，并有黄金资源量 710

万盎司，黄金储量 360 万盎司。

除非收到更好的收购报价，双方董事会均一致建议双方股东批准该项合并。

该项合并与涉及第三方的一项资产收购同时进行，解除合并的一方需向另一方及出售资产的第三方各支付160万澳元，即总计320万澳元的“分手费”（break fee）。

圣芭芭拉可以选择竞购（见本节第二部分第3点），但要面对竞购的不确定性：几个月的时间，律师费用及分手费。事实上，圣芭芭拉放弃了竞购，不失为明智之举。

该项合并在 2011 年 10 月 14 日双方各自的特别股东大会上均获得了参与投票的股东 99% 的支持，而后于 10 月 17 日经澳大利亚联邦法院批准后生效，合并后的公司更名为演进矿业有限公司（Evolution Mining Limited，澳大利亚证券交易所交易代码 EVN）。

这是因外部力量（被收购）推动的合并的一例。

二、收购

收购（takeover）则是公司成长的另一模式。除上述兼并的原因也适用于收购以外，收购还可能源于：

- 矿种多元化；
- 觊觎被收购方充裕的现金和被低估的资产 – 手中现金充裕本是好事，但对大量现金未做出合理的安排，比如分红、股票回购、收购资产等，而除现金以外的资产又被低估时，公司很可能成为被收购的目标。

理论上说，收购对于收购方来说应该具有增值性（accretive），即收购后的每股净资产价值（net asset value，见第五章第七节第一部分）应该上升（对于生产型公司，也可以从每股税后利润、每股现金流等指标上看），这样的收购才有意义；反之，如果收购对于每股净资产价值具有稀释性（dilutive），则不应该收购。实际操作中，很多收购可能更侧重于成长性。

收购就其性质和操作方式来说可以分为善意收购与敌意收购。

1. 善意收购

善意收购（friendly takeover）是得到被收购方董事会支持的收购。这一“支持”蕴含着丰富的内容：

- 被收购方与收购方签订支持协议（support agreement），支持收购方的收购，经签订保密协议而允许收购方进行尽职调查，且不再主动寻求被第三方（以更高价格）收购（no shop）；
- 有些情况下甚至在第三方联系竞购时也不能接触（no talk），即感兴趣的第三方只能以敌意收购的方式竞购；
- 被收购方的董事与高级管理人员与收购方签订锁定协议（lockup agreement），同意将其所持股份按收购条件出售予收购方；
- 被收购方的董事会与管理层负有向股东推荐该项交易的义务；
- 如果有第三方敌意竞购成功，需向原收购方支付分手费（break fee）。

2016 年 5 月 12 日，加拿大金业公司（Goldcorp Inc.，多伦多证券交易所主板交易代码 G，纽约证券交易所交易代码 GG）以全股票方式收购加拿大卡米纳克黄金有限公司（Kaminak Gold Corporation，多伦多证券交易所创业板交易代码 KAM），将其位于加拿大育空（Yukon）地区的咖啡（Coffee）黄金项目收入囊中，交易对价为每股卡米纳克黄金的股票获得 0.10896 股金业公司的股票，将卡米纳克黄金作价 5.2 亿加元，较其前一交易日的股价有 33% 的溢价。

这一善意收购于两个月后完成。收购之时，经过近 5 年的低迷，矿业行业曙光初现，大型矿业公司纷纷以收购和 / 或参股初级矿业公司的方式为后续发展布局。

【卡米纳克黄金由有钻石女王（Queen of Diamonds）之称的艾拉·托马斯（Eira Thomas）执掌。地质师出身的艾拉自幼即随父找矿，出入荒山野岭。1994 年，他们带领的团队在狗拉雪橇的伴随下，在冬季温度可达零下五六十度的加拿大西北领地（Northwest Territories）发现了加拿大最大的钻石矿 – 戴亚维克（Diavik），开启了加拿大的钻石开采时代。

西北领地于 1991 年发现钻石，此前经历了多年的跌宕起伏和博弈，期间的故事堪称一部探险小说。此后的数年间，由于没有重大突破，西北领地的钻石勘探实际上已经止步不前，轰动一时的钻石热基本上已经偃旗息鼓，大多数找矿的都打道回府了。艾拉的父亲，也是地质师出身的戈兰·托马斯（Gren Thomas）是屈指可数的撑到最后的。因为要在冰面上打钻，钻探必须在冬季进行。1994 年春季，托马斯的团队赶在解冻之前打了几个钻。无巧不成书，最后一个钻孔的岩心带有一颗两克拉的钻石！

戴亚维克的发现重新燃起了西北领地钻石勘探的希望之火。可以想象，没有这最后一钻，也许就没有加拿大钻石业的今天。

戴亚维克钻石品质极高，且资源量大，2003 年投产以来已累计生产一亿多克拉粗钻。艾拉最爱的首饰便是产自戴亚维克的一对耳坠，她也因此被称为唯一戴着自己找到的钻石的女人。

戴亚维克发现以前，北美在国际钻石界微不足道。今天的加拿大已是继博茨瓦纳和俄罗斯之后的全球第三大钻石生产国。】

因为需要股东批准，善意收购的成功率也不是百分之百。加拿大曾有散户股东通过网络集合力量达到总股份的 1/3 以上，进而阻止合并的案例。

2. 敌意收购

如果被收购方的董事会认为收购报价低估了公司价值，他们会拒绝被收购。此外，收购的直接结果是有些人可能失去工作，尤其是管理层。因此，为保护自身及管理层，被收购方的董事会可能成为收购的首要障碍。

敌意收购（hostile takeover，也有的译成“恶意收购”）是未得到被收购方董事会支持的收购。然而公司是股东的公司，而不是董事会的公司。在董事会不支持一项收购的情况下，收购方仍然可以越过被收购方的董事会而直接面向其股东，这便是敌意收购。

这种“敌意”既不是道德上的敌意，更不是法律上的敌意，而是一种纯粹的商业行为。面对敌意收购，当事人之间不必吹胡子瞪眼、拍桌子骂娘，更不必托关系、走后门，甚至动用黑社会。公司法、证券法和上市规则提供了完备的机制保护各方的利益。一家公司上市本身就意味着接受这些规则，可能成为被收购的对象，当然它也可以依同样的规则而收购其他公司。

很多敌意收购是从善意收购的尝试开始的，即收购方首先联系被收购方董事会，希望商讨收购事宜。在被收购方拒绝接触，或者双方就收购价不能达成协议的情况下，收购方可能从善意收购转为敌意收购。

为避免被敌意收购，被收购方如果同意接触，往往要求收购方签订保密协议，并用“禁止收购股份”（standstill）条款约束收购方 - 这个条款要求收购方在未得到被收购方董事会同意的情况下不得收购被收购方的股票，自然意味着只能善意收购，则被收购方有了索要高价的机会，并在相当程度上掌握了收购过程的主动权。如果收购方不愿意放弃敌意收购的机会，则应该拒绝接受该条款。不接受这个条款本身就说明收购方保留了敌意收购的机会，那么被收购方很可能拒绝签订保密协议，这就意味着收购方只能基于公开资料对被收购方的价值、资产中的潜在问题和收购风险做出判断。

在收购方认为善意收购的可能性不大，或者为免走漏风声致使被收购方股价上涨进而加大收购难度或抬高收购代价，收购方也可能直接进入敌意收购。

无论是善意收购还是敌意收购，一般都会在被收购方当时股价的基础上付出“收购溢价”（takeover premium）。如果说善意收购成功的可能性很大（仍然受制于股东批准），敌意收购则变数多一些，有一定的不确定性。敌意收购方因此可能在发出收购要约前先在市场上收购需要披露的持股比例以下的股份而“潜伏”进来。比如，在澳大利亚，先收购 4.9%（因为达到 5% 即需披露而“浮出水面”），在加拿大，可以先收购 9.9%。一方面对该部分股份的收购不必付出溢价（当然在二级市场上收购可能会抬升股价，这是不利因素），另一方面在遇到出更高价格的竞购方而不得不放弃收购时可以出售这部分股份而获利。市场上的热门股突然出现成交量大幅度上升即可能是敌意收购方潜伏的结果，也即可能是敌意收购的前兆。

国内投资人对境外敌意收购往往有各种疑惑和担心，其实大可不必，国际资本市场上敌意收购的成功率很高。即使是善意收购，最终是否接受收购条件仍然是由股东（而不是董事会）决定。

敌意收购一经发出，被收购方的董事会必须做出反应，而不能置之不理。如果担心因为敌意收购而没有尽职调查的机会，可以聘请一家研究被收购对象的投资银行做顾问。投资银行如果对一家公司做全面研究（full research），应该了解很多细节。

越来越多的境外矿业公司到国内来融资，但市场上热捧的公司或上好的资产很少主动送上门来被善意收购，研究和考虑敌意收购势所必然。

一般来说，只要是敌意收购，不管收购方拟给予多少溢价，被收购方董事会一定会以低估公司价值为由，使出浑身解数抵御被收购，甚至不惜极尽揭短之能事。常见的招数包括：

- 罗列各种理由，证明收购方低估了被收购方价值；
- 罗列被收购方或其董事会和管理层成员以往的各种失败，以说明其无能力提高公司价值；
- 动用“毒丸”（poison pill），以极低价格大比例向股东同比赠送股份，抬高收购方的收购代价 – 这在加拿大是不允许的，但在美国较为盛行；
- 寻求第三方“白衣骑士”（white knight），以更高价格收购公司；
- 寻找收购方的破绽，起诉收购方，以拖延时间；
- 在极端情况下，不惜出售资产，分拆公司，尽管这种做法是否符合股东利益值得怀疑。

2013 年 4 月 19 日，加拿大奥戛斯塔资源有限公司（Augusta Resources Corporation，多伦多证券交易所主板和纽约证券交易所中小板交易代码 AZC）宣布，董事会实施“股东权利计划”（shareholder rights plan）。

按照该计划，每一普通股将获得一项权利（right），该项权利可以在任何人及其关联方和一致行动人（joint actors）购入或宣布拟购入公司 15% 及以上普通股股份后行使。该项权利允许向除所述股票购入人及其关联方和一致行动人以外的其他股东以大幅度低于当时股价的价格发行股票。

董事会有权决定推迟行权时间和放弃执行该计划。

如果一项收购要约（general offer 或 takeover offer）面向所有股东、有效期至少 60 天、至少收购其他股东所持股份的 50%，该计划允许这种收购要约存在而不触发上述权利。

加拿大很多上市公司都实施了俗称“毒丸”的所谓“股东权利计划”。加拿大证券法允许用这种毒丸为董事会和管理层赢得一定的时间，以在公司被敌意收购的情况下寻求对股东更为有利的其他交易机会，以最大限度地实现股东价值，但不允许无限期地以其作为拒绝被收购的工具，因为被收购可能为股东带来更大利益，而是否接受收购条件应该由股东（而不是董事会）决定。因此，虽然各省证券委员会对在面临敌意收购的情况下各公司应该如何执行其股东权利计划掌握的尺度不尽相同，根本原则却是一致的 – 到一定时间，毒丸必须失效。即毒丸不是“是否”失效的问题，而是“何时”失效的问题（not if, but when）。为此，敌意收购方可以向目标公司所在省份的证券委员会申请废止（cease trade）目标公司的股东权利计划。

宣布股东权利计划之时，奥戛斯塔资源的股价在 2.4 加元上下。奥戛斯塔资源已注意到，另一家加拿大公司哈德湾矿产已累计购入其 15.03% 的股份（实际是约 16%）。在股东权利计划已经生效的情况下，如果哈德湾矿产继续购入奥戛斯塔资源的股票，奥戛斯塔资源可以向其他股东以大大低于 2.4 加元的价格发行新股，甚至大比例发行新股，进而大大稀释哈德湾矿产所持股份，如果其继续购入股份，则要付出比没有这种股东权利计划大得多的代价。这大概是为什么奥戛斯塔资源把股东权利计划的门槛定在了 15% 上 – 试图立即阻止住哈德湾矿产继续收购股份。

股东权利计划推出之时即可以立即生效，但需要股东会稍后确认。

这种毒丸在公司股价被低估之时抵御所谓“掠夺性收购”（predatory acquisition），以期在市场上寻求更好的收购条件，为股东创造更大价值，是有意义的。但是在缺乏监管的情况下，也可能被董事会和管理层用于为了保住自己的工作而拒绝被收购的工具，这不符合股东的最佳利益。为此，加拿大各省证券委员会曾在不同情况下应收购方的请求而废止被收购方的股东权利计划，或禁止被收购方行使其股东权利计划。

奥戛斯塔资源的核心资产是位于美国亚利桑那州（Arizona）的罗斯蒙特（Rosemont）项目，该项目有平均品位 0.41% 的 75 亿磅（约 340 万吨）确定性加推定性铜资源量（Measured + Indicated Resources）和平均品位 0.40% 的 11 亿磅（约 50 万吨）推断性铜资源量（Inferred Resources）（均为金属量），其中确定性加推定性资源量中含平均品位 0.44% 的 59 亿磅（约 268 万吨）铜储量（Reserves）。按照其已完成的可研，投产后将为美国第 3 大铜矿，在其初期 21 年的矿山服务年限内，平均年产铜金属量 24.3 万吨。项目正在开发融资和报批过程之中，且奥戛斯塔资源认为 6 月底会获得批复。

2014 年 2 月 9 日，加拿大哈德湾矿产有限公司（HudBay Minerals Inc.，多伦多证券交易所和纽约证券交易所交易代码 HBM）宣布，拟以每股奥戛斯塔资源股票 0.315 哈德湾矿产股票的对价收购奥戛斯塔资源其余全部股票。按前一交易日双方收盘价计，该收购对价将奥戛斯塔资源的股票每股作价 2.96 加元，较其前一交易日的收盘价有 18% 的溢价，较其前 20 个交易日以交易量为权重的加权平均股价（volume weighted average price）有 62% 的溢价。

收购条件之一是，哈德湾矿产包括自己已经持有的约 16% 的股份在内取得不低于奥戛斯塔资源 2/3 的股份。

哈德湾矿产是加拿大一家老牌矿业公司，已有 87 年的历史。宣布收购之时，其股价 9.4 加元，市值约 18 亿加元。哈德湾矿产数次尝试善意收购未果，遂发起敌意收购。

不出所料，奥戛斯塔资源董事会认为哈德湾矿产的敌意收购低估其价值，建议股东拒绝接受哈德湾矿产的收购。并称，董事会、管理层和 4 家股东拒绝接受哈德湾矿产的收购，这些股东（包括董事会和管理层）所持股份已超过 33%，因而哈德湾矿产的收购（因为其最低收购股份比例要求）注定会失败。哈德湾矿产遂于 3 月 14 日放弃了最低股份收购条件，并于发出收购要约 64 天后的 4 月 14 日向加拿大英属哥伦比亚省证券委员会申请废止奥戛斯塔资源的股东权利计划。

放弃最低股份收购条件说明当时已接受其收购报价的股东可能确实不多，或者至少是达不到所要求的 2/3。如果没有股东权利计划的保护，这项收购就可能发生质的变化 – 假定哈德湾矿产最终取得了 35% 的股份，以后它就可以阻止需要 2/3 股东批准的公司重大事项，比如，其他竞争对手的竞购。这种担心可能迫使一些股东不情愿地接受其收购条件，进而使其收购带有一定的“强迫性”（coercive），造成对这些股东事实上的不公平。

2014 年 5 月 2 日，在奥戛斯塔资源年度及特别股东会上，除哈德湾矿产以外，合计持有公司 73.78% 股份的股东参与了投票，其中的 94% 批准了保留其股东权利计划。

并非所有股东都会支持保留股东权利计划，因为它某种程度上构成了公司因被收购而实现股东价值的掣肘。

作为一家股权相对分散的初级矿业公司，奥戛斯塔资源参与投票的股东比例已经很高，而其中批准保留股东权利计划的比例则出奇地高，清楚地表明了大多数股东的意愿。其重要原因在于，管理层成功地说服了股东，项目的报批进展顺利，一旦获批，公司价值将有大幅度提升。项目获批确实是初级矿业公司成长的一个重要里程碑（见本章第一节、第二节），这符合初级矿业公司的发展脉络。

当日，参考了奥戛斯塔资源股东会的投票结果后，英属哥伦比亚省证券委员会为争取时间而口头批复：

- 如果哈德湾矿产将其收购要约有效期延长至不早于 7 月 16 日，并且
- 如果其届时已经收购了一些奥戛斯塔资源股份，需要将其收购要约再延长 10 天；

在上述条件下，证券委员会将于 7 月 15 日晚废止奥戛斯塔资源的股东权利计划。

在证券委员会召集的听证会上，奥戛斯塔资源表示，预计 6 月 30 日将获得项目的主要批件 – 这便是 7 月 15 日这一日期的由来，证券委员会多给了半个月的时间。

这意味着，奥戛斯塔资源还可以有近两个半月的时间继续寻找白衣骑士。奥戛斯塔资源也通过媒体放风，已有 10 多家其他公司签订了保密协议，正在做尽职调查。

英属哥伦比亚省证券委员会的批复使奥戛斯塔资源的股东权利计划从遭遇敌意收购开始得以保留 156 天，远远超过了此前一般 50~80 天的期限。这给被收购方留下了充足的时间，使其得以寻求最大限度地实现股东价值的其他机会，但并未受参与投票的压倒性多数的股东批准了保留股东权利计划这一事件的左右。其原因在于，是否接受一项收购，应由每个股东单独决定，而不是全体股东集体决定。如果股东权利计划仍然有效，即使部分股东有意接受收购要约而卖出其股票，收购方也不敢买。

应该注意的是，废止股东权利计划并不意味着敌意收购一定成功。是否接受一项收购由股东（而不是董事会）决定。

正在双方明里暗里地互相揭短之时，美国农业部下属的林业厅于5月23日要求对罗斯蒙特项目按《濒危物种法》对项目区受威胁的一个濒危物种－虎猫再启动一项调查，这项调查至少需要几个月的时间。这对于没有现金流、每时每刻都在烧钱的奥戛斯塔资源不啻雪上加霜。此外，自哈德湾矿产宣布敌意收购已经三个半月的时间，虽然不少感兴趣的公司做了尽职调查，"白衣骑士"并未出现。摆在奥戛斯塔资源面前的选择已然不多。

2014年6月23日，奥戛斯塔资源与哈德湾矿产联合宣布，双方达成确定性支持协议（support agreement），哈德湾矿产同意提高其收购对价，每股奥戛斯塔资源的股票将收到0.315股哈德湾矿产的股票以及0.17股有效期4年、行权价为15加元的哈德湾矿产的认股权证（warrant）。该报价将每股奥戛斯塔资源的股票作价3.56加元，较哈德湾矿产的初始收购价上浮了10%。

奥戛斯塔资源的董事会一致建议股东接受该项收购，并同意中止其股东权利计划。

这是一个可以写进教科书的敌意收购的经典案例，收购方、被收购方、各自的顾问团队和监管机关的表现可圈可点：

- 被收购方的董事会力求实现公司价值最大化，这是董事会的职责和对公司所负有的信托责任；
- 收购方并未在早期简单地以提高收购价而赢得被收购方股东的支持。即使在后来转为善意收购之时，收购方既未动用现金，也未动用股票，而是以认股权证的方式提高收购价，很好地控制了收购代价；
- 监管机构的决定虽然突破了以往的一些做法，但很好地平衡和兼顾了各方利益。

英属哥伦比亚省证券委员会于6月24日书面公布了其洋洋洒洒23页的批复理由，详细列举了当事双方及其顾问团队的陈述，阐述了批复时的各种考量因素。这一收购案例发生在加拿大对股东权利计划应该如何把握而议论纷纷之时，具有一定的里程碑意义，因此颇受关注。加拿大各大律师事务所纷纷予以解读与评述。概括地说：

- 股东权利计划可以用于为寻求更好的交易而争取时间，但不能用于拒绝被收购的工具，这一根本原则未变；
- 是否接受一项收购由每位股东各自决定，而不是由全体股东集体决定；
- 对于不设最低收购比例是否构成"强迫性"，证券委员会虽然并不认可该"强迫性"，但用延长收购要约10天，以便还在观望的股东在了解了收购方已收购的股份比例后再做进一步决策，以这一并不完美的方式加以解决；

- 监管机关将继续一事一议地对股东权利计划的执行予以监管，而不是完全交与股东会决定，这与股东会表决机制的缺陷有关：
  - ➢ 从股权登记日到股东会召开有至少 30 天的时间，被并购中的股票往往在此期间换手率较高，股东会表决结果的代表性并非没有疑问；
  - ➢ 加拿大并未禁止“借股”投票（empty voting，见第七章第六节第二部分），如果监管机关完全放手，可能给操纵股东表决提供机会。

该项收购于 2014 年 7 月 29 日完成。

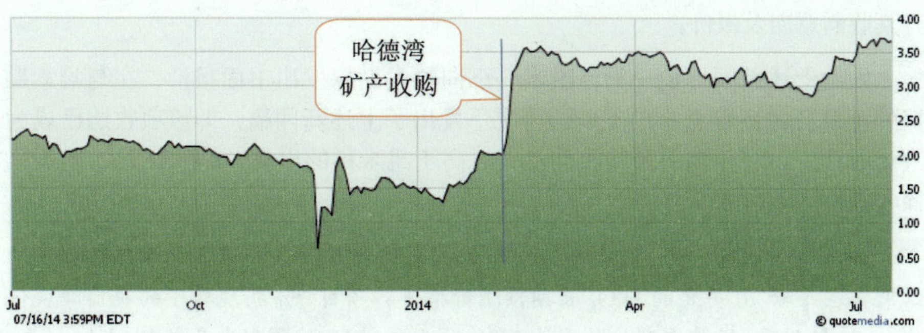

图3-18　奥戛斯塔资源1年股价走势图（截止到2014年7月16日）

在加拿大资本市场上，敌意收购的成功率很高。

3. 并购大战

竞购，或称收购大战（bidding war），发生的情况并不多见。如果两家或多家公司均认为某一项资产对其具有战略意义，则可能发生竞购。

2011 年 8 月 26 日，加拿大凯米科有限公司（Cameco Corporation，多伦多证券交易所主板上市代码 CCO、纽约证券交易所上市代码 CCJ）宣布，拟以每股 3.75 加元的全现金方式收购加拿大哈索勘探有限公司（Hathor Exploration Ltd.，多伦多证券交易所主板上市代码 HAT）。该收购价较哈索勘探前一交易日 2.67 加元的收盘价有 40% 的溢价，较其前 20 天以交易量为权重的加权平均股价有 33% 的溢价。以完全稀释后的股本计，该收购将哈索勘探估值约 5.2 亿加元。

凯米科是加拿大最大的铀矿公司，也是全球最大的铀矿公司之一，在加拿大、美国和哈萨克斯坦有铀矿，其铀产量占全球总产量的 14%，在加拿大阿萨巴斯卡盆地更是当之无愧的龙头老大。

作为一家初级矿业公司，哈索勘探的核心资产是位于阿萨巴斯卡盆地的拉福来德（Roughrider）铀项目，距凯米科的兔湖（Rabbit Lake）选矿厂西北 25 公里。

凯米科提议收购之时，拉福来德项目已披露的资源量如下：

资源量级别	矿量（吨）	平均品位	金属量（万磅U_3O_8）
推定性（indicated）- 西区	394,200	1.98% U_3O_8	1,721
推断性（inferred）- 西区	43,600	11.03% U_3O_8	1,060
推断性（inferred）- 东区	118,000	11.58% U_3O_8	3,013

编制正式收购文件（收购通函）需要时间，故收购方可能在内部做完了报价等基础工作并获得了董事会批准后，在发出正式收购文件之前先行向市场公告其收购意向及报价。

发出上述新闻稿前一周，凯米科已向哈索勘探发出书面报价，在与哈索勘探的董事会协商善意收购不成的情况下发出了上述新闻稿，即该项收购已成为敌意收购。市场预期的最终收购价大概高于凯米科的出价，8 月 31 日，哈索勘探收盘价达 4.14 加元。

2011 年 9 月 13 日，哈索勘探发布拉福来德项目西区和东区初步经济评价的结果 – 在每磅 70 美元的 U_3O_8 长期预测价格下，项目 7% 折现率下的税前净现值为 10.25 亿加元，税前内部收益率为 38%。项目每磅 U_3O_8 预测生产成本 14.44 加元，如果与凯米科旗下著名的铀矿雪茄湖（Cigar Lake）和麦克阿瑟河（McArthur River）分别为 23.14 加元和 19.69 加元的生产成本相比，拉福来德项目是潜在的全球生产成本最低的铀矿之一。

初步经济评价虽然较预可研和可研简单得多，但也需花费不少时间。在公司被敌意收购之时“适时”推出初步经济评价的结果，不知是时间上的巧合还是加快了进度。

新闻稿未忘记提醒股东，对凯米科的“敌意及掠夺性收购”不予理睬。同时告知股东，按完全稀释后的股本计，公司将有 5,200 万加元现金，合每股 0.38 加元，则凯米科 3.75 加元的报价实际合每股 3.37 加元，而公司前一交易日的收盘价已达 4.10 加元。

2011 年 9 月 14 日，哈索勘探宣布，在收到由独立董事组成的特别委员会的建议后，经过认真考虑，并经与财务顾问和法律顾问协商，董事会一致建议股东们拒绝凯米科的收购报价。

公告洋洋洒洒罗列了下述理由：

- 凯米科的报价富于掠夺性：其报价公布于哈索勘探发布拉福来德项目的初步经济评价及该项目远东区初始资源量以前，即哈索勘探发布有关拉福来德项目的规模和价值等重要信息以前；

- 凯米科的报价是机会主义的：日本福岛核电站事故引发铀价低迷及铀公司股价大跌，凯米科的报价欲借此之机；
- 凯米科的报价未认识到阿萨巴斯卡盆地作为西方主要铀矿产地的战略重要性；
- 凯米科的报价未认识到与其他未开发项目相比拉福来德项目鹤立鸡群的质量；
- 凯米科报价的溢价水平大大低于近期可比交易；
- 按第三方独立承担的拉福来德项目的初步经济评价的折现现金流模型，凯米科的报价严重低估了其内在价值；
- 凯米科的报价未给哈索勘探除拉福来德项目以外的其他资产以任何价值；
- 凯米科的报价较哈索勘探的现行股价有较大折扣；
- 凯米科的报价未能认识到一家大型矿业公司能为拉福来德项目带来的协同效应，特别是像凯米科这样的大型铀矿公司，其位于25公里外的选矿厂开工不足，更是有重大额外协同效应；凯米科有能力，也应该，支付更高价格；
- 投资银行已向董事会及其特别委员会提供意见，截止到2011年9月12日，凯米科的报价从经济上看对哈索勘探的股东不够高；
- 凯米科的报价是有条件的；
- 哈索勘探及其财务顾问正在积极寻求实现价值最大化的其他选择；
- 哈索勘探的董事和高级管理层成员均不打算接受凯米科的报价。

其实，上述“理由”中不少既显牵强，也不能量化，实属“欲加之罪，何患无辞”，但这恰恰是对抗敌意收购的常用手段。股东们只好自己判断这些理由是否成立。

同日，凯米科发布公告指出，哈索勘探发布的拉福来德项目的初步经济评价“严重低估了投资、成本、时间及与开发有关的风险”，进而“大大高估了其项目和公司的价值”。同时，也罗列了哈索勘探的股东应该接受其报价的原因。

2011年10月19日，澳大利亚力拓（Rio Tinto）与哈索勘探联合发布新闻稿，力拓以每股4.15加元的全现金方式收购哈索勘探，该报价较哈索勘探8月25日未受凯米科收购影响的股价有55%的溢价，较凯米科3.75加元的收购价有11%的溢价，按哈索勘探完全稀释后的股本计，对哈索勘探的估值为5.78亿加元。

- 哈索勘探的公司财务顾问和董事会特别委员会（special committee）的财务顾问均已口头给出该报价“公平”的意见；

- 哈索勘探董事会一致建议，股东们接受力拓的报价；
- 哈索勘探已与力拓签订“支持协议”（support agreement），如果哈索勘探接受其他更高报价，需向力拓支付 2,000 万加元的“分手费”（break fee），且力拓有权将其报价提高至同一报价水平而继续推进交易；
- 哈索勘探的董事与高级管理层成员已与力拓签订“锁定协议”（lock-up agreement），同意将其所持股份售予力拓，该部分股份占哈索勘探完全稀释后的股本的 4.6%。

应对敌意收购之时，被收购方的董事会一般会成立完全由独立董事组成的特别委员会，审议该项收购是否符合股东们的共同利益，并向整个董事会提出建议。特别委员会一般会聘请独立于公司顾问的法律顾问和财务顾问。

力拓不是等闲之辈，按当时的市值计为全球第三大矿业公司，位居澳大利亚必和必拓（BHP Billiton）和巴西淡水河谷（Vale）之后。力拓进入阿萨巴斯卡盆地，收购一家在全球范围来看地位并不显要的初级矿业公司，应该有其战略性的考虑。这个“白衣骑士”找得漂亮。耐人寻味的是，按照加拿大政府当时的规定，出于核不扩散的考虑，外国公司可以在加拿大从事铀的勘探，但铀矿开发必须由加拿大公司控股。力拓收购后如何处理是一件颇有意思的事。大概正是这个原因，致使凯米科忽视了可能的竞购方。加拿大的这一规定直到 2013 年与欧盟达成自由贸易协定之时才对欧盟的公司放开，而力拓与法国阿海珐（Areva）起了极大的推动作用。

卧榻之侧岂容他人鼾睡，凯米科奋起抵抗，与力拓展开竞购。

2011 年 11 月 14 日，凯米科宣布，将其收购哈索勘探的报价提高至每股 4.50 加元。该报价较力拓 4.15 加元的收购价有 8.4% 的溢价，按哈索勘探完全稀释后的股本计，对哈索勘探的估值为 6.25 亿加元。

按理说，都是全现金收购，既然力拓的 4.15 加元可以接受，凯米科提价后的 4.50 加元更应该可以接受。

同日，哈索勘探公告称，正在与财务顾问和法律顾问审议凯米科修订后的收购报价。

这实在是没有什么值得“审议”的，不过是对善意收购与敌意收购的双重标准罢了。凯米科的收购被认定是敌意的，而力拓的收购是按善意处理的。哈索勘探不过是在说，要问问力拓是否有意行使其提高至同等收购价的权利。如果力拓放弃收购，哈索勘探别无选择，只能接受凯米科的报价。

2011 年 11 月 17 日，哈索勘探公告，力拓将其收购哈索勘探的报价提高至每股 4.70 加元，按哈索勘探完全稀释后的股本计，该报价对哈索勘探的估值为

6.54 亿加元。

按说力拓可以简单地把收购报价提高至凯米科的最新报价 4.50 加元，这是与哈索勘探签订的支持协议赋予他们的权利。既然是作为白衣骑士加入竞购，力拓自然是有备而来，直接将收购价提高至 4.70 加元，摆出了志在必得的架势。

2011 年 11 月 28 日，凯米科公告，不再提高收购报价，任其于次日失效。

实力决定一切，凯米科适时放弃竞购实乃明智之举。面对已打定主意的力拓，再次提价已无意义。多年来在阿萨巴斯卡盆地的铀矿资源和产量上稳居霸主地位的凯米科不得不面对与矿业大鳄共处的局面。

2012 年 1 月 11 日，力拓完成了对哈索勘探的收购。与凯米科的竞购过程回顾如下：

竞购方	日期（2011年）	轮次	出价（每股加元）	估值（亿加元）
凯米科	8月26日	初始出价	3.75	5.20
力拓	10月19日	初始出价	4.15	5.78
凯米科	11月14日	第二轮	4.50	6.25
力拓	11月17日	第二轮	4.70	6.54

据称力拓在竞购前已在市场上收购了哈索勘探 9.9% 的流通股份，而凯米科则是“赤膊上阵”，大概没有想到遭遇强劲的对手，准备工作似不如力拓做得扎实。竞购过程中也有几家基金在市场上竞相收购哈索勘探的股票，以期挣些块钱，客观上也为竞购推波助澜。

哈索勘探打了漂亮的一仗，竞购的最大受益者当然是哈索勘探的股东。

两家公司竞购一家目标公司已够开眼的了，多家竞购更让人眼花缭乱。

2011 年元旦刚过，加拿大资本市场上上演了一场历时几个月的，涉及加拿大、澳大利亚、中国香港总共五家公司的一连串合并、敌意收购而后善意收购的并购大戏（图 3-19）。此处不涉及细节，仅罗列其梗概，供读者一饱眼福。

① 2011 年 1 月 12 日，加拿大两家上市公司 - 兰鼎矿业有限公司（Lundin Mining Corporation，多伦多证券交易所主板交易代码 LUN、瑞典斯德哥尔摩证券交易所交易代码 LUMI）和茵麦特矿业有限公司（Inmet Mining Corporation，多伦多证券交易所主板交易代码 IMN）宣布对等合并，合并后的市值约 90 亿加元；

② 2011 年 2 月 28 日，上述合并尚在进行之中，半路杀出了个程咬金 - 总

部位于澳大利亚的澳大利亚和加拿大两地上市公司分点矿产有限公司（Equinox Minerals Limited，多伦多证券交易所主板和澳大利亚证券交易所交易代码EQN）宣布，以48亿加元的代价，以现金加股票的方式（敌意）收购兰鼎矿业，条件是兰鼎矿业放弃与茵麦特矿业的合并；

③螳螂捕蝉、黄雀在后－2011年4月4日，上述收购尚未获进展，总部位于澳大利亚的中国香港上市公司五矿资源有限公司（Minmetals Resources Limited，香港联合交易所交易代码1208）宣布，以约63亿加元的全现金方式收购分点矿产；

④2011年4月25日，分点矿产放弃收购兰鼎矿业，转而接受全球最大的黄金生产商巴里克黄金有限公司（Barrick Gold Corporation，多伦多证券交易所主板和纽约证券交易所交易代码ABX）约73亿加元的全现金（善意）收购。

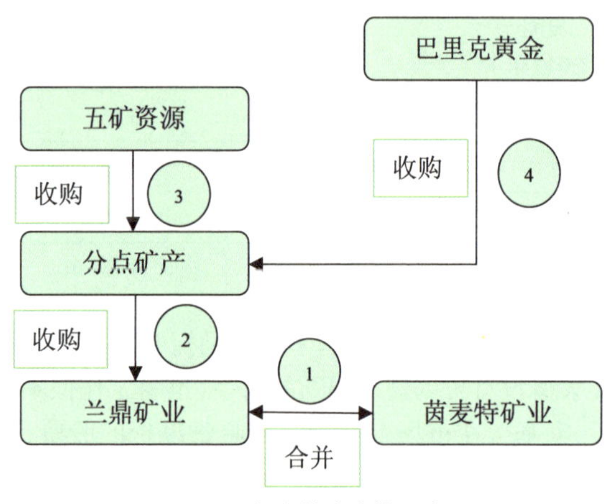

图3–19 多方并购大战示意图

2011年4月26日，五矿资源知难而退，宣布放弃收购分点矿产。彼时，其仅仅公布了收购意向，正式收购要约尚未发出。这一本来有望成为中国公司最大一单海外矿业并购的交易，刚刚吹响了号角，未及出师即已偃旗息鼓。然而这一放一收，却是功夫的体现，“收”得恰到好处。毕竟并购是业务，不是较劲，更不是逞能，其目的在于公司发展，而不是为了并购而并购。

在五矿资源宣布收购之时，分点矿产对兰鼎矿业的研究以及五矿资源对分点矿产的研究都应该已有时日，而不是一时的心血来潮，且各自就所宣布的收购应已走完内部程序，只是时间上巧合罢了。全球最大的黄金生产商巴里克黄金有意从单一矿种（黄金）扩充至有色金属铜，于是充当了“白衣骑士”。当时其手中现金充裕，且不希望股份被稀释，于是以全现金收购。不幸的是，这项收购为其首席执行官亚伦·雷金特（Aaron Regent）日后下台奠定了基础。回头望去，五矿资源的“收”实在是得意之作。

4. 公平意见

Price is what you pay. Value is what you get.

—Warren Buffet

付出的是价格；得到的是价值。

——沃伦·巴菲特

公平意见（fairness opinion）是由独立的第三方出具的，就收购与兼并、关联交易、股票回购等交易对卖方、被收购方或被兼并方股东的公平性(fairness)与合理性（resonableness）进行评判的意见。视交易的特点与性质，有的情况下法律法规要求必须向股东提供公平意见，有的情况下卖方、被收购方或被兼并方自愿向股东提供公平意见。

公平意见在不同的市场上的法律法规要求、出具形式与用途可能不同。

在澳大利亚，按照相应的法规，“公平与合理”不是一个复合词，而是两个独立的词，公平意见以所谓“专家报告”（expert's report）的形式出具（参见第五章第三节第一部分），需要对公平性与合理性分别做出评述，且将完整的专家报告提供给股东，供股东投票时参考。

加拿大则不然，公平意见一般供董事会或董事会为一项具体交易而设立的特别委员会在就该项交易向股东提供建议时参考，提供给股东的只是一个结论（大多为“从财务的角度上说是公平的”（fair, from a financial point of view）），并不提供得出该结论的支持性细节，并且不分述公平性与合理性，也可以理解为公平性与合理性笼统地概括为公平性。尽管其名义上称为“公平意见”，如果与澳大利亚对比，称其为“合理意见”恐怕更为贴切。

取决于交易的实现途径，有的合并交易需要法院批准。加拿大曾有法官对公平意见仅有结论而不提供支持性细节这一惯例提出看法，因为这种做法某种程度上相当于把法院当成了橡皮图章。虽然一个法官的看法尚未能改变业界的惯例，加拿大的法律法规也确实没有要求向股东提供公平意见，但最近的趋势是，加拿大在向澳大利亚的做法靠拢。既然已经做了公平意见，何必不提供给股东呢?

如果分述公平性与合理性，公平性根据价值来判定，因此涉及估值的问题。如果一项交易的对价等于或高于交易标的的公平市场价值，则该项交易是公平的；合理性根据价值以外的其他因素来判定。公平性涉及计算股价的公平价值区间，是定量的，合理性则是定性的。比如：

- 被收购/兼并方股票的流动性；
- 被收购/兼并方独立发展的前景以及充分实现其公平市场价值的可能；

- 收购方已持有的被收购 / 兼并方的股份和表决权；
- 被收购 / 兼并方对收购 / 兼并方的特别价值，如所持专利或专有技术、债务豁免、税务损失（tax loss）得以充分利用；
- 如果该项交易不成功，对被收购 / 兼并方股价可能的影响；
- 被收购 / 兼并方被第三方收购 / 兼并以实现其价值的可能性。

理论上，这就产生了四种可能：

◇ 公平且合理（fair and reasonable）

从实践上来说，每一项交易都有时间性和交易成本，被收购 / 兼并方不可能穷尽其所有渠道以追求交易的合理性。因此，一般来说，公平即合理。尤其在公开、高效与透明的市场上，这一点更有其实际意义。事实上，公平意见大多首先考虑的是公平性，如果公平，则可能对其合理性不再深究。这是并购中出现得最多的情况。

◇ 公平但不合理（fair but unreasonable）

这种情况只在竞购的情况下理论上存在。比如，如果某项交易标的的公平市场价值是每股 1 元，A 出价每股 1.2 元，显然是公平的，如果没有人出更高的价格竞购，则也是合理的；但如果 B 出价每股 1.5 元，则（因为 B 出了更高的价格）A 的出价已不再合理，故不能接受。

◇ 不公平但合理（unfair but reasonable）

这种情况（尤其在澳大利亚）并不罕见。比如，如果一家上市公司长期缺乏流动性（股票交易量小，股东在股市上以合理的价格退出的可能性小），在可以预见的未来也看不到流动性得以改善的迹象，且公司独立发展的空间有限，此时如果有收购方出现，即使收购方的出价低于该公司的公平市场价值，即该出价不公平，但因为其为股东提供了难得的流动性，在没有人出更高价格的情况下，该出价可能被认定为合理，进而因"符合股东的最佳利益"（in the best interest of shareholders）而被接受。这在评判一项交易的时候在客观上给予了"合理性"较"公平性"更重的分量。

在有些合并交易中，合并的双方地位相差并不悬殊，即不是一方"兼并"另一方。在这种情况下，合并的双方有可能分别请财务顾问就该项交易为其出具公平意见。这种公平意见给予"合理性"较重的分量则更有其意义，因为双方不可能都把以"公平市场价值"为依据的"公平性"作为主要考量因素（否则双方的"公平市场价值"必须相等）。

◇ 不公平且不合理（unfair and unreasonable）

这种情况不算多见，但有时也发生，尤其是作为抵御敌意收购的工具。

如果交易价格低于被收购 / 兼并方的公平市场价值，即不公平，且被收购 / 兼并方具有不错的成长性和流动性，其股东并未面临可能长期不能变现的风险，则拟议中的交易也不合理。如果善意收购时发生这种情况，相当于说，董事会看错了。

2013 年 8 月 26 日，澳大利亚艾克希德资源有限公司（Xceed Resources Limited，澳大利亚证券交易所交易代码 XCD）公告，公司已与南非基顿能源控股有限公司（Keaton Energy Holdings Limited，约翰内斯堡证券交易所交易代码 KEH）签订协议，基顿能源控股以每股 0.14 澳元现金的收购价通过“协议安排”（scheme of arrangement）收购艾克希德资源的全部股票。该收购价较公告发布前 30 个交易日以交易量为权重的加权平均股价有 35% 的溢价，较 2013 年 6 月 30 日（当日公告公司在考虑重大交易）前 30 个交易日以交易量为权重的加权平均股价有 66% 的溢价。公司将委托“独立专家”（independent expert）就该项交易出具意见。在没有更高出价以及独立专家认为该项交易“符合股东的最佳利益”（in the best interest of shareholders）的情况下，董事会一致推荐该项交易。

艾克希德资源在南非的动力煤项目紧邻基顿能源控股在产的煤矿。

这是一项全面收购，协议安排是一种实现形式，需由股东会批准然后法院批准后生效。

该项交易按法规并不需要专家意见，因此专家意见是双方的商业安排。

2013 年 11 月 14 日，独立专家 RSM 博德卡梅伦公司出具专家意见，认为该项交易的对价不等于也不大于艾克希德资源的每股价值，但有足够的理由认为，在没有更高出价的情况下，股东应该投票支持该项交易。因此，该项交易“符合艾克希德资源股东的最佳利益”。

这是典型的“不公平但合理”的一例。

就公平性，独立专家考虑了：

- 在获得其控制权的情况下，艾克希德资源的每股公平价值；
- 该项交易的出价。

结果为：

	低限（澳元/每股）	高限（澳元/每股）
该项交易出价	0.140	0.140
独立专家估值	0.171	0.233

该项交易出价每股 0.14 澳元低于每股 0.171~0.233 的公平价值区间。因此，

该项交易对艾克希德资源的股东不公平。

就合理性，独立专家考虑了下列因素：

- 该项交易的缘由：董事会相信该项交易的溢价对股东有吸引力，且该项交易为股东提供了短期内实现现金收益的机会。
- 该项交易的有利因素在于：

➢ 现金出价（与股票出价相比）具有确定性；
➢ 与公司股价相比，股东获得了较大溢价；
➢ 股东不再面对项目勘探开发的进一步风险；
➢ 无交易中介费及印花税。

- 该项交易的不利因素在于：

➢ 股东不能享有公司进一步发展的潜力；
➢ 可能产生纳税义务。

- 公司公告了交易后，公司股价在0.125~0.130澳元的范围内波动，未超过0.140澳元的出价。
- 截止到2013年6月30日，公司净资产价值合每股0.161澳元，过去12个月公司股价未曾超过其每股净资产价值。
- 如果该项交易不能完成，公司的发展前景：

➢ 公司将继续推进其南非项目的勘探开发，股东将因此继续承担后续风险，也将继续享有相应的利益；
➢ 公司股价可能回落；
➢ 下一阶段公司需要约1,450万澳元的资金，很大可能来自于股权融资（增发新股），并因此稀释现有股东的股份；
➢ 增发新股的股价可能低于现有股价，对现有股东股份的稀释比例较高。

- 公司公告了交易后未曾收到更高出价。

综合上述因素，独立专家认为，该项交易对艾克希德资源的股东是合理的。

该项交易于2014年2月经股东会批准及法院批准后生效、完成。

一项交易被独立专家认为对股东既不公平也不合理的情况较为少见，毕竟大部分矿业公司的董事会和管理层本身即能对一项交易做个不错的判断。但这种案例在澳大利亚确实发生过。

2011年1月21日，澳大利亚BC铁矿有限公司（BC Iron Limited，澳大利亚证券交易所交易代码BCI）公告，与持有公司19.9%股份的公司第二大股东香港励晶太平洋集团有限公司（Regent Pacific Group Limited，香港联合交易所交易代码0575）达成协议，励晶太平洋以每股3.30澳元现金的收购价通过“协议安排”收购BC铁矿的其余股份。公司委托毕马威会计师事务所（KPMG）作为独立专家，就该项交易出具专家意见。在没有更高出价以及独立专家认为该项交易“符合股东的最佳利益”的情况下，董事会一致推荐该项交易。

该收购价：

- 高于公司历史股价；
- 较2010年11月11日公告的向机构投资人定向增发的每股2.30澳元的价格有43%的溢价；
- 较公告发布前6个月以交易量为权重的加权平均股价2.00澳元有65%的溢价；
- 较公告发布前2个月以交易量为权重的加权平均股价2.54澳元有30%的溢价；
- 较公告发布前1个月以交易量为权重的加权平均股价2.79澳元有18%的溢价；
- 较收到报价的1月18日的收盘价3.17澳元有4%的溢价；
- 折合每吨铁金属储量企业价值（EV/Reserve）30.9澳元/吨（铁），而业内可比公司的中间值为14.4澳元/吨（铁）；
- 折合每吨铁金属资源量企业价值（EV/Resource）11.4澳元/吨（铁），而业内可比公司的中间值为7.3澳元/吨（铁）。

当时的铁矿石市场如火如荼，铁矿石价格屡创新高。

囿于基础设施的困扰，BC铁矿是澳大利亚市场上为数不多的从勘探、开发一路发展而来，到即将投产的相对规模较小的铁矿石生产商之一。从双方酝酿交易、聘请律师、签订交易文件等会有一个过程。大概由于铁矿石市场行情看涨、矿山即将投产、该项交易已走漏风声等多种因素的共同作用，公告交易前股价一路看涨，至公告前三天停牌时BC铁矿的股价已达3.17澳元。

2011年5月11日，BC铁矿公告，独立专家毕马威会计师事务所的专家意见认为，励晶太平洋每股3.30澳元的出价“不公平也不合理”，故“不符合其他股东的最佳利益”，董事会因此撤销对该项交易的推荐，公司也已按协议约定中止了与励晶太平洋的协议。

5月17日，BC铁矿公布了毕马威出具的专家意见的摘要。毕马威认为，在报告出具日 5 月 9 日，BC 铁矿的评估价值在每股 3.80~4.13 澳元（包括因控制权转移相应的溢价），高于励晶太平洋每股 3.30 澳元的出价。因此，励晶太平洋的出价不公平。

对励晶太平洋出价的合理性的考量主要在于下列两因素之间何者胜出：

- 励晶太平洋具有确定性的每股 3.30 澳元的出价；
- 以净现值计，其他股东通过分红或出售股票可以累计实现超过每股 3.30 澳元价值的不确定性。

上述第二点取决于如下因素：

- 未来的股市情绪，尤其是针对 BC 铁矿的市场情绪：
  - ➢ 有关该项交易的公告发布前，BC 铁矿的股价表现强劲，大大优于澳大利亚证券交易所“金属与矿业指数”，更优于澳大利亚证券交易所“全部普通股指数”；
  - ➢ 自有关该项交易的公告发布之日至独立专家报告出具之日，BC 铁矿的股价随着该项交易的可能变化而波动（注：收购方曾撤回收购，后又恢复，此处略去了该过程）。因此，如果该项交易不能完成，BC 铁矿的股价可能受到负面影响；
  - ➢ BC 铁矿的股价在独立专家的评估范围每股 3.80~4.13 澳元（包括控制权变化相应的溢价）的基础上进一步上行的潜力具有不确定性；
  - ➢ 鉴于 BC 铁矿的流动性（注：其第一大股东持股约 21%），如果短期内大量股份通过股票市场退出（而不是经过场外交易退出），对 BC 铁矿的股价会构成下行压力；
  - ➢ 然而，鉴于 BC 铁矿在其矿山投产方面持续取得进展，独立专家认为，没有理由认为 BC 铁矿的股价会在现行股价水平上大幅度下跌；
- 铁矿石价格波动与澳元（兑美元的）汇率波动；
- BC 铁矿项目的进展情况，尤其是其将资源量转换成储量及其扩产计划的实施情况；
- 其他买家出更高价格的可能性；
- 出售现有项目与收购其他项目的可能性；
- BC 铁矿将来的分红策略。

综合平衡上述因素，独立专家认为，没有足够的理由认为其他股东应该接受励晶太平洋的低于独立专家评估的公平价值区间的收购价，即励晶太平洋的收购价不合理。

鉴于独立专家“不公平且不合理”的专家意见，BC 铁矿的董事会收回其对该项交易的推荐，终止了交易。

既然以专家报告的意见作为交易条件之一，BC 铁矿的董事会选择中止交易无可厚非。然而，该专家报告并非无可圈点。

图3–20 BC铁矿5年股价走势图（截止到2014年2月28日）

从 2011 年 5 月 11 日中止交易至 2012 年 12 月 17 日 BC 铁矿的股价升至励晶太平洋的收购价每股 3.30 澳元以上（图 3-20），历时 18 个月。3 个月以后的 2013 年 3 月 11 日，股价再度跌至 3.30 澳元以下，直至 2013 年 7 月 1 日升至 3.30 澳元以上（注：上述股价走势图以月度平均价绘制，故不能准确反映完整的交易情况）。这就产生了一个问题，未来股价上升中的“未来”应该考虑多远。总不能无限期地“未来”下去吧？本例中 18 个月尚可接受，尤其是从交易量上看，大部分股东似乎未在此期间卖出，但留下来的股东显然经历了市场的煎熬与不确定性。倘若中止收购后 3 年股价才涨过曾经放弃的收购价，我们能为当初放弃被收购而喝彩吗？这是个杯子“半杯满还是半杯空”（glass half full or half empty）的问题。

然而，“专家”就是专家。满足了作为“专家”的资质也就获得了编制专家报告的资格。这就好比医生，取得了行医执照就可以开处方。未必每一个医生都看得好病，开的处方却是合法的。

第四章

融资及矿业公司与矿业项目的交易模式

澳大利亚最大的露天金矿，“超级采坑”（Super Pit）

矿业融资是矿业行业与资本市场的对接。

与其他行业一样，矿业行业也通过股权融资、债权融资、合资合作等传统的融资方式融资。此外，矿业行业还“发明”了一些与矿业行业的特点密切相关的独特的融资方式。矿业公司在其发展过程中往往涉及多种融资方式，这些融资方式也随着矿业市场的变化与资本市场的发展而与时俱进。读者也应该用发展的眼光看待这些融资方式，而不应将其绝对化。

第一节 股权融资

股权融资即向投资人发行新股而融资，是初级矿业公司的主要融资方式。

国外汴册的公司一般都是“股份有限公司”，而没有国内的“有限责任公司”的组织形式。股东在公司的股份完全按其所持股票数量与公司已发行的总股本的比例确定，在公司增发新股后，如果股东未参与同比增发，则其股份被稀释。

不知出于什么想法，曾经随着铁矿石价格暴涨做得风生水起，后来因铁矿石价格暴跌而破产的英国上市公司伦敦矿业有限公司（London Mining plc）曾经在其网站上公布过他们数年间股权融资和股本变化的细节。上市公司股权融资并不是秘密，但把其包括上市以前的股权融资的历史列表公布，却并不必要。权将其最初两年的股权融资和股本变化（表 4-1）引以为例。

表 4–1 伦敦矿业最初两年的设立和增发融资情况

时间	扩股	扩股原因	每股价格（英镑）	融资额（英镑）	总股本
2005年4月	26,000,000	公司成立	0.002	52,000	26,000,000
2005年10月	12,000,000	增发新股	0.083	1,000,000	38,000,000
2005年10月	10,000,000	期权行权	不明	不明	48,000,000
2006年1月	1,000,000	增发新股	0.20	200,000	49,000,000
2006年6月	922,000	增发新股	0.50	461,000	49,922,000
2006年8月	732,300	增发新股	1.00	732,300	50,654,300
2006年8月	36,375	增发新股	1.10	40,013	50,690,675
2007年3月	7,675,000	增发新股	1.00	7,675,000	58,365,675
2007年5月	13,556,000	增发新股	1.507	20,425,746	71,921,675

增发新股的过程也是对老股东稀释的过程。这种稀释并不可怕，关键要看公司的发展是否创造了价值和以什么代价稀释的。

如果某投资人以每股 0.20 英镑的代价认购了 2006 年 1 月增发的 500,000 股股票，增发后他的股份为 500,000/49,000,000 = 1.02%，到 2007 年 3 月增发后（假定他未参与后续增发），他的股份已被稀释到 500,000/58,365,675 = 0.86%，但他的投资从账面上已增值（1.00-0.20）/ 0.20 = 4 倍。因此，稀释并不可怕，只要公司为股东创造了价值。

借铁矿石暴涨之势，此例是融资顺利、增发新股价格几乎一路上扬的一例，很多其他公司可能在股价的跌宕起伏中一路增发。

初级矿业公司的股权融资多数情况下通过与公募（public offering）相对应的所谓“私募”（private placement）的方式，即国内所说的定向增发，向特定的投资人群体 – 在加拿大称为“合格投资人”（accredited investors），即并不面向所有的社会公众，增发新股而融资。这种融资一般不必编制招股说明书（prospectus），或只需报备简化招股说明书（preliminary short form prospectus），效率高、成本低。而不编制招股说明书而向不符合条件的社会公众融资是一种违法行为，相当于国内的非法集资，当事人可能承担严重的法律后果。

招股说明书会有详细的风险提示，提醒投资人参与本次投资可能面临的所有风险。正是因为不提供招股说明书，投资人需自行识别与判断或聘请投资顾问协助识别与判断该项投资可能面临的风险，但并非所有投资人都有这种风险识别与判断能力或聘请投资顾问的能力，这就是定向增发不面向所有社会公众，也就是散户投资人的原因。这种意在保护风险承受能力较低的散户投资人的法规却也将散户投资人，包括在册的散户股东，排除在定向增发之外，而定向增发的条件往往较为优惠。比如，折价发行和 / 或附带认股权证。因此，加拿大一直有人在呼吁允许散户投资人，至少是在册散户股东，在一定程度内参与定向增发。监管机构也在予以认真考虑。的确，散户投资人有权在二级市场上买卖任何证券而自担风险，有权去赌场输个一干二净，为什么就不能参与定向增发呢？

政府的监管也不是没有道理 – 愿意输给赌场是你的事，通过监管保护无辜则是我的事。

在加拿大，“合格投资人”指机构投资人和拥有流动性好的金融资产 100 万加元以上的个人投资人（也有其他可以满足的条件，如达到一定的年收入）。相关法规假定这些投资人不需要招股说明书的风险提示而有能力识别与判断投资风险，或者有能力聘请投资顾问协助识别与判断投资风险，或者有能力承受相应的投资风险。

对上市公司来说，股权融资一般以融资时的股价为依据，或按当时股价，或在当时股价的基础上给予溢价（premium）或折价（discount），具体情况视投资人认购该股票的迫切程度以及该股票在市场上受追捧的程度，由股票发行人和投资人谈判确定。一般来说，股票发行人愿意给新的投资人，尤其是大型机构投资人，适当的折扣，希望新的投资人有机会从股权投资中获益，以期将来能得到投资人的继续支持。因此，发行新股时溢价的情况比较少见。在折价的情况下，为保护老股东，交易所上市规则对折价的比例可能有所约束，如不能低于当时股价的 20%。

为免股价因股市上的一笔交易或几笔交易而受到操纵，发行新股的股价也可能以发行新股前多少个交易日以交易量为权重的加权平均股价（volume weighted average price，缩写为 VWAP）为依据，这样可以把一笔或几笔交易量小而敌意拉升或压低股价的交易的影响平均掉，这种方式在未来某一日期确定新股发行价的情况下尤其重要。当然，如果发行新股前股价相对平稳，波动不大，没有受到操纵的迹象，也就没有必要用 VWAP，毕竟新股发行价是谈判确定的，未必需要准确计算。

就新股发行所占发行后总股本的比例，不同国家的公司法赋予董事会的权限可能不同，超过这个权限则需要股东会批准。在加拿大，董事会的这个权限是 25%（对单一股东增发为 20%），而在澳大利亚则是 15%。

有的股权融资由公司自行安排，也即不需证券公司的协助（non-brokered），有的则是由证券公司协助融资（brokered），后者有代销，也有包销（bought-deal）的形式。在包销的情况下，如果证券公司不能将股票全部销售给投资人，则证券公司要自己认购未售出部分。证券公司承担了一定的风险，但同时也说明证券公司对该公司的股票有信心，自然也提高了投资人认购的信心。此外，在包销的情况下，证券公司一般能谈个更好的价格。

发行新股的一个重要的附加因素是新股是否附带认股权证（warrant，澳大利亚市场上用股票期权（option））。

认股权证给予投资人在未来一定的期限内以确定的价格（行权价，exercise price）购买一定新股的权利，但不构成义务。对这个无附带义务的额外的权利，投资人当然求之不得。

大量的认股权证可能对未来股价上行构成压力，因为权证持有人可能在行权后大量抛出，后续投资人对此可能有所顾虑，进而对公司在这些认股权证的有效期内的后续股权融资带来不利影响。有鉴于此，有的公司宁愿在新股发行的价格上多给予一些折让，也不愿意附带认股权证。

认股权证一般附带于所发行的新股，如果权证持有人出售所认股的股票，权证相应灭失。也有些情况下认股权证游离于（detached）所发行的新股，且可能单独交易。

新股是否附带认股权证，权证有效期多长时间，行权价如何，均由双方谈判确定，取决于发行新股时哪一方更具谈判优势。一般来说，每一新股附带半股到一股的认股权证，认股权证的有效期从 18 个月到 24 个月，行权价为新股发行价的 1.5 倍到 2 倍。认股权证的量越大、期限越长，相应的行权价也越高。

2012 年 10 月 11 日，加拿大上市公司派洛特黄金（Pilot Gold Inc.，多伦多证券交易所主板交易代码 PLG）宣布，由 5 家证券公司组成的包销团以每一融资单位 1.65 加元的价格发行 1,250 万融资单位，包销融资 2,062.5 万加元。每一融资单位包括一股普通股和可认购半股普通股的认股权证，每一认股权证允许持有人在两年以内以 2.20 加元的价格认购一股普通股股票。公司同时给予了包销团超额发行 15% 的权利。

2012 年 10 月 11 日，公司宣布，将发行融资单位的数量由 1,250 万提高到 1,550 万，包销融资额由 2,062.5 万加元提高到 2,557.5 万加元。

2012 年 11 月 1 日，公司宣布，完成了上述包销融资，包括全额超额认购部分，总计融资 2,941.125 万加元。

这是股票受到市场追捧的一例，不仅证券公司愿意包销，且公司公布融资后当天即追加融资额，在三周内完成了全部融资，包括全额超额认购。

加拿大多伦多证券交易所规定，以定向增发发行的股票有四个月的锁定期，在此期间不得出售。

2012 年 10 月 25 日，加拿大上市公司西方钾肥公司（Western Potash Corp.，多伦多证券交易所主板交易代码 WPX，法兰克福证券交易所交易代码 AHE）以每一融资单位 0.48 加元的价格发行 2,000 万融资单位，融资 960 万加元。每一融资单位包括一股普通股和可认购一股普通股的认股权证，每一认股权证允许持有人在 2015 年 10 月 25 日以前以 0.58 加元的价格认购一股普通股股票。

这种认股权证为期三年、1∶1（每一新股附带一股的认股权证）且较新股发行价溢价不高的情况并不多见，表明当时市场上融资较难，投资人处于较强的谈判地位或公司急需该项融资。

如果增发新股附带认股权证，公司可能要求在股价上涨到一定程度时认股权证的持有人加速行权。

2016 年 10 月 4 日，加拿大 IDM 矿业有限公司（IDM Mining Ltd.，多伦多证券交易所创业板交易代码 IDM）以每一融资单位 0.17 加元的价格发行 3,798 万融资单位，融资 645 万加元，每一融资单位包括 1 股普通股股票以及 0.5 股普通股股票的认股权证，每一认股权证允许持有人在未来 24 个月内以 0.25 加元的价格认购一股普通股股票。如果连续 20 个交易日的收盘价达到或超过了 0.37 加元，公司可以通知认股权证持有人，认股权证将于 30 日内到期。

这就是要求认股权证持有人在 30 日内限期行权，否则，过期作废。加速行权一方面明确了又有多少现金进账；另一方面，把这批认股权证对股价和后续融资可能的影响尽早消化掉，以便公司把精力集中于后续发展上。

从估值的角度看，股权融资相当于投资人认可发行新股时的股价是公司价值的不错的体现。也就是说，市场已经为公司做了估值。因此，股权融资极少需要出具正式的估值报告。

应该注意的是，有些公司的股票交易不活跃，流动性差，少量的买卖即可将股价大幅拉高或压低，因此其股价未必是其价值的良好体现。

与股权融资相关的事宜还有，如果投资人的持股比例达到一定程度，如10%，投资人可能要求提名董事；相对应地，公司可能要求如果投资人将来的持股比例降到某一比例以下时投资人提名的董事辞去职务，且投资人失去提名董事的权利。

应该注意的是，如果投资人需要随时变现其所持股票，应该考虑提名外部人员做董事。提名内部人员做董事使其成为公司的内幕人（insider），则其买卖公司的股票会受到很多限制。比如，公司年报和季报发布前后、要发布可能影响股价的新闻稿前后、重大交易基本达成协议的时候等。

加拿大市场上还有一种独特的所谓 flow-through 股票，鉴于中文里并没有对应的股份，兹将其用该两个词的英文字头译成 FT 股票。澳大利亚矿业界也曾向政府建议设置 FT 股票，但未被采纳。

FT 股票是加拿大政府为鼓励矿业与石油天然气勘探而向投资人临时让税而允许其将纳税义务后移的一种措施，其理念在于，没有勘探便没有后续的开发与生产。

FT 股票的设立与加拿大税法密切相关。按照加拿大税法，投资人需就其在股票投资上的收益缴纳资本利得税（capital gain tax），税率为“收入类”（income）所得税税率的一半，也可以理解为将资本利得减半作为“收入”而计入所得税的应纳税所得额。此外，矿业公司在勘探阶段的投入可以待矿山投产后从公司应纳税所得额中逐渐扣减。鉴于从勘探到生产是一个漫长的过程，而大部分勘探项目因勘探的风险而不能最终建成矿山而投产，这就使矿业公司在勘探期间因其勘探投入而产生的税务损失（tax loss）长时间或者永远派不上用场。FT 股票这种机制则使矿业公司将这种税务上的利益直接让渡给投资人（股东），进而为勘探投资人提供了税务利益而起到了鼓励勘探的作用。“Flow through”是“流过”的意思，可以理解为矿业公司令其因勘探投入而产生的税务上的利益（税务损失）“流过”公司而直接流向股东。

FT 股票的具体操作方式可以归纳为：

- 当年将股票投资额从应纳税所得额（税基）中扣除，故降低了应纳税所得额，进而降低了当年的所得税；

- 该项股票投资计算资本利得税的税基归零。因此，将来出售股票所得全部收益均为资本利得。

以第一年投资 2 万元买入股票，第二年以 2.5 万元卖出股票为例，一般股票与 FT 股票对税赋的影响如下（假定第一年、第二年其他收入或投资收益产生的应纳税所得额分别为 5 万元、6 万元）：

	一般股票	FT股票	评述
第一年应纳税所得总额	5万	5-2 = 3万	FT股票降低当年税赋
第二年资本利得	2.5-2 = 0.5万	2.5万	出售FT股票的全部所得均为资本利得
第二年应纳税所得总额	6+0.5/2 = 6.25万	6+2.5/2 = 7.25万	FT股票的纳税义务后移

此外，联邦政府和省政府就这些 FT 股票还有税收抵免（tax credit），那是实实在在的减税额。

如果希望降低第二年税赋，第二年还可以继续买入 FT 股票，以继续后移纳税义务。

FT 股票因为有这种纳税义务后移和减税作用，一般其发行股价也显著高于普通的股票，高出 20% 左右较为常见。

发行 FT 股票所得收入只能用于加拿大境内项目的勘探和可研，不能用于矿山建设和生产。因此，FT 股票的风险相对较高，在股票的甄选上应注意风险。

进入网络时代，众筹（crowdfunding）已成为愈加流行的融资方式，而有关的法律法规尚在建立与完善之中。

第二节　债权融资

债权融资一般包括公司贷款、在公开市场上发行的公司债券（bond）和短期资金融通性质的商业票据（commercial paper），以及在项目层面做项目融资。项目融资将在本章第三节论述。

初级矿业公司在勘探和可研期间因为没有现金流，且未来是否会有现金流具有很大的不确定性，举债的可能性很小，即使能做债务性融资，一般也都有特殊原因。比如，在股权融资困难的情况下大股东暂时借款给公司，或者发行着眼点在股权的可转股债券。债务性融资因此一般发生在公司从勘探和可研而进入开发阶段之时。

生产型企业做公司层面的贷款则是以公司资产负债表为依托，与其他行业有现金流的企业的公司贷款类似。

如果说上一轮矿业热中的股权融资成就了当时的艾芬豪（见第三章第五节），债权融资则铸就了今天的 FMG。

上一轮铁矿石的繁荣期中，对债务惊险而成功地运用造就了当今全球第四大铁矿石生产商、澳大利亚 FMG（Fortescue Metals Group Ltd.，澳大利亚证券交易所交易代码 FMG），FMG 创始人、董事长安德鲁·弗来斯特（Andrew Forrest）也因此成了亿万富翁。和很多成功人士一样，弗来斯特也是出色的推销员，讲起话来滔滔不绝，极富煽动性，号称能把冰卖给爱斯基摩人。据说他小时候骨瘦如柴，并因此落下了“芦柴棒”（Twiggy）的绰号。

按照澳大利亚法律，如果公司不能按时偿还到期债务，也未就债务展期等安排与债权人达成协议，董事会需要主动将公司交付托管（administration）。进入托管意味着董事会将公司决策权和控制权交予托管人（administrator），而托管人的职责是保护所有利益攸关方，尤其是债权人的利益。进入托管也往往是公司清盘的前奏。

明知公司不能偿还到期债务而试图继续经营（insolvent trading）的，公司董事将面临严厉的处罚，包括追缴董事个人资产，甚至追究刑事责任。这里的“债务”是广义的债务，包括应付账款。这比北美要苛刻得多，因此，澳大利亚公司对于债务的管理需要尤其谨慎。

即使在这种严苛的法律环境下，为免于稀释股权，FMG 仍然选择大量举债，并为此在 2008 年金融危机期间以及 2015 年铁矿石价格大幅下跌之际两度命悬一线（图 4-1）。当时的弗来斯特不知在精神高度紧张之中度过了多少不眠之夜。危机过后，回首望去，不能不赞叹，艺高人胆大！

我们常说的因“资不抵债”而破产是个不严格的说法，破产首先源于现金流不够，不能偿付到期债务（包括应付账款）。“资”能否抵债从账面上往往是看不出来的。债是清清楚楚的，有多少就是多少，“资”是多少就不一定了。真正到破产清算的时候，资产能够变现的清算价值往往大大低于账面价值。

很多债务会附带一些对公司的财务状况予以约束的条件，要求公司在健康的财务状况下运营。这些条件通常是被称为“财务约束条件”（financial covenant）或“债务约束条件”（debt covenant）的一些比率。比如，“债务 /EBITDA”（见第五章第七节第一部分）不能高于多少、“EBITDA/ 利息支出”不能低于多少、“偿债覆盖比率”（debt service coverage ratio）不能低于多少等。此外，对进一步举债、购置新资产、分红、公司控制权变化时提前偿债等都可能提出要求。财务状况越出了约定的范围便构成了债务的技术性违约（technical default），公司可能需要通过出售资产或增发新股融资而偿还部分债务，以降低债务水平。如果公司面临技术性违约或流动性不足的问题，公司股价一般会有很大的下行压力。债务所附带的条件也可能使公司成为被激进行动股东攻击的目标（见第七章第六节第二部分）。因此，在有债务的情况下，公司的财务管理不仅仅是个还本付息的问题，而是要复杂得多。

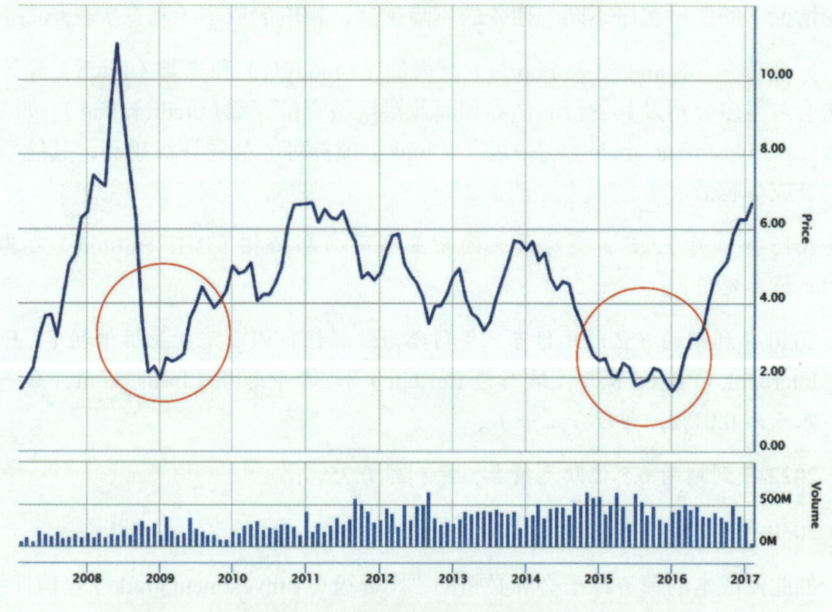

图4–1 FMG过去十年股价走势图（截止到2017年2月3日）

此外，随时关注债务市场的变化，以低成本债务置换高成本债务的债务重新安排（re-finance）也是债务管理的日常工作。

FMG 成功的财务管理，尤其是债务管理能力，也使其首席财务官斯蒂芬·皮尔斯（Stephen Pearce）引起了业内的关注。2016 年 9 月，债台高筑、正在进行重大资产重组的老牌矿业帝国南非英美资源（Anglo American）邀请皮尔斯出任财务董事（finance director），使皮尔斯的职业生涯再上台阶。

现代大型企业中，首席财务官的作用已愈发重要。在首席执行官辞职或被解雇后，很多公司首选的继任人即是首席财务官。如果公司已经具有了相当的规模，但还在把首席财务官看成仅仅是个算账的，掌舵人应该检视一下自己的高度与格局了。

弗来斯特的故事常令矿业人津津乐道。然而，在读者诸君读着本书的此时此刻，矿业界仍然存在着当年呈现在弗来斯特面前的机会。且不论你是否有着弗来斯特的眼力，你敢于承担当年弗来斯特所承担的可能一无所获的风险吗？这正如人们对于当代最杰出的投资大师沃伦·巴菲特（Warren Buffett）的成功所津津乐道一样，有几人能有巴菲特的定力，认定了一家公司的基本面后，面对其投资对象短期的股价波动而处变不惊？

债务是有级别的（debt seniority），所谓高级债（senior debt）、夹层债（mezzanine debt）和次级债（subordinate debt），体现在公司正常运营和破产清算的情况下的偿付次序不同。债务的风险越高，相应的成本（利息）也越高。

标准普尔（Standard & Poor's）、穆迪（Moody's）和惠誉（Fitch）等评级机构会对很多公司及其发行的债券和商业票据做资信评级（credit rating），如“投资级”（investment grade）“垃圾”（junk）债券等。公司评级越高，其能举债的债务成本越低。

2015 年 4 月 22 日，全球最大的矿业公司必和必拓（BHP Billiton）为其三笔欧元债券定价：

- 2020 年到期的 6 亿欧元债券，年利率为欧洲银行间欧元同业拆借利率（Euro Interbank Offered Rate，缩写为 Euribor）加 35 个基点（basis point，每一个基点为 0.01%，即万分之一）；
- 2022 年到期的 6.5 亿欧元债券，年利率 0.75%；
- 2030 年到期的 7.5 亿欧元债券，年利率 1.50%。

如此低成本的债务缘于必和必拓的“投资级”（investment grade）资信评级。

当时的欧元区已进入负利率时代，欧洲银行间欧元同业拆借利率仅略高于零，必和必拓应该有机会用套期保值锁定很低的利率。

对于垃圾债券，投资人因为要承担更高的债券违约（到期不能偿付）的风险，购买这种债券要求的收益率也高。这符合风险与预期收益相对应的原则。国内市场上相当多的“理财产品”大概都可以算垃圾债券。政府用税收为这些理财产品刚性兑付则掩盖了其风险，扭曲了市场机制，不符合市场定价的原则，也是对纳税人的不负责任。

可转股债券（convertible bond 或 convertible debenture）也是一种债权融资。顾名思义，可转股债券即在特定情况下可以部分或全部转换成公司股票的一种债券。因为这种特性，可转股债券也是一种夹层融资（mezzanine financing）。

如果不能按期还本付息是可转股债券的转股条件之一，则可转股债券比不可转股的债务多了一层保护。因此，通常可转股债券作为债务是次级债务，偿债级别低于常规银行贷款等高级债务。

可转股债券可使一方或双方具有灵活性。转股之前，债券持有人可获得利息收入，如果条件不合适，又可以选择不转股。

2009 年 6 月 26 日，加拿大内华达铜业有限公司（Nevada Copper Corp.，多伦多证券交易所主板交易代码 NCU）公告，向中条山有色金属集团发行 200 万加元期限 18 个月、年息 7% 的可转股债券。可转股债券本金可在到期日前任何时候转换成内华达铜业的股票，转股价为 1 加元，较收到可转股债券本金前 30 天以交易量为权重的加权平均股价有 77% 的溢价。如果内华达铜业的股票在可转股债券四个月的锁定期后连续 20 个交易日内交易价超过 1.35 加元，内华达铜业可要求中条山有色将部分或全部可转股债券转换成内华达铜业的股票。

2010 年 12 月 25 日，可转股债券到期，中条山有色行使了转股权。

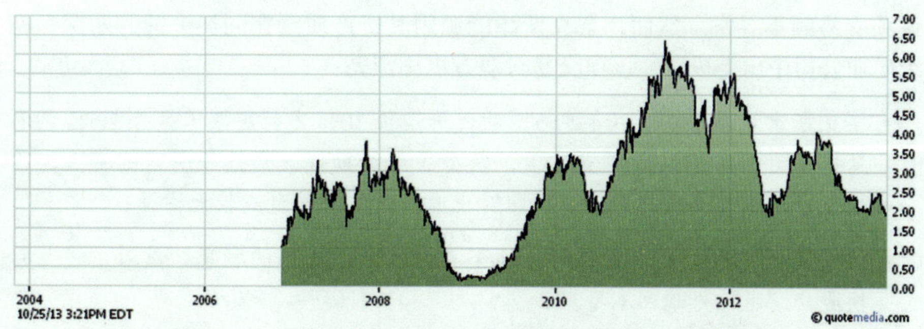

图4–2 内华达铜业十年股价走势图（截止到2013年10月25日）

可转股债券发行之时，内华达铜业尚在勘探之中，一般情况下举债的可能性很小，尤其是无抵押债务。适逢 2008 年下半年开始的由美国次级房贷引发的全球性经济危机，全球股价均大幅度下跌，初级矿业公司的融资市场几近枯竭。对内华达铜业来说更是屋漏偏遭连阴雨 - 其前三大股东均为投资基金，在基金投资人赎回投资的压力下，其股票惨遭不计代价地抛售（图 4-2），2008 年 12 月初曾跌到 0.17 加元，较 2008 年 2 月下旬 3.5 加元的股价下跌了 95%。到可转股债券发行之时的 2009 年 6 月，其股价虽已回升到 0.74 加元的水平，内华达铜业仍然极不情愿在这个价格水平发行股票，而期望通过发行转股价较高的可转股债券渡过危机。到 2010 年 12 月下旬中条山有色转股之时，内华达铜业的股价已回升至 4.6 加元，并于 2011 年 4 月初达到 6.22 加元的历史高点。回头看去，这是一笔双赢的交易，双方皆大欢喜。

2016 年 6 月 10 日，加拿大奈克斯津能源有限公司（NexGen Energy Ltd.，

多伦多证券交易所创业板交易代码NXE）发布公告，向李嘉诚旗下的长江和记实业有限公司（CK Hutchinson Holdings Limited）持股50%的加拿大怡东集团有限公司（CEF Holdings Limited）按下述条件发行6,000万美元的无抵押可转股债券（unsecured convertible debentures）：

- 债券期限：5年；
- 年利率：7.5%，每半年付息一次；
- 5%的利息以现金支付，另2.5%以奈克斯津能源的股票支付，按付息日前其20日以交易量为权重的加权平均股价（VWAP, 见本章第一节）计价；
- 该债券可以按每股2.33美元的股价转换成奈克斯津能源的股份，该价格在该项交易公告前20日奈克斯金能源的VWAP 1.79美元的基础上有30%的溢价。

初级矿业公司因其后续发展的巨大的不确定性举债的可能性极小，因此，该项交易颇不寻常。然而，奈克斯津能源因其资产质量在同类（铀的勘探）初级矿业公司中出类拔萃，该项交易对双方堪称漂亮：

- 奈克斯津能源相当于以年息5%的代价溢价30%发行股票（另外2.5%的利息按当时的市价以股票支付），获得了继续勘探、报批等所需的资金，而未在当时相对较低的股价下立即对现有股东的股份造成较大稀释；
- 怡东集团在当时低息的市场环境下首先拿到了不错的利息，然后“进”可换股，“退”可拿回本息。

这一切成立的条件在于，奈克斯津能源不会像有些初级矿业公司一样销声匿迹。且看它的资产及其在业内的地位是否撑得住：

- 2016年3月3日，奈克斯津能源发布其位于全球著名的铀矿产地、加拿大萨斯卡川省（Saskatchewan）阿萨巴斯卡盆地（Athabasca Basin）的白嘴鸦-1号（Rook 1）项目上的初始推断性（inferred）资源量 – 2.02亿磅 U_3O_8（91,580吨），平均品位2.63% U_3O_8；
- 业界普遍认为，其资源量尚有巨大潜力；
- 虽为时尚早（尚在勘探初期），其开采条件也可视为相当优越。

纵观全球铀项目，0.1%的品位已属不低，而白嘴鸦-1号项目的平均品位高达2.63%，且其钻孔中几十米厚的百分之几十品位的矿段已属常见。其新闻稿中常以（因超越了常规铀矿品位范围而）“爆表”（off-scale）来描述其品位，以至于有的分析师开玩笑说，既然每次都爆表，何不索性把比例尺放大呢？这一卓越的品位虽然在阿萨巴斯卡盆地的其他铀矿项目中并非罕见，然而，高品位加上其巨大的资源量足以使其在全球屈指可数的铀勘探项目中鹤立鸡群。这当是怡东集团在铀行业处于多年来低谷的市场环境下敢于向一个初级矿业公司放贷的底气。

过去 10 年来，哈萨克斯坦异军突起而成为产铀大国，2016 年产量已占全球总产量的 37%，其砂岩地下浸出（in-situ leach（ISL）或 in-situ recovery（ISR））的开采方式本已使其开采成本位于成本曲线（见第九章第二节）的低端，2015 年中的货币贬值进一步降低了其相对成本。资源和成本的优势使哈萨克斯坦成了地道的铀矿欧佩克。

2011 年 3 月，日本福岛地震引发海啸损伤核电站后，日本关闭了所有核电站，导致铀供过于求，进而使铀价连年走低，至 2017 年初已跌至每磅 18 美元（图 4-3）。大量的库存本来使市场看不到铀价短期回升的希望。2017 年 1 月 10 日，哈萨克斯坦国家铀矿公司（Kazatomprom）宣布，2017 年减产 10%，铀价随即反弹回升。哈萨克斯坦确已起到了铀矿欧佩克的作用。

图4-3　U_3O_8 1988年~2016年价格走势图

来源：Ux 咨询有限公司（The Ux Consulting Company, LLC，www.uxc.com）

奈克斯津能源果然不负众望，2017 年 3 月 6 日公告，推定性（indicated）和推断性（inferred）两级资源量已达 3.02 亿磅 U_3O_8（136,805 吨），平均品位 2.52% U_3O_8。

怡东集团另外 50% 股份由加拿大五大银行之一的帝国商业银行（Canadian Imperial Bank of Commerce，缩写为 CIBC）所拥有，李嘉诚曾是其大股东，双方有着长久而密切的合作关系。与加拿大其他大型银行一样，CIBC 自然资源功底深厚，无疑在本次交易中起到了重要作用。因此，这一本不寻常的债权交易便非常符合逻辑了。

无疑，可转股债券的转股条件，尤其是转股的控制权在借方还是在贷方，是核心问题。

从资金成本上来说，债务的资金成本一般低于股权的资金成本。因此，提高债务比例可以降低总平均资金成本，进而提高股权（自有资金）部分的内部收益率。但债务比例过高将使公司面临较大的偿付风险，可能导致降低信贷评级，债务成本上升，股权价值降低。所谓“维护资产负债表”即控制债务水平。

对债务的成功运用使澳大利亚沙火资源有限公司（Sandfire Resources NL）把对股东的股份稀释降到了最低。沙火资源于 2011 年举债 3.8 亿澳元用于迪格鲁萨（DeGrussa）铜矿建设，并于 2017 年 1 月提前一年偿还了所有贷款。举债之时，沙火资源的股本约 1 亿股，经过近 6 年的发展，其股本也不过 1.6 亿股，后续的每股收益应该比较可观，在澳大利亚这个动辄几亿股、十几亿股股本的市场环境中实属难能可贵。

有的公司则因为核心人物对债务的担心而不愿举债，澳大利亚北极星资源有限公司（Northern Star Resources Limited，见第六章第十节）便是一例，其首席执行官比尔·比蒙特（Bill Beament）不喜欢债务，北极星资源因此无法享有债务的税收利益。

其实，谨慎而适度的债务提高项目层面资本金部分的内部收益率和公司层面的每股收益。

第三节 项目融资

广义地说，所有为一个项目筹措资金的活动，无论是股权融资、债权融资，还是夹层融资等，均可以称为项目融资。但是，虽然没有标准的定义，在金融界，“项目融资”（project financing 或 project finance）一词已经是个专有名词，指针对某一特定项目的无追索（non-recourse）或有限追索（limited recourse）的贷款。这种贷款不以借款方的资信能力或资产负债表作为放贷依据，而是以被贷款项目本身的经济强度作为决定是否提供贷款以及贷款条件的首要甚至唯一考量因素，以被贷款项目的现金流作为偿还贷款的资金来源，而不波及业主的其他资产。

很多以项目融资的方式筹措资金的项目，尤其是预期经济强度较高的项目，贷款比例很高。因其无追索或有限追索的性质，一旦项目出现问题，贷款方即面临着不能按期收回贷款的局面，也即贷款人承担了大部分风险。因此，贷款方会委托专业顾问对项目技术上的每一方面、借款方设立和存续的法律管辖地的法律法规的完备性和可强制执行性（enforceability）、借款方的公司和税务架构等做十分详尽的尽职调查，并对借款方的公司设置、项目的开发方案、净现金流的分配、项目产品的套期保值、保险等提出详尽的要求。贷款方也会自始至终监督项目的运行，尤其是控制其现金流的分配。

借用图 4-4 以一个露天矿为例。

> If you owe a bank a little money and can't pay, you're in trouble. But if you owe a lot of money, they're in trouble.
> 如果你欠了银行一点钱但还不上，你就麻烦了；但你如果欠了很多钱还不上，他们就麻烦了。

某矿业公司的露天矿边坡发生垮塌。如果该矿是以项目融资的方式筹集的资金（注：此处只是引以为例，用以说明问题），且边坡垮塌发生之时贷款尚在偿还之中，则边坡垮塌导致：

- 停产，不再有现金流入；
- 裁员，发生补偿金；
- 修复边坡，清理出垮塌土石，需要大量投入。

图4-4　某露天矿山边坡垮塌图片（网络图片）

项目不仅暂时不能偿还贷款，还要投入修复资金。显然，原来的贷款测算已不再成立。这首先是贷款方的风险。

项目融资法律文件复杂，前期工作花费较大，历时较长。但项目融资使没有可供抵押的其他资产、没有现金流的初级矿业公司得以大量运用贷款把项目建设起来，使没有条件获得传统的抵押贷款或担保贷款的小公司得以运作大项目。因此，这种贷款方式对于成就小公司居功至伟。

贷款方作为债权人关心的是项目的现金流量是否足以偿付贷款本息，而非业主和股东所关心的内部收益率、净现值等指标。在贷款完全偿付之前，项目的绝大部分现金流会用于偿付贷款本息，而留给业主的部分很少。但一旦贷款本息偿付完毕，则全部现金流都归业主，因此这种贷款构成了巨大的财务杠杆－对于单一项目的公司来说，如果项目是以项目融资的方式筹措的资金，在贷款本息偿还完毕之前，股价会较低；一旦偿还完毕，如果该项目仍然是公司的核心资产，公司股价则会有较大幅度跃升（市场可能提前消化这一因素）。当然，财务杠杆从来都是双刃剑，如果因为市场形势的变化或项目成本的变化致使项目的现金流不足以偿付贷款本息，业主面临失去项目的风险，这也是股东所承担的风险。

由澳大利亚首富、亿万富姐吉纳·莱茵哈特（Gina Rinehart）主导的汉考克勘查有限公司（Hancock Prospecting Pty Ltd.）旗下位于澳大利亚西澳州皮尔巴拉（Pilbara）地区的罗伊山（Roy Hill）铁矿是矿业史上最大的项目融资项目，包括矿山、铁路、港口等设施，涉及资金达 100 亿美元。

1992 年，现场实地踏勘后，面对高管团队的一致反对，莱茵哈特力排众议，坚持拿下矿权，开展工作。从 1993 年开始钻探，至 2010 年完成可研，历时 17 年之久。

2012 年，她把 30% 的股权出售给了日本丸红（Marubeni Corporation，15%）、韩国浦项（POSCO，12.5%）和中国台湾中华钢铁（China Steel Corporation，2.5%），并锁定了这些长期客户。

2015 年 12 月 10 日，年产 5,500 万吨铁矿石的罗伊山项目第一船铁矿石驶离港口。彼时，铁矿石价格创下了自按铁矿石价格指数交易以来的新低，跌破每吨 40 美元。幸好罗伊山项目 90% 的产量已通过长期包销协议（offtake agreement，见本章第五节）锁定客户，不必在正在重新洗牌的市场上争抢客户。这尤其突显了长期包销协议在低迷的市场环境中的优越性。

【莱茵哈特生于矿业之家。1952 年 11 月 22 日，她的父亲——矿业先锋朗·汉考克（Lang Hancock）在皮尔巴拉地区上空因躲避一次风暴而低空飞行时发现了大面积的铁矿石资源，并与其合作伙伴登记了矿权。汉考克当时就预言，皮尔巴拉将在全球资源领域占有重要地位，并就该地区的铁矿石开发对惰怠的政府部门和满腹狐疑的大公司高级管理人员展开了不知疲倦的游说。他直率、倔强、不擅外交辞令和毫无耐心的风格最终促使这些政府部门和公司下了决心，打开了这座资源的宝库。也正是他与政府无休止的缠斗，促使澳大利亚政府解除了对铁矿石的出口禁令。

汉考克不懈的努力也令他收获颇丰－2.5% 销售收入的权益金（见本章第七

节第六部分）。然而，他的梦想是拥有并运营一座自己的矿山。阴差阳错，当年的超级富豪汉考克因在有生之年未能实现这一梦想而抱憾终生。半个多世纪以后，他那有“铁娘子”（Iron Lady）之称、已是澳大利亚首富的独生女未满足于坐享其成，而是把她父亲当年的梦想变成了现实。

颇得乃父真传，莱茵哈特为人强势，口无遮拦，诉讼不断。且不说外人，她与两任丈夫生下的四个子女中曾有三个与其对簿公堂。】

项目融资很多以银团（syndicate）贷款的方式在贷款银行之间分散风险。

贷款方一般会要求矿业公司（借款方）对其产品做套期保值（hedge，见第五章第八节第五部分），以锁定价格，保证其还款能力。

小金属和特种金属很难在公开市场上做套期保值，贷款方规避价格风险的途径有限，以项目融资的方式筹集开发贷款要相对困难一些（见第五章第六节第四部分）。

第四节　引入合作伙伴

在项目层面引入合作伙伴也是初级矿业公司的一种融资方式。合作的方式与最终的结果多种多样，总的来说是由合作伙伴出资做下一步的工作。

2017 年 5 月 18 日，加拿大米拉索尔资源有限公司（Mirasol Resources Ltd.，多伦多证券交易所创业板交易代码 MRZ）就其位于阿根廷的拉科瓦（La Kurva）黄金项目与澳大利亚奥西安娜黄金有限公司（OceanaGold Corporation，多伦多证券交易所主板和澳大利亚证券交易所交易代码 OGC）达成协议。奥西安娜黄金承诺第 1 年投入 125 万美元勘探费用，完成 3,000 米钻探，并向米拉索尔资源另外支付 10 万美元；米拉索尔资源授予奥西安娜黄金分 5 期取得拉科瓦项目最高 75% 的权利（选择权，option）。

- 第 1 期：完成上述第 1 年的承诺，并且（1）4 年内累计投入 700 万美元勘探费用（包括第 1 年的投入）；（2）向米拉索尔资源分期支付 150 万美元（包括第 1 年所付），然后取得项目 51% 的权益；
- 第 2 期：上述第 1 期完成后，奥西安娜黄金可以选择于 2 年内完成符合 43-101 标准的初步经济评价（有最低资源量要求），而将其在项目上的权益提高至 60%；
- 第 3 期：上述第 2 期完成后，奥西安娜黄金可以选择于 2 年内完成符合 43-101 标准的结果为正面的可行性研究，而将其在项目上的权益提高至 65%；

- 第4期：与上述第3期同时，奥西安娜黄金可以选择（1）将上述可研做到可以向一家著名金融机构提交，用于申请开发贷款；（2）取得奥西安娜黄金董事会建设矿山的批准，而将其在项目上的权益提高至70%；
- 第5期：批准矿山建设之时，米拉索尔资源可以选择（1）保留30%的权益，并同比承担建设资金；或（2）要求奥西安娜黄金垫付建设资金（用米拉索尔资源净现金流的50%偿还），而将其在项目上的权益提高至75%。

这种“选择权协议”（option agreement）是矿业界十分常见的合作协议，尤其是对于工作程度较低的勘探项目。具体模式是，一方出矿权，另一方出资金（为方便起见，称其为“合作方”），随着合作方出资的逐渐增加，合作方在项目上取得的权益逐渐上升，故这种模式也称为earn-in，即逐步赢得权益。鉴于勘探的风险，合作方可以于完成初始阶段的义务后中途终止合作，即有这样的选择权。“选择权”（option）即是指合作方有权利，但无义务，继续合作下去。

上述协议中真正“实”的义务只有第1年的125万美元的勘探投入加上向米拉索尔资源支付10万美元的现金。是否继续承担后续各期的投入可以视每一期的勘探成果而分期决定，只是现在就把后续投入多少或做到哪一个阶段然后取得多少权益明确下来。

拉科瓦项目已有一些工作量，奥西安娜黄金需要于4年内承担700万美元的勘探投入并向米拉索尔资源支付150万美元现金而取得51%的权益。有些项目的工作程度很低，进入的门槛也就低得多。

2011年2月9日，加拿大MPH联合体有限公司（MPH Ventures Corp.，多伦多证券交易所创业板交易代码MPS）与另一家加拿大公司奇才黄金有限公司（Prodigy Gold Incorporated）就其位于加拿大安大略省（Ontario）的一个勘探项目达成选择权协议，主要条款如下：

- 协议被多伦多证券交易所创业板批准之日（简称“生效日”），奇才黄金向MPH联合体支付1万加元现金及5万股股票；
- 奇才黄金可以在生效日两年内经向MPH联合体再支付3.5万加元现金及15万股股票并承担25万加元的勘探费用而取得项目60%的权益；
- 奇才黄金可以在生效日三年内经向MPH联合体再支付2.5万加元（即总计7万加元）现金及20万股（即总计40万股）股票并承担50万（即总计75万）加元的勘探费用而取得项目100%的权益。MPH联合体届时保留1%的净冶炼厂收益权益金（注：见本章第七节第二部分），且奇才黄金可以以100万加元的代价回购该权益金；

- 该项目前任矿权人拥有2%的净冶炼厂收益权益金，且可以100万加元的代价买断。

上述协议中必须兑现的是1万加元现金加5万股股票，而对后续义务，奇才黄金有选择权。

下列几点是选择权协议常见的要素及双方应注意的要点：

- 一般有固定期限（比如，三年）；或按照工作程度（比如，完成可研）来界定；
- 合作方在初始阶段的义务是“实”的、必须兑现的，很多其他情况下为第一阶段（大多为第一年或前两年）承担多少勘探投入、支付多少现金和/或股票；
- 合作方在后续各阶段的义务是“虚”的，合作方可以在兑现初始阶段的义务后选择中止合作，当然也不会取得在项目上的后续权益，这正是选择权的意义所在；
- 合作方一般希望将尽量多的资金投入到具体勘探工作中，而尽量少向矿权方支付现金，尤其是在合作的前期；但矿权方是初级矿权公司，需要现金以持续运营，合作方一般会照顾到这个需求；
- 合作方一般希望前期勘探投入较少，以降低投资风险，如果前期勘探取得成果，后期则逐渐增加投入；
- 合作方一般会在较早阶段即取得控股权；
- 如果合作协议完全履行完毕，矿权方一般会保留少量权益（比如，20%~30%），或净冶炼厂收益权益金（见第四章第七节）；
- 净冶炼厂收益权益金一般在0.5%到2.5%的范围内，更高的权益金可能会对项目的后续融资构成重大障碍；
- 合作方最好能有权以确定的金额买断（buy-out）权益金，或将其买至较低水平（buy-down），如0.5%；上例中合作方可用200万加元买断所有权益金，如果项目将来值得建矿，这个代价几乎可以忽略不计。

如果合作方以承担“勘探投入”（exploration expenditure）而取得权益，对勘探投入最好有个界定，或应参照某种标准。业界有因对勘探投入未予明确界定而事后对哪些开支属于勘探投入而引起争议的案例。

引入合作伙伴在项目层面进行合资（incorporated joint venture）或合作（un-incorporated joint venture）也是初级矿业公司的一种融资方式。这里所谓的合资，是指双方作为股东组建具有独立法人地位的合资公司，双方之间的关系由合资协议和合资公司章程确定；而合作指双方之间不组建具有独立法人地位的实体，双方之间的关系完全由合作协议确定。当然还有其他形式的合作，比如合伙制（partnership）。本书对不同合作方式的差别不做详细探讨。

对于一个初级矿业公司来说，在项目层面引入合作伙伴可以使公司仍然保持独立的地位。而合作伙伴，一般是大型矿业公司，可能看重的是项目资产，其着眼点在于项目，而不在于初级矿业公司的股权，项目层面的合资或合作可以满足双方的要求。

2011年7月13日，加拿大上市公司幸运矿产有限公司（Fortune Minerals Limited，多伦多证券交易所交易代码FT）宣布，与韩国大型钢铁公司浦项制铁（POSCO）就幸运矿产位于加拿大卑诗省（British Columbia）的克拉潘山（Mount Klappan）无烟煤项目的合作达成协议。协议的主要条款为：

- 浦项制铁出资3,000万加元收购克拉潘山项目20%的权益；
- 其中1,000万加元付给幸运矿产，2,000万加元作为幸运矿产向双方的合作机构的出资；
- 浦项制铁将向幸运矿产视项目进展再额外支付1,720万加元；
- 浦项制铁出资项目建设总投资的20%，约1.54亿加元；
- 浦项制铁承担20%的生产成本，并获得20%的产品。

除了克拉潘山无烟煤项目以外，幸运矿产还有一个位于加拿大西北领地（Northwest Territory）的也已完成确定性可研的金-钴-铋多金属项目。与浦项制铁在克拉潘山项目层面合作，一方面在公司层面没有股权稀释，另一方面仍然完全拥有多金属项目；而浦项制铁是无烟煤的用户，对多金属项目也未必感兴趣。

协议签订之时，克拉潘山项目的情况为：

- 共有三级资源量5.9亿吨，此外还有推测性（speculative）资源量22亿吨（注：推测性资源量不符合NI 43-101标准）；
- 已就其中的一个煤藏完成了确定性可研，并确定储量1.063亿吨，占总资源量的3.6%；
- 设计初期年产300万吨高炉喷吹煤；
- 按每吨175美元的产品价格测算，8%折现率下的税前净现值为10.3亿加元，税前内部收益率25.4%。

协议的签订也向市场表明，克拉潘山项目得到了国际大型钢铁生产商浦项制铁的认可，有助于后续融资。

在项目层面进行合资、合作的另一个可能的好处是，有助于更加充分地实现项目的价值，尤其是在项目的价值未能充分体现在公司股价中的情况下。

第五节　产品包销融资

产品包销（off-take）融资是指将部分或全部产品的销售权授予投资方。作为回报，投资方对矿业公司做一定的股权和/或债权投资。很多情况下投资方是矿产品贸易商或用户，大型贸易商因有能力向矿业公司投资或提供贷款而获得了很多产品包销合同。

2012年5月9日，加拿大库里斯资源有限公司（Curis Resources Ltd.，多伦多证券交易所主板交易代码CUV）宣布，与矿业投资基金红风筝（Red Kite）就4,000万美元的高级抵押过桥贷款与阴极铜包销（off-take）达成协议。

按照过桥贷款协议，红风筝将提供4,000万美元的两年期过桥贷款，年利率为伦敦同业银行隔夜拆借利率（London Inter-Bank Overnight Rate，缩写为LIBOR）加8%，允许借款人在贷款到期日前的任何时候无溢价、无罚金地提前全额偿还。库里斯资源有一次按特定条款将贷款展期一年的权利。

按照包销协议，库里斯资源将其矿山产量的25%以“照付不议”（take-or-pay）的方式售予红风筝，如果库里斯资源将贷款展期一年，该比例提高至30%。阴极铜定价参考伦敦金属交易所（London Metals Exchange，简称LME）报价，并有适当折扣。

产品包销权是有价值的，产品包销融资便是这种权利的货币化。

产品包销融资表明投资人对项目投产很有信心，也因此对公司继续募集矿山建设其余部分的资金有很大帮助。在常规经济形势下，与资信能力强的矿产品贸易商签订产品包销协议能够在一定程度上提振股价。

上述协议签订之时，库里斯资源位于美国亚利桑那州（Arizona）的佛罗伦萨（Florence）铜矿项目有控制储量（probable reserves）3.4亿吨，平均品位0.358%，含铜金属量24.2亿磅（约合110万吨），拟用原地浸出（in-situ recovery）和溶液萃取/电积（SX/EW）法生产阴极铜。

照付不议（take-or-pay）条款源自于天然气的开发，现已广泛应用于各个领域，不仅可用于实物商品，也可用于铁路、港口等基础设施，其意义为“无论提货与否均需付款”。这不仅是对卖方的保护，在很多情况下也是融资-尤其是债务性融资的要求和必要条件。并非所有包销协议都含有照付不议条款，本例中该条款的设置可能是因为红风筝是矿业基金，而不是传统的矿产品贸易商。

并非任何公司都能做产品包销协议中的包销方（off-taker）。与名不见经传或资信能力差的包销方签订产品包销协议可能导致后续债务性融资不具备可融资性（bankable），因为包销方履行包销协议的能力值得怀疑，因此矿业公司应该对包销方有所选择。

对于有些矿种，如钾肥，与已有成熟的销售渠道的贸易商签订产品包销协议可能构成债务性融资的必要条件，否则矿业公司面临从零开始开拓市场的风险。

照付不议条款也可能有负面效应。澳大利亚有的煤炭项目所需的铁路和港口是用照付不议条款修建起来的。在煤炭价格低迷的时候，煤炭生产商曾处于非常尴尬的境地 – 继续生产，赔钱；停产，因为要继续支付铁路和港口的费用，赔得更多。无奈，煤炭生产商只好选择继续生产，进一步加剧了供过于求的局面，并进一步压低了煤炭价格，形成了局部的恶性循环。

产品包销协议在有些情况下对买方更有价值 – 保障了产品供应，另一些情况下对卖方更有价值 – 锁定了产品用户。因此，是谁"求"谁要看具体情况。但总的来说，对双方都有价值，只是对双方的价值未必对等。在价值不对等的情况下，略获优势的一方可能给另一方其他形式的补偿，比如，价格上给予适当的折扣。

第六节 预售产品流融资

此处的"产品流"一词译自英文的 stream。虽未必符合汉语的语言习惯，但与英文有较好的对应关系，有助于对外交流。

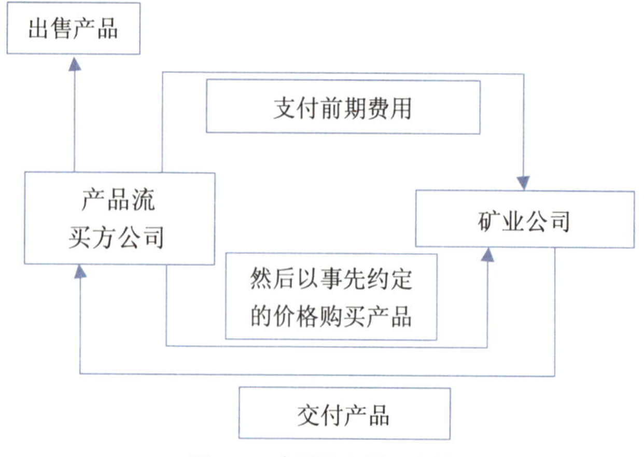

图4–5 产品流交易示意图

资料来源：加拿大蒙特利尔银行（Bank of Montreal）

该业务模式（图 4-5）系指预购产品流的公司向矿业公司支付一笔前期费用（一般用于项目建设），然后按事先约定的单位价格购买某座矿山投产后的副产品或部分主产品，实质上是一种矿产品长期购买合同。

在市场的需求以及产品流购买方的市场开拓意识和创新精神推动下，这种源于贵金属的业务模式已经扩展到有色金属、天然气乃至于农业领域。

2010 年 2 月 11 日，加拿大公司奥戛斯塔资源有限公司（Augusta Resources Corporation，多伦多证券交易所主板和美国证券交易所上市，交易代码均为 AZC）宣布，已与白银惠顿有限公司（Silver Wheaton Corporation）达成协议，将其位于美国亚利桑那州（Arizona）的罗斯蒙特（Rosement）铜矿项目伴生的金、银全部预售予白银惠顿。

协议要点为：

- 白银惠顿向奥戛斯塔资源预付总计 2.3 亿美元的预付款；
- 罗斯蒙特项目投产后，白银惠顿将购买项目产出的全部伴生白银和黄金；
- 白银价格按每盎司 3.90 美元和届时市场价二者之较低者执行；
- 黄金价格按每盎司 450 美元和届时市场价二者之较低者执行；
- 上述固定价格有一定的通货膨胀调整。

协议条件为奥戛斯塔取得罗斯蒙特矿山建设和生产的所有批件以及签订其余资金的融资协议。

罗斯蒙特项目是美国大型铜项目之一（见第三章第八节第二部分）。上述协议预售的是该矿伴生的金、银。

这项融资解决了项目投资约 25% 的资金需求，用当时的金属价格测算仅用了项目总收入的不到 5%。

一、特点与适用性

- 一般是预购副产品。比如，某金矿或某有色金属矿有伴生白银，可以将白银的大部分乃至全部预售出去，换取矿山建设资金。一般就预购部分仍然给项目方留有一定的未来现金流（本例中为每盎司 4 美元的白银价格，无论其届时市场价格如何），用以涵盖相应的直接生产成本。

- 也可能是预购主产品的一小部分，但以不至于对未来现金流构成实质性影响为限。比如，某金矿预测生产成本较低，可以将 10% 的未来黄金产量预售出去。同样，有的交易就预购部分仍然给项目方留有一定的未来现金流（本例中为每盎司 400 美元的黄金价格，无论其届时市场价格如何），用以涵盖相应的直接生产成本。

- 适用于工作程度高（一般需至少已完成预可研）、政府已批复或批复的可能性极大，基本上会投产的项目，以及在产项目。
- 用折现现金流法测算支付的前期费用，因此对买卖双方是透明的，双方需要谈的只是财务模型中的假定条件，如预测产品价格等。
- 适用于低成本矿山，也即有预售副产品或一部分主产品的余地，而不至于矿山投产后出现负现金流。

二、产品流购买方的风险与利益

- 不承担项目建设投资和后续投资，也因此不承担投资超支的风险。
- 不承担项目生产成本，也因此不承担成本上升的风险，当然也不因生产成本下降而受益。
- 承担所预购产品的价格风险，但因在测算所支付的前期费用时所用的预测未来产品价格偏于保守，该风险相对较小。
- 享有未来金属价格上升的潜在收益。
- 通常产品流预购方会要求以项目资产为抵押，因此存在着与同样以项目资产为抵押的贷款之间的协调的问题。一般来说，从破产清算的清偿次序来说，预售产品流低于贷款；但从正常运营的现金流分配来说，预售产品流可能与贷款有同等级别，甚至高于贷款。
- 在项目资产被出售的情况下，产品流预购方一般会要求项目整体出售，以使新的业主继续履行协议。
- 主要风险是，项目不能按期投产，或不能投产，或停产。不能按期投产的风险在一定程度上可以控制。比如，将放款时间与项目进度挂钩。
- 产品流的买方与卖方矿业公司之间是毛与皮的关系。皮之不存，毛将焉附？因此，买方也不能谈得太苛刻，且一般在项目遭遇困难的时候愿意保持一定的灵活性，甚至施以援手。

三、对矿业公司的利弊

- 是一种融资方式，应该与其他融资方式的利弊做比较。
- 与股权融资相比，不稀释公司股权，也因此不稀释其他资产及其进一步增长的价值。

- 收到的前期费用可用于矿山建设或改善资产负债表（如偿还贷款以降低债务水平），不稀释股权，也不构成债务，保留了公司进一步股权融资与债权融资的灵活性，且无债务压力。
- 对于预售产品为项目建设（部分）融资的情况，预售协议是预购方对项目的信任投票，大大提高了项目的进一步股权和债权融资的可能性，一般也因此提振股价。
- 测算所用的未来金属价格偏于保守。从这个意义上说，该模式更有利于预购产品方。其实，这正是该业务模式得以成立的根本原因。这可以视为预购方的风险控制，也可以视为预售方以仍有不确定性的未来产量换取无不确定性的即时现金所应给予的利益折让。
- 已预售部分未来产品价格已锁定，失去了该部分未来产品价格上升的潜力，当然也避免了未来产品价格下降的风险。
- 有些情况下，例如项目在政治风险高的国家，作为风险控制的一部分，预购方可能要求在特定情况下（如：矿权被政府收回）将其已付出的资金转换成预售公司的股权，或考虑以预售公司其他资产做抵押。
- 自 2013 年标准普尔（Standard & Poor’s）宣布可能将预售产品流视为债务开始，预售产品流的矿业公司力求规避交易中可能的债务属性，如抵押和现金偿还，以避免因出售产品流而导致信贷评级（credit rating，见本章第二节）下降、债务成本上升。

从多年的矿业实践上看，无论是在矿业行业的繁荣期还是低谷期，以预购产品流为业务模式的公司从业绩和股价表现上看，总体上明显优于矿业公司。这从侧面说明，该模式有利于产品流购买方。这在很大程度上源于财务模型中所用的未来矿产品价格假定趋于保守。因此，有些投资人对投资于已预售产品流的公司有所保留。

随着市场的发展，市场上出现了更多的以预购产品流为业务模式的公司，加大了产品流预购方之间的竞争，进而使其降低了预购条件，买方与卖方之间的不平衡因此得以一定程度上的缓解。这是市场有效性的体现。

四、以预购产品流为业务模式的较有代表性的公司

- 加拿大惠顿贵金属有限公司（Wheaton Precious Metals Corp.）：多伦多证券交易所和纽约证券交易所交易代码 WPM，系从原白银惠顿有限公司（Silver

Wheaton Corp.，多伦多证券交易所和纽约证券交易所交易代码 SLM）更名而来。

- 加拿大弗兰克 - 内华达有限公司（Franco-Nevada Corporation）：多伦多证券交易所和纽约证券交易所交易代码 FNV。
- 美国皇家黄金有限公司（Royal Gold, Inc.）：多伦多证券交易所交易代码 RGL；美国纳斯达克交易代码 RGLD。
- 加拿大沙暴黄金有限公司（Sandstorm Gold Ltd.）：多伦多证券交易所交易代码 SSL；纽约证券交易所中小板交易代码 SAND。
- 加拿大沙暴金属与能源有限公司（Sandstorm Metals & Energy Ltd.）：多伦多证券交易所创业板交易代码 SND。

近年来，预购产品流这一曾经颇为“专业”的业务模式已逐渐被私募股权基金（private equity fund）和养老基金（pension fund）所接受，从一个侧面印证了该业务模式的稳健性。

曾有国内从事矿产品贸易的公司对相对于“简单贸易”模式而言的“复杂贸易”感兴趣，产品包销（offtake）与预购产品流都可以视为复杂贸易模式。

五、税务问题

对于作为出售方的矿业公司，仅从税务上看，一般来说，出售产品流较出售权益金（royalty，见本章第七节）税赋更低。很多国家的税法会把出售项目权益金视为出售了项目（矿产资源）的一部分权益（interest），进而其出售所得视为收入（income）而计入当年所得；此外，如果是跨境项目，将来向买方支付权益金时还可能要支付预提税（withholding tax）。而出售产品流交易的是矿山的产品，其协议是一项多年期的产品销售协议，买方前期支付的款项仅仅是预付款，故其税务处理不同。

总的来说，与购买权益金相比，购买产品流涉及的税务问题更多，在交易结构和税务设计上也有更多的避税工具可用，特别是对于跨境项目。当然，涉税问题的风险也大，应该就具体交易的税务和法律架构咨询有经验的律师和税务设计师。

如前所述，对于已预售出去的产品，矿山投产后，预售方收到的价格大幅度低于市场价，不熟悉该模式的税务机关可能对所得税征缴产生疑问。一旦被认定为逃税，可能面临重罚，因此可能有必要与政府事先沟通。

加拿大上市公司普里麦罗矿业有限公司（Primero Mining Corp.，多伦多证券交易所交易代码P，纽约证券交易所交易代码PPP）在墨西哥有一座银矿。按照其与白银惠顿有限公司的预售协议，从2009年8月6日至2014年8月5日，普里麦罗矿业需将其年产量中的350万盎司及350万盎司以上部分的50%以每盎司4美元的价格（该价格每年上涨1%）出售给白银惠顿；2014年8月5日以后，普里麦罗矿业需将其年产量中的600万盎司及600万盎司以上部分的50%以每盎司4.20美元的价格（该价格每年上涨1%）出售给白银惠顿；其余产量将按白银当时的市场价销售。

2011年10月18日，普里麦罗矿业通报，其已向墨西哥税务机关就其已预售部分的白银拟按实际收到价每盎司4美元（而不是按当时的市场价）计缴所得税申请事先裁定。当时普里麦罗矿业在按市场价计税。

当时的白银市场价大约在每盎司30美元。

2012年10月5日，普里麦罗矿业通报，墨西哥税务机关裁定，该公司按实际收到价计税是合适的。

这是讲理和负责任的政府。当日，普里麦罗矿业的股价从前一交易日的5.3加元应声上涨至7.2加元，涨幅35.8%（图4-6）。

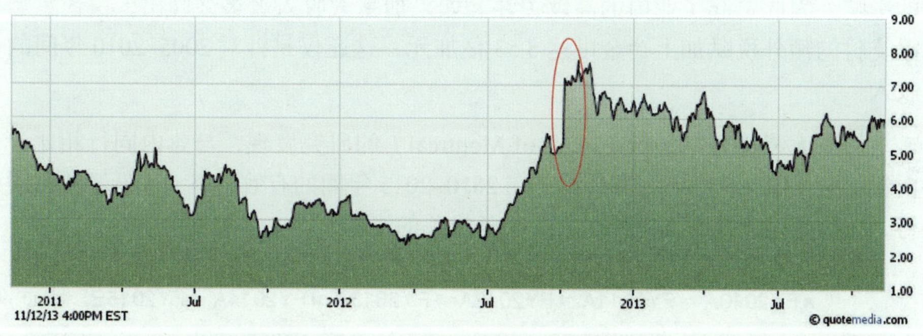

图4-6　普里麦罗矿业三年股价走势图（截止到2013年11月12日）

2015年7月6日，白银惠顿有限公司（Silver Wheaton Corp.，多伦多证券交易所和纽约证券交易所交易代码SLW）公告，公司收到加拿大收入署（Canada Revenue Agency，作者注：相当于国家税务总局）拟按加拿大所得税法审查公司所得税缴纳金额的提议。收入署认为，所得税法中关于转移支付（transfer pricing）的条款适用于公司境外子公司的收入，公司于2005~2010年间的应税所得因此增加约7.15亿加元。

管理层相信，公司已按加拿大税法申报并缴纳税赋。公司拟极力维护自己的税务立场。

次日（因公告于收盘后发出），白银惠顿股票遭遇抛售，股价下跌11.6%，成交量上升（图 4-7）。

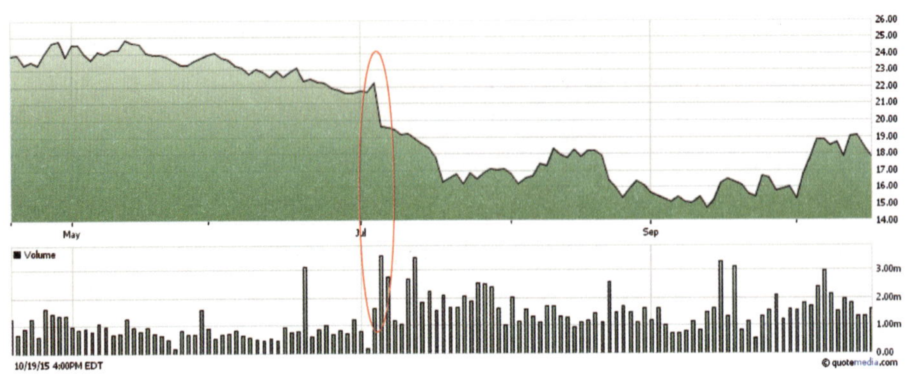

图4-7　白银惠顿6个月股价走势图（截止到2015年10月19日）

没有以往的判例可循，这注定是一场旷日持久的税务大战，打上十年也不奇怪。在结果明了之前一直会是悬在白银惠顿头上的一把剑，不仅白银惠顿将在这一巨大的不确定性中继续开展业务，其结果也将对总部位于加拿大的产品流买方通过其境外子公司购买境外项目产品流的交易结构和税务设计产生深远的影响，因此引起了业内的高度关注。如果加拿大收入署最终胜出，白银惠顿需支付的额外税赋加上罚金可达 3.53 亿加元，这还仅是针对 2005~2010 年间的收入。

加拿大蒙特利尔银行（Bank of Montreal）的研究发现，与业内同行相比，白银惠顿（图 4-8 中第一家公司）在 2010~2015 年间的有效税率大大低于业内同行，大概是这个扎眼的差异引起了税务机关的注意。

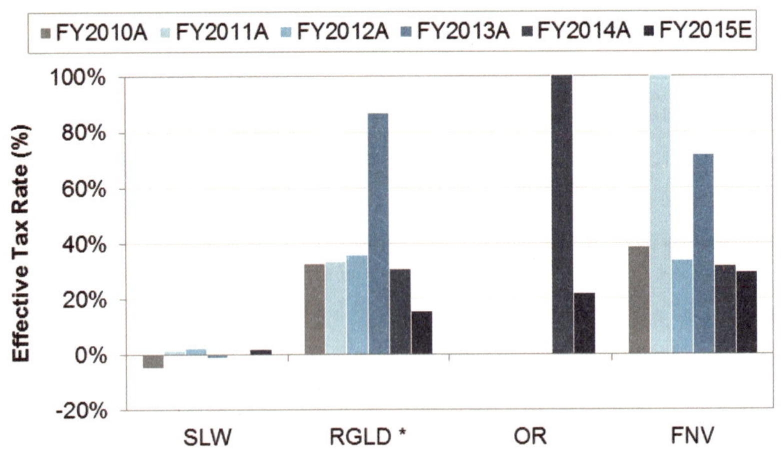

图4-8　四家公司2010年~2015年间的有效税率

资料来源：蒙特利尔银行（Bank of Montreal）

这一差异源于与其他公司相比，白银惠顿的绝大部分收入来自于境外项目的产品流。

白银惠顿系通过在与加拿大没有税务协定的开曼群岛（Cayman Islands）和巴巴多斯（Barbados）设立的子公司签订和执行这些合同，白银惠顿一定就此做了大量法律和税务咨询，但加拿大收入署对白银惠顿应税义务的审核仍然为这些境外税务安排的前景打上了问号。

六、预购产品流模式的演进

随着市场的发展以及矿业公司融资需求的变化，预购产品流的业务模式也在发展与变化，且将来会继续发展与变化。因此，读者应该动态地看待该业务模式。

2013 年 12 月 12 日，加拿大特兰嘉黄金有限公司（Terange Gold Corporation，多伦多证券交易所主板与澳大利亚证券交易所交易代码 TGZ）宣布，与加拿大弗兰克 - 内华达有限公司（Franco-Nevada Corporation）达成预购产品流协议，主要条款如下：

- 弗兰克 - 内华达向特兰嘉黄金提供 1.35 亿美元的资金，其中 1.05 亿美元用于收购特兰嘉黄金已拥有 43.5% 股份的一个合资公司中其合作伙伴持有的其余股份，3 千万美元用于偿还（总额为 6 千万美元的）一半贷款；
- 特兰嘉黄金前 6 年（2014~2019 年）每年出售给弗兰克 - 内华达 2.25 万盎司（0.7 吨）黄金，6 年后每年向弗兰克 - 内华达出售黄金总产量的 6%，售价均为当时市场价的 20%；
- 协议期限 40 年。

特兰嘉黄金的项目都在非洲的塞内加尔。当时已有一个项目在产，2013 年黄金产量约 20.7 万盎司（6.4 吨），稳产总成本（all-in sustaining cost，见第九章第一节）每盎司 1,033 美元。该项交易不仅使其整合了合资公司，增加了资源量和储量，延长了矿山服务年限，可在无需进一步融资的情况下将其产量提高至其一期目标年产黄金 25~35 万盎司（7.8~10.9 吨），且在当时黄金价格低迷、价格波动较大的市场环境中大幅度降低了债务水平，提高了财务上的灵活性。

弗兰克 - 内华达认为特兰嘉黄金 1,200 平方公里的矿权范围内有着巨大的潜力。该项交易不仅因固定量的产品流立即产生现金流，而且因（以百分比的形式与未来产量挂钩的）浮动量的产品流享有未来增产的潜力。6% 的产品流扣除 20% 的市场价黄金收购成本，相当于 4.8% 的“权益金”（见本章第七节），比例不低。

这种以出售现有产品流和预售未来产品流筹集并购资金并偿还贷款的模式较“传统”的预售产品流以筹集项目建设资金的模式略有发展。产品流预购方看好项目潜力，出资帮助矿业公司收购，也享有未来产量增长的利益，相当于一种“期权”投资。

在双方的联合电话发布会上，特兰嘉黄金说这是资金成本最低的融资方式，甚至低于贷款成本。但被进一步问及既然如此为何不扩大预售产品流的规模然后回购股票时，特兰嘉黄金说未考虑这个问题。显然，其功课并未做足，而“资金成本最低”的说法有些冠冕堂皇。大部分预售产品流交易更有利于产品流的买方，作为一种融资方式，卖方（矿业公司）本应与股权融资等其他方式做比较。

预购产品流模式已逐渐为各类投资人所接受。这大概也迫使以此模式开展业务的“专业”公司不断地变化求新。

2013 年 11 月 11 日，加拿大沙泉资源有限公司（Sandspring Resources Ltd.，多伦多证券交易所创业板交易代码 SSP）宣布，与加拿大白银惠顿有限公司（Silver Wheaton Corp.）就总计 1.485 亿美元的交易达成协议。主要条款如下：

- 白银惠顿向沙泉资源支付首期 1,350 万美元，用于其完成位于南美圭亚那的金、铜项目的确定性可研；
- 其余 1.35 亿美元将视确定性可研的结果、项目建设资金的募集情况以及向白银惠顿提供的抵押等条件，待采矿证等所有批件办理完毕，由白银惠顿决定是否继续出资；
- 如果白银惠顿决定继续出资，将在项目建设期分期提供 1.35 亿美元的后续资金，并按每盎司 400 美元的价格购买矿山服务年限内 10% 的黄金产量，且 3 年后该收购价每年调升 1%；
- 如果收到确定性可研的结果后白银惠顿决定不再继续出资，沙泉资源可以选择返还白银惠顿 1,150 万美元并中止协议，或将 10% 的产品流比例降至 0.774%。

这是以预售产品流而为开展确定性可研而融资的一例。与传统的为项目建设融资相比，产品流购买方的投资时点已提前。

该项交易公布之前的两个月，沙泉资源刚刚公布了其项目预可研的结果，看来完成确定性可研还需要相当的投入。虽然很多项目的确定性可研未必较预可研有实质性的出入，视项目的具体情况，毕竟仍然有可能做出一定程度的调整。该项交易因而风险控制的迹象明显。

该项交易可以概括为：

• 白银惠顿用 200 万美元的“入门费”买了该项交易的机会（如果白银惠顿决定不再提供后续资金，而沙泉资源进而决定退还 1,150 万美元并中止协议）；或

• 白银惠顿用 1,350 万美元购买了 0.774% 的产品流（如果白银惠顿决定不再提供后续资金，而沙泉资源进而决定不退款并继续履行协议）；或

• 白银惠顿用 1.485 亿美元购买了 10% 的产品流（如果白银惠顿决定提供后续资金）。

无论如何，沙泉资源融到了开展确定性可研及报批所需要的资金，这在当时已十分低迷的市场环境下实属不易。

近两年来，一些债台高筑的大型矿业公司不得不舍车保帅，出售其优质矿山的产品流，以偿还债务，修补其在矿业低潮的风雨中飘摇的资产负债表。

2015 年 10 月 7 日，加拿大最大的综合性矿业公司泰克资源有限公司（Teck Resources Limited，多伦多证券交易所上市代码 TECK.A/TECK.B、纽约证券交易所上市代码 TECK）将其在安塔米纳（Antamina）铜矿中 22.5% 的权益所对应的伴生矿白银的 90% 预售给了弗兰克 - 内华达：

• 弗兰克 - 内华达先期支付 6.1 亿美元；

• 弗兰克 - 内华达继续按白银现货价的 5% 支付所购白银；

• 泰克交付 8,600 万盎司白银后（约需 30 年），该产品流降低 1/3。

位于秘鲁的安塔米纳是全球第 8 大铜矿，2014 年生产了 34.5 万吨铜、21.1 万吨锌、310 万磅（1,406 吨）钼、1,200 万盎司（373 吨）银，还有些铋和铅，是全球成本最低的铜矿之一。四家股东中的另外三家是必和必拓（33.75%）、嘉能可（33.75%）和三菱（10%）。

泰克之举是在债务的压力下不得已而为之。不到一个月后，嘉能可亦步亦趋。

2015 年 11 月 3 日，全球最大的商品贸易商瑞士嘉能可有限公司（Glencore plc，见第一章第三节）将其在安塔米纳铜矿中 33.75% 的权益所对应的伴生矿白银全部预售给了白银惠顿：

• 白银惠顿先期支付 9 亿美元；

• 白银惠顿继续按白银现货价的 20% 支付所购白银；

• 嘉能可交付 1.4 亿盎司白银后，该产品流降低 1/3 至 22.5%。

从买方的角度来看，这样一笔交易的经济性到底如何？

七、预购产品流的公司的市场表现

如果某个矿业项目的可研得出了一位数的内部收益率，尤其是低端的一位数，管理层是不会把它拿到董事会上讨论的。而这些实实在在的产品流交易，如果用传统的评价体系评价，而不对其所包含的未来产品价格和进一步资源潜力的实物期权（见第五章第四节第五部分）予以量化，那么它的内部收益率着实低得可怜。以白银惠顿和嘉能可的上述交易为例，几家投资银行测算的内部收益率分别为（各家所用的假定条件不尽相同，结果自然也不同）：

	按现货银价	按长期银价
加拿大皇家银行（Royal Bank of Canada）	3.1%	5.1%
蒙特利尔银行（Bank of Montreal）	4.5%	
美国雷蒙德·杰姆斯（Raymond James）	2~3%	

从直觉上说，这些投资是很难说得过去的。然而，市场的现实完全是另一番光景。每完成一单交易，不仅产品流的买方意气风发，俨然又办成了一件大事，各家投资银行的分析师对这低端一位数的内部收益率也讳莫如深，产品流买方的股价却颇受市场认可。

透明、成熟、高效、理性的加拿大资本市场不会这么笨。至少部分原因在于市场对这种相对低风险的业务模式和对未来白银价格的预期所产生的巨大的期权价值的认可，以及相对而言对矿业公司的失望。

作者与白银惠顿的一位高级管理人员的交流颇能说明问题，概括如下：

- 安塔米纳这样的机会实属难得：规模大、矿山服务年限长、成本低、后续资源潜力大，项目所在国政治风险小；
- 白银惠顿并非仅以内部收益率为决策依据；
- 白银惠顿的投资组合中不同项目所用的折现率从5%到17%不等，平均7.5%到8%，安塔米纳的折现率因其质量而位于低端；
- 对于储量和不同级别的资源量，所用的折现率不同。储量：5%（本项目），确定性和推定性资源量：6%，推断性资源量：7%，勘探潜力：更高；
- 先期支付款项财务上视为预付款，完全回收以前无所得税义务；
- 本次产品流的收购资金完全来自于债务性融资，成本为LIBOR + 120~220基点，约2.5%。

这低成本的债务是关键因素。

从矿业公司（泰克资源和嘉能可）的角度看，交易发生之时，市场对其负债水平的担忧远甚于对其产品流价值的关注，因此，市场对于其出售产品流的交易给予了非常正面的评价。从相对估值上看，还是这些产品流，留在矿业公司，市场只给了 6~7 倍的 EBITDA（见第五章第七节），出售给了产品流公司，市场则立即给予了 10~15 倍的 EBITDA。交易双方可谓各得其所。

本章第七节第七部分一并讨论预购产品流的公司的市场表现。

第七节　预售权益金融资

此处的“权益金”一词译自英文的 Royalty，石油行业曾将其翻译成“矿区使用费”。

Royalty 一词在英文里应用极广。从著作权使用费（如书籍和唱片的版税）、专利使用费、商标使用费，到自然资源（石油天然气与矿产）行业里政府向公司收取的“资源税”性质的资源使用费，在英文里都叫作 Royalty。

资源行业里所用的 Royalty 一词源于英国被授予采矿特许权的私人或公司向王室缴纳的税赋或租金，这就是为什么用了一个与王室（royal）有关的词。本书的目的不在于探讨其法理，但从其在各个领域的应用中大致可以看出，Royalty 是由于所有权与商业经营权分离而派生出来的，经营人将其商业行为所获收益的一部分分予所有权人的一种经济利益。在此基础上，Royalty 一词的意义已较原有的内涵有了很大的拓展。

具体到本节所述的业务模式，系指项目权益金的购买方向矿业公司支付一笔前期费用，以换取某一矿山投产后的某种权益金。作为一种投资模式由弗兰克 - 内华达有限公司（Franco-Nevada Corporation）的前身于 1983 年首创以来，该业务模式已非常成熟，且仍在不断发展与演进。

当时还是一名石油分析师的西莫·舒里奇（Seymour Schulich）与弗兰克 - 内华达现任董事长皮埃尔·拉桑德（Pierre Lassonde）发现，石油天然气行业中的权益金模式创造了很高的资本收益率，而该模式尚未见应用于贵金属行业。于是他们融资 200 万美元，创立了弗兰克 - 内华达的前身，购买了当今北美第一大金矿、巴里克黄金（Barrick Gold）旗下位于美国内华达州的金撞（Goldstrike）金矿的一份权益金。当年 200 万美元购买的权益金，迄今已产生近 10 亿美元的现金流，预计在矿山服务年限内会产生总计 12 亿美元的现金流，足以见该业务模式所能创造的巨大的价值。已入选加拿大矿业名人堂（Canadian Mining Hall of Fame）的拉桑德也因此赢得了“矿业先生”（Mr. Mining）的美称。

预购产品流的公司在矿山投产后仍需就其预购的产品按事先约定的价格支付费用，因此有后续的支付义务，而预购权益金的公司则在矿山投产后尽享收入的利益了。这是二者的主要差别。有的公司既预购产品流，也预购权益金。

2013 年 5 月 31 日，加拿大锌业有限公司（Canadian Zinc Corporation，多伦多证券交易所主板交易代码 CZN）宣布，向沙暴金属与能源有限公司（Sandstorm Metals & Energy Ltd.）预售其草原溪（Prairie Creek）项目 1.2% 的净冶炼厂收益（net smelter return）权益金（royalty），融资 1,000 万美元。

此外，如果加拿大锌业在 30 个月内与沙暴金属与能源签订预付金额不低于 9,000 万美元的产品流预售协议，沙暴金属与能源允许加拿大锌业无溢价、无罚金地完全回购上述权益金。

草原溪项目位于加拿大西北领地（Northwest Territories），是一个高品位的铅、锌、银项目，按照 2012 年 6 月的预可研，项目有储量（reserves）520 万吨，平均品位 9.4% 锌、9.5% 铅、151 克 / 吨银，另有推断性资源量（inferred resources）620 万吨，平均品位 14.5% 锌、11.5% 铅、229 克 / 吨银。项目投产后，预计年产精矿含锌金属量 7,600 万磅（约 3.4 吨）、铅金属量 9,000 万磅（约 4.1 吨）、白银 200 万盎司。

1,000 万美元的融资只能供项目投产前的报批、设计之用，对 1.93 亿美元的投资于事无补，但该协议已为日后预售产品流埋下了伏笔，届时可视市场情况决定预售产品流融资的取舍，主动权掌握在加拿大锌业手里。

一、特点及适用性

- 视权益金预购方的兴趣，可以适用于任何阶段的项目。显然，工作程度越高，项目的经济性越明了，权益金的价值也越高。
- 对于勘探和（预）可研阶段的项目，可用于计算的资料有限，预购金额基本由谈判确定。
- 已完成（预）可研的项目，尤其是在产项目，用折现现金流法测算需支付的预购金额，因此对买卖双方是透明的，双方需要谈的只是财务模型中的假定条件，如预测产品价格等。
- 工作程度越低，项目的不确定性越高，权益金价格越低，这是“不确定性”本身的成本。
- 可适用于不同矿种。

二、权益金购买方的风险与利益

- 不承担项目建设投资和后续投资，也因此不承担投资超支的风险。
- 不承担项目生产成本。故以销售收入为基数的权益金购买方不承担成本上升的风险，也不因成本下降而受益。但成本上升会导致利润下降，故以利润为基数的权益金购买方与矿业公司一样承担成本上升的风险，并因成本下降而受益。
- 计算权益金的预购金额用已确定的储量，但权益金的买方一般对项目的进一步勘探潜力，即得以扩大矿山生产规模或延长矿山服务年限的储量增长的部分享有同样的权益，而无须再支付额外费用，也即该模式隐含了储量增长部分的“期权价值”（option value，见第五章第四节第四部分）。预购产品流模式因为与固定量的未来产量挂钩则不享有这种期权价值。这是对于购买方而言权益金在某种程度上优于产品流的一个显著特点。
- 主要风险是项目不能按期投产，或不能投产，或停产。

三、对矿业公司的利弊

- 是一种融资方式，应该与其他融资方式的利弊做比较。
- 与股权融资相比，不稀释公司股权，也因此不稀释其他资产及其进一步增长的价值。
- 收到的前期费用可用于勘探、可研、矿山建设或改善资产负债表，不稀释股权，也不构成债务，保留了公司进一步股权融资与债权融资的灵活性，且无债务压力。

四、以预购权益金为业务模式的较有代表性的公司

- 加拿大弗兰克 - 内华达有限公司（Franco-Nevada Corporation）：多伦多证券交易所和纽约证券交易所上市，交易代码均为 FNV。
- 美国皇家黄金有限公司（Royal Gold, Inc.）：多伦多证券交易所上市，交易代码为 RGL；美国纳斯达克上市，交易代码为 RGLD。
- 加拿大奥西斯科黄金权益金有限公司（Osisko Gold Roylties Ltd.）：多伦多证券交易所上市，交易代码为 OR。

五、矿业行业常见的各种权益金

权益金有多种多样，有的以销售收入为基数，有的以利润为基数，有的以产量为基数，等等。

1. 政府征收的权益金

这是政府向自然资源（石油天然气和矿产）公司征收的“资源使用费”，因此具有“资源税”的性质。按照 Royalty 一词的意义，可以理解为，国家拥有资源，但将资源的商业经营权交给了企业，企业将其经营收益的一部分返还给政府。

政府征收的权益金一般以销售收入为基数，如销售收入的 5%。

2. 商业行为中的权益金

这些权益金牢固地依附于矿权之上，有的历经几十年，矿权几经转手、人事几度变迁，而权益金不受影响，体现了法治社会对物权的保护。

（1）净冶炼厂收益权益金

来自于英文的 Net Smelter Return Royalty，缩写为 NSR。以经过选矿而生产金属精矿为例，NSR 的计算基数一般定义为：将选矿厂生产的精矿售予能将该精矿处理成可销售成品金属的冶炼厂所得的毛收入，减去自该精矿运出选矿厂至售予冶炼厂所发生的运输、保险、取样、化验、冶炼、精炼和销售费用。矿山和选矿厂的操作费用不在扣减之列。

NSR 是勘探类矿权转让常常遗留的“尾巴”，也因此多见于“选择权协议”（option agreement，见第四章第四节）。其缘由是，勘探矿权转让之时，转让方与受让方对项目将来是否能找到矿、矿体规模能有多大、经济性如何等都没有概念，而转让对价往往较低，尤其是现金部分。对转让方来说，要求保留 NSR，总比没有要好；而受让方面对同样的不确定性，往往不介意给予 NSR。久而久之，便成了惯例。

NSR 大多在 0.5% 到 2.5% 之间。

原加拿大艾芬豪矿业有限公司（Ivanhoe Mines Ltd.，现已更名为 Turquoise Hill Resources Ltd.，多伦多证券交易所、纽约证券交易所和纳斯达克上市，交易代码均为 TRQ）于 2000 年 5 月 8 日与澳大利亚必和必拓（BHP Billiton）就必和必拓的蒙古奥云陶勒盖（Oyu Tolgoi）铜 - 金项目签订协议，约定艾芬豪矿业可于七年内分期承担 600 万美元勘探费用并向必和必拓分期支付 500 万美元现金而购得奥云陶勒盖项目，必和必拓保留 2% 的 NSR 权益。

签订上述协议之时，必和必拓于1996~1998年间在5平方公里的范围内做了些物探、化探和地质填图工作，并打了23个金刚石钻孔。这是典型的勘探项目，双方对前景都没有明确的认识。

2003年11月3日，双方达成协议，艾芬豪矿业以3,700万美元的代价收购了必和必拓所保留的2%的NSR权益。

当时奥云陶勒盖项目尚在勘探阶段（见第三章第五节）。一周以后的2003年11月10日，艾芬豪矿业发布了项目的最新资源量：在0.4%的铜当量品位下，矿量13.6亿吨，平均品位1.04%铜、0.15克/吨金，含金属量1,414万吨铜、643万盎司金。

对于一个已成功运作起来的项目来说，NSR的价值可见一斑。

（2）净利润权益金

来自于英文的Net Profit Interest Royalty或Net Proceeds Interest Royalty，缩写为NPI。仍以经过选矿而生产金属精矿为例，NPI的计算基数一般定义为：选矿厂的销售收入减去生产精矿所发生的所有采矿、选矿和销售成本。

一般来说，NPI在矿山收回投资后才开始支付。

NPI大多在10%到20%之间。

（3）其他类型的权益金

除上述常见的NSR和NPI权益金外，还有下述名称的权益金：

- 毛收益权益金（Gross Proceeds Royalty）
- 冶炼厂毛收益权益金（Gross Smelter Return Royalty）
- 总值权益金（Gross Value Royalty）
- 净值权益金（Net Value Royalty）
- 选矿权益金（Milling Royalty）：拥有选矿厂的一方为另一方提供选矿（矿石加工）服务所收取的费用。

理论上说，只要买卖双方同意，双方可以定义任何其他权益金。权益金的名称并不重要，重要的是其实质性的内容。

六、权益金协议

虽然NSR和NPI是矿业行业中常见的权益金，就其含义业内也有约定俗成的惯例，但并无标准的、严格的法律意义上的定义。此外，勘探矿权的权益金是典型的前人栽树、后人乘凉。权益金协议的签订与实际开始支付可能相隔多年，此间矿权可能被几度转手，拥有矿权的公司可能几经并购，当年的当事人可能已不再参与甚至已不在人世，如果协议条款笼统或模糊，极易引起争议。因此，在签订协议之时一定要不惜笔墨，把具体内容定义清楚，哪些收入项应该计入，哪些费用项应该扣减，附上计算公式，乃至于附上计算示例，以免日后争议。

全球最大的铁矿石生产区澳大利亚西澳州（Western Australia）皮尔巴拉（Pilbara）地区当年的矿业先锋朗·汉考克（Lang Hancock）和彼得·莱特（Peter Wright）早已作古。两位老先生在20世纪五六十年代作为合作伙伴在该地区的铁矿石勘探方面做了很多开拓性的工作，他们在六十年代通过一系列协议将其共享矿权出售给了现在的全球第二大矿业公司力拓（Rio Tinto），并于1970年签订了权益金协议，保留了2.5%的权益金。他们的后人均因此日进斗金的权益金而成为巨富，汉考克的独生女吉纳·莱茵哈特（Gina Rinehart）更是因此多年蝉联澳大利亚首富（见第四章第三节）。后来力拓以20世纪70年代中期曾失去恰那（Channar）和东草场（Eastern Range）矿权（图4-9）为由，拒绝支付该二矿权上的权益金。莱茵哈特与莱特的子女虽然彼此之间在其他矿权上也有涉及巨额经济利益的旷日持久的官司，但在就上述权益金与力拓之间多年的诉讼中结成了“统一战线”。历经澳大利亚新南威尔士州高级法院、上诉法院和澳大利亚最高法院，2015年10月，澳大利亚最高法院做出终审判决，力拓败诉。从签订权益金协议，到矿山投产、发生争议、诉讼、上诉、终审判决，跨度达45年之久。

图4-9 力拓的东草场矿权

资料来源：力拓（Rio Tinto）

一份规范的权益金协议（Royalty Agreement）有很多其他细节需要考虑与明确，比如：

- 对权益金所附着的矿权做进一步约定：权益金协议签订之时，矿权可能只是探矿权，权益金协议是否适用于将来从该探矿权或该探矿权经延续、分拆、变更后而获得的所有采矿权；
- 是否约定权益金协议也适用于权益金所附着的矿权外围一定的范围（如一公里），以涵盖矿权扩展的情况；
- 如果矿权发生转让、出售或抵押，权益金如何得到保护；
- 如果矿权人拟放弃矿权，权益金所有人有何权利；
- 如果矿权人破产，权益金所有人有何权利；
- 如果矿权因矿权人疏忽或违法而至灭失，权益金所有人有何权利；
- 如果权益金所有人转让其权益金，矿权人是否有优先购买权；
- 权益金支付的时间与方式；
- 矿权人应提供的计算权益金所需的资料；
- 权益金所有人的审计权利；
- 权益金所有人是否有权要求以矿产品实物支付权益金；
- 是否允许矿权人将权益金所附着的矿权产出的矿石与其他矿石配矿；如果允许，权益金如何计算；
- 矿权人是否有权购买部分或全部权益金，价格如何；
- 矿权人做套期保值的情况下权益金如何处理；
- 权益金是否适用于尾矿。

谈判权益金协议时，应该请有经验的顾问和律师帮助把关。

七、预购产品流和 / 或权益金的公司与矿业公司的市场表现

对比预购产品流和 / 或权益金的公司与矿业公司的股价走势可以看出，前者明显优于后者。这应该是这两种业务模式屏蔽于矿山运营的作业风险和矿业公司的财务风险的这一内在特点的直接结果 – 他们的收入来自于矿业公司的“顶线”（top line，收入），而不是“底线”（bottom line，利润）。

加拿大蒙特利尔银行（Bank of Montreal）对此所做的深度研究表明，预购

产品流和/或权益金的公司各种相对价值指标（见第五章第七节）确实高于矿业公司，即较矿业公司有一定的溢价。这种现象在矿业市场的下行期间表现得尤为突出。从直觉上说，在矿业市场的上行期间，趋势似乎应该相反。其实不然，预购产品流和/或权益金的公司的股价表现仍然优于矿业公司，且基于同样的原因 – 没有对投资和成本的直接敞口、不必大量增发新股而稀释老股东、债务成本低或无须大量举债、对后续勘探的成功享有免费的期权利益。

蒙特利尔银行的研究还表明，预购产品流和/或权益金的公司的股价表现不仅优于矿业公司，也优于黄金和白银金属本身以及以它们为依托的交易所交易基金（ETF，见第一章第三节）等投资产品。

图 4-10 是几家黄金公司、几家产品流和/或权益金公司和黄金金属 ETF 过去 10 年（截止到 2017 年 6 月 9 日）的相对表现：

- 黑色：加拿大巴里克黄金（Barrick Gold，ABX）；
- 红色：加拿大金业公司（Goldcorp，G）；
- 橙色：美国纽芒特矿业（Newmont Mining，NEM）；
- 蓝色：加拿大弗兰克 - 内华达（Franco-Nevada，FNV）；
- 紫色：美国皇家黄金（Royal Gold，RGLD）；
- 褐色：加拿大惠顿贵金属（Wheaton Precious Metals，WPM）；和
- 绿色：黄金 ETF（SPDR 黄金信托，GLD，见第九章第三节第三部分）

图4–10 黄金矿商、产品流和/或权益金公司和黄金ETF股价走势图

确实分野明显。

业界已充分认识到预购产品流和/或权益金模式相对于矿业公司的优势，可以预期，会有更多资金涌入该领域。

第八节　其他业务模式与融资方式

除了传统的从勘探、开发到生产的矿业公司模式以外，加拿大市场上还有几种相对而言非常规的矿业投资模式，本章第六节和第七节介绍了其中的两种。依作者之见，其中有的投资模式与传统的矿业公司模式相比可能更适合国内投资人。有意思的是，这些业务模式在澳大利亚等其他也较活跃的矿业市场上并不多见，从侧面凸显了加拿大作为全球矿业资本市场的中心地位。

这些已运营多年的业务模式早已成熟，但仍然在随着市场环境的变迁而不断演进，读者应动态地看待它们。

一、公司“孵化器”模式

这种模式的运作团队通过提供种子资金（seed capital）和 / 或管理服务的方式把矿业项目运营起来，并将其推向上市而充分利用资本市场释放和实现股东价值。

成功的团队有很强的市场洞察力和前瞻性，融资能力强，有技术、法律、并购、融资、运营、公司与项目推介等各方面强大的后台支持。因其优势，他们项目源充足，也因此有很强的议价能力。对投资于他们所孵化的公司的投资人来说，则可能因他们很强的运作能力而付出较高的“管理层溢价”（management premium）。

1. 运作方式

- 首先拿下项目，比如，可以用“选择权协议”（option agreement，见第四章第四节）的方式锁定项目。
- 理论上说，不同工作程度的项目均可运作，但鉴于其涉及的前期资金有限，一般以工作程度较低的项目为多。这就需要运作团队有较强的项目甄别与筛选能力，而这种能力也正是这些团队的优势之一。
- 可能投入少量资金适当提高项目的工作程度，但更多的是对项目的资料重新梳理，以挖掘项目的潜力。
- 把项目推向上市，并安排项目公司的董事会和管理层，至少在初期对项目公司有较强的影响力和控制力。随着上市公司的不断融资，原始股东所占股份逐渐稀释（很多情况下公司价值已有大幅度提高），有的公司会逐渐从原运作团队独立出去。

2. 公司孵化器模式较有代表性的公司：

- 汉特·迪肯森有限公司（Hunter Dickinson Inc.），英文缩写为 HDI，未上市。
- 福布斯·曼哈顿（Forbes & Manhattan），未上市。
- 王湾西部管理有限公司（King & Bay West Management Corp.），未上市。从字面上看，其名称可能来源于加拿大多伦多两条著名的街道 - 国王街（King Street）和湾街（Bay Street）。湾街在加拿大的地位相当于美国的华尔街（Wall Street），是加拿大的金融街。王湾西部管理有限公司系从其原名西部福布斯（Forbes West）更名而来。
- 吉姆图资本有限公司（Zimtu Capital Corp.，多伦多证券交易所创业板交易代码 ZC）。

二、项目“孵化器”模式

项目孵化器一词来自英文的 project generator 或 prospect generator。

与公司孵化器模式相比，公司孵化器的运作公司是项目的买方，而项目孵化器的运作公司是项目的卖方。

1. 运作方式

- 以自己申请或收购等方式取得认为有勘探前景与潜力的探矿权，一般是工作程度很低的“草根”（grassroot）项目，故需要运作团队有较强的勘探地质背景。
- 投入少量资金做些初步工作，如化探、物探、槽探、地质填图等，尤其侧重于揭示项目的前景与潜力，有的会做到选好钻探靶区，可以开始钻探的程度。
- 对于前景与潜力最好的项目，可能选择自行运营、融资、上市等，此后其模式与公司孵化器模式相同。
- 对其大部分项目会寻求外部合作，比如，作为“选择权协议”（option agreement，见第四章第四节）的项目供给方引入合作伙伴，由合作伙伴承担需要投入较大资金的钻探等进一步勘探工作。
- 合作伙伴会要求项目的控股权，其在项目上的权益会随着其投入的不断增加而逐渐上升，且一般会接管项目运营。

- 作为对价的一部分，项目孵化器公司可能要求合作伙伴支付一部分现金或股票，藉以收回一部分乃至全部前期投入，并要求合作伙伴承诺后续勘探投入，以提高项目价值。有些情况下也可能直接出售项目。
- 即使后续勘探不成功，项目孵化器公司的前期投入也较小；而如果后续勘探成功，则可以享有巨大的增值收益。
- 一般会保留一定的项目权益金（royalty），或在项目达到一定工作程度（如完成可研）之前保留项目的少量权益（如 20%），日后出售项目权益金、项目权益或合作伙伴公司的股票所得收益可以作为公司进一步发展的资金来源。一个项目的成功即可能支持项目孵化器公司的多年运营。
- 对于合作伙伴来说，则大大缩短了前期项目筛选的时间，投入资金即可以开始钻探。

项目选择是这种模式的关键。选择的项目要能够“卖”得出去，吸引到投资人，这种模式才成立。

2. 项目孵化器模式较有代表性的公司：

- 战略金属有限公司（Strategic Metals Ltd.，多伦多证券交易所创业板交易代码 SMD）。
- 过渡金属有限公司（Transition metals Corp.，多伦多证券交易所创业板交易代码 XTM）。
- 河边资源有限公司（Riverside Resources Inc.，多伦多证券交易所创业板交易代码 RRI）。
- 阿尔梅登矿产有限公司（Almaden Minerals Ltd.，多伦多证券交易所交易代码 AMM、美国 NYSE MKT 交易代码 AAU）。
- 米拉索尔资源有限公司（Mirasol Resources Ltd.，多伦多证券交易所创业板交易代码 MRZ）。

该模式的成功案例较多，且进入门槛低，因此已被很多公司采纳。

三、投资基金模式

投资人对被投资公司做股权投资，有些情况下甚至为不提名董事的“被动”（passive，即不参与决策和管理的）投资，一般持股比例在 20% 以下，主要通过被投资公司的股价升值获得收益。

有代表性的公司：

- 斯普罗特有限公司（Sprott Inc.，多伦多证券交易所交易代码 SII）及其关联公司。
- 松树资本有限公司（Pinetree Capital Ltd.，多伦多证券交易所交易代码 PNP）。

四、供应商融资

供应商融资（supplier financing 或 vendor financing）是供应商为销售自己的产品或服务而为买方提供资金支持，允许买方延迟付款的一种安排。大型设备生产厂家，如卡特彼勒（Caterpillar Inc.），一般有自己的财务公司，为销售自己的产品而针对客户的具体情况向客户提供各种融资安排。各大汽车公司以销售汽车为目的的“汽车金融”（Auto Finance）便是典型的供应商融资。

承包商带资建设也是供应商融资的一种。

此外，一个项目中的某些子项目本身即可以成为一种单独的业务，最典型的就是矿业项目中的发电业务。

2015 年 6 月 3 日，加拿大阿森科黄金有限公司（Asanko Gold Inc.，多伦多证券交易所主板和纽约证券交易所中小板交易代码 AKG）发布新闻稿，与一家加纳独立的供电运营商签订供电协议，为其位于加纳的黄金项目一期供电。该供电运营商将在其项目附近建设一座 19.2 兆瓦的电厂，并为其一期项目在矿山服务年限内以固定价格供电 17 兆瓦。

这种协议应该是双方互相尽职调查的结果。阿森科黄金需要确信该供电运营商在技术上和经济上有能力兑现协议条款，而该供电运营商则需要确信矿山的可行性和支付能力。一方出了问题会给另一方造成损失。

上述协议签订之时，阿森科黄金的项目可研、债务性融资和自有资金（股权）融资均已完成。稳定而可靠的供电无疑是矿山投产的关键。

供应商融资的项目审查标准与风险控制和贷款类似，既要对项目的可行性有必要的论证与核实，也需对项目的后续支付能力以及在不能支付后续资金的情况下的担保、抵押等做出安排，这一点对带资建设尤为重要。如果说设备供应商尚可以拿走设备作为风险控制的最后的手段，工程承包商的风险控制则没有这么简单和便利了。

五、融资租赁

融资租赁（Finance Lease 或 Capital Lease）也是较为常见的一种资金融通方式。它的特点是：

- 承租方（用户）确定租赁标的物（租赁资产）；
- 出租方买下该项资产，拥有该项资产的产权，并将该项资产出租予承租方；
- 承租方分期付款，且有权在一定的租赁期限后买断该项资产的产权。

作为一项业务，出租方（融资租赁公司）挣的就是利息。

对融资租赁的反向应用是，在遭遇流动性困难之时将一项资产变现而出售给融资租赁公司（以解决流动性问题），然后再把该项资产租回来，相当于以后续租金换取当下的流动性。

六、出口信贷

出口信贷是一种国际信贷方式，是一国政府为了支持本国设备或工程服务的出口而向本国设备生产商、工程承包商或国外进口商（买方）提供贷款的一种融资方式。

出口信贷一般由政府所有的金融机构（如政策性银行）等实施，往往有利息补贴、信贷担保等优惠。

七、其他

矿业公司和某个矿业项目的融资会就资金成本和融资的确定性兼顾和平衡上述各种融资方式，以期使股东利益最大化。而实际操作中则必须考虑到融资时资金市场上的情况，以不至于错过某种资金或某笔资金可能相对有限的时间窗口。已经完成可研而为项目建设融资之时各种融资方式的平衡和融资次序，既有其科学性，也有其艺术性，某项融资可能以其前项融资或后项融资为提款条件。

国内较常见的投资人（潜在股东）与公司之间的“对赌协议”在国际矿业市场上不算流行。

对赌可以理解为对未来预期经营成果的不确定性予以事先量化，进而根据未来的实际经营成果进行估值调整。对赌一般在交易双方均有真诚而强烈的交易意愿，但对未来市场走势或经营成果预期有较大差异的情况下发生。卖方希望保留对其未来预期的一定的“期权”价值（optionality，见第五章第四节第四部分），而买方不愿意在尚有较大的不确定性之时提前支付溢价。

收购方向被收购方视被收购项目未来矿产资源量的规模追加收购价或送业绩股（performance shares）在南美并不罕见，尤其是针对铁矿石、钾肥等资源潜力相对较容易判断的矿种。加拿大与澳大利亚的矿业市场上也有就某些未来的不确定性（如资源量规模、矿产品价格等）安排“或然对价”（contingent consideration）或有条件“延期付款”（deferred payment）的情况，也就是国内所说的对赌，但总的来说不算流行。

2014 年 10 月 6 日，加拿大兰鼎矿业有限公司（Lundin Mining Corporation，多伦多证券交易所主板交易代码 LUN）公告，公司将从美国自由港 - 麦克莫兰有限公司（Freeport-McMoRan Inc.）购买其位于智利的坎德拉里亚（Candelaria）铜矿项目 80% 的权益，交易价格为 18 亿美元现金及总计最高 2 亿美元的或然对价。该或然对价的计算方式为，如果未来 5 年间任意一年的年度平均铜价超过每磅 4 美元，该年度净销售收入的 5% 计为或然对价。

其中最高可达 2 亿美元的或然对价就是和年度平均铜价挂钩的对赌价。

第五章

矿业项目估值和矿业公司投资价值分析

估值（valuation），国内一般称为评估，是一个既有意思又让人颇感困惑的问题。有意思的在于，业内人士无不希望自己对矿业项目的价值有个不错的判断。尤其是一项交易的双方，买方希望以尽可能低的代价拿到项目，以给自己留有足够的盈利空间，而卖方则希望把项目的价值甚至于项目的潜力充分实现出来。令人困惑的是，即使都是专业估值师，对同一项目价值的判断也可能大相径庭。

秘鲁托奇帕拉（Toquepala）铜矿

第一节　估值的目的

估值的目的大抵有以下几个：

一、作为交易的依据

无论是否需要出具正式的估值报告，每一项交易都明含或暗含估值的问题。

对于某些交易，法律法规或交易所上市规则可能规定必须有正式的估值报告（不同国家的法律法规、不同交易所的上市规则会有所不同），有些则是董事会出于保护股东（当然也是保护董事会）的考虑而自愿安排的估值。比如：

- 关联交易，如上市公司与实际控制人股东之间的交易，为保护其他股东的利益，一般需要有独立估值报告的支持；
- 收购兼并，尤其是善意收购下的被收购方，可能需要委托独立的第三方出具估值报告或公平意见（fairness opinion）（见第三章第八节）；
- 资产注入，上市公司收购一项资产，收购后原资产所有权人成为上市公司的实际控制人，这种“反向收购”（reverse takeover）或“后门上市”（back-door listing）可能需要正式估值报告的支持；
- 合作伙伴之间的商业安排，如合资合作、一方在何种情况下收购另一方的权益等，出具估值报告大多是合作伙伴之间的商业安排，而不是法律法规的要求。

一般来说，上市公司定向增发股票不需要正式的估值报告，而是在其当前股价的基础上通过谈判给予适当的折扣或溢价，确定投资人入股的价格。其隐含的意义是，市场已经以当前股价的形式为股票提供了估值。

二、信息披露的要求

比如，公开招股时，作为信息披露的一部分，招股说明书可能需要附有估值报告。

三、作为政府征税的依据

有些情况下政府征税也可能需要估值报告的支持，比如：

- 按照澳大利亚税法，一项交易的买方需缴纳数额不菲的印花税（stamp duty），但很多交易并不是简单地出资多少取得多少权益那么直截了当，而是附带各种条件，进而产生了各种不确定性，税务机关和/或当事公司都可能委托第三方做正式估值；
- 矿业资产作为遗产，遗产继承人缴纳遗产税的需要。

四、会计报表的需要

会计报表上资产的价值需要定期重新核定。大多数情况下财务部门自行核定，在法律法规要求，或不能说服外部审计师的特定情况下，也可能请独立的估值机构做估值。

五、仲裁与诉讼

仲裁与诉讼当事人可能安排正式估值，或仲裁庭或法院可能要求第三方独立估值。

六、其他

如资产处置、破产清算、强制收购（compulsory acquisition）、保险索赔、政府征用等，也可能需要估值报告的支持。

第二节 估值的定义

估值首先要面对的问题即是估什么值。

同一项资产，在不同情况下或为不同目的，可能会有不同的估值，如市场价值、公允价值、公平市场价值、清算价值、投资价值、重置价值、残值、账面价值等。比如：

- 市场价值（market value）：一般指自愿买方和自愿卖方在具备相应知识且谨慎行事、不受胁迫的情况下进行交易时，交易标的换手的可能的价格；

- 有序清盘价值（orderly liquidation value）：在卖方必须卖出，经过较充分（比如，3~6个月）的广告宣传后，买卖双方经过秘密谈判最可能达成的交易价格；
- 强制清盘价值（forced liquidation value）：在卖方必须卖出，经过适当（一般时间较短）的广告宣传后，经公开拍卖最可能达成的交易价格。

而按照国际财务报告标准（International Financial Reporting Standards，缩写为 IFRS），财务报表上体现的价值应为“公允价值”（fair value）。

本节所述估值系指公平市场价值（fair market value）。这是为市场交易做参考的价值，因此可以说是交易价值。

公平市场价值，像很多耳熟能详的概念一样，也没有一个业界已普遍接受的公认的定义。即使是澳大利亚和加拿大这两个矿业文化悠久、矿业法律法规和上市规则相对健全的国家，就矿业资产的估值而言，对公平市场价值的定义也略有不同。

结合业界的实践，作者认为可以如下定义“公平市场价值”：

公平市场价值是指，无关联的自愿买方和自愿卖方，在具备相应知识且谨慎行事、不受胁迫的情况下进行交易时，估值对象在评估基准日的价值的估计数额。

公平市场价值的要素为：

- 自愿买方与自愿卖方：是正常商业行为；
- 具备相应知识：包括在不具备相应知识的情况下咨询有关专家；
- 谨慎从事：是理性的交易行为；
- 不受胁迫：没有强买强卖，也不是在债务缠身或法院强制拍卖情况下的“甩卖”行为；
- 评估基准日：有很强的时间性；
- 估计数额：谁也不敢说百分之百的准确。

结合上述定义与其各要素，联想到形形色色的非市场行为的“整合”故事，作者禁不住一次次哑然失笑。

并非每一项交易都会满足上述各要素，因此，并非每一项交易都会按公平价值交易。好在这并不妨碍交易的进行。

正式的估值报告需要有资质的专业估值师出具。估值是我们常常要面对的问题，但并非总是需要正式的估值报告。

应该注意的是，对同一术语，不同文件中的定义可能不同，或有些非常细微的差别；而不同术语却可能有相近的意义。因此，在很多情况下，应该明确所用术语的意义。

第三节　矿业项目估值标准

和矿业行业信息披露标准类似，在矿产项目估值方面，澳大利亚、加拿大和南非这三个国家也走在了世界的前列，分别相继推出了国际上著名的矿业项目估值标准：

- 澳大利亚 VALMIN 标准；
- 加拿大 CIMVaL 标准；
- 南非 SAMVAL 标准（The South African Code for the Reporting of Mineral Asset Valuation（The SAMVAL Code）（南非矿业资产估值披露标准（SAMVAL 标准）））。

从广泛意义上说，这些标准在根本原则和总体思路上是一致的。

此外，矿产储量国际报告标准委员会（Committee for Mineral Reserves International Reporting Standards，缩写为 CRIRSCO）也推出了国际矿产估值标准（International Mineral Valuation Standards）。

本书重点介绍澳大利亚 VALMIN 标准和加拿大 CIMVaL 标准。

重要提示

本节并不是对 VALMIN 标准与 CIMVaL 标准的全面解读，而仅是对作者认为重要的理念及内容的简要介绍。希望对 VALMIN 标准与 CIMVaL 标准做全面了解的读者需寻求其他途径。

一、澳大利亚 VALMIN 标准

全称为《澳大拉西亚矿业资产技术评价与估值公众报告标准》（Australasian Code for Public Reporting of Technical Assessments and Valuations of Mineral Assets），自 1995 年第一版推出以来，已于 1997 年、2005 年和 2015 年三度修订，

最新的版本于2015年修订后于2016年1月30日生效，是JORC标准（见第二章第二节第一部分）的姊妹标准。

VALMIN标准集合了编制有关矿业资产的“公众报告”（Public Reports，见下方）的根本原则、强制性要求和推荐采用的业务惯例。最新修订后的版本与上一版本在根本原则上没有改变，但在结构与形式上更具可读性，与2012年修订后的《JORC标准》、澳大利亚《公司法》（Corporations Act 2001）、证券监管机关澳大利亚证券与投资委员会（Australian Securities and Investments Commission，缩写为ASIC）制定的《监管指引》（Regulatory Guides）、澳大利亚证券交易所（Australian Securities Exchange）《上市规则》（Listing Rules）以及其他国家的类似标准的契合度更高。

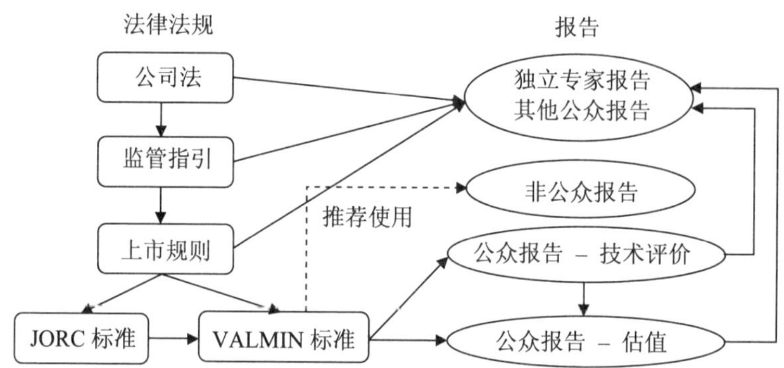

图5-1 法律法规、JORC和VALMIN标准与各种报告的关系

与JORC信息披露标准类似，澳大利亚VALMIN估值标准也是全球矿业项目估值的鼻祖，加拿大和南非等后来者无不借鉴其精髓。当然，VALMIN的修订版也借鉴其他国家的最新成果。

1. VALMIN标准的根本原则

与JORC标准一样，VALMIN标准的根本原则包括资质、实质性和透明性。

◇ **资质（Competence）：**

要求公众报告基于受可强制执行的专业性职业道德规范（Code of Ethics）约束的、有合适的资质的、有经验的人士所做的工作。

◇ **实质性（Materiality）：**

要求公众报告包含投资人及其专业顾问为就所披露的技术评价和矿业资产估值做出理性的、均衡的判断所合理地需要的和合理地预期能够在报告中找到的所有有关信息。

◇ 透明（Transparency）：

要求公众报告向其读者以清楚而不含糊的方式提供足够的信息，使读者明白报告的内容，而不致被该信息误导或因报告中遗漏实质性信息而受到误导。

VALMIN 标准对这些看起来似乎有些空泛的原则都提供了进一步的要求、指引、责任以及与其他法律法规有关条款的契合。

除了上述根本原则以外，VALMIN 标准也对合理性和独立性做了附加要求。

◇ 合理性（Reasonableness）：

要求技术评价和估值中在参数的选取上公正、理性、现实且合乎逻辑，以至于基于同样的资料其他从业者会得到相似的结果。

◇ 独立性（Independence）：

要求在所评价或估值的矿业资产中无任何现有和或然利益，与委托方及其有关各方无任何关联，以不至于产生偏见。

VALMIN 标准要求，编制公众报告的费用必须予以披露，且不能与报告的结论以及是否达到原委托目的挂钩。

2. 公众报告（Public Report）

公众报告是指向投资人或潜在投资人及其顾问提供信息，或按法律法规要求而出具的报告，包括但不限于年报、季报、新闻稿、信息备忘录、技术评价报告（Technical Assessment Report）、估值报告（Valuation Report）、独立专家报告（Independent Expert Report）、公司网站上的资料和公司介绍材料。

其中的独立专家报告是在特定的情况下按公司法或上市规则要求编制的，VALMIN 标准则对技术评价报告与估值报告单独分章论述。

- 技术评价：是由专家编制的对标的矿业资产的技术方面的评价；
- 技术评价报告：对可能影响标的矿业资产的经济价值的因素做技术评价；
- 估值：是确定标的矿业资产在评估日的货币性价值的过程；
- 估值报告：对标的矿业资产的货币性价值表述意见，但不包括对有关证券的价值做出评述。

即，VALMIN 标准涉及的是矿业资产价值评估，而不是证券（比如，股票）价值评估。这是对 2005 年 VALMIN 版本的一个重大调整，不知是否借鉴于加拿大的 CIMVal 标准（见下面第二部分）。

3. 价值

上一节提到，只要估值，就涉及估什么值的问题。VALMIN 标准主要涉及的是“技术价值”和“市场价值”。

◇ **技术价值（Technical Value）：**

是在业内人士（从业者）认为最恰当的假定条件下得出的标的矿业资产未来的净经济利益在评估日的价值，不包括因市场因素而产生的溢价或折价。

VALMIN 标准中的技术价值的意义与国际估值标准委员会（International Valuation Standards Council，缩写为 IVSC）定义的“投资价值”（Investment Value）的意义相近。

◇ **市场价值（Market Value）：**

是在经过适当的推介之后，无关联的自愿买方和自愿卖方之间，在双方均具备相应的知识、谨慎行事、不受胁迫的情况下进行交易时，标的矿业资产在评估日应当换手的货币量值的估计数额（或其他对价形式的等值货币）。

VALMIN 标准中的市场价值的意义与国际估值标准委员会定义的同一术语的意义相近，而在澳大利亚的其他法规中则可能称为公允价值（Fair Value），在 VALMIN 以前的版本中则称为公平市场价值（Fair Market Value）。

市场价值可能高于或低于技术价值。VALMIN 标准则要求在公众报告中披露二者之差及其原因。

通俗地说，技术价值是价值，市值价值是价格。

4. 估值方法

VALMIN 标准也对已被广泛接受的三大估值途径（Valuation Approach）做了阐述，而对每一估值途径下的具体的估值方法（Valuation Method）除举例说明以外并未详细列举，估值方法的选用客观上便由从业者自己掌握了，这大概也是比较现实的做法。

◇ **市场途径**

主要基于在市场上置换的理念 – 将标的矿业资产与公开市场上相近的时间内、相似的情况下、类似的矿业资产的交易价值相比较。

该估值途径下的估值方法包括（但不限于）可比交易法、合资条款法等。

◇ **收益途径**

基于现金流 – 分析标的矿业资产的预期收益或现金流。

该估值途径下的估值方法包括（但不限于）折现现金流法、收益法等。

◇ **成本途径**

基于成本对于价值的贡献的理念 – 以在标的矿业资产上已投入的成本为基础。

该估值途径下的估值方法包括（但不限于）历史成本法、重置成本法等。

5. 估值途径的适用性

VALMIN 标准把矿业项目分为如下几类：

◇ **早期勘探项目**（Early-stage Exploration Projects）：

已见矿或尚未见矿，尚未估算资源量。

◇ **高级勘探项目**（Advanced Exploration Projects）：

已做大量勘探工作，确定了详细取样、槽探、钻探等进一步工作的勘探靶区；可能已估算或尚未估算资源量，但将在至少一个勘探前景区安排足够的工作量，以对其成矿类型有较好的理解，并促成为至少一个勘探前景区安排进一步工作量，以估算资源量。

◇ **预开发项目**（Pre-Development Projects）：

已估算资源量，但尚未做开发决策。已有资源量，但处于早期评价阶段、尚未决策进入开发、已停产或为维护矿权而保留的项目可归入此类，即使未安排进一步工作量。

◇ **开发项目**（Development Projects）：

已决策投入建设或生产，但尚未投运或达产；项目的经济可行性至少已由预可研论证。

◇ **生产项目**（Production Projects）：

矿山、选厂等已投运，在生产。

表 5–1　VALMIN 标准下各估值途径的适用性

估值途径	勘探项目	预开发项目	开发项目	生产项目
市场途径	适用	适用	适用	适用
收益途径	不适用	有些情况下适用	适用	适用
成本途径	适用	有些情况下适用	不适用	不适用

估值时应该至少用两种估值途径，说明选用原因，并比较其结果。如果用两种估值途径并不现实，应该清楚地说明其原因。

与 JORC 标准一样，VALMIN 标准明确禁止在公众报告中用地下金属量乘以金属市价得到的原地价值（in situ value）这一极具误导性的概念。

VALMIN 标准也对资源量和储量在估值中的用法做了阐述。

VALMIN 标准要求考虑到各种不确定性而确定一个不太宽泛的价值范围，并给出一个最可能的值。

二、加拿大 CIMVaL 标准

全称为《矿产项目估值标准与指引》（Standards and Guidelines for Valuation of Mineral Properties），于 2003 年 2 月生效。

与 NI 43-101 标准（见第二章第二节第二部分）推出的背景类似，CIMVal 标准也是在布莱克斯矿产诈骗丑闻（见第九章第四节）爆发之后，在加拿大安大略证券委员会（Ontario Securities Commission）和多伦多证券交易所（Toronto Stock Exchange）的推动下推出的。

与 VALMIN 标准和 JORC 标准的关系类似，CIMVal 标准也可以看成是 NI 43-101 标准的姊妹标准，是从矿产项目估值的角度对 NI 43-101 标准的加强。

由于相互借鉴，CIMVal 标准与 VALMIN 标准有很多相似性，尤其是在根本原则和核心理念方面。事实上，由于 VALMIN 推出得更早，在 CIMVaL 推出以前，加拿大的很多从业者即已按 VALMIN 标准估值。

1. 结构与适用性

CIMVaL 标准分为两大部分 – 标准（Standards）和指引（Guidelines）：

- 标准是强制性的，包括术语、程序、内容的规范化等
- 指引是非强制性但强烈建议应该遵循的指引和最佳业务惯例，包括评估途径、评估方法的选用；资源量、储量在估值中的考虑即估值途径的选用；建议估值报告采用的目录等。

CIMVal 标准明确地说明，该标准适用于矿产项目的估值，但不包括拥有该矿产项目的矿业公司的估值。

2. 根本原则

CIMVal 标准的指导思想是，矿产项目的估值必须由有恰当资质的人士承担，

所有有关信息必须予以充分披露。与 VALMIN 标准一样，这一指导思想具体体现在实质性（Materiality）、透明（Transparency）、独立性（Independence）、资质（Competence）和合理性（Reasonableness）这几项根本原则方面。虽然在措辞上可能略有不同，但与 VALMIN 标准中的根本原则无实质性差别。

3. 矿产项目分类

CIMVal 标准将矿产项目分成下面几类：

◇ **勘探项目（Exploration Properties）：**

指正在勘探但经济可行性尚未得到证实的项目。

◇ **已确定资源量的项目（Mineral Resource Properties）**

指已确定资源量，但经济可行性尚未由可研或预可研证实的项目，包括以往曾经生产过的矿山、暂时停产处于维护状态的矿山、高级勘探项目、可研或预可研正在进行中的项目和已有资源量但其经济可行性有赖于其他条件好转的项目。

◇ **开发项目（Development Properties）：**

指经济可行性已由可研或预可研证实，正在准备生产的项目，包括尚未完成融资或尚在建设之中的项目。

◇ **生产项目（Production Properties）**

已投产且正在生产的矿山（无论有否选厂）。

4. 估值途径与估值方法

CIMVal 也对各估值途径对处于不同阶段的项目的适用性提供了指引（表 5-2）。

表 5–2 CIMVaL 标准下各估值途径的适用性

估值途径	勘探项目	已确定资源量的项目	开发项目	生产项目
市场途径	适用	适用	适用	适用
收益途径	不适用	有些情况下适用	适用	适用
成本途径	适用	有些情况下适用	不适用	不适用

此外，CIMVaL 标准还列举了一些具体估值方法（表 5-3），并就其适用性提供了指引。

表 5–3　CIMVaL 标准下的估值方法

估值途径	估值方法	应用等级	备注
收益途径	折现现金流法（DCF）	主要	应用非常广泛，已被普遍接受为首选方法
	蒙特卡罗分析法	主要	应用程度略低，但在逐渐被接受
	期权定价法	主要	未被广泛应用与理解，但在逐渐被接受
	概率法		未被广泛应用与接受
市场途径	可比交易法	主要	已被广泛应用，有不同变化形式
	选择权协议条款法	主要	已被广泛应用，但选择权一般未折现（应该折现）
	原地毛价值法		不可接受
	净价值法或单位价值法	次要	被广泛用做经验法
	单位面积价值法	次要	用于大规模勘探项目
	市值法	次要	单一项目初级矿业公司的适用性较矿业项目的适用性好
成本途径	评定价值法	主要	已被广泛应用，但未被所有监管机关接受
	勘探投入倍数法	主要	澳大利亚用得更为普遍
	地学参数法	次要	未被广泛应用

5. 价值

CIMVal 标准中关于价值似有前后矛盾之处。

- 第 S3.1 款说：标准中的价值主要指“公平市场价值”；
- 而标准中“公平市场价值”的定义取自加拿大《所得税法》：

公平市场价值是指可以在公开而不受限制的市场上得到的，由具备相应知识、了解情况、谨慎的、任何一方都未受胁迫的非关联方之间可能达成的，以货币或等值货币表示的最高价格。

- 第 S7.3 款又说：矿产项目的估值必须是一个价值范围，以体现不确定性和估值过程的主观性。如果需要确定单一价值，则必须解释在这个价值范围内选择该价值数额的原因。

实践中一般会按第 S7.3 款执行，且在很多情况下确实需要确定某一单一数额的估值。

第四节 矿业项目估值方法

VALMIN 标准和 CIMVaL 标准均将估值途径和估值方法选用的权力和责任交给了评估师。

CIMVaL 标准还列举了一些估值方法，这些估值方法并不是制订标准的时候凭空创造出来的，而是先于标准而存在，标准只是对这些方法做了个汇总罢了。同时，标准并未限定估值时只能采用这些方法，而这些方法本身也可能不断演进。

本节对业内使用较多的几种方法做有选择地介绍，也对 VALMIN 标准和 CIMVaL 标准中对资源量和储量在估值中的体现做进一步介绍。

一、未确定资源量的勘探项目

勘探项目的估值相对而言是一件比较困难的事情，尤其是对于尚未确定资源量的项目。但在需要估值的地方毕竟还得估值。面对各方面的不确定性，有的方法（如，地学参数法（Geoscience Factor Method））有些趋于理论化，变量也较多，取值的主观性甚至随意性在所难免。

- 连资源量都没有确定，收益途径是不适用的。
- 市场途径理论上是适用的，但找到近期“可比交易”（comparable transaction），或只有单一项目的“可比公司”（comparable company），进而用其市值做估值参考，都不是一件容易的事。问题就在于，不像房地产，左邻右舍之间的可参照性很好，矿产项目之间的“可比性”一般很差。

相对而言，成本途径似乎说服力更强些。

◇ **评定价值法（Appraised Value Method）：**

价值 = 有效既往勘探投入 + 必要的后续勘探投入

并非以往的所有勘探投入对现在的价值都有贡献，“有效”即剔除了那些对价值没有贡献的勘探投入。

必要的后续勘探投入是下一阶段勘探的合理预算，需要由经验丰富的地质师（根据勘探项目分期投入的特点）对下一阶段把项目推进到下一个决策点的勘探工作量予以测算。

这一方法的理念在于，有意义的过去和将来的工作量对项目现在的价值都有贡献。

实际应用中，往往对计算所得价值根据项目的工作程度、当时的市场情况等因素再给予一定溢价或折价，即这是一种成本途径加市场途径的混合途径。

这种方法源于加拿大，在加拿大的市场认可程度也较好。

◇ **勘探投入倍数法**（Multiples of Exploration Expenditure Method）：

价值 = 既往勘探投入 × 勘探前景系数（Prospectivity Enhancement Multiplier）

这一方法的理念在于，项目现在的价值可以用以往的勘探投入度量，而以往的勘探投入既可能提高项目的价值（如果勘探成果好），也可能降低项目的价值（如果勘探成果差）。

表 5–4 勘探前景系数

取值范围	以往的勘探成果
0.5~0.9	从以往的勘探成果看，项目的勘探前景有限
1.0~1.4	以往的勘探主要是钻探前的工作，成果较好，值得安排进一步工作量
1.5~1.9	已确定钻探靶区，值得安排进一步工作量
2.0~2.4	已有较好的钻探结果
2.5~3.0	勘探工作在继续推进，需要加密钻探，以估算资源量

也有的评估师把勘探前景系数的范围定在 0~5，并对不同取值段对应的既往勘探成果做进一步细化。

这种方法在澳大利亚很常见。

二、已确定资源量 / 储量的项目

资源量和储量是矿产项目价值的主要体现，自然是估值的重点。

对于已确定了资源量 / 储量的项目，市场途径下的“可比交易”和“可比公司”相对而言多一些。比如，某段时间内对于已完成（预）可研的项目，市场上交易的黄金项目平均合每盎司黄金金属储量价值约 90 美元、铜项目平均合每磅铜金属储量价值约 2.5 美分。

VALMIN 标准和 CIMVal 标准都对资源量和储量在估值中应该如何予以考虑做了规定和指引。其中一个核心问题是，能否用收益途径估值，说白了，也就是能否用折现现金流法（DCF 法，见本章第五节）。

储量按其定义必须有（预）可研的支持。只要在评估基准日该（预）可研仍然有效（各项参数等已更新），储量部分当然是可以用 DCF 法估值的。资源量能否用于 DCF 法就要看具体情况了。

CIMVal 的指引较为详细：

- 储量和资源量必须是有资质人士估算的、在评估基准日有效的量；
- 探明储量和控制储量可以全部考虑在内；
- 如果既有储量又有资源量，储量部分先予开采，继以资源量，且有资质人士认为资源量有经济开采价值，资源量也可以考虑在内；
- 如果没有储量而仅有资源量，且有资质人士认为有经济开采价值，确定性资源量和推定性资源量可以考虑在内；但如果其可信程度低于预可研的可信程度，这种风险应该通过诸如提高所用的折现率、资源量打折、推后投产时间等方式体现出来；
- 推断性资源量的应用要非常小心：
  - ➢ 如果全部或绝大部分资源量是推断性资源量，则不能用于 DCF 法；
  - ➢ 如果也有储量，且储量先予开采，继以推断性资源量，推断性资源量可以考虑在内；
  - ➢ 如果也有确定性资源量和 / 或推定性资源量，且确定性资源量和 / 或推定性资源量先予开采，推断性资源量可以考虑在内；
- 不符合资源量定义的“潜在资源量”不能用于 DCF 法。

三、生产型项目

在产矿山的估值一般用收益途径和市场途径。收益途径下，则直截了当地用 DCF 法，对于保有储量 / 资源量的处理方式可参照上述第二部分中的 CIMVal 指引；市场途径下（尤其是矿山所在的公司估值），则用本章第七节所述的方法，用可比公司做相对价值估算。

四、实物期权

期权定价法用得很少，了解其概念倒是有助于对很多事的理解。本书定性地予以介绍。

估值方法中“期权定价法”（Option Pricing）中的期权即指实物期权（real option）。实物期权是相对于依托于股票、货币、可交易商品（commodity）等的金融期权（financial option）而言的，实物期权依托于实物资产或有形资产（tangible assets），比如一个项目。

期权（option）是选择权，是一种权利或机会，但没有义务。

金融期权是合约，期权的持有人（买方）有权利，但无义务，在特定的时间期限内以特定价格买入或卖出特定标的物，如股票、货币、公开交易的商品（金、银、铜、石油、玉米等）。相应地，有买入期权（call option），也称看涨期权，和卖出期权（put option），也称看跌期权。

既然是一种权利，又无义务，即，持有人有选择行使该权利与放弃该权利的灵活性，这种权利应该是有价值的。1973 年，费希尔・布莱克（Fischer Black）和 Myron Scholes（米然・舒尔斯）创造性地提出了期权定价模型。在此之前，虽然期权早已存在，但人们并不知道应该如何定价。布拉克和舒尔斯因此于 1997 年获得了诺贝尔经济学奖。

近年来的诺贝尔经济学奖获得者都是数学大师，且大多在美国。常有人讥笑美国人不会算数。在美国，如果超市停了电，收款员对三块七加五块二应该是多少且掰扯不明白呢。别以为那就代表了美国，那只是收款员，可不是美国的全部。

正是因为期权是有价值的，谈判中也常听到，“我们不能给你一个免费的期权”（We can’t give you a free option.）。

1977 年，斯图尔特・米尔斯（Stewart Myers）率先把金融期权及其所应用的工具引入到实物资产中，提出了实物期权的概念。

实物期权在现实生活中无处不在。所有风险投资，诸如风险勘探和产品研发，投的都是实物期权价值。放弃一份现有的工作去读 MBA、对孩子教育上的投入也是实物期权的例子。高科技和互联网公司高得离谱的股价，用现金流或利润等常规价值评价体系解释不通，其实市场追逐的是“不能错过这班车”这种实物期权价值。如果一家公司的股价长期高于其内在价值（intrinsic value）和市场平均相对价值水平，该公司的业务模式很可能隐含一定的实物期权，溢价部分便是市场给予的实物期权价值，购买产品流和权益金的公司即属于这种情况（见第四章第六、七节）。

具体到矿业行业，项目规模大小的选择，投资和建设时点的选择，矿山设计中增产、减产、停产和分期建设的灵活性，比如模块化（modular）设计和多条生产线，都含有实物期权。如果与金融期权类比，增产的灵活性相当于看涨期权，减产的灵活性相当于看跌期权，均有其价值。一言以蔽之，多一个选择或多一个机会，就有实物期权。机会越多，有如金融期权里的波动性越大，期权价值也越大。如果说机会是有成本的，实物期权价值则是机会收益。与金融期权不同的是，如果说金融期权的依托物（市场上公开交易的产品）的价值不在管理层的掌握之中，实物期权的依托物－实物资产则在管理层的管理之下。

有的实物期权是隐含的和零成本的，有的则可能是有成本的。比如，如果矿山设计中考虑到可以便利地增产或减产的灵活性（实物期权），可能需要额外的投入，这些投入就是实物期权的成本（real option premium），类似于保险中的保费（insurance premium）。

传统的折现现金流法（见本章第五节）是项目价值的静态分析法，它隐含了一个基本假定，即一旦投资决策做出，管理层只是被动地任其实施，而忽略了其中管理层可以按照市场情况的变化而掌握的停建、缓建、增产、减产、停产、出售等灵活性（实物期权）所含的价值。考虑了实物期权价值的期权定价法得到的价值往往高于折现现金流法得到的净现值，高出的部分则是期权的净价值。

因此有“扩展净现值”（Expanded NPV）的提法：

◇ **扩展净现值 = 静态净现值 + 实物期权价值（图 5-2）。**

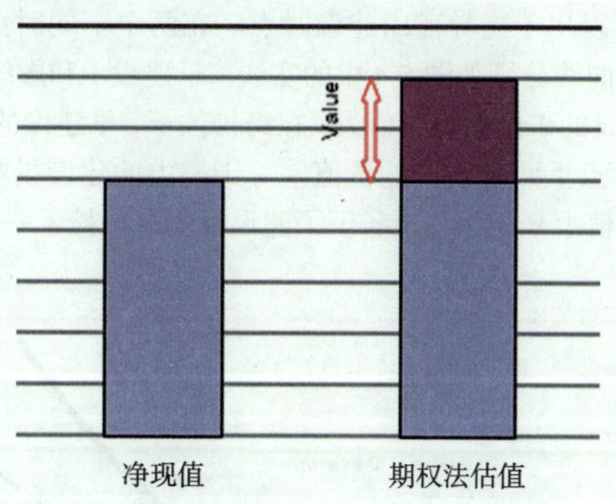

图5-2 净现值与期权法估值的关系示意图

对于正在（现金流）亏损的项目（见第五章第七节）、因为亏损而已经停产的项目和收益率低于资金成本的项目，如果用折现现金流法分析，其净现值是负的，但这未必意味着项目价值是负的，或者完全没有价值－它可能仍然有实物期权价值。这种项目仍然有人买以及业主并不轻易放弃，原因即在于此。

例如，某铜矿项目在不同铜价下的净现值如图 5-3 中直线所示。如果铜价低于某一价位，净现值（蓝色直线）是负的，项目不仅不值钱，还是负担。但是，考虑到其期权价值（未来生产的机会），它可能仍然有价值，保留的期限（黄色曲线，10年期权价值）越长，其实物期权价值越大。

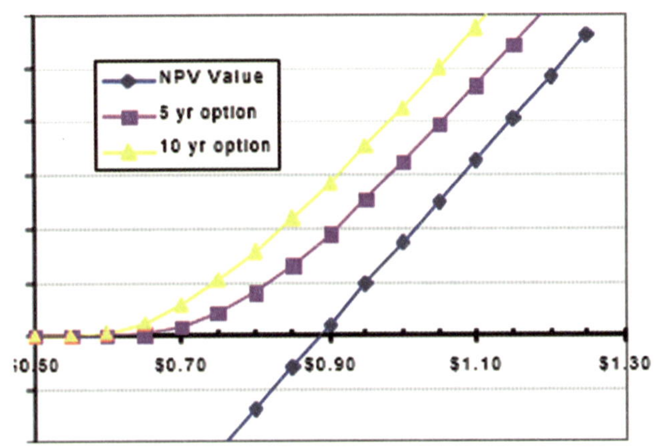

图5–3 净现值与期权价值的关系示意图

买这种项目，买的不是即期现金流，而是实物期权。已经停产和待建项目相当于看涨期权，而在产但亏损的项目则是看跌期权（将其停产）和看涨期权（将来复产）的组合。

实物期权也可以用于指导矿山建设时点。在两个不同时点建设的同一座矿山的实物期权价值曲线分别如图5-4中的实线（早建设）和虚线（晚建设）所示。在低价位下，晚建设的矿山期权价值大；在高价位下，早建设的矿山期权价值大。如果在将来某一时点上两种情况的价值差等于矿山的建设投资，倒推建设周期开始建设，则从价值上来说相当于省下了建设投资，白捡了一座矿。

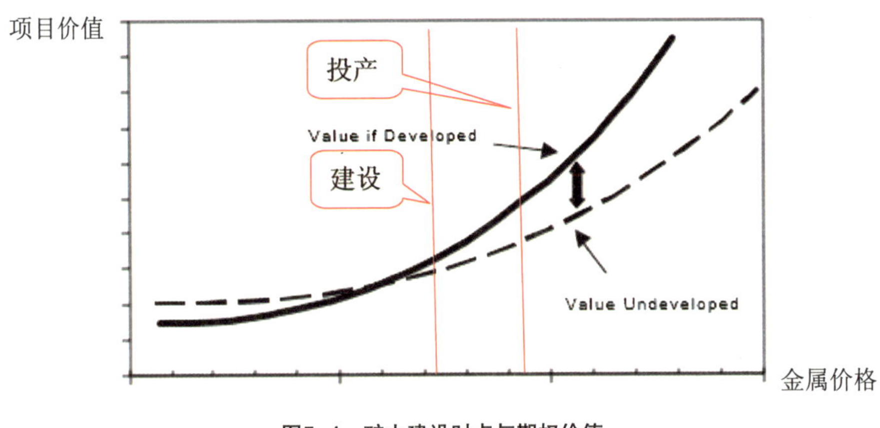

图5–4 矿山建设时点与期权价值

期权定价法（实物期权估值法）一般适用于工作程度较高的项目，至少应该已有预可研，且往往与其他方法（如折现现金流法）结合使用，或用作其他方法的补充。

实物期权不是金融衍生品，而是实实在在地存在。管理人员不仅要善于发现日常业务中隐含的实物期权，也可以通过创造实物期权提升价值。

公司发展战略或投资策略可以用一系列的实物期权组合来解释。战略显然是没有办法用净现值来计算的，但却可能用实物期权做一些量化分析。

实物期权分析方法已得到越来越多的关注，比如用于预算管理。它用金融期权的理论和工具确定动态管理和一些不确定性（灵活性）的定量价值，其应用较为复杂，因此用得并不广泛。尤其应该注意的是，实际应用上不宜书生意气地将其学术化。

人类自有生以来一直在做着投资决策，但不必天天计算期权价值。

2015 年 9 月 1 日，加拿大北方时代矿产有限公司（Northern Dynasty Minerals Ltd.，多伦多证券交易所主板交易代码 NDM、纽约证券交易所中小板交易代码 NAK）公告，收购加农点资源有限公司（Cannon Point Resources Ltd.）的全部股份。

加农点资源是著名投资人和慈善家弗兰克·吉斯特拉（Frank Giustra）控制的壳公司，账上有 470 万加元的现金，无其他资产。吉斯特拉通过该交易成了北方时代的股东。

470 万加元的现金在吉斯特拉的投资组合中微不足道，而北方时代（见第六章第四节）当时仍在漫长的环保道路上苦苦挣扎。然而，股价已从 2011 年 1 月的最高点下跌了 96.7% 的北方时代具有巨大的期权价值 – 一俟其项目在环保方面有实质性的进展，其股价将爆炸式地腾飞。

投资于北方时代之时，吉斯特拉当然明白他买的是（实物）期权，但不至于算算这个期权的价值到底几何。

【吉斯特拉是横跨多个行业并都取得了巨大成功的一位传奇式的人物。20 岁时应聘第一份工作 – 股票经纪人，他和面试他的人说，“我将是你最好的股票经纪人”，其从业经历似乎印证了这一点。而后他建立了自己的投资银行，协助矿业公司融资。20 世纪 90 年代中期矿业行业低迷之时，他暂时离开了矿业界，创立了狮门娱乐有限公司（Lionsgate Entertainment Corporation），如今是好莱坞最大的影视制作公司之一。21 世纪初，他回归矿业，创立了一系列矿业公司，其中的典型代表是惠顿河矿产有限公司（Wheaton River Minerals Ltd.），后来通过合并与分拆造就了现在以产量计的全球前十大黄金公司之一、加拿大第二大黄金公司的金业有限公司（Goldcorp Inc.）和最大的产品流与权益金公司之一的白银惠顿有限公司（Silver Wheaton Corp.，见第四章第六节）。而今，他

又在意大利搞有机农业，生产橄榄油，并已在该行业颇具影响。】

享受实物期权利益的做法相对简单，买完了等着就是了。当然，等着的过程中也并非全无风险。

业界普遍认为，2015 年底 / 2016 年初矿业市场触底回升，经历了 4 年矿业熊市摧残的矿业公司股价于 2016 年全年一路高歌猛进。具体到北方时代，又有特朗普当选美国总统后可能简化环境影响评价程序的预期，其实物期权价值在股价上体现得淋漓尽致。

圣诞假期刚过，2017 年 1 月 11 日，北方时代借势增发新股，宣布委托三家加拿大投资银行以包销的方式融资 2,500 万美元，每股 1.85 美元。该次增发被市场抢购，大有一股难求之势。

2017 年 1 月 26 日，增发结束，六家投资银行组成的承销团实际融资 3,744.4 万美元，大大超过了拟融资额。

很快，麻烦来了。

2017 年 2 月 14 日，美国凯利斯戴尔资本管理有限公司（Kerrisdale Capital Management, LLC）针对北方时代发布做空报告，开篇即单刀直入、直奔主题，宣称北方时代一文不值！

因为派伯尔项目的规模，北方时代早已是业界知名公司，这份报告立即引起了市场的高度关注。

洋洋洒洒 21 页的报告，除了最后一页半是免责声明以外，虽然基本上是从侧面分析和引用旁证，但读起来还是蛮有说服力的。除列举了派伯尔项目仍面临的美国联邦政府、联邦议会、阿拉斯加州政府、州议会、当地社区和民间的诸多阻力和障碍以外，着重从侧面上论证其没有价值：

- 本来由加拿大最大的综合性矿业公司泰克资源（Teck Resources）所拥有，泰克把它卖给了北方时代；
- 日本三菱（Mitusbishi）曾经是大股东，后来三菱也卖掉了；
- 力拓（Rio Tinto）曾经是大股东，后来力拓索性把股份捐了（见第六章第四节）；
- 英美资源（Anglo American）在投入了 5 亿多美元之后选择退出项目，不再追加投入，进而失去了在项目中的所有权益，其退出的公告虽然措辞委婉，隐约中仍然可见项目经济性不足的痕迹；
- 北方时代自己也曾试图出售其在派伯尔项目中的权益，无人接盘；
- 十年间两次委托大型工程公司开展预可研，未能完成；

- 多年来虽屡次承诺，仍未能拿出矿山计划；
- 引用数位曾在项目上工作的匿名“知情者”的话，其中一位英美资源的前雇员说，“英美资源测算的投资高达130亿美元，而北方时代公布的初步经济评价测算的投资额仅47亿美元”；
- 上述问题均与环保无关，完全是项目经济性的问题。

像很多做空报告的效果一样，立竿见影，报告发布后第一个交易日，本处于期权价值释放的上升势头中的北方时代股价应声下跌21%（图5-5）！

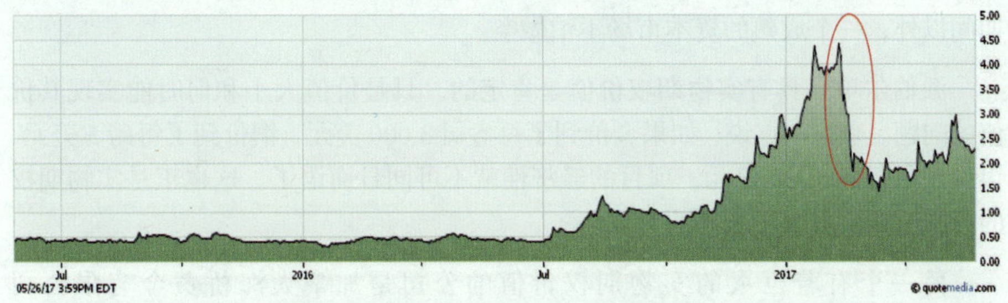

图5-5　北方时代2年股价走势图（截止到2017年5月26日）

凯利斯戴尔在报告的第一页下方用加重字体提示读者，自己和合作方持有空头头寸，将从北方时代的股价下跌中获利。这固然是做足了功课，尽量避免法律上的瑕疵之所需，其开诚布公读来仍显仗义。

凯利斯戴尔的报告发布次日的2月15日，两家美国律师事务所征集发起股东集体诉讼（class action，见第七章第六节第三部分），邀请2017年2月13日以前购买了北方时代股票的股东们参与诉讼。显然，包括刚刚参与增发的投资人，扩大了股东基数。发起集体诉讼之前，律师事务所一般会做详细的准备，评估其胜算的可能性，以免得不偿失。因此，这绝不是时间上的巧合，而是与凯利斯戴尔协调行动的组合拳。

3天后的2月17日，北方时代发布公告，反驳凯利斯戴尔的观点。除了指出对方不懂矿业以外，比较之下，其回应颇显苍白。

曾大力推介北方时代的卡图萨研究（Katusa Research）创始人、自然资源投资人马林·卡图萨（Marin Katusa）抬出了被称为当代最伟大的勘探地质学家的戴维·罗维尔（David Lowell），二人以书面访谈的形式力挺北方时代。他们都清晰地披露了持有北方时代的股票这一事实。不仅是合规的要求，无论观点如何，要赢得市场的尊重，这种敞亮是必需的。

罗维尔的找矿纪录无与伦比 – 他一生发现了17个大矿，包括全球最大的铜矿，智利的艾斯康迪达（Escondida，见第五章第五节第六部分第2小点）。80

多岁的罗维尔慈祥、谦逊而睿智，听老人家慢条斯理地忆及矿业往事，着实是一种享受。然而，这一次力挺派伯尔和北方时代，卡图萨和罗维尔并未能给出项目可行的过硬的理由，也许资料尚不充分。

做空（short）可以有不同途径，比如先借入股票，待股价下跌后再买回来还回股票，或者买入看跌期权（put option）。做空者的存在对于一个健康的资本市场未必一定是坏事，他们也要做足功课，即使是吹毛求疵，也要有“疵”可求，有助于从反面促使公司加强管理与合规。既然市场上存在着做空机制，区分什么是“恶意”做空不是一件容易的事。除了像2008年的几十年一遇的金融危机期间以外，一个成熟的资本市场不怕做空。

派伯尔项目具有实物期权价值是肯定的，只是价值大小和何时能实现其价值的问题。夸张一点说，如果金价到了每盎司3,000美元、铜价到了每磅5美元、银价到了每盎司50美元，项目的经济性就不可同日而语了。这也正是实物期权的意义所在 – 着眼于未来的价值。

另一个有着巨大的实物期权价值的公司是加拿大海桥黄金有限公司（Seabridge Gold Inc.，多伦多证券交易所交易代码SEA、纽约证券交易所交易代码SA）：

- 位于加拿大英属哥伦比亚省的KSM金-铜-银项目：
  - 储量（矿量）22亿吨 ×（0.55克/吨金+0.21%铜+2.6克/吨银）；
  - 黄金金属量3,880万盎司（1,207吨）；
  - 铜金属量101.55亿磅（461万吨）；
  - 银金属量1.83亿盎司（5,692吨）；
  - 按储量计，为全球最大的待开发金-铜项目；
  - 在黄金每盎司1,230美元、铜每磅2.75美元、白银每盎司17.75美元、加元：美元汇率0.80的测算条件下，内部收益率8%。
- 位于加拿大育空领地的无畏湖（Courageous Lake）黄金项目：
  - 储量（矿量）9,100万吨 × 2.2克/吨；
  - 黄金金属量650万盎司（202吨）；
  - 加拿大第二大待开发黄金项目（KSM最大）；
  - 在黄金每盎司1,384美元、加元：美元汇率0.98的测算条件下，内部收益率7.3%。
- 已发行股本仅5,430万股（2017年3月），市值约8亿加元。

8%的内部收益率是融不到建设资金的。毫无疑问，这是下一个矿业周期的开发项目，需等到金、铜价格在高位坐实，才是其开发的机会。然而，其巨大的期权价值仍令一些著名矿业投资基金趋之若鹜。

其实，即使在“产品流”（见第四章第六节）和“权益金”（见第四章第七节）这两种包含了巨大的实物期权的业务模式中，尽管几乎在每一项交易中实物期权（optionality）都被视为理所当然的推介亮点之一，买方自己的团队以及顾问团队有着技术、法律、商务、税务等各路顶尖的人力资源，他们也并不对其实物期权的价值予以量化，而任由市场评判其一位数的内部收益率。

第五节 财务模型 - 折现现金流法

折现现金流法是开发项目和生产项目估值中最常用、最可靠的方法。无论是概略研究、预可研或可研，都需要建立项目的财务模型，最后得到评价项目经济性的结果 - 净现值和内部收益率等指标。建立财务模型所用的方法即折现现金流法。

折现现金流法的结果常常是一个项目是否值得投资或收购的重要依据。一个编制得好的财务模型基本上会将项目建设和运营的各个要素都考虑进去，且能很方便地评价某个参数的变化对项目经济性的影响。因此，从某种意义上说，掌握了财务模型即是对项目经济性的全面把握。有鉴于此，根据实践中作者常被问及的问题，本书将用大量篇幅从基础开始讲解此方法，对有关指标的意义及矿山建设和生产中的一些因素对这些指标的影响予以解读，并将日常工作中一些耳熟能详的因素与矿山经济性的主要考量指标联系起来，以期帮助读者加深对矿山经济性的理解。有兴趣的读者也可尝试自己建立简单的财务模型。

一、折现的概念 - 资金的时间价值

资金是有时间价值的，这大概可以作为“时间就是金钱”的经济学解读。

从已成为常识的银行存款可以产生利息以及从银行贷款需要支付利息这些事实我们应该明白，资金是有时间价值的。通俗地说，因为有利息，在不考虑通货膨胀的情况下，今天手中的100元钱一年后其价值会高于100元；反之，一年后才会收到的100元钱其今天的价值低于100元。折现，也称贴现，即将未来各年度的净现金流入和净现金流出都折算到现在，以在同一时间点上做比较。

1. 将来价值的计算 - 用利率

假定：本金 P = 100

利率 $i = 10\%$

求：1 年、2 年……10 年后的价值（计复利）

公式：$V_n = P \times (1+i)^n$

年度	1	2	3	4	5	6	7	8	9	10
价值	110	121	133	146	161	177	195	214	236	259

图 5-6 是未来价值的图示。

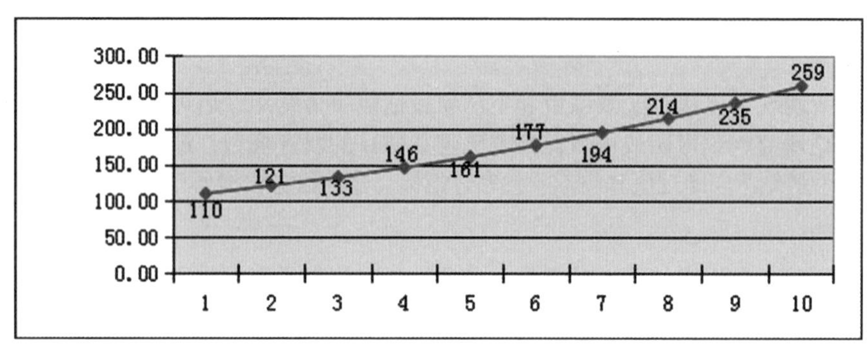

图5–6　未来价值

2. 现在价值（现值）的计算，即折现 – 用折现率

用折现率代替利率，而把上述过程反过来，即可将将来的价值折算到现在，这个过程即为折现（也称贴现），得到的价值称为现值（present value），可用 PV 表示。

假定：1 年、2 年……10 年后每年收入均为 $P_n = 100$

折现率 $i = 10\%$

求：以后各年每年的收入折算到现在的价值 - 现值，用

公式：$PV_i = P_n / (1+i)^n$

年度	1	2	3	4	5	6	7	8	9	10
现值	91	83	75	68	62	56	51	46	42	39

即，5 年后要收到的 100 元钱，用 10% 的折现率折现，相当于现在收到 62 元钱；而 10 年后要收到的 100 元钱，用 10% 的折现率折现，相当于现在收到 39 元钱。

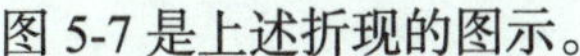
图 5-7 是上述折现的图示。

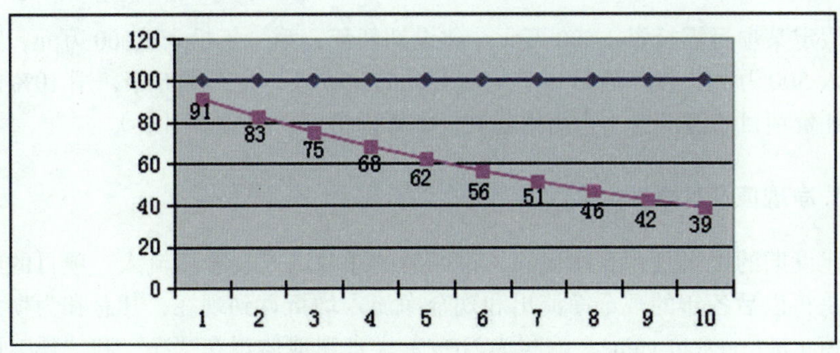

图5–7　折现后的现在价值

折现是建立财务模型进行项目经济评价的基础。

3. 折现率的影响

显然，折现率越高，现值越小。上述例子中用 5%、10% 和 15% 的折现率得到的结果为：

年度	1	2	3	4	5	6	7	8	9	10
PV_5	95	91	86	82	78	75	71	68	64	61
PV_{10}	91	83	75	68	62	56	51	46	42	39
PV_{15}	87	76	66	57	50	43	38	33	28	25

图 5-8 是用不同折现率折现后的现在价值的图示表示。

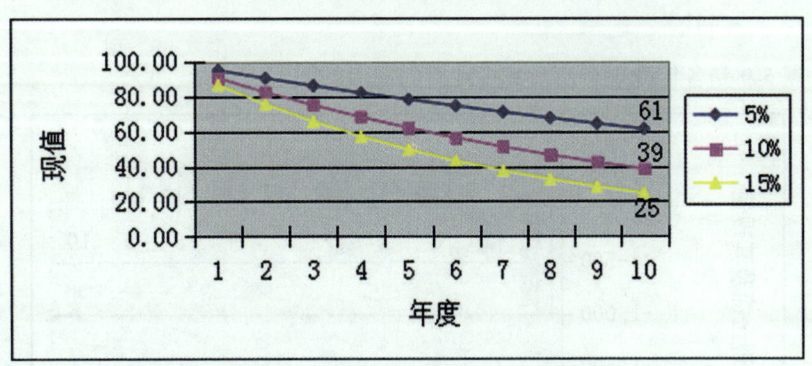

图5–8　用不同折现率折现后的现在价值

二、财务模型

假定某项目需投资 1,500 万元，建设期两年，第一年投入 1,000 万元，第二年投入 500 万元，投产后每年有 400 万元的净收入，生产期 8 年，用 10% 的折现率评价项目的经济性（为简化起见，不考虑折旧、税收等因素）。

1. 净现值及其意义

建设期的投入是现金净流出，投产后的净收入是现金净流入，项目的经济评价是将以后各年的现金净流出和现金净流入均折算到现在，其总和为项目的净现值（net present value，缩写为 NPV），直观地体现在“净”和“现”两个字上（表 5-5）。

表 5–5　未来现金流与折现后的现值

年度	1	2	3	4	5	6	7	8	9	10
投资	1000	500								
净收入			400	400	400	400	400	400	400	400
现金流	-1000	-500	400	400	400	400	400	400	400	400
现值	-909	-413	301	273	248	226	205	187	170	154

将各年度的现金流以 10% 的折现率折现后的值相加，得到项目在 10% 折现率下的净现值 NPV_{10}。

$$NPV_{10}=\frac{C_1}{(1+10\%)}+\frac{C_2}{(1+10\%)^2}+\cdots+\frac{C_{10}}{(1+10\%)^{10}}$$

$$=-909-413+301+273+248+226+205+187+170+154$$

$$=441$$

图 5-9 是各年度现金流及其折现后的现值的图示表示。

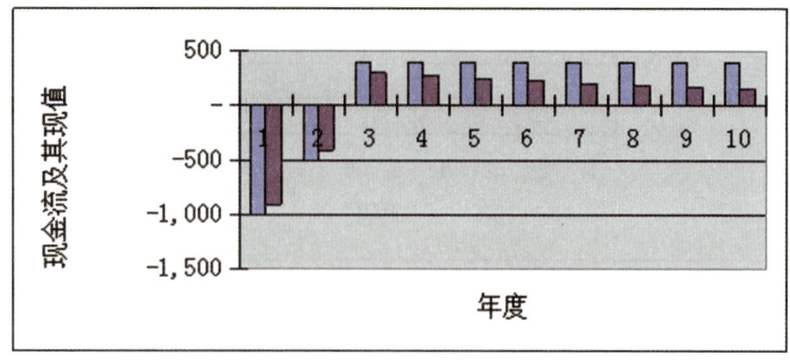

图5–9　未来现金流（蓝色）及其折现后的现值（红色）图示

净现值是项目的理论价值，即，如果第一年投入1,000万，第二年投入500万，以后8年每年均有400万的收入，则在10%的折现率下，项目现在的价值是441万。

项目值得投资的最低要求是，净现值不小于零。

在不同的折现率下，项目的净现值不同（表5-6）。

表5-6 不同折现率下的净现值

折现率	0%	5%	8%	10%	12%	15%	20%	25%	30%
净现值	1,700	939	616	441	293	110	-115	-268	-373

图5-10是其图示表示。

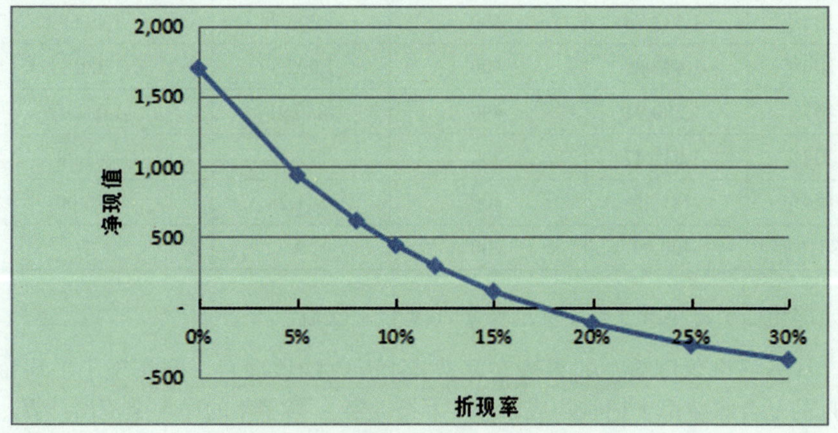

图5-10 不同折现率下的净现值图示

2. 内部收益率及其意义

计算上述净现值时用了10%作为折现率，得到净现值441万。

用某一特定折现率折现，可以得到零净现值。使净现值为零的折现率称为内部收益率（internal rate of return，缩写为IRR）。

$$0=\frac{C_1}{(1+IRR)}+\frac{C_2}{(1+IRR)^2}+\cdots+\frac{C_{10}}{(1+IRR)^{10}}$$

$$=\frac{-1{,}000}{(1+IRR)}+\frac{-500}{(1+IRR)^2}+\cdots+\frac{400}{(1+IRR)^{10}}$$

IRR = 17.2%。

IRR的意义是自有资金投入的年平均复合收益率。即，如果第一年投入1,000万（-1,000万现金流），第二年投入500万（-500万现金流），以后8年每年均有 400 万的净收入（400 万现金流），则相当于实现了平均每年 17.2% 的复合收益率。可用下述计算过程（表 5-7）验算确认（注意：如果手工计算，会有取整时的计算误差）。

表 5-7 IRR 的意义验算

年度	到上年末	本年度现金流	前二者之和	加17.2% = 到本年末
第1年		-1,000	-1,000.00	-1,172.05
第2年	-1,172.05	-500	-1,672.05	-1,959.71
第3年	-1,959.71	400	-1,559.71	-1,828.05
第4年	-1,828.05	400	-1,428.05	-1,673.74
第5年	-1,673.74	400	-1,273.74	-1,492.89
第6年	-1,492.89	400	-1,092.89	-1,280.91
第7年	-1,280.91	400	-880.91	-1,032.47
第8年	-1,032.47	400	-632.47	-741.28
第9年	-741.28	400	-341.28	-400.00
第10年	-400.00	400	0	0

即相当于每年都实现了 17.2% 的（复合）收益。

从另一个角度看，如果现在花费 441 万收购该项目，则实现了平均每年 10% 的复合收益率（把收购成本 441 万按今年 – 第零年的净现金流出计算，使净现值为零的折现率为 10%）。

$$0= C_0 + \frac{C_1}{(1+IRR)} + \frac{C_2}{(1+IRR)^2} + \cdots + \frac{C_{10}}{(1+IRR)^{10}}$$

$$= -441 - \frac{1,000}{(1+10\%)} - \frac{500}{(1+10\%)^2} + \cdots + \frac{400}{(1+10\%)^{10}}$$

很多公司会设定最低内部收益率，也称门槛收益率（hurdle rate），即，内部收益率达到或超过门槛收益率的项目才会考虑投资。

一旦确定了投资、成本、产品价格等各项参数，内部收益率便是内在的客观存在了。从这个角度上说，也许称其为“内在收益率”更能从字面上体现其意义。但是因为还有“外部收益率”（external rate of return）的概念，本书仍然依循惯例称其为“内部收益率”。

内部收益率的计算隐含了一个假定，即项目寿命期内的净现金流全部用于再投资于本项目，且再投资的收益率等于项目的内部收益率。这是个不小的假定，如果实际情况偏离这个假定，最终实现的内部收益率会偏离计算所得的数值。

虽然如此，内部收益率到目前为止仍然是主流决策依据。

美国微软公司（Microsoft）开发的电子表格（Excel）软件带有 NPV 和 IRR 函数，可以方便地直接引用。

3. 折现率的确定

一个明显的问题是如何确定折现率，这就涉及资金成本（cost of capital）的概念。

资金是有成本的。建设项目最常见的资金来源有两个 – 自有资金（equity）和借款（debt）。自有资金来自于股东，而股东对于其在公司的投资是期望得到回报的，给股东的预期回报即自有资金的成本；借款来自于银行或公司债券持有人，借款利息即借款的成本。

折现率是自有资金和借款的加权平均资金成本（weighted average cost of capital，英文缩写为 WACC）。也就是说，用加权平均资金成本作为折现率测算项目的经济性，如果项目值得投资（净现值大于或等于零），则项目至少（在净现值等于零的情况下）能够偿还借款本金和利息，并向股东提供预期的回报。加权平均资金成本即门槛收益率。

如果用内部收益率来考量，内部收益率需不小于门槛收益率项目才值得投资，否则项目不能实现既偿还借款本金和利息，又向股东提供预期回报的目的。

借款利息可以在支付公司所得税前抵扣，这一基本的财务杠杆有助于提高自有资金投入部分的内部收益率。

加权平均资金成本的计算方法为：

$$WACC = R_e \times E/V + R_d \times (1 - T) \times D/V$$

- R_e：给股东的预期回报，即自有资金成本（%）；

- R_d：借款成本（%）– 如果债务来自银行贷款，为贷款利率；如果债务来自公司债券，则为债券票面利率；

- E：自有资金，E/V 则为自有资金比例；

- D：借款，D/V 则为借款比例；

- V：D+E（总投资）；

- T：所得税率。

给股东的预期回报 R_e 的计算在下面第 4 点中介绍。鉴于股东所承担的风险，R_e 会高于借款成本 R_d，在简化问题的情况下，R_e 可按 15% 考虑。

例如：某项目总投资中，公司自有资金占 40%，银行贷款占 60%，贷款利息为每年 8%，公司所得税率为 30%，则加权平均资金成本为：

WACC = 15% × 40% + 8% ×（1-30%）× 60% = 9.36%

也就是说，项目的内部收益率要至少达到 9.36% 这一加权平均资金成本，才能支付 8% 的贷款利息，并为股东带来 15% 的收益。

计算项目的净现值时用 9.36% 作为折现率，净现值需不小于零，项目才值得考虑，即项目才挣得回来资金成本。

一般来说，在为一个项目做可研的时候，项目具体的融资方案并未确定，如贷款比例多少、贷款条件如何等，加权平均资金成本也就无从谈起。因此，虽然全部用自有资金建设矿山是资金使用效率最低的方案，可研中一般还是先按 100% 自有资金投入考虑，并用 10% 的折现率测算，看看项目的经济性如何。在低利息或低政治风险的环境下，也常用 8% 的折现率。当然，为表明项目的抗风险能力强，也可以用 12% 甚至更高的折现率一试。相反，如果某可研报告用了 5% 的折现率，则应该问一问为什么，因为加权平均资金成本很难这么低。

用 100% 的自有资金的另一个原因是便于与其他项目在同一基础上做比较。如果在尚未尝试债务融资的可能性以及尚不明确债务条款的情况下某项目的可研中考虑了相当比例的债务，读者应该警觉，因为业主可能在用债务掩盖项目较弱的经济性。

4. 资本资产定价模型

上述加权平均资金成本中的“自有资金成本”R_e 在现代投资学里是可以计算的，常用的方法是资本资产定价模型（Capital Asset Pricing Model，简称 CAPM）。这是把风险与预期收益联系起来的相对风险评价模型。

资本资产定价模型：$R_e = R_f + \beta(R_m - R_f)$

其中：

R_e:	自有资金成本；
R_f:	无风险收益率；
β:	风险系数；
R_m:	预期的市场收益率；
$R_m - R_f$:	市场风险溢价。

资本资产定价模型基于这样的概念：谨慎的投资人按照“预期收益等于无风险收益率加上适当的风险溢价”这一原则为一项投资定价。也就是说，风险与预期收益成正比，承担的风险越高，要求的预期收益也越高。这一根植于“有效市场假说”（Effective Market Hypothesis）的模型是市场上应用最广泛的模型，

也是“风险就是钱”这一概念的量化。

实物市场和现货市场基本上是有效的，市场能够很快地调节供需和价格。金融市场和证券市场上充斥着各种扭曲价格的工具，其市场是不是也那么有效恐怕不太好说。巴菲特几十年价值投资的理念在实践上的成功曾引起学术界的广泛争议 - 市场并不总是像假说那样“有效”。虽然如此，有效市场假说仍然是现代投资学的理论基础，由此派生出来的算法仍然是指导投资的工具。

- R_f：市场上把政府发行的“资信评级”（credit rating）高的国债（因为有税收做保证）视为无风险，相应的收益率为无风险收益率。

为计算具体项目的自有资金成本，R_f 可选到期日与矿山服务年限相近的政府债券，但也常用十年期国债作为近似。

美国十年期国债的收益率常被市场用做无风险收益率。2013 年 10 月，美国国会无法就预算达成一致，致使美国政府有些部门关门，以降低政府运营费用，理论上也险些造成国债违约。尽管市场当时也相信其有惊无险，从资产定价的角度看，不能不令人怀疑，这美国国债还能算“无风险”吗？

- $R_m - R_f$：除无风险债券以外，市场上的其他证券（如一家公司的股票）则“有风险”，投资于这些证券因为承担风险，则需要相应的风险溢价。

未来的市场风险溢价无从知晓。因此，只能用以往已实现的收益作为市场风险溢价的近似。鉴于短期内市场波动可能偏大，一般用较长期的平均已实现收益，这个“较长期”到底要多长确实有个见仁见智的问题，有的学者甚至追溯到有数据可查的 100 多年前。

一般来说，在特定的时间段，市场上对市场风险溢价会有个“公认”的值，比如 6%。

- ➢ β：是某一证券相对于总体市场的波动性的度量指标，“总体市场”则以相应的股价指数为代表。
- ➢ $\beta > 1$：该证券比股价指数波动幅度高。如，1.5 意味着股价指数波动（包括上涨和下跌）10% 时，该证券波动 15%；
- ➢ $\beta = 1$：该证券（如稳健的指数成分股）的波动与总体市场波动幅度相当；
- ➢ $\beta < 1$：该证券比总体市场迟钝。如 0.8 意味着股价指数波动 10% 时，该证券只波动 8%。

β 一般也只好用历史数据计算，虽然这相当于隐含了所涉及的证券以往相对于总体市场的波动会延续到将来这一未必正确的假设。

对于上市公司，其 β 值可以用公开交易资料自行计算，有的咨询机构也提供这种服务。对于市值较小、股票流动性较差的公司，或未上市公司，可以用一组“可比”（comparable）公司 β 值的平均值作为近似，或用该平均值对所涉及证券的 β 值做合理性测试（reasonableness test）与校正。与市场途径中的其他估值问题一样，可比公司的选择就有讲究了。

β 既是风险的度量，也是潜在收益的度量。β 值越高，其风险越高，潜在收益也越高。

一般来说，初级矿业公司的 β 值较高，而大型矿业公司的 β 值较低。

5. 通货膨胀

矿业投资是一项长期投资，项目的经济评价和估值中可能有必要考虑通货膨胀的影响。经济学上把未考虑通货膨胀的利率叫作实际利率（real interest rate），把考虑了通货膨胀的利率叫作名义利率（nominal interest rate），二者之间的关系由费舍尔方程（Fisher Equation）确定。

费舍尔方程：$1+i=(1+r)(1+\pi)$

- i：名义利率
- r：实际利率
- π：通货膨胀率

在通货膨胀率较低的情况下，可以近似为 $i=r+\pi$。

利率用以计算未来的价值，折现率用以计算现在的价值（现值），二者的意义相仿，故费舍尔方程也适用于考虑了通货膨胀因素的折现率的计算。即，名义折现率与实际折现率之间的关系也用费舍尔方程确定。

具体做法是把投资（CAPEX）、生产成本（OPEX）和产品价格逐年用通货膨胀率上浮。鉴于所用的通货膨胀率是未来年度的预测值，一般在整个项目的寿命期内用同一通货膨胀率。如果有理由就不同年份采用不同的通货膨胀率，在同一年内各参数应该用同一通货膨胀率。

对产品价格（进而收入）和生产成本施以同一通货膨胀率虽然维持了毛利率不变，但毛利本身也相应地按同一通货膨胀率增加了：

假定通货膨胀率为3%			
	不考虑通货膨胀	考虑通货膨胀	结果
收入	130	133.9	
生产成本	100	103.0	
毛利	30	30.9	增加了3%
毛利率	23%	23%	不变

即，考虑了通货膨胀后，每年的现金流会较不考虑通货膨胀有所增加。而计算内部收益率是把未来年份的现金流折算到零，故需要的折现率（也即内部收益率）也会高一些。因此，一般来说，考虑了通货膨胀后的内部收益率会较不考虑通货膨胀有所提高。这在客观上成了掩盖项目较低的内部收益率的一个“有效”手段。

业界在做可研之时一般并不考虑通货膨胀因素，也即均按照实际价格（而不是名义价格）考虑。这有助于把不同项目放在同一基准下做比较。如果某一项目的可研中考虑了通货膨胀，倒是值得警惕，应该剥去其通货膨胀率，看看其内部收益率如何。

除非有其他原因，一般选取消费者物价指数（consumer price index，简称CPI）作为通货膨胀率。

附　注

“名义利率”与“实际利率”是经济学家们创造出来的比较有意思的提法，与这个概念类似，也有“名义GDP”与“实际GDP”之说。借用这两个概念，我们毫无疑问生活在“名义”世界里，而不是“实际”世界里。比如，买东西我们支付“名义价格”（那可是实实在在地付出去的真金白银！），借钱我们支付“名义利率”。况且在经济增长周期内每年都较上一年有通货膨胀，要往回追究这“实际”，我们得“实际”到哪一年去呢？这“实际利率”和“实际GDP”到底意义何在？本书不是经济学理论探讨，还是把这个问题还给经济学家们吧。

6. 折现率选取中的其他因素

在实际应用中，折现率的选取方法多种多样，视具体情况的不同，其意义和目的也不相同。

（1）可研中折现率的选择

一般来说，在做可研之时，项目投资的资本结构（自有资金和债务的比例等）尚未确定。因此，一般首先按100%自有资金投入（也即无借款）考虑。此外，也并不花费时间去测算资金成本，而是选取市场上通常所用的一个数字作为折现率，如10%。这两个因素便于把不同项目放在同一个基准下比较。

（2）估值中用市场途径确定折现率

如前所述，折现率应该是项目的加权平均资金成本。此外，在估值中，也可以用市场途径确定所用的折现率，即用市场上与所估值的项目可比（comparable）的项目的实际数据或实际交易数据中相应的折现率。这里的“可比性”（comparability）当然是关键。

（3）折现率作为风险的度量

折现率可以作为风险度量的一个手段。

如上述第一部分第 3 点所述，所用的折现率越高，未来的价值折成的现值越小。因此，在对某些风险没有其他方式可以度量的情况下，可以用折现率作为风险度量的一个手段。

◇ 不同阶段的项目的风险度量

项目的工作程度越高，资料越翔实，不确定性越小，测算的经济性可靠程度越高，风险也越小。因此，评价早期项目时，如果要用折现现金流法，可用较高的折现率一试，如 12%、15% 等。

◇ 项目所在国国家风险的度量

对于位于政治风险较高的国家的项目，投资人要承担较高的国家风险，也因此有理由要求较高的“国家风险溢价”（country risk premium）。相应地，可以用较高的折现率看看项目是否仍然有账可算。

一个令人费解的问题是，对于黄金项目和黄金公司，北美的投资银行出具研究报告时一般取 5% 的折现率，尽管谁都知道 5% 涵盖不了资金成本。参考投资银行的研究报告时，读者应该注意这个问题。

三、假想项目财务模型举例

要想对项目的经济性以及各因素如何影响项目的经济性有深入的理解，作者建议读者自己建立并运行简单的财务模型。此处以一个假想的金矿为例说明问题：

- 项目所在地：澳大利亚；
- 可采储量：324 万吨矿量；
- 原矿品位：5 克 / 吨金；
- 选矿回收率：85%（含产品销售条款）；
- 采矿和选矿规模：1,000 吨矿石 / 天；
- 可采储量、原矿品位和每天采选矿量中已包括采矿贫化；
- 开工率：350 天 / 年；
- 总投资：9,000 万澳元，全部以自有资金投入；

- 建设期：2 年，第 1 年、第 2 年分别投入总投资的 40%、60%；
- 单位运营成本：每吨矿石 110 澳元；
- 启动流动资金为年运营费用的 25%；
- 黄金价格：1,250 美元 / 盎司（1 盎司 = 31.1035 克）；
- 1 澳元 = 0.80 美元；
- 政府权益金（royalty）：销售收入的 2%；
- 所得税率：30%；
- 折旧：矿山服务年限内直线法折旧（按 9 年计）；
- 假定设备残值用以冲抵闭矿、复垦费用。

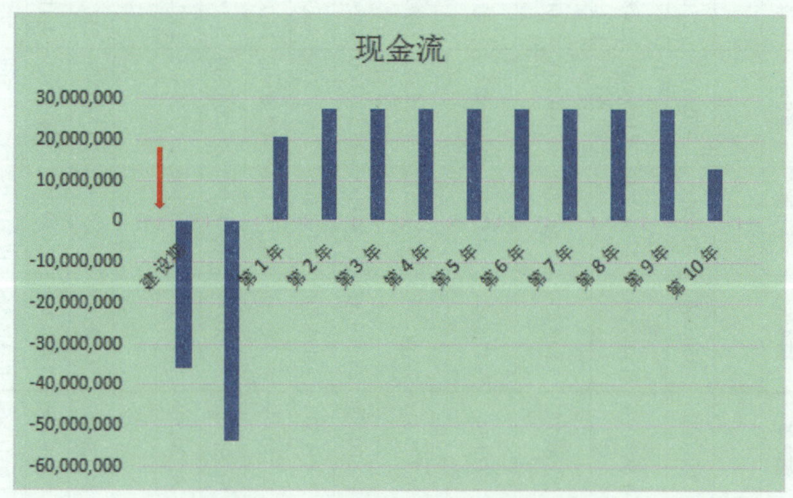

图5–11 假想金矿各年度现金流图示

折现到开始建设以前（红色箭头所示时间点），在不同折现率下项目的净现值（NPV）为：

- NPV @ 8% = 66,452,585 澳元；
- NPV @ 10% = 51,711,395 澳元；
- NPV @ 12% = 39,356,933 澳元；

项目的内部收益率（IRR）为：22.5%。

本例中的投资全部用自有资金（equity），现实中这种情况不多，而是或多或少地会使用债务。只要债务成本低于全部使用自有资金的情况下的内部收益率，使用债务就是合算的，会提高自有资金部分的内部收益率。有兴趣的读者可以将债务条件加入模型，看看有债务的情况下模型运行的结果。

表 5-8 假想金矿财务模型

	建设期		生产期									
	第1年	第2年	第1年	第2年	第3年	第4年	第5年	第6年	第7年	第8年	第9年	第10年
投资	36,000,000	54,000,000										
采矿量（吨）			350,000	350,000	350,000	350,000	350,000	350,000	350,000	350,000	350,000	90,000
累计采出矿量（吨）			350,000	700,000	1,050,000	1,400,000	1,750,000	2,100,000	2,450,000	2,800,000	3,150,000	3,240,000
剩余可采储量（吨）			2,890,000	2,540,000	2,190,000	1,840,000	1,490,000	1,140,000	790,000	440,000	90,000	
生产黄金（盎司）			47,824	47,824	47,824	47,824	47,824	47,824	47,824	47,824	47,824	12,298
销售收入（澳元）			74,725,312	74,725,312	74,725,312	74,725,312	74,725,312	74,725,312	74,725,312	74,725,312	74,725,312	19,215,080
运营成本			38,500,000	38,500,000	38,500,000	38,500,000	38,500,000	38,500,000	38,500,000	38,500,000	38,500,000	9,900,000
矿产资源费			1,494,506	1,494,506	1,494,506	1,494,506	1,494,506	1,494,506	1,494,506	1,494,506	1,494,506	384,302
EBITDA			34,730,806	34,730,806	34,730,806	34,730,806	34,730,806	34,730,806	34,730,806	34,730,806	34,730,806	8,930,779
折旧			10,000,000	10,000,000	10,000,000	10,000,000	10,000,000	10,000,000	10,000,000	10,000,000	10,000,000	
EBIT			24,730,806	24,730,806	24,730,806	24,730,806	24,730,806	24,730,806	24,730,806	24,730,806	24,730,806	8,930,779
流动资金变化			-9,625,000									9,625,000
应纳税所得			15,105,806	24,730,806	24,730,806	24,730,806	24,730,806	24,730,806	24,730,806	24,730,806	24,730,806	18,555,779
所得税			4,531,752	7,419,242	7,419,242	7,419,242	7,419,242	7,419,242	7,419,242	7,419,242	7,419,242	5,566,734
税后利润			10,574,046	17,311,564	17,311,564	17,311,564	17,311,564	17,311,564	17,311,564	17,311,564	17,311,564	12,989,045
现金流	-36,000,000	-54,000,000	20,574,064	27,311,564	27,311,564	27,311,564	27,311,564	27,311,564	27,311,564	27,311,564	27,311,564	12,989,045

显然，这是一个高度理想化的模型（表 5-8），矿体均质性极好，黄金价格、澳元汇率、选矿回收率等极其稳定，未考虑可能的后续投资等。现实中没有这等好事。可研做得越深入，每年的各项技术指标也越细，结果的可靠性也越高。

四、敏感性分析

无论可研做得多细，项目建设和生产运营中的实际情况与模型中的假定条件有所出入是在所难免的，尤其是产品价格、汇率等预测性指标。每一指标的变化，如投资超支、产品价格下跌、汇率上涨等无疑会导致项目经济性的变化。敏感性分析（sensitivity analysis）则分析某一参数的变化对项目经济性，即净现值和内部收益率的影响，一般以某一参数变化的比例所引起的净现值和内部收益率变化的比例来表示。

敏感性分析一般分析的因素有投资、生产成本、产品价格和汇率。

图 5-12 和 5-13 分别是上述模型中投资、生产成本、黄金价格和汇率分别上涨和下降 5%、10%、15% 和 20% 对 10% 折现率下的净现值和内部收益率的影响，斜率越高，影响越大。

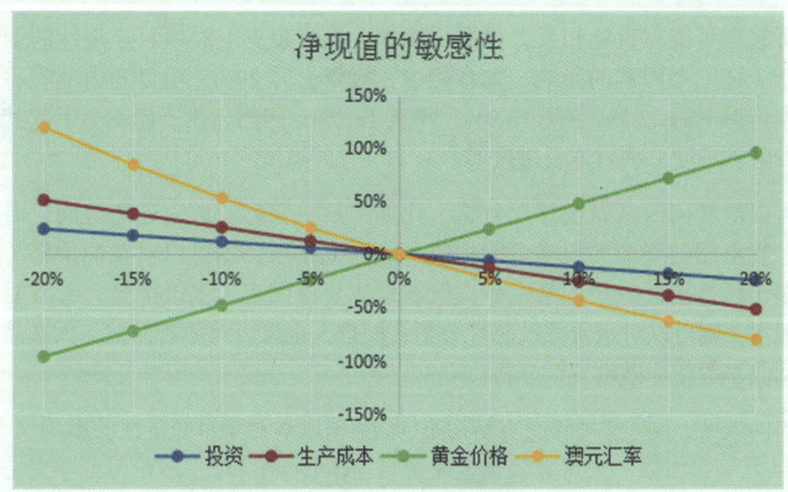

图5-12　假想金矿净现值的敏感性图示

就很多项目而言，对项目的经济性影响最大的因素是产品价格、汇率和生产成本。如本例中，黄金价格上涨 20%，项目的内部收益率较基本情形下的 22.5% 上升 45.3%，达到 32.7%；而如果生产成本上升 20%，项目的内部收益率则较基本情形下的 22.5% 下降 27.5%，降至 16.3%。

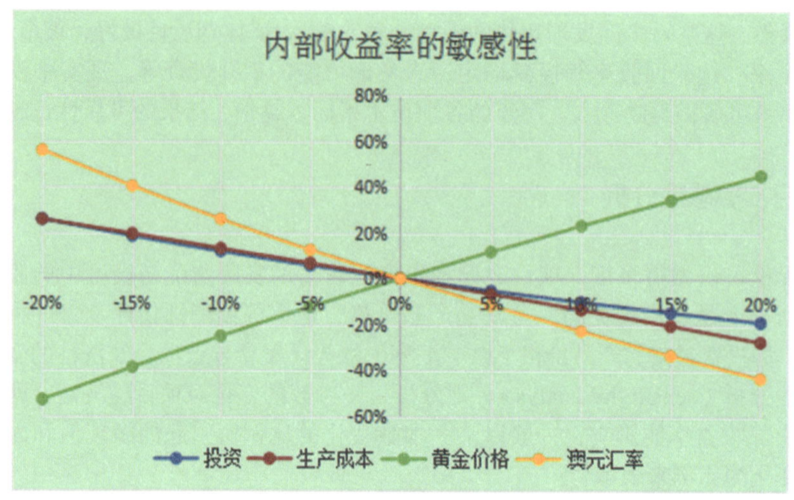

图5-13　假想金矿内部收益率的敏感性图示

本例中，澳元对美元的汇率越高，项目的经济性越差。这是汇率对项目的经济性乃至对澳大利亚的国际竞争力的影响的一个直接反映，也是各国竞相贬值本币的“货币战争”（currency war）的直接原因。

听起来可能与直觉相反，投资（比如，投资超支）对项目经济性的影响往往小于上述三个因素的影响。如本例中，投资上升 20%，项目的内部收益率仅较基本情形下的 22.5% 下降 18.9%，降至 18.2%。当然，投资超支会引起其他问题，如融资难度、项目建设进度等。

可以对任何因素做敏感性分析。比如，某一偏远的矿山远离电网，需自行发电，发电用的柴油的成本可能构成了一大成本项，则可以对柴油价格（或原油价格）做敏感性分析；某一矿山所在地水资源困乏，水价极高，或需要自行淡化海水，则可以对水价做敏感性分析；同理，也可以对原矿品位、入选品位、选矿回收率等指标做敏感性分析。

不同地区、不同项目的成本结构不同，各项成本对项目经济性的影响也不同。图 5-14 是加拿大第二大黄金公司金业公司（Goldcorp Inc.，多伦多证券交易所主板交易代码 G，纽约证券交易所交易代码 GG）2017 年初不同地区以及公司平均成本构成情况。如果需要，可以对其主要成本项进行有针对性的敏感性分析。

折现到什么时间点对项目目前的价值（净现值）有重大影响。本例中的净现值系指折现到开始建设以前。如果一年后才能开始建设，要看现在的价值（净现值），需要折现到现在，多了一年的折现，净现值自然会相应降低（图 5-15）。

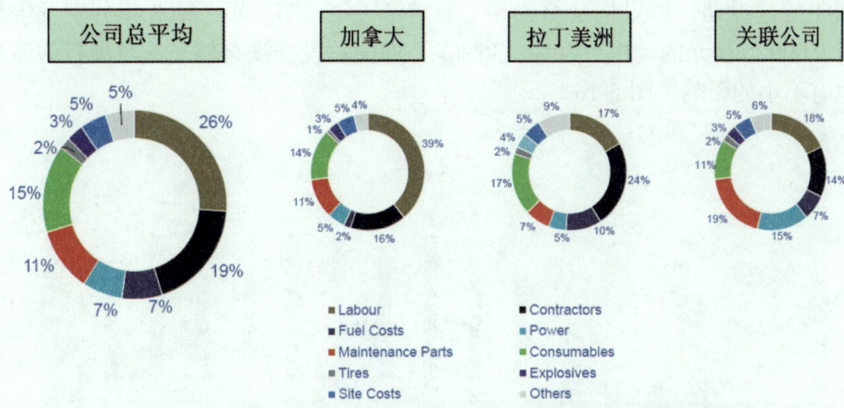

图5-14　加拿大金业2017年初各项目区及公司总平均成本构成图

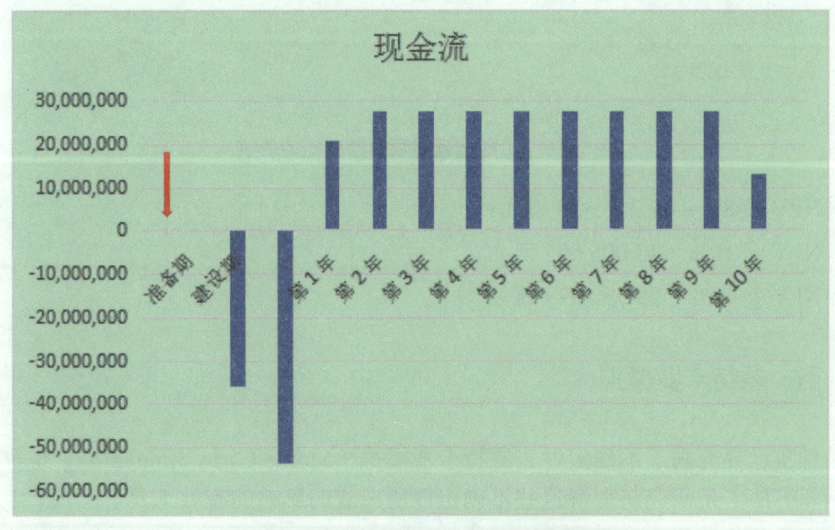

图5-15　折现的时间点对净现值的影响

- NPV @ 8% = 61,530,172 澳元；
- NPV @ 10% = 47,010,359 澳元；
- NPV @ 12% = 35,140,118 澳元。

对于已经完成可研的项目，业主往往以可研得出的净现值为价值推介项目，而“忽略”了开始建设前需要的时间及其对净现值的影响，也即假定了项目马上开工建设，这是谈判对价时应该注意的一个不小的问题。

此外，也可以用财务模型对工期拖延对项目经济性的影响做个分析。如本拟两年的建设期，如果拖延至三年（假定第 1 年、第 2 年、第 3 年分别发生总投资 9,000 万澳元的 40%、30%、30%），即使总投资没有超支，对项目的经济性也有不小的影响（图 5-16）。

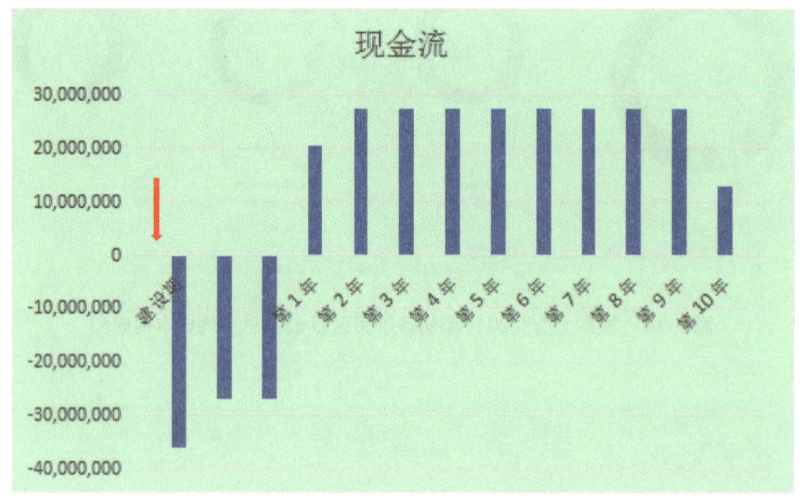

图5-16 工期拖延对项目净现值的影响

- NPV @ 8% = 57,346,358 澳元；
- NPV @ 10% = 42,006,603 澳元；
- NPV @ 12% = 29,390,073 澳元。

五、蒙特卡罗模拟

现实世界充满了不确定性，蒙特卡罗模拟（Monte Carlo Simulation，也称蒙特卡罗方法）是研究与理解这些不确定性所造成的影响的有效工具。

财务模型中有矿山建设投资、原矿品位、选矿回收率、产品价格、汇率等诸多变量，财务模型的结果（比如，内部收益率）则是这些变量在一组特定取值下的结果。用数学的语言描述，就是内部收益率是这些变量的函数。

财务模型的基本情形（base case）一般是取这些变量各自的平均值或最可能的值。比如，原矿品位是基于有限的钻探结果推算出来的“平均品位”；矿山建设投资是做可研之时估算出来的最可能的数字；选矿回收率是根据有限的选矿试验估计的最可能的值。实际上，这些变量的取值有其各自的不确定性。以基于一组特定值得到的“静态的”结果为决策依据，起码可以说是不完整的。

敏感性分析扩大了这些变量的取值范围，但每一项敏感性分析针对的是模型中某一变量（单变量）的变化对结果的影响。在现实世界中，这些变量（多变量）是同时变化的。

取平均值或最可能的值忽视了其他取值的可能性，大大简化了甚至忽视了不确定性可能产生的风险，而有限的敏感性分析并没有对这种风险做足够的量化和管理。蒙特卡罗模拟则对财务模型和敏感性分析的这些不足做了有益的补充，甚至提供了一种风险管理与规避的工具。

从事蒙特卡罗模拟的人对用输入变量的平均值这一做法不忘揶揄。有人说，用平均值得到的结果平均来讲是不准确的，这就是所谓的“平均值的缺陷”（flaw of average）。

蒙特卡罗方法是20世纪40年代美国在第二次世界大战中研制原子弹的“曼哈顿计划”的成员斯坦尼斯罗·乌拉姆（Stanislaw Ulam）和约翰·冯·诺伊曼（John von Neumann）等科学家在研究与原子弹有关的中子的扩散过程时首先提出来的。乌拉姆的叔叔有时借钱去欧洲小国摩纳哥（Monaco）以赌博闻名的蒙特卡罗去赌博，蒙特卡罗方法因此而得名。当时，曼哈顿计划的成员们意识到，面对无穷多可能的选择，用解析（也即用公式计算）的方法涵盖所有的可能性是不现实的。他们转而采用数值分析的方法，取得了很好的效果。

蒙特卡罗模拟是以概率和统计为基础的一种随机模拟方法。它建立在已有的数学模型（比如，此处的财务模型）之上，且需要为其具有不确定性的各输入变量或重点参数分别确定合适的概率分布。其核心是，对这些变量或参数按照为其事先设定的概率分布进行随机取样，用每一组取样值运行该数学模型，得到一个运行结果，然后对用不同取样值得到的大量的运行结果做归纳、汇总、分析，得出结论。

具体地说，财务模型里的矿山建设投资、原矿品位、选矿回收率等重点参数已不再是固定的数，而是分别代之以遵从其各自概率分布的随机变量。当然，前提是这些参数的不确定性可以用概率分布来描述。

概率论认为，某事件的概率可以用大量试验中该事件发生的频率来估算，当样本容量足够大时，可以认为该事件的发生频率即为其概率。

比如，如果矿山建设投资遵从三角形分布（Triangular Distribution）、原矿品位遵从正态分布（Normal Distribution）、选矿回收率遵从均匀分布（Uniform Distribution）（图5-17），计算机里的随机数发生器每次为每一参数按其概率分布产生一个随机数，得到一组参数，用该组参数运行一次财务模型，得到一个结果（比如内部收益率）。取10万组参数运行10万次财务模型，得到10万个结果，然后分析其结果（内部收益率）的概率分布。

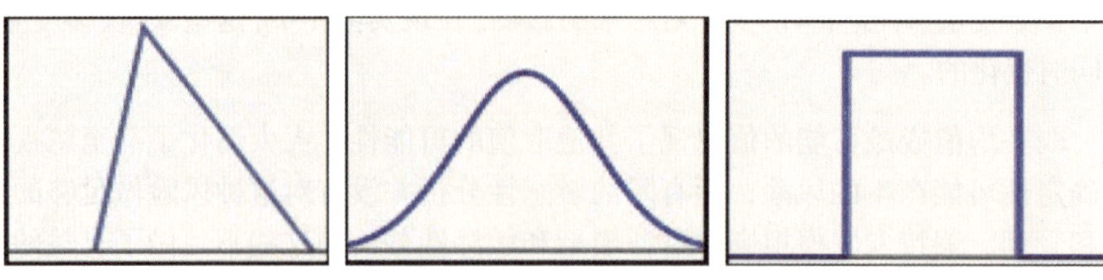

图5-17 典型的随机变量分布

市场上已有的基于电子表（如，Excel）的蒙特卡罗模拟软件可以轻松地对10万个结果做归纳，一般用“累计概率曲线”（cumulative frequency chart）表述（图5-18）。示意图表明，经过10万次模拟，某项目实现高于12%的内部收益率的概率是62%（低于12%的内部收益率的概率是38%）。

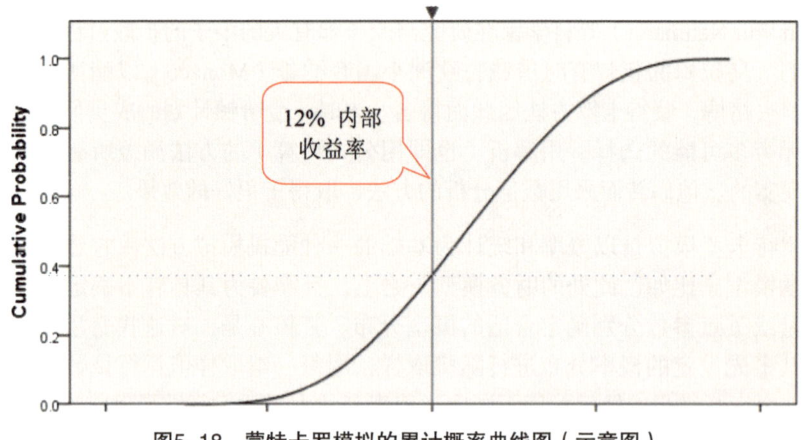

图5-18 蒙特卡罗模拟的累计概率曲线图（示意图）

试想如果李嘉诚对矿业投资感兴趣，他不可能把原矿品位、选矿回收率等技术问题都搞明白再去投资。对于摆在他面前的一个内部收益率高达25%的项目，面对各种不确定性和对矿业行业的生疏，他难做取舍，要求测算一下有多大的可能性（概率）项目的内部收益率会低于12%。蒙特卡罗模拟便可以解决这个问题。

计算技术的发展和微型计算机的普及使蒙特卡罗模拟的广泛应用成为现实，现在在投资、保险和很多其他行业，蒙特卡罗模拟已是日常工具。日常工作中常用的输入变量的概率分布函数，现在的微机都可以方便地模拟。

蒙特卡罗模拟把多个输入变量的不确定性转换成了模型结果的概率分布，进而指导投资决策。不确定性及其风险并未消失，但蒙特卡罗模拟使之更易于理解，并为其管理与规避提供了一个工具。

蒙特卡罗模拟不仅是被动的风险分析工具，还是主动的风险管理工具。比如，如果我们要求某项目内部收益率高于12%的概率不低于80%，可以用蒙特卡罗模拟看一看调整哪些参数可以实现这一目标，然后看需要采取哪些措施把这些参数调整到理想的范围。现在的蒙特卡罗模拟软件都可以在微机上方便地交互运行。

六、财务模型的通俗解读

财务模型是现代投资分析和决策的必需且有效的工具。不仅是新建项目，改建和扩建项目乃至新设备的购置等均可用财务模型予以分析和评价。本节对一些耳熟能详的术语和现象用财务模型加以阐释。

1. 投资与成本

投资（capital expenditure，缩写为CAPEX）与生产成本（operating expenses，缩写为OPEX，或简称成本）都是花钱，但具有不同的财务/经济和税务意义。投资通过后续生产过程中的折旧逐渐回收，而成本则在当年消化。

举个例子说，项目建设期间喝茅台，这瓶茅台要进入投资（固定资产），将来是要折旧的；投产后喝茅台，这瓶茅台要进入成本，当年消化掉。

2. 基础设施

国内在可研等文件中常称为“外部建设条件”的基础设施（infrastructure）包括矿山生产和运营所需的水、电、路、机场、码头等设施。所涉及的矿种不同，项目对基础设施的要求也不同。

在大宗产品（bulk material）如铁矿石、煤炭、铝土矿、钾肥等的生产中，基础设施对项目的经济性起着至关重要乃至决定性的作用。不幸的是，国际上这类项目偏偏大多远离公共基础设施。指望政府出资为某一项目建设基础设施往往是不现实的，好在大多数国家允许公司拥有自己的基础设施。事实上，这些基础设施如果对其他公司开放，本身即可构成独立的业务。

澳大利亚西部的西澳州（Western Australia）皮尔巴拉（Pilbara）地区运输铁矿石的铁路及相连的港口、澳大利亚东部的昆士兰州（Queensland）运输煤炭的铁路及相连的港口以及巴西米纳斯·吉拉斯（Minas Gerais）州“铁四角”（Iron Quadrangle）地区运输铁矿石的铁路和相连的里约热内卢（Rio de Janeiro）州的港口多年来充满了各方的博弈。澳大利亚桑丹斯资源有限公司（Sundance Resources Limited，澳大利亚证券交易所交易代码SDL）位于非洲中西部、跨越喀麦隆（Republic Cameron）和刚果（布）（Republic of Congo）的预计年产3,500万吨铁矿石的待建大型铁矿项目投资的80%用于铁路与港口。与其说是铁矿项目，倒不如说是基础设施项目。

这些地区蕴藏着大量的铁矿石和煤炭资源，对基础设施的拥有和使用甚至比矿产资源本身的意义还要重大。如果在投资分析时仅仅侧重于项目本身的技术品质，而忽视了基础设施，成功的希望渺茫。

是自行建设与拥有基础设施，还是使用第三方基础设施，在财务模型上的体现是，自行建设要承担投资与运营成本，使用第三方基础设施因支付费用而发生运营成本，但无须承担投资。可以设想，拥有颇具战略意义的基础设施的第三方不会把大量的利益让渡予使用方。因此，一般所支付的费用颇为昂贵。这些重大基础设施一般在建设前即已与政府达成协议，是否允许第三方使用，以及如果允许，收费标准如何确定，有些情况下甚至通过地方立法予以明确。围绕着多年前建设的，当时未曾明确是否应允许第三方使用的皮尔巴拉地区的铁路，澳大利亚大小铁矿石生产商之间多年来诉讼不断。

大宗产品如此，有色金属和贵金属的开发也不例外，只不过程度可能不同。远离人烟的深山老林里的金矿生产的黄金用直升机即可运送出来，但建设期和生产期的物资和人员运输的成本要给予足额考虑。所有这一切均会体现在或者投资或者成本上，故而对项目的经济性产生不同的影响。

在加拿大和澳大利亚这样地广人稀的国家，大部分矿山远离公共供电设施，故矿山需自备柴油发电机，柴油及其运输成本可能在矿山整个运营成本中占有不小的比例。

水务设施也可能涉及不小的投资与成本。

由澳大利亚必和必拓（BHP Billiton）控股 57.5% 的智利艾斯康迪达（Escondida）铜矿是全球第一大铜矿，2016 年铜产量达 97.9 万吨，约占全球铜产量的 5%，并有可观的金、银伴生矿产出。2012 年股东们批准了扩建计划，与其配套的海水淡化厂、183 公里的输水管线及泵站等设施耗资 34 亿美元，生产成本也将增加不菲。据说智利海水淡化成本高达每方水 5 美元，因海水淡化可致总成本增加 14%。

3. 产品价格预测

对项目的经济性影响最大的因素之一的产品未来价格只能靠预测确定，这是投资决策的又一个无奈。这意味着我们只能用短期预测决定长期投资。

多年来业界在产品未来价格预测

> The only function of economic forecasting is to make astrology look respectable.
>
> —John Kenneth Galbraith
>
> 经济预测的唯一功能是让算命看起来也值得尊敬。
>
> ——约翰·加尔布雷斯，美国经济学家

方面的记录乏善可陈。图 5-19 中的黄色曲线是从 2006 年到 2010 年的实际黄金价格，其他颜色的曲线分别是上一年度对当年及以后各年度的价格所做的预测。可以看出，预测与实际相去甚远。

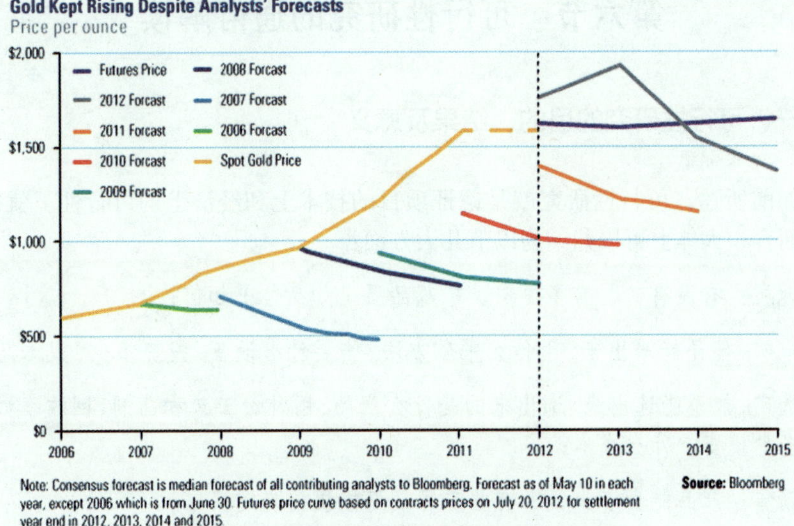

图5-19　预测黄金价格与实际黄金价格图示

资料来源：彭博通讯社（Bloomberg）

关于预测，还真有人认真了。美国宾夕法尼亚大学（University of Pennsylvania）心理学和政治学教授菲尔·泰特洛克（Phil Tetlock）对预测做了专门研究并发现，一般专业人员的预测和随意猜测的结果差不了多少，但确有一小部分人是“超级预测家”（superforecaster），他们的预测总是比他们的同行准确。他们的共同特点是，密切关注来自于不同渠道的信息，富有概率思维，团队协作，根据最新信息不断修正其观点。

一般来说，大牌分析师可以在市场上特立独行、独树一帜，绝大多数分析师则只能随波逐流。这也是为什么尽管很多分析师给出的预测数字各异，但趋势则同。

今天看昨天和前天，可能怎么看怎么明白（却也未必），难的是今天看明天和后天。即使是一些如吉姆·罗杰斯（Jim Rogers）之类拥有众多追随者的顶级投资大师们也常常马失前蹄，致使其追随者损失惨重。其实，仔细想来怪不得他们。如果对未来的价格总体趋势尚可做个判断，未来某一时点的具体价格本来就不是可以准确预测的东西。准确是偶然的，不准确是必然的。1943 年，计算机尚未普及，IBM 的总裁汤姆·沃特森（Tom Watson）说：“我想全球可能有五台计算机的需求。”

但是，没有预测价格财务模型便不能运行。于是，我们还得预测。依作者之见，与其说是预测，不如说该项目在这样的价格情形下经济性是怎样的，让投资人自己判断是不是靠谱儿。

第六节 可行性研究的通俗解读

一、可行性研究的目的、结果及意义

如前所述，可行性研究就是论证项目的技术上和经济上的可行性。就矿业项目而言，大体上可以归纳为以下几大方面：

- 地质：有没有矿、有多少矿、矿藏品质（如品位）如何；
- 采矿：能不能采出来、用什么采矿方法、需要什么设备、投资多少、成本几何；
- 选矿：能不能选出来、选出来的是什么产品、用什么工艺和药剂、回收率如何、多少投资、什么成本；
- 销售：产品能卖多少钱、有些矿种最好能提前确定买家。

当然，还有税务设计、融资结构等问题。

可研要回答上述所有问题，而其结果，即用于判断是否“可行”的投资决策，则只有一两项指标：净现值（NPV）和内部收益率（IRR）。

怎么叫“可行”呢？

- 用内部收益率看：如果项目的内部收益率达到或超过了公司所确定的投资需要达到的最低收益率，即所谓的门槛收益率（hurdle rate），项目可行。
- 用净现值看：以门槛收益率为折现率的项目净现值不低于零。

以上二者说的是一回事。

显然，门槛收益率应该不低于公司或所投资项目的资金成本。

矿业公司发布可研的结果时，也常常带上个修饰语 – “正面”（positive）的可行性研究。未见到有人对这个“正面”做个定义，应该指的是净现值不低于零。

不少公司仅凭投资回收期过长一项指标即否决项目，有些“怪”，却也无可厚非，自己的决策嘛。不过，即使有不错的内部收益率，大型项目（投资规模大）的投资回收期一般都不短。如果要求投资回收期短，大概要侧重于中小项目了。

不少人凭借一两个只见树木、不见森林的因素就轻而易举地否定了一个项目。我们看看可研是如何解决这个问题的（假定可研做得非常规范）：

- 这个项目品位太低 – 可研已经将品位的问题考虑进去了；
- 当地工资水平太高 – 可研已经将当地工资的问题考虑进去了；
- 外部建设条件太差 – 可研已经将基础设施的问题考虑进去了。

因此，可研是算总账的结果。

当然，如果可研做得粗糙（比如参数的选取没有足够的研究作为支持），其结果的可信度自然也就差了。这就是所谓的“进去的是垃圾，出来的自然还是垃圾”（garbage in, garbage out）。

以品位这一单一参数取舍项目的“品位派”不在少数，包括相当多的业内人士。不少业外投资人更是以为，知道了品位便掌握了矿业的不二法门。这和知道了房价就能搞房地产这种想法一样荒唐。矿业从来没有那么简单！从可研以及财务模型可以看出，品位不过是决定项目经济性的众多参数中的一个。有如高考，数学考了满分，其他科目都考了零分，考上大学基本上也是没戏。北美和澳大利亚小规模、高品位的石英脉型地下开采的金矿失败的案例比比皆是，即使在金价高企之时也很难挣钱。品位的高低是相对的，不是绝对的。在非洲的刚果（金）搞铜矿，2% 就是低品位了，而对于基础设施良好的氧化金矿，1 克 / 吨已经是高品位了。

品位无疑是最重要的参数之一，但也仅仅是之一。如果有人仅凭品位就告诉你某矿可行，他离着懂矿还有相当的距离。

矿业界有句名言，“品位为王”（Grade is king）。是时候拨乱反正了，任何投资行为都应该是“收益为王”（Return is king）。

矿业的高潮期，很多低品位的矿山得以建成。进入矿业低谷，其中的有些项目已然难以为继。于是，矿业界出现了向高品位的回归。拨开这一追逐品位的表象，这不过是对追逐收益的回归罢了。

二、合资项目的可行性

2013 年 5 月 16 日，加拿大上市公司阳脊黄金有限公司（Sunridge Gold Corp.，多伦多证券交易所创业板交易代码 SGC）发布了其位于东非厄立特里亚的阿斯马拉（Asmara）项目的可研的结果：

- 10% 折现率下的税后净现值 4.43 亿美元；
- 税后内部收益率 27%。

结果看起来很是激动人心，但却是有问题的。

阳脊黄金本来拥有阿斯马拉项目 90% 的权益，厄立特里亚国家矿业公司

（Eritrean National Mining Corporation，缩写为 ENAMCO）拥有 10% 的干股。

2012 年 8 月，ENAMCO 通知阳脊黄金，其有意购买阿斯马拉项目 30% 的权益，进而将其在阿斯马拉项目上的权益提高到 40%。然后，双方就购买条件展开了谈判。

2012 年 12 月，阳脊黄金公布了部分已达成协议的购买条件：ENAMCO 将承担项目开发投资的 1/3。

达成协议后，双方的合资结构为：

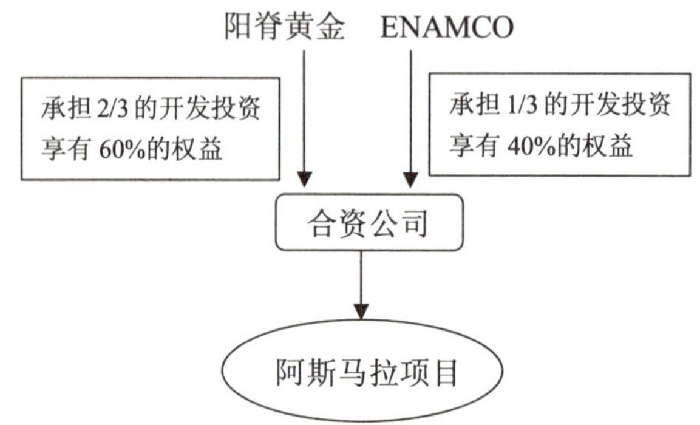

一旦要合资或合作，任何一方不再完全拥有项目，“项目的净现值与内部收益率”大概能够粗略地说明，项目作为一个整体有着稳健的经济性，但这两个具体数字对双方却都是没有意义的，双方要各算各的账。具体到阳脊黄金，需要用经合资公司分红而获得的现金流计算它自己那部分的净现值和内部收益率，并用于其投资决策和融资。

出现这个问题的原因在于，可研和合资条件的谈判均是耗费时日的事，作为没有现金流的初级矿业公司，阳脊黄金不能等待谈好合资条件再做可研；相应的鸡和蛋的问题是，对项目的可行性没有一个大致的认识，合资条件也未必能谈定。在未能确定合资条件的情况下，阳脊黄金只好把项目作为一个整体看待。

事实上，双方于 2014 年 6 月签订了组建合资公司的股东协议，并于 2014 年 10 月组建了合资公司。

有意思的是，直到 2015 年 11 月阳脊黄金宣布出售其在阿斯马拉项目上 60% 的权益，他们也一直没有披露他们那 60% 的权益部分的净现值和内部收益率。买方应该明白的是，他可不能依赖“项目的”净现值与内部收益率做决策。

三、可行性研究的范围

有的可研把产业链拉得较长，有可能美其名曰“延长产业链”，这是个应该引起警惕的问题。

比如，一个铁矿石项目一般把精粉作为产品。如果项目的可研把生铁都包括进去了，很可能光生产精粉算不过账来。业主把从精粉到生铁的效益也包括进去，以掩盖生产精粉没有效益这个事实。须知炼铁和开矿是两项不同的业务，需要的人员、技能、管理方法，面对的市场，感兴趣的投资人等都不尽相同。这就像种小麦的，非要把做成面包的利润也加进去，投资人应该问问为什么。此外，加进去一块炼铁业务，需要的资金量也大了，增加了融资的难度。

搞石墨矿的非要把石墨烯的噱头也加上，很可能出于同一个原因。

有些业务可能只有上下游一体化才有价值，但在业界大多数同行都能赚钱的大环境下某一矿山需要延长产业链才能生存，起码可以说矿山本身是缺乏竞争力的。

四、小矿种的可行性研究

对小矿种的可研要格外小心。

和大宗商品相比，“小”（minor）矿种之小既有该矿种在地壳中可能稀缺这一因素，也有因其应用范围尚小因而市场规模小这一因素。其实，如果在地壳中并不稀缺，有些小矿种随着应用范围的不断扩大，也就不再小了。金属锂大概可以归入这一类。上一轮稀土热也表明，稀土并不像原来认为的那样稀有，只是原来应用范围有限，需求不大，价格上不去，勘探开发上没有足够的动力投入。

因为“小”这一特点，小矿种具有价格暴涨暴跌的“猴性”。一座矿山投产，价格即可能暴跌；一座矿山停产甚至是检修，价格即可能暴涨。受价格暴涨的诱惑贸然砸进去的，多数都有着痛苦的经历。铀、铋、稀土、锂都曾经经历过这种轮回，2017年轮到钴了，除非开发了新的用途，如果只是重复过去的周期，其宿命也是必然的。如果不是立意即在于“赚一把就跑”，矿业投资应该作为一种长期投资来做，要经历得住周期的历练。

95%的钴作为铜、镍等矿的副产品产出。副产品不是矿山的主要收入来源，因而对价格不甚敏感。而以钴为主矿种的，一般规模不大，成本基本上在“成本曲线”（见第九章第二节）的高端。

小矿种因为其小，其技术和市场情况也掌握在高度专业化的一个小范围内，包括大型投资银行在内的局外人所知甚少。对于常规矿种，很多投资银行研究的程度很深，且掌握着大量资料；但对于小矿种，需要的不是“博”，而是“专”。稀土便是突出的一例。

2010 年，中日之间发生撞船事件，供应全球市场 90% 稀土的中国虽然未公开声明制裁日本，但在一段时间内大幅度削减了对日本的稀土供应，致使国际市场恐慌，稀土价格大涨，由此造就了不少从事稀土勘探的初级矿业公司。然而，他们几乎从零开始摸索，虽然历经几年，能把稀土搞明白的屈指可数。

我们常说的“稀土”是 17 种稀土元素的总称，它们（一般是稀土氧化物）的价格分别从每千克几美元到几千美元（甚至更高）不等，每种稀土元素的用途、供需、在每个稀土矿藏中的含量等均有不同，除了在稀土价格高涨、怎么都能赚钱的大环境下以外，在平淡的市场环境中，测算一个稀土矿藏的经济性，当真是“魔鬼在细节之中”（The devil is in the details.），有相当的挑战性。这时笼统地说“稀土”是远远不够的，“一篮子价格”（basket price）是不存在的。有人说，对于稀土未来的价格和需求，怎么预测都是错的。

稀土的采矿没有什么特别的，难的是分离技术、分离成本、生产什么产品、这些产品的价格如何、用户在哪儿等问题。随着稀土价格的回落，投资界兴趣锐减，稀土勘探公司处境尴尬，还需要耐心地等待下一个周期。

石墨矿也有它独特的问题。一座石墨矿很可能生产出不同等级、粒度、纯度的产品，要想持续经营，每种产品都得卖出去，而这并非总是易事。即使一种产品卖不出去，除非不断扩大成品库容，整个矿可以被“憋死”，只能停产。

小矿种价格上的不透明也使金融资本不愿贸然介入，致使融资相对困难。

五、矿山规模

价值相对较低的铁矿石、煤炭等大宗商品和品位相对较低的斑岩型金属矿藏一般要有一定的规模才能降低单位成本，使项目具有经济价值，此所谓“规模经济”（scale of economy）。例如，斑岩型铜矿一般要有每天几万吨矿石的处理能力。在为“我们有一座大矿”自豪之时，应该明白，这种矿，规模小了算不过账来。

第七节　矿业公司投资价值分析

几年前，在国内公司境外收购如火如荼之时，一家大型国际矿业公司的前任董事曾经放言：“让中国人随便来买，他们买不到好东西。”话虽刻薄，但看看业界的“战绩”，不幸被其一语中的。

现实中并不罕见的一个现象是，国际市场上颇受热捧的项目 / 公司，国内投资人可能不以为然，而国内投资人着急上火地怕丢掉的机会在国际市场上可能并不受待见。显然，国内外对“好”项目和/或公司的理解存在着差异，这无疑应该源于价值评判上的差异。

分析一家生产型矿业公司无疑要看财务报表。然而，财务报表只负责记账，并不负责解读公司价值，并且记的还是过去的账，将来怎么样还不知道呢。而基于成本的记账方法（cost-based accounting）并不能很好地反映公司的价值。怎样解读财务报表，如何利用财务报表提供的信息做价值判断，那是读者自己的事了。

矿业公司的投资价值分析本质上也是个估值问题，但与正式估值又有所不同，虽然二者所用的方法一样。

估值，无论估的是什么值，都是估算某一时点标的物的某种价值。而投资价值分析不仅要看现在的价值，还要看将来的价值，是一种未来价值预测。

为了为公司的证券交易多争取一些业务，同时也作为对其客户所提供的服务的一部分，投资银行（证券公司）会安排分析师（analyst）跟踪研究其认为有投资价值的某些上市公司，并发布研究报告。分析师要根据这些公司的业务发展和信息披露情况随时更新其研究报告，并可能就这些公司的股票提出买入（Buy）、持有（Hold）、卖出（Sell）等投资建议，或可能对某些公司股票预期的走势做出出色（Outperform）、平均（Perform）、逊色（Underperform）等评级，附以未来一段时间（比如，6~12个月）的目标价格（target price）。

正式估值报告在取值和论证等方面要“严肃”得多，相对而言，分析师的研究报告有一定随意性。

一、投资分析报告中常用的价值评定指标

◇ **股价（share price，常用P代替）；**

◇ **市值（market capital 或 market capitalization）：股价 × 股本**

◇ **流动资金（working capital）：流动资产 – 流动负债**

◇ **企业价值（Enterprise Value，缩写为EV）：市值 + 长期负债 – 流动资金**

企业价值是企业被收购的理论代价。因为收购后要承担该企业的负债，但也拥有了其现金等资产。实际上，收购一家公司都会在市值的基础上付出溢价（premium），因此，企业价值只是理论上的代价。

企业的资本既包括股权人（股东）的投入，也包括债权人的投入。相对于股价或市值仅考虑了股权部分而言，企业价值也考虑了债权部分。因而，企业

价值比市值要全面得多，尤其是在负债水平很高的情况下。

◇ **利息、税赋、折旧、摊销前收益（Earnings Before Interest, Tax, Depreciation and Amortization，缩写为 EBITDA）：**

EBITDA 是项目与公司分析中用得最广泛的指标，是投资目标初选和排队的有效工具。

就项目分析而言，EBITDA 撇开了下述外在的相对主观或人为的各因素的影响，而考量项目的客观经济强度和内在品质：

- 因融资方式的选择而发生的财务成本（利息）– 是用了 40% 还是 75% 的债务，进而影响了项目的收益，这不能怪项目；
- 项目所在地的税收 – 因为税收高了，项目不挣钱，不是项目的问题；
- 折旧与摊销 – 这是在法律法规允许的框架内因既往投资而降低税赋的手段，还可能有一定的灵活掌握的余地，比如加速折旧。此外，如果项目建设期严重超支，投产后的折旧也高。因此，折旧与摊销的高低未必是项目内在品质的很好的体现。

对一个项目而言，EBITDA 是税前“经营活动产生的现金流”的近似。EBITDA 不涉及流动资金的变化和当期固定资产支出，因此并不是净现金流的近似（见下方“净现金流”一项）。

依作者之见，EBITDA 用于项目初选排队是最有用的，用于公司层面有些勉强，尤其是多项业务（如，勘探、建设和生产）并存的公司。然而在实践中该项指标的应用之广似乎大大超过了它应有的范围。

有意思的是，在财务分析和并购交易估值中应用极其广泛的 EBITDA 并不是国际财务报告标准（International Financial Reporting Standards，缩写为 IFRS）或通用会计准则（Generally Accepted Accounting Principles，缩写为 GAAP）中的规范术语。

事实上，每个行业都“开发”了一些具有行业特色的“非 IFRS”和“非 GAAP”指标，这些指标中的大部分确实有助于理解行业特性，这是会计记账与财务分析脱节的一种体现。但是，财务报表中对这些指标的容忍也使各个行业逐渐“开发”了越来越多的非 IFRS 和非 GAAP 指标，有些可能过于激进而掩盖财务风险。为此，美国证券交易委员会（Securities Exchange Commission，缩写为 SEC）于 2016 年 5 月中专门发布了指引，对包括 EBITDA 在内的很多“非 IFRS”和“非 GAAP”指标予以规范。

◇ **收益（Earnings，缩写为 E）：即税后利润**

其每股指标即每股收益（Earnings Per Share，缩写为 EPS），或每股税后利润。

利润（earnings, net income 或 profit）和亏损（loss）是两个很容易产生混淆的财务术语。非财务人员可能把利润与现金流（cash flow）混为一谈。利润为负称为“亏损”，则进一步加剧了这种混淆。厘清利润与现金流的关系在一个以利润（市盈率）为主要价值评定指标的评价体系中至关重要。

混淆产生的原因在于，计算利润的时候要扣除一些非现金（non-cash）性“支出”（expense），如：

➢ 折旧与摊销（depreciation and amortization）；

➢ 资产减计（write-down 或 impairment）；

➢ 递延税赋（deferred tax）。

关于资产减计，会计制度上有一套规定。以在产矿山（称为 Cash Generating Unit，缩写为 CGU）为例，如果其用净现值计算所得的公允价值（fair value）减去处置费用后的余额低于其账面价值，则其账面价值应该减计。因此，资产减计不过是资产的账面价值调整。

资产减计说明资产价值在现行经济条件下缩水了，在一定程度上是以往投资失败的一种体现，显然不是好事，但这种缩水只是账面缩水，并不涉及现金，因此不影响当期现金流。奇怪的是，资产减计却是一种“费用”，降低了当期利润。

最近几年，随着矿产品价格的下跌，资产减计“蔚然成风”。很多公司在不同会计期间发生了现金流为正，但“亏损”（负利润）的现象。在以利润为中心的评价体系下，理论上来说，这些公司已经不值钱。事实上恰恰相反，他们过得挺滋润。

如果一个生产型矿山的现金流也是负的，问题就来了 – 需要考虑是否停产的问题，而公司则有破产的可能。

这是利润与现金流的实质性差别，也是以利润为中心的评价体系中值得高度警惕的问题。

虽然后续会计期间仍然可能有资产减计的问题，投资分析中仍然常把资产减计暂看成一次性（one-off）或不可重复（non-recurring）事件，而用剔除这些不可重复事件的所谓“调整后的利润”（Adjusted Earnings）替代严格意义上的利润，以消除不可重复事件对价值判断可能造成的影响。

此外，一个生产型（而非投资型）企业，因为出售资产而增加了当年利润，甚至使当年从亏损转为盈利，这种利润显然不具有可持续性，计算“调整后的利润”时也应该扣除。

借用凯恩斯的话说（见第九章第三节第十一部分），当代会计准则中的“利润”与“亏损”的概念可谓“野蛮的遗迹”。

第九章第一节中的第四部分对于折旧做了进一步探讨。

◇ **现金流（Cashflow，缩写为 CF）**

鉴于利润有相当的可调的余地，利润的多少可以仅是个“观点”- 你可以有你的观点，我可以有我的观点，而现金流则没有这种“灵活”的余地，有就是有，没有就是没有。因此，投资分析中一般更侧重于现金流，而不是利润。

> Profit is an opinion. Cash is fact.
> 利润只是个观点，现金才是现实。

同样，现金流也有暂时剔除不可重复事件的所谓“调整后的现金流”（Adjusted Cashflow）这一概念。

◇ **净现金流（Free Cash Flow，缩写为 FCF）**

生产产生现金流，借债也产生现金流，增资扩股也产生现金流，出售资产也产生现金流。对这些现金流是否应该一视同仁呢？不是。

现金流量表（Cash Flow Statement）上会清楚地列示现金流的三大来源：

➢ 经营活动产生的现金流（cash flow from operating activities）；
➢ 投资活动产生的现金流（cash flow from investing activities）；
➢ 融资活动产生的现金流（cash flow from financing activities）。

对于一座矿山来说，如果暂不考虑扩产的问题，从项目的层面看，经营活动产生的现金流减去稳产所需的投资（sustaining capital），即所谓项目上的净现金流，是矿山能否持续经营的关键。

公司层面的净现金流还要减去财务费用和管理费，则是公司能否持续经营的关键。公司管理归根到底是现金流管理。

◇ **账面价值（Book Value）：股东权益（Shareholder’s Equity）**

总资产 – 总负债，是股东所投入的总资本扣除折旧和资产减计额后的余额，也是公司清盘的理论上的剩余价值。

◇ **净资产价值（Net Asset Value，缩写为 NAV）：**

净资产价值这一术语可能在不同的语义环境中用到。

➢ 汉语语义环境中的净资产价值是指资产负债表中的所有者权益，或称股东权益（shareholder’s equity），是公司的账面价值（book value）。英文的语义环境中一般不这样用。
➢ 在基金管理上，净资产价值是指基金的净值。
➢ 此处所说的净资产价值，是指证券研究与投资分析中得出的公司价值，与前二者不同。

本小节中的其他指标或者在财务报表中已经列示，或者可以用财务报表中的数字计算出来，或者（对于上市公司而言）可以从证券交易所的系统中轻松地读取出来，唯有净资产价值不能通过这些途径得到－生产项目和开发项目需要项目的完整的财务模型才能得到其净资产价值。很遗憾，一般投资人，即使谙熟财务和报表，也没有这份奢侈。

此外，本小节中的其他指标或者是即时指标（如股价和市值），或者是阶段性指标。用即时指标和阶段性财务表现评价一项长期业务，得到的价值是有问题的。矿业项目从一个季度到下一个季度，甚至一个年度到下一个年度的利润、现金流等指标的可重复性未必很好。比如：

➢ 某一季度采到矿体中的低品位矿段，致使利润 / 现金流降低；

➢ 对于地下矿，某一季度的开拓量大，致使现金流出量大；

➢ 对于露天矿，某一年度需要（为未来几年）扩坑，致使现金流出量大。

虽然这些作业的时间和顺序可以在一定范围内调整，以使各季度、各年度的产量、利润和现金流状况尽量平稳，过于迁就阶段性财务表现却可能牺牲作业效率。

净资产价值是用各项资产价值之和减去总负债，因此该方法需要对每项资产分别估值（见下面第三部分）。

如果投资分析中的各种比率可以视为“相对价值”（relative value）指标，净资产价值则可以称为公司的“绝对价值”（absolute value），也是生产型公司估值的根本。董事会和管理层“为股东创造价值”即应该体现在不断提高每股净资产价值（net asset value per share，缩写为 NAVPS）上。

有的分析师报告不分析净资产价值，仅通过一些相对价值指标即得出被分析公司的目标股价，这是一种高度简化。

从价值判断的角度看，不同的指标有不同的着眼点和侧重点，没有一项指标是全面的或完美无缺的。此外，上述各指标并非都有标准化的定义，不同的分析师可能采用不同的计算方法。

二、投资分析中常用的比率

上述指标中有些就其本身来说很难说有多大意义，但是用从这些指标派生出来的一些比率可以与业内同行做比较，以判断一家公司在业内的相对财务表现和相对价值。这些比率没有什么绝对意义，但作为相对价值具有比较意义。

每一比率也自然地包括了其中所涉及的指标所固有的缺陷。

◇ **企业价值 / EBITDA（EV/EBITDA）：**

这是并购中用得非常广泛的一个比率。比如，如果并购之时大多数公司的这一比率在 6~9 倍之间，这便是当时的市场行情；如果一项交易是按 4 倍或 11 倍交易的，可能值得深究一下为什么。

◇ **企业价值 / 现金流（EV/Cashflow）：**同样，具有比较价值。

◇ **股价 / 每股现金流（Price/Cashflow Per Share，缩写为 P/CF 或 P/CFPS）**

◇ **市盈率（Price/Earnings，缩写为 P/E）：**股价 / 每股收益

这是国内资本市场高度依赖的一个参数，几乎成了市场上价值判断和投资决策的唯一依据。以市盈率评定价值和指导投资也即基于利润做股权估值，虽不失为一种简便易行的方法，但也要注意其缺陷。

一个问题是，如上所述，每股收益（利润）在一定程度上是可调的，有些情况下甚至有相当大的可调余地，因此有的公司可能“穷得只剩下利润了”（能做出利润，但没有现金流）。

另一个问题是，市盈率只能反映股权部分的相对价值，而不是公司的总价值，因此不能用于并购。并购只能用企业价值。

试想，如果有两家公司，每年都有 5,000 万的利润，一家公司有两亿的负债，但已没有多少现金；另一家公司没有债务，且仍有不少现金。仅以市盈率作为价值评价指标，两家会得到相同的投资价值，而两家的企业价值相去甚远。

此外，勘探和开发不产生利润，其价值也就不能通过市盈率体现出来。如果一家公司既有在产矿山，又有开发项目，也有勘探项目，仅用市盈率做价值判断，勘探项目和开发项目的价值就被淹没了。只有在所有项目都已经进入稳定生产期，且后续投入不大的情况下，用市盈率作为公司价值的评定指标才更有意义。

在国际资本市场上，市盈率虽然也是投资分析中的一个参数，却是相对次要的。随着国内资本市场的成熟与发展，从以利润为中心的评价体系向以净资产价值和现金流为中心的评价体系过渡是必然的。

◇ **市净率（Price/Book Value，缩写为 P/B）：股价 / 每股账面价值**

没有一项指标和比率是完美的，市净率也有其问题。

➢ 资产的账面价值与其产生现金流和 / 或利润的能力未必有多大关系，尤其是在资产减计要求不甚严格的会计环境下。

➢ 账面价值是公司清盘的理论价值，但是真正清盘之时，资产一般是卖不出账面价值的。譬如一辆新车，刚开了一千公里，卖的时候已经是二手车了，也得打折。

因此，认为跌破了账面价值便有了投资价值，即仅以市净率做价值判断，是有问题的。

在铁矿石价格尚处于高位的 2013 年，全球第二大铁矿石生产商力拓（Rio Tinto）80%~90% 的利润来自于铁矿石，但铁矿石资产的账面价值仅占其全部资产账面价值的 1/3。以至于有投资人议论，力拓已不是一家综合性矿业公司，而只是一家铁矿石生产商。

市净率不宜孤立地看待，而应该放在整个市场环境中予以衡量。在 2015 年的市场环境中，很多公司的市净率已大大低于 1，甚至到了 0.3~0.5 的水平，其中有不少确实极具收购价值，但这并不意味着每一家公司都已被严重低估。

◇ **股价 / 每股净资产价值（Price/Net Asset Value Per Share，缩写为 P/NAVPS）：**

如果说用本小节中的其他比率可以做与业内同行相比较的相对价值（relative value）判断，用折现现金流法（见本章第五节）计算得到的在产项目和在建项目的净资产价值则是其内在价值（intrinsic value），或者与相对价值比较而言，可以算“绝对价值”（见下面第三部分）。

相对价值判断是和当时的市场情况看齐，或者反过来说，是用当时的市场情况以及被研究的公司在市场中的地位确定其应有的股价水平。在股市繁荣之时，水涨船都高；在股市低迷之际，水落船都低。而股价 / 每股净资产价值这一比率则是看现行股价在多大程度上偏离了其每股净资产价值。

相对价值有如水果价格 – 应季水果当然诱人，要吃就得付出较大代价；同样的水果，还是那个味道，等到大量上市，“估值”就下来了。而绝对价值中的“绝对”也不是绝对的，毕竟在计算的过程中要用到未来产品价格等参数的假定或预测，而对未来价格的预测会受到当前市场行情的影响。

三、目标股价的确定

在投资分析报告所罗列的众多指标和比率中，用于确定（一般是未来 6~12 个月的）目标股价的不过几个。

◇ **（每股）净资产价值（NAV（PS））：**

如前所述，净资产价值是用各项资产价值之和，即所谓 sum-of-the-parts，减去总负债，因此该方法需要对每项资产分别估值。

- 在产项目的净资产价值即其净现值，用折现现金流法计算。
- 在建项目因尚未渡过建设与投产风险（见第六章第五节），视其建设程度，在其净现值的基础上打个适当的折扣。已完工和投产的程度越低，折扣越高。
- 待建项目（如已完成可研的项目）处于勘探项目与在建项目之间，其净资产价值要看其所处的状态，如是否已获（建设）批准、融资是否已完成等。如果是，基本上可以视为在建项目；否则应该视为勘探项目。
- 勘探项目谈不上内在价值。如果已有资源量和/或储量，可以用单位资源量和/或储量的企业价值（EV/资源量或EV/储量）与业内同类公司比较，做相对价值判断。

◇ **（每股）现金流**（Cashflow（Per Share），**缩写为** CF（CFPS））；

◇ **企业价值**/EBITDA（EV/EBITDA）；

◇ **企业价值/现金流**（EV/Cashflow）。

至于这些指标和比率具体到某一公司如何用于确定目标股价，要看被分析的公司的具体情况。此外，不同的分析师可能有不同的偏好，业界并没有整齐划一的硬杠杠。

一般来说：

- 用某一项指标或比率，或施以不同权重的几项指标或比率的组合，确定目标股价。
- 用当前净资产价值（尤其是如果现行股价并未体现出净资产价值），但用未来（如，下一年度的）EBITDA或现金流，以试图反映其未来的价格趋势。
- 视所分析的公司的规模、成长空间、资产负债质量、同类公司比较、面对的各项风险等诸多因素，可能对每一项指标或比率施以不同的调整系数。

正是分析师们在这些参数选取上的不同，导致对于同一家公司、在同一时点，不同分析师得出的目标股价不同。那就看读者信谁了。

表5-9是加拿大上市公司凯普斯通矿业有限公司（Capstone Mining Corp.，多伦多证券交易所主板交易代码CS）于2015年10月27日发布了2015年第三季度报告后，五家投资银行分别于2015年10月28日至11月2日间发布的投资分析报告中所选用的指标或比率及其各自在确定目标股价中的权重，以及所得出的目标股价（2015年10月27日收盘价为0.64加元）。

表 5-9 不同投资银行得出的目标股价

投资银行	发布日期	所用指标和比率	权重	具体测算方法	目标股价
RBC Capital Markets 加拿大皇家银行	11月2日	NAV	100%	70% x NAV	0.75
BMO Capital Markets 加拿大蒙特利尔银行	10月29日	因对其业务展望发生变化，评级从出色降为平均，目标股价从1.30定性地调低至1.00，未基于任何计算			1.00
Scotiabank 加拿大丰业银行	10月28日	NAV和EBITDA	各50%	（50%）0.8 x NAV + （50%）5 x EV/EBIDTA	1.60
Haywood Securities Inc. 加拿大黑伍德证券	10月29日	CF	100%	5 x 2016预测 CFPS	1.50
Raymond James Ltd. 美国雷蒙·詹姆斯	10月28日	NAV和EBITDA	各50%	（50%）0.8 x NAV + （50%）5 x EV/EBIDTA	1.50

上述指标和比率各有其来源。至于它们是否是公司价值很好地反映，与公司股价之间的相关性如何，仍然是值得探讨的问题。

图 5-20 是加拿大某投资银行于 2013 年 6 月至 2016 年 1 月间发布的加拿大上市公司派洛特黄金有限公司（Pilot Gold Inc.，多伦多证券交易所主板交易代码 PLG）的目标股价（黑色圆点）与实际股价走势的对照。

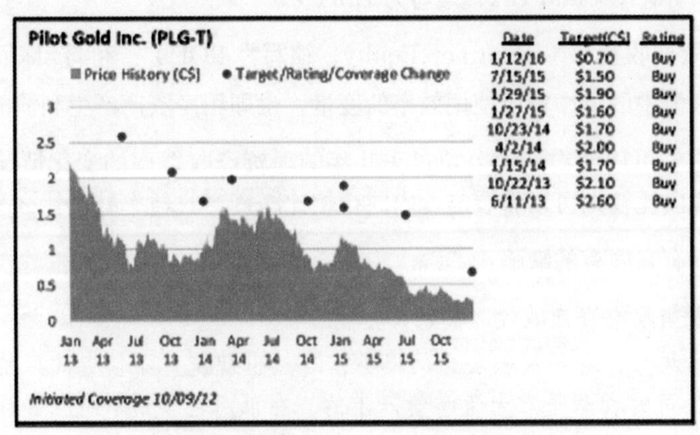

图5-20 目标股价与实际股价走势对照

预测的目标股价与实际股价之间这种程度的差别并不罕见。

图 5-21 是加拿大另一家投资银行于 2013 年 7 月至 2016 年 1 月间跟踪研究加拿大上市公司第一宏伟白银有限公司（First Majestic Silver Corp.，多伦多证券

交易所主板交易代码 FR）的目标股价（红色折线）与实际股价走势的对照。

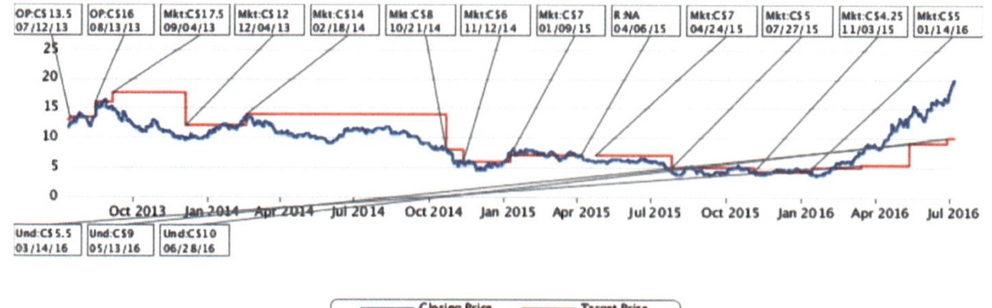

图5–21　目标股价与实际股价走势对照

如果研究得准确的话，目标股价本是对股价走势的前瞻性预测。而实际情况却是，目标股价在跟随实际股价的脚步亦步亦趋。

本章第九节中还有进一步探讨。

四、其他指标：

除了上述各项指标以外，投资分析报告中一般也会顺带算出下列指标，其中有些（如，ROE、ROA 等）可用于核实或确认投资价值。

◇ **经营利润（Operating Income），或称利息、税赋前收益（Earnings Before Interest and Tax，缩写为 EBIT）**

◇ **净资产收益率（Return on Equity，缩写为 ROE）：**利润 / 账面价值

是（汉语中的）净资产使用效率的度量，也即用净资产产生利润的能力。

纵向比较可以看看一家公司过去几年的净资产收益率的变化情况以及变化的原因，横向比较则可以看看与业内同行相比净资产收益率处于什么水平。

该指标有它固有的缺陷：

➢ 如果当期有资产减计，其意义会被扭曲。

➢ 顾名思义，它不反映公司的债务，自然也就掩盖了债务的风险。如果一家公司的利润是靠大量举债产生的，在低息环境和 / 或产品价格处于高位之时，提高了净资产收益率，但在高息环境和 / 或产品价格处于低位之时则面临债务风险，需要谨慎的财务管理。

◇ **总资产收益率（Return on Assets，缩写为 ROA）：利润 / 总资产**

也称为投资收益率（Return on Investment），是总资产使用效率的度量，即

总资产产生利润的能力。

◇ **净现金流，或称自由现金流（Free Cash Flow，缩写为 FCF）：**

经营现金流 – 贷款本息偿付 – 固定资产投入

如前所述，矿业作为一项长期业务固然不应该仅用阶段性（如某一季度或某一年度的）财务表现评判其整体业务，但产生净现金流的能力仍然是任何业务得以存续和发展的保障。

◇ **投入资本收益率（Return on Invested Capital，缩写为 ROIC）：**

专业研究机构对一家公司盈利能力的深度研究和度量常用这一指标。该指标的计算需要剔除和调整的会计因素很多，且派生出了一些衍生指标。生动地说明，如何科学地度量一家公司的盈利能力，尤其是长期盈利能力，着实不是一件容易的事。

这些指标和比率各有其不同的度量角度，也各有其缺陷；另外，如果过于侧重于某项指标，比如市盈率，公司有很多手段可以利用，尽量使该项指标处于可调范围内的高端。因此，这些指标需要结合起来，以判断公司的总体财务健康状况。以净资产收益率为例，如果一家公司负债率较高，净资产则相对较低，对于同样的利润，净资产收益率就会较高，但较高的负债率增加了公司持续经营的风险。

需要注意的是，投资银行（证券公司）所用的投资建议和证券评级的术语没有业界通用的标准化的定义。因此，各投资银行所用的术语及其意义可能不同。比如，一家投资银行的最高评级可能是“买入”（Buy），另一家投资银行的最高评级可能是“强买”（Strong Buy）。显然，两家的“买入”（Buy）已不是同一个概念。研究报告中对这些术语的意义一般会予以解释。在参考其投资建议和证券评级之时，需首先了解该行评级术语的意义。

以下几点尤其值得注意：

- 证券评级系从给出评级之时对后势（未来趋势）的判断，有很强的时间性，这也是对某一证券的评级需及时更新和及时发布的原因。一般来说，投资银行会根据被分析公司的信息披露情况随时更新其分析报告。
- 如果某只股票被某行评级为“逊色”，并不一定意味着该公司出了任何问题，而很可能是前一阶段股价上涨强劲，现在已处于高点，故而对后势看跌；反之，如果某只股票被评级为“出色”，很可能该只股票已处于超卖状态，后势看涨。也就是说，某一公司是否具有投资价值是有时间性的。
- 出色与逊色可能都是相对于该证券公司所研究的股票的总体而言，并非相对于股市上所有上市公司而言。而任何一家证券公司所研究的上市公司的数量都是有限的。

此外，有的研究报告可能是受被研究的公司委托而编写的，投资银行可能因此而收了费用，但一般会在研究报告中予以披露。也有的情况是投资银行与被研究的矿业公司曾有业务关系（比如曾经承销其定向增发），希望巩固其业务关系，或者希望建立新的业务关系，作为对被研究的公司的一种支持，安排分析师跟踪研究。在这种情况下，为免于令客户或潜在客户失望，投资银行往往手下留情，比如，把本应“卖出”（Sell）的建议改为“持有”（Hold）。

分析师本人的报酬也可能直接或间接地与其投资建议有关联。受利益驱动，其研究报告的独立性和客观性会打折扣，毕竟在众多假定条件的选取上有较大的伸缩余地。业务不多的小型投资银行就更难说了。

第八节　影响项目估值和公司投资价值的非技术性因素

一个项目的价值并非都在技术层面，而影响一家公司的价值的非技术性因素就更多了，这可能导致一个项目 / 公司的价值被低估或高估。

一、资本结构（融资方式）

可研在编制期间项目的融资方案并未确定，因此，可研一般假定全部为自有资金投入。这个假定使不同项目的可研具有很好的可比性。

某单一项目公司简况如下：

- 已发行股本 1 亿股；
- 当前股价每股 0.8 元；
- 已完成可研的项目总投资需 2 亿元；
- 假定项目建设需要 40% 资本金，即 0.8 亿元；
- 按 40% 资本金、60% 贷款的资本结构，得项目净现值 1.8 亿元；
- 0.8 亿元资本金以当前股价每股 0.8 元增发新股 1 亿股募集；
- 增发新股后总股本达 2 亿股；
- 1.8 亿元的净现值反映到股价上合每股 0.9 元。

但如果把 1.8 亿元的净现值作为“项目价值”直接除以融资前的股本 1 亿股，则得到股价 1.8 元，很具有误导性。

改变资本结构，项目的净现值也会相应改变，传导到公司价值上，也会得到不同的股价。

因此，对于尚未完成融资（未涉及增发新股）的项目的净现值如何传导到公司股价上，需要格外小心。

二、投资与生产成本之间的平衡

一个矿山的很多部分都有投资与生产成本之间的平衡与取舍（trade-off）的问题。租赁设备，投资降低，成本上升；自己购置设备，投资增加，成本下降。

又以采矿外包为例。

是业主自行采矿还是采矿外包（contract mining）对估值会有影响，在投资和成本上二者均有差别，前者需要业主自行购置设备，故投资上升，但（如果管理得好）生产成本会较低；后者由采矿承包商购置、更换和维护设备，业主的投资降低，相应地减轻了前期的融资压力，但承包商要收回其采矿设备的投资并盈利，故对业主来说生产成本一般较业主自行采矿要高。

2013 年 10 月，墨西哥通过两项于 2014 年 1 月 1 日生效的新的矿业税赋，一是对矿业公司按其利息、税赋、折旧、摊销前收益（earnings before interest, taxes, depreciation and appreciation，英文缩写为 EBITDA，见第七节第一部分）征收7.5%的税，二是对贵金属的销售收入再征收0.5%的净冶炼厂收益权益金（net smelter return royalty，见第四章第七节第五部分），该两项新税均可以在所得税前抵扣。第一项新税的引入可能会使矿业公司更多地从业主采矿转为外包采矿，以降低 EBITDA。业主采矿的情况下，采矿设备的投入均已资本化为投资而在生产期内折旧；而在外包采矿的情况下，付给采矿承包商的所有服务费，包括其采矿设备的折旧在内，均作为费用在当期冲减，故而降低了 EBITDA。

取决于项目的经济强度、融资时的市场环境等诸多因素，矿业公司可能在多个方面有这种在投资与成本之间做平衡的回旋余地，融资租赁和供应商融资都有这种作用。这些不同的融资方式对估值也会有影响。

三、汇率

汇率是个大问题，是对项目的经济性影响最大的因素之一（参见第六章第七节）。

以中国银行 2017 年 5 月 28 日 10:30 的美元现钞外汇牌价为例：

- 买入价：6.7844

- 卖出价：6.8680

如果原地不动把100元人民币兑换成美元（银行卖出美元），再兑换回人民币（银行买入美元），结果为：

100元 / 6.8680 ⟹ 14.56美元 x 6.7844 ⟹ 98.78元，立即损失了1.22%，而同期一年期定期存款利率也不过1.75%。

在欧元于1999年1月1日正式推出之前，有人统计，如果持欧元区最初的11个成员国的某国货币按一定次序走过该11个成员国，每到一国把所持货币兑换成该国货币，走遍11个成员国回到原点之时原所持货币已损失50%。汇率的威力可见一斑。

汇率对项目经济性的影响仅仅是对一国经济的影响的一个缩影，想必国内制造业对人民币升值所带来的苦痛感同身受。以日本的“安倍经济学”（Abe-nomics）为代表的各国间竞相贬损币值的“货币战争”（currency war）无外乎是在国际贸易（出口）中获得比较优势。

全球每天的外汇交易量达5万多亿美元，比我们十几亿人几十年辛辛苦苦地“出口创汇”换来的国家外汇储备的量还要大。

矿产品价格波动和汇率波动共同作用的结果可能使矿产品在不同市场上的涨跌情况不同，甚至连趋势也可能相反。用以美元计价和以澳元计价的黄金价格为例，澳大利亚市场上以澳元计价的黄金价格系跟踪国际市场上以美元计价的黄金价格和澳元对美元的汇率而来，2011年4月第3周至第4周一周的时间里发生了下列情况：

	美元金价	澳元汇率	故澳元金价
第3周：	1,476	1.05	1,406
第4周：	1,501	1.07	1,403

即一周的时间里，以美元计价的黄金价格上涨了每盎司25美元，但以澳元计价的黄金价格下跌了每盎司3澳元。

图5-22是2015年间以不同币种 – 巴西里尔（黄色）、土耳其里拉（紫色）、卢布（浅蓝色实线）、加元（浅蓝色虚线）、印尼盾（红色）和美元（深蓝色粗实线）计价的全年黄金价格走势图：从全年看，美元黄金价格下降，其他币种的黄金价格或持平，或有不同幅度的上涨。

这是普遍存在的现象。从2001年到2016年，黄金价格用不同货币表示的年度涨跌幅度如图5-23。在某些年度（2003年、2004年、2008年、2009年、2014年和2015年），以某些币种计价的黄金价格较上一年度上涨了，而以另一些币种计价的黄金价格则较上一年度下跌了。

图5-22　以不同币种计价的黄金价格

资料来源：美国环球投资人有限公司（U.S. Global Investors, Inc.）

Gold performance since 2001 in various currencies (%)

	EUR	USD	GBP	AUD	CAD	CNY	JPY	CHF	INR	Mean
2001	8.10%	2.50%	5.40%	11.30%	8.80%	2.50%	17.40%	5.00%	5.80%	**7.42%**
2002	5.90%	24.70%	12.70%	13.50%	23.70%	24.80%	13.00%	3.90%	24.00%	**16.24%**
2003	-0.50%	19.60%	7.90%	-10.50%	-2.20%	19.50%	7.90%	7.00%	13.50%	**6.91%**
2004	-2.10%	5.20%	-2.00%	1.40%	-2.00%	5.20%	0.90%	-3.00%	0.90%	**0.50%**
2005	35.10%	18.20%	31.80%	25.60%	14.50%	15.20%	35.70%	36.20%	22.80%	**26.12%**
2006	10.20%	22.80%	7.80%	14.40%	22.80%	18.80%	24.00%	13.90%	20.58%	**17.24%**
2007	18.80%	31.40%	29.70%	18.10%	11.50%	22.90%	23.40%	22.10%	17.40%	**21.70%**
2008	11.00%	5.80%	43.70%	33.00%	31.10%	-1.00%	-14.00%	-0.30%	30.50%	**15.53%**
2009	20.50%	23.90%	12.10%	-3.60%	5.90%	24.00%	27.10%	20.30%	18.40%	**16.51%**
2010	39.20%	29.80%	36.30%	15.10%	24.30%	25.30%	13.90%	17.40%	25.30%	**25.18%**
2011	12.70%	10.20%	9.20%	8.80%	11.90%	3.30%	3.90%	10.20%	30.40%	**11.18%**
2012	6.80%	7.00%	2.20%	5.40%	4.30%	6.20%	20.70%	4.20%	10.30%	**7.46%**
2013	-31.20%	-23.20%	-28.80%	-18.50%	-23.30%	-30.30%	-12.80%	-30.20%	-19.00%	**-24.14%**
2014	12.10%	-1.50%	5.00%	7.70%	7.90%	1.20%	12.30%	9.90%	0.80%	**6.16%**
2015	-0.30%	-10.40%	-5.20%	0.40%	7.50%	-6.20%	-10.1%	-9.90%	-5.90%	**-3.75%**
2016	12.04%	8.50%	29.70%	10.10%	5.50%	16.50%	5.40%	10.40%	11.50%	**12.27%**
2017	**3.02%**	**10.22%**	**5.63%**	**6.24%**	**10.35%**	**8.45%**	**4.24%**	**4.78%**	**4.32%**	**5.88%**
Mean	**10.50%**	**11.56%**	**12.50%**	**9.36%**	**10.37%**	**9.67%**	**10.21%**	**8.36%**	**13.87%**	**10.15%**

图5-23　以不同币种计价的年度黄金价格涨跌幅度

来源：英克里曼塔姆（Incrementum）

四、税务规划

经过精心设计的税务规划（tax planning）可能大大减轻税赋，而转移支付（transfer pricing）是税务规划的当然工具之一。

转移支付指有关联的实体之间所进行的、非市场化条件的交易，一般存在着利润的转移和让渡。转移支付和税务规划涉及复杂的法律和税务问题，有必要咨询专业律师和税务顾问。这些问题已大大超出了本书的范围，本书仅从相反的角度对利用可能的合法避税（lawful tax avoidance）工具做一些粗浅的观察。当然，这与非法逃税（unlawful tax evasion）性质完全不同。

关于纳税这个事儿，还真值得说说。税收是政府提供公共安全、教育、医疗、国防等公共服务的收入来源。纳税就是纳税人集资，让政府干这些事儿。公民和法人接受了这些服务，纳税理所当然；另一方面，纳税人也有权弄明白，缴的税确实是用在正地儿上了，没花在邪门歪道儿上。纳税和监督税款的使用本应该是相互的，而有的宣传未曾理会纳税人的监督权利，倒是把纳税吹成了“神圣的纳税义务”。依法纳税是应该的，可这事儿怎么也看不出“神圣”来。

不同国家和地区之间税赋上的差异是税务设计和转移支付的基础。众所周知，国际上有一些避税港（tax haven），如英属维尔京群岛（British Virgin Islands，缩写为 BVI）、开曼群岛（Cayman Islands）、马恩岛（Isle of Man）等无税国家 / 地区和欧洲的卢森堡、荷兰、爱尔兰等低税率国家。而亚洲的新加坡则专门为大型跨国贸易商提供低税率，以吸引其前去开办业务 – 国际大型矿产品和农产品贸易商大都在新加坡设有子公司。

全球最大的矿业公司、全球第三大铁矿石生产商澳大利亚必和必拓（BHP Billiton）于 2005 年在新加坡设立了营销中心，销售其产自澳大利亚的部分铁矿石和煤炭产品。必和必拓不仅为新加坡创造了 400 多人的就业机会，更重要的是为新加坡发展大宗商品业务做出了贡献。新加坡为此向必和必拓提供了极低的税率。

下图是必和必拓（部分）铁矿石销售的示意图：

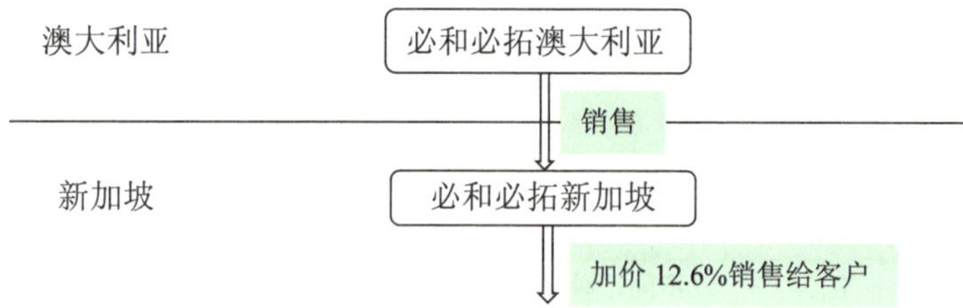

经必和必拓新加坡销售给客户的价格应该是市场价，则必和必拓澳大利亚销售给必和必拓新加坡的价格较市场价低了 11.2%（即 1-1 /（1+12.6%））。2006 年至 2014 年的 9 年间，必和必拓新加坡产生了 57 亿美元的利润，仅需向新加坡政府缴纳 12.1 万美元的税，合 0.002%。

全球第二大、澳大利亚第一大铁矿石生产商力拓（Rio Tinto）也有类似的销售安排。

在接受澳大利亚参议院的质询时，必和必拓给出的理由是：

- 必和必拓的做法符合国际上可以接受的转移支付指引；
- 新加坡子公司提供了极有价值的市场情报；
- 更贴近亚洲客户；
- 新加坡销售团队的专业技能使产品卖出了最好的价格。

力拓的解释则是，新加坡是买方与卖方之间的中立点，新加坡能够起到的作用是其他地区不能起到的。

必和必拓说，其已就新加坡业务 58% 的利润按澳大利亚税法缴纳了澳大利亚所得税。澳大利亚税务局则在向必和必拓追缴 3.01 亿澳元的税款、1.45 亿澳元的利息和 0.76 亿澳元的罚金，共计 5.22 亿澳元。

必和必拓和力拓是全球顶级矿业公司，内部人力资源和外部顾问资源丰富，设立境外销售中心不会是一时头脑发热的事；而澳大利亚是法治国家。作者与读者共待其结果如何。

大型跨国公司类似的税务规划极其常见（当然，也有不少与业务所在国税务机关产生了纠纷）。税务规划既然能够降税，自然也就增加了税后利润，进而提高了项目 / 公司估值。

类似的税务规划在项目出售中也能用上。

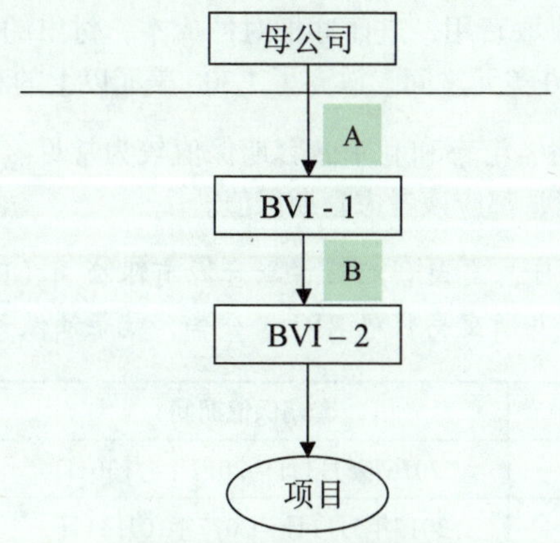

图5–24 公司结构设置

出售（处置）类的交易，有出售资产和出售股份之别。对于生产型公司（相对于投资型公司）而言，在有些税赋体系下（如加拿大），出售项目（资产）所得按收入计，全额缴纳所得税；而出售股份所得按资本利得计，税率减半。

此外，出售资产的法律文件一般要复杂得多，可能要罗列资产细节，甚至有些资产，如政府批件等未必可以出售 / 转让。因此，在出售某项目之前，可能有必要通过内部资产重组将待出售项目及其有关批件等放到一个子公司名下，然后出售该子公司（也即出售子公司的股份）。

此外，对境外项目，在避税地设置两级子公司可能为税务规划提供一些便利。

比如：出售图 5-24 中的项目，如果在 A 点出售（相当于设置了一级子公司），出售所得应该返回母公司；而在 B 点出售，出售所得可以留在 BVI-1 中。

五、套期保值

套期保值（hedge 或 hedging，也称对冲）是指为规避商品价格风险、汇率风险、利率风险等，用套期保值工具锁定被保值变量的交易活动。

常见的套期保值方法有在期货（futures）和期权（option）市场上买进或卖出看涨期权（call option）或看跌期权（put option），以及远期合约（forward contract）。买入或卖出期货和期权可以在公开市场上操作，远期合约则一事一议地与具体的买方谈判（参见第六章第六节）。

对冲相当于一种保险，是有成本的 - 买入期权要发生费用。但卖出期权有收入，因此在一定的市场行情下可以通过上下限期权（collar，一对儿期权），即买入一份期权（花钱）、卖出另一份期权（收钱）而实现零成本对冲。比如，买入每盎司 1,100 美元行权价的看跌期权以保护价格，卖出每盎司 1,300 美元行权价的看涨期权以收取费用，进而冲抵对冲成本，付出的代价则是把销售价格锁定在了 1,100~1,300 美元之间，放弃了 1,300 美元以上的利润空间。

针对矿产品价格、汇率和利率做套期保值较为常见。其实，对于对现金流影响较大的任何因素，都应该考虑套期保值。

2016 年 4 月 14 日，澳大利亚莱吉斯资源有限公司（Regis Resources Limited，澳大利亚证券交易所交易代码 RRL）公告，就柴油做如下套期保值：

每月套期保值的量	套期保值期间	锁定价格
200万升	2016年5月1日 – 2017年4月30日	0.404澳元/升
200万升	2017年5月1日 – 2017年10月31日	0.419澳元/升

柴油是莱吉斯资源矿上最大的成本项。套期保值之时，石油价格（图 5-25 中蓝色曲线，左侧纵坐标）创下多年新低，带动其矿山柴油价格（图 5-25 中红色曲线，右侧纵坐标）同步走低。在后势走势不明朗的情况下，莱吉斯资源对其最大的成本项 2/3 的用量做了套期保值，锁定了未来 18 个月较低的柴油价格，

是风险管理的明智之举。

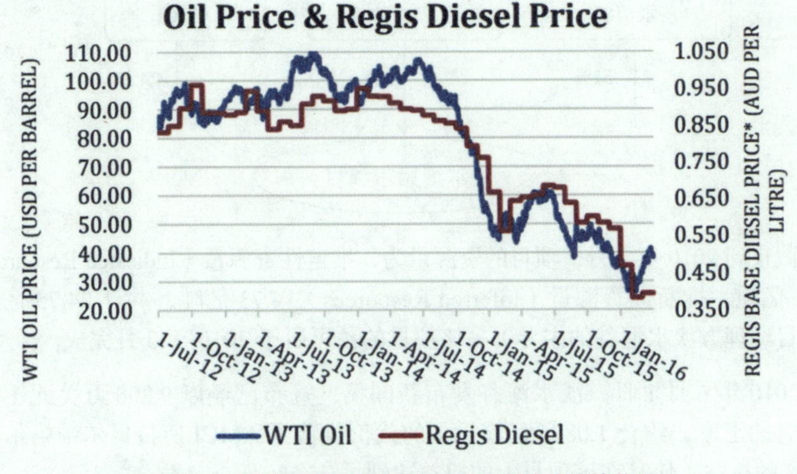

图5–25 莱吉斯资源柴油价格与WTI原油价格的关系

资料来源：莱吉斯资源

显然，如果针对某些因素做了套期保值，财务模型中这些因素的取值应该用其被锁定的价位或价格区间。也就是说，套期保值会影响到估值。

低成本的生产商应对市场 / 价格风险有相当大的回旋余地，可以少做或不做套期保值，以充分享有产品价格上涨的潜在利益；高成本生产商更重要的任务是规避市场 / 价格风险，因此，在市场价格处于相对高位时，应该考虑套期保值，以保护现金流。

第九节 估值的困惑

英文里把能算得像 1+1=2 这样清楚的叫作“科学”（science），而把有一定伸缩余地的比喻做“艺术”（art）。从这个意义上说，估值不是“科学”，而更像“艺术”，往往具有较大的伸缩性。

全球最大的铁矿石生产商巴西淡水河谷（Vale）早已将投资的矿种多元化，煤炭便是其中的一大板块。

2010 年 6 月以前，淡水河谷和澳大利亚阿奎拉资源有限公司（Aquila Resources Limited，澳大利亚证券交易所上市代码 AQA）各通过其全资子公司与一家未上市的煤炭投资商 AMCI 投资有限公司（AMCI Investments Pty Ltd.）共同拥有位于澳大利亚昆士兰州中部著名的煤炭产区博文盆地（Bowen Basin）南部的贝尔维第尔（Belvedere）主焦煤项目，各方权益如下：

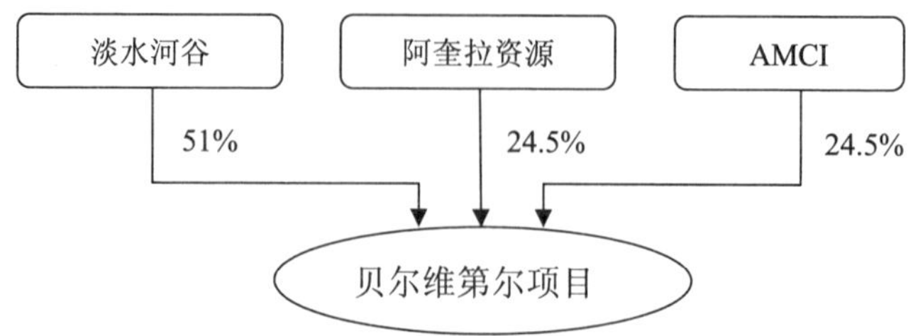

截止到2010年3月，项目的资源量为，推定性资源量（Indicated Resources）10.02亿吨、推断性资源量（Inferred Resources）14.73亿吨，共计24.75亿吨。在项目经理方淡水河谷的主导下，该项目的预可研于2010年3月完成。

2010年6月1日，淡水河谷发布新闻稿，宣布已经以9,200万美元（注：按当时的汇率，约合1.0875亿澳元）的代价收购了AMCI所持贝尔维第尔项目24.5%的权益，使其在该项目上的权益达到了75.5%。

按照淡水河谷与阿奎拉资源之间的合作协议，淡水河谷有权按“公平市场价值”（fair market value）收购阿奎拉资源在贝尔维第尔项目上的另外24.5%的权益。协议也规定，双方各指定一家评估机构对该权益做估值，如果两个估值相差在10%以内，则取二者之平均值作为收购价格，否则，需要第三家评估机构做最终估值。如果该最终估值不低于两个最初的估值，则取该最终估值为收购价格，否则，取两个最初的估值之中的较低者作为收购价格。

2010年6月4日，阿奎拉资源发布新闻稿，宣布已收到淡水河谷收购其所持贝尔维第尔项目另外24.5%的权益的通知，并表示，淡水河谷与AMCI之间的交易并不反映（且低于）按照淡水河谷与阿奎拉资源之间的合作协议所规定的程序而应该确定的“公平市场价值”。鉴于当时多家证券公司/投资银行出具阿奎拉资源的研究报告，阿奎拉资源认为，尽管这些研究报告是基于公开资料所出具，且并非按照合作协议所规定的程序确定“公平市场价值”，其所持贝尔维第尔项目24.5%的权益的价值仍应与这些研究报告所给出的指示性（indicative）估值相当（表5-10）。

表5–10 不同投资银行给出的指示性估值

研究机构	研究报告日期	指示性估值（澳元）
英维斯泰克证券（Investec Securities）	2010年4月19日	3.57亿（即3~4亿之间）
南方十字证券（Southern Cross Securities）	2010年3月8日	4.14亿（但预期如果淡水河谷收购能收到4.55亿）

（续表）

加拿大皇家银行（RBC Capital Markets）	2010年6月2日	1.43 亿（如按每吨资源量 1.56 美元企业价值计可高达 4.54 亿）
加拿大皇家银行（RBC Capital Markets）	2010年2月26日	3.8 亿

其后，阿奎拉资源委托加拿大皇家银行（RBC Capital Markets）、淡水河谷委托美国花旗银行（Citigroup）分别做估值，并于 2010 年 8 月 20 日交换估值结果（表 5-11）。

表 5–11 双方各自委托的投资银行给出的正式估值

协议双方	估值方	估值（澳元）
阿奎拉资源	加拿大皇家银行	3.30 亿
淡水河谷	美国花旗银行	1.17 亿

淡水河谷对评估程序是否符合合作协议提出异议，双方经历了诉讼、判决、上诉、再判决，然后于 2012 年 9 月 26 日委托投资银行罗斯柴尔德（Rothschild）做最终估值。

2012 年 12 月 13 日，罗斯柴尔德向双方提交阿奎拉资源所持贝尔维第尔项目 24.5% 的权益于评估基准日 2010 年 6 月 2 日的估值：1.5 亿澳元。

2013 年 2 月 1 日，双方达成协议，同意以 1.5 亿澳元的估值作为收购价，且淡水河谷补偿阿奎拉资源 2,000 万澳元，双方和解。至此，历时近两年零八个月的收购尘埃落定，而焦煤价格已大幅回落，市场已今非昔比。

既然在市场上混，就要承担这种商业风险。但你要问谁赢了，大概只能说，双方的律师赢了。

这种对同一标的资产或标的公司的估值或股票投资价值分析结果相差甚远的情况并不罕见。不仅目标价格不同，甚至对股价走势方向的看法也可能截然相反。投资人如果严重依赖于某一投资银行，对此应有所警觉。

2013 年 11 月 25 日，加拿大迪拓尔黄金有限公司（Detour Gold Corporation，多伦多证券交易所交易代码 DGC）宣布，总裁兼首席执行官杰拉尔德·潘尼敦（Gerald Panneton）辞职，立即生效。

新闻稿未给出辞职的进一步原因。从突然辞职，并立即生效这一点看，应该是董事会对其工作不满引起的引咎辞职。潘尼敦是公司创始人，把公司从勘探、开发做到投产，功不可没。

新闻稿发布当日，迪拓尔黄金的股价从前一交易日收盘价 4.27 加元跌至其

52 周收盘价最低点 3.77 加元，盘中最低则跌至 2.85 加元。跟踪迪拓尔黄金的各家投资银行相继更新其研究报告，分析师分歧明显（表 5-12）。

表 5–12　不同投资银行给出的目标股价

投资银行	报告发布日期（2013年11月）	股票评级或投资建议	目标股价（加元）
加拿大蒙特利尔银行（Bank of Montreal）	25日	出色（Outperform）	9.50
加拿大丰业银行（Scotiabank）	25日	出色（Sector Outperform）	11.00
瑞士信贷（Credit Suisse）	25日	中性（Neutral）	5.00
加拿大嘉通证券（Canaccord Genuity）	26日	卖出（Sell）	2.50

四家投资银行中，两家看涨，一家看平（微涨），一家看跌。

迪拓尔黄金的迪拓尔湖（Detour Lake）金矿位于加拿大安大略省（Ontario），是大规模低品位露天金矿，有 1,560 万盎司（约 485 吨）黄金储量，于 2013 年 2 月建成投产，完全达产后年产量有望达到 65.7 万盎司（约 20 吨）。

看跌的嘉通证券认为迪拓尔黄金当时面临下述问题：

- 2013 年下半年矿山 0.72 克 / 吨的入选品位大大低于 1.03 克 / 吨的储量品位及原矿山设计品位，且在未来几年仍难以达到储量品位，致使市场怀疑其储量品位高估；
- 未来两年现金成本仍将居高不下，严重影响其现金流及偿还其总计 7.37 亿加元债务的能力，且 2014 年即已现金不足，面临流动性问题；
- 股价（图 5-26）从年初到当时已下跌 86%，虽与黄金价格下跌的大环境有关，但其股价表现逊于标准普尔 / 多伦多证券交易所全球黄金指数（S&P/TSX Global Gold Index）39%，也即严重逊于业内同行；
- 当时正值“出售亏损股票而实现税务损失”（tax loss selling）的季节，总裁兼首席执行官突然无原因辞职可能引起市场上的抛售，进而进一步压低股价；
- 如果短期内被迫增发新股融资以降低过高的债务水平，将对股价带来进一步下行压力；
- 2014 年生产计划及公司前景不明朗，市场缺乏信心。

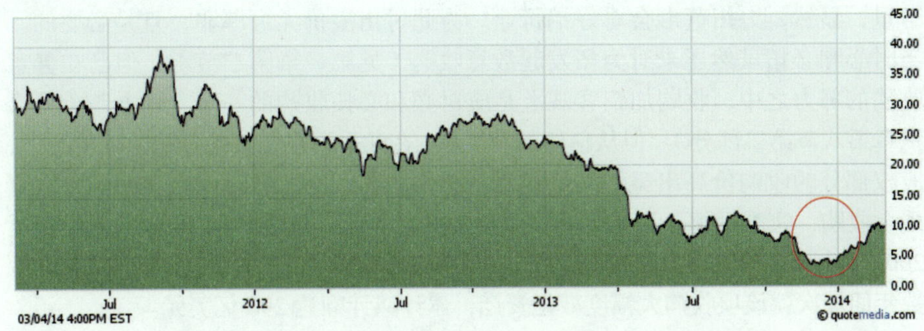

图5-26 迪拓尔黄金3年股价走势图（截止到2014年3月4日）

各家投资银行对其投资建议当然各有其原因和理由。事后看，迪拓尔黄金股价反弹强劲，当时虚惊一场。

近年来国际矿业界最为惨痛的教训莫过于力拓对加拿大铝业的收购。

2007 年 5 月 7 日，全球最大的铝业公司美国铝业（Alcoa Inc.，“美铝”，纽约证券交易所上市代码 AA）用现金加股票以折合每股约 73.25 美元的代价收购当时在加拿大和美国两地上市的加拿大铝业（Alcan Inc.，“加铝”），该收购价较加铝过去 30 个交易日的平均收盘价有 32% 的溢价，较加铝于 2007 年 5 月 4 日创下的 61.03 美元的历史新高有 20% 的溢价，将加铝的企业价值（enterprise value，见第七节第一部分）估值为 330 亿美元，推算其股权部分的收购价约 276 亿美元。

美铝和加铝有着深厚的历史渊源，双方知根知底。收购前近两年的时间，双方一直在探讨各种方式的业务整合，包括公司合并。在双方董事会未能就合并或善意收购（见第三章第八节第二部分）达成协议的情况下，无奈，美铝只好选择敌意收购（见第三章第八节第二部分），在公开市场上越过加铝董事会而直接面向其股东。

2007 年 5 月 22 日，加铝董事会做出正式回应，不出所料，建议股东拒绝美铝的收购，并列出种种原因，强调美铝的收购价低估了加铝的价值。此后，加铝积极地在市场上寻求“白衣骑士”（见第三章第八节第二部分）。

2007 年 7 月 12 日，力拓（Rio Tinto）与加铝共同宣布，双方达成协议，力拓以每股 101 美元的全现金收购加铝，将后者的股权部分估值约 381 亿美元。该收购价较加铝于 2007 年 5 月 4 日创下的 61.03 美元的历史新高有 65.5% 的溢价，且较当时美铝的收购价有 32.8% 的溢价。同日，美铝知难而退，撤回收购。

2008 年 4 月 3 日，力拓完成收购，将具有 105 年历史的加铝收入囊中。

力拓作为全球第三大矿业公司，以收购加铝的方式进入铝行业是一种战略考量，显然，力拓董事会看好铝行业。为此付出溢价无可厚非，且是必要的。当时必和必拓虽然还未对力拓发起敌意收购（见第一章第二节），但已在善意收购的努力之中，收购加铝客观上是应对必和必拓收购的一个“毒丸”（见第三章第八节第二部分）。但从估值的角度看，在几乎不存在其他竞购方的情况下，股权部分的收购价高出美铝的最初报价105亿美元，高出比例达38%，并以全现金收购，实难理解。力拓为此举债近400亿美元，致使其在2008年下半年至2009年上半年全球性的经济危机中最困难的时期承受了巨大的压力，并在以后数年间屡次就该项收购大幅度减记资产，累计减计额达290亿美元。

五年后的2013年1月17日，力拓时任首席执行官汤姆·阿尔巴尼西（Tom Albanese）被董事会解雇，该项收购是其主要原因。

收购加铝之时，阿尔巴尼西虽然已经加入力拓的董事会一年有余，担任首席执行官却不过两个月的时间，也许求功心切。然而，这么大一项收购，不是董事会的责任吗？阿尔巴尼西不过是替罪羊罢了，业界颇有不平。

第十节 看不懂的案例

2010年9月2日，加拿大埃多拉多黄金（Eldorado Gold Corporation，多伦多证券交易所主板交易代码ELD，纽约证券交易所交易代码EGO，澳大利亚证券交易所交易代码EAU）发布新闻稿，宣布已向澳大利亚公司安第斯山资源有限公司（Andean Resources Limited，多伦多证券交易所主板与澳大利亚证券交易所交易代码AND）的董事会发出收购要约，希望以每股0.310股股票的全股票方式收购后者全部股票，该报价折合安第斯山资源每股股价6.36加元，较其前20个交易日以交易量为权重的加权平均股价有61.9%的溢价，较其于2010年8月11日完成的每股3.35加元的股权融资的价格有89.9%的溢价，约合总收购价35亿加元。

此前的8月18日，埃多拉多黄金向安第斯山资源的董事会发出报价，希望通过善意收购（见第三章第八节第二部分）的方式收购后者。安第斯山资源于8月30日口头回复埃多拉多黄金，拒绝其收购报价。无奈，埃多拉多黄金只好选择敌意收购（见第三章第八节第二部分），在公开市场上越过安第斯山资源董事会而直接面向其股东。在此期间，安第斯山资源并未坐以待毙，而是积极地在市场上寻找“白衣骑士”（见第三章第八节第二部分）。

2010年9月3日，加拿大第二大黄金生产商金业公司（Goldcorp Inc.，多伦多证券交易所主板交易代码G，纽约证券交易所交易代码GG）宣布与安第斯山资源达成收购协议，后者的股东可以选择每股安第斯山资源的股票收到6.5加元的现金但现金总额不超过10亿加元，或者0.14股金业公司的股票，或者上述现金与股票的任意组合但现金总额不超过10亿加元，该收购价较安第斯山资源前20个交易日以交易量为权重的加权平均股价有56%的溢价，较其前一交易日的收盘价有35%的溢价（安第斯山资源的股价因埃多拉多黄金的收购已大幅上升），总收购代价约合36亿加元，按当时的汇率约合35亿美元。金业公司也口头对媒体放风说，我们既然选择收购，就希望成功，以此向埃多拉多黄金施压，暗示如果对方选择竞购（见第三章第八节第二部分），金业公司将奉陪。

面对强大的竞购对手，埃多拉多黄金知难而退，于2010年9月7日宣布放弃收购。

安第斯山资源的核心资产是位于阿根廷桑塔克鲁兹（Santa Cruz）的塞罗尼戈罗（Cerro Negro）高品位金银项目。被收购前的资源量为：

- 推定性资源量（Indicated Resources）：254万盎司平均品位5.71克/吨金+2,356万盎司平均品位52.9克/吨银；
- 推断性资源量（Inferred Resources）：52万盎司平均品位3.24克/吨金+312万盎司平均品位19.3克/吨银。

2010年7月6日安第斯山资源发布了该项目可研的结果，确定的储量为207万盎司金+2,060万盎司银。在可研的各项假定条件下，10%折现率下的净现值为2.87亿美元，也即，如果以2.87亿美元的代价收购项目，收购方可获得10%的内部收益率。现以35亿美元的代价收购，相差十几倍之巨，项目的诸多方面均需有大幅度提高，才能够平衡该收购价。

下面（表5-13）定性地看一看哪些主要因素有大幅度提高净现值的潜力。

表5–13 影响项目净现值的各因素

影响项目经济性的因素	可研的假定或结果	提高项目经济性的潜力
储量	210万盎司金+2,060万盎司银（仅基于推定性资源量）	如果资源量大幅度提高，且大部分能够升级为储量
每天采选矿量	1,850吨	在储量大幅度提高的情况下，如果采选矿能力能够大幅度提高
矿山服务年限	10年	如果提高采选矿能力后的矿山服务年限可以延长
年产量	前5年年产28.5万盎司金，矿山服务年限内总平均年产20万盎司金	如果年产量可以进一步提高
金、银价格	金－850美元/盎司 银－14美元/盎司	如果金、银价格大幅度上涨

（续表）

汇率	1美元＝3.85阿根廷比索	如果阿根廷比索大幅度贬值
生产成本	矿山服务年限内平均每盎司168美元（已计入每盎司银14美元的收入）	如果经扩大产量能够降低单位生产成本
投资	2.75亿美元	如果经扩大产量能够降低单位建设投资
投资资金来源	100%自有资金	如果尽可能提高债务比例，可以提高自有资金投资部分的内部收益率（但降低项目的净现值）
时间	假定2010-2011年建设，2012年投产	收购后立即开始建设，已无余地，任何推迟均将降低项目的经济性

定性地看，应该有潜力提高项目的经济性，但能否平衡35亿美元的收购价是一个巨大的疑问。

从收购资源量的角度看，尽管有白银伴生矿，金业公司和埃多拉多黄金看重的无疑都是安第斯山资源的黄金资源。如果把白银总资源量按1∶60的比例折成44万盎司黄金（注：这种算法并不可靠，仅供粗算参考），则黄金总资源量约合350万盎司，金业公司的收购价合每盎司黄金1,000美元，而当时的金价约每盎司约1,250美元。安第斯山资源的董事总经理认为资源量可以增加一倍，即使按此测算，金业公司的收购仍高达每盎司黄金500美元，远高于业内当时的平均资源量收购价格水平，且一半的收购代价需依赖项目的“潜力”，并且这只是资源本身的收购价，尚未考虑到继续勘探、建设投资及生产成本。

埃多拉多黄金和金业公司都是业内领先的公司，且金业公司在市场上颇受尊敬，况且矿业是个小圈子，大概由于这个原因，市场上公开的负面评价很少，私下交流，却颇多不解。业内人士只能猜测，项目的资源量潜力很大，且两家公司都认为黄金价格将大幅度上涨。

五年后的2015年12月，硝烟散尽，美国投资银行雷蒙德·杰姆斯（Raymond James）发布的收购后跟踪研究报告表明，该项交易需要每盎司1,600美元的黄金价格才能收回收购资金和建设投资，而如果要实现10%的内部收益率，则黄金价格需要在每盎司2,500美元以上。报告发布之时，黄金价格徘徊在每盎司1,050~1,100美元上下。按每盎司1,150美元的黄金价格测算，该项收购的内部收益率为-9%，有27亿美元的收购资金和建设投资不能收回。

这还不是最离谱的。加拿大中型黄金生产商金洛斯黄金有限公司（Kinross Gold Corporation，多伦多证券交易所主板交易代码K，纽约证券交易所交易代码KGC）2010年8月对加拿大红背矿业有限公司（Red Back Mining Inc.，多伦多证券交易所主板交易代码RBI）71亿美元的收购更加不可思议。这一在收购过程中就饱受质疑的交易令金洛斯黄金元气大伤，多年未能摆脱其阴影。

第十一节　对估值的认识

估值中的很多方法是没有办法的办法。这大概因为一些特定情况下需要估值，于是，没有办法也得有办法。

房产交易中，最“可靠”的估值方法就是看看左邻右舍是按照什么价钱成交的，也就是“市场途径”，再看看自己的房子和左邻右舍有没有什么大的差别，比如内装修。

不知道有没有人想过，一斤土豆应该值多少钱。很简单，在什么价钱下有人买，也有人卖，就值多少钱，这个估值也是“市场途径”，和成本没有关系。

市场途径中的各种“可比”法（可比交易、可比公司等）对于矿山来说也是个很勉强的办法。每一个矿业项目基本上是一个单独的业务实体而各有其特点，矿业项目之间的可比性总的来说较差。如果说项目与项目之间在某几个具体细节，如地质和成矿类型上可能有可比性、在采矿和选矿方法上可能有可比性，再把基础设施条件、税赋、地区成本差异等都考虑进去，整个项目的可比性就不一定了，而这些因素都会影响到估值。

只要涉及参数的选取与调整，主观性和随意性是难免的，只是个程度的问题。

作为一个概括与总结，下面几点供读者进一步参考：

- 估值与市值可能有较大差异，因此派生出了股价高估与低估的问题；
- 需要出具正式估值报告的情况不多；
- 投资银行（证券公司）发布的分析师研究报告是投资价值分析，给出了未来（一般是6~12个月）的股价走势和目标股价，这种研究报告并非正式估值报告；
- 概略研究（初步经济评价）、（预）可研虽然也给出了净现值，但不是估值报告；
- 如果项目和/或公司价值尚可以通过财务模型计算，公司发展战略则未必是可以计算的事了，故不可拘泥于模型而一叶障目；
- 估值在交易中只是个参考，交易的最终结果只能是双方都可以接受的结果，但愿其与估值偏差不大。

第六章

矿业投资的风险及其防范

土耳其奇斯拉达（Kışladağ）金矿

很多业外人士对于矿业的理解像是对露天采煤的认识－挖出来装上车就可以数钱了！这是对矿业非常粗浅的理解乃至于误解。现代矿业要精细而复杂得多。即使是最简单的露天煤矿，从勘探、发现煤藏、确定煤层产状、煤质、将来的产品、可研、矿山设计、融资、建设、投产、销售等各个环节均需要大量艰苦而细致的工作。矿业也是投入大、周期长的一个行业。

矿业投资与投资于任何其他行业一样，有其风险。这些风险并非相互孤立地存在，而是交织在一起。

常有投资人问，如何投资于矿业行业。要回答这个问题，首先要了解投资人自身的情况，包括风险偏好、风险承受能力、投资周期长短、是否要求对被投资对象有一定影响力、是否要求参与管理、是做财务投资还是做产业投资，等等。本章论及的是矿业投资所涉及的各种风险。

一、风险方面的考虑

投资于处于不同阶段的矿业项目和 / 或矿业公司，投资人面临的风险不同，潜在收益也不同。

矿业项目从见矿、确定初始资源量、可研、报批、融资、建设直至投产，整个过程中存在各种风险。业界有非正式统计说，从见矿前的草根项目做起，直到能建成矿山并投产的，其比例远低于 1%。然而，这高风险并未令投资人望而却步。其原因并非仅仅在于追求其潜在的高收益，而是很多风险在不同程度上是可以控制乃至于化解的。矿业项目从一个阶段推进到下一阶段的过程本身是个“去风险”（de-risk）的过程，也即随着工作程度的不断提高，风险在逐步降低。显然，工作程度越低，面临的风险越高，但因为进入成本低，潜在收益也越高。早期项目风险最高，但投入也小，因此绝对风险是有限的。

追逐潜在的高收益，要承担高风险；不愿意承担高风险，则不应该期望高收益。这便是风险与收益的平衡。

图 6-1 描述了处于不同阶段的项目所面临的各种风险，红色是风险警示。

	找矿风险	资源量风险	可研风险	政府批准风险	融资风险	建设及投产风险	市场风险
找矿阶段	红	红	红	红	红	红	红
确定资源量阶段		红	红	红	红	红	红
可研阶段			红	红	红	红	红
报批阶段				红	红	红	红
融资阶段					红	红	红
建设及投产阶段						红	红
生产阶段							红

图6–1　矿业项目各阶段所涉及的风险

此外，政治风险、社区关系风险、市场风险、汇率风险等贯穿于项目的始终，虽然在项目所处的不同阶段这些风险对公司的影响程度可能不同，矿业公司应该知悉并尽力控制和规避这些风险。

曾有投资人希望能“保证资金安全”，说白了，就是不赔钱。作者的忠告是：不要投资于任何矿业公司和矿业项目！即使是全球顶尖级的大型蓝筹股矿业公司的股价也会随矿产品价格及其每一季度的成本和利润情况而波动。

其实，如果以保证资金安全为前提，恐怕任何行业、任何公司都不能投。欧洲小国塞浦路斯已经提供了活生生的例子 - 即使是人们普遍认为无风险的银行存款也不安全！

从法律意义上说，把钱存入银行的那一刹那，这笔钱的所有权已经易手 – 它已成为银行的资产，并构成了银行对你的负债 - 你只不过是银行的无抵押债权人！经过金融危机的洗礼，加拿大的金融体系被认为是全球最为稳健的金融体系之一，但银行存款的被保险额也仅 10 万加元，也就是说，无论该户头下的资金是多少，在银行破产的情况下，储户有保障地能拿回来的是 10 万加元。国内这个数字则是 50 万元。金融机构破产在国内听起来似乎十分遥远，但在国际上并不罕见。

投资人应该针对自己的风险承受能力和意愿确定切入点。

二、投资周期方面的考虑

矿业项目从勘探到投产是一个相对长期的过程。然而，投资人不必“从一而终”，而是可以分段投资（见第三章第一节示意图）。比如，从确定了初始资源量进入，完成可研后退出。显然，矿业项目的价值在这一阶段并未完全实现出来，但此前和此后的风险由别人承担了，当然，钱也归别人赚。初级矿业公司可以上市为投资人的适时退出提供了便利条件。

三、与被投资对象的关系

投资的目的无外乎为了赚钱，这是财务投资人的思维。从这个意义上说，可以“不求所有，但求所用”，无为而有为，只要赚钱就可以了。但是，有的投资人还希望有“我们在某某国家有个什么什么矿”这种感觉，也即做产业投资。无论是因为财务上可以并表而做大资产规模，还是要控制矿山或矿业公司的实际运营，均无可厚非。

每一笔矿业投资不应该仅仅是孤立地就事论事，而应该放在整个矿业投资的大环境、被投资公司和被投资项目所在国的中环境以及具体投资项目的小环境中，乃可有的放矢。这就需要对矿业投资和矿业环境有着深刻的理解和深厚的功力。

本章可以作为拟进入矿业行业的投资人对国际矿业投资所涉及的风险的心理承受能力的热身测试。作者预想，顺着本章各节读下去，读者中仍按原计划推进其国际矿业投资的比例会不断下降。果真如此，作者视之为好事。对于投资人来说，没看明白，不投也罢；对于矿业行业而言，少让几个不明就里的投资人遭受一些不明不白的损失，对行业的发展有益无害。

第一节　找矿风险

如第三章第一节所述，见矿效应令人兴奋。然而，市场是公平的，见矿前的找矿风险也是整个矿业项目的生命周期中最高的 – 这是一个投资可能血本无归的阶段。形象地说，如果说找到矿以后可能的收益是“大”和“小”的问题，能否找到矿面对的可能收益则是“有”和“无”的问题。

因为未能渡过找矿风险而销声匿迹的公司不在少数，而因见矿效应而认为渡过了找矿风险却也为时尚早。

2013 年 4 月 25 日，加拿大上市公司科罗拉多资源有限公司（Colorado Resources Ltd.，多伦多证券交易所创业板交易代码 CXO）发布其位于加拿大英属哥伦比亚省（British Columbia）北部的北罗克（North Rok）项目的两个钻孔的钻探结果。一号孔钻遇 333 米 0.51% 铜 + 0.67 克 / 吨金，而最上部 242 米见矿为 0.63% 铜 + 0.85 克 / 吨。

这一消息顿时使已渐萧条的加拿大矿业市场沸腾起来，有人甚至宣称该项目将带动下一轮矿业热，科罗拉多资源的股价在不到一个月的时间里从消息发布前的 0.16 加元上涨至最高 1.53 加元（图 6-2），涨幅 856%，交易量也从消息发布前的每天一两万股上升到最高每天 388 万股。

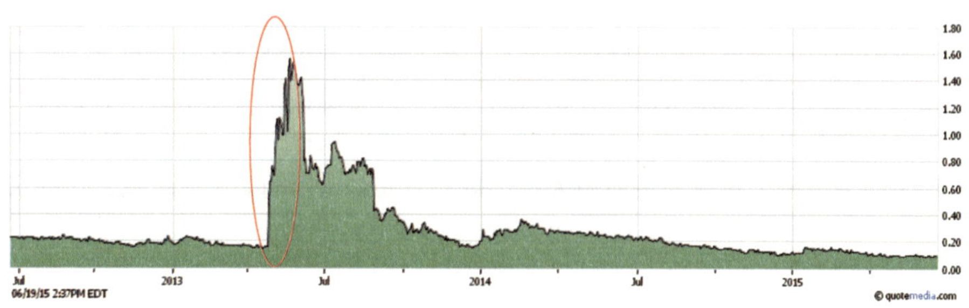

图6–2　科罗拉多资源3年股价走势图（截止到2015年6月19日）

然而，喧嚣过后，后续钻孔未能再起波澜，虽然也有矿化，但品位已低了很多。随着矿业市场熊市程度的加深，其股价一路走低。

从勘探的角度来看，现在就盖棺论定，断定无矿，也许仍然为时尚早。从投资的角度来看，这便是典型的找矿风险。

好在勘探都是分期进行的，这固然是勘探的性质决定的，也正好符合风险控制的要求。总的来说，勘探的每一期工作设计为把项目推进到下一个决策点，以根据本期的成果决定是否继续下一期勘探，以及下一期勘探的工作量和投入。一般来说，随着工作程度的不断加深，后续工作所需投入也逐渐增加。

鉴于这种高风险，勘探阶段并非适合于所有投资人。风险承受能力高和偏好高风险的投资人也应慎重考虑投资于该阶段项目的投资额在其全部投资组合中所占的比例。另一方面，这也是英雄辈出的投资领域。能在几年甚至更短的时间内创造几倍、几十倍乃至于几百倍投资收益的行业并不多见，矿业便是其中之一，这也是矿业的魅力之一，而这种高收益大部分源于早期投资。

第二节　资源量风险

见矿之后随即面临的问题即是所见矿段能否形成矿体，以及矿体的规模有多大。严格地说，只有能形成矿体且矿体具有一定的规模才能真正称为“找到矿了”。

2011 年 1 月 28 日，澳大利亚上市公司马掌金属有限公司（Horseshoe Metals Limited，澳大利亚证券交易所交易代码 HOR）发布新闻稿，其位于澳大利亚西澳州（Western Australia）的马掌灯（Horseshoe Lights）项目钻遇高品位铜矿段：

- 钻孔 RC-1025：15 米 5.1% 铜，包括 3 米 11.8% 铜；
- 钻孔 RC-1014：14 米 3.7% 铜，包括 3 米 9.8% 铜及 1 米 17.1% 铜；
- 钻孔 RC-1019：36 米 1.9% 铜，包括 12 米 4.0% 铜；
- 钻孔 RC-1018：18 米 1.1% 铜，包括 3 米 3.2% 铜及 30 米 0.4% 铜；及
- 钻孔 RC-1021：10 米 1.8% 铜，包括 6 米 2.4% 铜

钻探区在一个老矿坑以北 200 米处，且该项目距同一成矿区内的另一家公司的高品位铜矿项目西北 75 公里，留给了市场极大的想象空间。其股价在几个交易日内从 0.21 澳元上升到 0.645 澳元，升值幅度达 2.1 倍，成交量也大幅提高。然而，虽然后续钻探继续钻遇高品位矿段，仍未能令市场信服有值得建矿的足够大的资源量。

截止到 2011 年 12 月 31 日，项目确定性、推定性和推断性三级资源量总计为 860 万吨 1.06% 铜 + 0.13 克 / 吨金，含金属量 91,000 吨铜、37,400 盎司金。此后，股价震荡下行（图 6-3）。

该公司无疑是找到矿了，但在确定资源量的“去风险”方面还有很长的路要走。可怜的初始资源量压缩了它本已有限的融资途径，令其在低迷的市场环

境中苦苦挣扎。这便是资源量的风险之一。

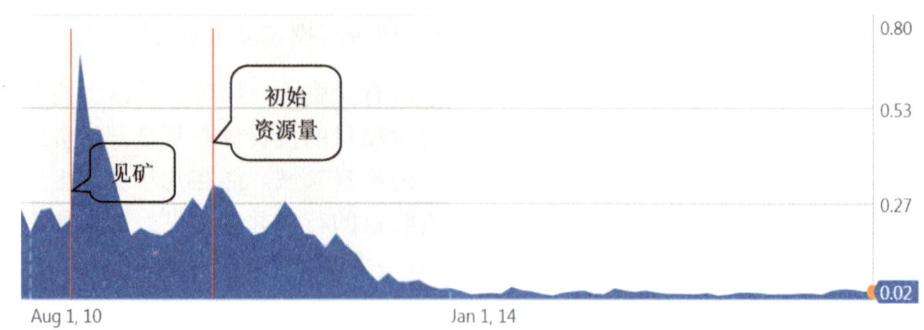

图6-3 马掌金属10年股价走势图（截止到2017年5月19日）

另一种资源量风险源于资源量计算中的错误。

加拿大上市公司加拿大锂业有限公司（Canada Lithium Corp.，多伦多证券交易所交易代码 CLQ）的股价从 2010 年 12 月 27 日开始逆市下行，与其项目的进展程度、其股价趋势和市场大势相左。两个月后，谜底揭开了。

2011 年 2 月 28 日，加拿大锂业宣布，因内部审核表明项目资源量与 2010 年 10 月 28 日公布的资源量有实质性缩减而委托矿业技术咨询公司罗斯克·珀斯托（Roscoe Postle and Associates Inc.）进行独立的资源量审核。

显然，资源量算多了。

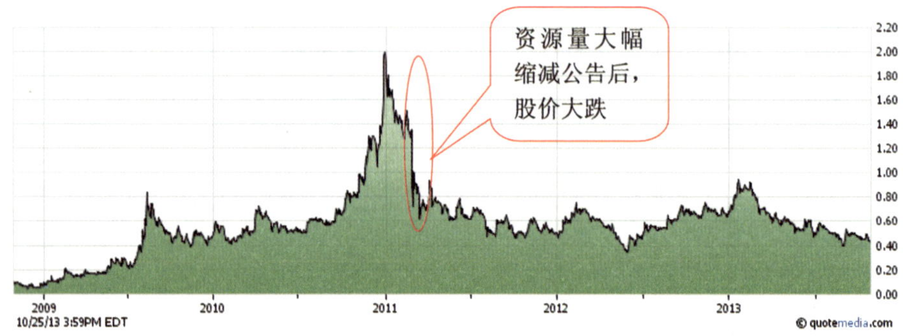

图6-4 加拿大锂业5年股价走势图（截止到2013年10月25日）

2011 年 3 月 16 日，加拿大锂业宣布，因罗斯克·珀斯所做的独立的资源量审核确认原地质模型存在重大问题，公司委托著名的 AMC 矿业咨询公司（AMC Mining Consultants）重新独立测算资源量，并编制符合 43-101 标准的新的技术报告。

看来不光是参数选取的问题，模型都错了。

2011 年 5 月 16 日，加拿大锂业公告，AMC 所做的新的资源量测算确认较原 2010 年 10 月 28 日的资源量有实质性缩减（边界品位 0.8% L_iO_2）：

	AMC资源量（万吨）	品位（% L_iO_2）	原2010.10.28资源量（万吨）	品位（% L_iO_2）
确定性	610.1	1.16	565.4	1.15
推定性	2,319.4	1.20	4,101.5	1.20
确定性+推定性	2,929.5	1.19	4,666.9	1.19
推断性	2,093.5	1.15	5,758.1	1.18

公司将根据新的资源量更新储量测算、矿山设计并报备更新后的可研报告。

有幸的是，资源量虽然大幅度缩减，项目依然可行。历时四个月的资源重新计算和可研报告更新，公司股价从 2011 年 2 月 14 日的 1.43 加元降至 2011 年 6 月 27 日的 0.61 加元，降幅达 57.3%。与此同时，公司在报批和矿山建设筹备等方面在继续推进，此后于 2012~2013 年相继完成了不同形式的债权和股权融资，并于 2013 年 6 月试车投产。

加拿大锂业在应对因资源量大幅缩减而引起的一系列技术（更新资源量报告及可研报告）、合规（信息披露及管理层暂停交易股票）和法律（股东诉讼）问题的过程中所展示的透明、高效和专业性是一个危机管理的生动案例，令人称道。更加幸运的是，问题发生之前，公司刚刚完成了大笔股权融资，使其得以继续推进项目上的各项工作，这对于依赖持续的股权融资的初级矿业公司来说至关重要。刚刚认购了新股的股东无疑遭受了损失。没有这笔融资，该公司的命运可就不好说了，至少其融资难度和融资代价都会大幅度提高，也可能相当一段时间没人敢碰。

第三节 可行性研究风险

完成了可研并不完全意味着可以高枕无忧地按图施工了。矿业行业的繁荣期也是投资和生产成本的快速上升期，甚至投资与生产成本的上升幅度超过了矿产品价格上升的幅度。

一般来说，两年前完成的可研，其投资和生产成本的核算很可能已经“过时”了。此外，在矿业行业的繁荣期，面对应接不暇的项目，技术人员被拔高两档使用的情况相当普遍，加之工作量大，可研出现错误的情况也有发生。

加拿大和美国两地上市的加拿大诺瓦金业资源有限公司（NovaGold Resources Inc.，多伦多证券交易所和美国交易所（AMEX）交易代码NG）于2006年10月25日发布其与加拿大泰克资源（Teck Resources Ltd.）各拥有50%权益的位于加拿大英属哥伦比亚省（British Columbia）西北部的戈洛溪（Galore Creek）大型铜-金-银项目的可研的结果，项目总投资22.3亿加元。可研由国际著名的赫氏公司（Hatch Ltd.）承担。此后，双方筹措资金，并于2007年7月开始修路。然而，3个月后发现了重大问题。

2007年11月7日，合作双方公告，停止施工作业，原因是2007年4月接受委托进行可研审查的另一国际著名工程公司AMEC于2007年10月中发现，项目投资较原估计数额有大幅度增加。然后，合作双方又请另外七家工程公司评价AMEC的工作，显示因尾矿坝和水资源管理结构的复杂的施工次序，项目总投资可能高达50亿加元，项目施工周期将延长18~24个月。

投资需增加一倍多的戈洛溪项目不再可行，因此被搁置起来。时值矿业行业的巅峰时期，诺瓦金业的股价却从2007年11月5日的18.03加元跌至2007年12月17日的8.1加元，跌幅达55%（图6-5）。

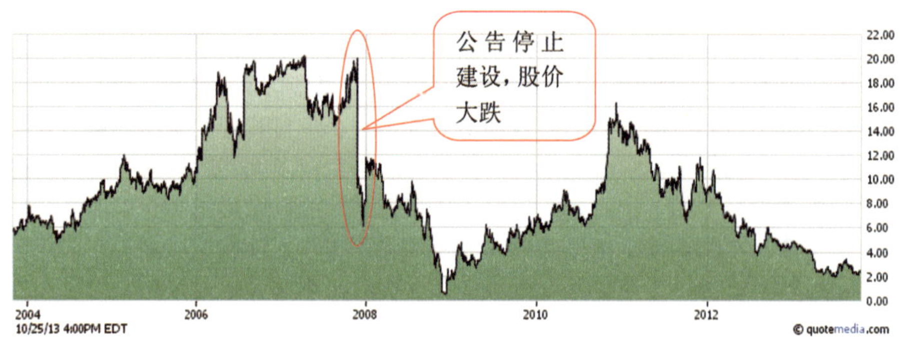

图6-5 诺瓦金业10年股价走势图（截止到2013年10月25日）

经历了美国和加拿大两地股东诉讼的诺瓦金业于2010年2月与股东达成和解，保险公司向股东支付了赔偿金。

有幸的是，投资被严重低估这一重大失误在大举施工投入前被及时发现，项目被及时搁置，避免了重大损失。

米德威黄金可就没有这么幸运了。

2011年11月15日，米德威黄金有限公司（Midway Gold Corp.，多伦多证券交易所创业板和纽约证券交易所中小板交易代码MDW）发布其位于美国内华达州的帕恩（Pan）露天开采、氧化矿堆浸黄金项目的可研的结果。探明和控制储量（矿量）4,830万吨，平均品位0.56克/吨，含黄金金属量86.4万盎司。在每盎司 1,200 美元、1,900 美元的黄金价格下，内部收益率分别达 32%、79%。

当时的黄金价格刚刚于两个月前达到了 1,900 多美元的顶峰，矿业市场尚处于亢奋之中。那是“不差钱”的时代。而内华达州有着悠久的矿业历史，是美国对矿业最为友善的州，报批未费周折。在报批、融资、设计、采购之后，设计年产 8.1 万盎司的矿山于 2014 年 1 月 15 日破土动工，并于 2015 年 3 月 26 日生产出了 100 盎司黄金。

2015 年 4 月 20 日，在宣布完成了 1,050 万美元次级债融资的同一份新闻稿中，米德威黄金用隐晦的语言暗示，项目出了问题（摘录）：

- 我们最近完成了 35 个孔，共计 13,000 英尺的加密钻，以改进预期品位的模型；

  翻译：原来的品位估算有问题。

- 以前已通报过，我们委托了一家独立的工程公司审核了整个项目的资源量模型；

  翻译：整个资源量模型都值得怀疑。

回头看去，2015 年 3 月 3 日的一份三页的新闻稿确实夹杂了一段关于品位的近况通报（摘录）：“初期取样结果显示，矿石品位普遍低于模型品位。公司已委托一家独立的工程公司审查建模、取样和化验分析方法，以期对迄今为止的矿量和品位变化有个更好的理解”。原来早已经埋下了伏笔！

现在推断，当时问题就已经暴露出来了。

- 矿堆中的有些部分的渗透率低于设计指标，我们在不断地调整配矿方法，以改进浸出效果。

  翻译：不光是品位有问题，渗透率也有问题，得边干边改。

2015 年 5 月 11 日，米德威黄金通报资源量审查的结果（摘录）：

- 补充钻探加深了对矿化的地质控制的理解，导致资源量从确定性和推定性资源量重新划分为推断性资源量这一重大变化；
- 2015 年与 2011 年估算的资源量的比较（边界品位均取 0.14 克 / 吨）：

	确定性 + 推定性			推断性		
	矿量（万吨）	品位（克/吨）	金属量（万盎司）	矿量（万吨）	品位（克/吨）	金属量（万盎司）
2015	3,593.7	0.44	50.38	1,397.1	0.31	14.11
2011	4,730.0	0.52	78.83	63.3	0.51	1.05

高级别资源量降低了 24%，金属量则降低了 36%！

2015 年 5 月 26 日，高级债借款人通知米德威黄金，其已构成债务违约。

2015 年 6 月 22 日，米德威黄金公告，将申请破产保护。

同日，米德威发布另一份公告，纽约证券交易所中小板已将其股票停牌，并将予以摘牌；多伦多证券交易所也已将其股票停牌，并将审查其是否仍然满足上市条件。

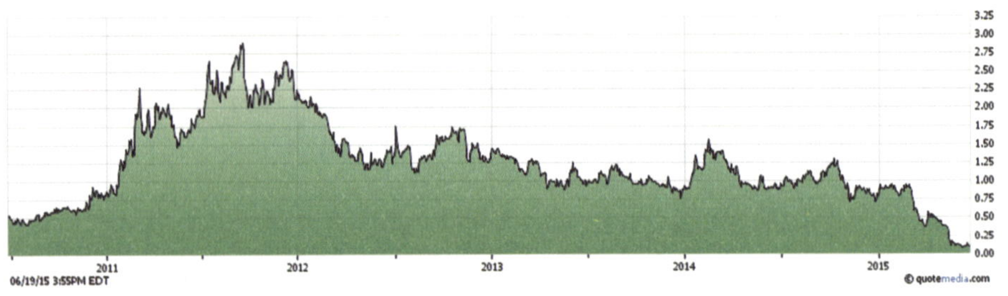

图6–6 米德威黄金5年股价走势图（截止到2015年6月22日）

2015 年 6 月 25 日，米德威黄金发布了一份简短的公告，通报其更新后的可研已报备到加拿大“电子文档分析与检索系统”（见第三章第三节）上。一般这类公告会附上可研的结果摘要，这份公告连这点事儿也懒得做了。

再看看其报备的更新后的可研，预期 3 年的矿山服务年限，在每盎司 1,200 美元的黄金价格下，5% 折现率下的净现值为 2,558 万美元，连内部收益率也不计算了。

真正能够完全按照可研实施下来的项目恐怕为数不多。对于已经建设起来，但偏离了原来的可研的项目，有时可能很难界定是可研做得不够严谨，还是执行的过程中出现了偏差。如果是可研本身的问题，姑且称之为“失败”的可研，可以归结为，矿山实际的技术指标低于可研的技术指标和 / 或投资或成本严重超支，结果是矿山的经济性大打折扣，而其原因则可能是多种多样的。有人对很多矿山的实际运营结果与其原可研做过对比，分析出现较大偏差的原因，发现下列因素所占比例分别为：

- 地质、资源量和储量计算： 17%
- 工程地质： 9%
- 选矿试验： 15%
- 水文地质： 4%
- 矿山设计与采矿计划： 32%
- 采矿设备选型： 4%

- 选矿厂设计：　　　　12%
- 投资或成本测算：　　7%

上述分析结果未必具有普遍性的指导意义，但在做尽职调查时仔细审查已经完成的可研是非常必要的。

做了可研尚可能有如此的风险，不做呢？风险自然就更大了。但是，总有不信邪的。当然，往往是“艺高人胆大”。

可研耗时费钱，枯燥乏味，远不像钻探期间可以隔三岔五地发布钻孔结果而捷报频传。耐不住这份寂寞的矿业公司在一些高品位钻探矿段的烘托下极易进入梦幻世界。

加拿大上市公司卢比肯矿产有限公司（Rubicon Minerals Corporation，多伦多证券交易所交易代码 RMX，纽约证券交易所中小板交易代码 RBY）凭借其 2011 年 6 月的初步经济评价（后于 2013 年 6 月更新），开始了其位于加拿大安大略省（Ontario）红湖（Red Lake）地区的凤凰（Phoenix）地下金矿的融资、建设。

红湖这个地区极易令人引起联想 – 全球第二大黄金公司、加拿大金业公司（Goldcorp Inc.，多伦多证券交易所主板交易代码 G，纽约证券交易所交易代码 GG）的主力矿山即位于此，平均品位 10 克 / 吨、200 万盎司的探明加控制储量，再加上平均品位 17 克 / 吨、230 万盎司的确定性加推定性资源量令业界羡慕不已。卢比肯矿产毫无疑问沾了这个地名的光。

且看其 2011 年 6 月 29 日发布的初步经济评价的结果：

- 资源量（取 5 克 / 吨的边界品位）：
  - 推定性：102.8 万吨，品位 14.5 克 / 吨，黄金金属量 47.7 万盎司；
  - 推断性：423 万吨，品位 17 克 / 吨，黄金金属量 231.7 万盎司；
- 12 年矿山服务年限，平均年产黄金 18 万盎司；
- 投资回收期：3.3 年；
- 税前内部收益率：28%（用每盎司 1,100 美元的金价测算）。

当时的黄金价格在每盎司 1,500 美元左右，且处于继续上涨的亢奋之中，直至 4 个月后达到 1,900 多美元的高峰价格。

如前所述（见第二章第四节），初步经济评价不过是一种匡算，无论是地质（资源量估算）、采矿、选矿、投资和成本测算等均较粗糙。然而，占尽了天时（黄金价格）、地利（加拿大安大略省红湖地区）、人和（资金支持）的卢比肯矿产似乎成竹在胸，越过（预）可研，直接融资、建矿。显然，没有投资人的认可这是做不到的。且看市场的反映（部分融资与交易）：

- 2011 年 7 月 28 日，加拿大中型黄金公司阿格尼科鹰矿业有限公司（Agnico-Eagle Mines Limited）以 7,000 万加元的价格参股卢比肯矿产 9.2%；
- 2011 年 8 月 11 日，全球最大的权益金公司加拿大弗兰克 - 内华达有限公司（Franco-Nevada Corporation，见第四章第七节第四部分）以 2,323.2 万加元的代价，收购第三方所持有的凤凰黄金项目 2% 权益金的红湖水面下的部分。涉及的金额不大，得到了全球最大的权益金公司的认可，便是对项目的一项重要的市场背书；
- 2012 年 2 月 29 日，完成了 2 亿加元的股票包销融资，从 2 月 6 日签订包销协议至完成融资，仅用时 23 天；
- 2014 年 2 月 11 日，与美国皇家黄金有限公司（Royal Gold, Inc.，见第四章第六节第四部分）达成产品流协议，融资 7,500 万美元。又一项市场背书；
- 2014 年 3 月 12 日，完成了 1.15 亿加元的股票包销融资，从 2 月 19 日签订包销协议至完成融资，仅用时 22 天；
- 2015 年 5 月 14 日，获得加拿大养老金投资局 5,000 万美元的贷款。

与 2011 年 6 月初步经济评价发布之时相比，此时的矿业市场已恍若隔世，正处于市场资金枯竭的水深火热之中。投资人对矿业项目的偏好，也从几年前对大规模、低品位的斑岩型成矿类型，转向了高品位、中小规模、易于批复、能尽快投产的项目。卢比肯矿产符合这些条件。股价虽已今非昔比，即将投产的凤凰金矿仍然使卢比肯矿产在哀声遍野的矿业市场上鹤立鸡群。

2015 年 6 月 24 日，在市场的热切期盼中，凤凰金矿生产出第一批 741 盎司黄金。卢比肯矿产将这一里程碑性的时刻做成视频，放上网站。

2015 年 10 月 5 日，卢比肯矿产发布董事长署名的公告，首席执行官“离开公司”，并任命一位董事为临时首席执行官。这一首席执行官突然离职（未说是辞职）、董事会并未按常规表示谢意的公告颇为离奇。

同日，临时首席执行官署名的另一份公告通报，卢比肯矿产于 9 月 30 日收到安大略省环境与气候变化厅的命令，要求选厂停产，解决尾矿中氨水含量过高的问题。公告也披露，该厅于 9 月 8 日发出第一份命令，而后于 9 月 14 日、9 月 18 日两度修订命令，给予整改时间，直至 9 月 30 日勒令停产。

当日，股价从前一交易日的 1.00 加元跌至 0.67 加元，跌幅 33%。此前，9 家投资银行和两位股评人曾给予买入建议，目标股价从 1.20 到 2.00 加元不等。

2015 年 11 月 3 日，卢比肯矿产公告，该矿“试采作业表明，地质上比原来的理解复杂得多”，“暂停”采矿作业，以“强化”地质模型，制定项目实施方案。

公告详细披露了采矿作业所遇到的问题以及与原来的理解之间的差异，是一份负责任的信息披露。其实，早在8月20日，卢比肯矿产即在一份新闻稿中通报，采矿出现复杂情况。这在投产过程中并不罕见，卢比肯矿产也表示，“这些问题是短期的”。

当日，股价从前一交易日的0.58加元跌至0.26加元，跌幅55%。

在同日（11月3日）召开的情况通报电话会上，临时首席执行官表示，要审查下列方面的工作并制定项目实施方案：

- 地质模型和资源量估算；
- 详细的采矿方案；
- 井下设施布置；
- 工程地质分析；
- 选矿方案；
- 矿山维护；
- 安全与环保管理；
- 可持续发展规划；
- 人力资源需求；
- 成本测算；
- 经济评价；
- 风险评估。

这不就是可研的内容嘛！没什么好说的了，4年前试图省下的时间和投入得一项不少地补上！可4年来股东和债权人的大笔投资，已变成了一座等待修复且不知是否修复得了的“矿山”！

即使花上几百万美元扎扎实实地做个可研，毕竟还是小钱，几个亿花出去了把矿山建起来再“摸着石头过河”，代价就太大了。如果说40年前中国的改革开放在没有先例可循的情况下摸着石头过河有其巨大的现实意义，矿产开发则已有成熟的路径，可研就是先把石头摸清楚再过河。

2016年1月11日，卢比肯矿产公告了基于近期资料重新估算的资源量及其与2013年资源量的对比（4克/吨边界品位）：

级别	矿量（万吨）			品位（克/吨）			金属量（万盎司）		
	2013	2016	变化	2013	2016	变化	2013	2016	变化
推定性	412.0	49.2	-88%	8.52	6.73	-21%	112.9	10.6	-91%
推断性	745.2	151.9	-80%	9.26	6.28	-32%	221.9	30.7	-86%

短期内是看不到希望了，原来仍然寄有一线希望的股东们彻底放弃了。当日，股价从前一交易日的 0.14 加元跌至 0.05 加元，跌幅 64%。停牌之前还可以供一些散户像香港的“仙股”一样炒一炒，挣几个小钱（图 6-7）。

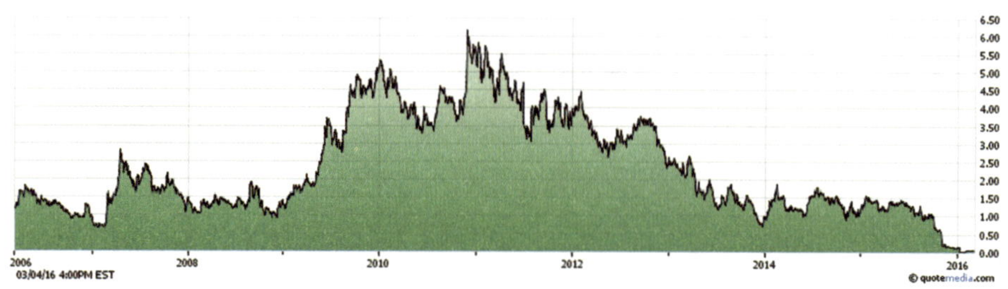

图6-7　卢比肯矿产10年股价走势图（截止到2016年3月4日）

高品位对矿业人的诱惑是无与伦比的。这毕竟是最直截了当而容易理解的一项指标，从对矿业一无所知到培训明白用不了两分钟。

原加拿大上市公司巨人矿产有限公司（Colossus Minerals Inc.，多伦多证券交易所主板交易代码 CSI）的轰然倒塌生动地说明，高品位与失败完全可以画上等号。

巨人矿产可谓生逢其时。2008 年 2 月首发上市融资 2,150 万加元，正值矿业行业的上升期，虽然经历了 2008 年 10 月到 2009 年 6 月间短暂的市场寒冬，股价很快便随着市场的复苏在高品位的盛筵中高歌猛进。

巨人矿产拥有位于巴西的塞拉·皮拉达（Serra Pelada）贵金属项目 75% 的权益。一张老照片上，密密麻麻的采金者人头密度不亚于春运时的广州火车站站前广场，据说有 7 万之众。巨人矿产在自己的钻探作业开始前先分析了以前留下来的岩心，多个十几米到几十米的岩心段黄金品位在每吨十几克到几十克，即使在市场的寒冬中也非常抢眼。自己的钻探也在很大程度上证实了这些结果。请看（选摘）：

◇ 2009 年 2 月 11 日发布，FD-072 号钻孔：

7.88 米：406.4 克 / 吨金、98.4 克 / 吨铂、115.7 克 / 吨钯、2.74 克 / 吨铑、1.52 克 / 吨铱、0.19 克 / 吨钌、0.03 克 / 吨锇；其中包括 1.87 米：1,431.3 克 / 吨金、248 克 / 吨铂、321.4 克 / 吨钯、6.5 克 / 吨铑、4.21 克 / 吨铱、0.39 克 / 吨钌、0.10 克 / 吨锇

◇ 2009 年 9 月 30 日发布，SPD-034 号钻孔：

70.70 米：53.59 克 / 吨金、20.77 克 / 吨铂、31.30 克 / 吨钯；其中包括 20.44 米：158.82 克 / 吨金、67.14 克 / 吨铂、101.10 克 / 吨钯

◇ **2011 年 4 月 26 日发布，SPD-099 号钻孔：**

7.30 米：1,494.7 克 / 吨金、516.6 克 / 吨铂、558.9 克 / 吨钯

◇ **2012 年 4 月 25 日发布，SPD-142 号钻孔：**

9.8 米：109.89 克 / 吨金、0.75 克 / 吨铂、15.51 克 / 吨钯；其中包括 0.8 米：1,336.13 克 / 吨金、8.46 克 / 吨铂、188.14 克 / 吨钯

出奇的钻探结果使巨人矿产成了市场上的香饽饽，股东名册上多家著名矿业基金赫然在目。巨人矿产耐不住（预）可研的寂寞，在连资源量都没有估算出来的情况下决定进入开发 - 建矿。

2012 年 9 月 19 日，巨人矿产与加拿大沙暴黄金有限公司（Sandstorm Gold Ltd.，见第四章第六节第四部分）达成 7,500 万美元的预售产品流协议。

在 2013 年 4 月 18 日报备的 2012 年年报中，巨人矿产披露，一份符合巴西标准的资源量估算作为采矿计划的一部分提交给了巴西政府并获得了批准，但该资源量估算不符合加拿大 NI 43-101 标准，故不能公开披露。

的确，对于资源量和储量，按照 NI 43-101 标准，要么符合它的标准，要么别披露，前提是不能违反连续披露义务。

塞拉 · 皮拉达项目广为人知的一个事实是，矿体局部异常高品位，但几何形状复杂，资源量难以估算。2012 年年报中也说，前任矿主的钻孔间距达到 50 米，而巨人矿产已把钻孔间距缩短到 25 米，但仍不足以建立估算推断级以上资源量所需的有效的块段模型。不能明说的原因大概还有，如果基于现有资料估算的资源量太小，还不如索性等等。毕竟市场还在狂热之中。

未曾披露的是，沙暴黄金在决定投入 7,500 万美元以前是否在其尽职调查中看过巨人矿产向巴西政府提交的资源量。虽然不符合 NI 43-101 标准，业内人士将二者对比、转换，或者做供内部参考的非正式资源量估算，应该不是一件困难的事。

沙暴黄金由诺兰 · 瓦特森（Nolan Watson）于 2008 年创立，此前，瓦特森是加拿大白银惠顿有限公司（Silver Wheaton Corp.，见第四章第六节第四部分）的首席财务官，创立沙暴黄金之时尚不到 30 岁，几年间已把沙暴黄金经营得风生水起，被市场广泛认为是下一代矿业行业的领军人物之一，当然的矿业明星。对于 7,500 万美元的投入，如果对资源量及其前景没有一个起码的认识，这尽职调查做得也太粗了吧。

2013 年 7 月 15 日，问题始现，确切地说是首次披露，地下出水控制不住，开发与投产进度推迟。本已处于矿业市场下行环境中的巨人矿产，两天内股价腰斩，从公告前的 1.70 加元跌至 0.81 加元。

水文地质本来是（预）可研的重要内容。

尚未完全垮塌、对建矿和投产过程中遇到问题习以为常的矿业市场并未抛弃困难中的巨人矿产。2013 年 7 月 24 日，巨人矿产宣布，拟以每股 0.75 加元的股价增发新股，融资 3,300 万加元；至 8 月 13 日完成增发，包括超额认购在内，实际融资 3,795 万加元。

2013 年 11 月 15 日，首席执行官辞职。显然，事儿大了。

2013 年 12 月 6 日，巨人矿产公告，预计至投产并实现正现金流还需要投入 7,000 万美元。在与潜在出资人协商未果后，决定停止地下矿开发。

说白了，钱花光了，不停也得停。

2013 年 12 月 23 日，第一份符合加拿大 NI 43-101 披露标准的资源量总算发布了（5 克 / 吨边界品位）：

- 推定性资源量：55.7 万吨矿量，12.8 克 / 吨金 + 2.7 克 / 吨铂 + 4.0 克 / 吨钯，含金属量 23 万盎司（7 吨）金、4.8 万盎司铂、7.1 万盎司钯；
- 推断性资源量：8.8 万吨矿量，8.6 克 / 吨金 + 1.7 克 / 吨铂 + 2.5 克 / 吨钯，含金属量 2.4 万盎司（0.7 吨）金、0.5 万盎司铂、0.7 万盎司钯。

就这点儿东西呀？！市场的感觉大概四味（酸、苦、辣、咸）俱全，就差甜了。

不知是何处的空穴来风，此前数年，市场的期望值是 200 万盎司（62 吨）的高质量资源量。

2014 年 1 月 14 日，巨人矿产与债权人达成重组协议，被债权人接管，股东所剩权益缩减至原来的 1.7%！也就是说，只要你是股东，不管你原来投了多少，你损失了 98.3%！累计融资 3.8 亿加元，三年前曾摸高至 9.56 加元的巨人矿产股价跌至 0.04 加元，为其短短六年的发展历程画上了句号，可谓其兴也勃焉，其亡也忽焉。

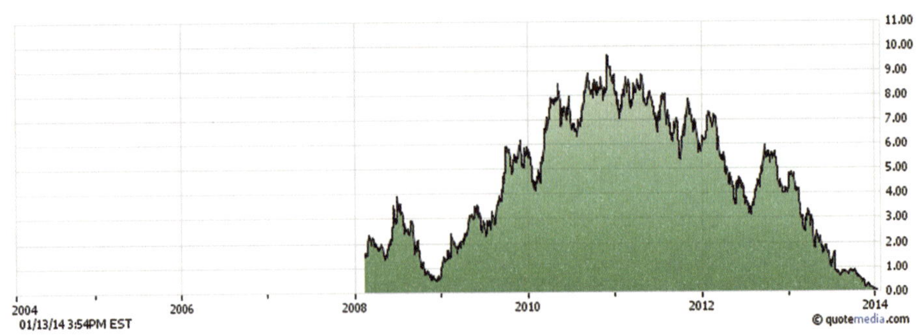

图6-8 巨人矿产10年股价走势图（截止到2014年1月23日）

这都是股东集体诉讼的候选公司。

鲜活的案例为“品位派”们上了生动的一课 – 高品位无疑是钻探期间市场追逐的热点，是股价的兴奋剂，但与最终的成功（建成矿山及开采的经济性）没有直接的相关性。更为深刻而悲壮的教训是，可研这个时间、这份钱，省不了。

北美和澳大利亚这些人工成本高、环保和安全要求严格的地方，小规模、高品位的地下矿即使在矿业行业的繁荣期也很难挣钱，主要原因即在于，管理层不会花上一年的时间规规矩矩地做个高质量的可研，公司也往往没有那份财力，股东们也往往没有那份耐心。于是，只好摸着石头过河，侥幸成功者寥寥无几。这个为管理层和员工提供了就业机会的摸石头的试验基本上都以投资人的资金血本无归而收场。

2015 年，沙暴黄金在另一家加拿大上市公司卢纳黄金有限公司（Luna Gold Corp.，多伦多创业板交易代码 AZX）的投资上再次遭遇挫折。两次失利无疑会在瓦特森个人的职业生涯上留下阴影。

第四节　政府批准风险

在法治完善的国家，政府不予批准矿业项目基本上都是出于环保的原因。一旦发生，对矿业公司，尤其是单一项目矿业公司，是重大乃至于致命性的打击。报批之时，矿业公司可能已在勘探和可研方面做了多年工作，投入了大量风险资金。

2012 年 10 月 1 日，加拿大太平布可矿产有限公司（Pacific Booker Minerals Inc.，多伦多证券交易所创业板交易代码 BKM、纽约证券交易所中小板交易代码 PBM）公告，加拿大英属哥伦比亚省（British Columbia）能源矿产与天然气厅厅长、副省长兼住房厅厅长以及环境厅厅长决定，对于位于该省中部的莫里森（Morrison）铜 - 金 - 钼项目，不能按其所报方案发给环保批准证书。

当日，其股价从前一交易日收盘的 14.95 加元降至 3 加元，大跌近 80%（图 6-9）。

莫里森项目于 2007 年完成资源量估算，2009 年完成了可研，设计日采选 3 万吨矿石，年产 13.5 万至 16 万吨精矿。

政府的决定留了活口 - “不能按其所报方案”予以批准，这意味着现行方案不可接受，但有修改方案而获批的可能。

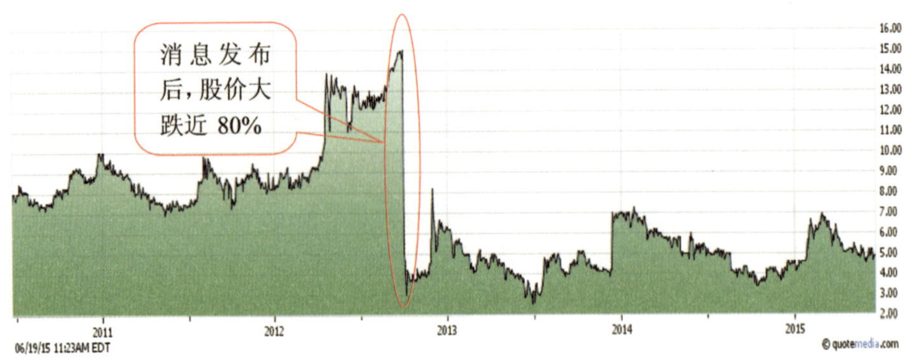

图6-9　太平布可矿产5年股价走势图（截止到2015年6月19日）

法治国家的政府是否批准项目一般不会随意而行，不予批准需于法有据，也要承担其相应的后果。绝大多数项目未获批准的公司当然不会就此放弃，而是积极地与政府沟通，看有否调整方案的余地，或者动用法律武器。

2012 年 10 月 3 日，太平布可矿产发布新闻稿，表示其由有资质的专业人员编写的报批文件表明，莫里森项目对环境、经济、社会、历史遗产、健康等方面无重大不利影响，且该结果得到了卑诗省环境评价办公室所委托的第三方独立审查的支持。公司会就厅长们的决定考虑所有可能的应对措施。

“考虑所有可能的应对措施”措辞严厉，即 - 打官司。如果在国与国之间出现摩擦的时候采用如此严厉的措辞，则意味着不惜以战争为代价了。

2013 年 2 月 13 日，太平布可矿产公告，委托汉特诉讼律师事务所就对莫里森项目不予颁发环保批准证书一事起诉英属哥伦比亚省政府。

汉特律师事务所于 2013 年 4 月 4 日代表太平布可矿产向英属哥伦比亚省高级法院提起诉讼。

在法治国家，起诉政府不是什么了不起的事。在法庭上，政府与自然人和法人一样，都是当事的一方，在法理、情理和司法实践上具有完全平等的地位，谁也没有优势、劣势。对于履行政务，政府需依法行政。对于自然人和法人来说，没有异议，听政府的；有异议，各方都听法院的。无疑，这又是律师们的好时光，法治（rule of law）不是零成本的。

2013 年 12 月 9 日，太平布可矿产公告，英属哥伦比亚省高级法院判决，省政府有关厅长拒绝向太平布可矿产发放环保许可证书的决定有违“程序公平”（procedural fairness）的要求，法院判令撤销该决定，并要求时任厅长重新考虑太平布可矿产的申请。太平布可矿产的诉讼费用由省政府承担。

英属哥伦比亚省政府未在规定的时间内提起上诉，意味着接受法庭判决。

太平布可矿产开启了重新申请环保批复之旅。

而国际矿业界熟知的派伯尔（Pebble）项目又是一个典型案例。

加拿大上市公司北方时代矿产有限公司（Northern Dynasty Minerals Ltd.，多伦多证券交易所主板交易代码 NDM、纽约证券交易所中小板交易代码 NAK）位于美国阿拉斯加西南部的派伯尔项目是全球最大的未开发铜金矿藏，仅以其中单一金属量的保有资源量计即为全球第八大铜矿藏、全球第二大金矿藏。2014 年公布的资源量为（取 0.3% 的铜当量边界品位）：

级别	矿量	品位				金属量			
	亿吨	铜 %	金 克/吨	钼 %	银 克/吨	铜 万吨	金 吨	钼 万吨	银 吨
确定性	5.27	0.33	0.35	0.0178	1.66	174	184.4	9.5	875
推定性	59.12	0.41	0.34	0.0245	1.66	2,423	2,009.7	145.1	9,812
确定性+推定性	64.39	0.40	0.34	0.0240	1.66	2,575	2,188.9	154.2	10,687
推断性	44.60	0.25	0.26	0.0222	1.19	1,114	1,158.5	98.9	5,302

该项目位于全球最大的野生三文鱼栖息地布里斯托尔湾（Bristol Bay），这里出产全球约 50% 的野生三文鱼，无疑是环境和生态敏感地区。北方时代于 2011 年 2 月完成了初步经济评价，环保方面则处于环境基线研究（Environmental Baseline Studies）阶段。虽然项目开发尚遥遥无期，项目所在的社区、社会公众、知名人士、反矿业的众多环保组织与阿拉斯加州议会和美国国会的一些议员均以不同方式对项目继续推进表示了极大的担心和抵制，而美国环境保护署则置北方时代历时七年、花费了 1.5 亿美元之巨完成的、含有 27,000 页环保数据与分析的环境基线文件于不顾，曾于 2014 年 7 月在公司尚未提交开发方案和报批申请的情况下，异乎寻常地拟依据一个假想矿山而做的布里斯托尔湾分水岭评价报告（Bristol Bay Watershed Assessment）先验性地提前否决了项目，招致北方时代和阿拉斯加州政府诉至美国联邦地区法院，进而被法官叫停了这种项目预先审查进程。

虽然特朗普政府的环境保护署于 2017 年 5 月撤销了这个先验性否决，并与北方时代达成和解，位于环境敏感地区的大型矿业项目可能遇到的政府批准风险对业内是一个重要提醒。

2013 年 9 月 16 日，全球最大的矿业集团之一的英美资源（Anglo American plc）在投入了 5.41 亿美元之后放弃了其在项目合伙制机构中的权益而退出项目。按照双方于 2007 年 7 月 31 日公告的协议内容，英美资源本拟于投入 14.25 亿至 15 亿美元之后取得项目上 50% 的权益。

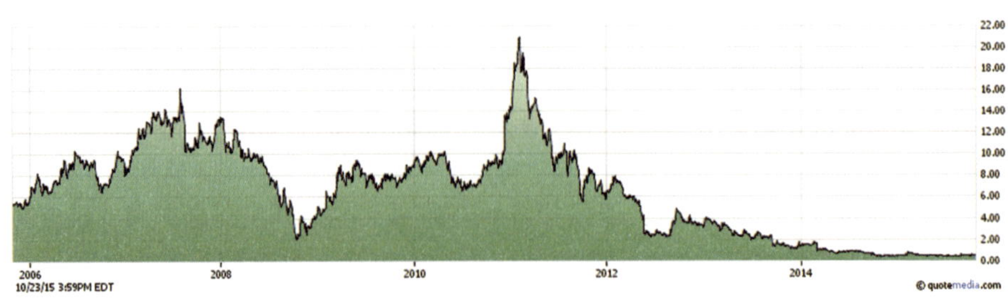

图6-10 北方时代10年股价走势图（截止到2015年10月23日）

2014 年 4 月 7 日，全球第二大矿业公司力拓（Rio Tinto）将其在北方时代 19.1% 的股份耐人寻味地捐给了阿拉斯加两家慈善基金会，其中的布里斯托尔湾原住民公司教育基金会（Bristol Bay Native Corporation Education Foundation）所依托的布里斯托尔湾原住民公司于 2009 年正式公开反对该项目。

项目已累计投入 7.5 亿美元，仍然如行进在漫长且黑暗的隧道中而不见曙光。作为没有现金流的单一项目公司，扛着这样一个项目成本不低，公司还得继续烧钱。但认识到了其巨大的“期权价值”且愿意承担其风险的投资人则源源不断地为公司提供资金（见第五章第四节第四部分）。

关于政府批准的另一个问题是如何看待采矿证。

拿到采矿证只能说明已经渡过了政府批准的风险，这种确定性和去风险无疑具有巨大的价值，但采矿证与项目的经济性毫不相关。拿到采矿证和能否挣钱完全是两回事，银行见到采矿证就可以发放贷款更是荒唐。

第五节 矿山建设及投产风险

矿山建设和投产在进度、预算、达到设计指标等方面一路顺风顺水的可谓屈指可数。

加拿大大型黄金公司金业公司(Goldcorp Inc.,多伦多证券交易所交易代码 G，纽约证券交易所交易代码 GG）位于加拿大东部魁北克省著名的黄金产区詹姆斯湾（James Bay）的埃利欧诺（Éléonore）金矿便是一例。

埃利欧诺金矿是金业公司的主力矿山之一，于 2014 年 9 月投产。原来预期 2015 年黄金产量在 29~33 万盎司之间。打开断面以后发现，未曾预料到的褶皱与断层广泛发育，可能影响到 10% 的矿体。虽然原矿品位符合预期，但采矿贫化率会高于预期，致使入选品位降低，进而降低黄金产量，单位成本会相应上升。

金业公司于2015年9月将该矿当年预期黄金产量调低至25~27万盎司。

金业公司是全球最大的黄金生产商之一，专业实力雄厚，人才济济，在加拿大东部具有丰富的勘探、矿山建设和生产经验，但仍然不能幸免此类问题。

而加拿大上市公司喀尔巴阡黄金有限公司（Carpathian Gold Inc.，加拿大证券交易所交易代码CPN）跌宕起伏的建矿过程对其贷款银行来说不啻于残酷的折磨。

原本在多伦多证券交易所主板上市的喀尔巴阡黄金于2011年4月发布了其位于巴西米纳斯·吉拉斯州（Minas Gerais）的RDM项目的可研，并决定融资、建矿。澳大利亚麦格理银行（Macquarie Bank Limited）为这个预计初始投资1.6亿美元的项目提供了两笔共计9,000万美元的贷款，利率分别为伦敦同业银行拆借利率（London Interbank Offered Rate，缩写为LIBOR）加5%和5.5%，以及第三笔1,700万美元条件苛刻的"惩罚性"贷款：

- 利息高达15%；
- 2013年11月30日前偿还；
- 每次提款时支付5%的提款费；
- 如果逾期不能偿还，前两笔共计9,000万美元的贷款利率分别调升至LIBOR加9%和9.5%。

这个本拟于2013年下半年投产的项目，到2013年10月把贷款和增发新股的钱都花光了，11月30日之前偿还第三笔贷款已无可能。接下来的两年（表6-1）对于麦格理银行来说有如梦魇，密集发布的公司公告内容单调而直截了当 – 那是这第三笔贷款不断追加、偿还期不断推后的两年！

表6-1 喀尔巴阡黄金追加贷款及延期偿还记录

日期	追加额（美元）	追加至（美元）	还款期延期至	日期	追加额（美元）	追加至（美元）	还款期延期至
13.12.20	1,050万	2,750万	14.01.03	14.01.07	250万	3,000万	
14.01.27	1,000万	4,000万	14.0207	14.02.18	2,500万	6,500万	14.03.28
14.05.16	1,000万	7,500万	14.06.30	14.07.04	500万	8,000万	14.12.31
14.10.03	250万	8,250万	14.12.31	14.11.03	1,910万	1.016亿	14.12.31
15.03.06	1,282万	1.1442亿	15.03.31	15.04.20	84.5万	1.15265亿	15.04.30
15.04.27	241万	1.17675亿	15.04.30	15.05.12	93万	1.18605亿	15.05.29
15.05.22	110万	1.19705亿	15.05.29	15.05.29	760万	1.27305亿	15.06.12
15.06.12	190万	1.29205亿	15.06.26	15.07.07	370万	1.32905亿	15.07.10

（续表）

15.07.16	156万	1.34465亿	15.08.14	15.08.05	539万	1.39855亿	15.08.14
15.08.31	275万	1.42605亿	15.09.04	15.09.08	30万	1.42608亿	15.09.11
15.09.11	180万	1.44408亿	15.09.18	15.09.18	410万	1.48508亿	15.10.02
15.09.28	1,350万	1.62008亿	15.10.02	15.10.06	280万	1.64808亿	15.10.16
15.10.16	380万	1.68608亿	15.10.30	15.10.30	210万	1.70708亿	15.11.09
15.11.17	100万	1.71708亿	15.11.23				

超支贷款从1,700万美元逐渐追加至1.7亿多美元。

这是怎样的两年啊！

到底是原来的可研做得有问题，还是实施不利，不明就里。

2015年11月20日，麦格理银行终于累了，把该项贷款下的所有权利和购买黄金等利益以一个选择权协议（Option Agreement）的形式转让给了布里奥黄金有限公司（Brio Gold Inc.），算是脱手了。

可以想象，这是麦格理银行从被气得死去活来、到哭笑不得、再到随他去吧的两年，实实在在地被借款方绑架了。谁欠债谁是爷爷？信不信由你，反正我是信了。

麦格理银行在矿业贷款上非常活跃，可谓行家。被一个项目拖累至此，委实难以理解。

在此期间，喀尔巴阡黄金于2015年6月自愿从多伦多证券交易所退市，并于7月转而至加拿大证券交易所（Canadian Securities Exchange，缩写为CSE，见第二章第六节第一部分）上市。

2016年4月，喀尔巴阡黄金将其在RDM项目上的所有权利和义务也都转让给了布里奥黄金，算是把包袱甩干净了，随之而去的是股东和银行的3个多亿美元的投资。

矿山投产后选矿出现问题的也不少见，小矿种和特种矿种更是如此。奥罗科布里有限公司（Orocobre Limited，澳大利亚证券交易所交易代码ORE，图6-11）在其位于阿根廷的盐湖锂项目中、西拉资源有限公司（Syrah Resources Limited，澳大利亚证券交易所交易代码SYR，图6-12）在其位于莫桑比克的号称全球最大的石墨矿中均遭遇选矿问题。二者生逢其时，在市场对锂电池需求的高度亢奋中相继投产，占尽先机，却因选矿问题股价逆市场而下行，股票遭遇大量做空（见第五章第四节第四部分），奥罗科布里的做空量曾达到其总股本的22%，创澳大利亚股票市场之最。

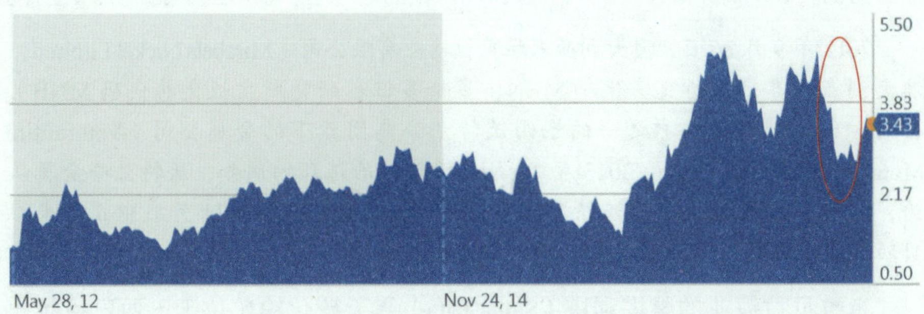

图6-11 奥罗科布里5年股价走势图（截止到2017年5月17日）

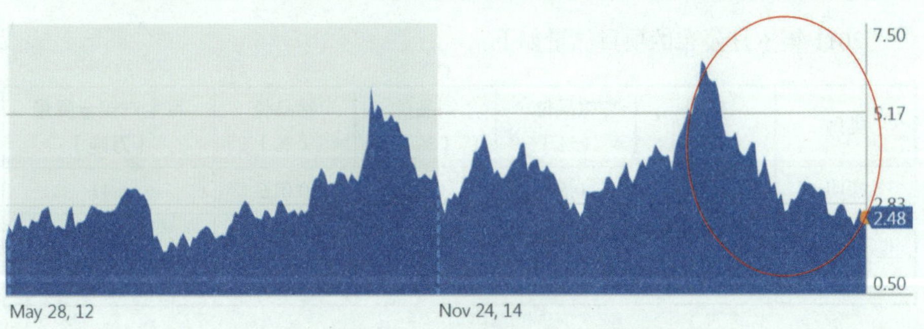

图6-12 西拉资源5年股价走势图（截止到2017年5月17日）

选矿不过是物理和化学反应过程。有些化学反应在实验室里用试管和烧杯怎么做怎么灵，甚至有一定规模的小型试验结果也不错，但在具体工况条件下的商业性生产中却未必，问题就出在“规模化”（scalability）上。实验室相当于教科书里的“在理想状况下”。对于不甚成熟的选矿工艺，可研可能需要包括中试厂（pilot plant），就是这个原因。拿不出有说服力的技术经济依据，融资可能遇到障碍。

第六节 市场风险

市场风险，或矿产品价格风险，是矿业公司随时要面对的。对处于不同阶段的矿业公司，市场风险可能有不同形式以及不同程度的体现。对于没有现金流的初级矿业公司而言，市场风险主要体现在融资方面。在矿产品价格低迷的时候，大量的资金会流出矿业行业，致使严重依赖股权融资的初级矿业公司融资困难。矿业行业的历次萧条期均有大批初级矿业公司倒掉。而对于生产型矿业公司而言，产品价格会影响到现金流以及能否继续生产，乃至于能否继续生存。

2013年9月26日，澳大利亚米拉贝拉镍业有限公司（Mirabela Nickel Limited，澳大利亚证券交易所交易代码MBN、多伦多证券研究所主板交易代码MNB）公告，已收到两大客户之一的巴西沃特兰亭集团旗下的金属公司（Votorantim Metals）因镍价低迷拟于2013年11月关闭其镍冶炼厂的通知，沃特兰亭金属认为，其与米拉贝拉镍业的镍精矿销售协议因此将于2013年11月底中止。米拉贝拉镍业正在就此事项及其贷款协议寻求法律意见。

米拉贝拉镍业的桑塔利塔（Santa Rita）露天硫化镍矿位于巴西巴伊雅州（Bahia），是过去十余年间发现的全球最大的硫化镍矿，项目采选工艺简单，周边水、电、路、港等基础设施齐备，劳工充足，可谓占尽了天时地利。

2011年1月公布的项目储量如下：

类别	矿量（万吨）	镍品位（%）	铜品位（%）	钴品位（%）	可生产镍金属量（万吨）
探明	1,670	0.57	0.14	0.016	6.41
控制	14,260	0.52	0.13	0.015	50.57
合计	15,930	0.52	0.13	0.015	56.98

革命性技术的出现与成熟会改变行业格局。这对行业的进步及用户来说无疑是件好事，但未能及时转型的公司可能遭遇灭顶之灾。多年的胶片行业龙头老大美国柯达受数码技术的冲击而破产便是一例。矿业界的氧化矿堆浸（heap leach）和溶液萃取/电解（solvent extraction/electrowinning，英文里简称SX/EW）技术大大降低了（从氧化矿生产）金属铜的生产成本，进而降低了铜价，对铜业产生了深远的影响。镍业同样经历了革命性技术的冲击，也因此在重新洗牌的过程之中。

主要用于生产不锈钢的金属镍产自于两种含镍矿藏 - 硫化镍与红土镍（nickel laterite）。从硫化镍生产镍金属的技术早已成熟，多少年来一直是镍的主要来源，而红土镍虽然全球资源量巨大，但十多年前的主流技术 - 高压酸浸（high pressure acid leach）因其高昂的投资与生产成本，成功运营的实例极少。然而，过去十余年来国内发展起来的用含铁高品位红土镍原矿直接生产镍铁（nickel pig iron）的技术日渐成熟，且成本相对低廉，而以印度尼西亚为首的几个东南亚国家红土镍的供应几乎取之不尽，致使镍价连年走低。硫化镍矿除非品质极好，成本在“成本曲线”（见第九章第二节）的低端，否则很难与红土镍竞争。除非国内因控制污染而限制镍铁生产，一大批硫化镍生产商将面临淡出市场的风险。这是镍这一矿种所特有的基本面（fundamental），10年前即已形成。

矿业很有意思的一个特点是，虽然有些矿种的基本面有一定的联动性，但不同的矿种可能有不同的基本面。把握这种基本面需要长期的行业浸淫和积累。这不是三个月前开始搞矿的人能够深刻地理解的。

多年低迷的镍价使很多硫化镍生产商在盈亏之间苦苦挣扎。米拉贝拉镍业也不例外，其加上公司管理费、财务费用和稳产投资之后的总成本已高于现金流。9月26日的公告之后，连续多日股票遭遇抛售，成交量大幅度上升（图6-13）。

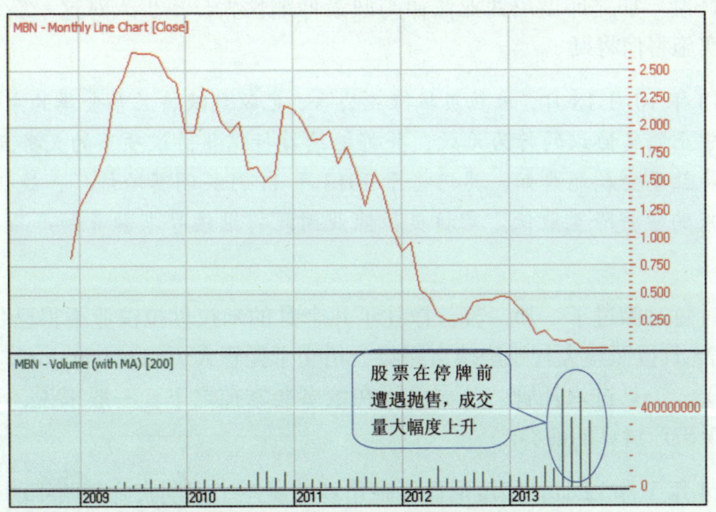

图6-13 米拉贝拉镍业5年股价走势图（截止到2013年11月29日）

2013年10月1日，米拉贝拉镍业通报其两项债务的情况：

- 巴西布拉代斯科银行（Banco Bradesco）向其巴西子公司发放的5,000万美元贷款，以其与沃特兰亭金属之间的销售合同做抵押；
- 2018年到期的票面利息8.75%的高级无抵押债券。

米拉贝拉镍业的律师认为，沃特兰亭金属的通知可能构成布拉代斯科银行贷款项下的违约事件；而如果该行行使其要求加速还款的权利，又可能触发无抵押债券的交叉违约。

此后，评级机构分别调低其公司资信评级及无抵押债券评级：

- 标准普尔（Standard & Poor's）于10月2日将其公司资信评级从B-降至CCC+；
- 穆迪（Moody's）于10月3日将其公司及无抵押债券评级从Caa3降至Caa1；

- 标准普尔于10月23日将其公司资信评级从CCC+降至“选择性违约”（Selective Default），将其无抵押债券评级从CCC+降至“违约”（Default）；
- 标准普尔于11月18日将其公司资信评级从“选择性违约”降至“违约”。

2012年初，印度尼西亚政府提出，将于2014年1月起禁止包括红土镍在内的原矿出口。这一旨在迫使矿业公司在当地建设冶炼厂进而提高出口产品附加值的初衷无可厚非，然而冶炼并非利润丰厚的行业，业界对此政策的经济可行性表示怀疑。加之印度尼西亚法律与政策伸缩性大，不少人对这一新政策是否能如期实施将信将疑。

2013年10月18日，米拉贝拉镍业公告，已收到沃特兰亭金属的书面确认，其原拟中止销售协议的行为无效，并将继续履行销售协议项下的义务至2014年底。沃特兰亭金属还告知，其仍将于2013年11月关闭其冶炼厂，故2014年镍精矿的采购量将降至最低。米拉贝拉镍业因此将继续寻求融资和产品包销的其他机会。

当时暂时躲过了一劫，苦苦挣扎了几个月的米拉贝拉镍业不得已仍于2014年2月25日按照澳大利亚法律自愿将公司交予托管人（administrator，见第四章第二节）。一旦进入托管，公司已不在董事会掌控之下。一般来说，这是债务重组乃至破产清算的前奏。

2014年1月12日，印度尼西亚在市场的疑惑中如期实施其两年前推出的禁止原矿出口的政策，镍价随即反弹。这给米拉贝拉镍业带来了生机。

2014年6月25日，米拉贝拉镍业成功地完成了债务重组和再融资而起死回生，以账面6,500万澳元现金开始了第二次生命。原债权人持有重组后98.2%的股份。

与北美不同，澳大利亚公司一旦进入托管，基本上会被清盘，成功重组的极少。米拉贝拉镍业的成功重组大概与债权人都是美国基金不无关系。

然而，靠强心针维持生命终究不是办法，有限的镍价反弹最终未能挽救米拉贝拉镍业。2015年9月24日，米拉贝拉镍业再次进入托管，并于10月启动资产出售程序。

2016年6月，出于对环境的担忧，菲律宾新任总统对矿业行业提出责难，并随即提名一位著名的环保主义者担任环境与自然资源部部长，关闭矿山、禁止露天采矿等新政雷厉风行。当时，就镍金属供应而言，菲律宾与印度尼西亚已可谓等量齐观。虽然需求依旧疲软，菲律宾的新政对镍价而言毕竟是一大利好。

然而，这次的好消息来得太晚了。2016年6月13日，在无买家接盘的情况下，米拉贝拉镍业的债权人同意公司清盘，实际上也别无选择。

2016 年 8 月 23 日，因未再支付上市费用，米拉贝拉镍业停牌。

禁止原矿出口的政策实施 3 年之后，印度尼西亚政府于 2017 年初放松了出口限制，把镍价再一次推上了风口浪尖。

2017 年 5 月，在各方的压力下，与矿业行业纠缠了近一年的菲律宾拟任部长因未获得菲律宾议会确认而下台。镍业将再次在印度尼西亚与菲律宾矿业政策的波涛中沉浮。

米拉贝拉镍业的警示意义在于，无论做哪个矿种，都需要密切跟踪该矿种的基本面。没有人能够永远准确地把握市场的脉搏，但是，进入一个价格受到两个法律与政策伸缩性很强的国家的重大影响的行业，投资人需要谨慎再谨慎。

有些情况下，市场风险（价格风险）可以通过各种套期保值（hedge，或称对冲，见第五章第八节第五部分）的手段予以规避。

2011 年 8 月 3 日，澳大利亚比戴尔资源有限公司（Beadell Resources Limited，澳大利亚证券交易所上市代码 BDR）公告，委托德国西德意志银行（WestLB）和澳大利亚麦格理银行（Macquarie Bank）为联合牵头行（lead arranger），为其位于巴西的图卡诺（Tucano）黄金项目安排 8,000 万美元的贷款。该项贷款设计为有限追索（limited recourse）形式的“项目融资”贷款。该项贷款要求配套地安排黄金套期保值 - 如果黄金最低平均价达到每盎司 1,500 美元，需要做 13.5 万盎司的套期保值；如果黄金最低平均价达到每盎司 1,600 美元，需要做 11.5 万盎司的套期保值。

项目融资（见第四章第三节）一般都有套期保值的要求。

套期保值简单地说就是以固定价格出售了未来的产品。上述套期保值的金属量约占项目已确定储量 125 万盎司的 10%~12%，这部分保证了项目现金流和贷款的安全，而其余储量尚有很大空间继续享受金价潜在上升的利益。

套期保值是一把双刃剑。锁定价格（进而锁定了预期利润）防范了价格下跌的风险，同时也失去了价格上升的潜在收益。做多少（产量比例）、多长时间、什么价位的套期保值（也即什么时机），是生产商一直要面对的问题。除了出资方（一般是贷款方）的要求以外，基本上缘于管理层对未来价格的主观判断，因此，并不是一件容易的事。大部分石油天然气生产商会做部分产量的套期保值，锁定当年利润（现金流），以确保下一年度投资计划的实施。

20 世纪 90 年代，源于当时对后市的判断，为应对价格波动的风险，大部分黄金生产商做了较大比例的多年期套期保值。这些当时在金价处于每盎司 300 美元以下的市场环境下有效地保护了黄金生产商的对冲交易，也使他们错过了 21 世纪初黄金价格急剧上涨期间的收益。而后，多家生产商付出了巨大的代价清理套期保值头寸。

截止到 2009 年 9 月 7 日，全球最大的黄金生产商加拿大巴里克黄金有限公司（Barrick Gold Corporation，多伦多证券交易所主板和纽约证券交易所交易代码 ABX）有 300 万盎司黄金的固定价格（不参与价格浮动分成）和 650 万盎司黄金的浮动价格（参与价格浮动分成）远期销售合同（forward sale contract）。为清理这些套期保值头寸，巴里克黄金于 2009 年 9 月发行新股融资 40 亿加元 - 这是加拿大历史上最大的股权融资、10 月间发行债券融资 12.5 亿加元，至 2009 年 12 月初了结了所有套期保值头寸，使公司完全享有后市金价上涨的利益。

套期保值是价格保护和风险规避的手段，只要达到了预定的价格保护的目的，应该视为成功。曾有国内媒体评论某大型铜冶炼商因套期保值“损失”多少（实际上是因为价格上涨而较不做套期保值“少收入”了多少），这种评论是不理性的。

市场风险并非都能通过套期保值等手段有效地规避，尤其是对于高成本生产商来说。这些公司需要经常对自己做“压力测试”（stress test），以在矿产品价格低至某一水平时迅速做出反应。

第七节　汇率风险

矿产品价格在国际市场上用美元计价，大多数矿产品国际贸易也以美元为交易货币，而一个项目的运营成本一般用项目所在国货币计价，或者用项目所有人的注册地所在国或上市地所在国货币计价，这就带来了汇率问题，而汇率是影响项目经济性的主要因素之一（见第五章第五节第四部分）。

澳大利亚上市公司全景资源有限公司（Panoramic Resources Ltd.，澳大利亚证券交易所交易代码 PAN）在澳大利亚西澳州（Western Australia）有两个镍矿（含铜、钴伴生矿），其截止到 2013 年 6 月 30 日的财政年度生产近 2 万吨镍（精矿中含镍金属量），其利润对澳元兑美元的汇率高度敏感 - 澳元兑美元的汇率每下降 1 澳分，其年销售收入相应增加约 250 万澳元。当时恰逢澳元兑美元汇率的大幅波动期间，该公司的财务状况也随汇率起舞，乃至于其 2013 财政年度游走于盈亏之间，完全取决于汇率（图 6-14）。

全景资源发布 2013 财政年度年报之时，澳元兑美元的汇率从两三个月前的 1.03 降至 0.91，如果该公司对外汇完全敞口（不做套期保值），其财务状况应较几个月前大幅改观。

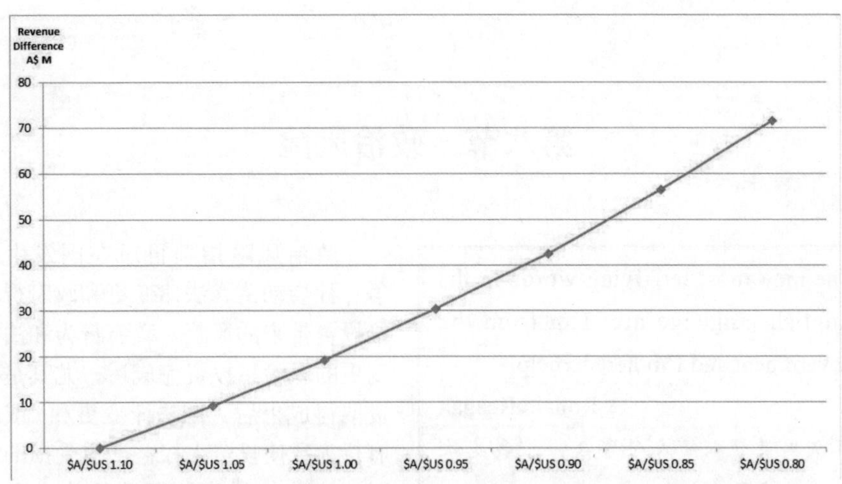

图6–14　全景资源2013年销售收入（纵坐标）与澳元兑美元汇率（横坐标）的关系

资料来源：全景资源

为规避汇率风险，可以在外汇市场上通过买进或卖出澳元对美元的看涨期权（call option）或看跌期权（put option），或以外汇远期合约（forward contract）的方式，锁定澳元对美元的汇率进行套期保值（hedge，见第五章第八节第五部分），其操作方式与锁定矿产品价格的操作方式一样。

大型跨国公司可能在多个国家有项目，汇率也因此可能对其整个公司的财务状况有不小的影响。

全球最大的铁矿石生产商巴西淡水河谷（Vale）的销售收入基本上来自于美元，但其大部分运营成本发生于巴西雷亚尔（Real）和加拿大元。2013年第二季度，因为按其现行财务制度需计提27.8亿美元的与货币衍生品和债务相关的外汇“损失”非现金性费用，致使其利润从账面上看与无该项费用相比下降了84%。因此，其首席执行官解释说：“在富于挑战的市场环境中，我们实现了强劲的财务业绩。汇率对财务状况的影响不是生产情况的真实反映”。市场并不糊涂，未被该项指标一叶障目，二季度财务状况发布后，该公司股价上升3%。为平缓汇率波动对账面财务状况的影响，该公司将考虑“对冲计账法”（hedge accounting），该方法允许将一部分以美元计价的出口收入用于补偿其美元债务折算成当地货币时因汇率波动而产生的影响，进而将外汇盈亏在几年间分摊。

如果说上述“损失”因不需动用现金而仅仅是账面损失，如果不采取相应措施规避外汇风险，因外汇引起的损失可能成为实实在在的损失。事实上，大型跨国公司会做大量的外汇套期保值。淡水河谷在2010年财政年度即做了40亿美元等值的雷亚尔兑美元的套期保值。

第八节 政治风险

> The nine most terrifying words in the English language are: I'm from the government and I'm here to help.
>
> —Ronald Reagan
>
> 英文里最吓人的九个字是："我是政府的，来帮你们"。
>
> ——里根（美国前总统）

政治风险指项目所在国发生战争、社会动荡、法律变更和政府行为给投资带来的风险。政府行为和法律变更的风险指投资完成后，尤其是投资取得成果后，因法律变更和 / 或政府行为致使投资人权益严重受损的情况，这些统称为"资源民族主义"（resource nationalism）的常见的手段有：

- 国有化；
- 政府索要干股或政府干股比例大幅度上升；
- 非法撤销矿权；
- 大幅度增加税收；
- 无正当理由故意拖延批复。

> It's dangerous to be right when the government is wrong.
>
> 政府错了的时候你对了，那就危险了。

政治风险高的国家不是不可以去。如果你赞成"风险就是钱"的说法，政治风险高的所谓"边缘国家"（frontier countries）因为前去投资的少，勘探开发程度一般较低，往往有不错的挣钱机会，但潜在的收益和要承担的风险要对等。如果用内部收益率定量考量投资机会，并且在政治风险低的国家你对 12% 的内部收益率表示满意，则在政治风险高的国家，你对内部收益率的要求也许至少要提高到 15%。一句话，你承担的风险要"值得"。

有些政治风险是可以保险的，这是国营的中国出口信用保险公司（简称"中国信保"）的业务之一。

一、国有化

过去十几年，国有化的典型代表是南美的委内瑞拉、玻利维亚和非洲的津巴布韦。

加拿大上市公司黄金储备有限公司（Gold Reserve Inc.，多伦多证券交易所创业板交易代码GRZ）1992年取得了位于委内瑞拉的布里萨斯（Brisas）金铜项目，至2009年在勘探、可研、设计、开发方面累计投入近3亿美元。按照2008年的测算条件，该项目含1,023万盎司（318吨）黄金、63万吨铜储量（金属量），是全球未开发的最大的黄金项目之一。

- 2007年3月28日，委内瑞拉环境部批准了项目的环境与社会影响报告，并颁发了建设许可证；
- 2008年4月30日，还是这个环境部，以该地区环境恶化、有小规模民间采矿以及有森林保护区为由，撤销了上述建设许可证，而这些所谓的理由对于黄金储备公司来说尚属首次听说。

2009年10月21日，在多次协商未果后，基于加拿大与委内瑞拉之间的投资促进与保护协议（Agreement for the Promotion and Protection of Investments），黄金储备公司对委内瑞拉政府向世界银行旗下的国际投资争议和解中心（International Center for Settlement of Investment Disputes）提起国际仲裁。

2014年8月22日，上述和解中心做出裁决，委内瑞拉政府需赔偿黄金储备公司总计7.403亿美元。

仲裁是不得已的手段，获得赔偿才是最终目的。面对已崩溃的委内瑞拉经济，黄金储备公司给予了足够的灵活性，于2016年7月17日与委内瑞拉政府达成和解协议，而后又几度修订。看来现任委内瑞拉政府针对仲裁结果倒是没有公开耍赖，但这个被前任政府荒唐的政策折腾得已然崩溃的国家履约的前景十分渺茫。

另外两家项目被委内瑞拉国有化的加拿大公司，克里斯托莱克斯国际有限公司（Crystallex International Corporation）和卢索罗矿业有限公司（Rusoro Mining Ltd.）也分别赢了针对委内瑞拉政府的国际仲裁。

政客们都很明白，民族主义，不管它以什么形式出现，常常能满足很多人嫉妒的心理阴暗面，进而能赢得喝彩和选票。天真的老百姓们常常以为，他们会是民族主义的受益者。历史已反复证明，没有哪一个国家的老百姓因为国有化过得更好。民族主义，比如资源国有化，确实会有一小部分人受益，但可以肯定的是，绝不是普通老百姓。看看非洲那些打着民族独立的幌子上台的一拨一拨的混蛋，在搜刮和压榨自己的老百姓上，比当年的欧洲殖民者狠一万倍！

对付国有化的办法不多，一般是国际仲裁。赢得国际仲裁使矿业公司有机会在国际上追缴项目所在国政府或政府旗下的公司所拥有的海外资产，包括截获运送政府物质的船只、收缴政府控制的公司所拥有的海外资产或股份等。

加拿大上市公司森特拉黄金有限公司（Centerra Gold Inc.，多伦多主板上市代码 CG）拥有位于吉尔吉斯斯坦的库姆拓尔（Kumtor）大型金矿，该矿从 1997 年投入商业化生产以来已累计生产黄金约 1,100 万盎司（340 吨），产值一度占到吉尔吉斯斯坦国 GDP 的 60%，2016 年产量约 60 万盎司（18.7 吨）。这个位于小国家的大金矿也令森特拉黄金头疼不已，政府、议会、法院、当地社区都曾以土地、环保、税收、用工等不同方式变着花样找麻烦。虽然不无冲动和议论，但吉尔吉斯斯坦政府一直未敢采取实质性的国有化行动，双方签订的投资协议（见下面第四部分的“稳定协议”）以及国际仲裁的后果便是其顾忌所在。

如果项目所在国与某 X 国签有双边投资保护协定，一个办法是在 X 国设立子公司，并通过该子公司获得项目，在发生国有化的情况下，通过仲裁或诉讼，也许还能拿回来点儿东西。

政府试图提高在项目中的权益比例也是国有化的一种，只不过是部分国有化，而不是全部国有化。

新上台的政府“审查”（review）已有矿业合同是很多非洲国家的拿手戏，且往往目的明确 – 改合同。这也是变相的国有化。很多非洲国家除了资源以外没什么拿得出手的东西了，腐败的政府上任的第一件事就是看看腐败的前任还给他们剩下了点什么东西，矿业项目往往难逃魔掌。即使最终没能改合同，走一遍程序说不定也“收获”不小。

著名独立智库加拿大弗雷泽学会（Fraser Institute）每年发布矿业公司年度调查报告，通过政策认知指数（Policy Perception Index）、投资吸引力指数（Investment Attractiveness Index）和综合排名等对多个国家以及有些国家的一些省 / 州就矿业投资环境和政治风险排序，其结果常被业界引用。

三大评级机构之一的惠誉集团（Fitch Group，见第四章第二节）旗下的 BMI 研究（BMI Research）也发布有些国家的“矿业风险 / 收益指数”（Mining Risk/Reward Index）等矿业投资总体风险评价数据。

二、不予颁发批件或恶意拖延

澳大利亚京司盖特统一有限公司（Kingsgate Consolidated Limited，澳大利亚证券交易所交易代码 KCN）拥有并运营着位于泰国的查特利（Chatree）金矿，该矿自 2001 年投产至 2016 年 12 月 31 日被迫停产，累计生产黄金 180 多万盎司，在泰国这个反复无常的经营环境中，一路跌跌撞撞、战战兢兢，建设并运营了一座国际标准的现代化矿山，实属不易。2016 年，麻烦来了。

2016年5月10日，泰国工业部发布公告，称因矿业政策变化，各金矿的选矿许可证只能延续至当年年底。京司盖特的选矿许可证5月13日到期，这个时间卡得恰到好处，几乎是量身定做！事后得知，所谓的“政策变化”就是泰国军政府总理的指令。

这一迟来的麻烦其实早在2016年初就有了迹象，一名被解雇的员工和一家想承包工程而未能如愿的承包商散布谣言说，矿山生产造成了环境污染并危害了职工健康。不良媒体不做核实，对公司提供的资料置之不理，为谣言推波助澜。政府部门和第三方独立机构的多次调查证明那些指控系不实之词，泰国政府心知肚明，装傻充愣。

5月26日，京司盖特收到通知，选矿许可证从5月13日延续至年底。此前一直是每次延续5年。

在一个没有法治的地方，政府是可以胡作非为的。京司盖特多次约见各政府部门，未得到正面答复。无赖也要面子，当面要赖还是挺难的。

历史记录显示，查特利金矿保持了很高的作业标准。

环保方面，设置了27个地表水、88个地下水监测点，氰化物的运输、储存、使用经国际氰化物管理学会（International Cyanide Management Institute）认证，符合国际氰化物管理标准（International Cyanide Management Code），矿山运营15年未曾有实质性的环境污染事故。

在企业社会责任方面，支持社区的基础设施建设，设立了4项运作透明的公益性基金，赞助50多名员工深造，时常捐赠，定期与当地政府和村镇交流，堪称优秀的企业公民。

年报显示，受批件的影响，截止到6月30日的财政年度，查特利金矿生产黄金97,510盎司，大大低于原计划的12.5~13.5万盎司。

按照澳大利亚证券交易所上市规则，上市公司需每年更新其资源量和储量。鉴于新的选矿许可证有效期只到2016年12月31日，其后即使经济可采的矿量也不再能称为“储量”，京司盖特按照JORC标准（见第二章第三节第二部分）大幅度核减储量，并在截止到2016年6月30日的年报中减计查特利金矿资产价值2.28亿澳元。

核定日期	资源量（金属量）	储量（金属量）	
2015年6月30日	364万盎司	112万盎司	
		因选矿许可证有效期的影响	如无选矿许可证有效期的影响
2016年6月30日	353万盎司	9万盎司	99万盎司

2016年12月31日，查特利金矿按期停产。说是全国性的“政策变化”，真正按规定停产的估计也只有查特利金矿。在一个没有法治的社会，守法公民付出的代价最大。

三、大幅度提高税收

税收既是政府得以存在，以维护社会秩序和国家安全，并向公民提供公共服务的经济来源，也是财富重新分配的一种途径。虽然税收一般会随着经济活动和经济环境的变化而调整，相对稳定的税赋是一个国家或地区投资环境优劣的主要标志之一，而大幅度调整税收则可以视为一种政治风险了。

尽管政府都明白加税可能造成税收损失（加税 - 有些业务难以持续 - 导致业务关停 - 损失税源 - 税收降低）以及减税可能带来税收增加（减税 - 导致业务量增加 - 扩大税源 - 税收增加）这一浅显的道理，掌握在合适的平衡点却不是一件容易的事。

在矿业行业的繁荣期，看着矿业公司大把大把地赚钱，政府往往难以抵挡“且分一杯羹来”的诱惑，全然不顾矿业行业还有萧条期以及矿业行业在勘探开发阶段所承担的各种风险。加税便是最直截了当的重新分蛋糕了。

这种风险不仅发生在发展中国家和欠发达国家，也发生在发达国家。澳大利亚的“资源超级利润税”（Resource Super Profits Tax）便是一例。

2010年5月2日，澳大利亚工党政府在质疑声中推出拟于2012年7月1日起实施的、税率高达40%的资源超级利润税。当日，矿业公司股票遭受大面积抛售。

对此，澳大利亚时任财政部长以“荷兰病”（Dutch Disease）为例，解释了政府对资源开发造成“二元经济”（two-speed economy）的担忧 – 20世纪70年代，因北海天然气的发现以及大量出口，当时的荷兰货币荷兰盾急剧升值，致使其制造业和众多其他行业竞争力大幅度下降，乃至于难以为继。后来人们把因资源开发一枝独秀，带动本币升值而掏空其他行业的现象称为“荷兰病”。在矿业行业的繁荣期，资源出口大国加拿大、澳大利亚等国均深受其害。

业界则不以为然，反对、批评与质疑之声异常强烈。

- 2010年5月2日，也即该税赋推出的当日，全球最大的矿业公司必和必拓（BHP Billiton）发布新闻稿表示失望，称其澳大利亚业务的实际税率将从当时的43%上升至2013年的57%，并强调，该项税赋的推出将危害澳大利亚的国际声望及其矿业行业的国际竞争力；
- 2010年6月1日，当时以市值计为全球第三大矿业公司的力拓（Rio Tin-

to）发布新闻稿，详细列示了经普华永道（PricewaterhouseCoopers，常简写为 PwC）会计师事务所审核的、其过去 10 年澳大利亚业务约 35% 的实际税率，以表明其已承担了应该承担的份额；

- 2010 年 6 月 3 日，当时全球最大的矿业公司之一的超达（Xstrata）发布新闻稿，宣布暂停其涉及 60 亿澳元的一个煤炭项目和 6 亿澳元的一个铜矿扩建项目的 5.86 亿澳元的开发准备方面的投入，因为该项税赋将对这两个项目的现金流构成重大负面影响。

行业协会更是当仁不让：

- 2010 年 5 月 25 日，澳大利亚矿产协会（Minerals Council of Australia）发布报告，附以大量数字、图、表等支持性资料，定性、定量地对该项税赋推出的各项依据进行了逐一反驳。

服务机构也对该项税赋对矿业行业及大型矿业公司的影响做了测算：

- 花旗银行（Citigroup）警告说，澳大利亚资源行业的税赋水平已是全球第三高，仅次于美国和巴西，该项税赋将使澳大利亚成为对资源行业课税最重的国家；
- 美洲银行旗下的美林证券（Merrill Lynch）预计，该项税赋将使必和必拓的利润降低 19%，而使力拓的利润降低 31%；
- 澳大利亚第一大投资银行麦格理银行（Macquarie Bank）提醒其客户说，澳大利亚已成为主权风险高的投资国，大量资本外流的风险已大幅度上升；
- 毕马威会计师事务所（KPMG）认为，该项税赋将使煤矿的收益降低 57%，铁矿的收益降低 46%；
- 安永华明会计师事务所（Ernst & Young）对该项税赋表示担忧，并警告说，政府大胆地假定了该项税赋不会对澳大利亚资源行业的国际竞争力造成负面影响。如果情况并非如此，我们的风险是－杀了下金蛋的鹅。

对于政府适当幅度的增税，矿业公司一般能泰然处之，尤其是在矿业行业的繁荣期。可是该项税赋调升幅度之大，已经到了迫使矿业公司重新审视其澳大利亚业务的程度。如果说已有相当规模生产能力的大型矿业公司尚可以断尾求生，尚处于勘探、开发阶段而依赖资本市场不断地进行股权融资的初级矿业公司则有断首之虞了。该项税赋推出之后，矿业公司宣布暂停推进的各类矿业项目涉及累计 200 多亿澳元的投资。

祸不单行。此前澳大利亚政府推出了全球最高的碳税（carbon tax）。

2010 年 6 月 24 日，当时执政的工党因为担心在几个月后的大选中失利，副党领茱莉娅·吉拉德（Julia Gillard）在党内会议上向党领陆克文（Kevin Rudd）发出挑战，“不战而屈人之兵”，未遇任何阻力而当选党领，继而接任总理职务，成为澳大利亚历史上首位女总理，能说一口流利的汉语的陆克文黯然下台。在卸任总理短短几分钟的新闻发布会上，陆克文数度哽咽，不能自已。此时距推出资源超级利润税尚不足两个月的时间。

FMG 董事长弗来斯特（见第四章第二节）和陆克文私交不错，但也是资源超级利润税激烈的公开批评者之一。陆克文下台之际，弗来斯特评价说，这伙计人挺不错，就是被他的顾问误导了。

吉拉德政府行动迅速，根据与必和必拓、力拓和超达三大矿业公司的闭门谈判情况，于 2010 年 7 月 2 日将该项税赋仿效其“石油资源租赁税”（Petroleum Resource Rent Tax）而更名为“矿产资源租赁税”（Minerals Resource Rent Tax），从针对所有矿种征收调整为仅针对铁矿石和煤炭征收，使受影响的公司从两千多家降至 320 家，并将有效税率降至 22.5%。

有意思的是，作为该项税赋的税前抵扣，政府竟然允许矿业公司用现有矿山资产的当时市场价值计算折旧。以力拓位于西澳洲皮尔巴拉（Pilbara）地区的铁矿为例，2009 年底的账面资产价值为 112 亿澳元，而按当时的市场价值计则可达 640 亿澳元，以至有人觉得政府被三大矿业公司涮了。

未被邀请参与谈判的中小铁矿石和煤炭公司感觉受到了歧视，通过集会、媒体访谈等形式继续抗争。有媒体也不无揶揄地说，政府与两个南非人（原必和必拓首席执行官与原超达首席执行官）和一个美国人（原力拓首席执行官）定了澳大利亚的税。然而，随着矿业人一个又一个登上福布斯澳大利亚富豪榜，这些抗争终显苍白。

2012 年 3 月 19 日，调整后的矿产资源租赁税征收法案经过议会表决成为法律。然而，自 2012 年 7 月 1 日生效后，本拟于第一个财政年度征收 30 亿澳元之巨的该项税赋未进分文；至 2014 年 7 月，本拟于两年内征收 120 亿澳元，却仅征收了 3 亿澳元。

2014 年 6 月 17 日，在时任总理托尼·阿伯特（Tony Abbott）兑现其竞选承诺的不懈努力下，虽历经波折，澳大利亚终于取消了给业界，尤其是煤炭行业，带来了行业巨大成本的碳税；尔后不久，也废止了矿产资源租赁税。阿伯特任期不长，却为矿业做了些好事。

四、稳定协议

如果说制造业可以在所在国法律环境恶化的情况下比较方便地从一国迁移

至另一国，资源行业因为根基在于地下资源则没有这种便利条件，只能选择与所在国政府合作，并尽量规避风险。稳定协议（stability agreement）便是规避政治风险的有效手段。

稳定协议是矿业公司就大型矿业项目的开发与项目所在国政府签订的，并一般经项目所在国议会按照其立法程序予以确认或批准而生效的协议，目的在于保护该项投资不因项目所在国未来法律法规的变化而受到不利影响。稳定协议相当于为一个项目的开发通过了一部单独的法律，将该项目屏蔽于项目所在国未来法律法规的变化之外，这对于位于政治风险高、法律法规不完善或执法随意性大的国家的大型投资项目是非常必要的。对于位于这些国家的大型项目，没有稳定协议的保护，为项目筹集资金可能面临很大困难。

2009年10月6日，原加拿大艾芬豪矿业有限公司（Ivanhoe Mines Limited，现已更名为绿宝石山资源有限公司（Turquoise Hill Resources Ltd.，多伦多证券交易所、美国纽约证券交易所和美国纳斯达克证券交易所交易代码TRQ））发布新闻稿，公告与蒙古国政府就位于蒙古国南部的奥云陶勒盖（Oyu Tolgoi）铜金矿项目的开发签订“投资协议”（investment agreement）。协议期限30年，并可以展期20年。

在协议有效期内，下述税费不会提高：

- 公司所得税；
- 关税；
- 增值税；
- 消费税；
- 矿区使用费；
- 勘探许可证与采矿许可证费用；
- 不动产税和/或房地产税。

未来税费变化将不适用于该项目，除非其条款更为优惠。

协议签订之时，奥云陶勒盖项目已有资源量（金属量）790亿磅（约3,583万吨）铜、4,500万盎司（约1,400吨）黄金。按照当时的初步开发方案，预计投入40亿美元，前10年年产10亿磅（约45.4万吨）铜、50万盎司（约15.6吨）黄金。面对这个规模的投资，没有稳定协议的保护，投资人是不敢贸然投入的。

签订了稳定协议并不意味着政客们就不动歪脑筋了，政府仍然可能违约，但投资人可以依据稳定协议而提起国际仲裁或国际诉讼。更多的情况则是以国际仲裁或国际诉讼为手段达到和解的目的，毕竟和解是低成本和无不确定性的解决方式。

重大合同上的败诉而拒绝执行仲裁或诉讼裁决也可能对项目所在国的资信评级产生负面影响，进而影响其国际援助，或提高其在国际上发行政府债券的成本。

第九节　其他风险

上述各节列举了矿业投资涉及的主要风险。当然，还有其他风险，如融资风险。即使完成了可研，有的项目仍然未能成功地募集到建设资金，则勘探和可研期间的风险投入未能获得投资收益。

社区关系也是矿业项目的风险之一，在第八章第四节介绍。

在网络时代，网络安全（cyber security）也是各公司不得不越来越重视的一个风险。

第十节　机会与风险同在

如果从本章开头读到现在你还未放弃本拟进行的国际矿业投资，你应该算是够勇敢的了！具备这种勇气，再经过慎重选择，在矿业已走出低谷而开始了下一个周期之时，获得与风险相应的投资收益，指日可待。

以往的矿业周期造就了大批成功的矿业公司，也为矿业投资人创造了大量收益。澳大利亚北极星资源有限公司（Northern Star Resources Limited，澳大利亚证券交易所交易代码 NST，图 6-15）是最新的一个典型代表。

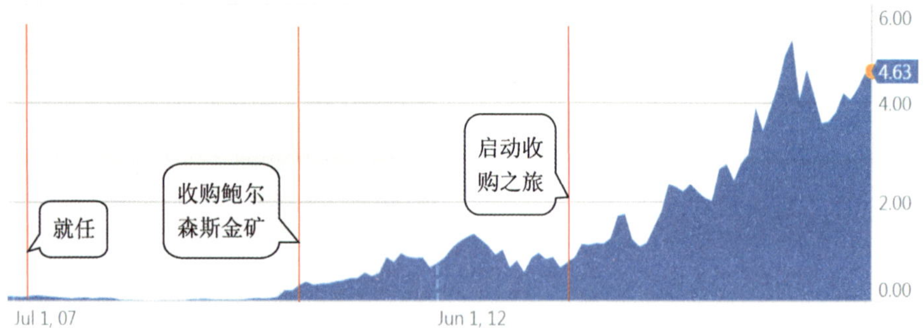

图6–15　北极星资源10年股价走势图（截止到2017年5月17日）

2007 年 8 月 20 日，比尔 · 比蒙特（Bill Beament）接任首席执行官职位。虽然正值矿业行业的上升期，名不见经传的北极星资源像众多初级矿业公司一样，拿着几个勘探矿权，不温不火。因此，比蒙特的就任某种程度上算是“受命于危难之际”。

转型一家公司不是一夜之间的事，比蒙特也经历了 3 年的“上下而求索”。2010 年 7 月，经过一番周折，采矿承包商背景出身的比蒙特为北极星资源拿下了位于澳大利亚西澳州的鲍尔森斯（Paulsens）地下金矿，成为北极星资源的奠基之石。这一当时保有储量有限的金矿日后屡建奇功且利润丰厚，其潜力被北极星资源挖掘得淋漓尽致，也再一次印证了“就矿找矿”的理论与实践。鲍尔森斯金矿的出色表现也使北极星资源的股价在矿业市场下行的大环境中逆风飞扬。

2013 年 12 月，风格稳健的比蒙特启动了资产收购战车，一个月内连下三城，收购了巴里克黄金（Barrick Gold）位于澳大利亚西澳州的 3 个项目；2014 年再下两城，打造了一家年产量 50 多万盎司黄金的中型黄金生产商。

成功的生产型矿业公司需要至少一个政治风险低的、能抵御市场风险和行业周期的低成本矿山作为立足之本。这便是鲍尔森斯项目之于北极星资源的作用。尔后，北极星资源稳健扩张，可谓一路春风得意，股价除了随市场的波动而起伏以外，基本上平稳上行。矿业公司如此顺利的实不多见。

过去几十年间建成的平均品位最高的金矿 – 加拿大布鲁斯杰克（Brucejack）项目于 2013 年 10~12 月间经历了一场短暂而惊险的危机。

2013 年 10 月 9 日，加拿大普利铁姆资源有限公司（Pretium Resources Inc.，多伦多证券交易所主板和纽约证券交易所交易代码 PVG）公告，公司聘请的监督和报告取 1 万吨大样项目的独立技术顾问斯特拉斯科纳矿产服务有限公司（Strathcona Mineral Services Ltd.）辞职。

个人辞职司空见惯，提供技术服务的乙方以公司的身份辞职则相当罕见。尤其特别的是，这个斯特拉斯科纳矿产不是别人，正是 1997 年揭露布莱克斯矿产作假的同一家技术服务公司（见第九章第四节）！

市场上立刻联想到了布莱克斯矿产！股票开盘即遭遇抛售，盘中最大跌幅 30% 多（图 6-16）。

普利铁姆资源由早已功成名就的首席执行官鲍勃 · 阔特梅恩（Bob Quartermain）于 2010 年创立。阔特梅恩以务实闻名，虽然口才不错，但无论就公司还是其本人，从不过度宣扬，因此，在加拿大矿业市场上口碑极佳，备受尊重。

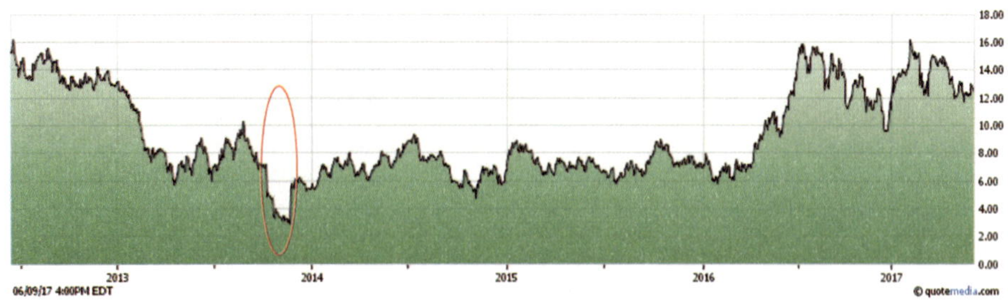

图6-16 普雷杰姆资源5年股价走势图（截止到2017年6月9日）

勘探地质师出身的阔特梅恩成名于20世纪80年代。1980年，在现在的加拿大最大的综合性矿业公司泰克资源（Teck Resources）旗下位于加拿大安大略省（Ontario）北部的一个黄金项目的钻探中，年轻的阔特梅恩面对90英尺的岩心，兴奋不已，在那个还没有手机的年代，他一路狂奔至最近的付费电话，上气不接下气地向泰克资源总部报告他的发现：目测品位估计得有（每吨）1/4盎司（7.8克）！接电话的人对这个年轻人不温不火。当晚，他回到旅馆的时候，“立即给总裁回电话”的留言填满了房间的语言信箱。

不久，化验结果出来了：92英尺（28米）的矿段，平均品位0.256盎司（7.9克）！项目周边的初级矿业公司股票暴涨，有的从几分钱涨到了90加元。阔特梅恩也随之声名鹊起。

1985年，泰克资源把他招到温哥华，让他执掌旗下的一家市值180万加元的初级矿业公司白银标准（Silver Standard），加上他，公司共有3名员工。彼时，一直跑现场的阔特梅恩没有西装，没看过财务报表，没接触过律师，只认识一个股票经纪人。2010年，阔特梅恩从担任了25年首席执行官的白银标准退休，经过勘探、并购，白银标准已是一家颇有规模的白银生产商，市值已达20亿加元，股价从当初的0.78加元至最高时摸高48加元。

2010年，刚刚退下来的阔特梅恩听说白银标准要卖掉他在任时仍在钻探的布鲁斯杰克项目，他融资2.83亿加元，其余以股票支付，以折合4.5亿加元的总代价收购了项目，创立了普利铁姆资源。布鲁斯杰克项目是10年前他在白银标准时以300万加元的代价买下来的。

斯特拉斯科纳矿产“辞职”之时，布鲁斯杰克项目已经披露了多批累计近20万米的钻探结果，并且于2013年6月完成了可研，与布莱克斯矿产没有任何可比性。市场最大的信心在于，既不需要名也不需要利，退休又重新出山的阔特梅恩是靠谱的。

布鲁斯杰克项目的核心区称为“众王之谷”（Valley of Kings），有钻探工作量17.4万米，资源量和储量为：

资源量（2012年11月）					
级别	矿量（万吨）	品位（克/吨）		金属量（万盎司）	
		金	银	金	银
推定性	1,610	16.4	14.1	850	730
推断性	540	17.0	15.7	290	270
储量（2013年6月）					
级别	矿量（万吨）	品位（克/吨）		金属量（万盎司）	
		金	银	金	银
探明	-	-	-	-	-
控制	1,510	13.6	11.0	660	530

这在当时非常低迷的国际矿业市场上十分抢眼，是在全力推进的为数不多的项目之一。然而，众王之谷的地质特征是，大量的品位可高达每吨几千克的高品位窄脉镶嵌于低品位分散型矿体之中，矿体的连续性，进而资源的可靠性具有很大的不确定性。这在市场上人所共知，并不是什么秘密。因此，多家大小公司曾前去考察合作或收购，无人出手。

矿体的连续性涉及采矿方法的选择。一种是追着高品位矿段的选择性开采方式（selective mining），则每天出矿量有限；另一种是任其贫化的规模（bulk）开采。可研选择了每天 2,700 吨矿量的规模开采，则矿体连续性和资源量模型的问题必须通过试采来验证，这就是取 1 万吨大样的由来，将交由一家独立的小型选矿厂处理，预期生产黄金 4,000 盎司。

2013 年 10 月 23 日，在公告大样的第一批选矿结果（好于预期）之时，普利铁姆资源也公布了斯特拉斯科纳矿产辞职的原因。辞职之时，斯特拉斯科纳矿产禀告普利铁姆资源，众王之谷“没有有效的资源量，没有资源量也就没有储量，没有储量可研就没有根据”，“最近关于控制储量和未来黄金产量的所有公告都是错误的和具有误导性的”。

至此，问题已经明了，两家独立的咨询公司 - 斯特拉斯科纳矿产与估算资源量的斯诺登矿业咨询有限公司（Snowden Mining Consultants Ltd.）在取样和资源量估算上有不同意见。总部位于澳大利亚的斯诺登矿业同样是业内受人尊敬的咨询公司。

业主普利铁姆资源赞成斯诺登矿产的意见。普利铁姆资源的内部人士，包括首席执行官阔特梅恩本人，毕竟也都是业内资深人士。阔特梅恩对斯特拉斯科纳矿产未等到大样的选矿结果就退出深表遗憾。

面对市场的恐慌，一位淡定的股东女士写道：“不知有多少次两位世界名厨就如何做好一盘菜达不成一致意见”。

至2013年11月中，普利铁姆资源的股价已较斯特拉斯科纳矿产退出前跌去了一半多，最低时降到了每股2.83加元。

2013年12月13日，普利铁姆资源公告大样的选矿结果，10,302吨大样的重选和浮选精矿含黄金5,865盎司、白银4,950盎司，超过了4,000盎司的预期。

至此，市场的担心得以化解，普利铁姆资源股价回升。

2017年6月20日，众王之谷项目生产出第一块金锭。可以想象，它的矿体变化和连续性的问题并未消失，偏离可研的正面和负面的情况会时有发生。无论谁对谁错，特拉斯科纳矿产的职业道德风范和独立的精神令人敬佩！普利铁姆资源透明的危机处理方式同样令人称道。

当年在给普利铁姆资源取名字的时候，阔特梅恩想体现“为股东创造价值”的思想，便搜索“价值”（value）一词的拉丁文写法，得到的结果是Pretium。他想，拉丁文里没有字母u，但是有字母v，那好，把v放进去，以体现价值。因此，普利铁姆资源的标是英文里并不存在的Pretivm。

忆及往事，阔特梅恩谈到，找到矿是每一位勘探地质师的梦想，但我们这个职业的一个挑战是，在找到矿以前何时收手，毕竟勘探是很花钱的事。他坦承，他的职业生涯中的大部分钻探是失败的。

曾经流行的一个观点是，平台造就了成功人士。这固然有其正确的一面。应该补上的另一面是，成功的企业家造就了平台。

从勘探一路走来，成功的初级矿业公司不胜枚举：

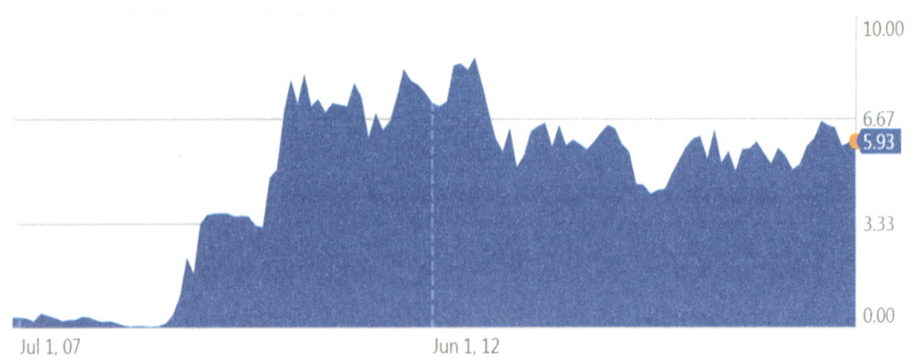

图6-17 Sandfire Resources NL（澳大利亚证券交易所交易代码SFR）10年股价走势（截止到2017年5月17日）

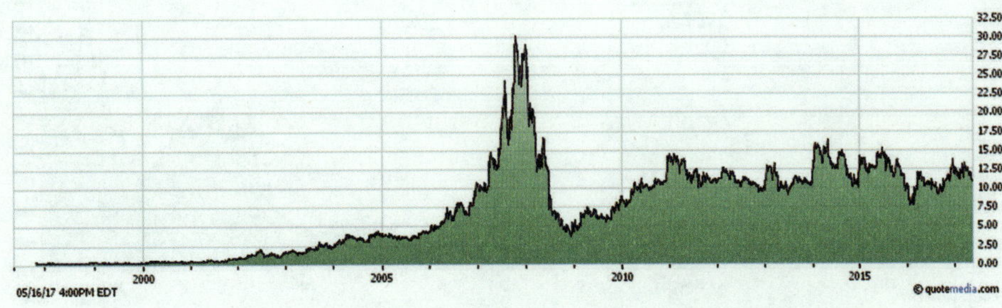

图6-18 Altius Minerals Corporation（多伦多证券交易所主板交易代码ALS）20年股价走势（截止到2017年5月16日）

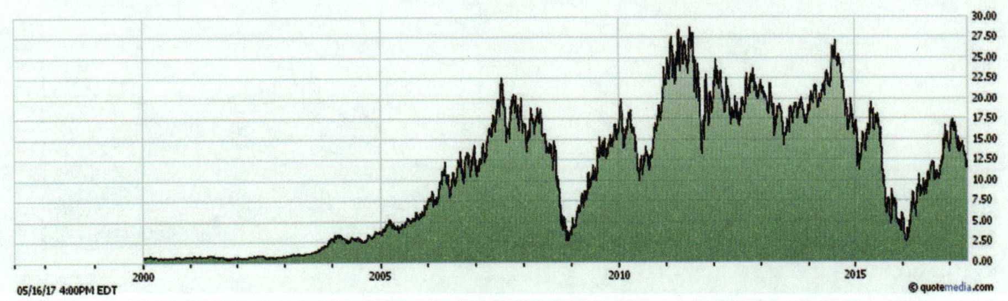

图6-19：First Quantum Minerals Ltd.（多伦多证券交易所主板交易代码FM）20年股价走势（截止到2017年5月16日）

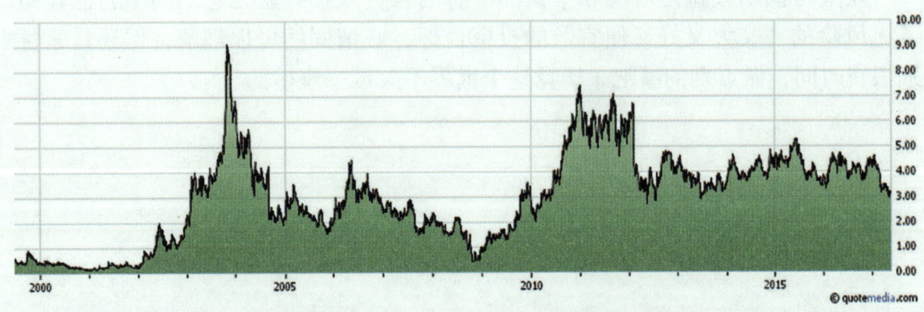

图6-20 Nevsun Resources Ltd.（多伦多证券交易所主板交易代码NSU）18年股价走势（截止到2017年5月16日）

其实，绝大多数成功的初级矿业公司已因被收购而消失，或已通过合并而成为中型矿业公司，我们也就无法通过股价曲线直观地展示其价值创造过程。

成功的中小型矿业公司在资本市场上不易独立地存在，他们或者被收购，或者通过合并而成为大中型矿业公司。

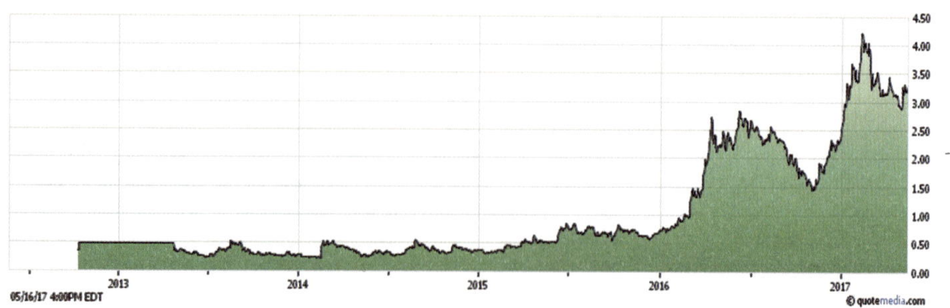

图6-21 NexGen Energy Ltd.（多伦多证券交易所主板交易代码NXE）5年股价走势（截止到2017年5月16日）

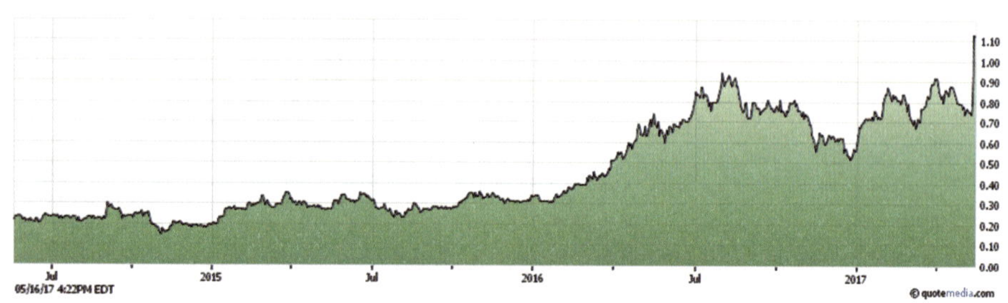

图6-22 Integra Gold Corp（多伦多证券交易所创业板交易代码ICG）3年股价走势（截止到2017年5月16日，两天前刚刚被收购）

风险与预期收益是对应和平衡的。有的投资人在有意无意之间给自己设定了无风险的“又大又好又便宜”的投资目标，心情固然可以理解，但还是索性别浪费时间，做点别的事吧，毕竟这个世界不欠谁一座矿。

第七章

公司治理与股东权利

公司无疑是股东的公司，股东是公司的所有权人。持有公司的股票就像拥有土地和房产一样，是物权，神圣而不可侵犯。然而在所谓的现代企业制度下，所有权、决策权和经营权已分离开来，因此派生出了公司治理与股东权利的问题。

刚果（金）穆坦达（Mutanda）铜矿

第一节　公司章程

入股一家公司，尤其是取得有一定影响力的未上市公司的股份，应该了解其公司章程。

未上市公司的董事会一般对公司的控制程度较高，比如，公司章程中可能规定，股东转让其股份需得到董事会的批准。这一安排的目的是防止公司在董事会不知情的情况下发生控制权转移。未上市公司的章程也可能规定，如果某一股东收购公司的股份达到某一比例（如 20%，甚至更低），该股东需向全体其他股东发出收购要约，而收购其他股东所持股份的价格不低于该股东过去特定时间段内（如两年）该股东收购公司股份时所付出的最高价格。

家族或创始团队控制的公司也可能通过发行有不同表决权的股票（如 A 股每股一票，B 股每 100 股一票）、要求后续股东把表决权委托给核心股东或创始团队等手段保持对公司的控制权，这些也需要体现在公司章程中。

第二节　股东与股东会

在所有权、决策权与经营权分离的现代公司制度下，公司法赋予股东尤其是小股东的权利十分有限。这对于股份制公司来说是有意义的。一家公司可能有几千名、几万名甚至更多股东，股东的理念、想法、要求可能各不相同，为使公司高效运营，不可能每位股东都说了算。国内市场上更是把小股东称为“股民”，虽然是皇权思维和体制在股票市场上的缩影并略带歧视性，却也客观地反映了小股东的地位。

股东会有年度股东会（annual general meeting）和特别股东会（special general meeting）。特别股东会在两个年度股东会之间临时召集，批准需要股东批准的事项。如果时间上合适，召集年度股东会之时恰有需要股东批准的其他事项，也可以把年度股东会和特别股东会一并召开，称为年度与特别股东会（annual and special general meeting），省了一次股东会的召集时间和费用。

年度股东会是典型的例行公事，视公司法、证券法、上市规则和公司章程的规定，年度股东会的内容一般包括：

- 向股东呈报年报（或财务报告）和审计报告；
- 提请股东会批准公司拟聘用的审计师或审计师事务所；
- 选举董事；
- 提请股东会批准股票期权计划（share option plan）或长期激励计划（long term incentive plan）；
- 管理层薪酬报告（remuneration report）。

有些事项是咨询性或建议性的，属于董事会听听股东的参考意见，对公司并没有约束力。也就是说，即使股东会否决了该事项，董事会如果认为必要，仍然可以实施。

鉴于股东在公司决策和运营中基本上没有话语权这一情况，股东权利最重要的体现便是选举董事。绝大多数情况下董事会的构成已经考虑到了有影响力的股东的意见，此外，董事会也有可以利用的手段保护董事会的构成（见本章第六节第二部分），因此在年度股东会上翻盘而推翻董事会的情况极少。

一般情况下，股东会由董事会召集，费用由公司承担；在股东发起股东行动的情况下（见本章第六节），股东会可能由董事会应股东要求而召集，也可能由发起股东行动的股东召集，费用可能由公司承担，也可能由发起股东行动的股东自行承担。

股东行动是改组董事会的代名词，董事会一般会顽强抵抗，有时会与发起股东行动的股东对簿公堂。

第三节　董事与董事会

董事会是公司的决策机构，股东欲对公司的决策施加影响只能通过提名董事实施。对公司的控制权之争也因此往往体现在对董事会的控制权之争。

一、董事的产生

如上所述，董事由股东选举产生，通常在年度股东会上选举。

董事的人数通常也在年度股东会上确定，但公司法一般允许董事会在两次股东会之间增选一定比例的董事，比如，增选股东会确定的董事人数的1/3。也即，两次股东会之间，董事会可以增选董事，也就是，董事选董事。公司章程可以有相应的规定。

在增资扩股的情况下，新参股的股东如果参股后所持股份较高，可能提出董事席位的要求，甚至可能把提名董事作为参股条件之一。具体参股多少可以提名董事并没有一定之规，这是双方谈判的问题，一般参股 10% 左右提名董事是较常见的。双方也可能约定，如果该股东所持股份降至某一比例之下，其所提名的董事需辞去董事职务。

如果股东在市场上收购了一些股份，即使收购的股份较高，也未必能获得董事席位。

2010 年 7 月 2 日，澳大利亚奥兹矿产有限公司（Oz Minerals Limited，澳大利亚证券交易所上市代码 OZL）发布新闻稿，宣布已以约一亿澳元的代价从几个个人股东、几家机构投资者股东以及在二级市场上共计收购了澳大利亚另一家上市公司沙火资源有限公司（Sandfire Resources NL，澳大利亚证券交易所上市代码 SFR）约 19% 的股份，并表示，在现阶段拟将股份维持在这个水平。奥兹矿产向沙火资源提出一个董事席位要求。

19% 的股份已使奥兹矿产处于第一大股东的地位，以这个股份要求一个董事席位实不为过。按照澳大利亚法律，收购已发行股份达到 20% 即触发要约收购（general offer）义务，需要向全体股东发出收购要约。奥兹矿产虽然表示不打算进一步收购，也即无意收购沙火资源整个公司，但并不能排除这种可能性，而 19% 的股份无疑为全面收购打下了很好的基础。奥兹矿产成为第一大股东后，持有约 17% 股份的原第一大股东、韩国大型钢铁公司浦项制铁（POSCO）退居第二位。

同日，沙火资源表示，欢迎奥兹矿产成为新股东（其实不欢迎也没有办法），称奥兹矿产是受人尊敬的矿业公司，其首席执行官是经验丰富的业界领袖。同时表示，会在合适的时候就奥兹矿产要求董事席位一事做出答复。

2010 年 7 月 23 日，沙火资源发布新闻稿，宣布向全球第三大铜冶炼厂、韩日合资的 LS-日矿铜业（LS-Nikko Copper Inc.）定向增发 9,390 万澳元的股票，占增发后总股本的 12.5%。LS-日矿铜业可以提名一位董事。

2010 年 7 月 30 日，沙火资源刚上任两个月的新任董事长向股东发出公开信，通报项目的进展情况，进一步介绍了与韩国浦项和 LS-日矿铜业两大公司的战略伙伴关系，同时就奥兹矿产要求董事席位一事做出回应，称经过仔细考虑，董事会一致认为，在照顾到与两大战略伙伴之间的安排与拟进一步加强董事会的独立性之时，接受奥兹矿产提名董事是不合适的。

12.5% 可以获得一个董事会席位，19% 却不能！前者的股份是增资入股谈判来的，而后者的股份是从市场上买来的，董事会给予了区别对待！

沙火资源拒绝持股19%的第一大股东提名董事的要求，与其股权结构密切相关。如果LS-日矿铜业参股（注：该项交易后来中止），其与浦项制铁合计所持股份超出奥兹矿产所持股份十多个百分点。且基于项目的成功，沙火资源已为股东创造了巨大价值，取得其他股东的支持应无太大悬念。有鉴于此，即使奥兹矿产挑起董事会席位之争，胜算也不大，这就是沙火资源敢于拒绝奥兹矿产提名董事的底气所在。

二、董事的类别

董事按其与股东的关系及在公司中的作用可分为执行董事、非执行董事、独立董事、独立非执行董事等。

“执行”一词来自英文的executive，本身是高级管理人员的意思，“执行”的译法不知始自何方，但并不确切。很多篇幅较长的报告的开头有Executive Summary一节，意思是为高级管理人员所做的本报告的概括，使高级管理人员可以不必通读整个报告而了解其主要内容，尤其是结论。

执行董事（executive director）也是公司管理层的成员，一般是全职职位。如果公司董事长也主持公司的管理工作，则为执行董事长（executive chairman）。在英国、澳大利亚和香港的体系下，公司一般不像北美一样设置副总裁（vice president）职位，执行董事大体上相当于北美的副总裁。所不同的是，执行董事也是董事会成员，而副总裁则未必。

非执行董事（non-executive director）不参与公司的日常管理，一般是兼职职位。比如，某一股东可能派自己的某位管理人员出任其所投资的某公司的董事，但该董事并不参与被投资公司的日常管理，则其为非执行董事。如果董事长由非执行董事担任，则为非执行董事长（non-executive chairman）。

独立董事（independent director）指该董事独立于对公司可能有影响力的股东，即不在这些股东的机构中任职。比如，某一股东提名公司外部人士出任其所投资的某公司的董事，一般该董事可以被认定为独立董事。独立董事是非执行董事，不参与公司的日常管理（否则为执行董事）。但非执行董事不一定独立（股东提名其公司内部人员担任的非执行董事便不独立），为以示区别，故也有独立非执行董事（independent non-executive director）的提法。公司法或证券交易所的上市规则可能对董事独立性的认定有明确的规定或指导性原则（见本章第五节第二部分）。

虽然内部安排很明确，北美一般并不在形式上明确区分董事类别，而澳大利亚一般明确区分执行董事与非执行董事，香港则进一步明确非执行董事是否独立。

有人认为，独立董事代表小股东的利益，这种说法起码从理论上说是不确切的。理论上，无论董事来自何方、由谁提名，均应为全体股东谋取共同利益最大化。实践上显然是有出入的，甚至可能出入很大。独立董事，尤其是在业内较有声望和地位、个人操守好的独立董事，因为与有影响力的股东没有利益上的联系，往往确实能起到为全体股东谋取共同利益的作用。

三、董事和高级管理人员的信托责任

董事和高级管理人员对公司和股东负有一系列责任，肩负着保护公司和“为股东创造价值”等使命。董事和高级管理人员的两大首要（即压倒一切的）责任（overarching duties）源自于普通法下的“信托责任”（fiduciary duty）和“尽心责任”（duty of care），这些责任也已纳入很多国家和地区的公司法。

信托责任也称为“忠实责任”（duty of loyalty），要求董事和高级管理人员诚实地、本着公司的最佳利益履行职责，在公司利益与其个人利益发生冲突之时，要以公司利益为重。实践中的回避制度即是一种预防性措施。

信托责任这个术语是借助于辞典从英文勉强翻译过来的。译是译出来了，但从汉语字面上大概看不出有多大意义。

尽心责任则要求董事和高级管理人员勤勉尽责、尽心尽力。

在普通法体系下，信托责任和尽心责任都有着实质性的法律意义，是可诉的，其深刻的内涵远远不是上述简简单单的几句话能够概括的。在司法实践中，不乏董事和高级管理人员因违背这些责任而承担后果的判例。

2007 年 11 月 30 日，加拿大第一雄伟银业有限公司（First Majestic Silver Corp.，多伦多证券交易所主板交易代码 FR，纽约证券交易所交易代码 AG）对其墨西哥全资子公司第一白银储备有限公司（First Silver Reserve Inc.）原控股股东、董事、首席执行官（CEO）兼总裁，墨西哥人海克托·达维拉·桑托斯（Hector Davila Santos）提起诉讼，称桑托斯有欺骗和不诚实的行为，有违对公司负有的信托责任等法定责任，致使公司失去了购买一个项目的机会。

事情的经过是（其中的几个时间点很重要）：

- 桑托斯原为第一白银储备的控股股东、董事、CEO 兼总裁；
- 桑托斯代表第一白银储备正在洽购墨西哥博拉诺斯（Bolanos）项目；
- 2006 年 4 月 3 日，第一雄伟银业与第一白银储备签订收购协议，整体收购包括桑托斯所持控股股份在内的第一白银储备的全部股份；
- 次日，桑托斯致信博拉诺斯项目的卖方，中止收购谈判，原因之一是，第一雄伟银业不打算收购该项目；

- 第一雄伟银业收购第一白银储备的交易于 2006 年 5 月 30 日交割完成，进而第一白银储备成为第一雄伟银业的全资子公司；
- 2006 年 7 月底第一雄伟银业才获悉第一白银储备洽购博拉诺斯项目一事，并决定继续洽购谈判；
- 2007 年 8 月 7 日，桑托斯用他自己的另一家公司与博拉诺斯项目的卖方签订协议，收购了该项目；
- 2007 年 11 月 30 日，第一雄伟银业提起上述诉讼。

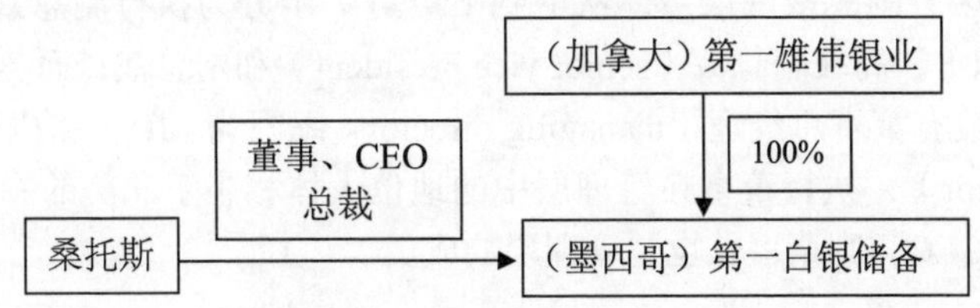

2013 年 4 月 24 日，加拿大英属哥伦比亚省（British Columbia）高级法院做出判决，收购博拉诺斯项目的机会属于第一雄伟银业，桑托斯收购该项目的行为有违其对于第一白银储备所负有的信托责任，桑托斯需因此向第一白银储备支付净机会损失 8,960 万美元（后来提高到了 9,384 万美元）。

桑托斯于 2013 年 6 月 28 日向第一雄伟银业支付了 1,485 万加元的首付款后提起了上诉。尽管本书成书之时该案的金额仍然未全部支付到位，加拿大法律体系处罚违反信托责任的脉络是清晰的。

四、影子董事

有的股东由于某些原因而不能或不愿意出头露面，但仍然在幕后行使着董事才能行使的权力，比如决策权、签字权等。这类股东称为“影子董事”（shadow director）或“事实董事”（de facto director）。影子董事对公司和股东负有与董事一样的责任。

在公司一切运转如常的时候，影子董事基本上可以躲在影子里干预着公司的决策和运营，但在非常情况下，比如，有法律纠纷、破产清算等，影子董事则可能浮出水面，自然也就逃避不了应该承担的责任。因此，即使作为影子董事，也不能肆无忌惮，置公司和股东利益于不顾。

第四节 管理层

管理层是董事会决策的执行机构。

管理层的构成及职位在不同地区也有所不同。如在北美，一般有首席执行官（chief executive officer，缩写为CEO）、总裁（president）、副总裁（vice president）、首席财务官（chief financial officer，缩写为CFO）等，大一些的公司为进一步区分副总裁的层级，从上到下可进一步分为执行副总裁（executive vice president）、高级副总裁（senior vice president）和副总裁；而英国、澳大利亚和香港一般有董事总经理（managing director，缩写为MD）和执行董事（executive director），执行董事在管理层中的地位大体相当于北美的副总裁。如果董事长兼任CEO，则董事长也是管理层的成员。

CEO主持公司的日常工作，在公司发展和日常管理中起着关键的作用，也是投资人关注的核心问题之一。

有的公司董事长兼任CEO，毫无疑问是公司一把手。单独设立CEO位置的，可能不设总裁，也可能CEO兼任总裁。如果CEO和总裁分设，则CEO高于总裁，这种情况下总裁很可能是首席运营官（chief operating officer，缩写为COO）。

除了近年来在某些巨型国企试点非执行董事长以外，国内公司一般董事长是公司一把手，虽然未设置CEO的位置，董事长即是事实上的CEO。国内公司的总经理相当于国外的总裁，因此在翻译上应该译成‘总裁’（president），而不应该按辞典直译成‘总经理’（general manager）。国外公司总经理的职位已经用得不多，如果有，一般是部门负责人或者某一具体项目的负责人。

现实中经常被问到的一个问题是国外公司的董事长和CEO哪个大。这不可一概而论，而要视各公司具体情况。执行董事长高于CEO，而非执行董事长或如果未明确董事长是执行董事长还是非执行董事长，则要看公司的发展历史。初级矿业公司很多最初由一两个人发起，早期在公司职务设置和公司治理方面往往不规范，甚至有可能未设置董事长职位。核心人物如果一直称为总裁或CEO，公司发展到一定阶段后可能外聘在业界有一定声望和联系的外部人士为董事长，以提升公司形象，加强公司治理。这样的董事长一般为兼职的非执行董事长，其主要关注点可能在公司治理方面，而总裁或CEO仍然主导公司的发展，包括制定公司的发展战略，并主持日常业务；而如果该核心人物已无心再主持日常业务，可能自己升职为董事长，而外聘总裁或CEO，在此情况下，升职后的董事长仍然会主导全局。不了解公司发展历史的外人仅从职务上未必能看出谁对公司的发展起主导作用。而大公司的董事长，无论其是执行董事长还是非执行董事长，都享有很高的地位。

2012 年 6 月 6 日，全球最大的黄金生产商加拿大巴里克黄金公司（Barrick Gold Corporation，纽约证券交易所及多伦多证券交易所上市代码 ABX）因股价表现令人失望而解除了首席执行官的职务。时年 84 岁的公司创始人、董事长彼得·芒克（Peter Munk）主导了管理层的调整，显示其虽早已不再主持公司日常业务，但仍然在主导公司大局。

大型公司近年来公司治理的趋势是董事长与首席执行官分离，甚至董事长由独立董事担任。

2009 年 1 月 14 日，力拓（Rio Tinto）公司宣布，吉姆·冷（Jim Leng）加入董事会出任非执行董事及候任董事长，并将于当年 4 月 20 日的年度股东会后上任。当时力拓正与中国铝业就双方的合作事宜展开谈判，又正值金融危机中最艰难的时刻，市场一片萧条，前景十分黯淡，刚刚完成加拿大铝业收购的力拓仅为该项收购即举债 400 亿美元（见第五章第九节），财务上面临巨大的压力，在这种背景下，力拓首席执行官力推与中国铝业合作。然而，候任董事长吉姆·冷持不同意见。

2009 年 2 月 9 日，力拓公司宣布，非执行董事、候任董事长吉姆·冷辞职。力拓并未解释其原因，但有媒体报道说，吉姆·冷表示，他的辞职有助于董事会达成一致意见。

三天后，2009 年 2 月 12 日，力拓公司宣布与中国铝业达成“开创性的战略伙伴关系”。该项总价值 195 亿美元的交易需要股东批准，力拓董事会则“一致建议”股东予以批准（而后，在股东的压力下，力拓于 2009 年 6 月 5 日宣布中止与中国铝业的协议，并支付中止费 1.95 亿美元）。

撇开其他细节，候任董事长与首席执行官在该项交易中的作用可见一斑。

第五节 公司治理

公司治理（corporate governance）所涵盖的范围既广且杂，从董事会的构成、董事会下设委员会的构成、董事会及下设委员会的议事规则、董事会与股东之间的互动、董事会与管理层之间的互动、董事与高级管理人员的薪酬、股东权利计划（见第三章第八节第二部分第 2 点）、预先通知规定（见本章第六节第二部分）等都可以纳入公司治理的范畴，其中尤以董事会的构成和董事与高级管理人员的薪酬最为引人注目。

公司治理的理念与实践仍然在不断演进之中。对公司治理的重视很大程度上反映了股东所有权、董事会决策权与管理层经营权这几种权利的分离之所谓的现代企业制度中的诸多无奈。

经理人显然不喜欢约束自己手脚的公司治理方面的规矩，而初级矿业公司的公司治理尤为薄弱，尤其是处于勘探阶段且以散户股东居多的公司，公司运营方面常常显得没什么规矩。随着公司的不断成长，包括在上市的证券交易所升板，以及引入机构投资人股东，加强董事会等，对公司治理的要求也会越来越高。因此，公司成长的过程也是公司治理不断加强的过程。

一、董事会下设委员会

董事会一般设置一些委员会，有的是法律法规或证券交易所上市规则的要求，如审计委员会（Audit Committee），有的已成为公司治理的惯例，如薪酬委员会（Remuneration Committee）、提名委员会（Nomination Committee），有的则是各公司董事会自认为必要而设置的，如风险委员会（Risk Committee）、企业责任委员会（Corporate Responsibility Committee）、可持续发展委员会（Sustainability Committee）、健康安全与环境保护委员会（Health, Safety and Environment Committee）等。

董事会下设委员会并不能代行董事会的职权，而是就其具体所议事项向董事会提出建议，由董事会决策。当然，董事会也可能把部分职权授权给某一下设委员会，但董事会仍然需对该下设委员会的决定负责。比如，大型公司董事会可能下设执行委员会（Executive Committee），把某些事项的决策权授权给该委员会。

在董事会的构成和设计上，应该考虑各方面的平衡，即所谓董事会的多样性（board diversity），包括董事的专业背景、来源背景等。

初级矿业公司在发展的初期董事会上地质方面的力量可能强些，发展到一定程度则可能需要加强采矿与选矿方面的力量。中、大型矿业公司董事会的构成一般则更全面，有金融、财务、法律甚至退休的政界人士，技术方面倒可能会退居次席。

董事更应该是通才，即使其具备某一技术或专业背景并因此背景而加入董事会，其作为董事的贡献也不应该完全局限于技术方面，而更应该从全局的角度对公司发展予以通盘考虑。

如果有几位董事共同在几家不同公司的董事会上担任董事，这些董事可能已经形成了一个小团体，不利于他们分别独立、客观地行使董事职责，投资人对此也应有所警觉。

兴起于欧洲的引入女性董事的所谓董事会性别多样性（gender diversity）已经在全球渐成趋势。女性董事不仅改善公司形象，不少研究表明，也确实有助于提高公司业绩。尽管加入大型公司董事会的女士们大多本身也是“女强人”，她们观察、考虑与处理问题的方式和角度仍然与男性有所不同，这种平衡有助于公司治理与决策。

也许因为矿业在传统上被认为是男性的业务，到 2013 年初，伦敦证券交易所主板（London Stock Exchange）金融时报 100（FTSE 100）指数成分股公司中仅有 7 家公司没有女性董事，其中 5 家是矿业公司。2014 年 3 月，在智利矿业公司安托法戛斯塔（Antofagasta plc）增加了一位女性董事后，全球最大的综合性矿业公司之一的瑞士嘉能可（Glencore plc）成为唯一一家没有女性董事的金融时报 100 指数成分股公司，为此也饱受股东和公司治理机构的批评。在这种氛围下，该公司董事长在 2014 年 5 月 20 日的年度股东会上宣布，将于当年增补一位女士加入董事会，而后于 2014 年 6 月 26 日增补加拿大矿业界资深人士帕特里丝·麦琳（Patrice Merrin）女士为董事。65 岁的麦琳履历丰富，公开支持各公司 1/3 的董事应该是女性的倡议。

加拿大也已要求上市公司每年披露女性董事和高管的人数和比例以及公司在发展女性董事和高管方面的策略与目标。

二、董事的独立性

董事的独立性是公司治理的重要内容。近年来的趋势是，无论证券监管机关、证券交易所还是投资人，都希望大多数董事是独立董事，以免公司决策太多地受到特定股东和管理层的影响。证券监管机关、证券交易所以及股东表决咨询机构也纷纷对董事的独立性判定以及有关的信息披露要求做出规定、要求、建议或指引。

对董事的独立性要求最高的是审计委员会。审计委员会成员至少应该大多数是独立董事，有的公司（尤其是大型公司）要求审计委员会成员全部是独立董事。董事会下设其他委员会对独立性的要求要宽松些，但各委员会基本上由独立董事占多数并由独立董事担任主席被认为是良好的公司治理的标志之一。

董事的独立性是指，除董事身份以外，董事与公司之间没有直接或间接的实质性的关系，这种实质性的关系则是指董事会是否认为存在着可能影响该董事做出独立判断的关系。因此，关于董事的独立性，既有一些硬杠杠，也有一个董事会如何认定的问题。

比如，下列关系一般被认定为董事与公司之间存在着实质性的关系：

- 过去3年该董事或其直系亲属曾经担任公司或其子公司的高级管理人员或收费顾问；
- 过去3年该董事或其直系亲属曾经供职于公司聘请的审计师事务所，并曾在此期间介入公司的审计事务；
- 过去3年间的任何1年该董事或其直系亲属从公司收到过除董事费以外的超过某一特定金额（如，加拿大为7.5万加元）的报酬；
- 过去3年间的任何1年该董事或其直系亲属曾经供职于与公司有业务往来且往来金额超过一定数量的其他公司。

董事会会按照类似的规定和原则判断每一位董事的独立性，并在为年度股东会准备的股东通函中披露。

三、董事与高级管理人员薪酬

董事与高级管理人员薪酬是股东与市场密切关注的事项，近年来更是有很多大股东和在市场上有影响力的股东在年度股东会上就高级管理人员的薪酬投反对票。

大公司高级管理人员，尤其是执行董事长和首席执行官等核心人员的薪酬设计已经演化得非常复杂，既要对高级人才有足够的吸引力，又不宜偏离市场的标准太远，为此市场上发明了一系列相对的和绝对的指标，用于薪酬设计，也有一些专业顾问机构就此提供咨询服务。

薪酬设计上一般考虑的因素有：

- 按绩效取酬（pay for performance），使管理层的薪酬与股东利益一致，其中的绩效既要考虑到当年的股价表现，也要考虑到公司发展的后劲和长期价值；
- 基本工资和奖金，而奖金可能有年度业绩奖和长期激励奖，其中既有个人与其职务相对应的业绩考量，也有公司总体业绩考量；
- 现金取酬还是股票取酬，以及对薪酬股票的出售时间限制；
- 参照业内同量级公司的有关指标（peer benchmarking）；
- 与特定的和综合性的股价指数做比较，并按一定的权重计入总体薪酬；
- 离职补偿；

对于中小公司来说，因为其成长性，股票期权（stock option）是有效的激励手段，大公司更侧重于长期价值创造，股价在短期内大幅上涨的可能性低，股票期权的意义就不大了。

非执行董事的报酬很大程度上看是否与业内的同量级公司相当。

在公司利润强劲、股价上涨的环境下，股东对董事与高级管理人员优越的报酬往往容忍度较高。然而，对于矿业这样一个周期性的行业来说，矿业公司股价表现自然也跳不出周期律。在市场低迷的时期，董事及高级管理人员薪酬往往与股价表现，也即投资人收益形成鲜明的对照，也因此可能饱受争议，甚至可能导致股东因此发起股东行动。

2013 年 3 月 18 日，加拿大巴里克黄金有限公司（Barrick Gold Corporation，多伦多证券交易所主板与纽约证券交易所上市代码 ABX）发布 2013 年度股东通函（Management Proxy Circular），其中就管理层薪酬请股东做“征求意见性”投票。尤为引人注目的是，时任联席董事长约翰·索恩顿（John Thornton）获一次性签约报酬 1,189.95 万加元现金，供其在公开市场上购买 35 万股公司股票。

管理层薪酬是股东会材料应该披露的内容之一，但一般这是董事会权限以内的事，并不需要股东投票表决。巴里克黄金以“征求意见性”（advisory）投票的形式让股东对管理层薪酬表达意见（say on pay），供董事会参考，但就该项表决而言，股东投票对公司并无约束力。

约翰・索恩顿于 2012 年 2 月 15 日加入巴里克黄金董事会担任独立董事，于 2012 年 6 月 5 日起担任联席董事长（Co-Chairman），是时年 84 岁的公司创始人、董事长彼得・芒克（Peter Munk）为自己选定的接班人，接任董事长意图明显。在正常年景，以巴里克黄金的规模，继任董事长得到这样的报酬大概也不算过分。然而，当时正值巴里克黄金数以十亿美元计地大幅度减计资产之时，上述“签约奖金”（signing bonus）性质的报酬使索恩顿 2012 年薪酬总额达到 1,704 万加元，立即引起了媒体和机构投资人股东的强烈反响。

2013 年 4 月 19 日，管理资产总额达 9,160 亿加元的 8 家机构投资人股东 – 7 家加拿大最大的退休基金外加 1 家境外机构投资人联合发布新闻稿，对索恩顿的签约奖金表示关注，称这在加拿大历史上史无前例、与“因绩效取酬”的公司治理原则不符、与加拿大市场上的惯例不相称并开创了一个令人不安的先例。股东们已就此致函巴里克黄金董事长，并将在即将召开的股东会上就管理层薪酬征求意见性决议及董事会薪酬委员会成员连任董事投反对票。

两家为共同基金、养老基金等机构投资人提供公司治理和投票建议的咨询公司 - 机构股东服务有限公司（Institutional Shareholder Services Inc.，简称 ISS）

和格拉斯·刘易斯有限公司（Glass Lewis & Co.）也建议巴里克黄金的股东们就管理层薪酬决议投反对票。他们的建议会对各种因素予以充分分析和考虑，他们在市场上也很有公信力和影响力。

2013 年 4 月 24 日，投票结果显示，参与投票的股东 85.2% 对管理层薪酬征求意见性决议投了反对票。尽管三位薪酬委员会成员仍然得以连任董事，但他们得到的反对票分别达 27.9%、26.9% 和 27.5%，在所有董事中得到的反对票比例位居前三位，这在市场上相对而言也是很高的比例。

2014 年，作为对股东意见的回应，巴里克黄金对高级管理层的薪酬结构做了调整，大部分报酬以公司股票的形式支付，且在相应的高级管理人员退休或离开公司以前不能出售。咨询公司 ISS 和格拉斯·刘易斯建议股东们投票支持。2014 年 4 月 30 日，参与投票的股东 80.3% 投了赞成票。

彼得·芒克（Peter Munk）是加拿大乃至国际黄金界教父级和偶像级的人物。他用 32 年的时间，通过近 30 次收购、兼并，把巴里克黄金打造成了（按产量计的）全球第一大黄金生产商，为加拿大乃至国际矿业界留下了丰厚的遗产。然而，从 2012 年起，在低迷的市场环境下，巴里克黄金的股票连创 20 年新低（图 7-1），不计代价地追求规模的发展战略也饱受争议。面对股东的压力，一向强势的 86 岁的芒克在 2014 年 4 月 30 日的股东会上不再寻求连任董事，进而恋恋不舍地从其 1983 年创立的巴里克黄金的董事长位置上退下，为其几十年的职业生涯画上了并不完美的句号。在其退下来的股东会上，芒克力挺其亲自选定的接班人、继任董事长索恩顿，称之为其“32 年来最好的投资”。在他结束演讲，股东们起立鼓掌之时，他依然慷慨激昂地宣称，“你可以让芒克离开巴里克，但无法让巴里克离开芒克”。

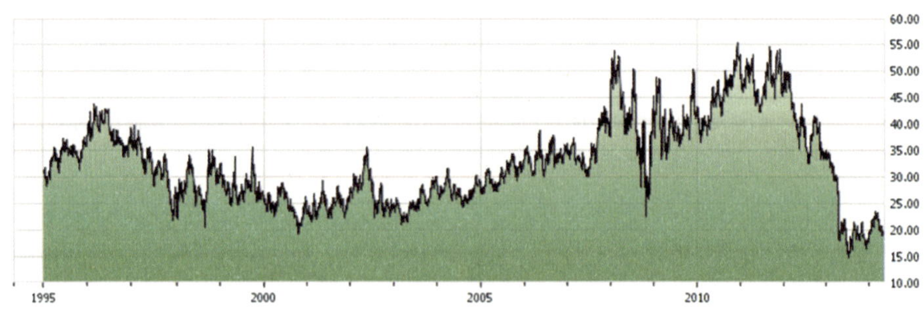

图7-1　巴里克黄金20年股价走势图（截止到2014年5月1日）

人们对这位按英国的标准足可以封爵的人物以及公司治理的评价与争议仍将继续。成语云：盖棺论定。然而，2,200 年前离世的秦始皇早已盖棺，尚未论定。希望这些评价与争议有助于公司治理的改进，让董事会与管理层继续“为股东创造价值”。

遗憾的是，2015 年年度股东会股东通函披露，执行董事长索恩顿并未参与 2014 年的高级管理人员薪酬设计，其 2014 年的薪酬达到了 1,291 万美元，高出 2013 年的 946 万美元达 37%，巴里克黄金的股价当年却下跌了 39%，而同期的标准普尔 / 多伦多证券交易所环球黄金指数（S&P/TSX Global Gold Index）仅下跌了 7%。几家大型机构股东公开表示，将对整个董事会投反对票。ISS 和格拉斯·刘易斯虽然建议股东们投票支持董事会，但建议股东们投票反对其薪酬计划。在 2015 年 4 月 28 日的年度股东会上，参与投票的股东 73.4% 对其薪酬计划投了反对票。

2016 年年度股东会股东通函披露，执行董事长索恩顿放弃了 340 万美元的奖金，主动将其 2015 年的报酬从薪酬委员会建议的 650 万美元降至 308 万美元，较 2014 年下降了 76%。ISS 和格拉斯 · 刘易斯建议股东们投票支持。在 2016 年 4 月 26 日的年度股东会上，参与投票的股东 90.9% 对其薪酬计划投了赞成票。

四、公司治理与上市地位

同是上市公司，公司规模、资产质量、市场关注度、股票活跃程度不同，能够吸引到的股东也不同，往往公司治理的水平和要求也不同。主板对公司治理的要求高于创业板，成为指数成分股要求就更高了。

五、其他公司治理问题

上文中提到的咨询公司 ISS 和格拉斯 · 刘易斯每年都会发布年度股东会投票指引，这些投票指引对各公司的公司治理和机构股东的投票选择具有相当的影响和导向作用。

近年来，非执行董事花在公司业务上的时间、非执行董事的报酬、董事出席董事会会议和董事会下设委员会会议的出勤率、董事是否担任了过多公司的董事、董事的独立性、股东权利计划等也是公司治理常见的议题。

六、关于公司治理的思考

每个公司都有也应该有个核心人物，他是公司的灵魂和标志，有如乔布斯之于苹果。从创业起家的成功的企业家不仅有高超的商业智慧和胆识，经常有一些奇思妙想，但也往往不乏胡思乱想。得力的董事会应该能够抑制核心人物的胡思乱想，又不至于压抑其奇思妙想，把握好这个度也是一种艺术，而非易事。

现代公司治理的标志之一是规则化和程序化。规则和程序毫无疑问是必要的，然而过于僵硬则扼杀企业的活力和创造力，这就是人们常说的“大企业病”，是企业发展到一定规模以后不可回避的问题。

第六节　股东权利

如上述几节所述，就公司决策与运营而言，公司法与公司章程留给股东（尤其是小股东）的权利十分有限，但这并不意味着股东无所作为。

股东行使其权利的目的不同，手段各异。

一、股东行使权利改选董事会

鉴于董事会（而不是股东）是公司的决策机构，股东行使其权利的途径一般是通过提名董事而在董事会中取得话语权，股东控制一家公司也是通过控制其董事会来实现。

除了在年度股东会上选举董事以外，股东也可以行使其权利而另外对董事会发起行动，如召集特别股东会而改选董事会。

股东行动（shareholder action）的原因多种多样，比如：

- 对公司业绩（比如股价表现）不满；
- 不赞同公司发展战略；
- 对公司某项重大决策不满；
- 公司有太多现金，而股东欲对这些现金的用途施加影响，乃至控制这些现金的使用。

2008 年 11 月 21 日，加拿大上市公司哈德湾矿产有限公司（HudBay Minerals Inc.，多伦多证券交易所主板上市代码 HBM）宣布与另一家加拿大公司兰鼎矿业有限公司（Lundin Mining Corporation，多伦多证券交易所主板上市代码 LUN、纽约证券交易所上市代码 LMC）合并，打造加拿大以市值计的第二大有色金属公司。

这一交易从交易结构上看，实质上是哈德湾矿产（图 7-2）以全股票的形式溢价收购兰鼎矿业（图 7-3）。

图7-2 哈德湾矿产10年股价走势（截止到2014年1月23日）

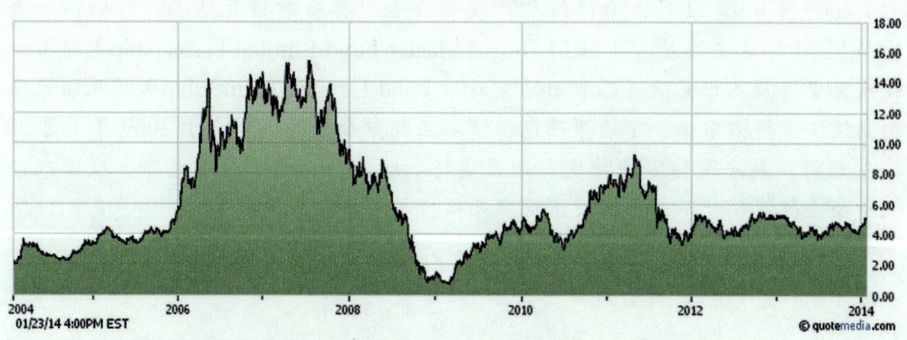

图7-3 兰鼎矿业10年股价走势（截止到2014年1月23日）

当时由美国次级房贷引发的金融危机已经爆发，全球股市大跌，市场前景一片黯淡，进入“现金为王”（cash is king）的时代。哈德湾矿产作为加拿大中型矿业公司手中有8.44亿加元的现金，无负债，可谓现金充裕，资产负债表健康；而兰鼎矿业虽然公司规模也不小，但现金紧张，资产质量一般，且有2.4亿加元的负债，在当时的市场环境下不能算优质并购目标，甚至有破产的风险。

2008年11月24日，股东美洲豹金融有限公司（Jaguar Financial Corporation）发布公告，称已与其他股东一起要求哈德湾矿产召集特别股东会，议题是在哈德湾矿产完成与兰鼎矿业的合并之前撤换哈德湾矿产时任全体董事，阻止该项合并。这些股东所持股份总计已超过5%。

按照加拿大公司法，持股总计超过5%的一名或多名股东可以要求公司召集特别股东会。一般来说，召集特别股东会的费用由发出要求的股东承担（如果董事会同意，公司可以承担该项费用），但特别股东会需由董事会召集。联合其他股东要求召集特别股东会之时，美洲豹金融仅持有哈德湾矿产1%的股份，故需要联合其他股东。

美洲豹金融等股东的诉求之一是 – 分钱，向股东返还现金。

此后，美洲豹金融又通过多次新闻稿对哈德湾矿产提出公开批评、质疑与要求，包括哈德湾矿产的一位董事同时也是兰鼎矿业的董事，该项交易有关联交易之嫌；哈德湾矿产从签订保密协议到达成交易仅有两周时间，不足以就该等规模的交易开展应有的尽职调查；哈德湾矿产在公司治理、独立董事的独立性与作用、首席执行官的报酬及完成该项涉及控制权变化的交易后首席执行官是否会获得特别补偿等方面不透明等。

2008 年 12 月 30 日，哈德湾矿产发布公告，宣布应股东要求，于 2009 年 3 月 31 日（后改为 3 月 25 日）召开特别股东会，议题是撤换哈德湾矿产时任全体董事。

2009 年 1 月 12 日，哈德湾矿产发布公告，称当时持股达 14.7% 的第一大股东 SRM 环球主选基金（SRM Global Master Fund Limited Partnership）与另一股东克里安提主选基金（Corriente Master Fund Limited Partnership）就几项事项向高级法院提出申请，申请事项包括请求法院命令哈德湾矿产于 2009 年 1 月 28 日或之前，或法院指定的特定日期召集特别股东会，选举公司董事，及请求法院命令哈德湾矿产不得未经股东批准而执行与兰鼎矿业的交易。

2009 年 2 月 23 日，哈德湾矿产发布公告，宣布与兰鼎矿业就中止交易达成协议。

2009 年 2 月 27 日，哈德湾矿产发布公告，称 3 月 25 日的特别股东会是应 SRM 环球主选基金的要求而召集，该基金未接受公司提出的增选其提名的两名董事的提议。公告也指出，该基金无长期战略、无矿业行业和公司治理经验，并请求股东投票支持时任董事会。

2009 年 3 月 10 日，哈德湾矿产董事、首席执行官辞职。

2009 年 3 月 23 日，即特别股东会召开前两天，鉴于已收到的股东投票结果已明朗，哈德湾矿产时任董事会集体辞职。

至此，因一桩并购而引起的、由一个持股 1% 的小股东发起而得到多数股东响应的推翻董事会的股东行动宣告成功。

手中现金充裕本是一件好事，然而，如果对现金的处置招致股东不满，也可能引发股东行动。有的情况下，股东甚至可能仅仅因为觊觎公司的现金而采取行动。

2013 年 3 月 4 日，加拿大塞尔温资源有限公司（Selwyn Resources Ltd.，多伦多证券交易所创业板上市代码 SWN）发布新闻稿，宣布以 5,000 万加元的代价出售其在位于加拿大西北部育空领地（Yukon Territory）的塞尔温铅锌项目上

50% 的权益，所得资金除偿还 700 万加元的债务以外将主要用于其位于加拿大东部诺瓦斯科舍省（Nova Scotia）的斯科锌矿（ScoZine Mine）的复产。

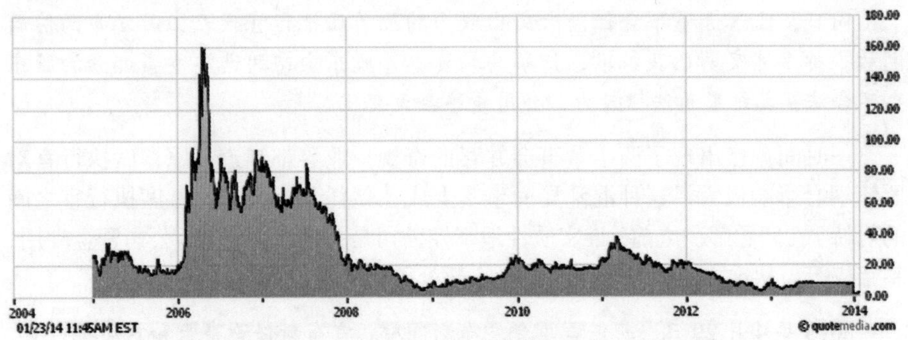

图7–4 塞尔温资源10年股价走势（截止到2014年1月23日）

当时矿业市场一片低迷，初级矿业公司传统的股权融资市场更是几近枯竭。对多年来股价表现不良（图 7-4）、市值仅 3,000 万加元的塞尔温资源来说，陡然有这么大一笔资金进账，股东们垂涎三尺，眼都红了。

2013 年 3 月 22 日，塞尔温资源向股东发出通知，拟于 4 月 22 日召开年度及特别股东会，选举董事，并提请股东批准上述交易（还有其他事项）。

选举董事是年度股东会的例行事项，而批准某项交易一般不属于年度股东会的内容，而属于特别股东会的事项，故本次会议将年度股东会与特别股东会一并召开，节省时间、节约成本。批准这项交易没有任何悬念，股东们求之不得。然而，因对出售项目权益所得资金用途不满，股东们决定撤换部分董事。

2013 年 4 月 17 日，股东萨马拉资本有限公司（Samara Capital Inc.）发布新闻稿，并向全体股东发出通函，提名原董事中的两位留任，但不包括首席执行官，并提名三位新任董事人选。新闻稿称已向几家其他股东发出选票请求支持，这些股东加上萨马拉资本自己所持股份已达约 50%。萨马拉资本不同意将出售塞尔温铅锌项目资产上的权益所得收入用于斯科锌矿的复产，认为在当时的金属价格下，斯科锌矿的净现值为负。如果萨马拉资本提名的董事们当选，将把偿还债务后所剩现金的大部分以特别红利的方式返还股东，并审议斯科锌矿如何处置。

2013 年 4 月 19 日，塞尔温资源发布新闻稿，称原定于 4 月 22 日召开的年度及特别股东会变更为特别股东会，议程仅为批准上述交易，包括选举董事等议程在内的年度股东会推迟。

然而，股东们并不买账，仍然按原计划于 4 月 22 日召开了年度及特别股东会。

2013 年 4 月 22 日，萨马拉资本发布新闻稿，称年度及特别股东会已于当日召开，批准了上述交易，且几家股东提名的董事已由持有公司股份达 49.7%、占出席股东会的股东所持股份比例达 74% 的股东经选举当选。

同日，已落选董事会但尚未交出权力的原首席执行官代表公司发布两份新闻稿，称上述交易已获批准，但萨马拉资本等股东主持的选举董事部分的股东会不合法，其结果无法律效力，公司董事会无变化。

一时间竟然出现了两个董事会并存的奇观！业界都知道，原首席执行官对原董事会影响极大，这种混乱局面事实上成了新任董事会与原首席执行官之间的对峙。在问题解决之前，谁实质性地掌控公司是关键所在，包括公司资金动用、签字权等。从这方面说，原首席执行官暂处于优势地位。

2013 年 4 月 29 日，新任董事会发布新闻稿，宣布新任董事长和首席执行官，并宣布，董事会已通过决议，除执行上述交易所需以外，未经董事会决议授权，公司不得支付或不得发生超过一万加元的费用；不得签订或中止任何协议；不得发行股票、股票期权或其他证券。

显然，新任董事会尚未实际掌控公司，而只能通过这种方式警告不接受下台的原首席执行官不可轻举妄动。事实上，虽然以程序不合法为由不接受新任董事会，股东们表决权的威力是实实在在的，原首席执行官也确实不敢随意妄为，否则可能导致严重的法律后果。在竞相发布新闻稿的同时，各方之间的幕后谈判也在一直进行。

同日，原首席执行官代表公司发布新闻稿，称公司将于 2013 年 6 月 17 日召开原定于 4 月 22 日召开但已推迟的年度及特别股东会，就公司是否清盘进行表决，并邀请前三大股东和另一家股东联合提名一名董事加入原董事会。同时表示，在股东表决之前，不会将出售项目权益所得资金用于其另一个锌矿项目、并购等目的。

2013 年 4 月 30 日，原首席执行官代表公司发布新闻稿，回应萨马拉资本 4 月 29 日的新闻稿，称萨马拉资本所谓的董事会无权做出管理层任命，这些任命不合法，无法律效力。

前三大股东因所持股份均已超过了 10% 的披露门槛，其身份和所持股份是公开资料。媒体报道说，组织改选董事会的萨马拉资本所持股份约 2%。从公开资料推测，前三大股东和另一家被邀请参与提名董事的股东很可能都投票支持了萨马拉资本，而萨马拉资本未被邀请参与提名董事。原首席执行官的这一招表面上看试图既照顾到曾投票支持萨马拉资本的股东，以公司清盘这种折中的方式考虑股东们的诉求，也表示不会轻易动用资金，希望安抚持异议的股东们。

如果股东们坚持新任董事会合法，则只能走法律程序经法庭判决生效，一样花时间，且发生费用。既然原管理层已表示不会轻易动用资金，大概最好的选择是参加原首席执行官召集的将于6月17日召开的股东会，事实上造成了6月17日的股东会之前两个董事会和两个首席执行官并存的混乱局面，但股东们和新任董事会无疑已占上风。

2013年5月30日，所持总股份达50.94%，曾被原首席执行官邀请联合提名董事的四家股东和萨马拉资本共五家股东联合发布新闻稿及股东通函，揭露原管理层提议清盘的自私自利的用意 – 制造“控制权变化”（change of control）进而按劳动合同对原管理层和八位员工进行补偿，补偿总额将达390万加元，并拖延时间。这些股东提议彻底改选董事会，并提出董事人选。

2013年6月17日，塞尔温资源发布新闻稿，股东提名的董事人选全部当选，公司清盘的提议被否决。

至此，长达两个月的混乱局面结束。有趣的是，经过这一番争斗，尘埃落定之后，虽已不再是董事会成员，原首席执行官竟然得以留任。虽然是一个便于新任董事会熟悉公司情况的临时措施（持续了三个月），这似乎也印证了那句名言：没有永远的朋友，也没有永远的敌人，只有永远的利益。

二、激进行动股东

如果持有较高股份的股东因不赞成公司的发展战略或不满于公司的股价表现而改选董事会，这是理所当然的事。而有的投资人以不高的持股比例，向市场上他们认为暴露了一定弱点的公司发起行动，以加入或控制董事会，进而通过董事会达到他们的目的。市场上给了这些投资人一个略带贬义的称呼 – 激进行动投资人（activitst investor），待他们成为某家公司的股东以后也即成为激进行动股东（activist shareholder）。有的激进行动投资人对这一称呼并不介意，且可能公开宣称这种身份。

市场上对激进行动投资人褒贬不一。正面的认为，他们的存在给董事会和管理层不断提高业绩带来了压力，且有助于加强公司治理；负面的认为，这些人挺讨厌，对公司业务造成很大的干扰，且蔑视其他股东的利益。无论喜欢与否，激进行动投资人都是市场上的客观存在，他们利用合法的机制获取经济利益，虽然他们的利益可能和其他股东的利益相反，从法律的角度上说却也无可厚非。有一点可以肯定，律师们很喜欢他们 – 股东行动是律师们大把赚钱的机会，无论代表哪一方。有的律师事务所为具此专长而颇为得意，他们帮助作为攻方的激进行动投资人和作为守方的目标公司“开发”了各种技巧，有些不乏龌龊。

一般来说，激进行动股东会有备而来，采取控制董事会的行动之前，他们已经做了相当的尽职调查和准备工作，包括分析公司的股东结构、董事会构成与各董事的背景、董事与高级管理人员薪酬、公司的软肋、股价表现、自己提名的董事名单、发展战略等。

典型的进攻技巧是借入股票。借入股票致使股票的表决权与经济利益的受益权分离开来，这种所谓的“空白表决权”（empty voting）在有的法律体系下是允许的，而借股的成本一般也不高。

典型的防守技巧有：

◇ “预先通知规定”

本来股东提名董事候选人（以使其在股东会上当选）无需事先通知公司，因此，股东在股东会上有可能发动突然袭击而改选董事会。为避免这种情况的发生，加拿大很多上市公司都通过了所谓的“预先通知规定”（advance notice policy），要求股东必须在股东会召开前的一定时间内书面告知其提名董事的人选及其背景情况。堂而皇之的理由是给董事会以及全体股东以足够的时间考虑该候选人是否适宜作为公司董事，但实际操作上却常常被现任董事会以种种借口拒绝将股东提名的人选列入候选人名单，自然，被提名的人员也就无法当选。曾有股东就此与公司展开诉讼。

预先通知规定当然又是某位“聪明”的律师的一大发明。它保护的是董事会，不是股东，自然很受董事会欢迎，这一发明很快就成了“行规”也就不足为奇了。

有的预先通知规定甚至赋予董事会在执行时拥有对某些条款予以取舍的裁量权。

◇ 以各种理由拖延时间

激进行动股东要求公司召集特别股东会以改选董事会，公司会以种种理由拖延时间。因为有律师的参与，“时间就是金钱”。目标公司花的是公司的钱，激进行动股东花的可是自己的钱，尤其是在个人股东发起行动的情况下。

◇ 诉讼

诉讼律师一般身价不菲。目标公司起诉要花钱，激进行动股东应诉也要花钱。诉讼不仅消耗激进行动股东的财力，也拖延时间，为股东行动带来不确定性。在加拿大这种效率不高的司法体系下，诉讼常常是拖垮对手的一个有效手段。

◇ 请咨询公司协助拉票，并向股东提供投票建议

股东行动常常使目标公司与激进行动股东展开选票大战（proxy battle 或 proxy fight）。有的咨询公司的业务就是拉票，把那些本无意参与投票的大小股东找出来，并说服他们投票。视其在市场上的地位和名声，有的股东可能盲目地接受其投票建议。

这些防守技巧是一柄双刃剑，是目标公司抵御敌意股东控制的有效工具，却也给无能又无赖的董事会和管理层提供了保护。

持有上市公司的股份达到一定比例要予以披露而“浮出水面”。在加拿大，这个比例是10%，而澳大利亚则是5%。此后，股份每增减一定的比例，如2%或1%，还要予以披露。上市公司也会密切关注自己股票交易的情况，并对股价和/或交易量的异动保持警觉。

联合采取行动的股东们也要注意，如果构成“一致行动人”（act in concert），且合计持股比例达到20%，可能触发要约收购义务。

与美国和澳大利亚相比，加拿大并不是激进行动投资人很活跃的地方，但其持股比例达到10%才浮出水面以及颇受约束的“毒丸”为激进行动投资人提供了便利。

不少股东行动以目标公司满足激进行动股东的部分要求而和解，比如，同意接受激进行动股东提名的部分董事人选，同意承担激进行动股东发生的部分或全部费用，等。

如果不能达到改选整个董事会的目的，激进行动股东会尽可能争取至少两个董事席位，因为董事会会议上的提议一般需要一名董事提议（move），另一名董事附议（second）。一名董事在大型公司的董事会上可能身单力孤，难以有所作为。

2016年1月13日，加拿大公司塔西科矿业有限公司（Taseko Mines Limited，多伦多证券交易所主板交易代码TKO，纽约证券交易所中小板交易代码TGB）公告，收到持股5.1%的股东汹涌河资本有限合伙企业（Raging River Capital LP）的通知，要求塔西科矿业召开股东会，通过一项特别决议（需要参与投票的股东2/3赞成），撤换塔西科矿业8位董事中的3位，代之以汹涌河资本提名的4位候选人。

汹涌河资本宣称，自己是激进行动投资人。

塔西科矿业拥有加拿大第二大铜矿75%的股份，并运营着该矿，另有位于加拿大和美国的3个铜、铌项目。

按照加拿大法律，持股达到5%可以提议召开股东会，汹涌河资本5.1%的持股比例即由此而来。事实上，汹涌河资本从发出上述通知前两周－2015年12月29日开始收购塔西科矿业的股票，看来目的明确。不待目标公司调查，自己就宣称是激进行动投资人，应该是有备而来。在其发给塔西科矿业的上述通知中，也列举了塔西科矿业的“问题”和汹涌河资本提议的计划，包括剥离资产和降低债务。

2016年1月26日，塔西科矿业公告，除对汹涌河资本提出的问题做出回应以外，将股东会的日期定在 2016 年 5 月 10 日。

汹涌河资本未曾主动披露，但很快就被塔西科矿业“挖掘”出来的是，汹涌河资本花了 340 万美元收购了 5.1% 的股份（稍后提高到了 6.4% 而成为第 2 大股东），但其持有的塔西科矿业的债券的票面价值高达 1,590 万美元，而塔西科矿业债券的市场价已经较面值跌了一半，也就是说，汹涌河资本可能是用半价买到的债券。尤为重要的是，债券的发行条件之一是，如果塔西科矿业出售资产，所得收益要首先用于（按票面价）赎回债券。汹涌河资本在债券上的利益远高于其股权上的利益，构成了重大利益冲突。把这一连串的事件联系起来，“半价收购债券 – 收购 5% 股份 – 提请召开股东会更换董事 – 利用新董事会促成出售资产 – 赎回债券 – 进而在债券上收获 100% 的收益”这个路线图隐约成形。这和其他股东的利益就不一样了。

此后的 3 个多月，和任何其他选票大战一样，双方把能用的招数都用上了 – 揭对方的短、为自己辩护、互相起诉等。如果对方确有短处，揭短对于全体股东来说应该是件好事，有助于目标公司加强公司治理，但这个短揭得要恰到好处，既要摆事实、讲道理，也不能诬陷，才会有公信力。

2016 年 4 月 21 日，咨询机构格拉斯·刘易斯建议股东们投票支持塔西科矿业现任董事会。

2016 年 4 月 25 日，咨询机构 ISS 建议股东们投票支持塔西科矿业现任董事会。

2016 年 5 月 4 日，原本公开支持汹涌河资本的一家持股 4.55% 的股东撤回对汹涌河资本的支持。

2016 年 5 月 6 日，因未达到所需的投票股东 2/3 的支持，汹涌河资本撤回了召开股东会的要求，原定 5 月 10 日的股东会取消。

投票记录表明，到 5 月 6 日上午 10 时的投票截止时间，参与投票的股东所持股份超过了 50%，其中 94% 的投票支持塔西科矿业现任董事会。至此，这场选票大战以汹涌河资本失败而告终。

有的投资基金以股东行动为业务。目标公司的选取也有些讲究，要有“软肋”可击、股权分散、时机合适、要提出有说服力的计划并提名市场能接受的董事人选。股东行动的目的可能是控制公司的董事会或者最终以某种方式获取经济利益，但如果明显地夹杂私货且可能损害其他股东的利益，风险就大了。在现在的监管体系下，把私货完全盖住不是件容易的事。

三、股东集体诉讼

作为小股东，即使对公司董事会和管理层不满，鉴于话语权有限，身单力孤，如果单独采取法律行动，可能耗时而昂贵，其行动是否能达到预期的目的又具有不确定性，多数情况下只能徒唤奈何。但是，如果小股东们集中力量，仍然可以有所作为，而有的律师事务所看准了这种机会，以帮助小股东集体诉讼（class action）作为其业务重点之一。而有的公司也以提供诉讼费用、分享诉讼成果为业务。

2010 年 8 月 24 日，澳大利亚奥兹矿产有限公司（Oz Minerals Limited，澳大利亚证券交易所交易代码 OZL）发布新闻稿，称已收到斯雷特与戈登（Slater & Gordon）律师事务所代表于 2008 年 2 月 29 日至 2008 年 12 月 1 日之间购买了公司股票的一些股东向新南威尔士州（New South Wales）高级法院提起的集体诉讼通知，指控公司 2008 年间信息披露的充分性和准确性，指控内容与 2009 年 10 月 7 日另一家律师事务所毛里斯·布拉克本（Maurice Blackburn）提起的集体诉讼的内容相似。原告们就其损失向公司索取赔偿。公司不接受这些指控，并将积极应诉。

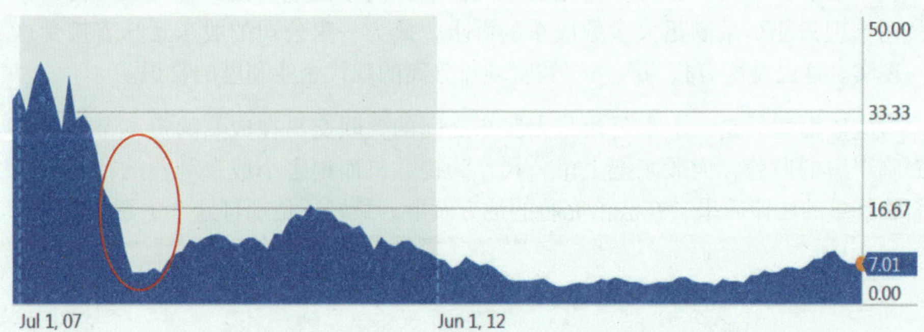

图7–5 奥兹矿产10年股价走势图（截止到2017年5月19日）

这些集体诉讼的背景是，受美国次级房贷引发的金融危机的影响，奥兹矿产的股价于 2008 年间下跌了 80%（图 7-5），仅斯雷特与戈登律师事务所所代表的 140 多位散户股东即因投资于奥兹矿产的股票损失了 1,800 万澳元，而后该所代表的股东更是超过了 5,000 名。

股东诉讼的指控称，奥兹矿产低报了 3 亿澳元的债务，且未向市场及时披露其再融资的风险和破产风险，这些信息对股价会有直接影响，这种行为违反了连续披露义务，涉嫌误导和欺骗。

2011 年 5 月 10 日，奥兹矿产发布新闻稿，称就上述两项集体诉讼达成和解，赔偿金额 5,510 万澳元，并承担 490 万澳元的费用，待法院批准后生效。同时，奥兹矿产董事长指出，该项和解并不意味着公司接受两项集体诉讼的指控，其目的仅在于公司将精力用于业务之上。

不少集体诉讼以和解告终，在和解的情况下，被起诉的公司常常选择认罚不认罪，而股东们诉讼的目的已经达到，一般也见好就收。

董事会对股价下跌并不直接负有责任，从同意和解来看，应该是有违规行为。

股东诉讼的关键是举证，需要证明董事会和管理层有违法行为，如欺骗或误导，或违规行为，如信息披露不及时，也需要证明这些违法或违规行为为股东造成了损失。如果董事会和管理层没有违法或违规行为，并就其决策和管理履行了正常程序，但出于对市场的误判等原因做出错误决策或因管理能力欠缺而致某项目进展不顺利，即使因股价下跌给股东造成损失，股东诉讼胜算的可能未必大。

此外，为保护董事与高级管理人员因履行其职责而被起诉，公司一般会购买董事与高级管理人员责任险（directors & officers liability insurance）。

纵观股东权利与股东诉求，股东未必是理性的，股东诉求未必是合理的，也未必是对公司发展有利的。相当多的股东侧重于短期利益，而未必关心公司的长期发展。然而，公司毕竟是股东的公司，而不是董事会和管理层的公司，公司治理只能尽量满足大多数股东的诉求，成为一家公司的股东意味着接受这一现实。这已是所有权与决策权和管理权分离的现代企业制度的常识。

应该提醒的是，上市公司与大股东之间的关联交易在成熟的资本市场上会面临严厉的监管，大股东把上市公司作为提款机而损害小股东利益的行为可能面临严重的法律后果，在法治完善的地方做事，最好还是别打这个主意。

第八章

环境保护、矿山安全及利益攸关方各种关系

仅从标题上看，很多读者可能想越过这一章。作者奉劝，如果你有意在国际上从事矿业投资，还是耐心地读一读，本章与你的投资可能关系重大。

忘了是哪位高人的名言 - 世上的事大抵可以分为两类：一类是吃不饱饿出来的，这是生存问题；另一类是吃饱了撑出来的，这是发展问题。矿业和这两类问题都有关系。

埃及苏卡里（Sukari）金矿

第一节　环境保护

人类对自身所生存的环境的了解和认识以及如何保护环境经历了漫长而痛苦的探索过程。曾几何时，与天斗与地斗这种荒唐的理念也曾大行其道。只有在付出了惨重的代价之后，乃始意识到，与自然共处乃是正道。人类可以，也应该，与自然和谐相处。其实，保护环境便是保护人类自己。

一、矿业对环境的影响

矿业对环境的负面影响是无疑的。美国环境保护署发布的 2012 年有毒化学品排放报告显示，金属采矿业排放的有毒化学品占 26 个行业总排放量的 40%（图 8-1 中蓝色的部分），“荣”登榜首。

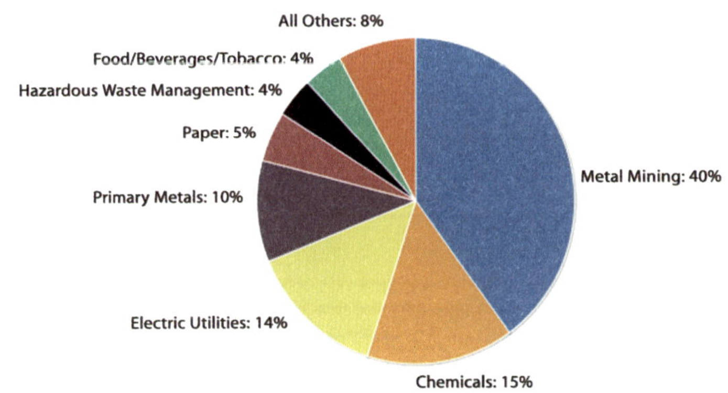

图8–1　美国2012年各行业所占有毒化学品排放比例

资料来源：美国环境保护署（Environmental Protection Agency）

国内大范围的大气、水体和土壤污染，也有矿业行业的“贡献”，而据称人数达几百万的血铅儿童则更是矿业行业的直接受害者。

如果说新建矿山和正在生产的矿山尚可以通过新技术、技术改造和技术升级将矿山对环境的影响降到可以接受的程度，已经关闭或废弃但未得以恰当复垦与处置的矿山则仍然在对环境造成持续的负面影响。仅在美国就有约 50 万座废弃的矿山，其中有很多是 1977 年的《清洁水法》（Clean Water Act）推出之前关闭的，当年的业主矿业公司大多已不复存在，未得以治理而自然流淌的酸性矿山废水（Acid Mine Drainage，简称 AMD）可以通过各种渠道进入水体和农田，造成污染。

2015 年 8 月，美国科罗拉多州（Colorado）1923 年废弃的金王矿（Gold King Mine）发生矿山废水泄漏，含有 88 万磅镉、铜、铅、锌、镍、汞等金属的 300 万加仑矿山废水流入附近河流。

图8–2　美国金王矿废水泄漏图片

资料来源：矿业网站（www.mining.com）

如果说金王矿（图 8-2）的污染事故尚属于小范围，巴西萨马科（Samarco）铁矿尾矿库溃坝事故则是巨大的环境灾难。

2015 年 11 月 5 日，已运营近 40 年、年产 3,000 万吨铁矿石的萨马科铁矿三座尾矿库中的两座发生溃坝事故，3,200 万方污水和铁矿石尾矿从米纳斯·吉拉斯州（Minas Gerais）的矿山所在地倾泻而下，延河谷流淌近 500 公里，两周后流入了大西洋（图 8-3），酿成巴西历史上最大的环境灾难，且造成 19 人死亡、160 多间房屋被毁。

图8-3 巴西萨马科旗下铁矿尾矿泄漏图片

资料来源：矿业网站（www.mining.com）

如果说铁矿石的尾矿毒性尚小，加拿大英属哥伦比亚省（British Columbia）的坡利山（Mount Polly）铜 - 金矿尾矿库溃坝事故泄漏的重金属离子和化学品的毒性则要大多了。

2014 年 8 月 4 日，坡利山尾矿库发生溃坝事故，1,400 多万方污水和尾矿泄入周边的小溪、河流和湖泊（图 8-4），改变了这些水体的生态环境，其影响未来几十年也未必消除得了。

图8-4 加拿大坡利山铜–金矿尾矿泄漏图片

来源：矿业网站（www.mining.com）

这些惨痛的教训是对矿业人永远的警示。

二、环保意识与环保理念

在发达国家和很多发展中国家，甚至一些经济上相对贫穷和落后的国家，环保已从被动和被迫接受上升为自觉与自愿接受与履行，乃至已自然地成为人们生活方式的一部分。

当今环保的概念和理念已在一定程度上超越了狭义上的物理环境的保护，而已上升到政治和意识形态层面。过去 40 多年来，世界各国相继出现了 100 多个根植于环保的绿党（Green Party）。

在民主国家，如果某一党派、组织或个人无视环保，或者哪怕只是被选民误认为不重视环保，其政治生涯也会受到相当大的负面影响。

国内在环保意识和环保实践上与发达国家仍然有一定距离。在运营国际项目上，特别是位于发达国家的项目，应该予以特别注意。

在长期趋势上全球是否在变暖，全球变暖这个事儿的原因到底是不是和人类活动有关，如果有，有多大关系，从科学上说，到现在还说不清楚，更不用说几十年间的全球变暖对于已有几十亿年寿命的地球来说到底算得了什么，但它已毫无疑问地成了历次国际峰会的议题之一。不管怎么着，反正不少人是信了，地球上的臭氧层漏了，地球因此变暖了，这事儿是二氧化碳造成的。燃煤发电厂因此在全球越来越不受待见，电煤作为其“罪魁祸首”自然成了众矢之的。全球最大的主权财富基金之一、管理着 9,000 多亿美元的挪威主权财富基金在挪威国会的压力下不得不出售所持有的所有与煤炭有关的公司的股票。而世界煤炭协会（World Coal Association）则呼吁世界银行（World Bank）正视煤炭在全球基础能源保障方面至关重要的作用。

三、环境影响评价

当今矿业项目的环境影响评价（Environmental Impact Assessment，简称 EIA）已愈加复杂，面对批与不批所带来的后果和风险，政府批准愈加谨慎与拖沓，不确定性越来越大，以至于获得政府对环境影响评价报告的批准已成为项目发展的一个重要里程碑，也是矿业项目面临的主要风险之一（见第六章第四节）。这对于保护环境固然是一件好事，却也在某种程度上有些矫枉过正。政府与社会均需要在保护环境的前提下发展经济与创造就业。秘鲁政府、加拿大英属哥伦比亚省政府和澳大利亚昆士兰州政府都曾经推出加快审批矿业项目的措施。显然，在这方面政府还是可以有所作为的。

有的情况下，环境影响评价已扩展到环境与社会影响评价（Environmental and Social Impact Assessment，简称 ESIA）。

政府对环境影响评价报告的批准往往附有很多条件，这些条件构成了政府未来执法的依据，需认真对待，切不可掉以轻心，为获得批件而敷衍了事，甚至于蒙混过关，抱着侥幸心理先把批件拿下来再说。须知项目建设和生产中违反了其中的任何一项条件，政府都会要求整改，乃至于勒令停产，甚至追究董事、高级管理人员和当事人的刑事责任，到时遭受损失的还是自己。

2011 年 10 月，澳大利亚南澳州政府和联邦政府批准了必和必拓（BHP Billiton）的奥林匹克坝（Olympic Dam）扩建项目的环境影响评价报告。该批件附有有关项目建设和生产的 100 项严格的条件，且要求必和必拓在开始实质性工作以前制定内容广泛、全面而细致的落实这些条件的方案与措施，并报环境部部长批准。经过批准的这些方案与措施相当于公司与政府之间的协议，必须遵照执行。

四、环保与融资 – 赤道原则

赤道原则（Equitor Principles）是一个用以确定、评估和管理被投资项目所涉及的环境和社会风险的风险管理框架，是全球领先的 90 家银行和金融机构就对他们所提供融资的项目如何实施国际法规与进行尽职调查，以管理环境与社会风险的一项协议。

- 环境风险包括：资源效率、污染预防、温室气体排放、生物多样性和自然资源管理；
- 社会风险包括：劳工、职业健康与安全、当地人权利、人权、居民重新安置与文化遗产。

赤道原则中虽然仅有 10 大原则，但在纳入东道国法规、世界银行（World Bank）的“环境健康与安全指引”（Environmental Health and Safety Guidelines）以及世界银行旗下的国际金融公司（International Finance Corporation，简称 IFC）的“环境与社会可持续发展履行标准”（Performance Standards on Environmental and Social Sustainability）的详细要求后，可派生出成百上千条要求与指引。

2013 年 6 月推出的赤道原则Ⅲ较以前的版本的实质性变化是，金融机构不仅提供传统上的融资和 / 或融资服务，也成了被投资项目环境与社会风险方面的监管者，通过尽职调查、监督、审查、信息披露与报告等程序，确保赤道原则在被投资项目上的实施。

赤道原则适用于投资额在1,000万美元及以上的项目融资、项目融资顾问服务及某些过桥贷款和与特定项目有关的公司贷款，适用门槛较低。

矿产开发离不开金融机构的支持。赤道原则旨在从（融资）源头上控制环境与社会风险。不愿意或无能力遵循赤道原则将不能从签约金融机构中获得贷款，而已投资项目未按承诺遵循赤道原则则可能构成违约。

五、环保与发展

环境保护与经济发展之间需要兼顾与平衡。

矿业行业在环境保护方面一直在与时俱进，充分利用科学技术的最新发展成果保护环境已经是矿业人的自觉选择。

如前言中所述，矿业使人类走出了石器时代，成就了人类的现代文明与生活方式。有些“环保主义者”（environmentalist，常被谑称为 greenies）无视人们包括他们自己日常生活中的所用所需，诸如手机、电视、汽车、住房等，无不与矿产品有着千丝万缕的联系这一事实，不管项目对环境的影响如何以及业主将采取哪些措施保护环境，无原则地反对一切矿山开发，这就走过了头。

如果我们不想回到石器时代，最好的选择便是拥抱现代矿业。

第二节　职业健康与矿山安全

矿山安全意识和理念的发展与环保有些相似，也经历了从被动的事后反应到主动采取预防性措施的过程。事实上，在很多国家，从立法、执法到矿山建设和生产管理，矿山安全已升华到职业健康与安全（occupational health and safety）层面，包括心理健康。

从法律上说，公司及其管理人员有责任为员工提供安全的工作环境和工作条件，并提供足够的安全培训。这一听起来笼统而泛泛的要求有着实质性的法律意义，不是“虚”的，而是“实”的。公司因未能为员工提供安全的工作环境和工作条件或未提供足够的安全培训而受到处罚的案例并不罕见，也有高级管理人员因此而承担法律责任。

2010年4月，美国麦锡能源公司（Massey Energy Company）位于美国西弗吉尼亚州（West Virginia）的一座煤矿发生了井下粉煤灰燃爆和瓦斯爆炸事故，这是事发之时美国40年间最大的矿山事故，导致29名矿工死亡。2013年9月，原矿长因与他人合谋违反矿山健康与安全法并掩盖违法行为被判处有期徒刑三年半，原保卫部负责人因企图销毁证据被判处有期徒刑三年，原生产总监因伪造矿山记录被判处有期徒刑一年零九个月。

麦锡能源首席执行官、在当地有“煤炭大王”（King of Coal）之称的唐·布兰肯希普（Don Blankenship）自然也成了关注的焦点。布兰肯希普行为老派，不喜欢繁缛的规章制度，但紧抓生产，要求每半小时报告一次生产情况，不时乘坐直升机巡视矿山。事故发生后不仅对其合谋违反矿山健康与安全法的指控不予承认，并且认为，没用的监管部门才是罪魁祸首。检察官查阅其公司电子邮件系统以及其他证据证明，布兰肯希普要求公司其他管理人员蒙蔽政府安全检查人员，并要求员工闭嘴。

经过几年的证据交换和几周的法庭审理，事故发生 6 年后的 2016 年 4 月，法院判决布兰肯希普合谋违反矿山健康与安全法，判处有期徒刑一年，并处罚款 25 万美元。

从程序上看，这不是息事宁人的政治性判决，而是法治的精神与尊严。

对于违反安全法规的处罚并非只看后果而定，相反，过程可能是更重要的判定因素，包括是否有相应的规章制度，制定的规章制度是否已真正落实，是否配备了相应的人员、工具、设备和设施，人员资质和培训是否到位等，政府执法与法庭判案均会深入到这些具体细节之中。

事故总是难免的，如果该做的工作都已经做了，管理层确已尽职尽责，即使出了事故，乃至人身伤亡，公司和管理人员也可能因无责任而不受处罚。

出了安全事故并不是罚款和赔偿就可以息事宁人的。事实上，很多安全事故并不涉及公司赔偿的问题（员工往往已有相应的保险），即使已有赔偿，公司和管理人员的责任也不因赔偿而减轻或消除，政府该追究的照样追究。

相比于人员伤亡，经济损失是次要的，但也是公司需要面对的问题，因为重大伤亡事故可能导致公司破产，尤其是小公司和单一项目公司。重大事故的调查和事后整改往往历时数月甚至更长时间，且有政府、第三方独立的技术顾问、法律顾问和利益攸关方的介入，很多费用需要公司承担，而在停产整顿期间显然是没有收入的。对可能的经济损失的考虑也是公司应该重视安全的一个因素。

矿山安全无疑也涉及公司形象和名声。矿山管理人员在相当程度上是个小圈子，被认为不重视安全的公司和具体管理人员不仅可能成为政府执法部门、社会公众、媒体和所在社区关注的对象，在员工招聘上也可能遇到困难，投资人更会避而远之。

2010 年发生在南美洲智利的地下矿山事故及其救援和处理曾经举世瞩目。

当时，有着 121 年历史的圣何塞（San Jose）矿发生井下坍塌事故，33 名矿工困在700多米深的地下达69天之久！

设身处地，事故发生之初，苟全于不见天日的32℃的狭小空间内，生死未卜，那是怎样的煎熬！在与外界的通讯已然断绝的绝望之中，他们冒着生命危险引爆炸药，以此告知救援人员 - 他们还活着。智利政府的救援也充分体现了对于生命的尊重，在实施救援的过程中，他们请来了美国宇航局的专家，对于待救人员隔空进行心理辅导。最终，这33名矿工（图8-5）被全部成功救出。

图8-5 智利圣何塞矿获救矿工

资料来源：矿业周刊网站（www.miningweekly.com）

2015年11月，这一奇迹被好莱坞搬上银幕，名为《那33位》（The 33）。

职业健康与矿山安全有着同等重要的地位。这不仅是法律法规的要求，在以人为本的今天，也应该是起码的人文关怀。

职业健康问题往往有多年的“潜伏期”，然而，一经发现并证实与原来的工作环境有关，公司可能面临巨额赔偿。呼吸系统疾病是矿业行业典型的职业病。

澳大利亚人斯迪芬·丹宁（Stephen Dunning）曾于1979年至1981年在必和必拓（BHP Billiton）的一家钢厂工作，2010年被确诊为肺癌。2014年8月，粉尘与疾病委员会（Dust and Diseases Tribunal）的调查发现，是必和必拓的疏忽使丹宁被置于有石棉的工作环境中，致使其吸入石棉而导致肺癌，因此判令必和必拓赔偿丹宁220万澳元。

2015年下半年，澳大利亚昆士兰州再现俗称“黑肺”（black lung）的本以为早已绝迹的“煤矿工人尘肺病”（coal worker's pneumoconiosis），立即引起了业界、行业协会、政府和议会的高度关注。上一次澳大利亚发现黑肺已是30年前，乃至于澳大利亚国内已经没有能确诊黑肺的经验丰富的放射科医师，只好求助于美国。而美国尚有此能力，并不是什么值得荣耀的事 – 过去40年间，美国有大约7万人死于黑肺。

而南非数以十万计的矿工正准备以集体诉讼（class action）的形式起诉32家金矿公司，就过去几十年间因工作于地下金矿而招致的矽肺、肺结核等疾病寻求赔偿，潜在赔偿金额会以十亿兰特（南非货币Rand）计。

集体诉讼之“集体”的意义在于，一旦被法院认定为“集体”，该项诉讼可以按一件诉讼审理而不必针对每一位矿工个案审理，否则很多矿工请不起律师打官司。

第三节　劳资关系

劳资关系是矿业公司必须管理的主要关系之一。在发达国家，劳务合同纠纷是众多纠纷中的一大类。

很多国家制定了劳工保护的法律法规。例如，澳大利亚有公平工作法（Fair Work Act），政府相应地设置了公平工作委员会（Fair Work Commission）；加拿大的劳工保护除了法律法规和政府机构设置以外还属于人权的一部分，政府设有人权委员会（Human Right Commission），处理劳动纠纷也是其部分职能。

劳工保护无疑是必要的，这个度却颇难把握。希望多赚钱、少干活是人类的基本行为特征之一。不仅仅是矿业行业，很多行业近年来面临的一个耐人寻味的现象是，工作环境、设备和设施在不断改善，单员劳动生产率却在不断下降。作者怀有这样的疑问 - 这里是否有劳工过度保护的问题?

在劳工保护方面，业主在解雇员工等人事管理问题上要格外小心，一不小心就发生纠纷。简言之，炒人未必是想炒就炒得了的。一旦发生纠纷，面对高昂的律师费和管理层可能需要花费的大量时间和精力，很多公司往往选择息事宁人，赔偿了事。未雨绸缪，制定明确而详细的口头警告、书面警告、解雇等人事管理制度，并切实遵照执行，签好经律师把关的劳动合同，是避免日后纠纷的有效措施。

全球最大的矿业公司澳大利亚必和必拓（BHP Billiton）制定有《移动电子设备管理规定》（Mobile Electronic Device Procedures），禁止在矿山作业期间持有移动设备。2014年2月，必和必拓一座位于澳大利亚的矿山上的两名工人因违反该项规定而遭解雇，而后投诉至公平工作委员会。2015年1月，该委员会做出裁决，上述规定“未清楚地写明为零容忍，也未按零容忍执行”。此外，工人们未就上述规定得到足够的培训，业主也未就违反上述规定的行为给予被解雇者做出应答的机会。对两名工人的解雇“不公平”，需恢复其工作。

工会（trade union，或简称 union）无疑是劳资关系中的一个重要因素。

国外的工会是劳工自己的组织，并非政府所属的部门，更不是公司里的一个部门。工会代表的是“劳”方，与“资”方（公司）是相对的。工会在维护劳工权益、劳动保护、安全生产等方面发挥了积极的作用，但对权益的诉求也时有过分，工会的行动也常常令公司和政府颇感头痛。

矿业是劳动密集型行业，因此也是罢工相对多发的行业。不仅是罢工，即使仅仅是威胁罢工，对生产和计划也有极大的影响。全球最大的矿业公司必和必拓（BHP Billiton）的董事长 2012 年 5 月曾经感叹，必和必拓一年间接到工会 1,000 多次将采取劳工行动（industrial action，一般指罢工）的通知，其中约 500 次在最后 24 小时内取消。业主自然对每一次劳工行动的通知都不敢怠慢。

经过几十年的发展和博弈，很多国家劳工保护的法律法规、政府的监管和业界的理念和实践有了长足的进步，工会的作用和对劳工的吸引力也就自然地减弱了。过去 30 年来，澳大利亚劳工中加入工会的比例在逐渐降低，至 2014 年 8 月，仅占 15.1%。这一比例降低的主要原因不是已加入工会的劳工退会，而是新加入工会的劳工越来越少。

但在很多国家，尤其是欠发达国家，工会则仍很活跃。工会的行动主要是保护会员免受不公平解雇、集体工资谈判和组织罢工。

2012 年 8 月 16 日，南非警察与南非第三大铂族金属生产商朗民有限公司（Lonmin Plc）马里卡纳（Marikana）矿罢工的矿工发生冲突，警察开枪打死了 34 名矿工，酿成了震惊世界的“马里卡纳屠杀”惨案（图 8-6）。

图8–6 南非马里卡纳惨案

资料来源：矿业周刊网站（www.miningweekly.com）

这大概是近年来国际上最严重的劳资冲突事件。

2014 年 1 月 23 日，南非三大白金生产商旗下矿山的 7 万多名白金矿矿工开始了南非历史上最长时间的联合大罢工（图 8-7）；至 6 月 25 日复工，持续时间长达 5 个月零 2 天。受罢工影响，三大白金生产商的白金产量较上一年度降低了 49%，共计损失 22 亿美元的销售收入，而罢工工人也损失了将近 10 亿美元工资。

图8–7　南非白金矿工大罢工

资料来源：克莱默媒体（Craemer Media）

罢工早已结束，但南非的劳工问题远未结束，且已成为南非矿业投资的主要风险之一。被认为亲执政的南非非洲人国民大会的全国矿工工会（National Union of Mineworkers，缩写为 NUM）与 1998 年从其分立出来、2001 年注册为工会、大有后来居上之势的矿工与建筑工人协会（Association of Mineworkers and Construction Union，缩写为 AMCU），为争夺会员和地盘，不仅时有冲突，在集体工资谈判上也竞相表现其强硬立场，使在低迷的市场环境中本已在苦苦挣扎的矿业公司雪上加霜。

罢工无疑会对公司的业务产生不同程度的影响。全球第一大产铜国智利的铜矿工人罢工，或者只是威胁罢工，对铜价都可能产生影响。而发生在中小公司的有些罢工则可能导致公司破产。

实践早已证明，包括矿业公司、政府、员工、社区等所有利益攸关方都能受益的包容性增长（inclusive growth）才具有最好的可持续性。但在具体利益面前，能够理性地认识到这一点并付诸行动却并不容易。

第四节　社区关系

在矿业行业的繁荣期，在涌入矿业行业的巨大资金量的支持下，矿业人的足迹遍布荒山野岭，有些多年无人问津的偏远部落发现，他们祖祖辈辈生于斯长于斯的地方竟然蕴藏着宝藏，自然应该有他们一份。矿业公司，尤其是没有现金流的勘探型公司，可是耗不起的。面对股东和资本市场对于其捷报频传的期待，对社区的要求往往姑息、迁就，留下了一个个“惯例”，久而久之，这些惯例成了约定俗成的规矩，不光为市场所认可，与社区达成协议更已被视作一个不可小觑的“里程碑”，社区关系也是矿业公司面临的风险之一。

不管法律法规是怎么说的，被称为社会许可证（social license）的社区关系在自然资源开发中已占具了愈加重要的地位。没有项目所在社区的支持，即使政府批件一应俱全，有的项目仍然难以推进。

社区要找点儿麻烦，成本不高，但对于项目来说，损失可能就大了。分析了位于印度、智利、秘鲁、阿根廷和澳大利亚的50多个矿业和石油天然气项目后，澳大利亚昆士兰大学（University of Queensland）和美国哈佛大学肯尼迪学院（Harvard Kennedy School）于2014年5月联合发布的一份报告称，一个已经投入了30~50亿美元的项目，因社区冲突而引起的推迟或停产而造成的经济损失，从净现值的角度看可达每周两千万美元，而无期限停工造成的损失更是难以计数。

南美的秘鲁是个典型的例子。不管竞选的时候是如何迎合民意的，秘鲁的历届政府几乎都是支持矿业的。这无疑是明智的选择 – 矿产品出口收入占其总出口收入的60%。但是如果遇到社区的抵制，总统也未必帮得了什么忙。截止到2015年的几年间，秘鲁有累计215亿美元的矿业项目因社区关系造成不同程度的推迟。

全球最大的黄金生产商之一的美国纽芒特矿业公司（Newmont Mining Corporation）位于秘鲁的价值50亿美元的康加（Conga）金铜矿项目在投入了大量资金之后，当地居民对该项目对地下水水质的影响愈加担心，一系列大大小小的抗议升级为暴力冲突，纽芒特矿业不得不中止施工。项目前途渺茫。

有的矿业公司曾经带着一套想法甚至方案拜访社区，兴致勃勃地告诉他们，我们将为你们做这些做那些，却吃惊地发现，他们花了不少心思的想法与社区所需并不合拍。

实践证明，从项目一开始就和社区密切沟通，了解他们所关心的问题，开诚布公地和社区对话，是争取社区的支持和把问题消灭在萌芽状态的行之有效的策略。一旦形成误会乃至于构成对抗，试图挽回已难上加难。

用地是矿业项目必然涉及的问题，而不同国家、不同地区又有不同情况。

在加拿大和澳大利亚这些移民国家，由于历史的原因，土地所有权及其派生出来的权益还没有从法律上彻底解决，国家则有一些法律法规保护原住民的权利和利益。尊重原住民的权利与权益不仅是企业社会责任（corporate social responsibility）的一部分，更是守法的要求。

一、加拿大的原住民土地权及其他权利

现代意义上的加拿大是欧洲人，尤其是英国人和法国人，到这块土地上定居（settle）并宣布主权的结果。这些欧洲定居者（settlers）逐渐成了这块土地的主宰，而原本就在这块土地上土生土长的人们和先于欧洲定居者到达的人们以及他们的子孙后代，则被统称为“原住民”（aboriginal peoples）。除主要生活在北极圈内的茵纽特人（Inuit）和西部草原省份的梅提人（Metis）以外，大部分原住民是曾被称为印第安人（Indian）的、现在自称为“第一民族”（First Nation）的原住民。这些“第一民族”原住民族群之间也有着不同的历史、传统、风俗习惯和文化，有的有自己的语言。加拿大共有 600 多个以国内的村庄的形式（加拿大称为 band）存在的原住民居住地，有的村庄不过几十人。

建立于 1867 年、只有 150 年历史，领土面积位居世界第二、达 997 万平方公里的加拿大，大片大片的土地上地广人稀，土地所有权以及相关的权利和利益问题远未解决。

1. 土地权之争与条约

欧洲人到达加拿大定居之日，也是与原住民开始土地之争之时。为此，远在现代意义上的加拿大于 1867 年建立之前，原住民就与欧洲定居者签订了各种条约 - 有的以和平与（在英法之间）中立为主旨；有的强调和平与友谊；有的以放弃土地所有权换取一次性付款加上对方持续的义务；有的以放弃土地所有权换取保留地（reserves）、现金或年费加上继续狩猎和捕鱼的权利；等等。加拿大于 1867 年建立之后，继续谈判与签订了一些条约，这一过程至今仍在继续。所有签订的条约至今基本上仍然有效，但早期的条约因当时的条件和对法条的认识有限，语言笼统、模糊，不可能周密地涵盖当今意义上的各种权利与义务，

图件也不可能详尽，难免遗留了很多问题；而1975年以后签订的“现代”条约则一般几百页之巨，附有详细的附件与图件，基本上与现代法理对接上了。

过去四十年间签订的条约不仅解决了土地主张的问题，大部分也包括原住民自治（self-government）的问题。因此，原住民也常把他们的自治机构称为“政府”（government），并把他们与加拿大各级政府之间的对话称为“政府间”（government to government）对话。

这些条约虽然涵盖了相当一部分土地面积，但仍然有大片大片的土地无条约覆盖，而无条约土地上，往往有不止一家原住民族群主张土地权利。像加拿大最西部的、有着200多个原住民村庄的英属哥伦比亚省（British Columbia），基本上无条约覆盖，但因重叠的土地权利主张，不同原住民族群所主张权利的土地面积总和超过了该省的总面积。

现代条约所覆盖的土地，从土地利用来说，大体可分为三类：

- 一小片具体地块由原住民控制，除受关于原住民的以及环境保护等法律法规的约束以外，原住民有绝对权利；
- 一大片土地划为管理区，原住民与政府共同制定土地规划与批准土地利用计划；
- 更大范围的土地上则仅保留原住民的某些特定的权利，如狩猎、捕鱼等，土地规划、利用等则归政府管辖。

这些保留权利与共管事项常常成为争议以及诉讼的起因。

除了原住民与政府所代表的加拿大国家之间的土地之争以外，原住民之间的土地之争也从未间断。

土地之争为林业、石油天然气、矿产等自然资源开发带来了诸多问题。

2. 宪法对原住民权利的承认与肯定

加拿大1982年修订的宪法（The Constitution Act, 1982）第35条第1款说：“兹承认与肯定加拿大原住民的现有原住民权利与条约权利”。这简简单单的一句话开启了原住民与国家之间土地及其与之相关的权利之争的新篇章，原住民与代表国家的政府之间就原住民权利（Aboriginal rights）、原住民土地所有权（Aboriginal title）和条约权利（treaty rights）均有大量诉讼与判例。

3. 政府对原住民所负有的征求意见的义务及其履行

对于已明确原住民土地所有权的地区、已有条约覆盖的地区和原住民主张权利的地区，如果（商业）行为可能影响原住民的权利，政府对原住民负有征求意见的义务（duty to consult）。这项义务并非来自于哪一法条，而是从司法实践中派生出来的“法官造法”（judge-made law），用这种形式填补了法条上的空白。否则，承认与肯定原住民权利的宪法法条就成了空话。征求意见的深度和广度难以制定一个整齐划一的标准，全看具体事项对所涉及的原住民权利或土地所有权潜在的负面影响程度，从最简单的给予通知、披露有关信息到最复杂的参与决策、予以补偿，只能一事一议。

在此基础上，又派生出，如果用地的具体事项对原住民权利或土地所有权有较大负面影响，在合适的情况下满足原住民要求（accommodate）这一义务。

政府负有征求意见的义务，但并无必须支持原住民主张的义务。也即，原住民在大多数情况下并无否决权。

从法律上来说，征求意见的义务在政府，不在开展商业活动的公司。从实际操作上来说，政府也可以将其征求意见的某些义务，尤其是程序性的操作层面的事宜，委托给当事的矿业公司、石油天然气公司和林业公司。政府征求意见的义务不是走过场式的敷衍塞责能够蒙混过关的，必须具有实质性。其中，程序公平（procedural fairness）是关键因素。

这些看似弹性较大的、只能定性讨论的问题均有原住民因政府未履行其征求意见的义务或征求意见的程度不够而起诉政府或就政府的决定申请司法审查（judicial review）而获胜的大量案例。略去其中法理上的探讨，从时间上说，诉讼和司法审查对当事的矿业公司、石油天然气公司和林业公司的报批、融资、计划和作业可能会有实质性的影响。

4. 原住民土地所有权

2014 年 6 月 26 日，加拿大最高法院（Supreme Court of Canada）的 8 位法官一致做出了一项历史性判决，授予原住民齐尔阔钦第一民族（Tsilhgot’in Nation）位于英属哥伦比亚省的一宗面积约 1,750 平方公里的土地的所有权。

原住民按照加拿大宪法和法律享有一些权利（right），但就某一宗地获得土地所有权（title）在加拿大历史上尚属首次，因此，这是一个里程碑式的事件。各大律师事务所纷纷对该项判决予以解读。

事情起因于 1983 年英属哥伦比亚省政府向一家林业公司发放的一张采伐许可证。由 6 个村庄组成的齐尔阔钦第一民族认为，该许可证影响到了他们的权利。在多年协商未果后，他们于 1998 年向英属哥伦比亚省高级法院提起诉讼，主张对该宗地的所有权。英属哥伦比亚省高级法院经过历时 5 年、累计 339 天的审理，认为存在原住民土地所有权的问题，但未完全支持齐尔阔钦第一民族的主张。此后经英属哥伦比亚省上诉法院和加拿大最高法院，得出了上述终审判决。

加拿大最高法院基于齐尔阔钦第一民族在欧洲定居者宣示加拿大主权之前既已充分地、连续地和排他性地占有该宗土地为依据，授予其土地所有权，并对该土地所有权的含义做了说明：

齐尔阔钦第一民族可以：

- 拥有该宗土地；
- 决定该宗土地如何利用；
- 获得该宗土地的经济利益；
- 主动利用和管理该宗土地。

加拿大最高法院的判决虽然也明确了英属哥伦比亚省法律对该宗土地继续适用，且在涉及具有广泛公众利益的农业、林业、矿业、水电、环境保护、基础设施等项目的开发时，即使未得到原住民的同意，仍然可以推进，但需一事一议，这就给这种项目的开发带来了巨大的不确定性，很可能令人“敬而远之”。

加拿大最高法院的判决仍有未明确的事项，比如，上述土地所有权是否包括地下资源的所有权和水体所有权、英属哥伦比亚省政府是否仍然有权对该宗土地上的经济活动征税，等。虽然加拿大法律界倾向于认为该项判决并未从根本上改变加拿大现行法律，但其影响只能在未来很多年的实际经济和社会活动中逐渐显现出来。

5. 自然资源公司应注意的问题及与原住民之间常见的协议

如前所述，如果因政府未履行其征求意见的义务或征求意见的程度不够而引起诉讼，虽然从法律上说争议可能出现在原住民与政府之间，但城门失火殃及池鱼，受到实质性影响的却是当事的自然资源公司，如矿业公司。原住民也常把当事的自然资源公司追加为第二被告。因此从实际操作上说，与其被动地夹在当中，不如尽早主动地采取一些措施，以避免可能出现的复杂情况。尤其是满足（accommodate）原住民的一些要求，一般也由当事的自然资源公司承担。

以矿业为例，有的省份还在其矿业法或政府规定（policy）中对矿业公司就原住民事宜应该做的工作做了规定。

矿业公司应注意如下事项：

- 与政府部门保持密切沟通，了解与原住民征求意见的情况、程度及原住民担心和关注的问题；
- 主动与原住民沟通，并向政府部门反馈与原住民沟通的情况；
- 保留完整的与原住民沟通的记录，包括电话沟通、电子邮件沟通、面谈情况等，包括未曾成功的沟通上的努力（如，电子邮件未得到答复、未回复电话留言等），这些在诉讼中均可以作为证据。

不同项目所涉及的原住民权利不同，不同的原住民族群的担心、关注与诉求也不同，有些情况下重点在于经济利益，有的情况下则侧重于保护环境或维护传统。无论任何情况下，尊敬和搞好关系都是重要乃至于决定性的因素。

矿业公司与原住民之间签订书面协议已被证明是行之有效的合作方式。这些协议在项目的不同阶段有不同形式。在项目的勘探和可研阶段，协议形式一般较简单，可能称为谅解备忘录（Memorandum of Understanding）、合作协议（Cooperation Agreement）、勘探协议（Exploration Agreement）或议定书（Protocol）等，主要目的在于建立良好的合作关系、沟通机制和一定的工作程序，内容可能包括：

- 矿业公司向原住民提供项目资料；
- 给原住民以合理的机会就项目作业对他们的潜在影响提出关注的问题；
- 对原住民的担心给予充分和公平的考虑，包括采取措施降低影响并提供必要的补偿；
- 为原住民提供用工、培训和提供各种服务的机会；
- 为原住民参与项目各个阶段的工作，包括评价将来项目开发对他们的潜在影响，提供资金。

这一阶段一般也有现金补偿，与项目的规模和现场工作量有关，但总的来说现金补偿的量不是很大。

矿业项目进入开发时，现在几乎已成惯例的是签订所谓的“影响与受益协议”（Impact and Benefit Agreement），使原住民因权利受到影响而得以分享项目的经济利益。典型条款有：

- 为原住民提供用工、培训和提供服务的机会；
- 直接经济补偿；
- 以一定形式，如利润分成或收取项目权益金（royalty，见第四章第七节第五部分第 2 点），分享项目的经济利益。

鉴于原住民社区支持与否对项目开发可能产生方方面面的影响，与原住民签订协议意味着消除了这个不确定性，因此被市场认为是一个利好因素。

原住民与政府和业界的互动以及有关原住民的司法实践仍然在因为新的案例的发生而不断演进，读者应该动态地看待这些问题。

二、澳大利亚的原住民土地权及其他权利

澳大利亚的原住民所有权（Native Title）也与其历史有关。

澳大利亚也是欧洲人（特别是英国人）前来定居，然后宣布主权的结果。荷兰人于17世纪初发现了澳大利亚，英国人于18世纪后期来到澳大利亚定居，并为英国对澳大利亚东部宣布了主权，然后于19世纪逐渐对现在的澳大利亚各州宣布主权，而现代意义上的澳大利亚联邦（Commonwealth of Australia）则于1901年1月1日才由当时的6个自治的殖民地地区组成，至今不过110多年的历史。在欧洲人到达面积约770万平方公里、全球第6大的澳大利亚之前，原住民已在那片土地上繁衍生息了几万年。有数的欧洲人不可能占遍澳大利亚全境，与土地和水体有关的所有权，尤其是在偏远地区，也就成了遗留问题。

1982年，马雷群岛（Murray Islands）以艾迪・马博（Eddie Mabo）为首的5名麦里亚姆（Meriam）人在澳大利亚最高法院（the High Court of Australia）发起诉讼，对他们所居住的土地提出权利主张。他们指出，麦里亚姆人一直连续拥有马雷岛、周边群岛和珊瑚岛礁，即使在英国人宣布主权之后，他们也一直居住在那里，一直按自己的制度管理着自己的土地，这些制度并未因英国制度的存在而灭失。

1992年，澳大利亚最高法院做出判决，支持马博等人的主张。判决指出，在欧洲人前来定居之时，澳大利亚并非“无主之地”（terra nullius - "land belonging to no one"），麦里亚姆人有权对全世界宣称其对马雷群岛（大部分）土地的拥有、占有、使用和享受的权利。这一著名的“马博案例”直接导致了澳大利亚于1993年通过了《原住民所有权法》（Native Title Act 1993），并于1994年1月1日起生效。澳大利亚相应地设立了国家原住民所有权审理委员会（National Native Title Tribunal）。

生效20年来，该法对澳大利亚产生了深远的影响。总的来说，如果某处存在或者可能存在原住民所有权，如果欲在此地开展的某项活动（如，矿产资源开发）可能影响到原住民所有权人的权利，欲开展此项活动的有关方面（如，矿业公司）必须与原住民所有权人本着诚意就如何利用土地进行谈判。如果双方不能达成协议，可以请国家原住民所有权审理委员会协助调停。

矿总是会采完的，采完矿矿业公司也就撤了，原住民和他们的子子孙孙却可能仍然在那片土地上繁衍生息。矿业公司几乎都曾把原住民利益看成负担。其实，换一个角度看，把原住民利益视为业务中必不可少的一部分，以伙伴关系看待，确能达到与人方便就是与己方便的效果。

2011年6月3日，全球第二大铁矿石生产商、当时以市值计为全球第三

大矿业公司的力拓（Rio Tinto）发布新闻稿，宣布与澳大利亚西澳州（Western Australia）皮尔巴拉（Pilbara）地区的5个原住民族群就约7.1万平方公里的土地达成土地使用伙伴关系，保证了力拓当前及未来铁矿石业务的用地需求，也确保了原住民的全面参与和分享。

力拓当时的铁矿石业务和澳大利亚首席执行官萨姆·沃尔什（Sam Walsh，后任力拓首席执行官）说，这些协议是力拓与原住民之间的互相认可与尊重的历史性确认。对力拓来说，保证了未来几十年的稳定性和业务确定性；对原住民来说，则创造了这样的未来–他们的文化和法律得以受到维护和颂扬，他们的子孙后代得以享有医疗、教育、就业和创造财富的巨大的机会。

这些通过几年谈判达成的协议将通过一系列委员会和公司予以落实，按照七项独特的、可度量的区域性标准实施，是原住民与资源公司之间新的合作方式的标志。

这些区域性标准是：

- 就业与培训；
- 业务发展与服务；
- 文化遗产管理；
- 土地准入；
- 环境管理；
- 文化意识培训；
- 矿山服务年限规划。

除了这些区域性标准以外，这些（利益）参与协议将为原住民社区带来实质性的财政上的帮助，这些财政上的帮助有稳定的治理结构作为实施上的保证，以确保原住民社区的代际利益。

这些协议会为原住民社区带来以类似于权益金协议（royalty agreement，见第四章第七节第五部分）的方式计算的、直接与运出的矿石的价值挂钩的经济利益，该收入付至由原住民与独立的专家托管人管理的信托。

这些福利将用于社区发展-医疗、教育、脱贫、职业培训以及为现在和以后各代原住民的永久性业务发展。

力拓是澳大利亚公司中最大的原住民用工单位，聘用1,600多名原住民员工，占员工总数的8%。

字里行间体现出的，不是仅仅满足于法律法规所要求的不得已而为之的最低标准，而是一家国际性大公司以平等的、伙伴的身份，结合所在社区的特点，对社区履行企业社会责任的诚恳的责任感。有的原住民社区自身的规划和发展能力有限，显然，这些协议不仅考虑到了他们的利益，也考虑到了他们后代的利益。

2013 年 6 月，力拓以同样的方式与皮尔巴拉地区的原住民签订了其他用地协议。

与原住民所有权有关的权利与权益（native title rights and interests）的意义可能因相关的原住民部落的风俗不同而有所不同，有些具有传统、风俗和文化上的意义。

澳大利亚上市公司 OM 控股有限公司（OM Holdings Limited，澳大利亚证券交易所上市代码 OMH）的全资子公司 OM（锰矿）有限公司（OM（Manganese）Limited）运营着位于澳大利亚北领地（Northern Territories）的布图溪（Bootu Creek）锰矿项目。2013 年，OM（锰矿）在其露天矿的施工中无意间损坏了被当地原住民视为“圣地”（sacred site）的“二女落坐”（Two Women Sitting Down）石像的卧臂（一块平放的石头），被北领地原住民地区保护厅（Aboriginal Areas Protection Authority）以损坏和亵渎圣地之名诉至法院。这也是北领地于 1989 年通过《北领地圣地法》（Sacred Sites Act of 1989）后首例由政府机关对一家矿业公司提起的诉讼。

“二女落坐”石像对其监护人有着重要意义，她是关于分别被赋予了名字的一个袋鼠和一个袋狸在矮树丛中因争食水果而打架的虚构的故事。她们的血把石头染成了深红色，即与现在的锰有关。OM（锰矿）的采矿作业涉及其中的几千吨石头，将包括其卧臂在内的约一半的石像损毁。原住民作证说，OM（锰矿）事先就其矿坑在该处提高边坡开采角度（以多采些矿）征得了他们的同意，但他们并未真正明白该公司要做什么。

北领地原住民地区保护厅厅长说，“圣地受到亵渎或损坏撕裂了受到影响的社区的社会结构，因为社区的和谐与圣地有着内在联系”。“（原住民）圣地对所有澳大利亚人都重要，因为这个国家的文化品性、历史意义和旅游吸引力来自于五万年来原住民对其土地、海洋和圣地的照料”。

法官发现，OM（锰矿）本应可以预见其采矿作业对圣地的影响，但将其业务与利润置于圣地保护之上，致使石像卧臂毁掉，破坏了石像的精神联系，减损了其神圣性。法官判决，罚款 15 万澳元。

2013 年 8 月 2 日，OM 控股发布公告，接受罚款，就损坏圣地认罪，但就亵渎圣地提出争辩，说公司从未有意亵渎或损坏圣地。

首席执行官说，“公司从未故意伤害、毁坏圣地或对圣地不敬。我们对造成的损坏和伤害真诚地感到遗憾，我对原住民和圣地监护人无保留地道歉”。

“矿坑遭遇未曾预料到的稳定问题。很清楚，是我们的矿坑设计和采矿作业损坏了圣地。一俟发现造成了损坏，我们采取了包括持续监控在内的综合性的补救措施，以保护圣地，并避免进一步损坏”。“本次事件的教训将纳入我们的采矿作业之中”。

千万不要误以为这是仅仅罚款就可以了结那么简单。如果再犯、屡犯或故意为之，不仅会遭受更大的经济损失，当事人获得刑期也是可能的。

因未取得原住民同意或影响到原住民权利而不得不停止作业，甚至矿权的有效性受到威胁的情况也时有发生。

对于矿业公司来说，原住民问题应尽早着手，因为涉及补偿的问题，谈判可能颇费时日。首先应该了解是否存在原住民所有权问题、存在哪些问题，以及如何解决。

第五节　公共关系

大型矿业项目，尤其是位于小国家的大型矿业项目，不仅受到当地社区的关注，甚至可能引起更广泛的社会公众的关注，一些看起来与项目毫不搭界的人也可能参与进来。互联网时代高度发达的通讯使“好事不出门，坏事传千里”

图8–8　山巅移除采矿

资料来源：维基百科（Wikipedia）

更有甚之，任何负面消息都可以在瞬间传遍五洲。公众的关注可能影响政府的决策，业主因此也得应对。

过去十年间，金融行业在引导、推动和倒逼他们所服务的企业认识和落实企业社会责任（corporate social responsibility）方面颇有作为，至今几乎所有大型金融机构都有与企业社会责任有关的安排，并设立了可持续发展部门。对于大到一个行业，小到一家公司的潜在客户，如果其业务和运营标准有悖于这些金融机构可持续发展的理念，这些金融机构不会提供贷款。资金密集型的矿业行业对此显然不能漠然置之。比如瑞士信贷（Credit Suisse）、摩根士丹利（Morgan Stanley）和摩根大通（JP Morgan Chase）均表示不再参与煤炭开采中常见的山巅移除采矿（mountaintop removal mining，缩写为 MTR，图 8-8）。

对公共关系的重视可以视为企业社会责任的一部分。矿业公司不应该把这部分开支仅仅视为成本，更应该视为公司可持续发展可以依赖的资源。

第六节　非政府组织

现代矿业在安全、环保、劳工保护等方面有了长足的进展，但不时造成的污染、伤亡、职业病、雇用童工、为不义之战提供了资金的非洲的"滴血钻石"（blood diamond）等负面形象如影随形，自然逃不过无处不在的非政府组织（non-governmental organizations，简称 NGO）的眼睛。

如本章第三节所述，在发达国家，工会在衰落，而非政府组织则已全面兴起，可谓此消彼长。

非政府组织形态各异、鱼龙混杂，很多根植于或依托环保。那些独立、客观、理性、公正地行事和评判事物的非政府组织，对各国制定符合现代文明的法律法规和政策以及矿业公司加强公司治理起到了十分积极的作用；有的非政府组织和则不分黑白，意气用事，颇有些不食人间烟火的劲头，反对一切矿山开发；也有些无所事事的混混儿，打着非政府组织的幌子干着偷鸡摸狗的勾当。然而，无论你喜欢不喜欢，为项目的正常运营与建立和维护良好的社会形象，如果有非政府组织介入，作为业主的矿业公司也得应对。

一些有影响力的国际性非政府组织如：

- 绿色和平组织（Greenpeace）；
- 透明国际（Transparent International）；
- 人权观察（Human Rights Watch）；

- 大赦国际（Amnesty International）；
- 环球观察（Global Witness）。

非政府组织的行动已经远远不仅仅局限于呼吁和抗议，而是从经济和法律上对企业的商业行为发起了挑战。

2015 年，绿色和平组织曾经筹措资金，拟收购德国的煤矿和火电厂，以最终停止其运营。

印度最大的私营公司之一的阿达尼集团（Adani Group）收购了位于澳大利亚昆士兰州的卡米凯尔（Carmichael）煤炭项目，并拟建成澳大利亚最大的煤矿。非政府组织通过先后把政府告上法庭、把业主告上法庭等诉讼拖延了项目的最终批复达数年之久。

在民主国家，非政府组织的力量已然不可小觑。

第九章

矿海拾零

本章汇集了作者认为矿业投资人应该了解，但不便放入其他章节的零散的内容。作者视之为零璧碎金，奉献予读者。

博茨瓦纳卡罗维（Karowe）钻石矿

第一节　生产成本常用术语

一、布鲁克·汉特成本术语

矿业界在谈到生产成本的时候常用到C1、C2和C3成本，这些成本由国际著名咨询公司伍德·麦肯锡（Wood Mackenzie）收归旗下的布鲁克·汉特（Brook Hunt）所定义，该公司拥有这些定义的版权。

C1成本即业界所谓的直接现金成本，也常简称为现金成本（cash cost）。布鲁克·汉特的定义本来称其为直接成本（Direct Costs），大概因为在英文的语意环境里引述比较方便，C1成本或现金成本的叫法在业界更为常见。

C1成本作为直接成本包括采矿、选矿（或在堆浸情况下的堆浸、溶液萃取和电解）、冶炼与精炼、产品运输、现场管理、与生产作业密切相关的场外服务、营销等各项成本及与产量而非与利润挂钩的税费如采掘税（severance tax）。

C1成本并非会计制度规定必须准确核算和披露的成本，因此各公司的测算是否一致也很难说。作者的观察是，各公司在推介项目而谈到C1成本时，未必包括了（场外）营销成本及与产量挂钩的税赋。

间接成本（Indirect Costs）包括公司管理费、延长矿山服务年限所需的勘探、与采矿作业有关的研究、矿区使用费（royalty）和（销售税、出口税等）“前端”税项等各项成本。

C2成本 = C1成本 + 折旧

C3成本 = C2成本 + 间接成本 + 利息

此外，业界也曾经常用总现金成本（Total Cash Costs）和总成本（Total Costs）的概念：

总现金成本 = 直接成本 + 间接现金成本 + 利息

总成本 = 总现金成本 + 折旧 + 非现金间接成本

虽然黄金生产商已经在越来越多地采用世界黄金协会建议的关于生产成本的最新定义（见第三部分），其他矿产品（如：铜、镍、铁矿石，等）的生产商仍在广泛使用上述定义，尤其是C1成本。

二、黄金研究所（Gold Institute）成本术语

现已不复存在的黄金研究所也曾于20世纪90年代中期试图标准化黄金生产成本。虽然也不是会计准则要求的强制性披露内容，其三个生产成本 - 现金成本、总现金成本和总生产成本的定义有时也为业界所采用。

采矿直接费用

+剥离与开拓费用调整

+第三方冶炼、精炼与运输费用

–伴生矿收益

+其他费用

=现金成本（Cash Operating Costs）

+（非与利润挂钩的）矿区使用费

+生产税

=总现金成本（Total Cash Costs）

+折旧与摊销

+复垦与闭矿费用

=总生产成本（Total Production Costs）

三、世界黄金协会（World Gold Council）成本术语

曾几何时，矿业公司常以现金成本推介公司，一定程度上使并非精通矿业的投资人、政府部门以及矿业项目所在的社区等利益攸关方误以为现金成本就是全部成本，致使各方对矿业公司的期望值大增，矿业界为此自食其果。

以黄金生产为例，2011年和2012年平均金价、业界平均现金成本和平均毛利（美元/每盎司）如表9-1。

表9–1 黄金行业的现金成本

	2011年	2012年
平均金价	1,572	1,669
业界平均现金成本	658	738
平均毛利	914	931

资料来源：汤姆森 - 路透社2013年GFMS-黄金调查（Thomson Reuters GFMS-Gold Survey 2013）

这一看似巨大的利润空间带来了政府增税的极大冲动，也成为资源民族

主义（resource nationalism，见第六章第八节）的直接推手。此外，其他利益攸关方（stakeholder），如矿业项目所在的社区，也无不想从中多分一杯羹。实际上，如果加上其他成本，用总成本衡量，完全是另一番光景（表 9-2）。

表 9-2　黄金行业的总成本

	2011年	2012年
平均金价	1,572	1,669
业界平均总成本	1,081	1,211
平均利润	491	458

成本披露不透明、不准确的直接结果是，一方面金价上涨，另一方面黄金公司的股价普遍表现不佳，投资人并未随金价上涨而相应地从股价上升或股票分红中受益，致使投资人对矿业投资失去信心而重新审视其投资策略，也使矿业界反思其业务模式以及如何重新赢得投资人的信心并回馈投资人。

现金成本无疑掩盖了矿业公司的真实成本和利润情况。业界领先的公司在提高成本披露的透明度方面率先垂范。如南非金田（Gold Fields）于 2008 年 5 月推出并自愿披露“名义现金成本”（Notional Cash Expenditure）。有的投资银行也通过推算业内平均总成本以作为其长期金价预测的支持。

总部位于英国的世界黄金协会与其会员研讨后于 2013 年 6 月 27 日推出了非强制性的“稳产总成本”（All-In Sustaining Costs，表 9-3）和“完全成本”（All-In Costs）指引，这是业界在生产成本的核算与披露的规范化方面的一个重大里程碑。该指引已为业界广泛接受。

表 9-3　世界黄金协会定义的稳产总成本

		美元/盎司金（按销售量计）
现场采选费用（按销售量计）	损益表	a
现场管理费用	损益表	b
矿区使用费和生产税	损益表	c
因操作费用所做的套期保值已实现的损益	损益表	d
与生产有关的当地社区费用	损益表	e
与生产有关的报批费用	损益表	f
第三方冶炼、精炼和运输费用	损益表	g
现场人员的非现金报酬	损益表	h
产品存货减值	损益表	i

（续表）

生产性剥离费用	损益表	j
伴生矿销售收入冲减	损益表	k（冲减）
小计（调整后操作费用）		l=a~k各项之和
公司管理费（包括基于股票的报酬）	损益表	m
复垦费用摊销	损益表	n
为稳产而发生的生产性勘探与研究费用	损益表	o
为稳产而发生的资本性勘探费用	现金流量表	p
为稳产而发生的已资本化的剥离和开拓费用	现金流量表	q
为稳产而发生的固定资产投入	现金流量表	r
稳产总成本		s=l~r各项之和
与现行生产非直接相关的当地社区费用	损益表	t
与现行生产非直接相关的报批费用	损益表	u
与现行生产非直接相关的复垦费用	损益表	v
非稳产目的之生产性勘探与研究费用	现金流量表	w
非稳产目的之资本性勘探费用	现金流量表	x
非稳产目的之已资本化的剥离和开拓费用	现金流量表	y
非稳产目的之固定资产投入		z
完全成本		= s~z各项之和

“非稳产目的之”各项费用指与增产相关的费用。

稳产总成本为业界常用的现金成本的延伸，涵盖了稳产所需的相关成本。而完全成本则考虑到了项目乃至于公司发展的需要。一座矿山投产后，矿业公司未必仅仅满足于在现有产量水平上四平八稳地生产，而是要考虑增产的可能和可行性，分期建设的项目更是如此。把增产部分的投入计入现有生产规模而核算现有产量水平上的单位生产成本应该是不确切的，完全成本解决了这个问题。

稳产总成本的披露使黄金生产商的利润情况“原形毕露”（表9-4）。

表9-4 黄金矿商2013年的现金成本与稳产总成本

公司	2013年现金成本（美元/盎司）	2013年稳产总成本（美元/盎司）
加拿大金业（Goldcorp）	700-750	1,000-1,100
巴里克黄金（Barrick Gold）	610-660	950-1,050

（续表）

纽蒙特矿业（Newmont）	675-750	1,100-1,200
雅玛纳黄金（Yamana Gold）	365	800
兰德黄金（Randgold）	700-750	1,000
金罗斯黄金（Kinross Gold）	690-740	1,100-1,200
阿格尼科鹰矿业（Agnico Eagle Mines）	735-785	1,100
埃多拉多黄金（Eldorado Gold）	575-590	1,010
南非金田（Gold Fields）	860	1,360
森泰拉黄金（Centerra Gold）	406-443	1,067-1,164
平均	672	1,086

来源：阿格尼科鹰矿业

加拿大皇家银行（Royal Bank of Canada，缩写为 RBC）的研究（图 9-1）表明，2015 年，黄金行业的平均现金成本（浅蓝色曲线）与稳产总成本（深蓝色曲线）相差大约每盎司 200 美元。

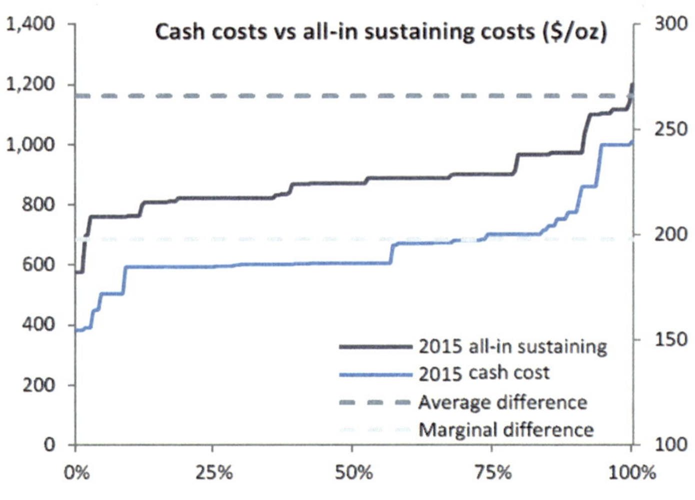

图9–1　现金成本与稳产总成本

资料来源：加拿大皇家银行（Royal Bank of Canada）研究报告

因此，泛泛地谈“成本”而未深究谈的是什么成本可能引起误导。

稳产总成本与完全成本并不完美，尤其是对（相对于项目层面而言）公司层面的净现金流（free cash flow）的反映程度仍显不足，而净现金流是企业的生命线。这两项成本中未包括的费用有：

- 所得税；
- 流动资金；
- 财务费用，
- 收购与兼并费用；
- 资产处置费用；
- 公司分红。

此外，这两项成本对伴生矿销售收入冲减（by-product credits）、稳产固定资产投入（sustaining capital）、管理费、勘探费用等无严格的定义与界定，留下了一定程度上的可调的余地。但无论如何比原来的“现金成本”还是全面多了。至今，业内绝大多数大中型黄金生产商已按指引至少披露了稳产总成本。

加拿大蒙特利尔银行（Bank of Montreal，缩写为 BMO）在稳产总成本的基础上加上财务费用和所得税而得到“税后稳产总成本”，并在完全成本中加入了项目建设的固定资产投入，对上述两项成本做了一些改进。

这两项成本均不属于国际财务报告标准（International Financial Reporting Standards，缩写为 IFRS）或通用会计准则（Generally Accepted Accounting Principles，缩写为 GAAP）下必须披露的内容，自然也不是审计师必须审计的内容，因此，业界有很大的自由度是否披露以及披露到何种细节，其准确与否则由各家公司自己掌握了。

世界黄金协会是黄金行业的市场开发机构，全球很多大中型黄金生产商均为其会员，会员按其年度黄金产量缴纳会费。有意思的是，当年在推出稳产总成本的定义中起了关键作用的南非金田（Gold Fields）以控制成本为由于 2014 年 6 月退出了世界黄金协会。

四、成本中“折旧”的误导

包含了折旧的成本，像会计上所用的“利润”和“亏损”等术语一样（见第五章第七节中第 5 点的进一步探讨），是一种误导。近年来包括世界黄金协会在内的各家机构所建议的成本披露术语中均未考虑折旧，这是一大进步。

折旧的来源固然有其意义，但在公司经营和会计上唯一的意义在于冲减应纳税所得，进而降低所得税，别无他用。

成本的核算与披露只有反映现金流，对公司当前和未来的经营以及评判公司财务状况和价值才有意义。折旧不涉及现金，混入成本中只能产生误导。

任何投资行为和公司经营行为都是向前（未来）看（go-forward）的行为，

而不是向后（过去）看的，因此英文里把已经花出去的钱叫作“已沉没资金”（sunk cost）是很有意义的。它的意义在于，钱已经花出去了，无论花得多错，无论超支了多少，任你呼天抢地、捶胸顿足，没有办法。试想一个投资严重超支（进而产生了大量折旧）但运营成本并不高的项目，本来现金流不错，因为在成本中加上了折旧而变成了“亏损”，岂不怪哉。

折旧作为“已沉没资金”的反映，用于抵税合情合理，但加进成本里去没有意义。

可能有人要问，折旧是用于回收过去的投资的，你难道不想回收投资吗？答案是，谁都想回收投资，且不仅要回收投资，而是挣得越多越好。问题在于，一旦投出去（已沉没），只要现金流是正的，一般都会继续运营。没有人因为现金流是正的，但因为考虑了折旧而“亏损”就把矿关了，或者让公司破产。如果现金流是正的，但不能收回投资，抱歉了，很遗憾，这个项目也许本不该建，但是已经建了、投产了，只好继续生产、继续经营。

如果说折旧作为“已沉没资金”加进成本里去没有意义，对于待建项目（资金尚未沉没！），看看将来“总”成本如何，在成本中加上将要发生的折旧，则是有意义的 – 这才是关系到将来是否能够收回投资的问题。如果不能收回投资，别建。世界黄金协会建议的成本术语中加入了固定资产投入的部分，便是这个意义。事实上，以净现值和内部收益率为依据的投资决策中已经涵盖了这个因素。

此外，一个因投资额严重超支而不能收回投资的项目对以往的投资人无疑是个打击，但对于未来的投资人则不是坏事，尤其是如果未来的投资人以利润和市盈率作为投资依据。高额投资造成高额折旧，降低了利润，则（如果以市盈率为估值依据）降低了估值，但并未影响现金流。这相当于新投资人用折旧占了老投资人的便宜。

成本是企业财务状况的重要内容，也是投资人投资于矿业公司的重要依据之一。成本披露的非标准化不能不说是当代会计准则与企业财务状况的严重脱节。如果财务报表不能简单明了地反映成本（进而现金流）状况，财务报表所用何为？

五、伴生矿成本核算与共生矿成本核算

上述各节所述成本术语对于非财务人员来说已经够乱的了，可恨的是，实际情况还要复杂 – 造物主给我们造这些矿的时候没有仁慈地金矿是金矿、铜矿是铜矿、镍矿是镍矿地一个个摆在那儿等着我们挖，而往往是多个矿种“伴生”或“共生”，由此派生出了“伴生矿成本核算”与“共生矿成本核算”的问题。

1. 伴生矿成本核算（By–product Acounting）：

如果某一矿种的销售收入占总销售收入的 80% 以上，该矿种为主矿种，其他矿种均为伴生矿。核算现金成本时，只核算主矿种的现金成本，伴生矿的销售收入用以冲抵总现金成本。

即，以主矿种表示的单位生产成本 =（总现金成本 - 伴生矿销售收入）/ 主矿种产量。

假定，某矿山：

- 生产了 1,000 盎司黄金，销售收入为 125 万美元；
- 生产了 10,000 盎司白银，销售收入为 25 万美元；
- 总现金成本为 100 万美元。

则黄金的销售收入占总销售收入的比例为 125 /（125+25）= 83.3%，故黄金为主矿种，白银为伴生矿，以黄金表示的单位现金成本为：（100-25）/ 1,000 = 每盎司黄金 750 美元。

有些情况下，仅伴生矿的销售收入就可能超过了总现金成本，则以主矿种计的现金成本是负的，其原因即因为采用了伴生矿成本核算方法。

2. 共生矿成本核算（Co–product Accounting）

如果任一矿种的销售收入占总销售收入的比例均在 80% 以下，则所有矿种均为共生矿种。核算现金成本时，每一矿种的现金成本按其销售收入占总销售收入的比例分摊。

假定，某矿山：

- 生产了 1,000 盎司黄金，销售收入为 125 万美元；
- 生产了 40,000 盎司白银，销售收入为 100 万美元；
- 总现金成本为 120 万美元。

则黄金和白银的销售收入占总销售收入的比例分别为 125 /（125+100）= 55.6% 和 100 /（125+100）= 44.4%，则其单位现金成本分别为：

- 黄金 =（120 万 × 55.6%）/ 1,000 = 667 美元 / 盎司；
- 白银 =（120 万 × 44.4%）/ 40,000 = 13 美元 / 盎司。

也即，该矿山以每盎司 667 美元的现金成本生产了 1,000 盎司黄金、以每盎司 13 美元的现金成本生产了 40,000 盎司白银。

也有的公司以占销售收入比例最高的矿种（本例中为黄金）为主矿种，把共生矿（本例中为白银）的产量折成主矿种的当量产量，进而计算共生矿成本核算方法下的以主矿种计的现金成本。计算方法为：

以主矿种表示的单位生产成本 = 总现金成本 / 主矿种当量产量，而

主矿种当量产量 = 主矿种产量 + 共生矿销售收入 / 主矿种价格。

本例中，黄金当量产量 = 1,000 + 1,000,000 / 1,250 = 1,800 盎司，

以黄金表示的现金成本 = 1,200,000 / 1,800 = 667 美元 / 盎司。

如果在本例中以黄金为主矿种而以白银为伴生矿而采用伴生矿成本核算，则主矿种黄金的单位现金成本为：（120-100）/ 1,000 = 200 美元 / 盎司。看这差别！

为避免负成本（成本就是成本，怎么能是负的！），业内倾向于用共生矿成本核算方法。如果某公司（因采用了伴生矿成本核算方法）推介了负成本项目，应该从不同的角度进一步审核其成本。

图 9-2 和 9-3 分别是几家白银公司两种成本核算法下不同年度的稳产总成本。以在伦敦上市的墨西哥弗莱斯尼罗有限公司（Fresnillo plc，图中 FRES）2014 年的实际成本（蓝色曲线）为例，伴生矿核算法下的稳产总成本不到每盎司 8 美元，而共生矿核算法下的稳产总成本为每盎司 15 美元多。

伴生矿成本与共生矿成本也不是任何会计准则要求必须披露的内容，也没有标准的定义，各公司有很大的自由度是否采用以及如何定义，可以说是伴生矿或共生矿成本核算的不是办法的办法，体现了多矿种成本核算的某种无奈。一般来说，无论用了哪种核算方法，负责任的公司均予以明确定义与说明。

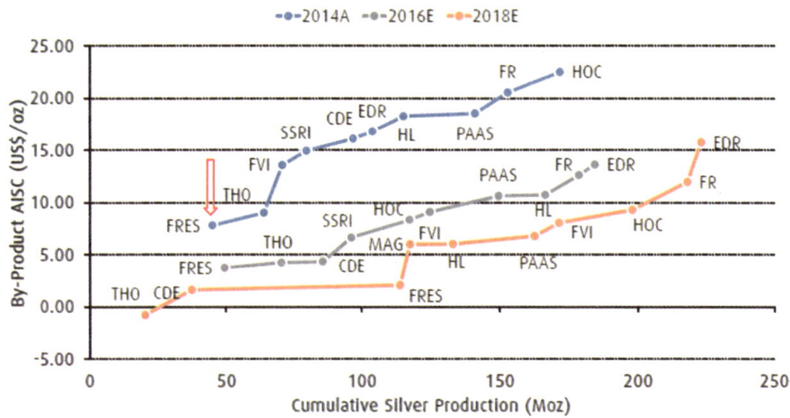

图9–2 伴生矿核算法下的稳产总成本

资料来源：加拿大蒙特利尔银行（Bank of Montreal）

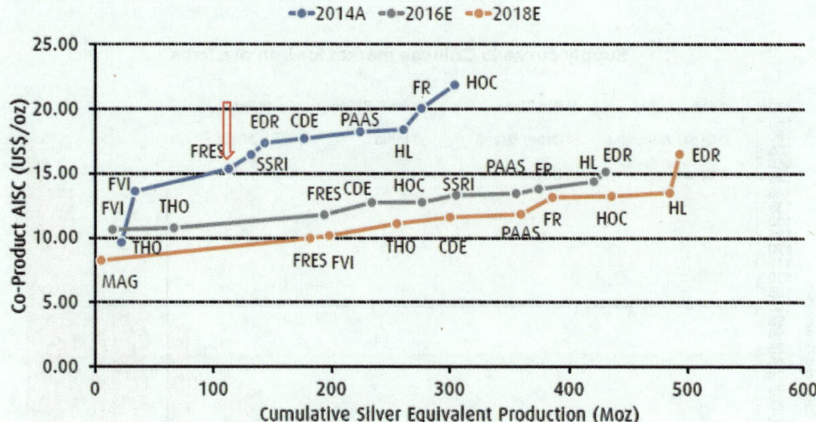

图9–3 共生矿核算法下的稳产总成本

资料来源：加拿大蒙特利尔银行（Bank of Montreal）

第二节 成本曲线

在这本倾注了作者大量心血的书中，如果你让我推荐最重要的一节，我会选择本节。

成本曲线是矿业投资人必备的知识，也应该是项目筛选与排队的重要依据。

研究与咨询机构和投资银行常对某些矿种做各矿业公司之间的生产成本测算与比较，并以图示的形式将不同公司的产量和生产成本标在一起，以直观地判断哪些公司和/或哪些矿山与业内同行相比盈利水平高、抗市场风险的能力强。这种图称为成本曲线（cost curve）。借助于成本曲线，矿业公司可以从成本的角度直观地了解自己在同行业内所处的地位暨在市场下行时是否面临停产乃至于破产的风险。

以铁矿石为例，图 9-4 是澳大利亚麦格理银行（Macquarie）2013 年 3 月就铁矿石粉矿绘制的成本曲线。横坐标是产量（单位：百万吨），纵坐标是到中国的到岸成本（CIF 成本，单位：美元/吨）。

铁矿石在国际上产业集中度很高，成本曲线标示出了巴西淡水河谷（Vale，图中黄色）、澳大利亚力拓（Rio Tinto，图中绿色）、澳大利亚必和必拓（BHP，图中深灰色）和澳大利亚 FMG（图中深蓝色）等几大铁矿石生产商的产量及成本情况。该图已包括了各大铁矿石生产商扩产后的产量。

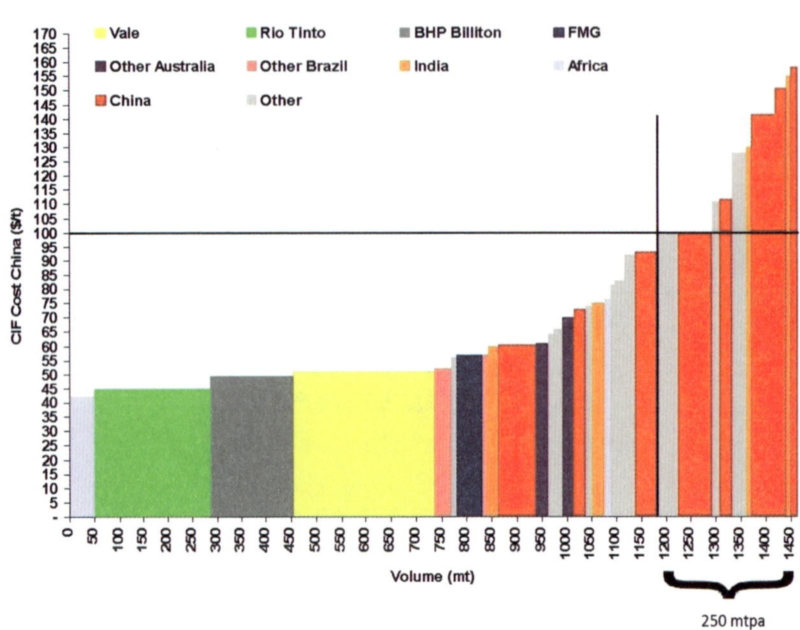

图9-4 铁矿石2013年成本曲线

资料来源：澳大利亚麦格理（Macquarie）银行

从图上可以看出：

- 如果铁矿石价格降到每吨 100 美元以下，成本在 100 美元横线以上的矿山将亏损，在常规市场条件下，这些生产商将被率先挤出市场。
- 如果市场需求总量在 11.8 亿吨以内（1180 竖线），该线右侧的矿山因成本处于成本曲线的高端而将被率先挤出市场。
- 如果由于某种原因铁矿石价格达到每吨 155 美元以上，则每家铁矿石生产商都在赚钱，所谓“涨潮了，所有的船都浮起来了”。那便是市场的疯狂时代。
- 前述几大铁矿石生产商的生产成本均处于成本曲线的低端，抗市场风险的能力极强。以淡水河谷（图中黄色部分）为例，铁矿石价格降到每吨 50 美元以下或市场需求总量降到 7.3 亿吨以下它才会受到“是否需减产”这类实质性影响。

几年前，尽管当时已处于中长期预测铁矿石价格将走低的市场环境中，几大铁矿石生产商仍然大举扩产，底气即在于此。

随着铁矿石价格的不断下跌，铁矿石生产商绞尽脑汁，通过各种途径减肥瘦身、降成本，至2014年第四季度，力拓的每吨铁矿石现金成本已降至17美元，2014年全年平均成本降至每吨19.5美元，而必和必拓大有赶超之势，一时间两大公司竟然在媒体上孩子气地打起了嘴仗，看谁的成本低。而FMG则于2016年第一季度在澳元兑美元汇率走低和低油价的双重作用下实现了每吨14.79美元的现金成本。

图9-5是2012年和2015年铁矿石中国到岸价成本曲线及其比较。

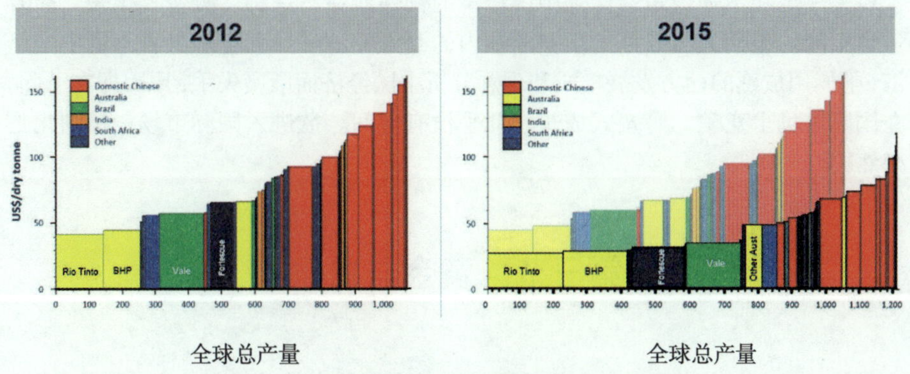

图9-5　铁矿石2012年与2015年成本曲线及其对比

资料来源：Metalytics

显然，各公司降成本成效显著。

成本曲线的另外两个意义在于：

- 在市场供需基本平衡的情况下，如果某一矿种当前的市场价格高于行业平均成本，价格有下行压力（比如，2015~2016年间，铜处于这种状况）；反之，价格有上行动力；
- 对于拟建矿山，无论该行业当前的市场状况如何，成本处于成本曲线低端的项目较容易筹集资金。

业内为便于描述某一项目的成本在成本曲线中所处的位置，也常把成本曲线按总产量（横坐标）分成四等份，比如说某项目的成本处于第二个四分位（quartile）区间内，或把成本曲线按总产量分成十等份或一百等份，比如说某项目的成本处于第三个十分位（decile）区间内或第20个百分位（percentile）区间内。

低成本优势的过度发挥也有其负面效应。澳大利亚力拓携其铁矿石成本优势而放量扩产，意欲把高成本生产商全部挤出市场，进而扩大其市场份额。然而，国内铁矿山成本虽然位于成本曲线的高端，矿山的停产、复产较国外容易得多，停产维护成本低，复产迅速，虽然未必是供需变化的主要因素，这些随价格起伏而可以迅速复产、停产的、打不垮的“摇摆式”生产商（swing producer）对价格也有一定的抑制作用。力拓的前任首席执行官萨姆·沃尔什（Sam Walsh）黯然离职应该与其铁矿石策略有关，其新任首席执行官调整了这个策略。

其实，中国是很多矿种的摇摆式生产国，且很多矿业公司未上市，公开资料少，统计困难，为市场分析带来了相当的难度。

无规矩和不守规矩恰恰是中国经济的韧性所在，这种“野蛮式生长”尚有一定空间。包括大名鼎鼎的索罗斯在内的西方经济学界和金融界看不懂中国经济，他们用成熟的西方发展模式和理念分析中国经济而屡屡失手，原因即在于此。在国际市场上竞争，野蛮式成长已几乎没有空间。欲进入国际市场，精细化是必然的。

第三节　黄金与白银

关于黄金与白银这一对令人爱恨交加的金属的有关著述与文章已汗牛充栋，而仅最近几年的发展也足以单独成册。然而金银，尤其是黄金勘探与生产公司，向来是矿业市场上的一支十分活跃的力量，就上市公司的数量与吸引的资金量而言，在矿业市场上占有相当大的比重。黄金价格对矿业市场的景气与否也有相当大的导向作用。作者认为，这一轮矿业市场的低迷某种程度上也与黄金价格的回落有关。有鉴于此，作为有关矿业的一本书，如果不涉及金银，似有缺憾，故而本书对金银也略及一二。

一、金银天然是货币

在纸币诞生以前，人类选择金银这两种金属作为财富贮藏的手段与商品交换的媒介。在这大千世界中为何这两种金属得以享此殊荣？这并非源自于什么高深而玄妙的理论，而是经过几千年的大浪淘沙自然选择的结果。在这个自然选择的过程中，很多其他物品，如贝壳、羽毛等，曾在不同时期、不同地区充当过一般等价物，也即现在的货币的角色。盐也曾被古罗马军队用以作为支付士兵的报酬，客观上起到了货币的作用。然而，经过几千年的洗礼，只有金银，尤其是黄金，依旧傲然挺立。这绝非偶然。

为金银溯本清源，探究其天然是货币的缘由，已超出本书的范围。有意思的是，有人发现，即使从化学性质的角度看，尤其是黄金，几乎也是必然的选择。我们且将元素周期表打开来一看：

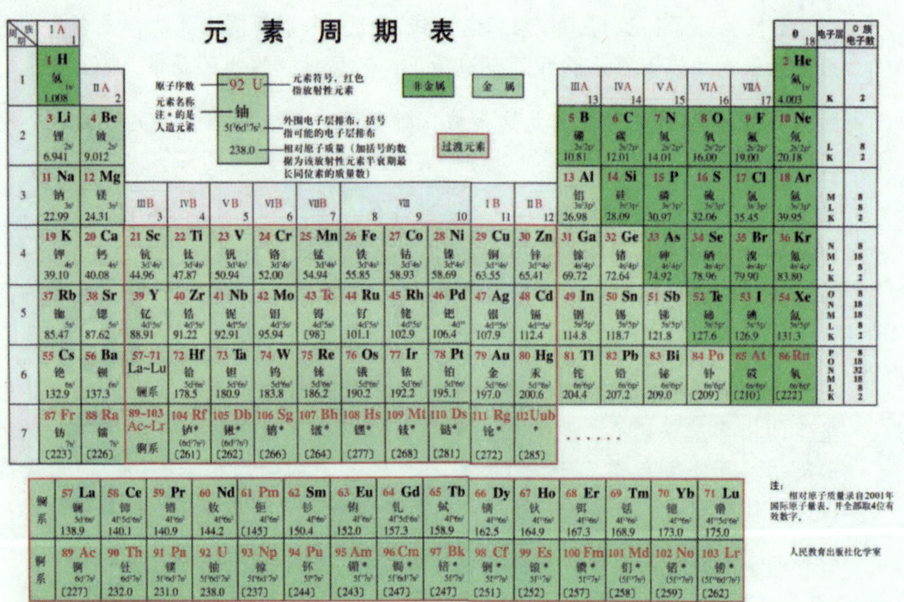

在这 118 种元素中，有些很容易地就筛掉了：

- 气体首先得去掉吧。你总不能拿着大瓶子小罐子装着气体上街买菜吧？再说了，这大部分气体还是无色的，跟空气一个样儿。要没有火眼金睛，谁能看出来它到底是什么东西呢；
- 同样，两种液体 – 汞和溴，也得去掉。另外，这两个液体还有毒；
- 顺着这个思路，把有毒的砷之类的再去掉；
- 放射性元素诸如铀、钍、钚等也不行，那东西它致癌。钱总不能装兜儿里拿手上就招灾呀；
- 还有几个，不光有放射性，还是人工合成的，什么钌、ununpentium（第 115 号元素）、锿，你要不是专门研究它们的化学工作者，可能压根儿就没听说过，在人类历史上到今儿个也才在实验室里存在过不知几秒钟。自然，元素周期表里的最下面一行与钱无缘；
- 元素周期表里的下数第二行是中国占有绝对垄断地位的稀土元素，前几年着实火了一阵子。这 17 个玩意儿倒也算不上稀有，可是在地壳里常常共生共存，就是到了21世纪的今天，老外们也还是没弄明白怎么样把它们经济有效地分离开来。再说了，就是分开了，它们大部分看着也挺像；

- 然后，看看左手边第一列的钾、钠等碱性元素，依稀记得上中学时化学老师把钠小球放入盛着水的烧杯中的情景，小球吱吱作响，打着转儿融入水中-活性太强了！试想，如果拿它当钱，赶上个下雨阴天儿的，或者拿在手里一紧张出了点儿汗，这钱就全泡汤了，还腐蚀，这也不是事儿啊；
- 然后是元素周期表中当间儿这大块，什么铁、铜、铝等金属元素，也各有其问题。
- 首先，钛、锆等元素极难熔炼，得摄氏1,000度以上。且不说它们是否稀有，人类对充当一般等价物的商品交换媒介的需求早在至少几千年前就存在了，那时候的设备到不了这么高的温度啊；
- 其次，铁在历史上确实曾经在小范围内充当过一般等价物，但人类很快就发现了大量的铁，致使其失去了一般等价物的地位。试想，有些地方整座整座的山都是铁矿石，这就相当于每家每户都无缘无故地分到了一个亿，那恐怕一斤土豆就得三千块了。此外，铁最大的问题在于生锈，而古代的保存条件又有限，辛辛苦苦攒下的钱放着放着自己就缩水了，这不纠结么；
- 铜和铅也有腐蚀的缺点。他们都曾被制成钱，但终未能修成正果；
- 铝也曾在一个小范围内被短时间地作为“贵”金属与皇冠上的明珠并相陈列，早期售价曾达每磅550美元。据说拿破仑三世曾将视若珍宝的铝制刀叉专门用于招待贵宾，而随从宾客只能“降格”，使用金银餐具。但铝于19世纪才被发现，投入大规模使用已是19世纪后期，且冶炼困难，又轻、软、易损坏，做成货币似乎也没有那种让人信得过的厚重感；
- 锇、铱、铂、钌、铑、钯较为稀缺，提炼也不易，用他们做钱那钢镚儿可就得做得小点儿了，一不小心就丢了；
- 黄金，则具有作为钱的天然禀赋：
  - ➢ 黄金是人类发现最早的金属之一；
  - ➢ 稳定，不与其他元素反应，在自然界中可以以“自然金”的形态长期存在；
  - ➢ 稀少，但并不稀缺；
  - ➢ 提炼并不困难；
  - ➢ 体积小，便于携带；
  - ➢ 不易磨损；
  - ➢ 延展性和可锻性好，容易分割及做成各种尺寸与形状；
  - ➢ 颜色与密度独特，不易混淆。

- 此外，黄金看起来着实漂亮，具有令人赏心悦目的美感。试想，天天要用到的如此珍贵的东西如果让人看着就恶心，有违人的天性，必将难当大任；

黄金如果被大量发现，其价值也会大打折扣。16世纪欧洲人到南美后发现了大量金矿，黄金供应量在一个小范围内陡然大幅度上升，致使黄金价值大跌，而因为黄金是货币，所有（以黄金计价的）商品价格大涨。幸好，这种供应量的增加在大范围内毕竟是有限的。

如此看来，黄金是天赐之物，生来就是造物主赐予人类充当货币之用的。

白银在历史上也在很多国家长时间地作为货币，尤其是日常流通中的货币使用。中国几千年的封建社会实行的就是银本位制。美国宪法第一条第十款明确规定，只能以金银币作为偿债之用，也即确定了金银本位制，而其1792年的铸币法规定了1美元 = 371.25谷白银（1谷 = 64.8毫克）。这是美元最早的贵金属度量，也即美元本来来自于银本位制。后来1盎司黄金在美国被确定为16盎司白银，实际上是把黄金和白银挂钩。

今天的美元以及其他纸币在政客和银行家们的共同努力下早已脱离了贵金属的度量，而成了他们肆意劫掠普罗大众的工具。但金银，尤其是黄金（白银已具有了相当程度的工业金属的特性），作为财富和价值的“定盘星”，并未也不会退出自然所赋予的价值度量的角色。

二、黄金崇拜与实物黄金的西向东流

黄金在几大文明之中享有宗教般的被崇拜地位，这种崇拜尤以印度文明和中华文明为甚。黄金已溶入这些文明的基因，深入进人们的骨髓，流淌在人们的血液里。多少豪门恩怨和人间悲欢曾与黄金有关。这几千年来积淀下来的黄金崇拜不是用现代金融手段打压黄金价格便得以消除的。

根据世界黄金协会（World Gold Council）的统计，2005~2014年的10年间，印度年平均黄金进口量在900~1,000吨，这些实物黄金并非为交易之目的进口而来，也未货币化，而是主要做成了首饰售出而沉淀下来，这种净进口因而影响到了印度的经常账户（current account）余额。印度政府采取了征收10%的进口税、要求20%的进口量再出口等措施，仍然收效甚微，背后的原因即在于几千年积淀下来的印度文化中对黄金的崇拜。

- 印度是全球最大的黄金消费国，黄金消费量占全球总消费量的25%；
- 60%~70%的黄金消费于首饰，每年约600吨，而印度中央银行的黄金储备也才557.75吨；

- 50%~60% 的首饰需求来自于婚庆，尤其是陪嫁，这大概与男子继承土地与房产等不动产、女子则继承黄金首饰等动产的传统有关，印度每年 10 到 12 月的婚庆季节因此可能对黄金价格产生影响；
- 尽管没有什么科学依据，印度人认为黄金有益于健康，贴心的金项链吊坠和戴在右手上的戒指能产生有益的震颤，进而使黄金的品性同化入人体；
- 黄金在 80% 的印度人信奉的印度教（Hinduism）中也有着崇高的地位，人们在祷告的时候念叨黄金，而印度教的寺庙据信藏有 2,500~3,000 吨黄金。

很多其他文明包括中华文明里也有着对黄金类似的信奉与崇拜，汉语里“金色的童年”和“金子般的心”便是例子。

2012 年至 2015 年间，市场人士观察到实物黄金明显的西向东流，形成了西方定价，东方购买的格局。如果说西方人视黄金为投资品种而低买高卖，东方人则买到黄金以后，除非遇到财政危机，一般不会轻易卖掉。如果这个趋势持续下去，则大部分黄金会流入东方。

三、黄金的供需

人类有史以来迄今为止到底开采出了多少黄金？汤姆逊路透社（Thomson Reuters）旗下的 GFMS 在 2015 年 12 月的估计是 186,700 吨，如果做成一个立方体，每边长 21.3 米（图 9-6），如此而已。和铁矿石、煤炭等大宗商品一比，从体积上说实在是微不足道。

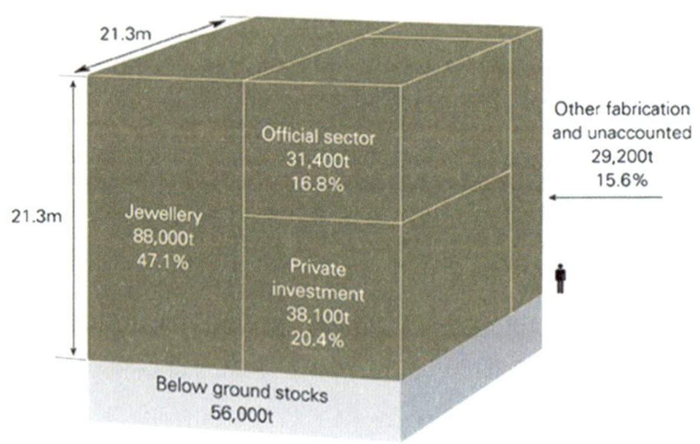

图9-6　累计黄金已采出量

黄金制作首饰的需求自不待言，其投资需求和各国储备资产的需求在黄金总的供需中也占有举足轻重的地位，对黄金价格自然也有着巨大的影响。

◇ **投资需求**

和住房的各种需求一样，投资需求也是需求，和其他种类的需求对价格有着同样的影响。

除了直接投资于实物黄金以外，有实物黄金支撑的交易所交易基金（Exchange Traded Fund，简称ETF，见第一章第三节）为黄金投资提供了极大的便利，这些基金也成了黄金供需的蓄水池，全球总量已达750亿美元之巨，其吸收和释放已成为市场的风向标而受到密切关注，大量的净吸收和净释放也对价格产生较大影响。全球最大的黄金ETF、在纽约等地上市交易的SPDR® Gold Shares（纽约证券交易所Arca板交易代码GLD）是其典型代表。

GLD作为一种金融产品推出的目的本是跟踪黄金价格，为有意投资于黄金但不愿受实物黄金投资之累的投资人提供一种工具，基金管理人则挣些手续费。大概出乎基金管理人的预料，2004年11月甫一推出，一周的时间其持有的实物黄金的规模就从发起时的8吨提高到了100吨，可见其需求之巨！

像有些其他ETF一样（如GDXJ，见第二章第六节第八部分），GLD的实际运行效果也已经在一定程度上偏离了它推出之时被动跟踪黄金价格的设计主旨，而是对黄金价格产生了相当大的反作用。无论黄金价格上升还是下降，GLD都可能加剧其趋势，甚至引领趋势，因此放大了黄金价格波动幅度。

◇ **各国储备资产需求**

黄金作为人类的最终货币无疑是重要的储备资产，各国政府（包括中央银行）因此都会不同程度地储备黄金。在经济前景不明朗、金融市场动荡、人们对纸币缺乏信心的大环境下，最终只有黄金能起到定海神针的作用。然而在全球经济欣欣向荣、金融市场稳定、人们对纸币信心十足的大环境下，黄金的储备资产地位也容易受到忽视，即使是以金融稳定为立意的中央银行在市场大环境的烘托下对黄金的态度也难免摇摆。这就使各国政府成了黄金的一个主要供方或需方。

近年来，各国中央银行基本上是黄金的净买家，这主要缘于储备资产（reserve assst）的多元化和对于纸币作为储备资产贬值的担忧。纸币作为储备资产以美元为主，欧元次之，辅以日元。随着美国、欧盟和日本疯狂地印钱，其币值的贬损是必然的，相应地会加重黄金在储备资产中的比重。

中央银行也可能成为黄金的卖家。20世纪90年代后期，随着欧元的逐渐成形和即将诞生，市场曾担心欧洲各国不会再把黄金作为储备资产，而会把他们所持有的黄金全部出售。1999年5月，英国财政部宣布，将通过拍卖出售约一半的黄金储备，以多元化其储备资产。这种与各国财政部或中央银行一般出售后才通报的惯例相违的出售“预告”进一步冲击了黄金价格，加之对瑞士、奥地利、荷兰等欧洲国家乃至国际货币基金组织也将卖出黄金的预期，黄金价格于1999年7月20日降到了20年最低点每盎司253.8美元。国际社会只好联合干预。1999年9月26日，欧洲中央银行、欧元区11国和瑞典、瑞士、英国在国际货币基金组织（International Monetary Fund，简称IMF）年会期间，在美国时任财政部长和美国联邦储备委员会主席的见证下签订了《关于黄金的华盛顿协议》（Washington Agreement on Gold），约定未来5年每年出售黄金限量400吨，致使黄金价格在两周内从每盎司260美元反弹至330美元。然而英国最终于1999年7月至2002年3月间以平均每盎司275美元的价格卖出了395吨黄金，此后黄金价格进入长达10年的上升通道，给当时的英国财政部长、后来的英国首相戈登·布朗（Gordon Brown）留下了千载骂名。此后，上述中央银行间的黄金限量出售协议又三度展期，当前有效的协议已展期至2019年9月26日。

四、纸币与金银

纸币的出现无疑是商品交换媒介的革命，最初作为“金银的代表（proxy）”的纸币为商品交换提供了极大的便利。然而，纸币与其所代表的金银的脱钩打开了纸币泛滥和贬值的潘多拉魔盒。多家机构的研究表明（图9-7），过去100多年间，所有纸币相对于黄金的购买力都已大幅度贬值：

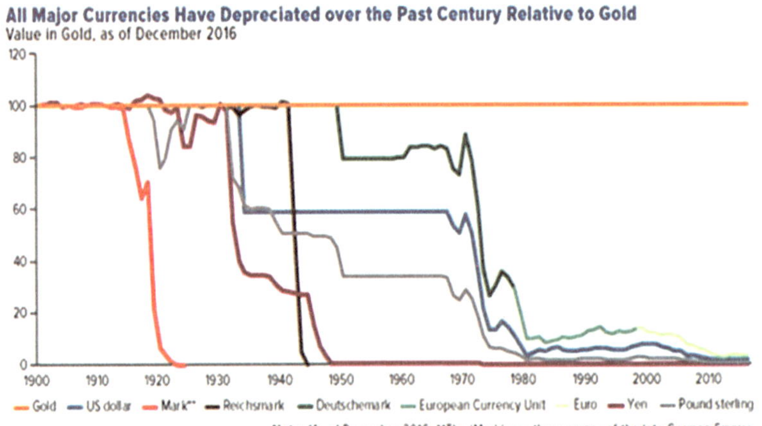

图9–7　各种纸币相对于黄金的购买力

资料来源：彭博通讯社（Bloomberg）等

• 黄色：黄金

- 蓝色：美元
- 绿色：德国马克、后来的欧洲货币单位、再后来的欧元
- 紫色：日元
- 灰色：英镑

每当纸币得以肆意横行之时，金银的货币职能便暂时潜隐其形，直至纸币崩溃，金银便光辉再现。在纸币与金银无数次的分合中，淘汰出局的无一例外地是纸币。遗憾的是，被淘汰出局的纸币在政治家和银行家的妙手操纵下，总能以一种形态或另一种形态改头换面、借尸还魂。

1. 黄金美元

第二次世界大战发生在欧洲大陆和亚洲大陆，美洲大陆则因其地理位置的关系免于战火，美洲各国的经济也免于战火的冲击。战争结束之际，美国水到渠成地取代了饱受战争创伤而债台高筑的英国，成了全球的主要政治、经济和军事力量，美元也就顺理成章地取代了英镑的霸主地位，直至今日。

第二次世界大战结束之际的 1944 年，44 个同盟国成员在美国新罕布什尔州（New Hampshire）的布雷顿森林（Breton Woods）召开了联合国货币与财政会议（The United Nations Monetary and Financial Conference），旨在重新规范已被战争摧毁的全球经济秩序。会议的重要成果之一是建立了其他国家的货币与美元挂钩、美元与黄金挂钩的固定汇率的新型国际货币体系。美元是这个货币体系的中枢，而黄金则是其后盾。当时全球近 80% 的黄金在美国。

该货币体系将黄金定价在每盎司 35 美元，并且是实实在在的双向可兑换的挂钩 – 无论是谁，只要递上 35 美元，美国政府有义务兑现 1 盎司黄金；反之亦然。这便是金本位制（gold standard）。大概是这个将美元与黄金直接挂钩的体系，使美元（在汉语中）赢得了“美金”之称，并毫无争议地成为各国的储备货币（reserve currency）。理论上，每发行 35 美元，需有 1 盎司的实物黄金作为支撑。

布雷顿森林体系不仅使美元成了各国的储备货币，也成了国际贸易中的主要结算货币。这就造成了各国对美元的“需求”，而负责发行和管理美元的美国联邦储备委员会（Federal Reserve，简称美联储）则需要不断地发行美元，以满足这种需求。

布雷顿森林体系客观上要求美国经济强劲，且足以引领全球经济的发展，美国也因该体系而享有巨大的“铸币税”（seignorage），权当是各国向带头大哥上贡吧。

平稳运行了二十几年的布雷顿森林体系对美国的压力到 20 世纪 60 年代后期已逐渐显现。美国的税收不足以支撑其建设福利社会的内部需求以及支付越

南战争经费的外部需求，只好大量举债，致使其债务水平与其黄金储备越来越失衡。以法国为代表的西欧国家认识到了这种架构的不可持续性，纷纷用其美元贸易盈余向美国兑换黄金。怪不得美国人不喜欢法国人呢！

1971 年 8 月 15 日，由于担心其他国家提空美国的黄金储备，美国总统理查德·尼克松（Richard Nixon）单方面宣布“关闭黄金窗口”（closing the gold window），终止用美元兑换黄金，黄金美元的时代戛然而止！自此，美元成了没有任何实物依托而仅凭人们对美国政府的信心的“法定”货币（fiat currency）。理论上，美国可以仅凭意愿和需要，想印多少就印多少了。

“法定”（fiat）一词来自于拉丁文，意思是“它应该是”（it shall be）。法定货币也就是政府通过法律法规确定，“这就是货币”，于是它就成了货币。

可以想象，国际社会对美元的需求会逐渐减弱，美国会失去其巨大的铸币税利益。然而，美元会坐以待毙吗？

2. 石油美元

1973 年，美国时任国务卿亨利·基辛格（Henry Kissinger）代表美国向沙特阿拉伯皇室提议，美国向沙特提供武器，并保护沙特，使之免受包括以色列在内的敌国攻击。

沙特人大概在纳闷，这得多少钱呐，或者，你打算要多少油啊？

美国人开出条件：

- 沙特石油出口以美元为唯一定价和结算货币
- 沙特将石油贸易盈余买成美国国债

就这么简单！

安全受到各方面威胁的沙特大喜过望，欣然接受。1974 年，该体系已得以在沙特完全运转起来；至 1975 年，则已被所有欧佩克国家所接受。至此，美元进入了“石油美元”（Petrodollar）时代。

这才叫战略！

大道至简。世上的事就是这么奇怪，日常生活中的鸡毛蒜皮可能错综复杂得令人纠结不已，这关乎地球如何运转的顶层设计却可以如此简单。想想作为原子弹和核能理论基础的爱因斯坦的质能方程 $E = MC^2$，连等号都算上才不过五个字符，就办了这么大事！

仅仅四年的时间，美元便成功地从黄金美元转型为石油美元，继续着美国对全世界的金融掠夺。彼时，有着五千年文明史的中华大地上，正在“无产阶级专政下继续革命”……

对于美国来说，石油美元可比黄金美元强多了。在金本位时代，和黄金挂钩，美元是要看黄金的脸色的，要印多少美元，（理论上）得看有多少黄金。石油美元把这关系给倒过来了 – 黄金得看美元的脸色，成了黄金和美元挂钩！你看美联储一加息，或者哪怕仅仅是模棱两可地暗示可能加息，黄金价格就应声下跌！

此后，美国的外交和军事战略与布局相当程度上围绕着石油美元，可谓悠悠万事，唯此为大，石油美元。

现在 50 岁以上的人大都记得那鼓励“出口创汇”的年代，这个“汇”便是那可爱又可恨的美元。

石油美元使美国得以长期低成本地大量举债，支撑了其优越的生活方式和强大的军事实力。美国的政客们够坏的，他们带着美国老百姓依其美元的霸权地位以金融手段扫荡全世界！然而，和那些只知道搜刮和压榨自己的老百姓的政客们相比，熟高熟下？！

你要觉得沙特亏了而替沙特难过，那就大可不必了。沙特是个王国，皇族是沙特的主人（owner），有如爱新觉罗家族之于大清朝（起码他们自己是这么认为的），外人都是奴仆，不管给你个啥位置。石油美元让沙特的几千个王子王孙们优哉游哉地享受着太平盛世。

现代沙特阿拉伯由其创始国王伊本·沙特（ibn Saud，全名 Abdulaziz bin Abdulrahman bin Faisal al Saud）在英国资金的支持下于 1932 年创建。第二次世界大战结束之际的 1945 年，时任美国总统罗斯福成功地说服了沙特，英国那个老牌帝国已经过了气儿，只有美国才能保护沙特的安全，双方并因此达成了用供应石油换取军事保护的条约。美国当时的用意不过是保障石油供应。石油美元则把美元和石油的定价与结算捆绑在一起，用石油为美元背书，大大地升华和稳固了双方之间的关系。

美国到处推销民主，却并未对沙特的缺乏民主有所作为。明摆着，石油美元对美国来说可比民主重要多了。

3. 纸币的泛滥与通货膨胀

也许是出于对政府印钱的权力的误解，不少人以为政府的钱取之不尽、用之不竭。其实，很多国家已经没有多少“国有企业”了，自然也就没有国有企业的上缴利润了，政府的主要收入来源是税收，税收便是政府的“收入”。美国税务局的正式名称是“国内收入服务局”（Internal Revenue Service，缩写为 IRS），加拿大税务局则称为“加拿大收入署”（Canada Revenue Agency，缩写为CRA）。政府支出，包括政府机关的运行、教育、医疗、军队、政府出资的基础设施、国际援助等支出均来自于税收。在经济形势不好的时候，政府便发行国库券等各种形式的债务，负债（赤字）运行。债务发不出去的时候就只好印钱了。绝大多数政府其实是穷政府。

> Inflation is the one form of taxation that can be imposed without legislation.
>
> —Milton Friedman
>
> 通货膨胀是不需立法即可征税的一种形式。
>
> ——米尔顿·弗里德曼（美国经济学家）

政府印钱的行为有个文绉绉的叫法 - 货币发行。政府印的钱越多，公民手中现有的钱贬值得越多。通货膨胀是对公民现有财富的蚕食，但是温和的通货膨胀可以"温和"到神不知鬼不觉，甚至连民主社会的公民们都不会提出抗议，除非是极难容忍的恶性通货膨胀。连政府主导经济的倡导者、进而被各国政府奉为经济学圣贤的约翰·凯恩斯（John Keynes）也批评道，"通过持续的通货膨胀，政府得以神不知鬼不觉地悄然没收相当大一部分国民财富"。

> Like gold, U.S. dollars have value only to the extent that they are strictly limited in supply. But the U.S. government has a technology, called a printing press (or, today, its electronic equivalent), that allows it to produce as many U.S. dollars as it wishes at essentially no cost.
>
> —Dr. Ben S. Bernanke. November 21, 2002
>
> 像黄金一样，美元只有在供给受到严格限制的情况下才有价值。然而美国政府有一种技术，叫做印刷机（或其现在的电子形态），使其得以几乎零成本地想印多少美元就印多少。
>
> ——伯南克（原美联储主席），2002年11月21日

欧洲国家的国王几百年前在发明了往黄金里掺铜这些"绝招"以前还得低三下四地向商家借钱。现在的政府就简单多了，印就是了。但总得有人为这些不负责任的行为埋单。谁呢？当然是普罗大众。

有人因滥发纸币受损，就有人因滥发纸币中受益，受益者便是掌握着更多资源的机构和富人。因此，滥发纸币的另一个后果是，贫者愈贫，富者愈富，加大贫富差距和社会不公。

美国宪法第五修正案保护私有财产的条文在其他方面都得到了有效执行，就是管不了通货膨胀。

如果有人存下了三十年前的某一年辛辛苦苦积攒下的几百元钱，现在已不足以供全家在稍有档次的餐馆享用一顿美餐了。

No person shall be… deprived of life, liberty, or property, without due process of law; nor shall private property be taken for public use, without just compensation.

—The Fifth Amendment to the U.S. Constitution

未经正当法律程序，任何人的生命、自由和财产不得予以褫夺；无合理补偿，私有财产不得充以共用。

——美国宪法第五修正案

表 9–5 因为纸币泛滥各国曾经引发的恶性通货膨胀

国家	年度	高峰通货膨胀率
智利	1973	88%
匈牙利	1923~1924	98%
秘鲁	1988	114%
扎伊尔（现刚果（金））	1991~1992	114%
阿塞拜疆	1991~1994	118%
乌兹别克斯坦	1992	118%
保加利亚	1997	123%
奥地利	1921~1922	129%
哈萨克斯坦	1992	141%
吉尔吉斯斯坦	1992	157%
白俄罗斯	1992	159%
玻利维亚	1984~1985	183%
阿根廷	1989~1990	197%
格鲁吉亚	1992	198%
塔吉克斯坦	1992~1993	201%
格鲁吉亚	1993~1994	211%
前苏联	1922~1924	212%
前苏联	1992	245%
扎伊尔（现刚果（金））	1993~1994	250%

（续表）

尼加拉瓜	1986~1991	261%
波兰	1923~1924	275%
乌克兰	1992~1994	285%
中国	1943~1945	302%
法国	1795~1796	304%
波斯尼亚/黑山	1992~1993	322%
秘鲁	1990	397%
台湾	1945	399%
台湾	1948~1949	399%
土库曼斯坦	1992~1993	429%
亚美尼亚	1993~1994	438%
中国	1947~1949	5,070%
德国	1922~1923	29,525%
希腊	1941~1945	138,000%
塞尔维亚	1992~1994	2.97亿%
津巴布韦	2007~2008	80亿%
南斯拉夫	1992~1994	3,130亿%
匈牙利	1945~1946	41,600万亿%

来源：比尔·鲍纳月刊（The Bill Bonner Letter）

距今最近的恶性通货膨胀约 10 年前发生在津巴布韦，常去非洲的读者想必记忆犹新，其最大面额的纸币面值达 100 万亿津巴布韦元，1 后面 14 个 0（图 9-8）！泛滥之时，与历史上的其他恶性通货膨胀毫无二致，刚刚发行的大面额纸币，早晨能吃顿早餐，中午能勉强喝杯咖啡，下午已经买不了一份报纸了。过着奴隶般生活的绝大多数津巴布韦人真的是穷得就剩“钱”了。这是滥发纸币鲜活的一例！其纸币在德国印制，最后德国拒绝继续为其印制，这无赖政府只好于 2008 年 6 月宣布其纸币作废，改用南非兰德或美元。其纸币崩溃之时，100 万亿津巴布韦元约合 40 美分。你如果原来存了一些津巴布韦元，自然也就归零了。

图9–8 津巴布韦最大面值纸币（100万亿）

而现年70岁以上的人大概还记得国民政府撤离大陆前的1947~1949年间“一麻袋钱买不了一麻袋米”的情景。

抗日战争结束后，国民政府财政本已陷入困境，而内战爆发，军费再次猛增，不得不继续大量印刷法币（fiat money，纸币），导致物价疯狂上涨，法币急剧贬值，只好废除法币，改发“金圆券”，并强制收取公民手中的金银及外币，兑以金圆券。其实金圆券就其性质而言又何尝不是一种法币，不过改了个名字，换汤不换药罢了。1948年8月19日发行之时，1美元 = 4金圆券，至11月11日，不到3个月的时间，贬值5倍至1美元 = 20金圆券，而后继续江河日下、一泻千里，最大面额印到了100万（图9-9）。至1949年5月，一石大米售价已达4亿多金圆券，日常生活所需均以大捆钞票买卖，物价上涨了几十倍。

图9–9 民国时期的100万元面值金圆

History teaches us that we learn nothing from history.

—George Bernard Shaw

历史告诉我们，我们从历史上什么也学不到。

——萧伯纳

别以为这些只是历史的烟云而“都付笑谈中”。本书成书之时，类似的恶性通货膨胀正在曾经富庶的委内瑞拉现场直播……

仅 2017 年第一季度，全球主要经济体的中央银行就凭空制造出来累计一万亿美元的新钱！

Throughout history, feckless governments have dodged their fiscal responsibility by turning to their monetary authority to devalue the currency, monetize debt and inflate their way out of structural deficits.

—Richard Fisher: President and CEO of the FRB of Dallas, March 10, 2011

纵贯历史，不负责任的政府无不利用其货币政策使其货币贬值，债务货币化并制造通货膨胀使其从结构性赤字之中解脱出来。

——理查德·费舍尔，达拉斯联邦储备局总裁兼首席执行官，2011 年 3 月 10 日

Paper money eventually returns to its intrinsic value - zero.

—Voltaire

纸币最终会回归其内在价值—零。

——伏尔泰（法国思想家）

虽然绝大多数滥发纸币系因战争中支付军费所需，和平时期也难以幸免，只是温和得多罢了。历史已反复证明，无论国家的政治制度、社会形态以及何人执政，没有几个政府能够抵挡得住印钱的诱惑。在河清海晏、歌舞升平之时，人们会暂时忘却金银的地位，而令纸币大行其道。然而，经过几千年的大浪淘沙，能够留存下来的人类赖以保值的媒介只有金银，尤其是黄金，而纸币无一例外最终会回归其内在价值 - 零。

有幸，实物黄金是不能印的！这是抵挡政府滥发纸币的最后一道防线。因此，黄金是人类的最终货币。

但愿政治家们能够怜惜苍生。靠印钱“致富”，这事儿不靠谱儿。

五、黄金价格

黄金如此重要，利益攸关方自然想搞明白黄金价格是怎么确定的，到底和什么因素有关。

1. 黄金价格的确定

全球有不少黄金交易平台，如纽约商品交易所（COMEX）和上海黄金交易所。被称为新版"伦敦黄金定盘价"（London Gold Fix）的"伦敦金银市场协会金价"（LBMA Gold Price，LBMA是伦敦金银市场协会（London Bullion Market Association）的缩写）是全球的主要黄金定价基准（benchmark），是涉及黄金的很多交易的黄金价格基准。它的前身就是著名的伦敦黄金定盘价。

伦敦黄金定盘价历史悠久，其雏形至少可以追溯到1907年。当年在金融大鳄罗斯柴尔德的一间小木屋里，由罗斯柴尔德家族等五家参与定价，1919年开始正式每日发布。

伦敦黄金定盘价每日上午10:30和下午3:00两次以类似于"集合竞价"的方式确定，下午的定盘价尤其重要，因为伦敦下午3:00正是伦敦和纽约市场都在交易之时。

经过激烈的竞争，伦敦金银市场协会于2014年11月决定，由伦敦洲际交易所（Intercontinental Exchange，缩写为ICE）名下的洲际交易所基准管理局（ICE Benchmark Administration，IBA）管理新的黄金定盘价，即LBMA金价。2015年3月20日，LBMA金价首次登上历史舞台，结束了长达96年的伦敦黄金定盘价。

其实，除了伦敦黄金定盘价以外，还曾经有伦敦白银定盘价（London Silver Fix）和伦敦铂钯定盘价。伦敦白银定盘价历史更为悠久，始于1897年。这几种定盘价均于2014年结束了其历史使命，让位于电子交易系统。

2016年4月19日，上海黄金交易所推出了以人民币计价的上海黄金基准价（Shanghai Gold Benchmark Price），进一步稳固了伦敦、纽约、上海全球三大主要黄金交易市场黄金定价的三足鼎立局面。

2. 黄金价格的相关因素

已知被研究过的、被认为与黄金价格有一定关联的因素有：

- 美国10年期国债收益率
- 美元指数
- 美国非农业就业指数（US Non Farm Payrolls）
- 货币供应量
- 白银价格
- 石油价格
- 美国国债总量
- 标准普尔500指数（S&P 500 Index）

- 道・琼斯指数（Dow Jones Index）
- 美国房价指数（US National Home Price Index）

由于占有资料的多寡和选取、研究的时间间隔、解读数据的角度、研究方法的适用性等方面的问题，上述各因素与黄金价格之间的相关性，有的较高，大多数则牵强附会。对于每一种相关性较高的关系，也都有人举出反例。

比如，金价与银价的关系。当年，作为英国皇家铸币局局长的牛顿爵士本着研究天体物理的严谨的治学精神，“计算”出 1 盎司黄金 = 15.5 盎司白银，开启了“银本位”之后的“金本位”时代。将近 300 年后的今天，货币体系已然今非昔比。图 9-10 是 1985~2015 年 30 年间二者之间的比值关系曲线。

图9-10 金银价格比

资料来源：Silver Bullion

对这一曲线完全可以有不同的解读：金银价格之比基本上在 45~80 的范围内波动；或者，金银价格没有关系。

如果把研究的时间间隔拉长或缩短，都可能得到不同的解读。图 9-11 是 1968~2016 年间二者之间的比值关系曲线。

被专业投资人认可程度较高的看法是，黄金与 10 年期美国国债的“实际”收益率（real yield，见第五章第五节第二部分第 5 小点）呈负相关（图 9-12）。

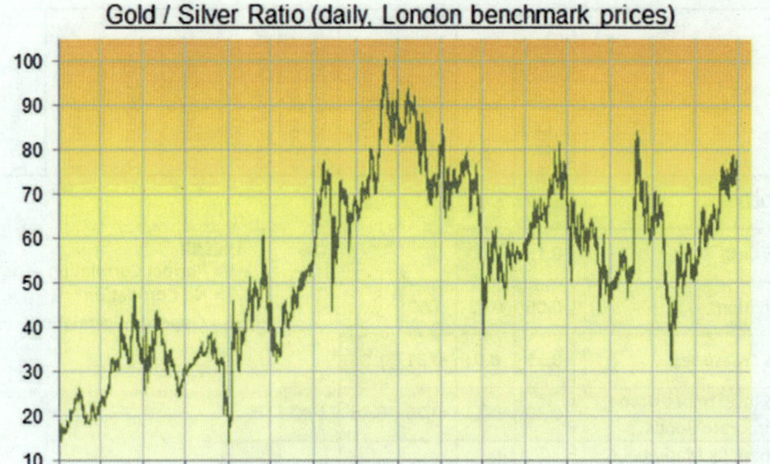

图9-11 金银价格比

资料来源：BullionVault

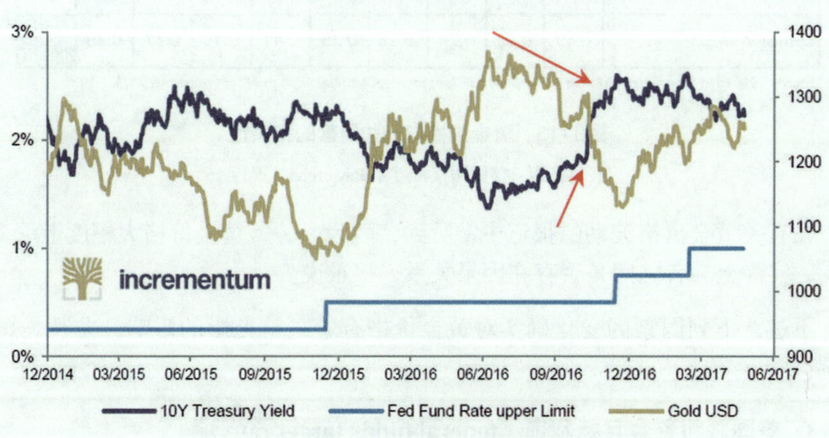

图9-12 黄金价格与美国国债实际收益率的关系

资料来源：英格里曼塔姆（Incrementum）

美国摩根大通（JP Morgan）银行2015年发布的一份研究报告研究了黄金与美元、美国通货膨胀率、美国国债收益率、美国投资级债券收益率、新兴市场主权债券收益率、美国大型公司股票收益率、美国小型公司股票收益率、美国房地产信托投资基金收益率和其他可交易商品（commodities）的相关性（图9-13），并发现，与黄金相关程度最高的还是其他可交易商品，但其相关系数也不过0.49。

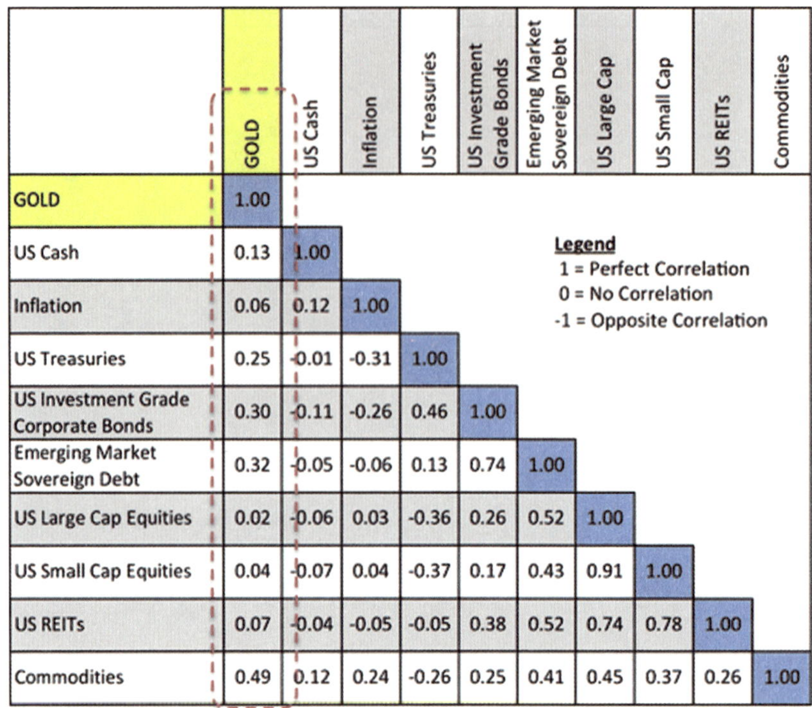

	GOLD	US Cash	Inflation	US Treasuries	US Investment Grade Bonds	Emerging Market Sovereign Debt	US Large Cap	US Small Cap	US REITs	Commodities
GOLD	1.00									
US Cash	0.13	1.00								
Inflation	0.06	0.12	1.00							
US Treasuries	0.25	-0.01	-0.31	1.00						
US Investment Grade Corporate Bonds	0.30	-0.11	-0.26	0.46	1.00					
Emerging Market Sovereign Debt	0.32	-0.05	-0.06	0.13	0.74	1.00				
US Large Cap Equities	0.02	-0.06	0.03	-0.36	0.26	0.52	1.00			
US Small Cap Equities	0.04	-0.07	0.04	-0.37	0.17	0.43	0.91	1.00		
US REITs	0.07	-0.04	-0.05	-0.05	0.38	0.52	0.74	0.78	1.00	
Commodities	0.49	0.12	0.24	-0.26	0.25	0.41	0.45	0.37	0.26	1.00

Legend
1 = Perfect Correlation
0 = No Correlation
-1 = Opposite Correlation

Source: 2016 Long-term Capital Market Assumptions. JP MorganAsset Management as of September 31, 2015.

图9–13　黄金价格与一些因素的相关性

资料来源：美国摩根大通（JP Morgan）银行

在有关黄金价格波动的报道中常听到“因为……，黄金价格大幅度上涨 / 下跌”，实际上二者之间是否存在因果关系，很难说。

不过，下列因素的变化确实对黄金价格有着立竿见影的影响，尤其是短期影响：

◇ 美国联邦资金目标利率（federal funds target rate）

市场上盯着，甚至预测、猜测美国联邦储备委员会（Federal Reserve，简称“美联储”）的一举一动，就是为了这个数，由美联储通过其联邦公开市场委员会（Federal Open Market Committee）确定，并通过美联储的公开市场操作（open market operations）影响和带动市场上的其他利率同方向变化。

降低联邦资金目标利率也就降低了美联储向商业银行贷款的利率（称“贴现率”），进而增加货币供应量（money supply）。当然，向实体经济注资的货币供应量还和所谓的“货币流通速度”（velocity of money）有关。

美联储加息导致国际资本（因为追求更高收益）对美元的需求上升，致使美元走强，而黄金以美元计价，故黄金价格下跌；反之，美联储降息，黄金价格上涨；二者呈负相关。

虽然深度研究并不支持这种关系（图 9-14），但市场上的短期反应却支持这个逻辑。因此美联储哪怕仅仅是暗示要加息、降息，对黄金价格也会有一定程度的相应的影响。

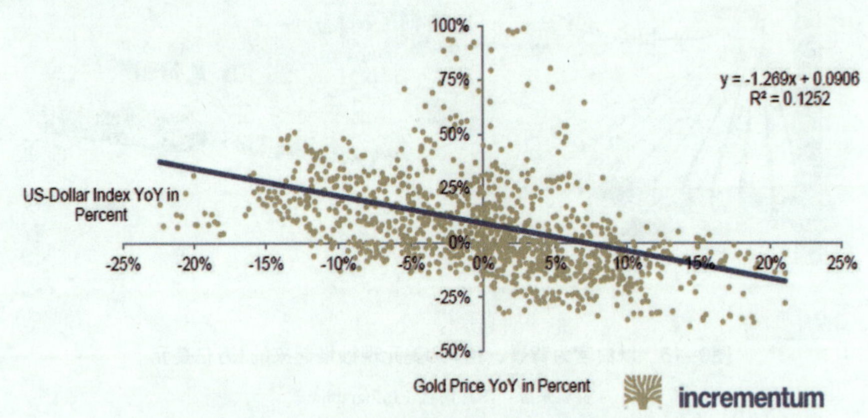

图9–14 1974年至2017年5月美元指数与黄金价格的关系

来源：英格里曼塔姆（Incrementum）

◇ **美国非农业就业指数**

由美国劳动统计局（U.S. Bureau of Labor Statistics）发布。其与黄金价格相关的逻辑在于，非农业就业人数增加表明经济形势在好转，对黄金避险的需求降低，黄金价格则相应下降。

上述两个因素对黄金价格的影响基本上是短期的。而当前对黄金价格有着长期影响的基本面（fundamentals）则有：

◇ **政府债务**

各种各样的原因使很多国家的政府债台高筑。以美国为例，到 2016 年 9 月，美国联邦政府资产负债表上的负债已达 19.5 万亿美元，而表外负债则更是高达 90 万亿美元。

到了万亿级，我们的直觉已经不够用了。且用数字和视觉看一看：

➢1 万亿秒 = 31,710 年

➢ 用 100 美元面值的钞票堆起来的 1 万亿美元（以白宫为背景，图 9-15）

图9–15　以白宫为背景、用100美元现钞堆起来的1万亿美元

资料来源：图片信息（Infographic）

这 19.5 万亿美元的表内债务是什么概念呢？

➢ 高于标准普尔 500 指数公司的总市值

标准普尔 500 指数（S&P 500）跟踪以市值计的前 500 家美国上市公司的总市值，人们熟知的苹果、微软、谷歌、脸书、埃克森美孚等尽在其中。2016 年中，该总市值为 19.1 万亿美元。

➢ 高于全球前 7 家资产管理公司管理的资产总值

2016 年中，贝莱德（BlackRock）、先锋集团（Vanguard Group）、富达投资（Fidelity Investments）等全球最大的 7 家资产管理公司管理的资产总规模约 18.9 万亿美元。

➢ 是 2015 年全球石油交易价值的 25 倍

相当于沙特阿拉伯 146 年的石油出口收入。

➢ 是全球年采出黄金价值的 155 倍

按 2016 年中的黄金价格和每年约 3,000 吨的全球黄金产量，偿还现有负债需 155 年的全球黄金产量。

➢ 高于全球已发行货币、实物金银和比特币等的总价值

到 2016 年中，全球已发行货币、实物金银和比特币等的总价值约 12.73 万

亿美元。

如果再加上表外负债，则应了一句电影台词，“前任县长已经把税收收到90年以后了”。除非把现行货币体系归零，一切推倒重来，偿付这些债务已无可能。而一切推倒重来的那一天总会到来，只是时间早晚的问题。如果说其他纸币的崩溃尚有美元作为后备支撑，以现在的格局，只有黄金能够应对美元的崩溃。

这还只是政府债务，如果再加上公司、银行等机构债务，整个金融体系更是令人寝食难安。

2016年间，金融体系里最具系统性风险的大概要数德意志银行的衍生品敞口－42万亿欧元（2016年9月，图9-16）！

这仅仅是一家银行的敞口，看看它的相对量级：

- 德国 GDP：3 万亿欧元
- 欧盟成员国 GDP 总和：14.6 万亿欧元

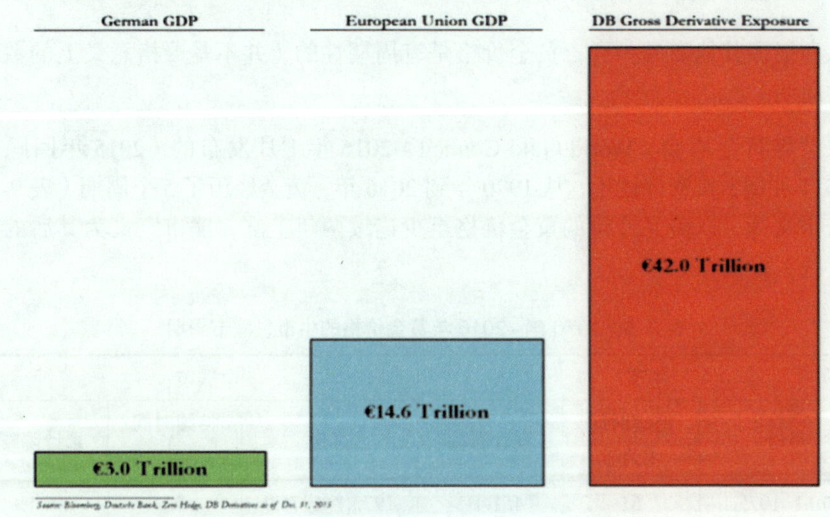

图9–16 德意志银行2016年衍生品风险敞口

即使是德意志银行多头与空头相抵后的净敞口可以忽略不计，金融体系里的衍生品规模也可见一斑。

德意志银行是德国第一大银行，在欧盟也有举足轻重的地位，交易对手数以万计，这种规模的衍生品敞口蕴含着巨大的交易对手风险。德意志银行万一崩盘，对全球金融体系的冲击会超过美国雷曼兄弟的垮塌。

◇ **负利率**

通货膨胀率高于银行存款利率便是实际的负利率，因此，负利率的客观存在已经不是一时半会儿的事儿，只是政府不会把它拿到台面上说就是了。然而，2014 年中，欧元区率先推出（名义）负利率，颠覆了人类 5,000 年的货币史，使负利率堂而皇之地登上了大雅之堂，人类第一次因借给别人钱而付费。至 2016 年中，全球约 30% 的政府债券为负利率。

如果和有息存款相比，黄金从直接收益上来说处于劣势，和负利率相比，黄金则有着明显的优势。

从长期趋势上看，黄金价格与美元实际利率（即，名义利率 - 通货膨胀）走势相反的说法更有说服力。美国国家经济研究局 2013 年 5 月发布的一份研究报告分析了 1997~2012 年的数字表明，黄金价格和美元实际利率的相关系数达 -0.82。

3. 黄金价格的周期性和季节性

和很多其他商品一样，黄金价格是有周期性的（并不是严格意义上的数学上的周期）。

世界黄金协会（World Gold Council）2016 年 1 月发布的《2015 年回顾与 2016 年展望》投资评述说，从 1970 年到 2016 年，黄金经历了 5 个周期（表 9-5，牛市定义为，以美元计价的黄金价格至少连续两年上涨；熊市定义为其后的持续下跌）。

表 9–5 1970 年 ~2016 年黄金价格的牛市、熊市周期

牛市			熊市		
月份	持续时间（月）	累计涨幅	月份	持续时间（月）	累计降幅
1970.1~1975.1	61	451.4%	1975.1~1976.9	20	-46.4%
1976.10~1980.2	41	721.3%	1980.2~1985.3	61	-55.9%
1985.3~1987.12	33	75.8%	1987.12~1993.3	63	-34.7%
1993.4~1996.2	35	27.2%	1996.2~1999.9	43	-39.1%
1999.10~2011.9	144	649.6%	2011.9~		
平均	63	385.1%	平均	47	-44.0%
中值	41	451.4%	中值	52	-42.7%

来源：世界黄金协会

除了这种大周期以外，黄金价格在一年之内的波动似乎也有季节性，一般在第二、三季度走弱。图 9-17 是 1984~2015 年间用月度平均数据统计得到的一年间各月黄金价格的增降幅度。

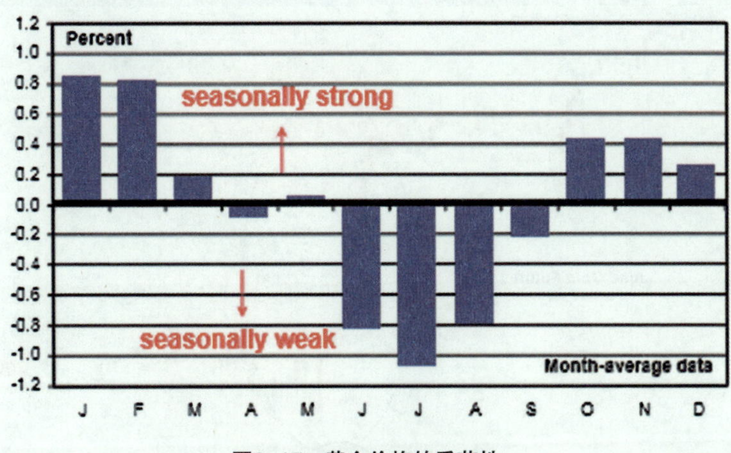

图9-17 黄金价格的季节性

资料来源：加拿大投资银行丹地证券（Dundee Securities）

应该注意的是，这是多年的数据平均的结果，某一具体年份中的季节性则未必与此吻合。

4. 价格操纵

很多人相信，每一交易市场上都有价格操纵行为，黄金价格当然也不能幸免。

2013 年 4 月 12 日（星期五），纽约商品交易所（COMEX）甫一开市便在几分钟之内有 340 万盎司（约 106 吨）的巨量黄金抛盘（实际上抛售在纽约开市之前已经在境外市场上开始了）；两小时之后，又有几乎 3 倍量的 1,000 万盎司（约 311 吨）黄金抛盘。当日黄金价格收于每盎司 1,501 美元，下跌 88 美元。

一日之内，两次巨量抛盘（图 9-18），将近 420 吨黄金，约合全球黄金年产量的 15%！

一路冲破了多个止损线的黄金价格止不住下跌之势，周一（2013 年 4 月 15 日）遭遇全面抛售，继续下跌 179 美元至 1,322 美元。自 2011 年 9 月黄金价格从 1,900 多美元的高位回落以来，本来抱着止跌回升一线希望的投资界人士认识到，黄金已实实在在地进入了熊市。

任何理性的市场参与者都不可能这样交易。

虽然不少人怀疑伦敦黄金定盘价也有时被操纵，但真正拿得出过硬的证据来或者被监管机构处罚的例子并不多。2014 年 5 月，英国巴克莱银行（Barclays Plc）及其一位前交易员接受处罚。

图9–18 2013年4月黄金价格闪崩

2012 年 6 月 27 日，英国和美国金融监管机构就操纵伦敦同业银行隔夜拆借利率（LIBOR）对巴克莱银行罚款 4.5 亿美元。按说这应该是对金融从业者，尤其是巴克莱银行的员工，一个响亮的提醒。然而，一天之后的 6 月 28 日，该银行的一位交易员为免于向一位客户支付 390 万美元而在伦敦黄金定盘价的定价过程中刻意用大量卖盘压低黄金定盘价。2014 年 5 月，英国金融监管机构为此对巴克莱银行罚款 2,600 万英镑，对其交易员个人罚款 95,600 英镑。

有人认为，不仅是金融从业者和投机商以盈利为目的操纵黄金价格，中央银行要“管理”他们的货币，更是长期地、公开地、系统性地操纵黄金价格。黄金因为其金融属性而有别于其他商品，是纸币的竞争者，中央银行为了保纸币（尤其是美联储为了保美元）而有打压黄金价格的动机。加拿大著名自然资源投资人埃里克·斯普罗特（Eric Sprott，见第二章第三节第七部分）等“阴谋论者”认为，2013 年 4 月中对黄金价格的攻击就有西方中央银行在幕后策划。有人甚至认为，在传统的价格操纵方式失灵的情况下，20 世纪 80 年代黄金生产商的套期保值行为也是金融机构为了打压黄金价格想出来的办法，金融机构游说黄金生产商，把一千多吨尚未生产出来的黄金提前卖出来了，平抑了当时已然高企的黄金价格。

财经评论员约翰·墨菲（John Murphy）和报刊编辑克里斯·鲍威尔（Chris Powell）设立了一个机构 – 反托拉斯黄金行动委员会（Gold Anti-Trust Act Committee，缩写为 GATA）。他们办网站（http://www.gata.org/）、参加并召集会议、发表文章、发表演讲，甚至通过打官司获取资料，揭露中央银行和金融机构共谋打压黄金价格的行为。他们从美联储、欧洲中央银行、欧洲各国中央银行、国际清算银行、国际货币基金组织、芝加哥商品交易所等机构的文件中寻找到大量证据，支持他们的论点。其中一例是：美联储前主席阿兰·格林斯潘（Alan Greenspan）1998 年在向美国国会作证时说：“如果黄金价格开始上涨，各家中央银行已准备好对外租赁无限量的黄金”。

格林斯潘担任美联储主席长达19年之久，以说话模棱两可著称。他自己也说，“如果你以为你听懂了我的话，那你一定是听错了”。有证据表明，他在担任美联储主席之前和之后都非常看好黄金，担任美联储主席期间，履行公职的需要使他暂时隐藏了个人观点。2014 年，早已卸任的格林斯潘说，美联储的存在不是为了保美元，而是为了保金融体系。

中央银行的黄金租赁（给金融机构）被认为是中央银行向市场投放实物黄金的主要形式之一。有人分析，部分租赁出去的黄金已经进入市场，不是能轻易地收回来的。但租赁不是出售，因而在中央银行的资产负债表上看不出来其黄金已经不存在了。因此，有人认为，美国实际上已经没有宣称的 8,000 多吨黄金。这就是为什么德国要把储存在美国的 700 多吨黄金运回国内，两国之间达成的协议是，要花 7 年多的时间。德国中央银行不得已公布了 2,300 页的金砖存储资料，详细列示了存放在本土法兰克福、英国伦敦、法国巴黎和美国纽约的每块金砖的资料，市场的质疑才被打消了。

5. 黄金价格走势

自 2011 年 9 月达到每盎司 1921.17 美元的高点之后，黄金价格震荡下行，至 2015 年末，似乎已企稳回升。

未来的黄金价格走势怎样？如果是上行，能到多高？愿意预测的还真大有人在。有的只谈趋势；有的大胆一些，也预测价格；更大胆的则预测在什么时点黄金达到什么价位，有的甚至把紫微斗数都用上了。

作者没有能力预测，那就看看行家们是怎么看的吧。其实，投资界响当当的大腕们对黄金和未来金价的看法也对垒分明，那就看你信谁了。

◇ 多年来一直看多黄金的有：

➢ 著名基金管理人和矿业投资人埃里克·斯普罗特（Eric Sprott，见第二章

第三节第七部分）

- 著名自然资源投资人里克·卢尔（Rick Rule）：

  卢尔是矿业界最具影响力的人物之一，也是出色的演讲家和矿业教育家，常常把深邃的投资逻辑深入浅出地阐释出来。

- 著名矿业经理人和投资人罗勃·马丘文（Rob McEwen）：

  2000年，时任加拿大金业公司（Goldcorp Inc.，多伦多证券交易所主板交易代码G，纽约证券交易所交易代码GG）首席执行官的麦丘文不满于内部有限的技术资源，发起了著名的“金业擂台”（Goldcorp Challenge），把很多人视为公司秘密的始于1948年的全部地质资料公之于网上，并悬赏50万加元向全球公开征集勘探方案。全球80多个国家的1,000多人参与了该项活动，就50多个新的勘探靶区提出了建议，其中的80%获得了新的资源量，加拿大著名的红湖（Red Lake）金矿的产量也从1997年的年产5万盎司提高到了现在的50多万盎司。当年的擂台对成就今天的金业公司功不可没。

  获得了2001年年度开发人奖（Developer of the Year）、2002年年度矿业人奖（Mining Man of the Year）、2006年最具创新CEO奖（Most Innovative CEO）、2007年加拿大勋章（Order of Canada）并于2017年入选加拿大矿业名人堂（Canadian Mining Hall of Fame）的马丘文也是著名矿业投资人。作为马丘文矿业有限公司（McEwen Mining Inc.）的创始人、持股25%的第一大股东、董事长，马丘文不领薪酬，以保证其利益与其他股东利益绝对一致。

  马丘文近年来数次公开评论，认为黄金价格在不远的将来将达到每盎司5,000美元。

- 著名自然资源和影视投资人弗兰克·吉斯特拉（Frank Giustra，见第五章第四节第四部分）

- 吉姆·里卡兹（Jim Ricards）：

  《货币战争：铸就下一次全球危机》（Currency Wars: The Making of the Next Global Crisis）和《货币之死：国际货币体系的即将崩溃》（The Death Of Money: The Coming Collapse of the International Monetary System）的作者。

- 著名市场分析师和投资人马克·发博（Marc Faber）。

这些外号“黄金虫儿”（gold bug）的投资人懂得黄金的历史与文化及其在金融史上的地位，对黄金似乎有着特别的痴迷与钟爱。不以为然者认为，他们不过是在自娱自乐。

◇ **对黄金不以为然的有：**

➢ 当代最杰出的投资大师沃伦·巴菲特（Warren Buffett）- 大师对黄金颇有揶揄：费劲巴力地从地下挖出来，再挖个坑埋上（储存在地窖里），然后雇人看着，要从月球上往下看，这件事有点困惑。

➢ 最准确地预测了2008年因美国次级房贷引发的金融危机，有“末日博士”（Dr. Doom）之称的纽约大学教授诺里尔·鲁比尼（Nouriel Rubini）

而1992年以做空英镑一天内获利10亿美元之巨，使英国不得不退出欧洲货币体系，后来又以做空泰铢（泰国货币）一手制造了1997年亚洲金融危机的乔治·索罗斯（Goerge Soros）则将黄金视为纯粹的投资品种，低则买、高则卖。

如果说对黄金价格中短期的看法见仁见智，对长期趋势看空的并不多见。然而，美国富国银行（Wells Fargo）有分析师认为，黄金处于始于2011年的20年熊市之中。

投资银行不待见黄金有其原因 - 他们是挣佣金的，从黄金里能挣来的佣金有限。

六、黄金投资

黄金除了保值以外也是一种投资产品。

1. 投资标的

投资于黄金，可以有不同的投资标的，如实物黄金、跟踪黄金价格的交易所交易基金（Exchange Traded Fund，缩写为ETF，见第一章第三节）、黄金公司股票等。

> The market can stay irrational longer than you can stay solvent.
>
> —John Maynard Keynes
>
> 还没等市场恢复理性，你可能已经破产了。
>
> ——约翰·凯恩斯（英国经济学家）

短线有短线的做法，长线有长线的做法。做短线的不能书生意气地被长期基本面迷惑；做长线的则不能被短期的市场波动搞得躁动不安，这需要相当的定力。

2. 黄金价格对黄金公司股价的杠杆效应

黄金公司的股价虽然与黄金价格有很大的关联性，却也有不小的差别。实物黄金和黄金公司的股票是两个不同的投资品种。

假定黄金生产成本相对稳定，黄金价格的变化会直接体现在生产商的利润上，进而体现在股价上，致使其股价的波动比例大幅度超过黄金价格的波动比例。

例如，假定总生产成本为每盎司 1,000 美元，金价为每盎司 1,300 美元：

- 如果黄金价格从每盎司 1,300 美元上升至 1,400 美元，升幅为 7.7%，每盎司利润则从 300 美元升至 400 美元，升幅为 33.3%
- 如果黄金价格从每盎司 1,300 美元升至 1,500 美元，升幅为 15.4%，每盎司利润则从 300 美元升至 500 美元，升幅为 66.7%

这大概是为什么凯西研究（Casey Reasearch）的创始人道格·凯西（Dou Casey）有句名言：为保险，买黄金；要赚钱，买黄金股票（One should buy gold for prudence, and gold stocks for profit.）。

显然，对于同样的金价波动幅度，生产商的生产成本越高，金价对其股价的杠杆效应越大（表 9-6）。

表 9–6 生产成本对【黄金价格对股价的杠杆效应】的影响

	总成本	黄金价格			利润		
		从	至	比例	从	至	比例
1	800	1,300	1,400	7.7%	500	600	20%
2	1,000	1,300	1,400	7.7%	300	400	33%
3	1,200	1,300	1,400	7.7%	100	200	100%

在同样的市盈率下，黄金公司股价的波动幅度应该与利润的波动幅度相符。这就是为什么在金价回升之时，高成本生产商的股价反弹幅度大。

因此，激进的投资人在认为金价已然触底的情况下会买入高成本 - 甚至生产成本已接近当时金价的 - 黄金公司的股票，以期实现大幅度的杠杆效应。现在的 Iamgold Corporation、已被收购的 Lakeshore Gold Corporation 和 Brigus Gold Corporation 都属于这一类，是典型的置之死地而后生。

其风险则在于，如果金价继续走低，高成本的黄金公司可能难以为继，甚至破产。已破产的 San Gold Corporation 和 Veris Gold Corporation 都属于这一类。

这也是风险与预期收益的平衡。

遗憾的是，这种杠杆效应并未在黄金公司的长期股价中实现出来。

2001 年到 2011 年的 10 年间，黄金价格从每盎司 250 美元上升至 1,900 多美元，与此同时，黄金公司的股价虽然也在上涨，但其上涨幅度却难望黄金价格的项背。这并非这种杠杆效应的失灵，而是本书中其他章节已有论及的其他因素所致，如，同期投资与生产成本的大幅度上升、黄金公司在价格低迷之时以套期保值的方式锁定了较低黄金价格、黄金公司以（开采低质量、高成本的矿山）做弱为代价做大，等。

杠杆效应成立的基本条件是，短期内生产成本不会大幅度波动。这在长期内显然是不现实的。

著名咨询公司 SNL 金属与矿业（SNL Metals & Mining）于 2014 年 6 月推出的《黄金储量接替战略》（Strategies for Gold Reserves Replacement）研究了 2004~2013 年间投产的、年产量在 5 万盎司以上的 192 座金矿和 22 座正在建设并拟于 2014~2015 年间投产的金矿，研究显示：

- 矿山投资强度从 2004 年的每盎司生产能力 560 美元上升到了 2013 年的每盎司 2,300 美元，预期于 2014 年达到每盎司 2,400 美元，然后于 2015 年回落到每盎司 1,900 美元（图 9-19）

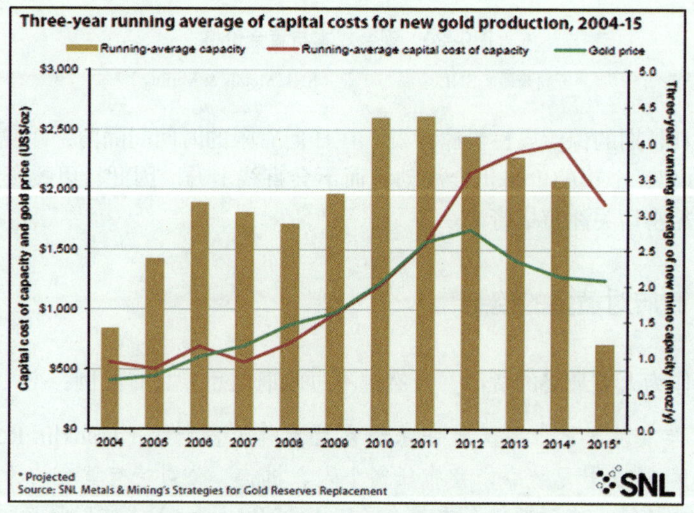

图9–19　2004~2015年每盎司生产能力投资额

资料来源：SNL 金属与矿业（SNL Metals & Mining）

- 加权平均现金成本从 2004 年的每盎司 250 美元上升到 2012 年的每盎司 708 美元，2013 年则略有回落，至每盎司 702 美元

- 对于在产矿山来说，黄金价格（图 9-20 中绿色图柱）的上涨幅度超过了现金成本（图 9-20 中黄色图柱）的上升幅度，这也是杠杆效应的源泉

有鉴于此，黄金公司股价对于黄金价格的杠杆效应很大程度上是一种短期效应，更适合于短期投资。

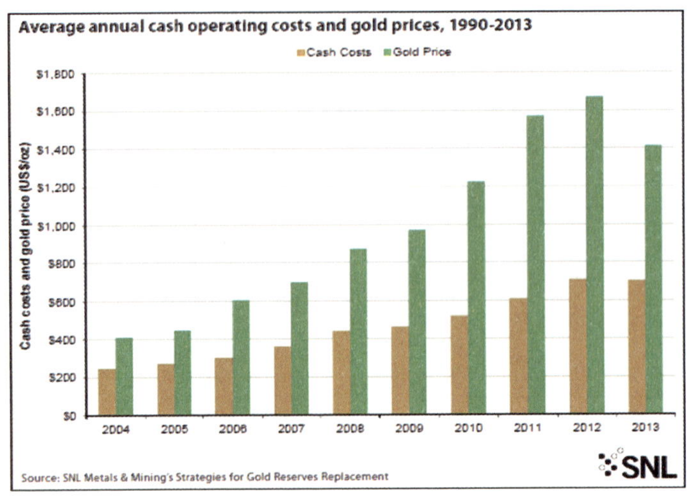

图9–20 现金成本与黄金价格

资料来源：SNL 金属与矿业（SNL Metals & Mining）

虽然其长期的保值属性毋庸置疑，在任何有限的时间间隔内，即使是 10 年、15 年、20 年，金银的价格仍会波动，而不会直线上升。因此，以投资为目的购买金银仍需密切关注市场行情。

七、政府对黄金的控制

黄金作为人类最终的货币，自然逃不过政府之手。且看几例：

- 1933 年 4 月 5 日，美国时任总统富兰克林 · 罗斯福（Franklin Roosevelt）发布第 6102 号总统令，宣布任何个人、机构、公司持有黄金均为非法，所有黄金均需上交联邦储备委员会（Federal Reserves），并以每盎司 20.67 美元的价格兑换成美元纸币。次年并将黄金重新定价为每盎司 35 美元。
- 1935 年，意大利领导人墨索里尼发出“向祖国献黄金”（Gold for the Fatherland）的号召，筹集了 35 吨黄金。据说墨索里尼夫人捐献了自己的结婚戒指。
- 1959 年（直至 1976 年），澳大利亚政府将强制收购公民手中的黄金合法化，规定除有限的成形金和金币以外，公民需于一个月内将到手的黄金上交澳大利亚储备银行（Reserve Bank of Australia）。
- 1966 年（直至 1979 年），在脱离了金本位致使英镑不断贬值之后，英国政府切断了金币进口，并将私人拥有黄金限制在 4 个金币之内，超过 4 个金币则需要英格兰银行（Bank of England）颁发许可证。

- 前苏联时期，金银被视为关乎国家安全的战略金属，除以首饰和金银币的形式以外，公民以任何其他形式持有金银均为非法。今天的俄罗斯，虽然在实际执行中已宽泛许多，并允许公民与拥有许可证的几家银行交易金银，金银仍不能自由交易。而全球最大的金矿之一的乌兹别克斯坦穆伦涛（Muruntau）金矿的产量即使现在也是“国家机密”。
- 国内允许个人自由买卖和持有实物黄金也不过十几年的时间。

政府严格控制黄金，乃至于从公民手中掠夺黄金的时代并不遥远。可以想象，在非常时期，政府完全可以故伎重演。当然，他们会找到足够的“爱国”和“国家安全”的堂而皇之的理由，甚至于天马行空的理论作为支撑。

八、黄金与比特币

黄金作为人类最终的货币这一地位是自然选择的结果。虽然纸币和现代金融体系的发展已使黄金的价值尺度功能暂时“退居二线”，黄金却依然是现代金融体系崩溃时价值的最后一道防线。这一几千年来形成的地位在人类已进入电子时代的今天似乎受到了一些挑战 – 电子货币（digital currency）的出现。

其实现在的货币已经很大程度上“电子化”了。想想从收到工资（公司把工资打到工资卡上），到用银行卡、信用卡、支付宝等购物把钱花出去，都是电子的运动，看到的都是电子设备上的数字，真正需要点票子的时候不是很多了。美国联邦储备银行发行货币时，真正需要印出来的票子也不过总发行量的 6%。但货币的这种电子化只是形式上的电子化，仍然是各国中央银行发行的“法定货币”的电子化，因此并未脱离中央银行或政府的控制，直到比特币（Bitcoin，缩写为 BTC）的诞生。

- 2008 年 8 月 18 日，有人匿名注册了 bitcoin.org 域名；
- 2008 年 10 月 31 日，一篇名为《比特币：一个点对点的电子现金体系》（Bitcoin: A Peer-to-Peer Electronic Cash System）的文章以一个神秘的名字“中本聪”（Satoshi Nakamoto）发表；
- 2009 年 1 月 3 日，第一个“区块”（block）被“挖”出来；
- 2009 年 10 月 5 日，比特币的第一个“汇率”诞生：1 美元 = 1,309.03 比特币，是用在计算机上“挖”比特币所需要的电费折算出来的；
- 2010 年 5 月 22 日，用比特币支付的第一笔交易完成：一位程序员用一万个比特币买了个价值 25 美元的比萨饼。

至此，比特币以可作为支付手段的“货币”的形式正式登上历史舞台。这是人类货币史、金融史，乃至于整个人类历史上的一件大事。

图9–21　比特币图片

有意思的是，最可能挑战黄金地位的比特币用了金色为主色调（图 9-21）。

作为一般等价物的货币是人类在商品交换的过程中自然地产生和发展起来的，而不是规划和设计出来的，因此，最早是无中心的。即使是“国家”已经形成之后，在各个国家内部的不同地区也存在着各种各样的私人性质或者地方性质的货币。后来，政府看明白了，发行货币而享有“铸币税”，这个事太好了，这么好的事不在政府控制之下，那还了得！等政府强人到了一定程度，便用权力把货币发行权垄断了，货币也就“中心化”了（centralized）。到了今天，想都不用想，货币由政府或看起来似乎独立于政府的中央银行（central bank）发行已成为天经地义。相应地，各国有自己的货币（货币有国界），各国的货币之间有汇率。比特币的重大意义之一在于，它是一种货币“去中心化”（decentralized），更确切地说，是人类回归到货币无中心化的尝试。

比特币构建于计算机算法之上，没有中央发行机构，由有意获得的人经过竞争破解难度逐渐升高的计算机算法问题，在互联网上像现实世界中的采矿一样地“挖”出来，只在互联网上存在，并在互联网上无国界地、不经过清算银行或中央银行之类的第三方机构而点对点地、匿名、即时、加密传输。显然，它独立于现代货币与金融体系而存在和运行，推崇者因此赋予其还人类以货币与金融自由的地位。

上述购买比萨饼的交易证明，它具有了作为货币的特征之一 – 交易媒介。

货币具有三大基本特征：

- 交易媒介（medium of exchange）；
- 记账单位（unit of account）；
- 价值贮藏（store of value）。

具有讽刺意味的是，没有哪个国家发行的货币严格地符合第三个条件，各国政府无一例外地利用货币发行的垄断权超发货币。无论有意无意，客观结果是一样的，老百姓手中的货币，也即本打算贮藏起来的“价值”，不断缩水。

虽然有政府的强力干预，比特币作为交易媒介已得到越来越多的认可，大型商户如微软（Microsoft）、戴尔（Dell）、智游网（Expedia）等已接受比特币付款；德国承认比特币作为记账单位；日本已接受比特币作为一种支付手段；从以现行货币为度量标准而其价格大幅度波动这一角度看，比特币的价值贮藏功能尚待时间的考验，毕竟它只有几年的历史。

至今仍未最终“验明正身”的神秘的中本聪竟以一人之力构建了一个遍及全球的网络货币。像任何革命性的新生事物一样，它也带来了一些“问题”：

◇ **匿名性：**

这个特点已为犯罪分子所利用。臭名昭著的丝绸之路（Silk Road）网站创办人罗斯·乌布利希（Ross Ulbricht）利用比特币可以匿名支付的特点，以比特币作为支付手段贩卖毒品、洗钱而被判处无期徒刑。

比特币是无辜的，现行法律能够解决这个问题。菜刀是为了切菜而打造的，如果有人用它抢劫，这不能怪菜刀吧。

◇ **不可封禁性：**

这是政府最恨它的地方。依托于某一网站的中心化的虚拟货币还好对付，实在不行把网站封了就是了。而比特币是无中心的网络货币，根本没有网站或服务器可封，政府只能通过法律或政令对其加以约束和限制。除非全球采取一致行动，完全“管”住是不可能的。

◇ **税收：**

这也是政府关注的问题之一。税收的理论可以概括成“雁过拔毛”，商界只要交易（transact），就要纳税。甚至于一些恶税（比如，人头税），没有交易，也得纳税。用比特币交易自然也涉及征税的问题，不过这大概是最容易解决的问题了。

◇ **限量发行：**

比特币的总量已确定为2,100万枚，至2140年全部挖出，而后不再发行。这是否意味着比特币是一个收缩的货币？即使是黄金，供应量也是在不断增加的。比特币如何解决需求不断上升的问题？

其实，比特币的总量虽然封“顶”，但并未封“底”，应该也封不了底。现在有“毫比”（千分之一比特币，MilliBitcoin或mBTC）、“微比”（百万分之一比特币，MicroBitcoin 或 μBTC），最小的单位是“一聪”（Satoshi，中本聪的“聪”），为一亿分之一比特币。随着需求的增加，完全可以有“纳比”、“毫聪”、“微聪”等更小的单位。因此，限量发行之说很有迷惑性。

人们对于比特币的认识会有一个过程，投资大师巴菲特曾把比特币比喻做转账用的支票。比特币显然远远超越了支票的功能。

比特币超越了各国的主权货币这一特点使之与黄金有一定的相似性，并因此与黄金构成了竞争。在欧洲的塞浦路斯和南美的阿根廷货币与金融体系动荡之时，比特币的交易量均曾大幅度上升，而这正是黄金的避险功能。

回顾历史，贝壳、羽毛、黄金、白银和各国主权货币都是基于使用者对它的信心而存在。如果从中抽象出货币的本质，不管是什么东西，只要人们对其有信心并普遍地接受，都可以成为货币。比特币具有这种潜质。

这就带来了一个问题。联想到上述第二部分中实物黄金的西向东流，如果真有网络货币可以挑战黄金地位的那一天，我们会不会面对用血汗钱换来的黄澄澄的窝头一样的黄金而徒唤奈何？权当是痴人说梦吧。

回到现实中来，2010 年以来，除 2014 年以外，比特币（相对于美元而言）的市场表现（涨幅）连年荣登各种货币之首（图 9-22）。

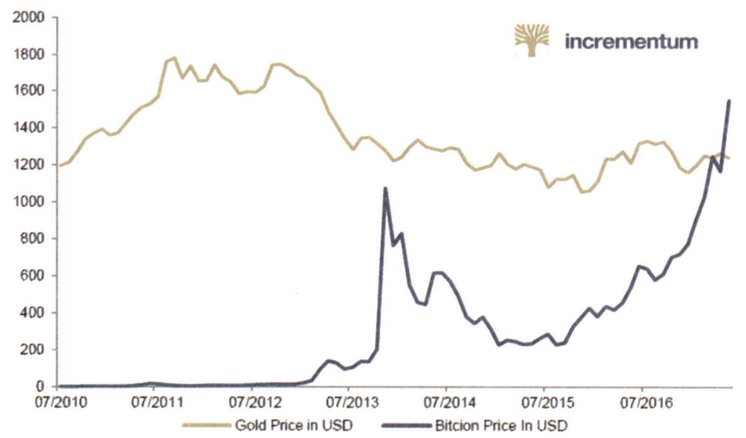

图9–22 以美元计价的比特币价格（蓝色）与黄金价格（黄色）

资料来源：英克里曼塔姆（Incrementum）

比特币的意义已远远超越了它会否成功、它自身未来的命运如何这一命题，而是证明了网络化的加密货币（cryptocurrency）的可行性。未来胜出的也许不是比特币，而是其他电子货币，但比特币的技术特征，如“区块链”（blockchain，一个记录比特币交易的分散化的账本）等无疑将发扬光大。

多国政府要发行自己的电子货币，但那不过是钞票的电子化而已，与比特币完全不是一个概念。在政府日益强大的今天，公民摆脱政府控制而寻求货币与金融自由的努力在短期内是看不到希望的。

九、可以花的黄金

不少人说，黄金就是钱。在“法定货币”已经占据了货币体系制高点的今天，反对者反驳说，你毕竟不能用黄金买面包。然而，借助于互联网和电子支付手段，加拿大黄金货币有限公司（Goldmoney Inc.，多伦多证券交易所交易代码 XAU）让黄金恢复了它本来的货币功能 – 黄金可以花了！

黄金货币是基于黄金的全球化的金融服务平台。客户开户以后可以方便地买、卖、保存、赎回黄金，并可以通过与账户关联的专用的万事达卡“花”黄金购物，也即账户内的黄金与购物时的消费货币即时转换。

在可以预见的未来，人类恢复金本位是看不到希望了。恢复黄金的日常购物功能也许能使黄金在与纸币的博弈金中逐渐获得优势，至少是赢回其在货币体系中应有的地位。

十、白银

白银是黄金的小兄弟，“银本位制”（Silver Standard）本来先于金本位制而诞生。十六世纪，西班牙人在中美洲和南美洲发现了大量白银，开创了银本位制时代，而牛顿爵士为金银确定的比价关系（见本节第五部分第 2 小点）则开创了金本位的先河。

与黄金相比，白银的工业应用和属性更多一些，其货币属性也就相应地弱了，但并未完全消失，金银的价格联动性便是白银货币属性的一个体现。

期货市场上，一般认为，黄金价格带动白银价格，但一旦黄金的价格趋势建立起来了，无论是涨还是跌，白银的相应涨跌幅度则大大高于黄金，因此，白银相当于加了杠杆的黄金。部分原因在于，从涉及的资金量来说，白银的市场规模远小于黄金。

此外，从白银的矿山来源上说，其作为金、铜、铅、锌矿伴生金属而产出的比例高于其作为主矿种而产出的比例，因而其供应量在相当程度上受其主矿种的影响。

十一、展望未来

人类对财富和权利贪婪的追求很可能已经使金本位制永远地成了过去，大名鼎鼎的凯恩斯甚至称金本位制是“野蛮的遗迹”（barbarous relic）。然而，政府几乎可以，也确实是在随心所欲地印制的、几乎没有成本的“货币”（纸币）的价值应该如何度量？

人类对于用以计数的诸如长度、重量等的计量单位已经确认了公认的基准（benchmark）。然而，价值的基准仍不明确。美元凭借其一支独秀的地位在过去几十年间充当了这种基准，以致在外汇市场上美元是货币，其他币种则是以美元计价的被交易对象。以美元这种可以人为地决定供给的东西作为价值尺度是有问题的。有没有像长度中的一米就是一米、重量中的一克就是一克的固定的价值尺度呢？有，只能是黄金。

目前黄金在各国分别用其本币计价，在国际市场上则以美元计价。每天我们听到的是，今日黄金价格每盎司 xxx 美元、每克 xxx 元……。作者断想，在不远的将来，各国货币会以黄金计价，也就是，我们每天听到的将是，今日各国货币价格：

- 1 元 = xxx 毫克黄金；
- 1 美元 = xxx 毫克黄金；
- 1 欧元 = xxx 毫克黄金；
- 1 日元 = xxx 毫克黄金；
- ……

那将是划时代的时刻，是黄金，而不是美元或任何其他纸币，作为度量所有价值的基准的开始，也是黄金回归其应有的本源性货币地位的标志。届时，我们将会清楚地看到，不是黄金在升值，而是纸币在贬值！

第四节　矿业界的丑闻

> A mine is nothing but a hole in the ground with a liar on top.
>
> —Mark Twain
>
> 所谓矿，不过是地上挖个洞，边上站着个骗子。
>
> ——马克·吐温

从马克·吐温（Mark Twain）的名言也可以看出，历史上不知多少人吃了矿的亏。其实这相当程度上和地质上的不确定性和工作程度不高有关。

与地质上的不确定性伴随的是想象空间。矿业史上最大的骗局布莱克斯矿产充分利用了这个想象空间。

布莱克斯矿产有限公司（Bre-X Minerals Ltd.）由加拿大股票经纪人戴维·沃尔什（David Walsh）于 1988 年在其家中的地下室创立，并于 1989 年在当时的加拿大阿尔伯塔证券交易所（Alberta Stock Exchange，后并入现在的多伦多证券交易所创业板）上市，后来又在美国纳斯达克（NASDAQ）双上市。初期融资困难，艰难度日，沃尔什本人也在 1992~1993 年间在个人破产中度过。然而，不知哪儿来的“灵感”，他用账户中所剩不多的资金飞赴印度尼西亚，拜见了于 1968 年发现了巴布亚新几内亚著名的奥克台迪（Ok Tedi）矿的地质师约翰·菲尔德霍夫（John Felderhof）。菲尔德霍夫建议他在印度尼西亚东加里曼丹省（East Kalimantan）婆罗洲岛（Island of Borneo）上的布桑（Busang）附近找黄金。这是一片热带雨林和崎岖的山地，倒不是黄金勘探的空白地 – 已有公司开展勘探，未有成果而已。菲尔德霍夫作为布莱克斯主管勘探的副总裁雇了菲律宾地质师迈克尔·迪·古兹曼（Michael de Guzman）做项目经理。至此，故事的主角粉墨登场。

资料来源：沃伦·鄂尔文（Warren Irwin），罗索资产管理公司（Rosseau Asset Management Ltd.）总裁

继 1993 年 7 月 19 日发布新闻稿，称“据信可以露天开采的资源量可达 2,000 万吨，品位在 2 克 / 吨以上”之后，钻探开始了。

前几个钻孔一无所获，沃尔什已有退意。菲尔德霍夫坚称钻的地方不对，钻孔太浅，设备也不得力，以他对该地区的了解，一定能找到主矿体。他自己也未必能想到的是，古兹曼及其同伙已开始了惊天骗局。

18 个月内，布莱克斯宣称已发现的黄金资源量从 1995 年的 3,000 万盎司（约 933 吨），到 1996 年的 6,000 万盎司（约 1,866 吨），到 1997 年崩盘前的 7,100 万盎司（约 2,208 吨），所含黄金金属量按当时的金价也值 250 亿美元！菲尔德霍夫则说，至少有 2 亿盎司（约 6,220 吨）！在此期间，布莱克斯则至少每周，有时甚至每天发布新闻稿，黄金资源量一路上升。

这么大的一件事，哪儿少得了投资银行啊！正在力争成为布莱克斯财务顾问的 JP 摩根的一位分析师在 1996 年 7 月参观了现场后说，“1.5 亿盎司（约 4,665 吨）是个保守的估计……”实际上，参观现场的时候分析师们都拿到了一些样品，样品里没有黄金。

市场已确信，这是人类历史上发现的最大的金矿，价值连城。布莱克斯的股价则从原来的每股几加分上涨到了 1996 年 5 月最高时的 286.5 加元，市值达 60 多亿加元！

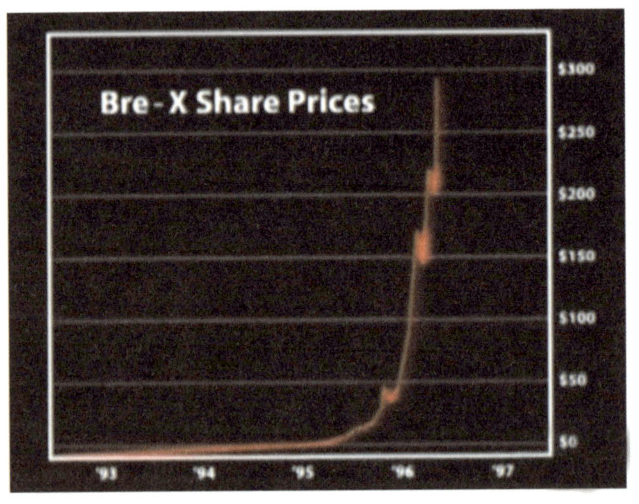

资料来源：SmallCap Power

加拿大投资银行奈斯比特·博恩斯（Nesbitt Burns，后被加拿大蒙特利尔银行（Bank of Montreal）收购）是布莱克斯股票发行的主承销商。供职于该行的加拿大当时的一位顶级黄金分析师艾吉左·卞奇尼（Egizio Bianchini）在 1995 年 12 月 8 日的一份报告中写道：“最近的布桑之行证实了我们的观点，该矿可能是全球最大的金矿之一。我们首先看到的是，现场地质师有能力通过目测岩心准确地判断高、低品位……我们对岩心化验室的质量也印象深刻”。布莱克斯当时的股价是 53 加元，卞奇尼给出一年后目标股价 70 加元。

在 2008 年金融危机中倒闭的美国投资银行雷曼兄弟（Lehman Brothers）发表了多份极其正面的分析报告，称“布莱克斯看来找到了世纪金矿……虽然还需要大量钻探以证实其储量，该矿的规模很可能超过 1 亿盎司（3,110 吨）”，“到今年年底，预期布莱克斯将被一家大型矿业公司收购”，“布莱克斯随时会被收购，赶快买股票，现在就买！”

在 1997 年 3 月的加拿大勘探业者和开发业者协会（见本章第六节第 1 小节）年会上，菲尔德霍夫和沃尔什分别被授予了“年度找矿人”（Prospector of the Year）奖和“年度开发人”（Developer of the Year）奖。

印度尼西亚政府要求布莱克斯找一家大型矿业公司作为合作伙伴合作开发。几大矿业公司各显神通，展开了激烈的争夺战。现在以产量计的全球第一大、当时的全球第三大黄金公司加拿大巴里克黄金（Barrick Gold）动用了其政界的关系 – 时任美国总统老布什和时任加拿大总理马尔罗尼均致信时任印度尼西亚总统苏哈托，支持巴里克黄金。当时的全球第五大黄金公司普拉赛尔多姆（Placer Dome）则开出条件，如果双方合并，布莱克斯可获得控股地位。经过一番博弈，在苏哈托家族和朋友以及印度尼西亚政府的干预下，已在印度尼西亚运营着全球第二大铜金矿格拉斯伯格（Grasberg）矿的美国自由港 - 麦克莫兰有限公司（Freeport-McMoRan Inc.）于 1997 年 2 月 17 日胜出。

麦克莫伦首先打了几个验证孔，并于 1997 年 3 月 26 日宣布，紧邻布莱克斯钻孔的几个验证孔黄金矿化不明显。同日，布莱克斯公告，“有很大的可能”此前公布的资源量“因岩心样品及其化验结果无效而被高估”，股票停牌。

离奇的是，整整一周前，据说古兹曼在去现场的途中从直升机上掉下身亡，4 天以后残缺的遗骸才被找到，肉和内脏已被动物吃光，仅凭部分指纹和几个后牙做了身份鉴定，自杀还是他杀无人知晓，当时就有人怀疑那不是古兹曼其人。

股票分析师们却纷纷指责麦克莫伦企图打压布莱克斯股价。甚至在作假的传闻已在市场上流传之时，分析师卞奇尼仍然宣称，这些传闻“如此荒谬，我甚至不想理会其可能性”。

远在加拿大的沃尔什似乎也嗅到了什么，他委托了业内知名咨询公司斯特拉斯科纳矿产（Strathcona Minerals）检查了布莱克斯的岩心样品，且在布莱克斯钻孔和麦克莫伦验证孔边上又打了几个验证孔。斯特拉斯科纳于 1997 年 5 月 4 日做出结论：“岩心进而其化验结果作假的范围之广、历时之长、精确度之高，就我们所知，在全球矿业界史无前例”。

> I can calculate the movement of the stars, but not the madness of men.
>
> —Sir Issac Newton
>
> 我可以计算星球的运动，但计算不了人类的疯狂。
>
> ——牛顿（英国物理学家）

调查发现，古兹曼及其助手从周边的河道淘金者手里买来金砂，磨成金粉，对岩心做了系统性浸泡，金粉粒度及其在岩心中的分布如此均匀，不可能是自然形成的。他们甚至把自己的结婚戒指等一应首饰都用上了，有的岩心样品中竟含有黄金首饰碎屑！

复牌后的股价一日间下跌了 85%，市值跌去了 20 多亿加元。

丑闻爆发以后，沃尔什于 1998 年移居加勒比海的巴哈马群岛，同年 6 月死于脑动脉瘤。菲尔德霍夫则从未承认参与骗局，甚至否认知情。他自费测谎并且通过了，而后移居加勒比海的开曼群岛隐居，也许现在仍然在世。然而，没人相信菲尔德霍夫毫不知情。一直控制着岩心的古兹曼被指为罪魁祸首。有证据显示，这个编导了自己自杀闹剧的古兹曼 2005 年情人节那天还给他的一位前妻汇了 2.5 万美元。

事发后的多起指控说，内幕人在骗局揭开前几周到几天的时间里出售了大量股票，拒信菲尔德霍夫获利达 4,500 万至 7,000 万加元之巨。然而，经过 8 年的控辩，法庭于 2007 年做出判决，对他的内幕人交易的指控不能成立。尽管内幕人、数家股票经纪公司和估算资源量的独立咨询公司吉本工程（Kilborn Engineering，后被加拿大 SNC- 兰万灵（SNC-Lavalin）收购）在几桩集体诉讼中被起诉，无一人被追究刑事责任。

巨大的诱惑想必实在是难以抗拒，市场的狂热甚至令一些最保守的投资人也将一向奉若圣典的风险控制的金科玉律置之脑后，数家大型共同基金和投资机构，包括三家养老基金，重仓持有布莱克斯矿产的股票，崩盘之时，有的仓位达 7% 至 20%，而一些退休人士也倾其所有在股市上一搏，落得个血本无归。

> Three great forces rule the world: stupidity, fear and greed.
>
> —Albert Einstein
>
> 三股强大的力量统治着世界：愚蠢、恐惧与贪婪。
>
> ——爱因斯坦

难道这长达数年的骗局在众多专业人士的注目中竟然没有什么蛛丝马迹吗？有，然而，已经利令智昏的内幕人和有关投资银行宁可视而不见：

- 岩心在送去化验之前在现场破碎，而不是整个送去化验室；
- 菲尔德霍夫坚持整个岩心都要破碎，以避免“金块效应”（nugget effect）的影响，行业惯例则是保留一半，以备将来需要时进一步化验分析；
- 据称布莱克斯矿产只把“矿化段”的岩心拿去化验 – 这一听起来似乎有道理的说法经不住推敲 – 对于布莱克斯矿产所探矿的成矿类型来说，目测很难判断哪段矿化了；
- 从未钻遇明金，岩心样品却被描述为含有“相对较粗的颗粒金”；
- 对于地表无任何黄金显示的原因，菲尔德霍夫解释说，腐殖酸已毁掉了地表黄金显示；
- 选矿试验结果表明，黄金回收率达 93%，对于该矿化来说，出奇地高。

可悲的是，从 1997 年 3 月丑闻爆发到 2014 年 4 月中止调查，历时 17 年，在花费了数百万加元的律师费和数百万加元的破产清算人费用后，加拿大安大略省高级法院做出判决，为投资人追回些许投资的希望已然渺茫，继续调查已无意义，故中止民事责任调查。而加拿大皇家骑警早在 1999 年就因为资金和人手不足而中止了刑事责任调查，未对任何人提出刑事指控。矿业史上最大的丑闻竟这样不了了之。

布莱克斯矿产于 2002 年破产，其惊天骗局对矿业界和投资界产生了重大而深远的影响，至今虽已 20 年过去，依然余波未了，不时见诸报端。为保护投资者，维护市场秩序，加拿大于 2002 年推出了 NI 43-101 信息披露标准（见第二章第二节第二部分）。

丑闻爆发之后不久即有人预言，这段丑闻将来会搬上银幕。2016 年圣诞节期间，马修 · 麦康纳（Matthew McConaughey）主演的《黄金》（Gold）上映。

无独有偶，布莱克斯丑闻爆发整整 10 年之后的 2007 年，加拿大股市上爆出另一起矿业丑闻，涉及云南博卡黄金勘探项目。

加拿大西南资源有限公司（Southwestern Resources Corp.）于 2002 年与云南核工业 209 队签订了云南博卡黄金项目合作协议，身为地质师的时任首席执行官兼总裁，公司主要创始人约翰 · 帕特森（John Paterson）作为“有资质人士”主持项目的勘探工作，并牢牢地控制着岩心分析结果，把公司其他高级管理人员和董事也蒙在鼓里。

从 2003 年 5 月 8 日收到第一份岩心分析结果到 2007 年 2 月 21 日，在帕特森主导下，西南资源发布了 25 份新闻稿，每一份都有窜改的岩心分析数字 - 446 个岩心分析结果中的 433 个被人为地调高了黄金品位，有的是直截了当地把小数点往后挪了一、两位，致使“矿体”品位、矿量，进而所含黄金金属量被严重高估，而“矿体”的连续性也被大大地“改进”了，致使“矿体”看起来有模有样。参与调查的专家提供证词说，这种“以矿化为指引的”造假手段要求造假人对地质、取样方法和黄金矿化过程有着很好的理解。

帕特森也把这些伪造的数字录入了项目数据库。西南资源的股价则从 2002 年的 0.15 加元一路走高至 42 加元。

不知有欺诈的股东们敦促西南资源尽快开展预可研，这就需要第三方对岩心分析结果做独立的核实。帕特森当然明白第三方的独立核实将使骗局大白于天下，于是百般阻挠。尽管不得已聘任了独立的第三方，但帕特森设置了重重障碍，包括指使手下污染、藏匿、调换和捣毁岩心，致使第三方迟迟不能正常开展工作。

2007年6月，西南资源其他高级管理人员和董事对第三方工作迟缓表示了担心和质疑。眼看事情要败露，帕特森于6月19日辞职，并拒绝与西南资源其他人员继续来往。西南资源于是于7月初设立了特别委员会，并赶赴现场，开始了内部调查。

将从现场得到的岩心重新化验分析表明，黄金品位大大低于已公开发布的结果。帕特森已录入项目数据库的数字也与化验室发给帕特森的岩心分析报告原件中的数字不符。

2007年7月19日，西南资源发布新闻稿称，“某些岩心样品的可信度降低”，并提醒公众不要再依赖以往发布的岩心分析结果。当日，西南资源股价从前一日的6.34加元大跌至2.90加元，市值损失了1.5亿多加元。

2007年11月2日，第三方独立审核证实，已发布的岩心分析结果受到了人为操纵，实际黄金品位和资源量大大低于已发布的结果。当日，西南资源的股价跌至0.65加元，较骗局公开前的股价跌去了90%。

有意思的是，2008年5月，国内的一家业内专业机构以980万美元的价格买下了博卡项目。

这起欺诈案给西南资源及其股东造成了2.6亿加元的损失。帕特森个人则于2003年5月8日至2007年7月31日期间，通过五个账户交易西南资源的股票，获利563万加元。

2009年6月，帕特森承认了欺诈和内幕交易，并就股东针对他本人和西南资源提起的集体诉讼赔偿了720万加元，基本上是他的全部非法所得。

经过2012年9月19日至12月7日的多次审理，2013年1月18日，加拿大英属哥伦比亚省法院判决时年62岁的帕特森有期徒刑6年，并驳回了官方律师有期徒刑10年以及帕特森的律师有期徒刑2年减1天、社区服刑、继以3年缓刑的诉求。帕特森从审理开始即认罪，故其审理未费周折。

长达65页的判决书详细列示了控辩双方的理由和逻辑、地质勘探和损失核定方面的专家意见、大量的既往判例以及判决原则。帕特森的律师为帕特森做了悲情陈述，回顾了帕特森不幸的少年时代和家庭环境，以及其后来数度因忧郁而求医的精神健康状况。法官接受了帕特森的律师的一项辩护意见，即帕特森的行为并非主要由贪婪驱使，而与其个人精神健康和惧怕失败等因素也有关系，颇具“人文关怀”。

第五节 矿业公司的新闻稿

矿业人曾经对广告业做出过巨大贡献 – 1948 年，钻石界霸主第比尔斯（De Beers）推出了“钻石恒久远”（Diamonds are forever）的口号，尔后钻石戒指几乎成了新婚夫妇的标准配置。在人造钻石日益严峻的冲击下，响亮了 70 年的口号有些“至今已觉不新鲜”，钻石矿商又在推出力挺天然钻石的“稀有才真实”（Rare is Real）的广告第二季。矿业人从来不乏创造力。

初级矿业公司的股价某种程度上是消息推动的，这与其业务性质有很大关系。

因为没有现金流，谈不上利润，初级矿业公司的价值体现在项目质量、做了多少工作、取得了什么成果、有什么样的前景，以及在当时的市场环境下与业内同行相比处于什么样的市场地位等方面。特别是在重点工作的实施过程中，如打钻、概略研究、可研、政府环保批复等，市场会高度关注其结果。

信息披露固然是合规的要求，客观上却也为公司做了广告。有的分析师甚至曾归纳出股价对不同事件的反应。正因为如此，大概没有不透风的墙，有时有些事件可能引起的股价上升会提前反映在股价中，待到消息发布之时，股价就该跌了，因此有“听传闻买，见消息卖”的说法（Buy on rumor and sell on news）。

广告可以做，但不能过头。直截了当的作假和虚假陈述是犯罪，也是业界丑闻（见本章第四节）。此外，有些信息披露虽然不是恶意作假，但因对信息披露的法律法规和具体执行细节把握得不到位而违反了“连续披露”（continuous disclosure）义务，公司、董事和高级管理人员也会付出相应的代价。

2014 年 4 月 11 日，澳大利亚帕德百利矿业有限公司（Padbury Mining Limited，澳大利亚证券交易所交易代码 PDY）公告，公司募集到分三期提供的总计 64.7 亿澳元的资金，用于建设位于澳大利亚西澳州的欧卡吉（Oakajee）港口和铁路。

市场为之哗然！一家账面上只有 150 万澳元，没有现金流，名不见经传的小公司何来这份道行，在铁矿石市场已渐进严冬之时，陡然间就为涉及铁矿石的基础设施项目融了 65 亿？

长达两页的公告未提及资金到位的“先决条件”（conditions precedent），

也未提及出资方。

同日，股票停牌。数次延期复牌后，2014 年 4 月 30 日，帕德百利矿业公告，涉及上述融资的协议中止。这项高达将近 65 亿澳元的融资可谓来得容易，去得蹊跷。看来本来也不靠谱儿。

2014 年 4 月 30 日，澳大利亚证券交易所向帕德百利矿业发出四页半的书面质询函，详细列举了按照上市规则的某些条款帕德百利矿业应该披露的信息，并提出了 29 个问题，要求帕德百利矿业在两日内答复。

2014 年 5 月 1 日，帕德百利矿业的答复函中才把资金到位的先决条件公之于众 - 公司要出具 20% 的即期银行保函，也就是说，要先融到 20% 的资金。即使是对于第一期 4.7 亿澳元的资金量，这也意味着 9,400 万澳元，融资时间是 40 个工作日。这个先决条件得到满足之前，连第一期 4.7 亿澳元的资金也不能算融“到”。

2015 年 6 月 24 日，澳大利亚证券与投资委员会（Australian Securities and Investments Commission，缩写为 ASIC）向帕德百利矿业就其发布的公告违反了公司法提起民事诉讼；同时向其执行董事长泰利 · 奎因（Terry Quinn）和董事总经理盖里 · 斯托克斯（Gary Stokes）就其未能向公司尽勤勉之责，进而违反了公司法提起民事处罚诉讼。

2016 年 8 月 19 日，澳大利亚联邦法院做出判决，对奎因和斯托克斯各罚款 2.5 万澳元，三年内不得管理公司，并承担 ASIC 因此案而发生的 20 万澳元的费用。

同日，帕德百利矿业董事会改组，奎因和斯托克斯辞职。

罚款已经是幸运的了。澳大利亚瓦拉塔资源有限公司（Waratah Resources Limited，澳大利亚证券交易所交易代码 WGO）前任执行董事长本 · 克科帕特里克（Ben Kirkpatrick）因为 2013 年 10 月 23 日的一则新闻稿违反连续披露义务、误导市场，于 2017 年 1 月被判处有期徒刑一年（以“高强度改造令”（Intensive Correction Order，澳大利亚的一种监外执行方式）执行），且 5 年内不得管理任何公司。实际上，44 岁的克科帕特里克的职业发展已经会很困难了。

小公司毕竟人力资源有限，对法律法规吃得不透，有意也好，无意也罢，在信息披露方面有瑕疵倒也难免。可有时大公司也不能幸免。

2013 年 6 月 7 日（星期五），新顶矿业有限公司（Newcrest Mining Limited，澳大利亚证券交易所交易代码 NCM）公告，公司已完成业务规划和下一年度预算审查。核心内容包括：

- 高成本矿山停产；
- 固定资产投资从 15 亿澳元调减至 10 亿澳元；

• 拟做资产减计，规模可能在50~60亿澳元。

新顶矿业是澳大利亚最大的黄金生产商、以产量计的全球前10大黄金矿业公司之一。

在黄金价格已大幅下滑但澳元依然坚挺的2013年中，新顶矿业资产减计本不应该是什么重大新闻。资产减计影响利润，但并不影响现金流。如果减计规模不大，对股价也未必有重大影响。这次的情况可就不同了，原因在于，瑞士银行（UBS）、瑞士信贷（Credit Suisse）、德意志银行（Deutsche Bank）、花旗银行（Citi）和摩根士丹利（Morgan Stanley）都在公告前的两、三天调低了新顶矿业的股票评级，有的大幅度调低了目标股价。

一般来说，投资银行会基于上市公司的公告及时调整对公司的股票评级。而新顶矿业上一次公告日期是5月24日，且公告内容不足以引起股票评级变动。五家大型投资银行在上次公告后将近两周后、本次重要公告两、三天前密集调低股票评级，依据是什么？怎么会这么巧？市场和监管机构立即意识到，公司可能与有些投资银行事先做了“选择性通报”（selective briefing）！这是重大问题！这些投资银行的客户，尤其是机构投资人将因此受益，而众多的散户将被置于不利地位。

请看一周的部分交易情况（股价：澳元）：

	开盘	最高	最低	收盘
周一（6月3日）	14.40			
周二（6月4日）		15.58		15.15
周三（6月5日）				14.35
周四（6月6日）				13.36
周五（6月7日）			11.40	12.35

本处于上升势头中的新顶矿业股价从周二有投资银行调低其股票评级后开始一路下行，至周五公告发布后跌至9年新低11.40澳元。

知悉对股价可能有实质性影响的、尚未公开的信息便成了“内幕人”(insider)，无论是自己利用“内幕消息”（insider information）进行股票交易，还是将内幕消息透露给其他人进行股票交易，都属于“内幕交易”（insider trading），是违法行为，按照澳大利亚法律，可以判刑10年。

2013年6月12日答复澳大利亚证券交易所质询的公告中，新顶矿业既未承认，也未否认是否有“选择性通报”行为。

2013年10月9日，新顶矿业公告，董事长唐·莫瑟（Don Mercer）将于年底退休。莫瑟虽已72岁，此时告退，业界认为与上述信息披露问题不无关系。

2013年12月23日，斯雷特·戈登律师事务所（Slater & Gordon Lawyers）向新顶矿业发出律师函，表示已就提起集体诉讼接受部分股东委托，并邀请新顶矿业就此进行协商。

历经周折，双方于2016年2月21日达成和解协议，新顶矿业认赔不认错，共支付股东赔偿、律师费、诉讼费等合计3,600万澳元。

2014年6月18日，新顶矿业公告，与澳大利亚证券与投资委员会达成和解协议，就其违反公司法中的连续披露条款的两项事实接受罚款120万澳元。原因是，2013年5月28日至6月5日期间，对部分投资人和分析师透露了下一财政年度的产量和固定资产投资预期，且事后未能及时公开披露予以补救。

澳大利亚证券与投资委员会并未指控公司明知而故意违反连续披露义务。

从事发至与股东达成和解，历时将近3年。

和投资银行以单独或集体会晤、邀请访问矿山等方式保持沟通是上市公司“投资者关系”（investor relations）工作的一部分，也是惯例。理论上说，沟通的内容不能超出已公开披露的信息范围；实际工作中，这个分寸可能不易把握。当面沟通毕竟会更充分些，尤其是面对知根知底的明白人 – 投资银行的分析师们。但不能透露尚未公开披露的、可能对股价有实质性影响的信息，这应该是常识。新顶矿业作为一家大型矿业公司却在这方面翻了船。

信息披露中，对于正面消息，当然会直截了当，别让读者不明白；对于负面消息，有的公司可能要动一番脑筋了，甚至于巧舌如簧，将本来的负面消息装点成正面消息，大有“屡败屡战”之于“屡战屡败”之功。

相传当年曾国藩率领湘军与太平军作战，屡吃败仗，乃上书朝廷请罪，言及“屡战屡败”。有部下斟酌后建议其改为“屡败屡战”，两个字掉了个次序，顿时扭转了奏折的方向，实乃点睛之笔！可不是嘛，屡战屡败是一种结果，屡败屡战则是一种精神！

如此文字之功在现代新闻学上当然要“发扬光大”了。多年前，《中国石油报》头版头条曾有大字标题赫然在目 - “大庆油田实施战略调整”，乍一看足以令人精神为之一振，细读之后，整条新闻可以概括成两个字 - 减产！当年的中国第一大油田创造了稳产5,000万吨20余年的奇迹，油田生产进入中后期，减产已在情理之中，但把减产包装成“战略调整”则可谓颇具匠心了。

不过，你可以给猴子穿上西装，但那改变不了基本事实 – 它还是猴子！明白人花不了多大工夫就能看出来。

监管机关也一直在努力改进信息披露的质量。

2016 年 4 月，澳大利亚证券与投资委员会发布了第 214 号“信息纪要”（Information Sheet 214），为矿业与资源行业的“前瞻性陈述”提供指引（注：此处的前瞻性陈述系指公司业务或项目指标的预测性的陈述，与免责声明（disclaimer）中的前瞻性陈述不同）。这本是将现行法律法规和上市规则中的有关条款汇总起来，再加以实际应用方面的指导而形成的一个文件，不料在业内，尤其是在初级矿业公司中引起了轩然大波。矿业公司的高级管理人员从失望、沮丧到义愤填膺，并在各种公开和非公开场合对其揶揄、讽刺、表达不满。这信息纪要到底说了些啥呢？

信息纪要将公司对涉及未来的陈述分为两大类：

- 前瞻性陈述（forward-looking statements）；
- 愿景陈述（aspirational statement，或称“抱负性陈述”）。

前瞻性陈述是对公司未来事务预测性的陈述，而不仅仅是公司愿望的陈述，因此必须有“合理的依据”（reasonable ground）。也就是说，前瞻性陈述必须是实的；相应地，愿景陈述只能是虚的。

信息纪要说，涉及矿业的前瞻性陈述的内容一般包括：

- 目标产量；
- 预测经济指标（如，投资和操作成本）；
- 基于收益法的折现现金流价值。

也就是说，公开披露上述资料要有合理的依据。这一要求的法律依据是澳大利亚公司法（Corporations Act）和证券与投资委员会法（Securities and Investments Commission Act）。

信息纪要说，合理的依据是客观的，也即，要经得住推敲。仅有免责声明而没有合理的依据是不够的。

信息纪要也对“合理的依据”做了进一步说明，并给出了例子，哪些情况下是不够的：

- 仅有资源量是不够的；
- 项目的资金来源要有合理的依据；
- 基于假定的资金来源而披露项目的净现值可能造成误导；
- 除非有合理的依据，概略研究（也称初步经济评价，见第二章第四节）中的前瞻性陈述的内容不应披露；

- 仅基于推断性资源量（inferred mineral resources，见第二章第三节）的前瞻性陈述的内容是不够的；
- 推断性资源量在总资源量中的比重过高是不行的；
- 推断性（也即，未落实）的假定条件作为限定因子（modifying factors，见第二章第三节）是不够的。

这就意味着，在上述这些情况下，矿业公司不能披露目标产量、预测经济指标和项目净现值，这些信息恰恰是概略研究、预可研和可研的结果。初级矿业公司正是因为能够不断发布这些阶段性成果而吸引资金，现在则要求，没有筹集到资金就不能发布这些结果。这不仅是个鸡和蛋的问题，使初级矿业公司处于一个两难的境地，从最严格的意义上说，也几乎阻断了初级矿业公司的成长路径。难怪业界的反应如此强烈！

初级矿业公司依赖于持续的股权融资而发展，而投资人也依赖于矿业公司不断地披露信息而获得投资机会。不仅是矿业公司的发展会受到影响，大部分投资人也会因为没有足够的信息而难觅矿业投资机会，散户投资人就更没有信息渠道了。就各种研究而言，不仅概略研究是很多公司发展历程中的一步，即使是可研也是完成以后才去筹措项目建设资金，而可研恰恰是筹措资金的依据。

信息纪要发布之后，有的公司已经完成了概略研究，但已不能披露，有的公司则被迫撤回已发布的公告。究竟只是不允许公开披露，还是也不允许向目标投资人私下披露，从字面上看似乎还有余地。

北极星资源有限公司（Northern Star Resources Limited，见第六章第十节）首席执行官比尔·比蒙特（Bill Beament）评论说，在这些强制性的规定下，他不可能在 7 年间把一家市值 1,000 万澳元的壳公司做大到市值 26 亿澳元的中型黄金公司。

2016 年 10 月 12 日，为响应业界的呼声，澳大利亚证券与投资委员会发布了修订后的第 214 号信息纪要，重申了法律上的要求 – 前瞻性陈述必须有合理的依据。在此基础上，对下述几点做了微调：

- 即使资金尚未落实，仍然可以披露目标产量和预测经济指标，条件是，要有合理的依据 – 应该理解为，有理由认为可以筹措到资金；
- 基于资源量（即不仅是基于储量）的目标产量和预测经济指标也可以公开披露，条件是，要有合理的依据 – 应该理解为，有理由认为资源量能够得到开发；
- 即使因没有合理的依据而不能披露前瞻性陈述，仍然需要披露可靠的有关信息 – 应该理解为，概略研究的结果仍然需要定性（而不能定量地）披露。

鉴于联合矿石储量委员会、VALMIN委员会、矿业及勘探公司协会和澳大利亚证券交易所都参与了修订稿讨论，这次应该算是一锤定音了。矿业公司的信息披露比信息纪要初稿发布以前更为严格是肯定的了。

第六节 国际性矿业大会

有几个国际性的综合性矿业大会每年吸引着很多业内外人士前往参加，这是矿业公司、矿业投资人以及矿业从业人士、各类服务与咨询机构、政府机构、矿业设备与材料生产商等交流信息、推介自己和联络老朋友、结交新朋友的场所。

比较著名的有：

1. 加拿大多伦多矿业大会

成立于1932年的（加拿大）安大略省勘探业者和开发业者协会早已更名为“加拿大勘探业者和开发业者协会”（The Prospectors & Developers Association of Canada，简称PDAC），其组织的多伦多矿业大会则早已成为国际性的盛会，是当今全球规模最大的矿业大会，2012年参会人数达到了创纪录的30,369人，与会者来自全球125个国家。

会议时间：每年三月份第一个星期天开始，历时3.5天

会议地点：加拿大多伦多

多伦多证券交易所有一个很有意思的现象，每年年初到多伦多矿业大会之前，大小矿业公司的股票都有一轮不错的上涨行情，大会开幕之日便是这一轮行情结束之时。有人称之为“PDAC魔咒”（PDAC curse）。这是否是PDAC的影响，或者PDAC为什么有这种影响，恐怕不好解释，但二者的相关性多年来确实不错。

2. 南非开普敦矿业大会

全称为“投资非洲矿业大会”（Investing in African Mining Indaba），尤其在非洲，是矿业界的一大盛事，2012年参会人数达到了创纪录的7,000多人，参会人员来自全球100个国家。

会议时间：每年二月份第一个星期一开始，历时3.5天

会议地点：南非开普敦

3. 英国伦敦矿业大会

全称为“矿山与资金”（Mines & Money），是欧洲最有影响力的矿业大会，2012 年参会人数为来自全球各地的 3,000 多人。其会议名称在英文里饶有趣味，两个词均以 M 开始，读起来也朗朗上口，译成汉语倒是索然无味了。

会议地点：英国伦敦

近年来，会议主办方已将会议扩展到了澳大利亚悉尼、香港、北京和美国纽约，每年在这几个城市也各举行一次会议。

4. 澳大利亚矿业大会

会议名称 Diggers & Dealers 也是在英文原文里趣味盎然，译成汉语后索然无味的一例。两个词均以 D 开始，且读起来押韵，“挖矿的人” - Diggers 泛指矿业人，“做交易的人” - 泛指金融界人士，读起来颇有情趣，且有些俏皮。

会议时间：每年八月份第一个星期一开始，历时 3 天

会议地点：澳大利亚西澳州有澳大利亚金都之称的卡尔古里（Kalgoorlie）

5. 中国国际矿业研讨会

经济的高速发展和城镇化使中国成了全球首屈一指的矿产品消费大国，相应地，每年一度的中国国际矿业研讨会在国际上也有了一定的知名度。

会议地点：天津

第七节　矿业的未来

我们很难设想 20 年后的矿山会是什么样，有如 20 年前难以想象互联网给今天的日常生活所带来的方方面面的深刻的变化，因此，本节的内容大概有负于其标题。据说诺贝尔物理学奖获得者丁肇中教授 2004 年在南京航空航天大学的一次演讲中，对学生们接连问到的关于物理学的未来的三个问题给予了一字不差的同样的回答：“不知道”，并因为这“三问三不知”赢得了满堂喝彩！这固然是大师的谦逊，却也是对科学与技术高速发展的理性认识。

一、矿业在前进

矿业作为人类最古老的行业之一从古时候的原始形态一路发展而来，矿业

人没有满足于仅仅把肩挑换成手推车再换成驴车再换成汽车，而是一直在与时俱进。

凭借其所拥有的人力、资金、信息等资源优势，对效率的追求以及对矿业趋势前瞻性的把握，大型国际性矿业公司在打造“未来的矿山”（mine of the future）方面走在了前列：

- 澳大利亚力拓（Rio Tinto）：
  - 与各方合作，建立了6个研究中心（Research Center）、一个创新中心（Innovation Center）；
  - 年产3.3亿吨铁矿石的皮尔巴拉矿区有15座铁矿山、4座码头、1,600公里铁路、180台铁路机车、17,000辆火车车辆以及矿车、挖掘机、推土机、钻机等360多台，12,000多名员工，全部由2010年投入运营的佩斯铁矿石作业中心（Iron Ore's Operations Center）远程集中管理；
  - 2008年即启动了“未来的矿山”（Mine of the Future）计划，其中有几个“卓越中心”（Excellence Center）；
  - 2012年，无人驾驶矿车投入运营，已成为全球最大的无人驾驶矿车车队，管理着69台无人驾驶矿车，每台车平均节省人力2.5人；
  - 2012年，自动驾驶火车投入运营，系全球第一家全自动重载长距离铁路运输系统；
  - 2014年，自动钻机投入运营；
  - 2014年3月投入运营的位于澳大利亚布里斯班（Brisbane）的选矿卓越中心（Processing Excellence Center）为位于澳大利亚、美国、加拿大和蒙古的8座矿山提供选矿技术支持。

- 澳大利亚必和必拓（BHP）：
  - 在研究无人货轮。

- 南非金田（Gold Fields）：
  - 空中和地下无人机数据采集，用于地质填图和矿山支护设计；
  - 地下无人装载、运矿；
  - 三维可视矿山模型，在办公室里即可以通过虚拟矿山之行有如身临其境地“看到”自己下入矿井、查看矿体与围岩。

- 加拿大巴里克黄金（Barrick Gold）：
  - 2016年9月宣布，先期投入一亿美元，与思科（Cisco）合作，把巴里克旗下的科泰兹（Cortez）矿打造成数字矿山。

此外，法国达索系统（Dassault Systemes）开发了三维矿山软件；美国IBM

利用其在大型计算机上的优势为自然资源行业提供大数据（big data）服务，且在新兴的“预测分析学”（predicative analytics）方面处于领先地位。

如果说上述技术的发展体现在自动化和数字化方面，可以归类为升级换代，全球前十大黄金公司之一的南非盎格鲁黄金阿山提（AngloGold Ashanti）在其位于南非的陶托纳（Tau Tona）地下金矿上试验的技术可谓革命性的了。这项尚处于保密中的技术号称可以安全地连续生产，可以采出所有黄金，且只采黄金（Mine all the gold, only the gold, all the time, safely）。业界正拭目以待。

虽然材料和技术在不断地发展和演进，除了有限的突破以外，矿业基本上还是遵循着钻孔、爆破、装载、运矿、破碎、磨矿、选矿的套路，以至于有人说，矿业的生产方式几千年来未曾有实质性的变化。而常规的地下开采方式或者成本较高，或者不能使地下资源得以充分地开采利用。

以著名的南非威特沃特斯兰德（Witwatersrand）金矿区为例，现行开采方式只能采出60%的金矿石，其余40%只好留在矿柱里；而能够采出的60%的矿石中，25%~30%又会在采矿爆破的过程中损失掉，再加上几道运输中的损失和选矿回收率的因素，地下100克黄金能够生产出来的不过30克，且这种“原始”的生产方式伴随着人员伤亡。

新技术开发的原动力并不是为了更“先进”和更好看，而是为了降成本。现代矿业中，新技术的开发与应用的目标是：

- 更安全；
- 降低能耗；
- 提高劳动生产率；
- 降低对环境的影响；
- 进而使矿业具有更好的可持续性。

二、矿业下海

图9-23为以1985年为基准（100%）的勘探投入（红色实线）、钻探米数（黄色虚线）和找到的矿体数量（蓝色柱状图）的逐年统计图。

可以看出，过去10年间，陆地上的找矿投入加大了，但新发现的矿却少了，说明陆地上的找矿难度增加了。

地球表面70%多被海洋所覆盖，陆地面积仅占不到30%。在陆地上的矿产资源得到愈加广泛地开采和消耗，找矿和采矿难度越来越大的今天，向海洋进发是必然的选择。在这方面，矿业的姊妹行业－石油天然气行业取得了长足的进展。

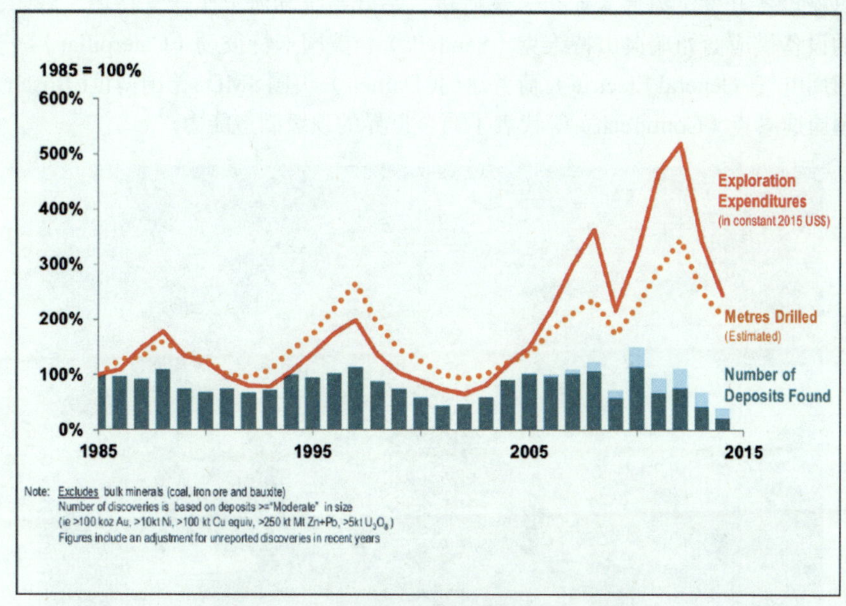

图9–23 勘探投入、钻探进尺与找矿数量

资料来源：敏奈克斯咨询公司（MinEx Consulting）

第二次世界大战刚刚结束，海洋石油钻探与生产便开始了，至今已有70年的历史，今天的海洋石油已是一个成熟的行业。海底矿产勘探与生产，尤其是商业化的经济活动，却刚刚开始。

陆地上搞矿已经不容易了，矿业人还是毅然决然地下海了，加拿大鹦鹉螺矿业有限公司（Nautilus Minerals Inc.，多伦多证券交易所交易代码NUS）便是海洋矿业的先锋。暂不以成败论英雄，这种敢想敢干的气魄便值得敬佩。

战略上可以藐视目标，战术上则必须重视目标。鹦鹉螺矿业选择了从富集程度高的海底块状硫化物（Seafloor Massive Sulphide）开始。

2012年3月发布的位于巴布亚新几内亚近海1,600米深的索尔瓦拉(Solwara)项目1区和12区的资源量为（2.6%铜当量边界品位）：

	级别	矿量（万吨）	铜（%）	金（g/t）	银（g/t）	锌（%）	铜金属量（万吨）	金金属量（万盎司）
索尔瓦拉-1	推定性	103	7.2	5.0	23	0.4	7.4	16.6
索尔瓦拉-1	推断性	154	8.1	6.4	34	0.9	12.5	31.7
索尔瓦拉-12	推断性	23	7.3	3.6	56	3.6	1.7	2.7

鹦鹉螺矿业为此踏上了开发之路，并借鉴海洋石油、航道疏浚和陆上采矿的机械设备开发了海底采矿机、集矿机、举升系统和海上生产支持船，阵容豪华的设备供应商如瑞典山特维克（Sandvik）、美国卡特彼勒（Caterpillar）、美国通用电气（General Electric）、荷兰达门（Damen）、英国SMD、德国博世（Bosch）、德国康迪泰克（ContiTech）等代表了当今世界的顶级制造能力。

图9–24　海底采矿设备

资料来源：鹦鹉螺矿业

这些似曾相识的设备（图 9-24）凝聚了大量的智力资本。

海底采矿，环境保护会涉及全新的问题。对于公众关注的问题，最好的策略就是透明。鹦鹉螺矿业把数百页的全套环境影响评价报告（Environmental Impact Statement）放到公司网站上，供公众查阅，并把其概要部分翻译成了巴布亚新几内亚本地语言托克皮辛语（Tok Pisin）。

鹦鹉螺矿业也发布了矿业界少见的“大地经济学报告”（Earth Economics Report），通过与有代表性的陆上采矿项目做比较，对索尔瓦拉项目做了环境与社会方面的基准化分析，并引用与有形资本（built capital）、金融资本（financial capital）和人力资本（human capital）相对照的自然资本（natural capital）的某些量化的参数阐述问题。

这种开放、透明、认真、尊重的态度说明，这不是急功近利的应景之作。

撇开项目的具体细节，鹦鹉螺矿业所做的一些海洋矿业方面的奠基性的工作开创了矿业的一个重要分支。

开拓者的路从来都是崎岖不平的，开拓者也往往未必是经济上的最终受益者。在我们憧憬海洋矿业的未来之时，不能不对鹦鹉螺矿业的创始人和创始股东们表示敬意。

三、矿业上天

海洋毕竟是可望又可及的，矿业上天又是何等的勇气和气魄！

太空是一座巨大的宝库。用现在地球上的价格计，很多小行星（asteroid）中所蕴含的金属的原地（in-situ）价值要以 100 亿亿（quintillions，10^{18}）美元计。原地价值虽然是外行的算法，仍不妨碍我们展开想象的翅膀，展望其价值潜力。

小行星在太空经济的发展中起着关键的作用，可以成为人类迈向更远的太空的垫脚石。小行星本是太阳系最初形成时留下的边角料，由于木星的巨大引力，绝大部分小行星被吸引到木星与火星之间的一个环状带上而围绕太阳运转。此外，在这个带以外，天文学家在地球轨道上发现了 11,000 多颗小行星，其数量近年来还在以每年 1,000 多颗的速度增长，其中地球低轨道上的“近地”（near earth）小行星已成为人类近期的资源目标。2000 年以来，近地小行星中的十分之九已经为人类所发现。

看看已经可望也很快就会可及的小行星上的矿业 / 资源上的潜力：

- 有的小行星上含有巨量的铁、镍、钴等金属，有的甚至以未曾氧化的几乎纯金属的形态存在；
- 一颗直径 500 米的小行星含有品位极高的铂族金属，其金属量超过了人类在地球上已经开采出来的铂族金属总量；
- 水，不仅是人类赖以生存所必需的，其组成元素氢和氧也是火箭和飞船燃料的组成元素，如果能在太空生产燃料，将是人类太空活动的巨大飞跃。

此外，有的星球本身就是钻石星；月球上含有地球上极为稀少的大量氦 -3，其价值达每磅 9 万美元。氦 -3 能量密度极高，40 吨即可供应美国一年的电力。

2017 年中，美国国家航空航天局（US National Aeronautics and Space Administration，缩写为 NASA）宣布，将于 2022 年发射宇宙飞船，前去研究木星和火星之间的一颗小行星 – 塞姬 16（16 Psyche）。

直径仅 135 英里的塞姬 16 其貌不扬（图 9-25），但拒信其所含的铁、镍、铂、铱、铼等金属，按地球上现在的价格计，约合 1,000 亿亿美元，1 后面 19 个 0。比较而言，全球 78 万亿美元的经济总量可以忽略不计了。

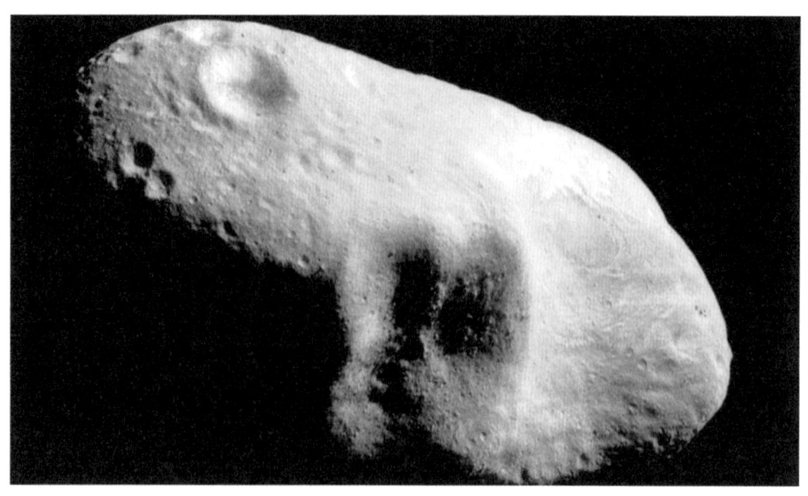

图9–25 塞姬16

人类已进入太空经济时代，矿业人理应在太空经济中占有一席之地。当年欧洲人为了资源（主要是金、银）跨过大西洋而抵达美洲，今天地球人为了资源而跨出地球。美国深度空间工业公司（Deep Space Industries）和得到了谷歌（Google）创始人拉里·佩吉（Larry Page）和埃里克·施密特（Eric Schmidt）等名人以及一些著名机构的支持的行星资源有限公司（Planetary Resources, Inc.）等第一批开路先锋已吹响进军太空的号角。太空矿业渐行渐近，已不再是科学幻想。

欧洲小国卢森堡也拟成为太空采矿的欧洲中心。

图9–26 用小行星上的金属3D打印的宇宙飞船模型

开发小行星上的矿产品的目的并不在于把这些矿产品运回地球，而在于用于太空以及太空补给，而 3D 打印技术将其现实性大大推进了一步。迄今为止，人类太空活动的一切所需都要从地球上带入太空。

图 9-26 是行星资源 2016 年 1 月展示的用从小行星上获得的金属通过 3D 打印技术打印出来的宇宙飞船模型。

太空资源开发投资未必都是天文数字。有研究表明，月球采矿可能仅需 90 亿美元即可启动。相比之下，美国雪佛龙（Chevron）公司位于澳大利亚的郭根（Gorgon）液化天然气项目投资达 540 亿美元。

2015 年 11 月，美国通过了承认美国公民与法人对其获得的小行星上的资源的所有权以及鼓励勘探与开发小行星资源的《太空资源勘探与利用法》（Space Resource Exploration and Utilization Act）。虽然该法仅将物权授予公民和法人而不授予国家，且物权仅限于小行星上的资源而不是小行星天体本身，其与《1967 年外太空条约》（Outer Space Treaty of 1967）和《1979 年月球协议》（Moon Agreement of 1979）等有关国际公约与协议的冲突仍然引起了国际上的关注。

愿太空矿业使全人类共同受益。

四、未来的矿山

如前所述，展望未来的矿山什么样不是一件容易的事。毋庸置疑的是，面对已悄然来临的第四次工业革命，矿业人不是被动的旁观者，而是主动的参与者和积极的贡献者。

可以总称为“数字革命”（digital revolution）的第四次工业革命将数字世界、物理世界和生物世界有机地融合在一起，重塑着现代社会的方方面面，人工智能（artificial intelligence，AI）、机器人技术（robotics）、可植入技术（implantable technology）、物联网（Internet of Things，IoT）、大数据（big data）、无人机（drones）、无人驾驶、3D 打印、纳米技术（nanotechnology）、生物技术（biotechnology）、量子计算（quantum computation）等均是第四次工业革命的组成元素。矿业已然参与其中 – 这其中的很多技术已然应用于矿业行业之中，矿业在与其他行业一起创造着未来。

很多革新会对工种和就业产生不同程度的影响，而技术革命则会对工种和就业产生巨大的冲击乃至于重塑。18 世纪 30 年代飞梭的发明大大提高了织布效率，也对传统的纺织行业带来了冲击，愤怒的纺织工人以捣毁飞梭进行抗议。今天出租车司机对优步（Uber）的抗议、酒店业对爱彼迎（Airbnb）的抗议如出一辙，但毕竟挡不住技术进步的洪流。

2016年3月，谷歌（Google）旗下的阿尔法狗（AlphaGo）计算机系统以4∶1的总比分战胜韩国围棋大师李世石，将人工智能推向了另一个里程碑。1997年战胜了国际象棋特级大师卡斯帕罗夫的IBM旗下的深蓝（Deep Blue）计算机是凭着每秒评估2亿步的“蛮力”获胜，而阿尔法狗具备了自学习能力，实实在在地进入了“智能”时代。李世石没有服输，人类也不会轻易地让位于自己所赋予机器的人工智能，但人工智能对人类的冲击与挑战是人类必须面对的课题。

机器人愈加广泛的应用让很多人对未来的就业产生了担忧。美国劳动部预计，未来20年内40%的现有工种将会消失。这是否过虑了尚不得而知。另一方面，10年后将出现的新工种中的一半现在还没有“发明”出来。任何一次工业革命都伴随着众多旧行业的淘汰和新行业的崛起。今天快递行业的规模和创造的就业机会是10年前不可想象的。当年轿车的诞生摧毁了欣欣向荣的马车行业，人类不光是“挺”过来了，而且生活得更好了。

说一句题外话，人类的生殖效率和学习效率极其低下。我们亟待突破。

第十章

北美石油天然气简况

虽然各有其特点，业务模式也各有不同，石油天然气行业与矿产行业从大的分类上说毕竟都属于自然资源行业，某些方面有一定的相似性。考虑到很多资源投资人对矿业和石油天然气都有兴趣，本书对国内关注较多的北美页岩油、页岩气和加拿大油砂的勘探开发也做一个简单介绍。

矿产项目与石油天然气项目有两大差别：

（1）矿产项目需要矿山建成、投产才能有现金流，而从勘探到投产往往是一个漫长的过程；而石油天然气项目即使是第一口井打出了油气，也可以立即产生现金流；

（2）矿产项目在完全达产后需要的稳产投入相对有限，而由于产量自然递减，石油天然气勘探与生产则是一种“不进则退”的业务。以产量和储量增长为标志的油气公司的发展依赖于不断地钻新井，因而有很大的持续投入需求。

这两大差别使两个行业的发展模式迥异。

第一节　石油天然气资源量与储量

石油天然气勘探与生产业务以储量为中心，储量标准是行业发展的基础性文献。对于石油天然气资源量和储量，国内外在分类方法上历史缘由不同、理念不同、术语不尽相同、相同或相似术语的意义也未必相同。这不仅带来了交流上的困难，更重要的是，国内外在石油项目的运营理念、石油公司的发展模式和价值判断上也因此有着很大不同。

通俗地讲，国内的资源量与储量分类方法似乎更多的是从政府资源管理的角度出发的，较注重“技术性”；而国外的分类方法则更注重“经济性”。尤其是对“储量”（reserves）一词的使用，在国外，储量是经济性的体现；国内则不尽如此。

本书简要介绍北美的石油天然气资源量与储量分类以及相关问题。

石油天然气资源量和储量不仅是油气公司，也是油气生产国财富和价值的重要体现。早在20世纪30年代，致力于石油资源量的定义及其估算方法标准化的努力在国际上就已经开始了。（美国）石油工程师学会（Society of Petroleum Engineers，缩写为SPE）、（美国）石油评价工程师学会（Society of Petroleum Evaluation Engineers，缩写为SPEE）、美国石油地质师协会（American Association of Petroleum Geologists，缩写为AAPG）和世界石油大会（World Petroleum Council，缩写为WPC）等几家组织都曾联合或单独编写过此类指引。

2007年3月，SPE、SPEE、AAPG和WPC联合发布了《石油资源管理系统》（Petroleum Resources Management Systems，缩写为PRMS）。这一体系很快得到了油气公司和监管机构的认可和采用，也是2010年1月开始实施的、美国证券交易委员会（Securities Exchange Commission，缩写为SEC）更新后的石油天然气储量披露规定的主要参考资料。

一、北美石油天然气资源量与储量分类框架

油气（petroleum）是指以气态、液态或固态存在的自然形成的碳氢化合物。油气也可能含有非碳氢化合物，常见的有二氧化碳、氮气、硫化氢和硫。在极少数情况下，这些非碳氢化合物的成分可能超过50%。

词典里译成“石油”的petroleum一词包括了我们常说的原油（crude oil）

和天然气（natural gas），译成“油气”更合适。

“资源量”（resources）一词旨在涵盖地壳中自然形成的油气的总量，包括可采的（recoverable）和不可采的（unrecoverable）已发现的（discovered）和未发现的（undiscovered）量，和已经采出的量。

可见，资源量是个技术的概念，它指的是油气的客观存在，无论这些油气在现有技术条件下是否采得出，也无论如果采出是否能赚钱。

表 10-1 是该体系下的油气资源量与储量分类框架图示。

表 10–1 北美石油天然气资源量与储量分类框架图示

总油气原地量（PIIP）	已发现的油气原地量	经济的	已采出量（Production）		
			储量（Reserves）		
			1 P 探明（Proved）	2 P 控制（Probable）	3 P 预测（Possible）
		次经济的	或有资源量（Contigent Resources）		
			1 C	2 C	3 C
			不可采量（Unrecoverable）		
	尚未发现的油气原地量		远景资源量（Prospective Resources）		
			低限估计（Low Estimate）	最佳估计（Best Estimate）	高限估计（High Estimate）
			不可采量（Unrecoverable）		

↑ 商业性机会增加

← 不确定性的范围 →

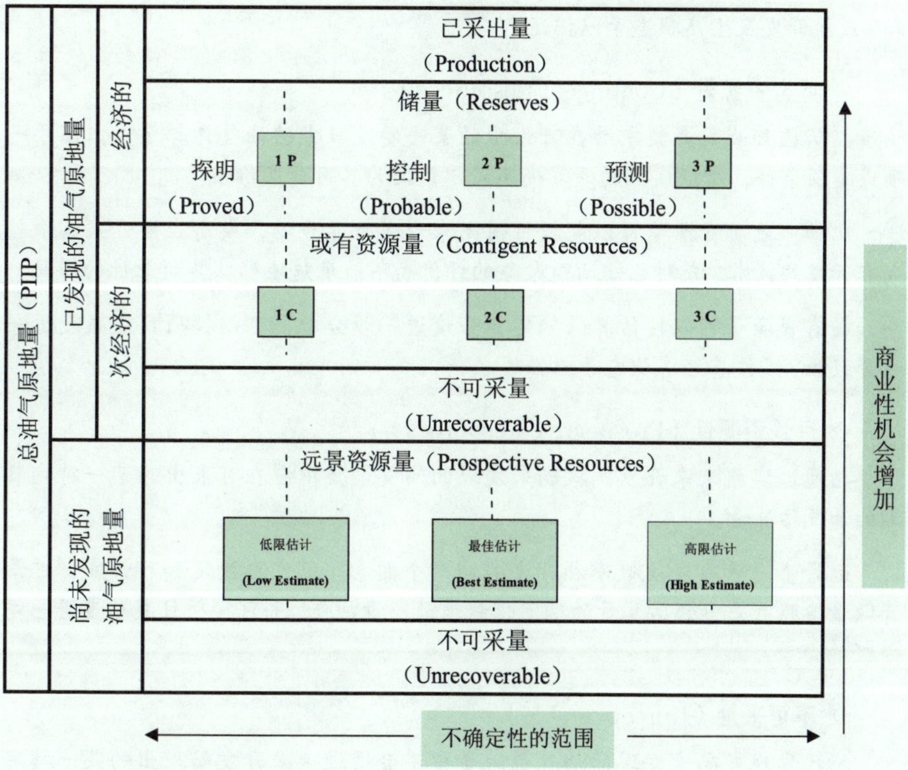

其中的几个术语定义如下：

◇ **总油气原地量**（Total Petroleum Initially-In-Place，**缩写为** PIIP）：

指原本存在于自然形成的油气聚集中的油气估算量。它包括，已知油气聚集中开采之前的某一特定日期的油气估算量，以及尚未发现的油气聚集中的油气量（相当于总资源量）。

◇ **储量**（Reserves）：

指在特定条件下，于某一特定日期之后，通过对已知油气聚集实施开发而预期可以经济地采出的油气量。

储量必须进一步满足四个条件：

➢ 已发现（discovered）；
➢ 可采（recoverable）；
➢ 具有商业价值（commercial）；
➢ 储量评估之日剩余的量（也即，所谓储量，自然是指保有储量）。

储量可以按估算的确定性程度进一步分类，可以按项目成熟度进一步分级和/或按开发及生产状态予以描述。

◇ **或有资源量**（Contingent Resources）：

指从已知油气聚集中潜在可采出的某一特定日期的油气估算量，但囿于一项或多项条件，所欲实施的开发尚不足以认定为具有商业价值。

比如，或有资源量可以包括目前尚未形成可靠市场，或商业性开采需依赖尚在开发的技术，或对已知油气聚集的评价尚不能清楚地确认其商业性的项目。

或有资源量可以按估算的确定性程度进一步分类，可以按项目成熟度进一步分级和/或按其经济状态予以描述。

◇ **远景资源量**（Prospective Resources）：

指通过实施未来开发，从尚未发现的油气聚集中潜在可采出的某一特定日期的油气估算量。

远景资源量有发现概率和开发概率两个因素。假定可发现和可开发，远景资源量按照可采出的估算量的确定性程度进一步细分，并可按项目成熟度进一步分级。

◇ **不可采量**（Unrecoverable）：

指已发现或尚未发现的油气原地量中不会通过未来开发而采出的某一特定日期的油气估计量。

不可采量中的一部分可能随着未来经济条件的变化或技术的发展而成为可采量，其余部分则可能由于地下流体和储层的相互作用所代表的物理和化学方面的限制而永远不可采。

与国内现行标准的实质性差别体现在“储量”的定义上。国际上，储量是经济性的体现，是在估算所用的经济技术条件下能挣钱的那部分，因此也是价值的体现。

国内所说的“储量”并不必然地与经济性挂钩。就一个项目而言，如果把国内的地质储量视为总储量，北美的储量是国内地质储量的一个真子集，一般要小得多。也就是说，此“储量”非彼“储量”也。

北美信息披露的法律法规不需要，甚至不允许油气公司披露储量以外的（资源量的）数字。因此，从国内的角度看，常感觉北美油气项目或油气公司的储量太小，原因即在于此。

非石油行业人士听到以亿吨计的“储量”，常常两眼放光。对这些数字要格外小心，要明确是什么储量，是中文里所说的储量还是来自于英文原文的储量，二者之间可能存在着巨大的价值上的差异。

图 10-1 以另一种方式图示了原地量、储量与资源量的关系：

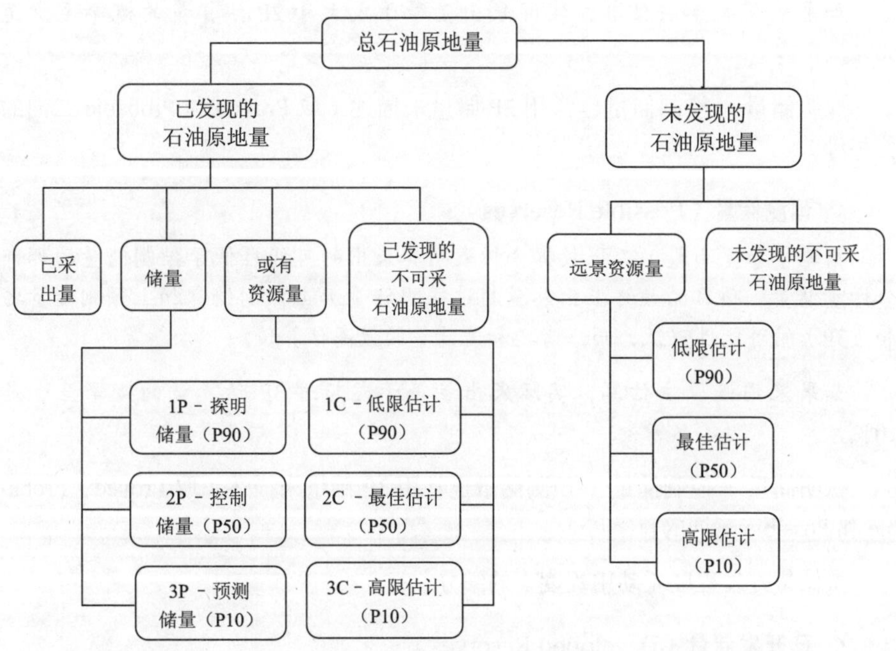

图10–1　原地量、储量与资源量的关系

北美按照储量估算的确定性程度（探明程度）、开发程度（动用程度）与生产状态对储量又做了进一步细分，使细分后每一级储量的经济性进而其价值上的差异更为清晰。

按其确定性程度（探明程度），也即储量数字的可靠程度，进一步细分为：

◇ **探明储量**（Proved Reserves）：

指通过地学和（油藏）工程数据分析，在特定的经济条件、作业方法和政府法规下，某一特定日期之后，估计从已知油藏可商业性采出的油气的量，这种估算较具确定性。

如果采用确定性法估算，“较具确定性”指可采量具有高置信度；如果采用概率法估算，实际采出量等于或超过估算量的概率至少是 90%。

探明储量也常用 1P 储量来描述（取 Proved 一词的首字母）。

◇ **控制储量**（Probable Reserves）：

指地学和（油藏）工程数据分析表明其采出的可能性低于探明储量但高于预测储量的那部分增量储量。实际剩余的采出量高于或低于探明储量加上控制储量之和（2P）的可能性均等。

如果采用概率法估算，实际采出量等于或大于 2P 估算量的概率至少是 50%。

探明储量 + 控制储量也常用 2P 储量来描述（取 Proved 和 Probable 二词的首字母）。

◇ **预测储量**（Possible Reserves）：

指地学和（油藏）工程数据分析表明其采出的可能性低于控制储量的那部分增量储量。项目的最终采出总量超过探明储量加上控制储量加上预测储量之和（3P）的可能性较低，而三者之和为储量的最高估算值。

如果采用概率法估算，实际采出量等于或超过 3P 估算量的概率至少是 10%。

探明储量 + 控制储量 + 预测储量也常用 3P 储量来描述（取 Proved、Probable 和 Possible 三词的首字母）。

按储量开发程度（动用程度）的细分：

◇ **已开发储量**（Developed Reserves）：

指通过现有（已钻的）井和现有设施，预期可采出的量。

◇ **未开发储量**（Undeveloped Reserves）：

指通过未来（进一步）投资，预期可采出的量。

二者的差别在于已投资和待投资，体现了资金需求上的差异和时间上的差异（时间就是钱），因而价值上必然有所不同。

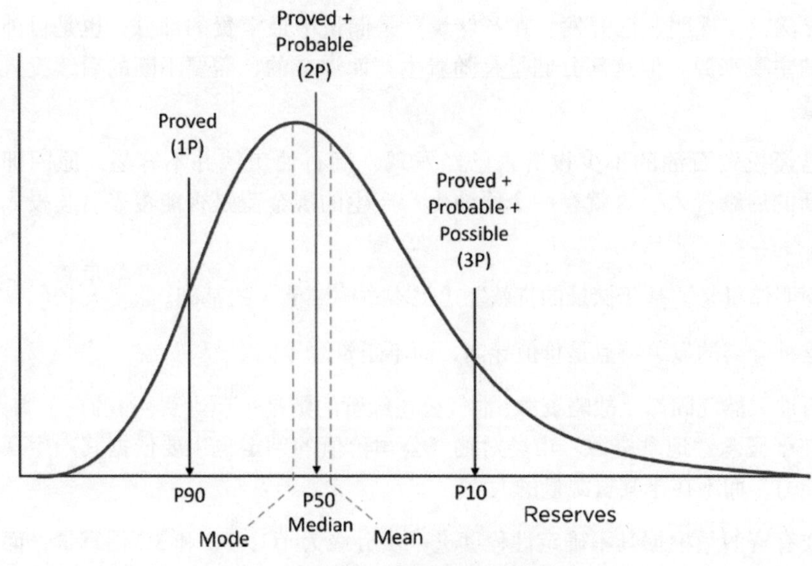

图10–2　储量的概率图示

对上述已开发储量又根据其生产状态做了进一步细分：

◇ **已开发在生产储量**（Developed Producing Reserves）：

指从已射开，且在储量估算之时正在生产的完井井段预期可采出的量。

◇ **已开发未生产储量**（Developed Non–Producing Reserves）：

包括关井和需要补充完井或重新完井的那部分储量。

二者的差异在于，前者正在产生现金流，而后者没有，且可能需要进一步投资。

不少人对石油项目的认识是“拧开阀门就冒钱”。其实，只有“已开发在生产储量”（下面的PDP储量）具有这种性质。可以说，这部分储量等于现金流。

很多人以为，搞石油的只要找到油就可以一劳永逸了，剩下的事就是坐等着数钱了。其实不然，只有做到“已开发、在生产”才可能开始赚钱，这需要相当的投入，相当的时间，也要承担相当的风险。

结合储量的确定性程度、开发程度和生产状态，探明储量则可以进一步细分为：

- 探明、已开发、在产（Proved Developed Producing，简称PDP）储量；
- 探明、已开发、未生产（Proved Developed Non-Producing，简称PDNP）储量；
- 探明、未开发（Proved Undeveloped，简称PUD）储量。

显然，“探明、已开发、在产储量”是储量中最宝贵的部分，也是目前现金流的主要来源。但这部分储量是随着生产而递减的，需要不断的后续投入补充储量。

已经投资石油的不少投资人已经发现，搞石油赚钱并不容易，原因即在于不断的后续投入。这就有一个原油生产产生的现金流是否能覆盖后续投入的问题。

探明储量是“基于储量的贷款”（见本章第二节）的基础。

这种分类的显著特点是价值导向，而不是资源导向。

石油天然气固然是战略资源，油气公司经营的则是一项生意，目的在于赚钱，而不在于概念性地拿资源。市场对油气公司价值的判定也主要依据其产生现金流的能力，而不在于其资源量的大小。

或有资源量根据其不确定性程度进一步分级为1C、2C和3C估算量，而远景资源量则进一步分级为低限估计、最佳估计和高限估计。

如果用概率表示，则：

- 实际采出量等于或超过1C（低限估计）的概率至少为90%（P90）；
- 实际采出量等于或超过2C（最佳估计）的概率至少为50%（P50）；
- 实际采出量等于或超过3C（高限估计）的概率至少为10%（P10）。

（注意该表述方法与1P、2P和3P的概率表述有所不同。）

美国和加拿大在资源量与储量的定义及估算方法上相互借鉴，虽然技术上没有实质性的不同，但保留下来的一些细微的差别仍然可能使储量的具体数字相差不少（见本节第三部分）。这些定义和估算方法的技术性内容以及信息披露要求和监管方式也为其他国家，如澳大利亚和南非，所借鉴。

储量不是凭空而来，而是花了钱得来的。大量的未开发储量意味着花了很多钱，但尚未能产生现金流。它固然意味着潜力，但它的另一方面是，在油气价格较大幅度地下跌时，这部分储量可能（暂时）不再具有经济价值，而要核减。如果核减，这部分钱起码暂时是白花了，如果公司能耗得过去，只好等待油气价格回升。

在管道等基础设施比较成熟的陆上油气区，首期勘探发现一定规模的储量后，油气公司一般采用类似于国内所谓“滚动开发”的方式，边勘探、边开发、边生产，以尽早产生现金流，而不是大面积地勘探出大量储量，而后整体开发。中小油气公司更是如此。这是个如何最大效率地使用资金的问题。这种公司发展模式也意味着，储量是动态的，生产（采油）过程消耗储量，而开发过程可能增加储量。比如，加密井可能提高储量级别，而在已开发区外围钻新井则可能增加储量。

海上各油气田相对独立，每个项目的经济规模和对基础设施的要求不尽相同，但尽早产生现金流的理念一致。相应地，储量也是动态的。

图 10-3 借用某公司的在产井（黑色实心圆点·）和待钻井（红色实心圆点·）的相对位置，示意性地说明待钻井完成后对于储量的可能影响。

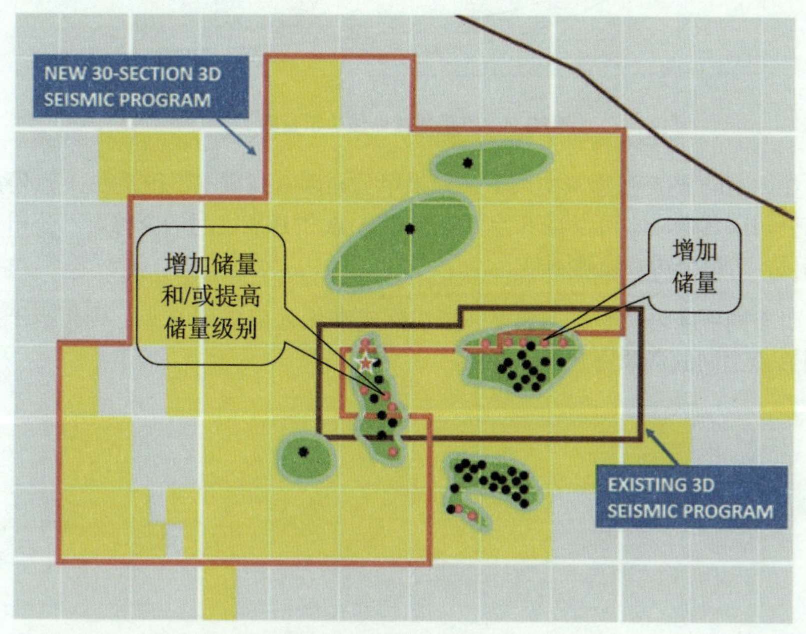

图10-3 待钻井对储量的可能影响（示意图）

可能导致储量变化的其他因素有：

- 油气价格上升 / 下降改变了项目的经济性，可能导致储量增加 / 减少；
- 提高采收率可能导致储量增加；
- 成本上升 / 下降可能导致储量减少 / 增加。

而对于同样的采收率，不同的产量递减曲线（如图 10-4）所得到的项目的经济性可能是不同的。仅用地质储量乘以采收率得到可采储量可能过于简化了问题，某种程度上忽视了不同的产量递减曲线造成的项目经济性上的差异。

同一个项目交给不同的公司运营，其生产成本可能不同。图 10-5 示意性地说明成本对储量的影响。

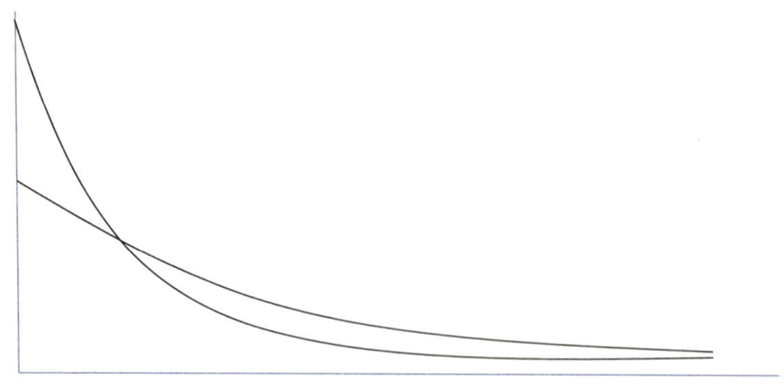

图10–4 产量递减曲线（示意图）

在图 10-5 的产量递减曲线下，如果甲公司因其高成本不得不在 A 点停产，而乙公司因其低成本可以在 B 点停产，则 A 点和 B 点之间的资源对乙公司来说是储量，对甲公司来说则不是。

对于同一家公司而言，如果能把边际成本从 A 点降到 B 点，则相当于把 A 点到 B 点之间的资源提升为了储量。

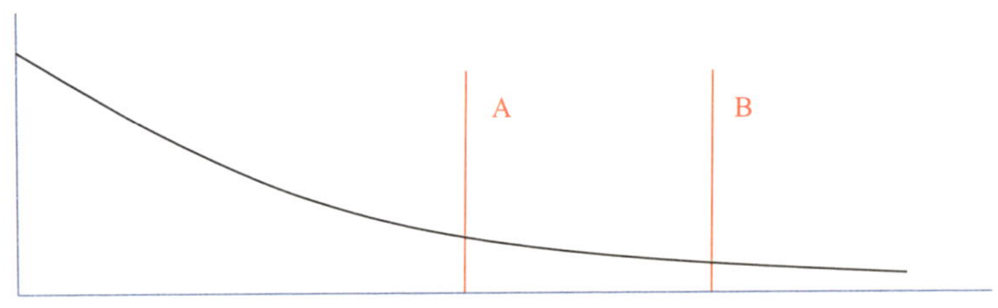

图10–5 成本对储量的影响（示意图）

二、储量报告

储量报告（Reserves Report）估算报告生效日项目和 / 或公司的各级别储量。除了储量以外，一般还给出相应储量的未来净收入和净现值，该净现值可以视为估算所用假定条件下的储量价值（reserve value）。需要注意的是，实现该净现值（储量价值）不是没有代价的 – 很可能每年需要相当大的投入，把尚未开发的储量开发起来或尚未投产的储量投入生产。储量报告中一般已列示每年的资金投入需求。

图 10-6 是某公司 2016 年初发布的未来 10 年的产量预测图。不同颜色代表不同区块投产后产量递增的情况。这一令人振奋的产量增长前景图“漏掉了”

一些关键信息

- 从 A 点到 B 需要多少投资；
- 公司自身的现金流是否足以支持该产量增长；
- 如果不能支持，后续资金从何而来；
- 融资的代价有多大。

作为规划，这些问题并非都已得到回答，这并不妨碍公司发展，只是读者必须明白，这张图还只是个“宏伟蓝图”，离完全兑现还有一定的距离。

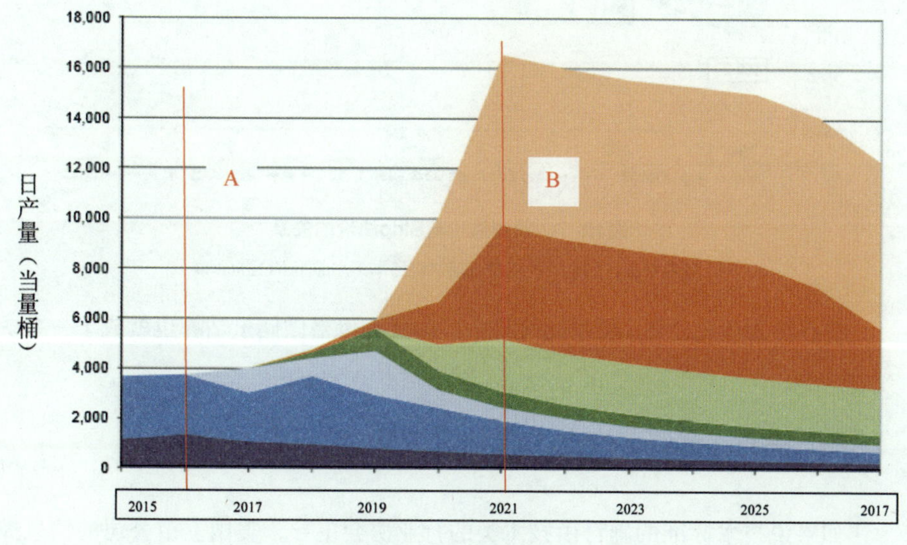

图10–6　产量预测图

储量估算所用的未来石油天然气价格无疑对储量数字有着重大影响。一般来说，估算储量的咨询公司会定期（如，每季度）更新其预测价格，有的还会放到自己的网站上公开披露。

从以往的经验看，各家咨询公司的预测价格虽各有不同，但相差不大。总的来说，一般比可以在期货市场上做套期保值的价格（Strip 价格）要激进一些。Strip 价格毕竟和现货市场价格联动，而预测价格则纯粹是预测的了。

图 10-7 是加拿大四家咨询公司 2015 年 10 月 1 日（蓝色虚线）、2016 年 1 月 1 日（黄色虚线）、2016 年 10 月 1 日（黑色虚线）就加拿大某油品（Edmonton Par）的预测价格的平均值和 2016 年 10 月 1 日 Strip 价格（灰色实线）的对比。显然，预测价格较 Strip 价格激进。

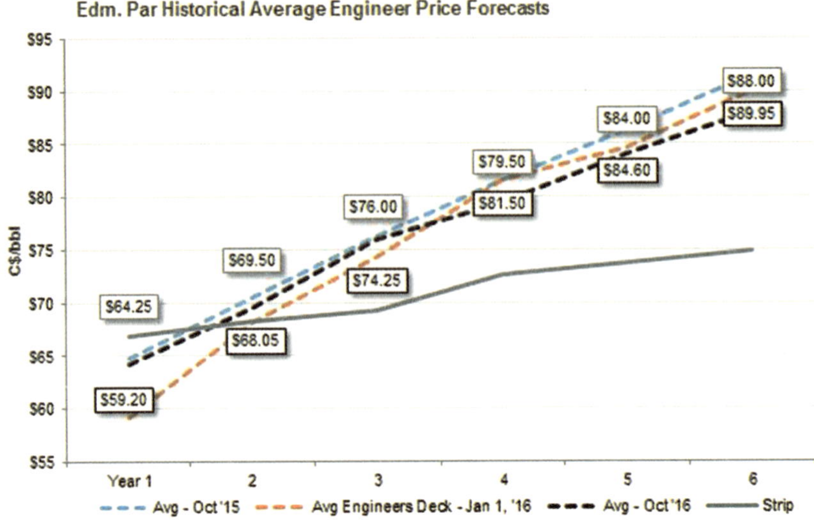

图10–7 预测油价与Strip油价的关系

资料来源：加拿大投资银行阿尔塔资本（AltaCorp Capital）

在石油天然气公司 / 项目的交易中，用什么价格做储量估算也就成了一个谈判点。

三、油气公司的信息披露及监管

如果说技术标准的制订由技术类的行业协会主导，美国上市公司的信息披露与监管则由美国证券交易委员会（Securities Exchange Commission，缩写为 SEC）主导。SEC 从信息披露与监管要求上对技术标准做了取舍。

像任何标准一样，信息披露标准也需要与时俱进。

SEC 分别于 1978 年和 1982 年颁布了石油天然气业务信息披露要求。原来只允许披露探明储量，且不认可加拿大油砂（见本章第五节）等非常规（unconventional）油气资源。针对近年来石油天然气行业的发展，结合技术类行业协会于 2007 年发布的《石油资源量管理系统》（见本节第一部分），在广泛征求意见后推出了更新后的信息披露要求，并于 2010 年 1 月 1 日起实施。

最新版的信息披露规范允许（但不要求）披露控制储量和预测储量，但仍然禁止在向 SEC 报备的文件中披露资源量，虽然并不禁止油气公司在其网站和新闻稿中披露资源量。

上文已提到，储量估算中所用的石油天然气价格对储量数字有重大影响。

SEC 要求储量估算用估算时前 12 个月每月第一天的石油天然气价格的平均值作为储量估算所用价格。鉴于大多数公司的会计年度是从每年 1 月 1 日至 12 月 31 日，其年底储量则用当年每月第一天的石油天然气价格的算术平均值估算，这些公司的储量数字便具有了可比性。

此外，SEC 还要求各公司在披露储量之时同时披露其探明储量（1P 储量）在 10% 折现率下的净现值。图 10-8 是 57 家美国油气公司 2010 至 2015 年间每年年底的探明储量的净现值之和。2015 年底较 2014 年底的净现值有巨幅降低，油气价格的影响十分显著。

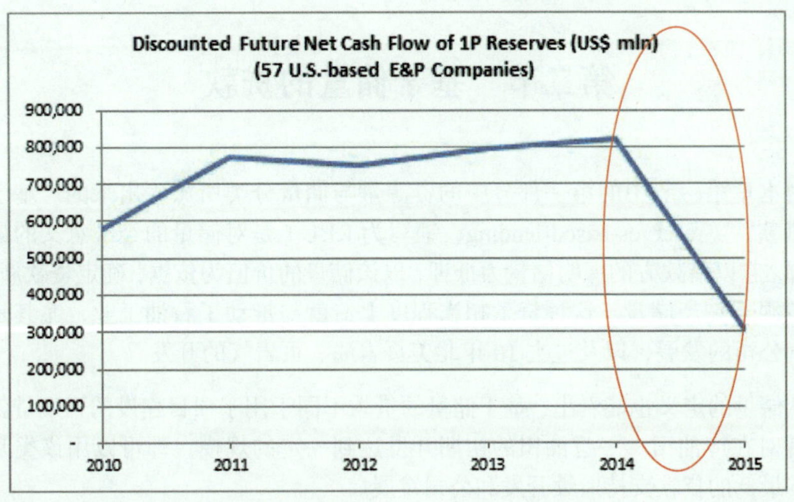

图10–8 油气价格对储量价值的影响

资料来源：能源评估（Evaluate Energy）

加拿大为油气公司的信息披露与监管制订了《国标 51-101 – 石油天然气业务披露标准》（National Instrument 51-101 – Standards of Disclosure for Oil and Gas Activities，缩写为 NI 51-101）。最新版的 NI 51-101 标准于 2015 年 7 月 1 日生效。

与矿业信息披露的 NI 43-101 标准（见第二章第二节第二部分）类似，NI 51-101 也是以格式限定内容的一套信息披露标准。

NI 51-101 标准要求所有从事石油天然气业务的、需要公开披露资料的公司（reporting issuer，包括所有上市公司），每年披露其石油天然气储量及其预期所产生的净收入。必须披露的储量是探明储量和控制储量，油气公司可以选择是否披露预测储量。

与美国不同的是，加拿大的储量估算一般用承担储量估算的独立的咨询公司的预测价格。美国和加拿大的这个差别使在两国双上市的油气公司在两国的报备文件中披露的储量数字有所不同，有时差别甚至能达到30%。

最新版的NI 51-101标准也允许（但不要求）各公司披露其资源量，并对披露要求做了规定。

资源量和储量估算必须按照《加拿大石油天然气评估手册》（Canadian Oil and Gas Evaluation Handbook），由有资质的独立的储量评估师编制或审核。

第二节 基于储量的贷款

由本章第一节中的第一部分中的资源量与储量分类所派生出来的“基于储量的贷款”（reserves-based lending，缩写为RBL）是对储量的经济意义的最好的诠释。它以借款方的探明储量为抵押，以该储量的价值为依据，确定贷款额度，尤其着眼于在产储量。这种贷款相当程度上造就与推动了石油工业，尤其是中小油气公司的发展，以及过去10年北美页岩油、页岩气的开发。

从储量的定义也能看出，基于储量的贷款不同于用于项目建设的开发贷款，而是针对在产油田。一旦油田的初期开发达到一定的规模，即可以用该类几乎是成本最低的贷款支持后续开发和公司发展。

基于储量的贷款是基于资产的贷款（asset based lending）的一种。对于石油天然气勘探与生产公司来说，储量是其主要资产。基于储量的贷款发源于美国的石油中心–德克萨斯州（Texas）的休斯敦（Houston），最早可以追溯到20世纪40年代，且在20世纪70年代石油价格暴涨后得以广泛应用。美国的银行也率先为此招募专业石油技术人员。

20世纪70年代，随着北海石油的发现，英国政府鼓励英国公司参与北海石油的开发，渐渐地形成了以伦敦为中心的所谓国际模式，并逐渐为欧洲其他国家、中东、远东和非洲所借鉴。虽然与以美国为代表的北美模式有很多相同点，但在各自的发展和演进过程中也派生出来很多差别。比如，北美模式只考虑探明储量，而国际模式则可能也考虑控制储量。

基于储量的贷款的核心是储量估值。一般来说，贷款方以第三方出具的储量报告为蓝本，按照自己对市场的预期和对风险控制的要求对一些参数进行调整，然后用折现现金流法（见第五章第五节）计算生产这些探明储量所产生的未来现金流的净现值，作为贷款基数（borrowing base），且可能封顶。

对于不同级别的探明储量的净现值，可能施以不同的系数。在不同的市场环境下，这些系数也会不同。比如，一种可能是：

- 探明、已开发、在产储量：100%；
- 探明、已开发、未生产储量：50%~75%，可能封顶；
- 探明、未开发储量：25%~50%，可能封顶。

这类贷款也可能附以其他条件，比如，探明、未开发储量所占比例不超过30%。

在北美，控制储量和预测储量一般不作为贷款依据（不排除可用于其他形式的债务安排），更不用说或有资源量了。从这种意义上说，探明储量是“银行融资级”或“可用于银行融资的”储量（bankable reserves）。储量、储量的探明程度及其生产状况的经济意义十分显著。

基于储量的贷款一般采用“循环信贷”（revolving credit）的方式，大多以一年为一个循环期。这是该类贷款区别于有固定期限的开发贷款的一个显著特点。在油价相对平稳的市场环境下，只要探明储量能够接续得上，且能够按期偿还利息，贷款本金相当于可以一直循环下去（虽然其额度可能调整），因而看起来像是只偿还利息而本金持续循环的“常青”（evergreen）贷款。

虽然不是基于储量的贷款的必然要求，借款方一般做一定量（如 50% 的产量）的套期保值（hedge，见第五章第八节第五部分）。一方面锁定套期保值部分的销售价格，保护现金流，另一方面不失去其余部分的油价上涨的潜在收益。石油行业 1~2 年的短期套期保值比较普遍。如果做了套期保值，计算贷款基数时，已做套期保值的部分的价格用已锁定的油价。一般来说，套期保值锁定的价格会高于其余部分的预测油价。因此，套期保值顺便也扩大了贷款基数。

一年是不短的时间，尤其是在油价波动较大的市场环境中。因此，贷款基数一般每年核定（redetermination）两次，期间双方也可能各有一次要求重新核定的机会。如果重新核定后的贷款基数低于未偿还的本金额度，则出现了贷款基数缺额（deficiency），这一般是由于油价下跌致使储量缩减造成的。借款方可以通过偿还掉这部分缺额，或用其他资产补足抵押品来弥补。

很多情况下借款方的可用储量都已用作抵押，这时借款方一般通过出售资产、增发新股融资、发行次级债（subordinated debt）等方式偿还贷款基数缺额。如果借款方不能筹集到足够的资金偿还掉贷款基数缺额，则构成了违约（default）。如果还有其他债务，这项违约还可能引起对其他债务的交叉违约（cross default）。不能补救这些违约则可能导致公司破产。

油价下跌不仅给作为借款方的油气公司带来了很大的风险，对作为贷款方的银行也是很大的风险。借款方破产对借贷双方都没有好处，有如为房地产开发商提供了贷款的银行拿回来烂尾楼，仍然是头痛的事。两年来，敏锐的市场参与者则在油气公司因油价下跌面临违约的市场环境中发现了提供“夹层融资”（mezzanine finance）的机会。

美国与加拿大有着几千公里不设防的陆地边界，两国在方方面面都有着千丝万缕的联系，语音与文化几无差异，居住在边境地区的居民甚至连日常生活用品也跨境购买。在石油天然气的勘探开发方面更是如此，不仅一国的油气公司到另一国拿区块搞勘探开发，两国的很多油田服务公司也在两个市场上都有作业。有意思的是，两国的石油天然气公司和信贷机构在对待债务的理念和实践上竟有不小的差别 - 美国公司和资本市场对债务水平的容忍程度大大高于加拿大。这大概是因为美国的银行对于基于储量的贷款的风险承受意识和能力较强。

第三节　石油天然气勘探与生产公司投资价值分析

第五章第七节矿业公司投资价值分析中的指标和比率很多也适用于石油天然气勘探与生产公司，建议读者在阅读本节之前重温那一节的内容。此外，因其行业特点，石油天然气勘探与生产行业中还有其他一些投资价值分析中常用的指标和比率。

一、石油天然气勘探与生产行业的一些指标

以下是石油天然气勘探与生产行业特有的一些指标，其中大多并不是会计准则要求必须在公司财务报表中报告的，但却是投资分析中常用的，再一次反映出以记账为目的的财务报表与投资价值分析的脱节。

◇ **当量桶（Barrel of Oil Equivalent，缩写为 BOE）**

这是一个很容易引起混乱的概念。

天然气的储量和产量以体积计，用立方英尺（cubic feet，缩写为 cf）；但计价和交易用热值，即英热单位（British thermal unit，缩写为 Btu）。二者的关系是 1,000 立方英尺 = 102.7 万英热单位（1 mcf = 1.027 mmBtu）。因其微小的差别，也常常近似成 1 mcf = 1 mmBtu（不知始自何时，在描述桶和立方英尺的时候，常用 m 表示一千，mm 表示一百万。如 5 mboe 为 5,000 当量桶，3 mmcf 为 300 万立方英尺）。

按热值计，每桶原油的热值为 580 万英热单位，约合 6,000 立方英尺天然气的热值。因此，在储量和产量上，一般按热值当量把 6,000 立方英尺天然气折成 1 桶原油，即 1 桶 = 6 mcf = 6 mmBtu。但天然气价格与原油价格是彼此独立的，这种热值上的“当量”并非价值上的当量，也即 1 桶原油的价值与 1,000 立方英尺或 100 万英热单位天然气的价值之比并不是 6 倍。

图 10-9 是美国市场上每桶原油和每百万英热单位天然气 2007 年至 2016 年初价值之比（一般称油气价格比，Crude to Gas Ratio）的历史曲线。页岩气的发展导致天然气价格从 2009 年开始逐渐下跌，进而（在原油价格未大幅波动的情况下）油气价格比逐渐上升。2010~2014 年间，油气价格比平均达 27 倍，2012 年 4 月更是达到了创纪录的 54 倍。

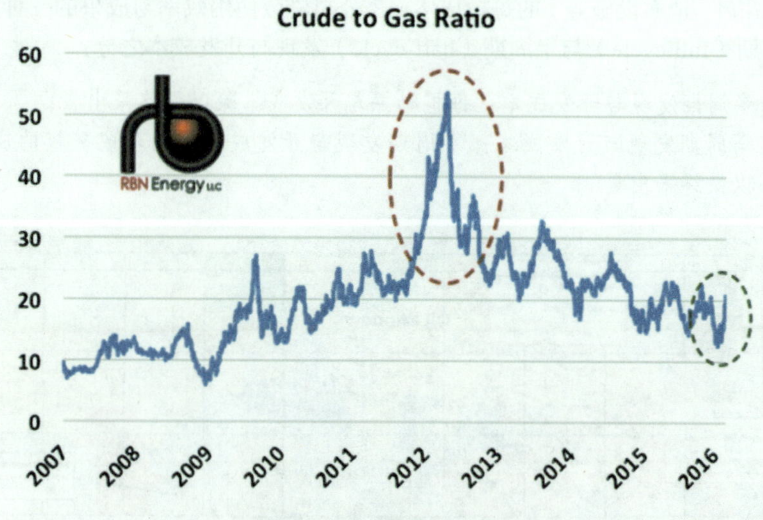

图10–9 油气价值之比

资料来源：RBN 能源（RBN Energy）

把天然气简单地按 1 桶 = 6 mcf 折成当量桶则掩盖了这种价值上的差异。

所以石油天然气公司在报储量和产量时，既报当量桶的数字，也需要分别报原油和天然气的数字。反之，如果只看到当量桶的数字，则应该进一步了解原油和天然气各自的量。

◇ **净回值（Netback，一般折算成每桶净回值）：**

是每桶利润的一种度量。

➢ 现场层面净回值 = 销售收入 – 政府权益金（Royalty）+/- 对冲盈 / 亏 – 操作费用 – 运输费用，也即（每桶）现场毛利；

➢ 公司层面净回值 = 现场层面净回值 – 公司管理费 – 利息 – 税金，也即（每桶）生产作业现金流。

操作费用只是现场直接生产成本，包括现场人员工资、电费、药剂费、日常维护等。

用操作费用推介项目具有极大的误导性。2016 年，很多石油公司的操作费用已降至每桶十几美元甚至几美元。在油价 50 美元的环境中，听起来项目“很好”，但它不仅不包括以往的钻井、完井等投入，也不包括未来的稳产投入，对于评价项目的可持续性显然非常片面。

◇ **发现与开发成本（Find and Development，缩写为 F&D）**

包括获取矿权、勘探（地震资料采集、处理与解释、探井等）和开发（钻井、完井、井口、地面设施等）的每桶成本，是公司资金使用效率与成果的一种度量。有全周期（full-cycle）与半周期（half-cycle）发现与开发成本之分：

➢ 半周期发现与开发成本：每桶勘探与开发成本除以最终采出量；
➢ 全周期发现与开发成本：半周期发现与开发成本加上获取矿权的成本除以最终采出量。

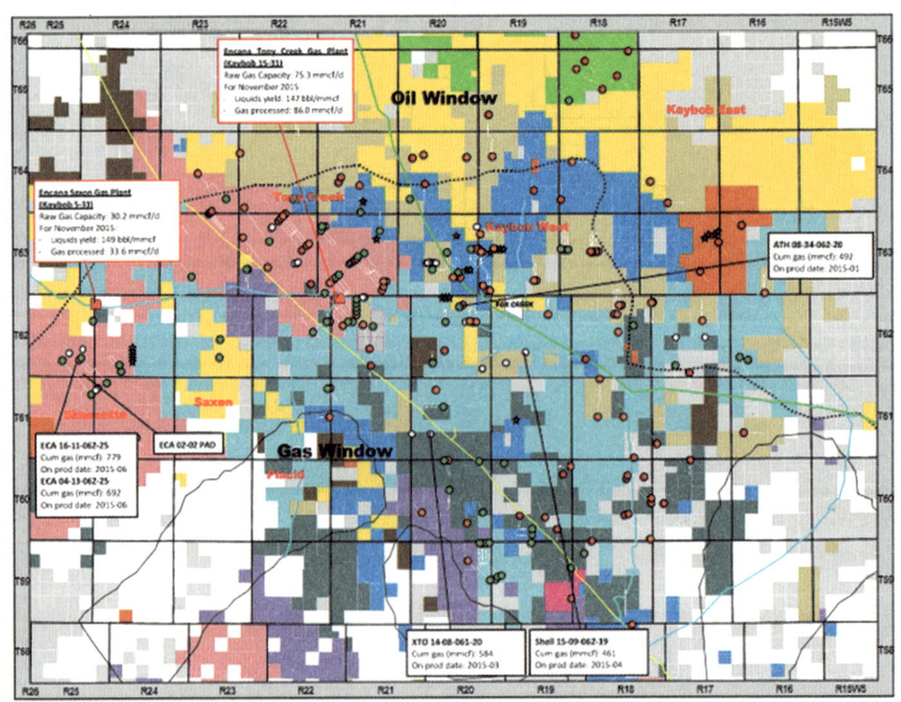

图10–10　2016年1月加拿大某地区的矿权分布状况

资料来源：加拿大皇家银行（Royal Bank of Canada）研究报告

与国内把矿权连片地分配给一家公司不同（比如，大庆油田有26.6万平方公里的连片矿权），国外各公司的矿权交织在一起，如图10-10（不同颜色代表不同公司的矿权），油气公司之间的商业性矿权整合也就成了必然。获取矿权的途径有通过拍卖从政府手中直接获得、与其他公司交换矿权、通过收购其他公司获得其矿权，或从其他公司手中购买矿权。

获取矿权的费用可能是个不菲的数字。如果买来的矿权还没有储量，业内关注其单位地面面积（如，每英亩）的交易价格；如果已经含有储量，这种交易就是买储量。每个地区1P和2P储量的每桶交易价格也很受业内关注。

探明（1P）储量中的探明、已开发、在产（PDP）储量的全周期发现与开发成本尤为重要。

◇ **为剔除勘探投入对经营的影响，石油天然气业务中在有些情况下用EBITDAX（利息、税赋、折旧、摊销、勘探投入前收益）取代其他行业中的EBITDA。**

◇ **税后净经营利润（Net Operating Profit After-Tax，缩写为NOPAT）**

税后利润+税后利息支出=税后利润+所付利息x（1－税率）=经营利润（EBIT）x（1－税率），是剔除了利息影响的税后经营利润，即无负债（无财务杠杆）情况下的利润。

◇ **债务调整后的现金流（Debt-Adjusted Cash Flow，缩写为DACF）**

税后净经营利润+折旧与摊销，是剔除了利息影响的税后经营现金流，与近似于税前经营现金流的EBITDA形成对照。

◇ **净资产价值（Net Asset Value，缩写为NAV）：**

储量的净资产价值即用折现现金流法（DCF）计算所得的其储量的净现值。相应的，分别有1P储量、2P储量和3P储量的净资产价值。3P储量因可靠性低，一般很少用DCF法计算其净资产价值。工作程度更低的勘探资产用可比参数如单位地面面积的市场价值等方法确定其净资产价值（见本节第三部分）。

◇ **储量寿命指数（Reserve Life Index）：储量/产量**

现有储量在现有产量下还能生产多少年，一般用2P储量。

很多公司把储量寿命指数掌握在10~15年的范围，太低了有储量接替上的担心，太高了一则没有必要（10年已不短），再则资金使用效率不高（见本章第一节第一部分）。这是个储量管理，乃至于公司发展的问题。

◇ **单井或井组指标**

与国内针对整个油田编制开发利用方案，然后进行“整体开发”的理念和方式不同，国际上虽然也做整体开发测算，但在具体实施时一般会针对每一口生产井当时的具体情况做一个单井经济性评价，计算其净现值、内部收益率、投资回收期等。如果 10% 折现率下的净现值为负，或者投资回收期太长，这口井可能就不钻了。加密井的决策尤其如此。

用单井经济性推介项目在业内较为常见，但这种单井经济性可能有相当的误导性 – 它只考虑了单井的钻井、完井和系统接入投资，而将油田生产所必需的配套设施的投资、购买矿权或储量的投资、公司管理费等多项投资与成本排除在外，更未考虑当初的勘探投资。因此，常常见到的一个现象是，单井层面的数字看起来都很漂亮，公司的总体盈利性却不怎么样，原因即在于此。一组井的井组指标（项目层面）可能有同样的误导性。

加拿大蒙特利尔银行（Bank of Montreal）曾以某项目为例（表 10-2），说明这种仅考虑了部分“直接”投资与成本得到的项目层面的经济性与加上其他必要因素得到的全部投资与成本的经济性之间的差别（美元 / 桶）。

表 10–2　直接投资加成本与全部投资加成本对内部收益率的影响

	仅考虑“直接”投资与成本	考虑全部投资与成本
投资	12.27	19.29
操作成本	9.33	10.93
勘探	0.00	1.74
管理费	1.20	3.60
其他	0.11	1.01
总成本	22.91	36.58
内部收益率（%）	42%	12%

二、石油天然气勘探与生产行业的一些常用比率

◇ 资金周转率（Recycle Ratio）：净回值 / 发现与开发成本

其中的发现与开发成本一般针对探明（1P）储量中的探明、已开发、在产（PDP）储量而言。

通俗地讲，就是将每桶现金流再投资，能生产出几桶油。显然，越高越好。是现金流，更是储量接替（公司发展后劲）的反映。

相应地，有现场层面资金周转率和公司层面资金周转率。

◇ **债务 / 现金流**（Debt/Cash Flow）

石油天然气行业因大量举债，有关债务的各项指标受到密切关注，尤其是在高油气价格环境下靠大量举债发展起来的公司，在油气价格暴跌后，其偿债能力突出地暴露出来，便有破产的问题。

矿业行业也是一样。随着矿产品价格的大幅度下跌，矿业公司的偿债能力也成了问题。相应的，矿业公司的该项比率也就受到了很大关注。

◇ **企业价值 / 债务调整后的现金流**（EV/DACF）

石油天然气行业是个大量使用债务的行业，而各公司的债务水平进而其资本结构差异很大，债务调整后的现金流剔除了不同资本结构的影响，使各公司之间具有更好的可比性。因此，投资分析中有时用该比率替代市值 / 现金流（P/CF）或企业价值 /EBITDA（EV/EBITDA）。

◇ **动用资本收益率**（Return on Capital Employed，**缩写为** ROCE）

营业利润 /（总资产 - 流动负债）= 营业利润 /（股东权益 + 长期负债）

是长期资本使用效率的度量，在大量使用债务的行业中应用较多。从公司财务管理的角度上说，（理论上）应该使动用资本收益率高于公司的资金成本，否则可能是债务成本太高，侵蚀了利润。

◇ **企业价值 / 日产量**（EV/BOE/D）：

因产量以桶计，也称每一"流桶"（flowing barrel）企业价值。

◇ **企业价值 / 探明储量**（EV/1P）

◇ **企业价值 /（探明储量 + 控制储量）**（EV/2P）

◇ **企业价值 /（探明储量 + 控制储量 + 预测储量）**（EV/3P）

如本章前二节所述，不同级别、不同开发程度、不同生产状况的储量，价值不同。在总储量中，高级别储量比例越高，总储量的价值越大。投资价值分析中因此也关注不同级别的储量占总储量的百分比。

在价值评判和比较中，2P 储量用得最多，因为一般探明储量相对较少，预测储量又有些虚，而控制储量也比较可靠。在 2P 储量中，探明、已开发、在产（PDP）储量的比例越高，该 2P 储量的质量越高。

探明、已开发、在产（PDP）储量是最宝贵的储量，但它的另一面则是，这部分储量在生产中被不断消耗。PDP 储量的市场价值与把低级别储量提升为 PDP 储量所需要的代价之差则是油气公司创造的价值。

◇ **储量接续比（Reserve Replacement Ratio）：储量增长 / 产量**

一般用探明（1P）储量的增长。储量接续比小于 1 则意味着已采出的储量未得以接续，储量在被净消耗。

三、确定目标股价常用的指标和比率

一般用下述指标和 / 或比率或其组合，施以一定的系数，确定目标股价。

◇ **EV/EBITDA，或其替代比率 EV/DACF**

◇ **1P 储量或 2P 储量的净资产价值（NAV）**

上述指标和比率来自于生产项目。此外，除了生产项目，油气公司往往有大量的勘探地盘，有的经过勘探已经有了或有资源量。这些尚未确定储量（所谓 unbooked）的勘探项目也可能有相当的价值，一般用可比地块的价值，或可比或有资源量的价值，并按其勘探程度施以不同的风险系数，得到考虑了风险后的（risked）潜在价值。

具体采用哪项指标和比率，取多大的系数，勘探项目是否赋予价值，不同的分析师会有不同的考虑，这也是对于同一家公司、在同一时点，不同分析师可能给予不同的目标股价的原因。

油气勘探与生产公司用利润（如，市盈率）做价值判断的情况就更少了。除第五章第七节所述原因以外，美国上市公司允许油气公司对勘探投入采用下述两种不同的摊销方法之一：

- 完全成本法（full cost method）：勘探投入全部资本化，然后按单位产量法（unit-of-production method）摊销；
- 成效法（successful efforts method）：仅把（增加了储量的）有成效的勘探投入资本化，然后按单位产量法摊销，而把无成效的（如干井）勘探投入作为费用当期消化掉。

显然，采用不同的摊销方法对利润有很大影响，致使不同公司之间利润指标的可比性变差。

此外，虽然并不用于确定目标股价，债务 / 现金流（Debt/CF）是被密切关注的一项比率，是公司的偿债能力和能否持续经营的一个度量。

第四节　北美的页岩革命

过去十余年来石油天然气勘探与生产行业最为显著的技术突破便是北美的页岩革命（the shale revolution）。页岩革命使北美巨量的页岩油、页岩气得以成功开发，改变了北美的能源格局，并在相当程度上影响到了全球的石油天然气流向，进而对地缘政治产生了一定的影响。

与页岩油气相比，我们熟知的、已开采一百几十年的油气资源称为“常规”（conventional）油气，相应地，页岩油气则属于“非常规”（unconventional）油气的一种。常规与非常规是从油气储层的渗透率（permeability），或油气在储层中的流动能力而言的。

常规油气生成于生油 / 气层，经过油气运移的过程运移至储集层，储集层和盖层形成油气藏（reservoir），此三要素即石油行业中所说的“生、储、盖”。油气在常规油气藏中较易流入至钻入油气藏的井筒，油气便经由井筒从油气藏中生产出来。非常规油气开发的则是生成油气的源岩（source rock）中的油气资源，油气未及运移而形成油藏，油气在源岩中的流动性也很差，因此需要“非常规”的开采方式 – 水平井（horizontal well）和多级压裂（multiple-stage fracking）技术的组合。

实际上，这两项技术不仅用于页岩油气的开发，也用于其他非常规油气资源，如致密油（tight oil）的开发。有鉴于此，本节用页岩油气泛指非常规油气。

业界早就知道非常规油气资源的存在，只是以前未找到可以经济地开采这些资源的方法。

水平井和水力压裂（hydraulic fracturing，已为新词 fracking 所取代，简称压裂）技术远在北美的页岩革命之前就已在业界得以广泛引用。尤其是压裂，虽然至上世纪七十年代才得以大规模应用，首次商业化应用则可以追溯到 20 世纪 40 年代。页岩压裂的鼻祖，2013 年 7 月以 94 岁高龄仙逝的乔治 · 米开尔（George Mitchell）在一片质疑声中率先将压裂技术试用于美国德克萨斯州（Texas）的巴奈特（Barnett）页岩层，虽历经磨难，但最终于 20 世纪 90 年代后期取得了成功，开启了页岩商业化开发的时代，打开了北美巨大的页岩油气资源的宝库。

水平井和压裂（图 10-11）都属于应用性技术。这两项技术的成功组合，尤其是水平井的水平段多级压裂技术的应用，使北美页岩油气过去十余年来得以大规模经济地开发，而页岩油气的开发反过来在北美这个充分竞争的市场环境中又促进了这两项技术突飞猛进的发展。过去十余年间，这两项技术的发展可谓日新月异，水平段长度、压裂级数、压裂规模、单位水平段的加砂量、作业时间、作业成本等方面的突破捷报频传。

图10–11 水平井及多级压裂示意图

到 2016 年后期，在美国德克萨斯州著名的二叠纪盆地（Permian Basin），两英里（3.2 公里）的水平段长度和每英尺（30.48 厘米）水平段 1,500 磅（680 千克）的加砂量（图 10-12）已是家常便饭，最高纪录达到了每英尺 5,000 磅（2,270 千克）！

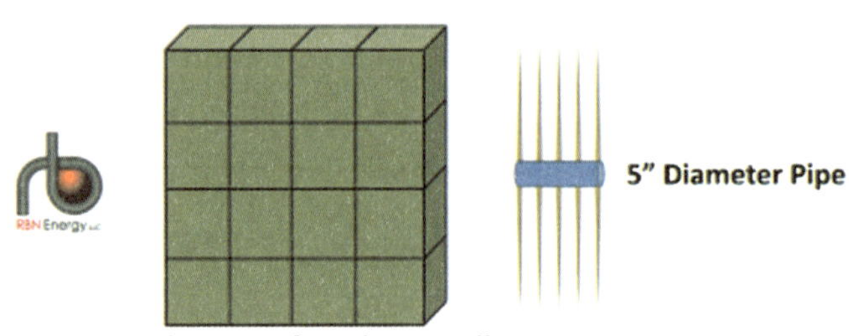

图10–12 把左边体积大小的压裂砂压入右边的水平段中（示意图）

资料来源：RBN 能源（RBN Energy）

虽然只是应用性技术（而不似导弹等高精尖技术），这两项技术，尤其是多级压裂的大规模应用，基本上还未出北美。在澳大利亚和阿根廷也有一定规模的应用，很大程度上也是美国公司在实施。

曾有国内公司拟通过收购美国的石油公司而获得这两项技术。其实，国外由于油气生产商与服务公司的分离，这两项技术掌握在众多服务公司的手中。虽然一些技术细节可能涉及专利，总的来说，这两项技术仍然属于技术诀窍（know-how）的范畴，关键在于实施。一个充分竞争的市场环境，令各服务公司不仅为市场份额和利润而战，在油价低迷的时期，更是为生存而战，对技术的推动是至关重要的。很难想象一个封闭运行的系统、一个把技术攻关作为科研项目而用于评职称的系统，能够让这两种技术高速发展。

北美在页岩油气资源的规模与禀赋方面无疑是幸运的。以加拿大横跨英属哥伦比亚（British Columbia）和阿尔伯塔（Alberta）两省、地面面积达 13 万平方公里的芒特尼（Montney，实际上主要是粉砂岩（siltstone），而非所说的页岩，地理位置如图 10-13）油气区为例：

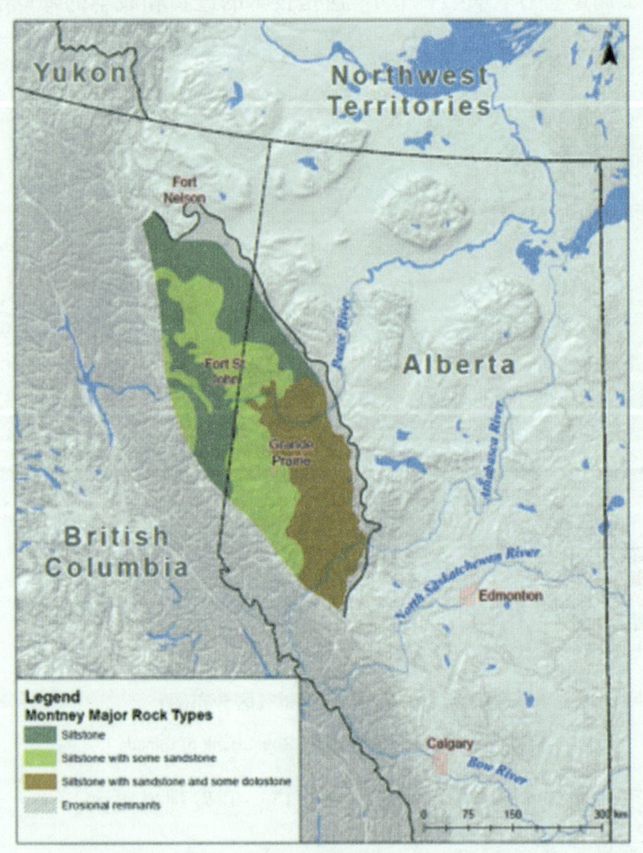

图10–13　加拿大芒特尼油气区地理位置图

- 含油气层的典型厚度在 100~300 米；
- 含可采天然气（marketable natural gas）12.719 万亿立方米（449 万亿立方英尺（tcf））；
- 含可采天然气液（marketable natural gas liquids）23.08 亿立方米（145.21 亿桶）；
- 含可采石油（marketable oil）1.79 亿立方米（11.25 亿桶）。

而美国德克萨斯州西部、新墨西哥州东南部著名的二叠纪盆地（the Permian Basin）的天然禀赋更胜一筹，且以原油为主。

水平井和多级压裂技术的成功应用简直把页岩油气的开发变成了制造业 – 油气是否存在的勘探风险与常规油气相比已大幅度降低，开发与生产只是个资源禀赋和成本的问题。

水平井和多级压裂技术也将人们早已知其存在但从成本上原属不可企及的资源升级成了储量（见本章第一节），这是技术的进步和成本的降低造就的储量，也即财富。

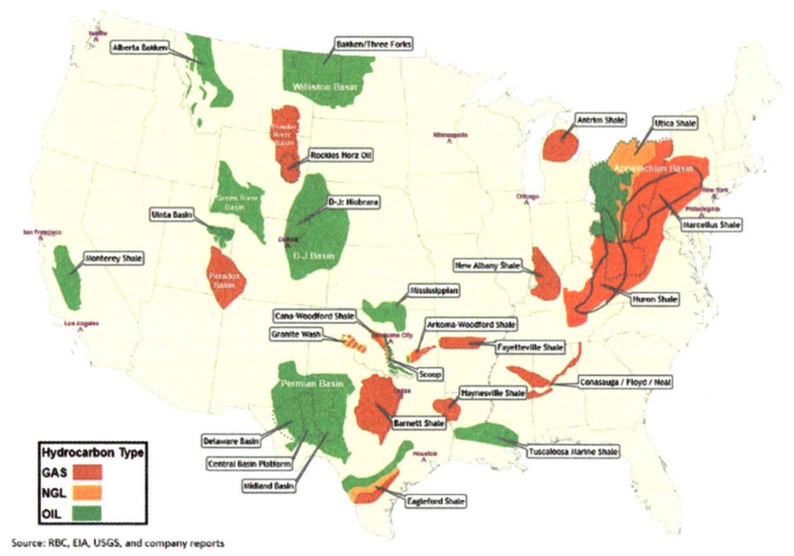

图10–14　美国页岩油/气区分布图：

资料来源：加拿大皇家银行（Royal Bank of Canada）

而美国页岩油气（图 10-14）的分布更广，开发规模更大。

- 红色：页岩气；

- 黄色：天然气液；
- 绿色：页岩油。

过去几十年来，美国一直是全球头号原油进口国。20 世纪 70 年代初发生了欧佩克对美国短暂的石油禁运后，美国于 1975 年通过了《能源政策与保护法》（Energy Policy and Conservation Act），禁止产自美国本土的和已进口至美国的原油出口。然而，页岩油（包括天然气液）的开发使美国的原油产量从 2011 年的每天 560 万桶急剧上升至 2015 年 4 月高峰时的每天 970 万桶，增加的产量都是产自页岩的轻质原油。而此前美国的炼油厂大部分已改造为处理来自委内瑞拉和加拿大的稠油。这种变化大大地改变了美国标志油价 – 定价点位于美国俄克拉荷马州（Oklahoma）库欣（Cushing）的西德克萨斯中质油价（West Texas Intermediate，缩写为 WTI）与所谓国际油价 – 北海布伦特（Brent）油价的关系（图 10-15），使金融危机前原本对布伦特原油略有溢价的 WTI 油价与布伦特油价之间产生了不小的折扣，2011 年这个折扣曾达到创纪录的每桶 28 美元，2012 年全年平均也达每桶 18 美元，使原油生产商觉得“吃了亏”。

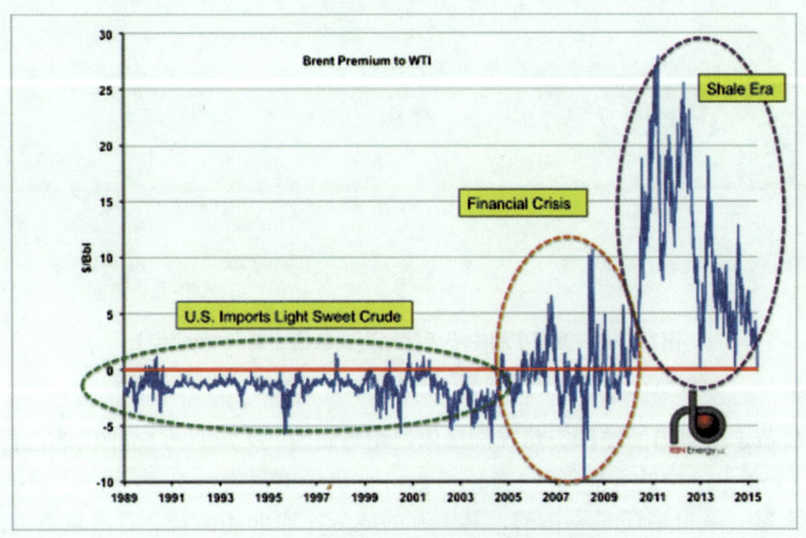

图10–15 北海布伦特原油对美国WTI原油的溢价

资料来源：RBN 能源（RBN Energy）

因为缺少其他出口通道，美国是加拿大原油的唯一出口市场。WTI 油价与布伦特油价的价差自然也传导至加拿大出口到美国的油价上，致使加拿大也深受美国原油出口禁令之苦。

另一方面，美国从未禁止成品油出口，因此，成品油价与国际市场是接轨的。其结果是，原油产量的增加并未惠及成品油用户的普罗大众，只是炼油厂利润大增。

至 2015 年中，美国的炼油厂接纳轻质原油的能力已然饱和。在业界的广泛呼吁声中，2015 年 12 月 18 日，美国废止了长达 40 年之久的原油出口禁令。立竿见影，至 2015 年圣诞节，WTI 油价与布伦特油价已基本拉平。

天然气价格则是另一种基本面。美国亨利中心（Henry Hub，见本章第六节）天然气价格（图 10-16）从 2005 年末的每百万英热单位 15 美元降到 2015 年末的 2 美元，页岩气"功"不可没。美国东北部的马塞拉斯页岩层（Marcellus Shale）和尤提卡页岩层（Utica Shale）天然气实在是太多了。

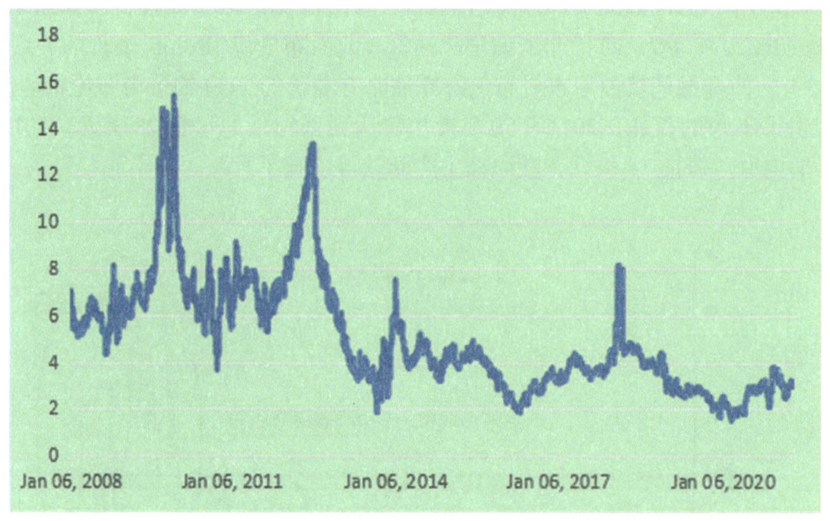

图10–16 美国亨利中心天然气现货价格（美元/mmbtu）

资料来源：美国能源信息管理局（U.S. Energy Information Administration）

气价走低以后的美国天然气产量依然相当顽固。这其中的"元凶"有二：（1）湿气（wet gas）中的天然气液（natural gas liquids，缩写为 NGL）– 天然气不值钱，可是天然气液价格还是不错的，其中有的成分比原油还值钱，含液量高的湿气也就有了相当的价值，从价值上说，天然气变成了副产品，为生产天然气液自然也就把天然气"带"出来了；（2）为维护矿权（lease），一般在初期有义务工作量要求，不钻井可能失去矿权，不舍得失去花了大钱取得的矿权，赔钱也得钻井，客观上增加了油气产量。很多地方的干气（dry gas）项目可就惨了。

美国是多年来的能源进口大户，页岩油气产量的增长使美国人畅想起了能源独立（energy independence）。2015 年更是美国历史上天然气发电量超过煤炭发电量的第一年。大量的天然气也使化工业和制造业受益匪浅，也带来了天然气液化，参与国际竞争的机会（见本章第六节）。

石油生产的一个典型特征是，如果没有注水等压力保持措施，产量自然递减。常规油气已有 100 多年的生产历史，业界对各种常规油气藏的产量自然递减规律可谓了如指掌。而页岩油气的开发仅有 10 余年的历史，业界对其产量如何递减有一个认识的过程。

页岩油气与常规油气的一个显著差别是没有形成油气藏，压裂相当于人为地创造了一个油气藏。视压裂规模的大小等因素，这个人工油气藏一般规模不会太大。这就构成了页岩油气的另一个显著特点 – 产量急剧递减（图 10-17）。

如果常规油气的年自然递减率在 20% 上下，页岩油第一年的递减率平均达 70%，在此基础上，第二年再递减 30%。

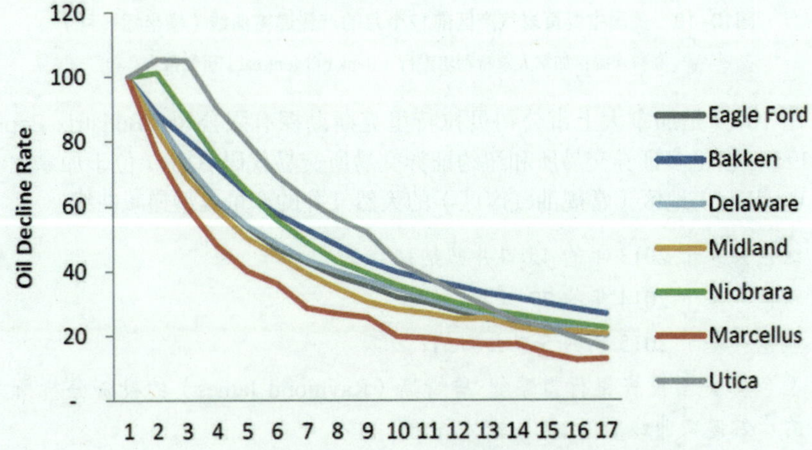

图10–17 美国主要页岩油产区前17个月的产量递减曲线（横坐标：月）

资料来源：加拿大蒙特利尔银行（Bank of Montreal）研究报告

页岩气第一年的递减率低些（图 10-18），平均约 45%。

因此，页岩油气的经济性很大程度上取决于第一年，这使页岩油气的开采方式颇有杀鸡取卵之嫌，加之大量举债，美国不止一家著名对冲基金对其可持续性表示质疑，并做空页岩油气公司。

有的公司曾报过 30 天和 90 天的初始产量（initial production，缩写为 IP），这是很有误导性的数字。

摸清产量递减规律关系到一系列问题 – 产量、最终采收率、储量、基于储量的贷款、公司价值等。业界的做法是基于一些井的生产历史摸索出特定产区的产量典型递减曲线（type curve）。

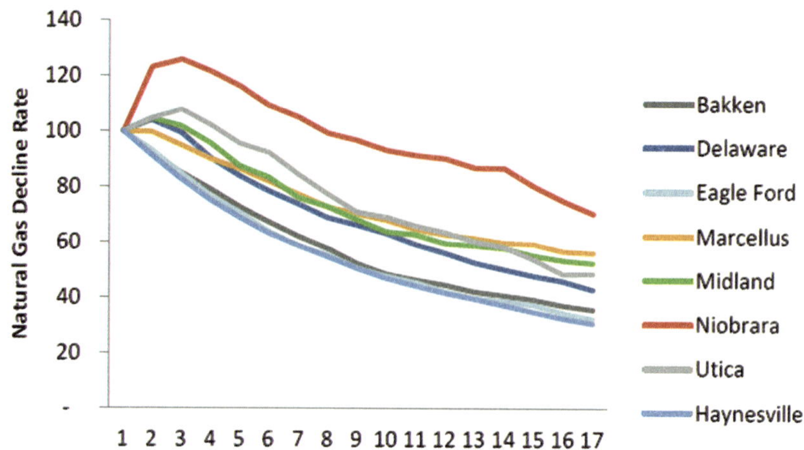

图10–18　美国主要页岩气产区前17个月的产量递减曲线（横坐标：月）

资料来源：加拿大蒙特利尔银行（Bank of Montreal）研究报告

图 10-19 是加拿大上市公司贝拉特里克斯勘探有限公司（Bellatrix Exploration Ltd.，多伦多证券交易所和纽约证券交易所交易代码 BXE）位于加拿大卡迪姆（Cardium）地区（常规油气产区）的天然气井的产量典型递减曲线：

- 绿色：基于 2013 年的 45 口井归纳；
- 粉色：基于 2014 年的 77 口井归纳；
- 蓝色：基于 2015 年的 5 口井归纳；
- 黑色：美国投资银行雷蒙德·詹姆斯（Raymond James）的投资分析所采用的产量递减曲线。

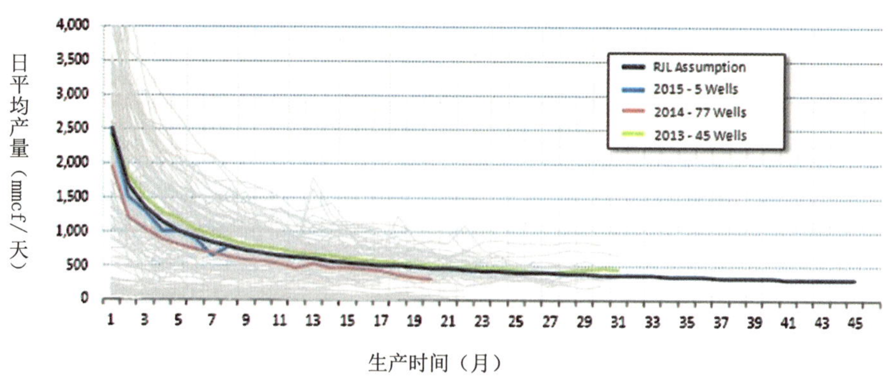

图10–19　产量递减曲线

资料来源：美国投资银行雷蒙德·詹姆斯（Raymond James）研究报告

在汇总各公司的典型递减曲线的基础上，很多投资银行会进一步精细化，归纳出某一产区中的某一局部地区的典型递减曲线。

图 10-20 是美国德克萨斯州（Texas）鹰堡（Eagle Ford）产区中艾德华兹（Edwards）地区的典型递减曲线：

- 蓝色：基于 2012 年的 266 口井归纳；
- 紫色：基于 2013 年的 252 口井归纳；
- 绿色：基于 2014 年的 298 口井归纳；
- 红色：基于 2015 年的 29 口井归纳；
- 黑色：加拿大丰叶银行（Scotiabank）归纳的该地区产量递减曲线。

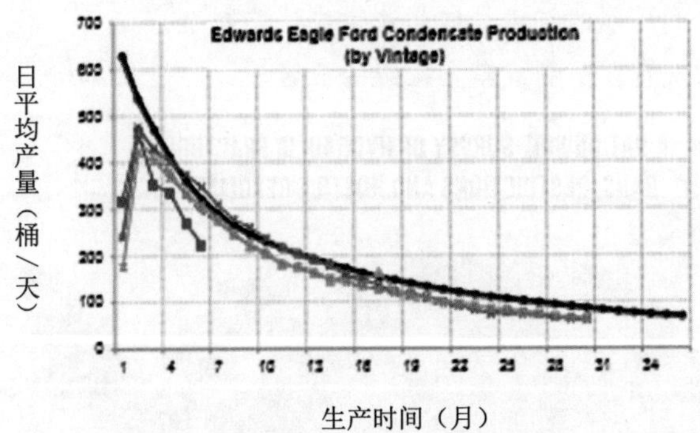

图10–20　美国德克萨斯州鹰堡产区艾德武兹地区的典型递减曲线

资料来源：加拿大丰叶银行（Scotiabank）研究报告

压裂和污水回注使页岩油气得以开发，却带来了其他问题 – 地震和可能的地下水污染。

2016 年 9 月 3 日，美国俄克拉荷马州发生了有记录以来最强的地震 – 里氏 5.8 级。州政府怀疑是压裂后的污水回注引发的地震，故停止了一些井的污水回注作业。压裂要用到大量的水，压裂后这些水需要排出，而这些沾染了油气的污水的很大一部分通过回注到地下而排放掉。随着压裂规模的不断提高，用水量和污水回注量自然也相应地提高了。

2008 年，俄克拉荷马州页岩油气的开发还未成气候，全州全年只录得两次地震。然而，页岩油气的开发已如火如荼的 2015 年录得地震 890 次，2016 年上半年录得地震 375 次。居民和州政府相信地震与压裂和污水回注有关并非空穴来风。

关于压裂对地下水的影响，曾有报道说，压裂后天然气串入了当地自来水系统，打开水龙头就可以点火。然而，美国环境保护署于 2015 年 6 月发布的历时五年完成的评估报告说，未发现压裂对地下水资源有广泛的、系统性影响的证据。

关于压裂的负面影响，各方的博弈还在进行。美国很多社区，有的甚至是传统的油气生产区，也对压裂表示了极大的关注和担心，乃至彻底抵制。

图 10-21 是（美国）国家政策分析中心统计的各地对压裂的态度动态图：

- 红色：全州禁止压裂；
- 橙色：拟全州禁止压裂；
- 黄色：在政府拥有的土地上，压裂受到很大限制；
- 绿色：该州法律对压裂不甚友善；
- 蓝色：当地限制压裂的努力被该州法律或法院制止；
- 带有数字的深灰色：限制或禁止压裂的社区。

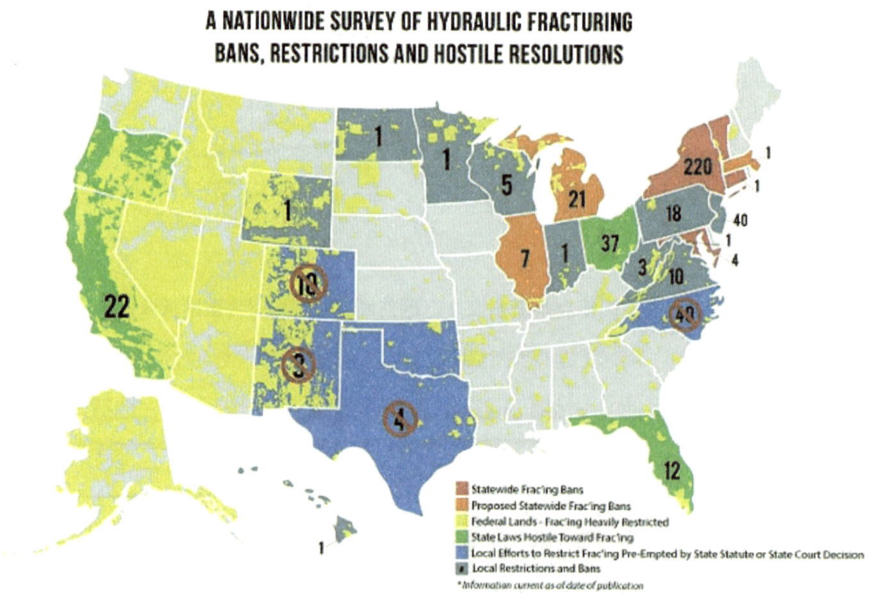

图10–21 美国各州对压裂的态度

资料来源：（美国）国家政策分析中心（2015 年 7 月）

业界协同行业协会一方面在尽力避免施工风险，另一方面也与社区保持密切沟通，并提供必要的培训和解释、说明，以打消居民可能的顾虑。是否允许压裂、施以多大程度的限制，业界与相关社区的拉锯战仍在继续。

北美，尤其是美国，页岩油气的高速发展是两大因素促成的结果 – 高油气价格和低利率环境。在油价处于每桶 100 美元上下时，各家石油公司不仅产量在不断增长，储量也在不断增长，基于储量的贷款规模也相应地水涨船高，反过来进一步推动了产量和储量的增长，形成了一种“良性循环”（或许应该称为“恶性循环”）。因此，页岩革命相当程度上是债务吹起来的。截止到 2016 年 2 月底，美国页岩油气领域的贷款余额已达 3,000 多亿美元。

高速增长的页岩油气产量在高油气价格下偿还贷款还没有问题，遇到价格暴跌，偿债能力的问题就暴露出来了。

石油价格从 2014 年中开始下跌。有人认为是美国通过在金融市场上打压油价，给俄罗斯施压（石油是俄罗斯的经济命脉），迫使其在克里米亚问题上妥协。

欧佩克原本是油价下跌的被动受害者，于是与产油大国俄罗斯协商共同限产保价。而俄罗斯认为大多数欧佩克国家扛不过它。协商未果后，2014 年 11 月，欧佩克放开原油产量，以争回其在高油价环境下损失掉的市场份额。油价暴跌，致使加拿大的油砂、北美的页岩油和巴西的深海石油这些高成本石油生产商遭受重创。

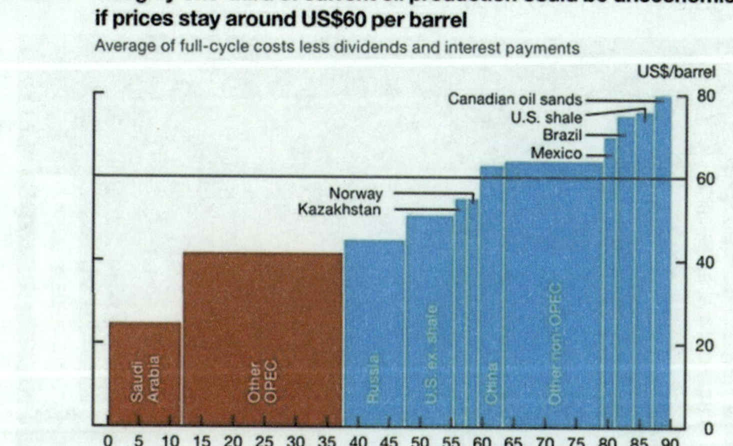

图10–22 全球全周期原油成本曲线（2016年3月）

资料来源：能源形势（Energy Aspects）

纵观石油 150 余年的历史，人们认为这是个周期性的行业，意指油价有起有落。虽然没有数学上严格的周期，10 年一个轮回大概是个不错的概括。其实，很多其他行业又何尝不是如此？

经过十几年的高位运行（除去 2008~2009 年间短暂的暴跌），油价本已到了应该调整的时候，但在多年来原油生产成本与油价齐升的情况下，油价的跌幅以及持续时间之长仍然超过了很多人的预期。

欧佩克之举相当程度上是迫于无奈，否则自己限产保价，却为别人撑盘，客观上是为高成本生产商提供了补贴。放开产量又是杀敌一千自损八百（也不排除杀敌八百自损一千）–很多欧佩克国家不得不调整预算，以适应低油价环境。

自然资源行业的一个显著特点是生产商基本上不能决定自己产品的价格，他们是“价格接受者”（price taker），而不是“价格制定者”（price setter），因此在油价低迷的环境下，只好在降成本上下功夫。石油人在此颇有作为。欧佩克这一“看谁能撑到最后”的策略，虽已导致多家石油公司破产，却又恰恰是对北美页岩油气行业的一个绝好的“压力测试”（stress test）。在生存下去的压力下，油气公司使出浑身解数，成本迅速大幅度降低，作业效率更高了，反而找准了适应低价格环境的生存点。

油田服务公司在油气公司的降成本运动中做出了巨大的奉献与牺牲，乃至于全球最大的油田服务公司法国斯伦贝谢（Schlumberger）的董事长在一次国际会议上抱怨，油气公司的“节支”基本上来自于油田服务公司服务费用的下降（图10-23）。抱怨归抱怨，双方作为甲乙方，唇亡齿寒。

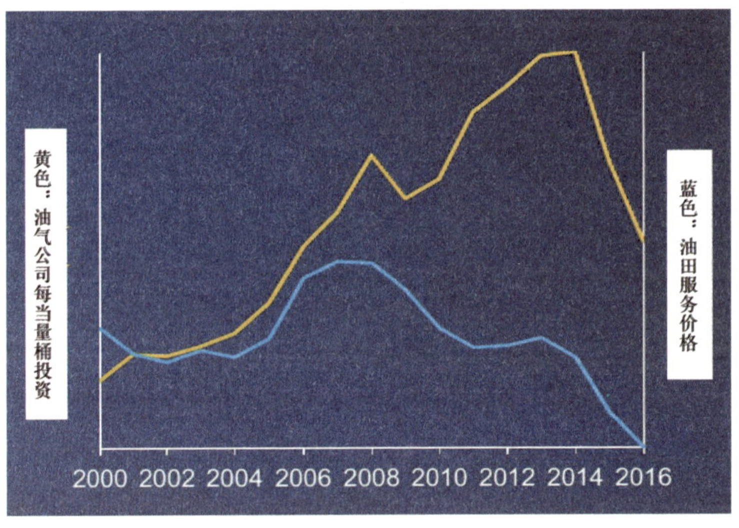

图10–23　油田服务费用下降对油气公司降成本的贡献

资料来源：斯伦贝谢（Schlumberger）

美国RBN能源（RBN Energy LLC）的研究表明，美国5个主要页岩油气产区的12家油气公司2015年第3季度的钻、完井成本较一年前下降了10%~45%，平均达25%。RBN能源进而研究了钻、完井成本的下降对油气公司新井内部收益率（IRR，见第五章第五节）的影响，该项指标是油气公司是否钻新井的重要依据。

在 2014 年秋的成本和价格环境下（WTI 油价 = 90 美元 / 桶，亨利中心气价 = 3.75 美元 /mmbtu），美国主要页岩油气产区的新井半周期（见本章第三节）内部收益率如图 10-24 所示（黑色 – 原油；绿色 – 湿气；红色 – 干气）。

Producer Rates of Return – Fall 2014

Crude Oil $90/bbl; Natural gas $3.75/MMbtu*

Bakken (Williston) 39%
Niobrara 37%
Piceance -2%
Anadarko 41%
Woodford 34%
23%
Granite Wash
Permian Delaware 40%
Eagle Ford Oil 40%
24% Eagle Ford Wet
6% Fayetteville
5% Haynesville
Marcellus Dry 16%/-1%
Utica Dry 15%/1%
Utica Wet 32%/24%
22%/13% Marcellus Wet
Dry Gas Plays
Wet Gas Plays
Oil Plays
* Crude @Cushing, Gas @ Henry Hub; Excludes lease costs

图10–24　美国主要页岩油气产区2014年秋新井半周期内部收益率

资料来源：RBN 能源（RBN Energy）

钻、完井成本按较 2014 年秋下降 25% 测算，在 2015 年 12 月的价格环境下（WTI 油价 = 40 美元 / 桶，亨利中心气价 = 2.10 美元 /mmbtu），这些产区的新井半周期内部收益率如图 10-25 所示。

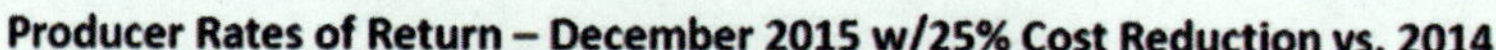

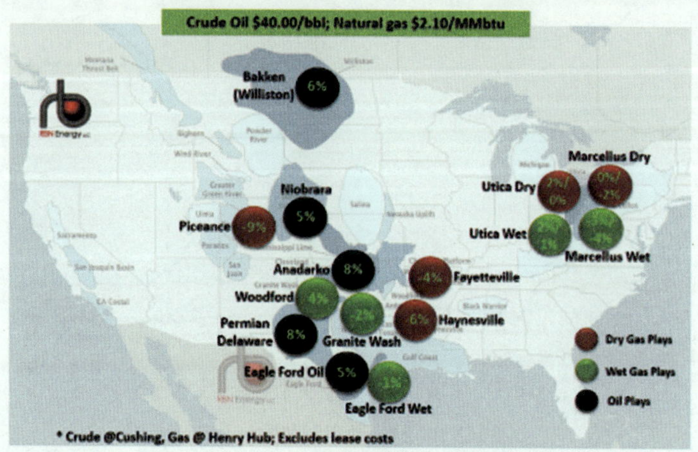

图10–25　进一步提高内部收益率的潜力

资料来源：RBN 能源（RBN Energy）

这个水平的内部收益率不足以支持钻新井。但如果成本能够百尺竿头再进一步－在 2014 年秋的基础上下降 40%，有的产区的内部收益率即已接近了 2014 年秋的情况（图 10-26），足以支持钻新井。

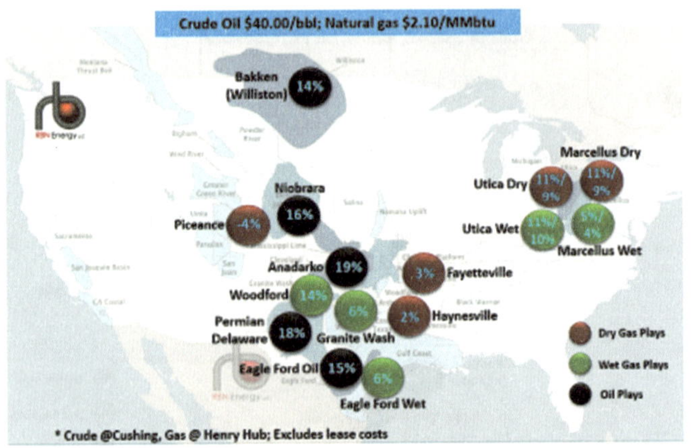

图10–26 美国主要页岩油气产区2014年12月新井半周期内部收益率

资料来源：RBN 能源（RBN Energy）

页岩油气生产商绝不会就此止步，而是仍然在成本和技术上日益精进。

动用钻机数（rig count）是油气勘探开发活跃程度的体现，由全球第三大、美国第二大油田服务公司贝克休斯（Baker Hughes）于 1987 年开始率先发布，已经成为石油天然气行业景气度的度量。

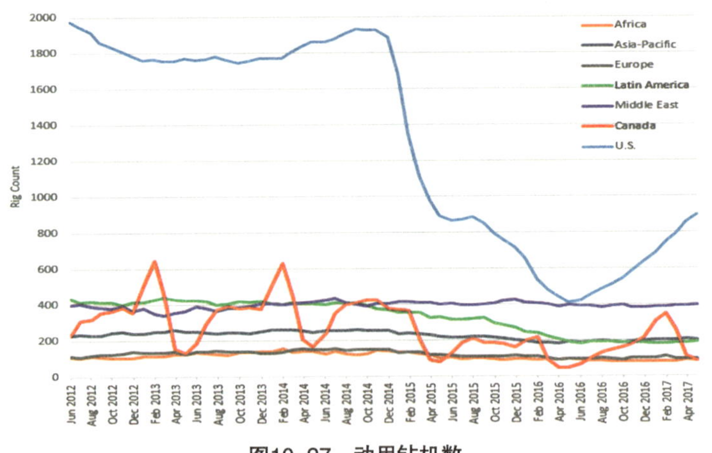

图10–27 动用钻机数

资料来源：贝克休斯（Baker Hughes）

图 10-27 是 2012 年 6 月至 2017 年 4 月几个国家和地区动用钻机数的统计曲

线。可以看出，以页岩油气为主的美国（蓝色）从2014年后期油价下跌后动用钻机数大幅度下跌。

有意思的是，美国能源信息管理局发布的月度钻机劳动生产率报告（Drilling Productivity Report）表明，新井的单井产能（棕色）似乎和动用钻机数（黑色）成反比（图10-28）。

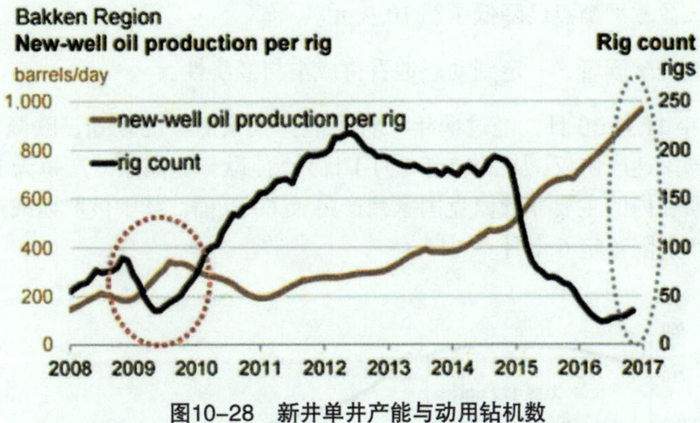

图10-28 新井单井产能与动用钻机数

资料来源：美国能源信息管理局（U.S. Energy Information Administration）

对美国主要页岩油气生产区每部钻机所钻新井产量的综合分析表明，无论是油是气，新井单井产能（图10-29）一直在稳步提高。

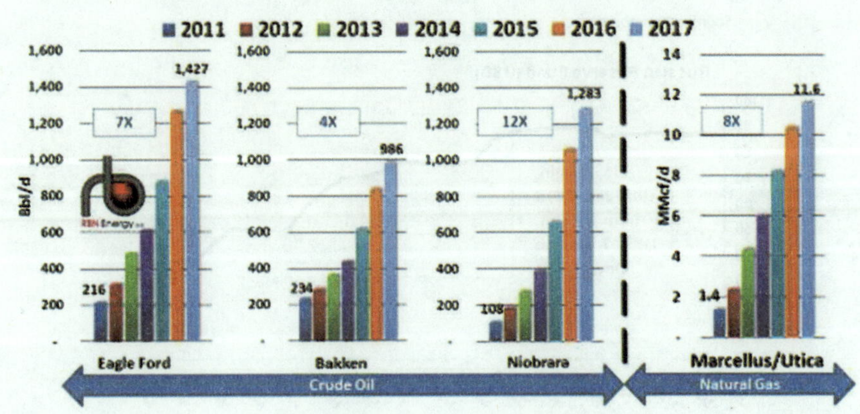

图10-29 新井单井产能在不断提高

资料来源：美国能源信息管理局（U.S. Energy Information Administration）

以著名的德克萨斯州鹰滩（Eagle Ford）页岩油气区为例，2011年新井单井初产平均为每天216桶，到2017年，新井单井初产已达平均每天1,427桶，提高了 5.6 倍!

这大概是页岩油气产量的下降速度远远慢于市场预期的原因，充分显示出了页岩油气的韧性和技术的日益精进。

加拿大蒙特利尔银行(Bank of Montreal)2016 年 8 月发布的研究报告也指出，一年前，用自身现金流维持稳产，页岩油需要每桶 60~65 美元的油价，报告发布之时，该盈亏平衡点已降低了约 10 美元。

再一次提醒读者，一定到动态地看待成本与经济性。

2016 年 11 月 30 日，经过两年“看谁能撑到最后”的较劲，欧佩克与主要非欧佩克国家达成协议，从 2017 年 1 月 1 日开始，欧佩克国家减产每天 120 万桶、包括俄罗斯在内的主要非欧佩克国家减产每天 60 万桶，其中俄罗斯减产每天 30 万桶，减产期限暂定 6 个月。

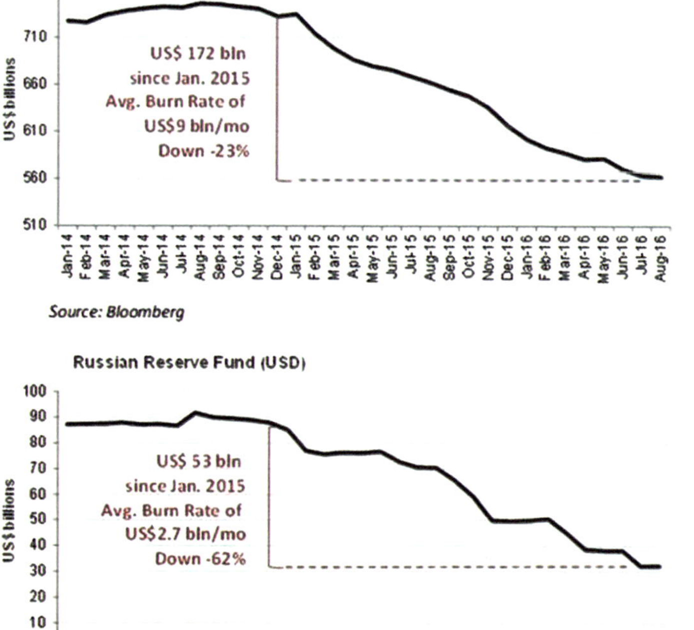

图10–30 沙特阿拉伯（上图）与俄罗斯（下图）平均每月外汇储备消耗

资料来源：彭博通讯社（Bloomberg）

这是较劲的结果，对主要产油国来说，大概是理性的选择。油价低迷的两年间，沙特阿拉伯平均每月消耗外汇储备90亿美元，俄罗斯则平均每月消耗外汇储备27亿美元（图10-30）。

放开产量打压价格，将高成本竞争对手挤出市场这一策略对于欧佩克来说并非首次使用，至少20世纪90年代后期曾经尝试过。当时市场上认为针对的是欧洲的北海油田，然而，北海没有被完全打死。北美的页岩油不仅没有被打死，而是历经血与火的洗礼，愈加精进，进入了页岩油气2.0时代。其韧劲已向世人表明，北美页岩油气不会退出历史舞台，各方只好在博弈中找到新的平衡点。

当今的石油市场上，页岩油生产商的作业效率之高、作业效率的提高之快、对市场的反应速度之迅速，使页岩油成了与欧佩克对应的产量消长的另一极，对油价也已经有相当的影响。

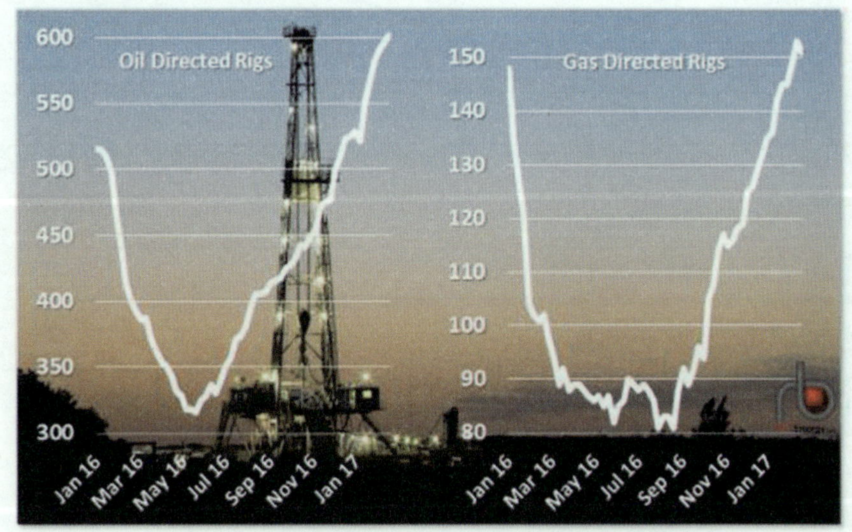

图10–31　美国页岩油（左图）、气（右图）动用钻机数
2016年1月至2017年1月间的变化情况

资料来源：贝克休斯（Baker Hughes）、RBN能源（RBN Energy）

欧佩克声明的6个月有限期减产是高明的一招，既保留了未来增产的灵活性，又不至于使较高油价反映在未来较长时间内的期货价格中。欧佩克固然希望油价回升，这本是减产的目的，但如果期货市场上油价在未来较长时间保持高位，页岩油生产商将有机会在期货市场上锁定较高的未来价格，进而快速提高产量，抵消欧佩克减产的作用。有限期减产则可以在某种程度上抑制原油期货价格，使油价缓慢回升，进而抑制页岩油产量。然而，在50美元的油价下已经过得有声有色的页岩油生产商们仍然有很多锁定了2016年底56美元的油价，踏踏实实地开始了 2017 年的生产。页岩油的韧性令欧佩克无可奈何。

近年来电动汽车的快速发展使不少人似乎看到了石油进入历史博物馆的那一天。然而，产量自然递减客观上为石油行业创造了存在与发展的“可持续性”。

尽管受到了生物燃油（biofuel）异军突起、节能、高油价、燃油标准提高、碳排放愈加严格的限制等方面不同程度的冲击，过去 30 年来全球对石油的需求却在稳步增长，平均年增量在每天 100 万桶。

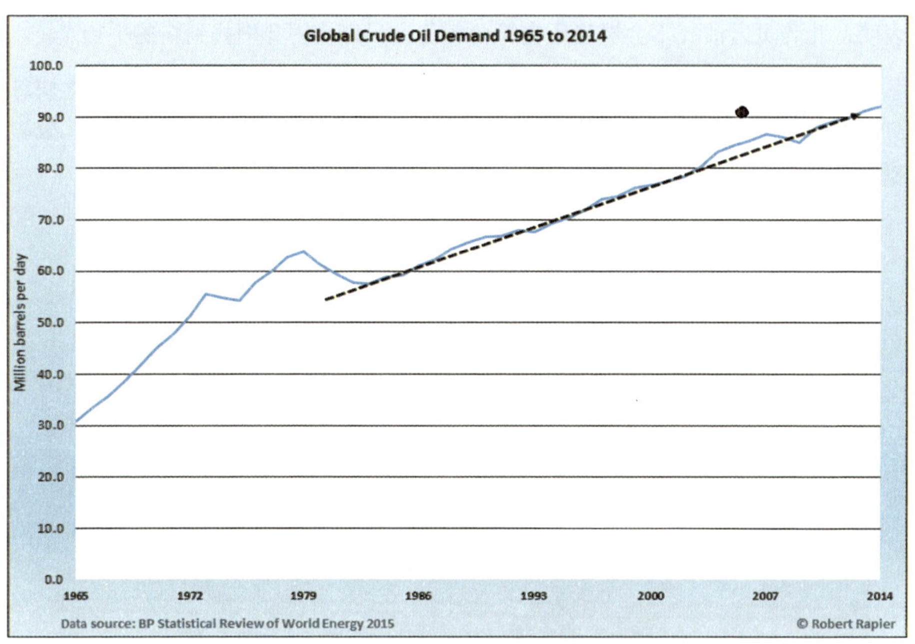

图10-32　1965~2014年间全球年原油需求量

资料来源：英国石油（British Petroleum）、罗伯特·拉皮埃（Robert Rapier）

这与石油在能源版图中的地位有关。如果说煤炭作为基础能源的地位受到了愈加严峻的挑战，它的用途主要在于发电，而石油主要用于交通运输。

图 10-33 是各种能源在交通运输中所占的比例：

- 蓝色：电力；
- 绿色：生物燃油；
- 橙色：天然气；
- 黄色：煤炭；
- 墨绿色：石油。

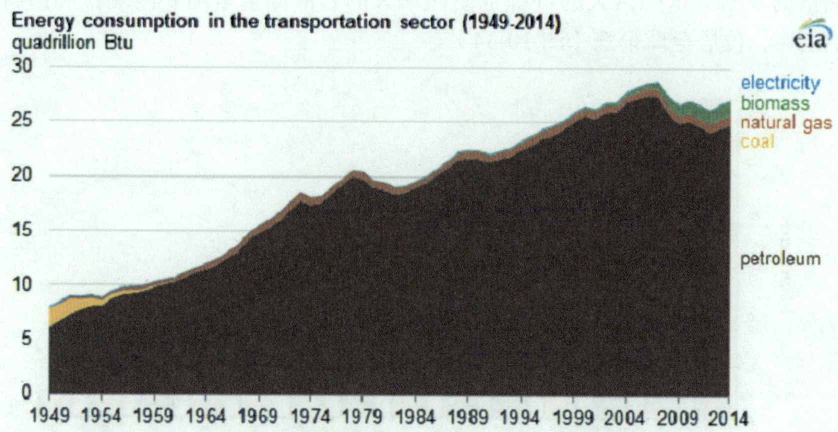

图10–33　各种能源在交通运输中所占的比例

资料来源：美国能源信息管理局（U.S. Energy Information Administration）

另一个与石油似乎关系不大的问题是，在电力能源中，煤炭越来越不受待见，人们对核电不无戒心，且核电投资巨大。电动汽车固然好，电总得从哪儿来呀。天然气、水电、风电、太阳能？

替代占了交通运输能源版图 90% 的石油岂能指日可待？！石油的日子还长着呢。

此外，石油天然气是主要化工原料。我们所用的各种形态的塑料基本上来自于石油天然气。

2016 年 6 月，国际著名咨询公司伍德·麦肯锡（Wood Mackenzie）估计，本轮油价下跌将导致 2015~2020 年间石油勘探开发投资削减 1 万亿美元。任何行业的投资不足都是在为下一轮价格爆发奠定基础，石油这个产量自然递减的行业更是如此。

第五节　加拿大油砂简况

加拿大拥有全球最大的石油资源 - 油砂（oil sands，早期也曾被不甚确切地称为焦油砂（tar sands）），其总原地量达 1.6 万亿至 2.5 万亿桶之巨①。按照 2013 年的经济技术条件测算，油砂储量为 1,680 亿桶，占加拿大 1,730 亿桶总石

① 来源：加拿大国家能源署（National Energy Board）.

油储量的97%。这一巨大的资源也使加拿大的石油储量紧随委内瑞拉和沙特阿拉伯之后，位居全球第三（图10-34）。

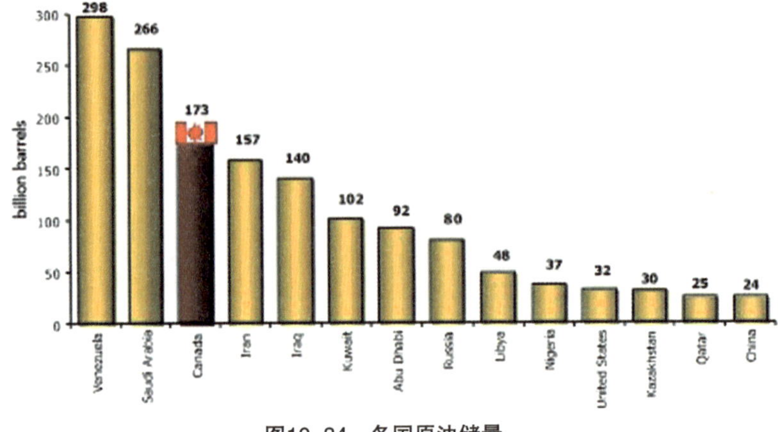

图10-34　各国原油储量

资料来源：Oil & Gas Journal December 2013 & AER 20

油砂是石油沥青(bitumen)、水、砂子和黏土的混合物，典型的比例是8%~15%的石油沥青，3%~5%的水。石油沥青是一种超稠油，不经加热或添加稀释剂自己不能流动或泵送。

图10-35　加拿大三大油砂矿藏

加拿大有三大油砂矿藏（图 10-35），阿萨巴斯卡（Athabasca，占 60%）、冷湖（Cold Lake，占 22%）及和平河（Peace River，占 18%），绝大部分位于阿尔伯塔省（Alberta），一小部分位于萨斯卡川省（Saskatchewan）。阿尔伯塔省内油砂矿藏的地面面积达 14.2 万平方公里。

油砂早在 1715 年即由欧洲人詹姆斯·耐特（James Knight）发现，但直到 1875 年才被加拿大地质调查局（Geological Survey of Canada）正式注意到。加拿大联邦政府于 1913 年发布了详细的研究报告，第一次商业化生产则始于 1938 年。

过去 35 年来，加拿大石油产量的递增全部来自于油砂，从油砂中生产的石油占石油总产量的比例（图 10-36 中黄色曲线）也就在稳步提高。

表 10-3　加拿大石油年产量及预测

年度	1980	2014	2025（预测）	2030（预测）
石油总产量（万桶/天）	150	370	500	530
其中出自油砂（万桶/天）	10	220	350	400

与此同时，常规石油的产量基本未变，占石油总产量的比例（图 10-36 中蓝色曲线）则在相应下降。

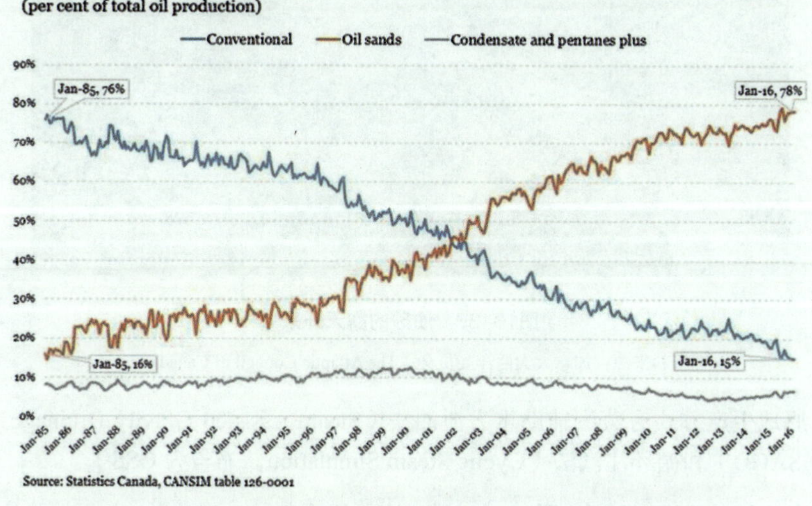

图10-36　加拿大常规石油（蓝色）与油砂（黄色）占总产量的比例

资料来源：加拿大统计局

油砂业务占加拿大 GDP 的 5%，提供了全加拿大 3% 的就业职位，对油砂所在省阿尔伯塔省经济的贡献更是高达近 90%。

油砂有两种生产方式，一种为露天采矿（open-pit mining）方式，另一种为原地（in situ）生产方式。

露天采矿方式（图 10-37）和固体矿产的露天开采一样，经过采矿、破碎、输送至处理厂，然后分离出其中的石油，也产生大量的尾矿。在目前的经济技术条件下，露天采矿方式可采至 70 米深，但绝大部分油砂位于 70 米以下。此外，从经济性上考虑，露天采矿方式需要较大的生产规模，因此，投资也较大，仅载重量达 400 吨的卡特彼勒 797 大型矿车就有 300 多辆用于加拿大油砂生产。露天采矿方式巨量的前期投资不是小公司做得了的。由于这些原因，在加拿大的 100 多个油砂项目中，用露天采矿方式生产的只有 4、5 个，产量约占总油砂总产量的 20%。另外，露天采矿方式动用地面面积较大。

露天采矿方式的采收率能达 90%。

图10–37　油砂的露天开采

资料来源：加拿大大西洋委员会（The Atlantic Council of Canada）

原地生产方式有蒸汽辅助重力泄油法（Steam Assisted Gravity Drainage，缩写为 SAGD）和循环注汽法（Cyclic Steam Simulation，缩写为 CSS）。

蒸汽辅助重力泄油法（图 10-38）采用水平段平行的一对儿井，上面的井注汽，以融化并稀释油砂中的原油，下面的井采油。这是原地生产方式开采油砂的主要方法。

蒸汽辅助重力驱油法采收率能达 50%~60%。

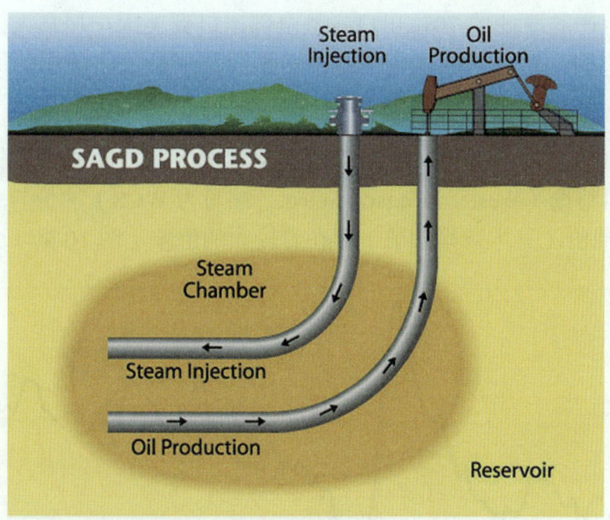

Source: Canadian Centre for Energy Information

图10–38　蒸汽辅助重力泄油法示意图

循环注汽法（图 10-39）则用单一井筒，通过注汽、闷井、采出完成一个开采循环。

循环注汽法的采收率达 35%~40%。

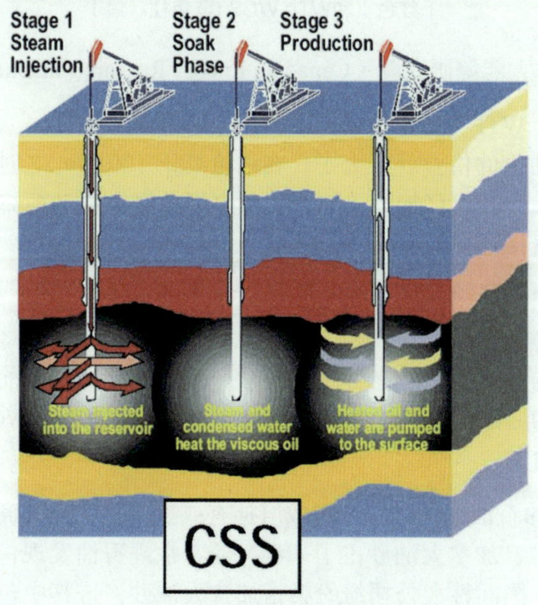

图10–39　循环注汽法示意图

加拿大生产的原油约 70% 出口，且全部出口到美国。加拿大因此是美国最大的原油供应国，对美国的供应量差不多是沙特阿拉伯向美国的原油供应量的两倍。

油砂产量的增长、其单一的出口市场及其所生产的原油的质量差异，使代表油砂的加西精选（Western Canada Select，缩写为 WCS）油价与北美标志油价的美国 WTI 油价（见本章第四节）存在着较大的价差（图 10-40）。

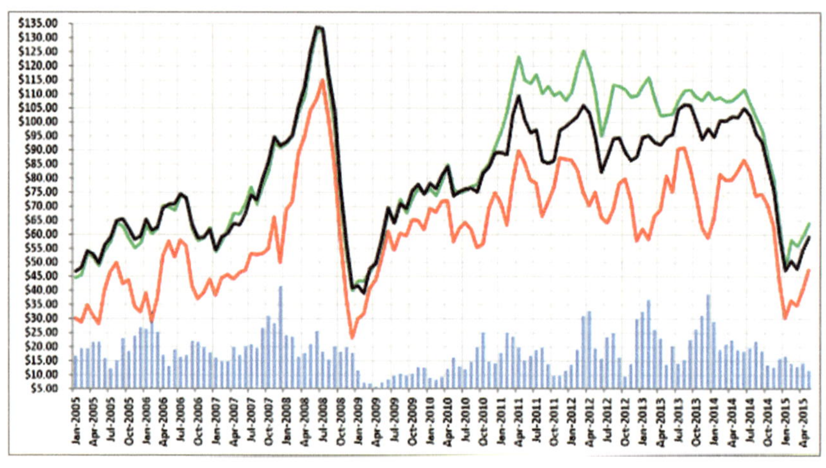

图10-40　布伦特油价（绿色）、WTI油价（黑色）、WCS油价（红色）和WTI-WCS (蓝色柱状线）

来源：加拿大能源研究院（Canadian Energy Research Institute）

如果再加上 WTI 与布伦特油价的价差（见本章第四节），WCS 与称为国际油价的布伦特油价的价差就更大了。在油价处于 100 美元之时，这种价差使加拿大每年“损失”几百亿加元。加拿大政府因此极力推动西海岸原油出口通道的建设，以便直接通向亚洲市场，并有机会与布伦特油价挂钩。然而，原住民的抵制和环保人士的反对致使拟议中的“北方门户”（Northern Gateway）输油管道迟迟不能开工。很多人感叹，加拿大已没有国家利益可言。

幸好美国的很多炼油厂在美国页岩油产量大幅度提高以前改造成了处理加拿大油砂出产的原油，加之近年来加元兑美元汇率的走低，WCS 与国际油价的价差未进一步加大。

全球 80% 的石油储量由所在国政府拥有或控制。在允许商业性开发的另外 20% 石油储量中，加拿大油砂占了一半。随着常规石油发现，尤其是大规模发现的逾见稀少，国际性大公司纷纷染指加拿大油砂，这其中包括中国的国有石油公司。截止到 2013 年第一季度，中国公司在加拿大油砂上的投资占全部外国投资的 38%。

2012 年，中国海洋石油有限公司（“中海油”）以 190 多亿美元的总收购价收购加拿大石油公司耐克森（Nexen Inc.），耐克森拥有大量油砂资产。这一国有石油公司收购加拿大大型石油公司的举动是对加拿大政府对经营行为持开放态度这一形象的重大考验，因此，该项收购举世瞩目。

按照《加拿大投资法》（Investment Canada Act），对于外国公司收购加拿大公司，如果金额超过一定限度，收购需经联邦政府审批。中海油的收购远在该限度以上。此外，外国公司的收购需要对加拿大有“净利益”（net benefit，见第一章第二节）。中海油与收购一并做出的承诺面对该净利益测试堪称无懈可击。

2012 年 12 月 7 日，在经历了数月的市场质疑、辩论和期待之后，加拿大政府批准了这项收购，同时就外国国有企业收购加拿大油砂资源发布了更新后的指导原则，并表示，该类交易以后仅在特殊情况下才会获得批准。后来陆续发布的外国公司控制或收购加拿大业务的指导原则也清楚地表明，对外国国有企业收购行为的审查较其他类型的公司将会更为严格。公司治理、汇报机制、是否按市场原则运营、加拿大本地人员在董事会和高级管理层中的参与程度、信息披露的透明度等方面都是审查内容。

更新后的指导原则基本上是针对中国国有企业的，这无疑为今后中国国有企业参与加拿大油砂开发增加了相当的不确定性，也使资金密集的加拿大油砂行业失去了潜在的巨大的投资来源。不知 2015 年 11 月上台的新政府会否继续这一政策。

油砂不是一项低投入 / 低成本的业务。根据加拿大能源研究院（Canadian Energy Research Institute）2015 年 8 月发布的研究报告，用 2014 年的经济条件测算，考虑了投资、操作成本、政府权益金、税收以及 10% 的投资收益的总的现场“供应成本”（supply cost）分别为：

- 蒸汽辅助重力驱油法：每桶 58.65 加元；
- 露天采矿法：每桶 70.18 加元。

如果折合成 WTI 当量供应成本，即加上稀释剂和运输费用，则合：

- 蒸汽辅助重力驱油法：每桶 80.06 美元；
- 露天采矿法：每桶 89.71 美元。

当然，这些数字不是绝对的，应该动态地看待。在油价高企之时，石油公司的运营成本也高；反之，油价低迷，石油公司也会开源节流。这和家庭财政没什么两样，挣得多，花得随便一些；收入少了，可花可不花的就省了，成本也就低了。随着油价走低，2015~2016 年间油气公司削减成本的成效清楚地展示了成本上的潜力。事实上，从包括了全部勘探开发投入的“全周期”的角度看，优质的 SAGD 项目比很多页岩油项目的经济性要好。

因其露天开采方式较常规石油生产相比造成的额外的温室气体排放，油砂常常引起政客和环保人士的关注。欧盟和美国总统奥巴马都曾经称油砂为“脏油”（dirty oil）。欧盟于 2014 年 6 月撤回了“脏油”提议，否则对源自油砂的石油和石油产品可能课以额外的税赋。

2015 年 11 月，以环保为核心理念之一的新当选的阿尔伯塔省新民主党政府推出了应对气候变化的措施，碳税（carbon tax）逐年递增，并将油砂的温室气体排放量上限定在每年一亿吨（当时的水平为每年七千万吨）。据加拿大蒙特利尔银行（Bank of Montreal）的测算，碳税折合油砂生产成本每桶 0.50~2.00 加元，虽属温和，在油砂本已不低的成本上毕竟是又增加了一项。

加拿大油砂因为其巨大的资源量和很低的地缘政治风险，是大公司们必争的资源之一，尤其是在页岩油技术成熟以前。优质的油砂项目资源量 / 储量大、项目寿命长（几十年）、产量递减率低、稳产投入低。后几个特点和页岩油正好相反。2015~2016 年间油价低迷的时期，绝大多数油砂项目挺过来了。加拿大油砂继续在石油版图上占有一席之地是毫无疑问的。

第六节　北美液化天然气热潮

北美（美国和加拿大）页岩气（见本章第四节）得以成功开发的直接后果是大量的天然气充斥市场，这不仅导致了北美天然气价格的大幅度下跌，改变了北美的能源格局，也正在通过液化天然气（liquified natural gas，缩写为 LNG）对全球的能源市场产生重要影响。截止到 2014 年底，全球拟议中的 LNG 新增产能至少有 7.5 亿吨，其中约 80% 在北美[①]。

天然气在陆地上通过管道输送，洲际（跨洋）运输则通过 LNG 运输船。在得以液化和运出之前，天然气市场是个区域性市场（原油解决了这个问题，除了政府价格管制以外，原油市场基本上已是全球市场）。由于市场的隔离，一个市场上的天然气价格与其他市场上的价格没有关系，如图 10-41 中的美国“亨利中心”（Henry Hub，缩写为 HH，见下面）价格和英国“国家平衡点”（National Balancing Point，缩写为 NBP）价格（亚洲没有自己的标志性定价点）。

① 数据来源：国际天然气联盟。

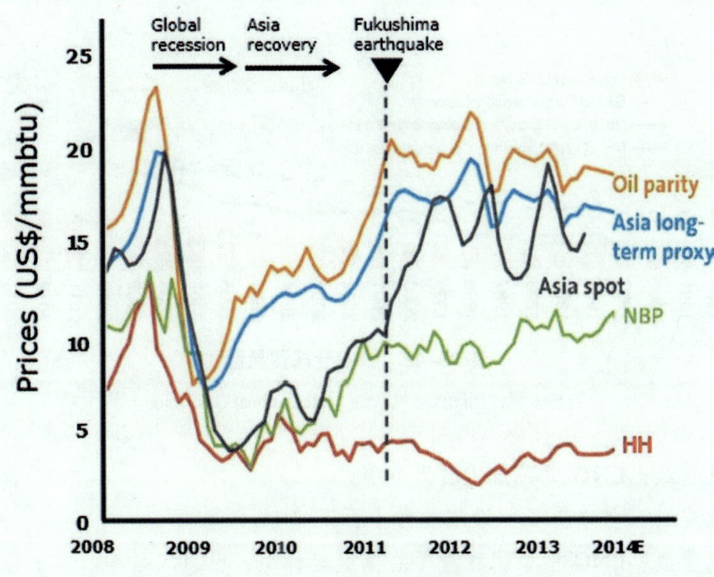

图10–41　不同地区的天然气价格

资料来源：加拿大库特奈资本管理有限公司（Kootenay Capital Management）

- 橙色曲线：美国亨利中心天然气价格；
- 绿色曲线：英国国家平衡点天然气价格；
- 黑色曲线：亚洲现货市场 LNG 价格；
- 蓝色曲线：亚洲 LNG 长期合同价格；
- 黄色曲线：油价按热值折合成的天然气当量价格。

天然气液化以后则进入了全球市场，参与全球 LNG 市场上的竞争。

天然气在温度降至 -162℃时液化，体积缩减至原来的 600 分之一。自 1964 年 10 月 12 日标志着 LNG 商业化的第一船 LNG 离开阿尔及利亚驶往英国，50 余年来，LNG 获得了长足的发展，并在全球的能源版图上占有了举足轻重的地位。截止到 2015 年底，全球 LNG 出口国已达 19 个，进口国则达 34 个，三大传统的东亚用户日本、韩国和中国台湾的总需求量占了全球总供应量的一半以上。随着环境保护和气候变化方面的法律法规愈加严格使作为基础能源的煤炭面临越来越多的挑战，以及以中国和印度为代表的新兴市场对于清洁能源的需求日益旺盛，LNG 应该有着愈加广阔的市场。

截止到 2014 年底，天然气消费约占全球能源需求的 1/4，天然气中的 10%

以 LNG 的形式供应①。2014 年，全球 LNG 贸易量达 2.411 亿吨（图 10-42）②。

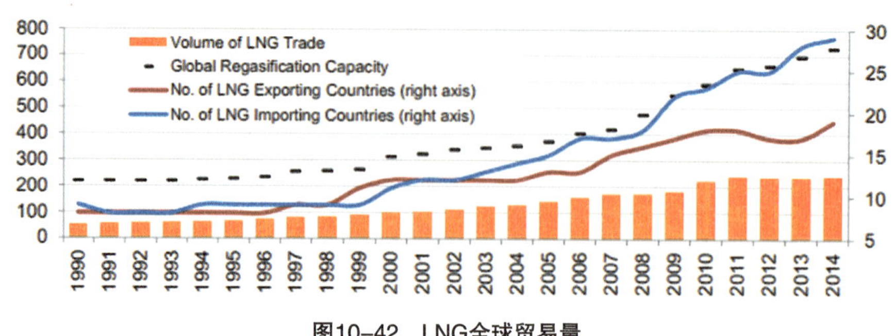

图10-42 LNG全球贸易量

资料来源：国际天然气联盟（International Gas Union）

- 黄色柱线：LNG 贸易量（百万吨）；
- 黑色虚线：全球再气化设施能力（百万吨）；
- 红色曲线：LNG 出口国数量（右侧纵坐标）；
- 蓝色曲线：LNG 进口国数量（右侧纵坐标）。

LNG 从输出端液化、运输以及接收端再气化这一早已成熟的技术，从投资上来说却不是个小事。

LNG 厂因位置、规模、液化工艺、储罐数量、劳动力市场规模、气源质量等因素的不同而彼此之间有很大差距。21 世纪建设的 LNG 厂中相当一部分经历了 30%~50% 的成本超支。尤其是澳大利亚的几个大型 LNG 项目，项目建设之时正值矿业和石油天然气行业的高峰期，澳元坚挺，人工、材料、设计和建设服务等成本均在开工后大幅度上升。

2007 年以前，业界普遍认为美国的天然气产量已然见顶，为满足其不断增长的需求，需要进口 LNG。于是，几个 LNG 进口终端在南部的墨西哥湾和东海岸开始兴建。美国能源信息管理局（Energy Information Administration，缩写为 EIA）即使在 2008 年的《年度能源展望》（Annual Energy Outlook）中仍然预测，到 2016 年美国的进口 LNG 将达到每年近 5,000 万吨（图 10-43 中红线）。

不久，随着页岩气时代的不期而至，天然气产量急剧上升，LNG 进口量不断下降（图 10-43 中黑线），那些原本设计为进口终端的设施纷纷改建为出口终端。到 2016 年，美国便成了 LNG 净出口国。

---

① 数据来源：国际天然气联盟

② 同上。

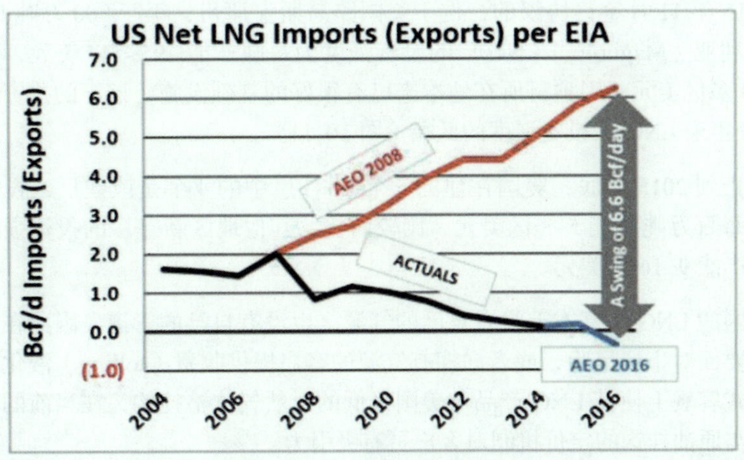

图10–43 美国LNG净进口量

资料来源：美国能源信息管理局（U.S. Energy Information Administration）

这一变化相当于美国拒绝了全球15%的LNG供应量。而LNG项目从规划到建设、投产是一个漫长的过程，与美国国内对LNG的需求日益降低相伴的是，卡塔尔、澳大利亚、尼日利亚等国的LNG出口能力在不断增长，对LNG价格的影响便可想而知了。

美国那些因为已经有不少设施（如，储罐、配套设施等）而被称为“棕地”（brownfield）项目的改建厂比原本一无所有的所谓“绿地”（greenfield）项目的新建厂投资强度小多了，建设速度也快多了。

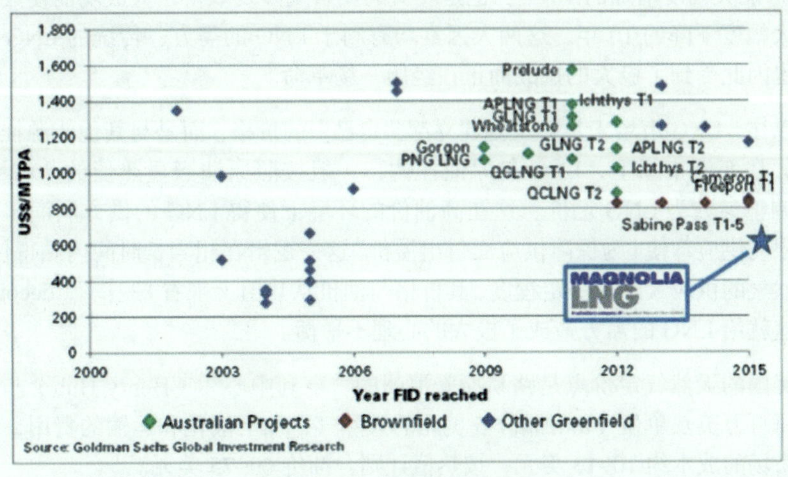

图10–44 LNG厂投资强度

资料来源：高盛（Goldman Sachs）研究报告

2015 年 11 月签订协议的，位于美国路易斯安那州、年产 800 万吨 LNG 的马格诺利亚（Magnolia）LNG 厂的投资强度为每吨产能 495~544 美元，项目总投资 40 多亿美元。因项目所在地本来已有很好的基础设施，该厂的投资强度位于近 10 年来 LNG 厂投资强度的低端（图 10-44）。

截止到 2015 年底，美国在建的 5 个 LNG 厂中的 4 个是改建厂，投资强度大约在每百万吨产能 5~8 亿美元。比较而言，其他地区新建厂的投资强度在每百万吨产能 9~16 亿美元。

美国的 LNG 厂基本上没有自己的气源，也没有自己的管道，因此在购气及管输上要面对市场风险，或者向拥有气源的客户提供收费（tolling）液化服务。这种模式客观上使其 LNG 产品与美国极低的天然气价格挂钩，在当前的价格环境下比与原油挂钩的定价机制对客户更有吸引力。

比较而言，加拿大拟议中的西海岸 LNG 厂距气源上千公里，大型 LNG 项目都是包括气田、天然气管道和 LNG 厂的上下游一体化（integrated）项目。如果加上气田开发和穿越高山与无人区的天然气管道的投资，投资强度可能高达每百万吨产能 25~35 亿美元。LNG 价格则要和原油挂钩。

随着矿产品和石油价格跌入低谷，矿业和石油天然气勘探开发投资几近枯竭，建设行业成本几近腰斩，此时的 LNG 投资强度应该有所降低，但对于加拿大这种各种建设资源市场规模有限的地区，任何一个大规模项目都可能大幅度拉升各方面的成本。

如上所述，过去 10 年既是因卡塔尔和澳大利亚大举建设 LNG 厂而使全球 LNG 产能大幅度增加的 10 年，也是北美的页岩气开发取得巨大成功而使天然气价格大幅度下降的 10 年，这两大因素均有利于 LNG 的需方，传统的 LNG 定价机制也因此受到了极大的挑战而正在经历一场革命。

以往，LNG 市场未足够大到建立起“自己”的价格，而是与其他能源挂钩。比如，在亚洲市场上，LNG 与原油挂钩，一般按照原油当量热值的 70%~90% 辅以调整参数为 LNG 定价。这在高油价的环境下使得 LNG 的供方利润丰厚，而有限的供应却使“为保障供应而付出溢价”这一逻辑在相当长时间内站得住脚。但天然气的供应大到了一定程度，其价格与油价从热值上来看“脱耦”（decouple）了，这就给 LNG 的需方造成了极大的心理不平衡。

美国的天然气定价点是路易斯安那州的“亨利中心”（Henry Hub）。亨利中心每百万英热单位（mmBtu）5 美元的天然气，加上液化和运输的费用，到达亚洲市场的成本约 10~13 美元，按热值计则合油价 60~75 美元。

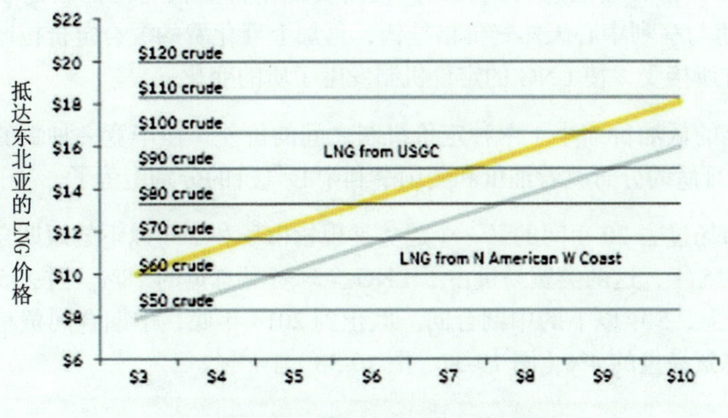

图10–45　与油价挂钩的LNG价格与现货市场价格的关系

资料来源：安永华明（Ernst & Young）

- 灰色直线：从北美西海岸发运的 LNG；
- 黄色直线：从美国墨西哥湾地区发运的 LNG。

2011 年 3 月，日本福岛大地震引发的海啸导致核电站受到严重破坏而发生核泄漏，日本被迫关闭了占其 30% 供电能力的全部 48 个核电站而转向 LNG，致使亚洲市场上 LNG 现货市场价格大涨。彼时，恰逢美国亨利中心天然气价格连创新低。这一巨大的反差使 LNG 一时成了暴利行业（图 10-46）。

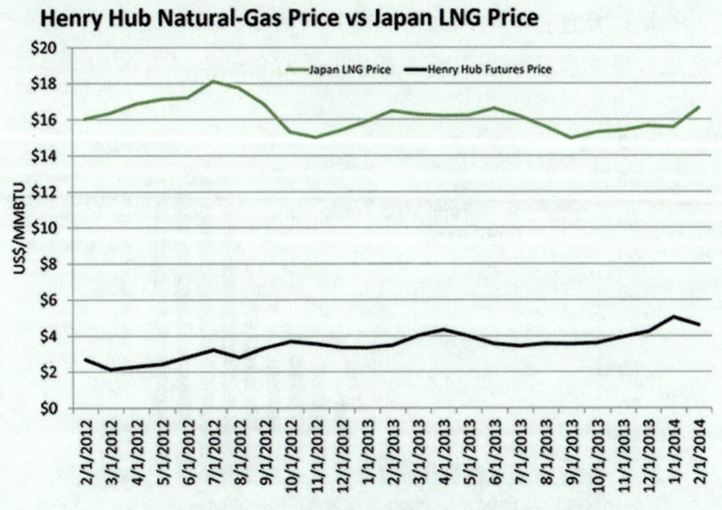

图10–46　亨利中心期货价格（黑色）与日本LNG价格（绿色）

资料来源：加拿大凯西研究（Casey Research）

对 LNG 价格日渐敏感的亚洲用户便对美国南部墨西哥湾的新建项目提出了 LNG 价格与亨利中心天然气价格挂钩，再加上液化费的混合定价机制，并为 LNG 的供方所接受，使 LNG 的定价机制发生了质的变化。

2015 年的低油价缩小了两种定价机制之间的价差，但毕竟一种新的定价机制出现了。日后的分野就看油价和美国亨利中心气价的分别走势了。

LNG 市场过去 20 年间的又一个趋势是现货市场和 2 年以下的短期合同的比重上升。2015 年，这两类贸易量占了 LNG 全球贸易总量的 28%。过去 5 年又出现了 2 年以上、5 年以下的中期合同。截止到 2014 年底，中期合同贸易量已达 LNG 全球总贸易量的 4%（图 10-37、图 10-38）。

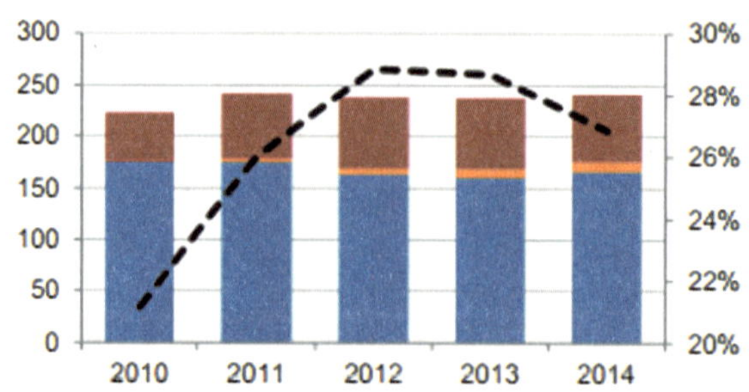

图10–37　现货、短期、中期和长期贸易量（百万吨）

资料来源：国际天然气联盟（International Gas Union）

- 蓝色：长期；橙色：中期；红色：现货和短期；
- 黑色虚线：现货和短期合同所占百分比（右侧纵坐标）。

图10–38　非长期贸易量及其所占百分比

资料来源：国际天然气联盟（International Gas Union）

- 蓝色：非长期贸易量（百万吨）；
- 黄色曲线：占总贸易量的百分比（右侧纵坐标）。

对任何一种商品来说，一定规模的现货市场都是有益的，可以使现货市场与期货市场之间形成良性互动。如果说期货市场的价格较容易受到操纵，操纵现货市场要难多了。LNG 现货市场对传统的定价机制构成了较大冲击。

LNG 的一个显著特点是开工建设之前锁定买方，与资信良好的买方签订“照付不议”（take-or-pay）的长期包销协议（off-take agreement），锁定至少 60%~70% 的产量。这不仅是业主投资决策的要求，也是融资，尤其是贷款的要求 – 银行不会在完全敞口的市场风险下放款。包销协议中当然含有 LNG 定价公式。如果说长期定价公式为 LNG 供方的投资决策和融资提供了便利，其所确定的价格却未必与反映即时供需的现货市场价格合拍。如果这种差异大到一定程度、持续一定的时间，买方便有了重新谈谈的冲动。

2015 年 11 月，经过几个月的艰苦谈判，卡塔尔燃气（RasGas）放弃了印度最大的 LNG 进口商油网 LNG 有限公司（Petronet LNG Ltd.）按原 25 年期的 LNG 长期合同高达 10 亿美元的违约金，并同意修改 LNG 定价公式。这一违约的背景是，当时的现货市场价格约每百万英热单位 6.8 美元，而按其长期合同，在当时的市场条件下，公式价格为 12~13 美元。油网 LNG 因而只提货合同规定的每年 750 万吨的 68%，虽然原合同规定了照付不议。

这一违约突显了“交易对手风险”（counter-party risk）- 尤其是对于这种长期合同，对方的资信至关重要。该违约也体现了现货市场对传统的长期合同的冲击。

LNG 市场，无论是供和需，还是定价机制，都在前所未有的再平衡过程之中。定价机制上，从原有的与原油挂钩的简单直线型定价，派生出了油价高企时“斜坡”（slope，定价直线的斜率）放缓，以保护买方；油价低迷时斜坡也放缓，以保护卖方的 S 型定价曲线；以及以封顶（ceiling）或保底（floor）而仅保护一方的定价公式的变种（图 10-39）。

业界大概认为能够对原油价格有个不错的把握，与原油挂钩使 LNG 的定价更具确定性，投资决策也更容易些。然而，美国的 LNG 供应起码局部开启了与原油脱钩的先河，并对其他地区的 LNG 定价机制构成了压力。如果美国页岩气的高产量和天然气的低价格能够维持在 2015 年的水平，假以时日，LNG 有否可能形成独立的价格体系，而与原油完全脱钩？这要看未来 10 年市场的发展了。但 LNG 的供需和定价体系正在经历着重塑是无疑的。

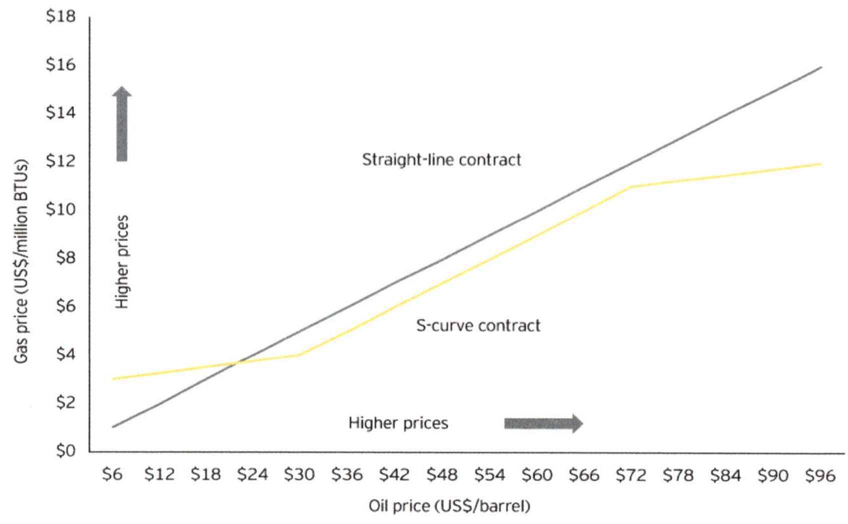

图10–39 S型定价曲线

资料来源：德意志银行（Deutsche Bank）

美国在建的 LNG 厂无疑已是全球 LNG 市场上的一支新生力量。2016 年 2 月 24 日，柴尼尔能源有限合伙（Cheniere Energy Partners, L.P.，纽约证券交易所中小板交易代码 CQP）的第一船 LNG 从其位于路易斯安那州（Louisiana）的萨班关（Sabine Pass）LNG 出口终端驶往巴西，开启了美国 LNG 出口的历史，而萨班关的 LNG 价格则为 115% 的亨利中心天然气价格加上固定的液化费，首开 LNG 与亨利中心价格挂钩之先河。

2016 年 6 月，投资 60 多亿美元的巴拿马运河（Panama Canal）拓宽工程竣工。全球 400 艘 LNG 运输船原本只有 10% 能够通行，运河拓宽后，90% 可以畅通无阻。从此，美国墨西哥湾至亚洲的航距从 16,000 海里缩短至 9,000 海里，运费降低了 40% 多，无疑增强了美国 LNG 在亚洲市场上的竞争力。

加拿大拟议中的西海岸 LNG 项目则没有那么幸运了。除了针对亚洲市场在运距上较美国南部墨西哥湾地区的 LNG 厂有些优势以外，其他方面均处于劣势。尽管加拿大英属哥伦比亚省（British Columbia）政府经过几年的调研、测算、摸底于 2014 年 11 月推出了应该具有国际竞争力的 LNG 税赋体系，并把 LNG 看成一个新兴的支柱产业而向国际投资人大力推介，剧变中的市场动态仍然给这些项目带来了极大的不确定性。

其实不仅是加拿大的项目，所有拟议中的 LNG 项目都面临同样的问题：

- 全球已在建设中的 LNG 厂有相当规模的产能；

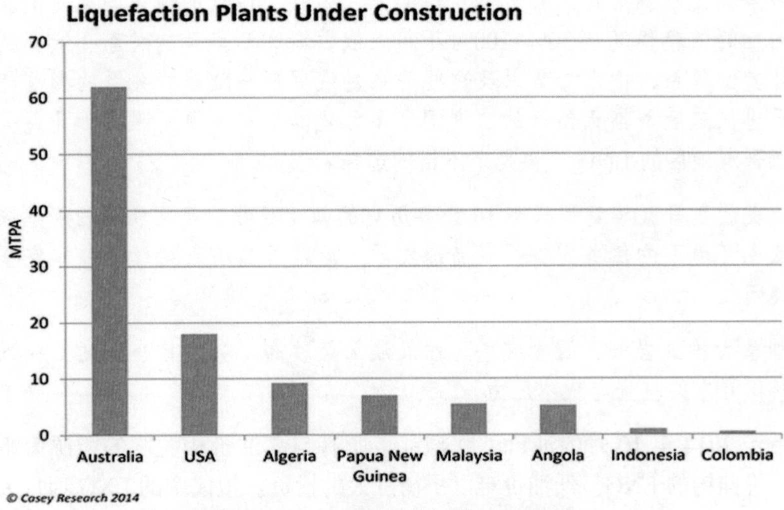

图10–40　在建LNG厂产能（2014年）

资料来源：加拿大凯西研究（Casey Research）

事实上，截止到2015年第一季度末，预计于2020年前陆续进入市场的全球在建的LNG产能达1.281亿吨①。届时美国将成为澳大利亚和卡塔尔之后的全球第三大LNG出口国。

- 目前LNG最大的进口国日本因福岛核泄漏停产的核电站已于2015年9月起陆续重新启动。
- 中国和俄罗斯于2014年5月签订的30年期、总价值达4,000亿美元的天然气供应协议，如果得以实施，对本拟为LNG新增用量大户的中国未来对LNG的需求增量打上了大大的问号。
- 原来颇为稳定的与原油挂钩的LNG定价机制正在受到前所未有的挑战，为拟议中的LNG项目的经济性进而投资决策带来了很大的不确定性。
- 此外，还有加拿大国内政治、地缘政治、环境保护、原住民补偿等方面的风险和问题。

对LNG有利的因素有：

- 在可再生能源能够作为基础能源以前，煤炭与日俱增的环保压力和人们对核泄漏的恐惧，使LNG成了清洁能源的不二选择。

---

① 数据来源：国际天然气联盟。

- 俄罗斯是欧洲管道天然气的供应大户，东欧、西欧的很多国家对俄罗斯天然气的依赖程度从 30%~100% 不等。俄罗斯和乌克兰的关系、俄罗斯和土耳其的关系、中东局势以及这些关系对俄罗斯与欧盟的关系的影响会否使严重依赖俄罗斯天然气的欧洲国家多元化其用气来源。果真如此，美国墨西哥湾地区的 LNG 应该是个不错的选择。
- 北美的页岩气毕竟是只有 10 余年历史的新生事物，且在相当程度上依赖于低息环境下的债务支撑得以高速发展，这是否具有可持续性并非完全没有疑问。
- 加拿大的页岩气，因含液（天然气液）量较高，会在相当程度上缓解上游气田开发的投资与成本压力。

始于 2014 年 10 月的油价下跌打乱了所有与高油价相关联的能源策略，包括与油价挂钩的 LNG。低油价难以平衡巨大的投资。拟议中的 LNG 项目大概会放缓脚步，以待市场情况进一步明朗。

LNG 毕竟是一项长期业务，对业内的大公司而言是一个战略定位的问题，要用长远的眼光看待。

整个 LNG 的产业链还包括再气化接收终端（regasification terminal）和运输船（LNG carrier，图 10-41），都涉及不小的投资。该二环节上的一举一动也受到业内的高度关注。

图10-41　LNG运输船

附录 英汉术语对照

- Accredited investor：合格投资人
- Acquisition：收购
- Activist：激进行动者
- All-in cost：完全成本
- All-in sustaining cost：稳产总成本
- Amalgamation：（公司）合并
- Annual report：年报
- Arbitrage：套利交易
- Back door listing：后门上市
- Bankable feasibility study（BFS）：银行融资级可行性研究
- Bidding war：收购战
- Bitcoin：比特币
- Block model：块段模型
- Book value：账面价值
- Break fee：（交易中的）分手费
- Call option：买入期权，看涨期权
- Capital Asset Pricing Model（CAPM）：资本资产定价模型
- Capital Expenditure（CAPEX）：投资，资本性支出
- Capital gain：资本利得
- Cash cost：现金成本
- Cashflow：现金流
- Change of control：控制权变化
- Class action：（股东）集体诉讼
- Commercial paper：商业票据
- Commodity：（在商品交易所交易的）商品

- Compliance：合规
- Contingent resources：（石油天然气）或有资源量
- Continuous disclosure：连续（信息）披露
- Convertible bond：可转股债券
- Convertible debenture：可转股债券
- Corporate governance：公司治理
- Corporate social responsibility（CSR）：企业社会责任
- Cost curve：成本曲线
- Cost of capital：资金成本
- Credit rating：资信评级
- Crowdfunding：众筹
- Currency war：货币战争
- Dark pool：暗池
- Debt Covenant：债务约束条件
- Default：（债务）违约
- Definitive feasibility study（DFS）：确定性可行性研究
- Demerger：（公司）分拆
- Derivatives：衍生品
- Discount rate：折现率，贴现率
- Discounted cashflow（DCF）method：折现现金流法
- Earnings before interest and taxes（EBIT）：息税前收益
- Earnings before interest, taxes, depreciation and amortization（EBITDA）：利息、税赋、折旧、摊销前收益
- Emerging markets：新兴市场国家
- Enterprise value（EV）：企业价值
- Environmental Impact Assessment（EIA）：环境影响评价
- Environmental and Social Impact Assessment（ESIA）：环境与社会影响评价
- Environmentalist：环保主义者
- Equator Principles：赤道原则
- Equity：股东权益，股权，自有资金
- Earnings：收益

- Exchange Traded Fund（ETF）：交易所交易基金
- Exercise price：（期权、权证等的）行权价
- Fair market value：公平市场价值
- Fair value：公允价值
- Fairness opinion：公平意见
- Feasibility study（FS）：可行性研究
- Fiduciary duty：信托责任
- Financial advisor：财务顾问
- Financial Covenant：财务约束条件
- Financial model：财务模型
- Fitch Group：惠誉集团
- Forward sale：远期销售
- Free cashflow：净现金流
- Friendly takeover：善意收购
- Fundamental：基本面
- Futures：期货
- General meeting：股东会
- General offer：收购要约
- Generally Accepted Accounting Principles（GAAP）：通用会计准则
- Gold standard：金本位制
- Grassroot：草根
- Heap leach：堆浸
- Hedge 或 hedging：套期保值，对冲
- High frequency trading：高频交易
- Hostile takeover：敌意收购
- Hurdle rate：门槛收益率
- Indicated resources：推定性资源量
- Inferred resources：推断性资源量
- Initial public offering（IPO）：首次发行上市
- Insider：内幕人
- Insider trading：内幕交易

- In-situ：原地
- Institutional investor：机构投资人
- Internal rate of return（IRR）：内部收益率
- International Financial Reporting Standards（IFRS）：国际财务报告标准
- Intrinsic value：内在价值
- Junior mining company：初级矿业公司
- Legal counsel：法律顾问
- Listing Rules：上市规则
- Lockup agreement：锁定协议
- London Interbank Offered Rate (LIBOR)：伦敦同业银行拆借利率
- Market capital/capitalization：市值
- Measured resources：确定性资源量
- Merger：兼并
- Mergers and acquisitions（M&A）：兼并与收购，并购
- Mezzanine debt：夹层债
- Net asset value（NAV）：净资产价值
- Net present value（NPV）：净现值
- Net profit（或 proceeds）interest（NPI）royalty：净利润权益金
- Net smelter return（NSR）royalty：净冶炼厂收益权益金
- News release：新闻稿，公告
- Non-governmental organization（NGO）：非政府组织
- Measured resources：确定性资源量
- Monte Carlo Simulation：蒙特卡罗模拟
- Moody's：穆迪
- Nickel laterite：红土镍
- Occupational health and safety（OHS）：职业健康与安全
- Offtake：（矿产品）包销
- Operating Expenses（OPEX）：（操作）成本
- Operating income：经营利润
- Option：期权，选择权
- Plan of arrangement：（公司合并的）协议安排

- Poison pill：毒丸
- Possible reserves：（石油天然气）预测储量
- Preliminary economic assessment（PEA）：初步经济评价
- Preliminary (pre-) feasibility study（PFS）：预可行性研究
- Press release：新闻稿，公告
- Price-book ratio（P/B）：市净率
- Price-earning ratio（P/E）：市盈率
- Private placement：私募（一般用于新股或债券的定向发行）
- Probable reserves：控制储量
- Project finance 或 project financing：项目融资
- Prospective resources：（石油天然气）远景资源量
- Prospectus：招股说明书
- Proven (或 Proved) reserves：探明储量
- Proxy battle 或 proxy fight：选票大战
- Public offering：公募
- Put option：卖出期权，看跌期权
- Quarterly report：季报
- Reserves：储量
- Reserve based lending/loan：（石油天然气）基于储量的贷款
- Resources：资源、资源量
- Resource nationalism：资源民族主义
- Return on assets（ROA）：总资产收益率
- Return on capital employed（ROCE）：动用资本收益率
- Return on equity（ROE）：净资产收益率
- Return on invested capital（ROIC）：投入资本收益率
- Reverse takeover：反向收购
- Royalty：权益金
- Scheme of arrangement：（公司合并的）协议安排
- Scoping study：概略研究
- Senior debt：高级债
- Sensitivity analysis：敏感性分析

- Share price：股价
- Share purchase warrant：认股权证
- Short：做空
- Silver standard：银本位制
- Solvent extraction / Electrowinning (SX/EW)：溶液萃取 / 电解
- Spin-off：（公司）分拆
- Stability agreement：稳定协议
- Standard & Poor's：标准普尔
- Standstill：禁止收购股份
- Stock option：股票期权
- Stream：产品流
- Stress test：压力测试
- Subordinated debt：次级债
- Supplier finance：供应商融资
- Support agreement：支持协议
- Syndicate：银团
- Take or pay：照付不议
- Takeover：收购
- Takeover offer：收购要约
- Takeover premium：收购溢价
- Tax haven：避税港
- Transfer pricing：转移支付
- Valuation：估值
- Valuation approach：估值途径
- Valuation method：估值方法
- Vendor finance：供应商融资
- Volume Weighted Average Price（VWAP）：以交易量为权重的加权平均股价
- Warrant：认股权证
- Weighted Average Cost of Capital（WACC）：加权平均资金成本
- White knight：白衣骑士
- World Gold Council（WGC）：世界黄金协会
- Working capital：流动资金

参考文献

[1] FT 中文网，http://newsletters.ftchinese.com/
[2]《货币》纪录片主创团队著，《货币》，2012 年 10 月第 1 版
[3] 各案例公司网站
[4] 律师事务所 Bennett Jones, BLG, Clark Wilson, Clayton Utz, Davis, DWPV, Goodmans, Lawson Lundell, McCarthy Tetrault, McMillan, Norton Rose Fulbright, Stikemen Elliott 等网站
[5] 投资银行 Bank of Montreal, Royal Bank of Canada, Scotiabank, Raymond James, Haywood Securities, AltaCorp Capital 等研究报告
[6] 夏恩君编著，《技术经济学》，中国人民大学出版社，2013 年 1 月第 1 版
[7] 香港交易所，https://www.hkex.com.hk/
[8] 张极井著，《项目融资》第 2 版，中信出版社，2003 年 11 月
[9] 中国矿业权评估师协会编著，《中国矿业权评估准则》，中国大地出版社，2008 年 8 月第 1 版
[10] 2016 Shale Gas Reality Check, J. David Hughes, Fall 2016
[11] 2016 Tight Oil Reality Check, J. David Hughes, Fall 2016
[12] A Critique of Valuation Methods for Exploration Properties and Undeveloped Mineral Resources, Ian S. Thompson
[13] A Crude Wake Up Call: What the Price of Oil Means for Reserve-Based Lending, Julia Loney and Allison Wong, October 9, 2015
[14] A Review of Recent Mining Stock Scams, John A. Meech
[15] A Review of the Many Cost Approach Methods for Minerals Valuation, Trevor R. Ellis, March 2, 2011
[16] Activist Insight, https://www.activistinsight.com/
[17] Aequitas NEO Exchange Inc., https://www.aequitasneo.com/
[18] AIM, http://www.londonstockexchange.com/companies-and-advisors/aim/aim/aim.htm
[19] An Outline of Market-Based Approaches for Mineral Asset Valuation Best Practice,

Michael Lawrence, October 26, 2001
[20] An Overview of Valuation Practices and the Development of a Canadian Code for the Valuation of Mineral Properties, Keith Spence
[21] ASX Group, http://www.asx.com.au/
[22] Australian Mining, www.australianmining.com.au
[23] Australian Securities & Investment Commission, http://asic.gov.au/
[24] BMI Research, http://www.bmiresearch.com/
[25] Breaking down the feasibility process, The Economic Geologist, November 2013~March 2014
[26] British Columbia Securities Commission, http://www.bcsc.bc.ca/
[27] Canada West Foundation, http://cwf.ca/
[28] Canadian Energy Research Institute, www.ceri.ca
[29] Canadian Oil and Gas Evaluation Handbook (COGEH): Resource & Reserve Evaluation, Barry R. Ashton, AJM Petroleum Consultants, May 12, 2010
[30] Canadian Securities Exchange, http://thecse.com/
[31] Casey Research, www.caseyresearch.com
[32] Chatham House, http://www.chathamhouse.org/
[33] Chi-X, http://www.chi-x.com/
[34] CIM, http://www.cim.org/
[35] CIMVal, http://www.cim.org/en/About-CIM/Structure/Committees/CIMVAL/
[36] Cipher Research, www.cipherresearch.com
[37] Conflict translates environmental and social risk into business costs, Daniel M. Franks, Rachel Davis, Anthony J. Bebbington, Saleem H. Ali, Deanna Kemp, and Martin Scurrah, March 19, 2014
[38] Cooperation Agreements and Benefits Agreements with First Nations, Brad Armstrong, September 27, 2013
[39] CPM Group, http://www.cpmgroup.com/
[40] CRU, https://www.crugroup.com/
[41] Diggers & Dealers Mining Forum, http://diggersndealers.com.au/
[42] Discount Rate Extraction from Transaction Analysis for Income Approach Valuation of Mineral Properties, Trevor R. Ellis, February 22, 2012
[43] Discount Rate Selection Methods Applied in Appraisals of a Quarry Taken by Eminent Domain, Daniel L. Collins and Trevor R. Ellis, February 27, 2013
[44] Discounted Cash Flow Analysis Input Parameters and Sensitivity, Christopher R.

Lattanzi

[45] Discounted Cash Flow Analysis Methodology and Discount Rates, Lawrence Devon Smith

[46] Equator Principles, http://www.equator-principles.com/

[47] Exploration Insights, www.explorationinsights.com

[48] Fraser Institute, https://www.fraserinstitute.org/

[49] Glass Lewis, http://www.glasslewis.com/

[50] Gold Anti-Trust Action Committee（GATA）, http://www.gata.org/

[51] Gold Ore Mining, All that glitters is not gold, November 2013, Korda Mentha, http://www.kordamentha.com/

[52] Guidelines for Application of the Petroleum Resources Management System, November 2011

[53] Incrementum, www.incrementum.li

[54] Infographic, www.infographic.com

[55] InfoMine, http://www.infomine.com/

[56] Institutional Investor, http://www.institutionalinvestor.com/

[57] Institutional Shareholder Services Inc., https://www.issgovernance.com/

[58] International Energy Agency, http://www.iea.org/

[59] International Gas Union, http://www.igu.org/

[60] Investing in African Mining Indaba, https://www.miningindaba.com/

[61] Investing News Network, http://investingnewsnetwork.com/

[62] JORC, http://www.jorc.org/

[63] Katusa Research, https://katusaresearch.com/

[64] Metal Streams in Foreign Affiliates, Geoffrey S. Turner, June 2015

[65] Minerals Education Coalition, https://mineralseducationcoalition.org/

[66] Minerals Make Life, http://mineralsmakelife.org/

[67] Mines and Money, https://minesandmoney.com/

[68] Mineweb, www.mineweb.com

[69] MinEx Consulting, http://www.minexconsulting.com/

[70] Mining & Metals in a Sustainable World 2050, World Economic Forum, September 2015

[71] Mining News, www.mining.com

[72] Mining Weekly, www.miningweekly.com

[73] Modernization of Oil and Gas Reporting, (US) SEC, December 31, 2008

[74] Mondaq, www.mondaq.com
[75] National Instrument 43-101: What Issuers Need to Know about Technical Reports, Gregory Hogan and Alexander Pizale, July 2014~March 2017
[76] National Instrument 51-101 Standards of Disclosure for Oil and Gas Activites (Canada)
[77] Native title: What is it?: Importance for resources companies, Bruce Rudeforth, November 6, 2013
[78] New York Stock Exchange, https://www.nyse.com/
[79] Oil & Gas Investment Bulletin, http://oilandgas-investments.com/
[80] OilPrice, http://oilprice.com/
[81] Ontario Securities Commission, http://www.osc.gov.on.ca/
[82] Oreninc, http://www.oreninc.com/
[83] Palisade Research, http://palisade-research.com/
[84] Performance of Feasibility Studies, Peter McCarthy, October 2014
[85] Petroleum Resources Management System 2007
[86] Pierce Points, http://piercepoints.com/
[87] Preparing for the Collapse of the Petrodollar System, Jerry Robinson, FTM Daily
[88] Prospectors & Developers Association of Canada, http://www.pdac.ca/
[89] RBN Energy, https://rbnenergy.com/
[90] Reserve Based Finance, Jason Fox, Dewey Gonsolin and Kevin Price, Oil & Gas Financial Journal, October 2014
[91] Reserve-Based Lending Markets: From Projects to Lending Bases, Kevin Price, August 1, 2006
[92] SEDAR, http://www.sedar.com/
[93] SmallCap Power, http://smallcappower.com/
[94] SNL Metals & Mining, http://www.snl.com/Sectors/metalsmining/Default.aspx/media-center/MiningConsulting.aspx
[95] Sprott Global Resource Investments, January 7, 2015
[96] Sprott's Thoughts, http://sprottglobal.com/thoughts/
[97] Stream Financing Seminar, Deloitte, May 27, 2013
[98] The Case for Gold, Ron Paul and Lewis Lehrman, 2007
[99] The Energy Report, www.theenergyreport.com
[100] The Gold Report, www.theaureport.com
[101] The Golden Dilemma, Claude B. Erb and Campbell R. Harvey, May 4, 2013

[102] The Great American Credit Collapse, The Bill Bonner Letter, 2015

[103] The Hidden History of the Federal Reserve, Jerry Robinson, FTM Daily, 2014

[104] The Tortuous History of National and Global Mineral Valuation Standards Development, Trevor R. Ellis, February 27, 2013

[105] The Use and Abuse of Feasibility Studies, W Mackenzie and N Cusworth, June 20, 2007

[106] The Valuation of Advanced Mining Projects & Operating Mines: Market Comparable Approaches, Craig Roberts

[107] TMX Group, http://www.tmx.com/

[108] U.S. Energy Information Administration, https://www.eia.gov/

[109] Understanding Royalty Structure, Christopher G. Baldwin, February 2003

[110] VALMIN, http://www.valmin.org/

[111] Valuation Methods for International Oil & Gas Companies, Anton Hunsucker (Under the supervision of Dr. E.J. Schroth de la Piedra), April 2011

[112] Valuation of Metals and Mining Companies, Svetlana Baurens, November 7, 2010

[113] Valuation of Mineral Exploration Properties Using the Cost Approach, William E. Roscoe

[114] Valuation of Mineral Properties without Mineral Resources: A Review Of Market-Based Approaches, Ross D. Lawrence

[115] Valuing Mineral Opportunities as Options, Robert T. McKnight

[116] Victor Rudenno, The Mining Valuation Handbook, 2nd Edition, Wrightbooks, April 2004

[117] Visual Capitalist, http://www.visualcapitalist.com/

[118] Warren Buffett on Gold, http://www.warrenbuffett.com/warren-buffett-on-gold/

[119] Why Feasibility Studies Fail, Peter McCarthy, February 2013

[120] World Gold Council, http://www.gold.org/

[121] ZEAL Intelligence Newsletter, www.zealllc.com/intelligence.htm